고객과 함께 하는 도메인 특화 언어
DSL

DOMAIN-SPECIFIC LANGUAGES
by MARTIN FOWLER

Authorized translation from the English language edition, entitled DOMAIN-SPECIFIC LANGUAGES, 1st Edition, 9780321712943 by FOWLER, MARTIN, published by Pearson Education, Inc, publishing as Addison-Wesley Professional, Copyright © 2011

All rights reserved. No part of this book may be reproduced or transmitted in any form or by any means, electronic or mechanical, including photocopying, recording or by any information storage retrieval system, without permission from Pearson Education, Inc.

KOREAN language edition published by PEARSON EDUCATION KOREA, and INSIGHT PRESS Copyright © 2012

고객과 함께하는 도메인 특화 언어 DSL

초판 1쇄 발행 2012년 10월 15일 **지은이** 마틴 파울러 **옮긴이** 송준이·한익준·손준영 **펴낸이** 한기성 **펴낸곳** 인사이트 **본문디자인** 윤영준 **제작·관리** 이지연 **표지출력** 경운출력 **본문출력** 현문인쇄 **종이** 세종페이퍼 **인쇄** 현문인쇄 **제본** 자현제책 **등록번호** 제10-2313호 **등록일자** 2002년 2월 19일 **주소** 서울시 마포구 서교동 469-9번지 석우빌딩 3층 **전화** 02-322-5143 **팩스** 02-3143-5579 **블로그** http://blog.insightbook.co.kr **이메일** insight@insightbook.co.kr **ISBN** 978-89-91268-99-9 책값은 뒤표지에 있습니다. 잘못 만들어진 책은 바꾸어 드립니다. 이 책의 정오표는 http://www.insightbook.co.kr/ooooooooo에서 확인하실 수 있습니다. 이 책의 국립중앙도서관 출판시도서목록(CIP)은 e-CIP 홈페이지(http://www.nl.go.kr/ecip)와 국가자료공동목록시스템(http://www.nl.go.kr/kolisnet)에서 이용하실 수 있습니다.(CIP제어번호: CIP2012004567)

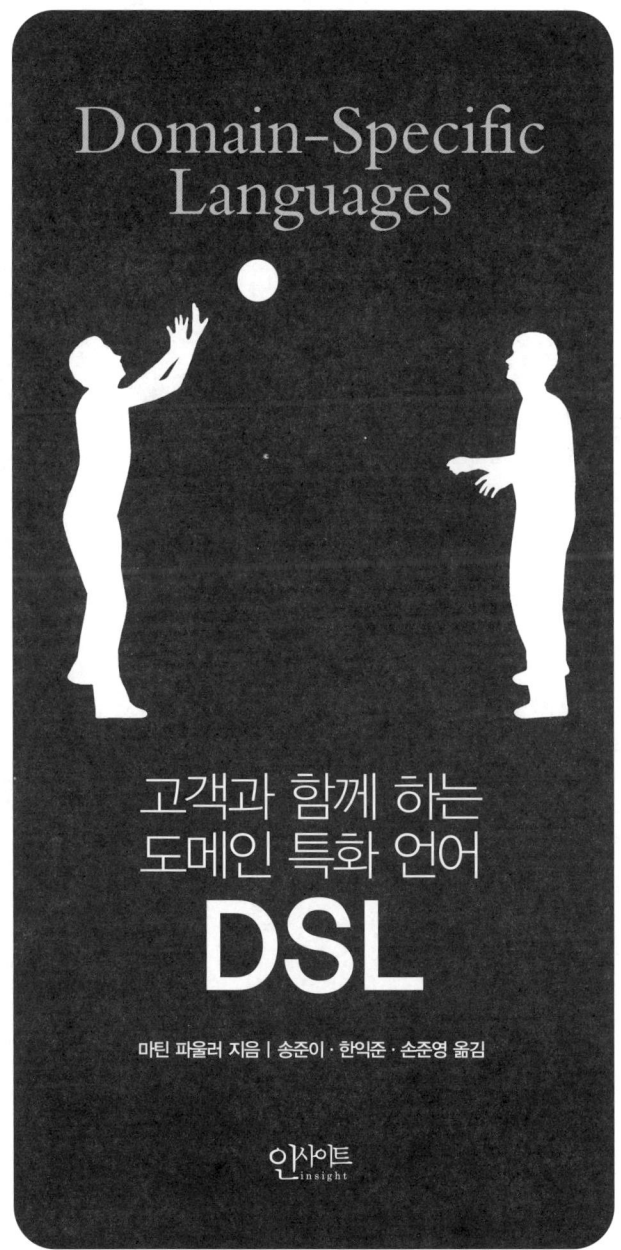

고객과 함께 하는
도메인 특화 언어
DSL

마틴 파울러 지음 | 송준이 · 한익준 · 손준영 옮김

PEARSON

차례

역자 서문	XVII
서문	XX
왜 지금인가?	XXI
왜 DSL이 중요한가?	XXII
이 책의 두께에 놀라지 마시길	XXIII
무엇을 배울 수 있는가	XXIV
누가 이 책을 읽어야 하는가	XXV
이 책은 자바 또는 C#에 대한 것인가?	XXV
이 책에서 다루지 않는 내용들	XXVI
레퍼런스 부분	XXVII
패턴 구조	XXVIII
감사의 글	XXX

내러티브   1

01. 도입 예제   3
   1.1 고딕양식의 보안   3
      1.1.1 그랜트 양의 컨트롤러   4
   1.2 상태 머신 모델   6
   1.3 그랜트 양의 컨트롤러 프로그래밍하기   10
   1.4 언어와 시맨틱 모델   17
   1.5 코드 생성 기법 사용하기   21
   1.6 언어 워크벤치 사용하기   24
   1.7 시각화   27

02. DSL 사용하기   29
   2.1 DSL의 정의   29
      2.1.1 DSL의 경계   32
      2.1.2 부분형 DSL과 독립형 DSL   36

2.2 왜 DSL을 사용하는가? — 37
2.2.1 개발 생산성의 향상 — 37
2.2.2 도메인 전문가와 의사소통 — 38
2.2.3 실행 문맥의 변화 — 40
2.2.4 컴퓨팅 대안 모델 — 41
2.3 DSL의 문제점 — 42
2.3.1 언어 사이의 불협화음 — 42
2.3.2 개발 비용 — 43
2.3.3 게토 언어 — 44
2.3.4 편협한 추상화 — 45
2.4 일반적인 의미에서 본 언어 처리 — 46
2.5 DSL 생명주기 — 47
2.6 어떻게 해야 좋은 DSL을 만들 수 있는가? — 49

03. DSL 구현하기 — 51
3.1 DSL 처리 아키텍처 — 51
3.2 파서가 하는 일 — 56
3.3 문법, 구문, 의미 — 58
3.4 데이터 파싱하기 — 60
3.5 매크로 — 63
3.6 DSL 테스트하기 — 64
3.6.1 시맨틱 모델 테스트하기 — 64
3.6.2 파서 테스트하기 — 68
3.6.3 스크립트 테스트하기 — 72
3.7 에러 처리하기 — 73
3.8 DSL 이행하기 — 76

04. 내부 DSL구현하기 — 79
4.1 플루언트 API와 커맨드-쿼리 API — 80
4.2 파싱 레이어의 필요성 — 83
4.3 함수 사용하기 — 85
4.4 리터럴 컬렉션 — 91
4.5 문법을 활용해 내부 DSL 요소 선택하기 — 94
4.6 클로저 — 95
4.7 파스 트리 조작 — 98
4.8 어노테이션 — 100
4.9 리터럴 확장 — 102
4.10 구문에서 군더더기 줄이기 — 102

- 4.11 동적 리셉션 ··· 103
- 4.12 타입 검사 기능 제공하기 ··· 105

05. 외부 DSL 구현하기 ··· 107
- 5.1 구문 분석 전략 ··· 107
- 5.2 결과 생성 전략 ··· 111
- 5.3 파싱 관련된 개념들 ··· 114
  - 5.3.1 렉싱 분리 ··· 114
  - 5.3.2 문법과 언어 ··· 115
  - 5.3.3 정규 문법, 문맥 자유 문법, 문맥 의존 문법 ··· 116
  - 5.3.4 하향식 파싱과 상향식 파싱 ··· 119
- 5.4 다른 언어와 혼용하기 ··· 122
- 5.5 XML DSL ··· 124

06. 내부 DSL과 외부 DSL 중에서 선택하기 ··· 129
- 6.1 학습 곡선 ··· 129
- 6.2 개발 비용 ··· 131
- 6.3 개발자 친숙도 ··· 132
- 6.4 도메인 전문가와 의사소통 ··· 133
- 6.5 호스트 언어와 혼용하기 ··· 133
- 6.6 뚜렷한 표현성 경계 ··· 135
- 6.7 런타임 설정 ··· 135
- 6.8 범용성이라는 함정에 빠지다 ··· 136
- 6.9 DSL 조합하기 ··· 137
- 6.10 요약 ··· 138

07. 컴퓨팅 대안 모델 ··· 139
- 7.1 컴퓨팅 대안 모델의 사례들 ··· 143
  - 7.1.1 결정 테이블 ··· 143
  - 7.1.2 생성 규칙 시스템 ··· 144
  - 7.1.3 상태 머신 ··· 146
  - 7.1.4 의존성 네트워크 ··· 146
  - 7.1.5 모델 선택하기 ··· 147

08. 코드 생성 ··· 149
- 8.1 무엇을 생성하지 결정하기 ··· 150
- 8.2 어떻게 생성할까 ··· 153
- 8.3 생성된 코드와 직접 작성한 코드를 혼용하기 ··· 155

8.4 코드를 읽기 쉽게 생성하기	157
8.5 파싱 전 단계에 코드 생성하기	158
8.6 추가적인 참고 자료	159

09. 언어 워크벤치 — 161

9.1 언어 워크벤치의 구성 요소	162
9.2 스키마 정의 언어와 메타 모델	163
9.3 소스 편집과 투사형 편집	169
9.3.1 다양한 표현형식	172
9.4 일러스트러티브 프로그래밍	173
9.5 툴 둘러보기	175
9.6 언어 워크벤치와 CASE 툴	177
9.7 언어 워크벤치를 사용해야 하는가	178

공통 토픽 — 181

10. A Zoo of DSLs — 183

10.1 그래프비즈	183
10.2 JMock	185
10.3 CSS	187
10.4 HQL	188
10.5 XAML	189
10.6 Fit	192
10.7 메이크 등 기타 DSL	194

11. 시맨틱 모델 — 197

11.1 어떻게 동작하는가	197
11.2 언제 사용하는가	200
11.3 도입 예제(자바)	202

12. 심벌 테이블 — 205

12.1 어떻게 동작하는가	206
12.1.1 정적 타입 심벌	208
12.2 언제 사용하는가	209
12.3 추가적인 참고 자료	209
12.4 외부 DSL로 작성한 의존성 네트워크(자바와 ANTLR)	209

12.5 내부 DSL에서 심벌을 키로 사용하기(루비) 211
12.6 enum을 사용해 정적 타입 심벌 사용하기(자바) 213

13. 컨텍스트 변수 217
13.1 어떻게 동작하는가 217
13.2 언제 사용하는가 218
13.3 INI File 읽기(C#) 218

14. 생성 빌더 221
14.1 어떻게 동작하는가 221
14.2 언제 사용해야 하는가 222
14.3 간단한 항공 데이터 생성하기(C#) 223

15. 매크로 225
15.1 어떻게 동작하는가 226
15.1.1 텍스트형 매크로 226
15.1.2 구문형 매크로 231
15.2 언제 사용하는가 236

16. 노티피케이션 239
16.1 어떻게 동작하는가 240
16.2 언제 사용하는가 240
16.3 매우 간단한 노티피케이션(C#) 241
16.4 노티피케이션 파싱하기(자바) 241

외부 DSL 토픽 245

17. 구분자 주도 변환 247
17.1 어떻게 동작하는가 247
17.2 언제 사용하는가 252
17.3 단골 고객 포인트(C#) 252
17.3.1 시맨틱 모델 252
17.3.2 파서 255
17.4 그랜트 양의 컨트롤러 : 독립적이지 않은 문장을 파싱하기(자바) 258

18. 구문 주도 변환 — 267
18.1 어떻게 동작하는가 — 268
18.1.1 렉서 — 269
18.1.2 구문 분석기 — 272
18.1.3 결과 생성 — 275
18.1.4 시맨틱 서술식 — 276
18.2 언제 사용하는가 — 276
18.3 추가적인 참고 자료 — 277

19. BNF — 279
19.1 어떻게 동작하는가 — 279
19.1.1 다수성 심벌(Kleene 연산자) — 281
19.1.2 그밖에 유용한 연산자들 — 283
19.1.3 파싱 표현식 문법 — 284
19.1.4 EBNF를 기본 BNF로 전환하기 — 285
19.1.5 코드 액션 — 287
19.2 언제 사용하는가 — 290

20. 정규식 테이블 렉서 — 291
20.1 어떻게 동작하는가 — 292
20.2 언제 사용하는가 — 294
20.3 그랜트 양의 컨트롤러 렉싱하기(자바) — 294

21. 재귀 하향식 파서 — 297
21.1 어떻게 동작하는가 — 298
21.2 언제 사용하는가 — 301
21.3 추가적인 참고 자료 — 302
21.4 그랜트 양의 컨트롤러에 대한 재귀 하향식 파서(자바) — 302

22. 파서 결합기 — 309
22.1 어떻게 사용하는가 — 310
22.1.1 액션 처리하기 — 314
22.1.2 함수형 결합기 — 315
22.2 언제 사용하는가 — 316
22.3 그랜트 양의 컨트롤러에 대한 파서 결합기(자바) — 317

23. 파서 생성기 327
23.1 어떻게 동작하는가 327
23.1.1 액션 삽입하기 328
23.2 언제 사용하는가 330
23.3 Hello World(자바와 ANTLR) 331
23.3.1 기본 문법 작성하기 332
23.3.2 구문 분석기 빌드하기 334
23.3.3 문법에 코드 액션 추가하기 336
23.3.4 제너레이션 갭 패턴 적용하기 338

24. 트리 생성 341
24.1 어떻게 동작하는가 341
24.2 언제 사용하는가 344
24.3 ANTLR의 트리 생성 구문 사용하기(자바와 ANTLR) 345
24.3.1 토큰화하기 346
24.3.2 파싱하기 347
24.3.3 시맨틱 모델 파퓰레이트하기 350
24.4 코드 액션을 사용한 트리 생성(자바와 ANTLR) 353

25. 임베디드 변환 361
25.1 어떻게 작동하는가 361
25.2 언제 사용하는가 362
25.3 그랜트 양의 컨트롤러(자바와 ANTLR) 363

26. 임베디드 인터프리테이션 369
26.1 어떻게 동작하는가 369
26.2 언제 사용하는가 370
26.3 계산기(ANTLR과 자바) 370

27. 외래 코드 373
27.1 어떻게 동작하는가 373
27.2 언제 사용하는가 375
27.3 동적 코드 삽입하기(ANTLR, 자바, 자바스크립트) 376
27.3.1 시맨틱 모델 378
27.3.2 파서 380

28. 얼터너티브 토크나이제이션 385
28.1 어떻게 동작하는가 385

28.1.1 인용부호 붙이기 387
28.1.2 렉시컬 상태 사용하기 389
28.1.3 토큰 타입 변환하기 392
28.1.4 토큰 타입 무시하기 393
28.2 언제 사용하는가 394

29. 중첩 연산자 표현식 395
29.1 어떻게 동작하는가 395
29.1.1 상향식 파서에서 사용하기 396
29.1.2 하향식 파서에서 사용하기 397
29.2 언제 사용하는가 400

30. 줄바꿈 분리 기호 401
30.1 어떻게 동작하는가 401
30.2 언제 사용하는가 404

31. 온갖 외부 DSL 모음집 407
31.1 구문적 들여쓰기 407
31.2 모듈식 문법 410

내부 DSL 토픽 413

32. 표현식 빌더 415
32.1 어떻게 동작하는가 416
32.2 언제 사용하는가 417
32.3 플루언트 API를 가진 달력 만들기(자바) 418
32.4 달력에 여러 개의 빌더 사용하기(자바) 420

33. 함수 시퀀스 423
33.1 어떻게 동작하는가 423
33.2 언제 사용하는가 424
33.3 간단한 컴퓨터 구성 예제(자바) 425

34. 중첩 함수 429
34.1 어떻게 동작하는가 429
34.2 언제 사용하는가 432

34.3 간단한 컴퓨터 구성 예제(자바) ····· 433
34.4 다른 종류의 인자가 여러 개일 때 토큰을 사용해 처리하기(C#) ····· 435
34.5 서브 타입 토큰을 사용해 IDE 지원받기(자바) ····· 436
34.6 객체 초기자 구문 사용하기(C#) ····· 438
34.7 반복적인 이벤트(C#) ····· 439
    34.7.1 시맨틱 모델 ····· 440
    34.7.2 DSL ····· 443

35. 메서드 체이닝 ····· 447
35.1 어떻게 동작하는가 ····· 447
    35.1.1 빌더 vs. 값 객체 ····· 449
    35.1.2 끝막음 문제 ····· 450
    35.1.3 계층 구조 ····· 451
    35.1.4 프로그레시브 인터페이스 ····· 451
35.2 언제 사용하는가 ····· 452
35.3 간단한 컴퓨터 구성 예제(자바) ····· 453
35.4 프로퍼티를 이용한 체이닝(C#) ····· 457
35.5 프로그레시브 인터페이스(C#) ····· 458

36. 객체 스코핑 ····· 461
36.1 어떻게 동작하는가 ····· 462
36.2 언제 사용하는가 ····· 462
36.3 보안 코드(C#) ····· 464
    36.3.1 시맨틱 모델 ····· 464
    36.3.2 DSL ····· 466
36.4 인스턴스 평가 구문 사용하기(루비) ····· 469
36.5 객체 초기자 구문 사용하기(자바) ····· 472

37. 클로저 ····· 475
37.1 어떻게 동작하는가 ····· 475
37.2 언제 사용하는가 ····· 481

38. 중첩 클로저 ····· 483
38.1 어떻게 동작하는가 ····· 483
38.2 언제 사용하는가 ····· 485
38.3 함수 시퀀스를 중첩 클로저로 감싸기(루비) ····· 486
38.4 간단한 C# 예제(C#) ····· 488
38.5 메서드 체이닝 사용하기(루비) ····· 489

- 38.6 함수 시퀀스와 명시적인 클로저 인자 사용하기(루비) — 491
- 38.7 인스턴스 평가 사용하기(루비) — 493

39. 리터럴 리스트 — 499
- 39.1 어떻게 동작하는가 — 499
- 39.2 언제 사용하는가 — 500

40. 리터럴 맵 — 501
- 40.1 어떻게 동작하는가 — 501
- 40.2 언제 사용하는가 — 502
- 40.3 리스트와 맵을 사용해 컴퓨터 구성하기(루비) — 502
- 40.4 그린스펀 형식으로 개선하기(루비) — 504

41. 동적 리셉션 — 509
- 41.1 어떻게 동작하는가 — 510
- 41.2 언제 사용하는가 — 511
- 41.3 메서드 이름 파싱을 통한 프로모션 포인트(루비) — 513
  - 41.3.1 모델 — 514
  - 41.3.2 빌더 — 516
- 41.4 체이닝을 통한 프로모션 포인트(루비) — 518
  - 41.4.1 모델 — 518
  - 41.4.2 빌더 — 519
- 41.5 비밀 벽을 위한 컨트롤러에서 인용부호 없애기(JRuby) — 522

42. 어노테이션 — 529
- 42.1 어떻게 동작하는가 — 530
  - 42.1.1 어노테이션 정의하기 — 530
  - 42.1.2 어노테이션 처리하기 — 533
- 42.2 언제 사용하는가 — 534
- 42.3 커스텀 구문을 사용해 런타임에 처리하기(자바) — 535
- 42.4 클래스 메서드 사용하기(루비) — 537
- 42.5 동적 코드 생성(루비) — 539

43. 파스 트리 조작 — 541
- 43.1 어떻게 동작하는가 — 541
- 43.2 언제 사용하는가 — 543
- 43.3 C# 조건으로 IMAP 쿼리 생성하기(C#) — 544
  - 43.3.1 시맨틱 모델 — 545

43.3.2 C#으로 시맨틱 모델 생성하기 … 547
43.3.3 한발 물러나 생각해보기 … 552

44. 클래스 심벌 테이블 … 555
44.1 어떻게 사용하는가 … 556
44.2 언제 사용하는가 … 557
44.3 정적 타입 언어에서 클래스 심벌 테이블 사용하기(자바) … 558

45. 텍스트 폴리싱 … 565
45.1 어떻게 동작하는가 … 565
45.2 언제 사용하는가 … 566
45.3 폴리싱을 활용한 할인 규칙(루비) … 567

46. 리터럴 확장 … 571
46.1 어떻게 동작하는가 … 571
46.2 언제 사용하는가 … 572
46.3 요리 재료(C#) … 573

컴퓨팅 대안 모델 … 575

47. 적응형 모델 … 577
47.1 어떻게 동작하는가 … 578
47.1.1 적응형 모델에 명령형 코드 결합하기 … 579
47.1.2 툴 … 582
47.2 언제 사용하는가 … 583

48. 결정 테이블 … 585
48.1 어떻게 동작하는가 … 585
48.2 언제 사용하는가 … 587
48.3 주문 요금 계산하기(C#) … 588
48.3.1 모델 … 588
48.3.2 파서 … 592

49. 의존성 네트워크 … 595
49.1 어떻게 동작하는가 … 596
49.2 언제 사용하는가 … 599

49.3 물약 분석하기(C#) — 599
    49.3.1 시맨틱 모델 — 601
    49.3.2 파서 — 602

50. 생성 규칙 시스템 — 605
50.1 어떻게 동작하는가 — 606
    50.1.1 체이닝 — 607
    50.1.2 모순된 추론 — 608
    50.1.3 규칙 구조의 패턴 — 610
50.2 언제 사용하는가 — 610
50.3 클럽 가입 자격에 대한 유효성 검증(C#) — 611
    50.3.1 모델 — 612
    50.3.2 파서 — 613
    50.3.3 DSL 개선하기 — 614
50.4 클럽 가입 예제의 확장 : 가입 자격 규칙(C#) — 616
    50.4.1 모델 — 618
    50.4.2 파서 — 620

51. 상태 머신 — 623
51.1 어떻게 동작하는가 — 623
51.2 언제 사용하는가 — 626
51.3 비밀 벽을 위한 컨트롤러(자바) — 627

코드 생성 — 629

52. 변환기 기반 생성 — 631
52.1 어떻게 동작하는가 — 631
52.2 언제 사용하는가 — 633
52.3 비밀 벽을 위한 컨트롤러(자바로 C 생성하기) — 633

53. 템플릿 기반 생성 — 637
53.1 어떻게 동작하는가 — 637
53.2 언제 사용하는가 — 639
53.3 중첩된 조건식을 사용하는, 비밀 벽을 위한 상태 머신을 생성하기(벨로시티와 자바로 C 생성하기) — 640

54. 임베드먼트 헬퍼 ········· 647
54.1 어떻게 동작하는가 ········· 648
54.2 언제 사용하는가 ········· 649
54.3 비밀 벽을 위한 상태 머신(자바와 ANTLR) ········· 650
54.4 헬퍼에서 HTML을 생성해야 하는가?(자바와 벨로시티) ········· 653

55. 모델 식별 생성 ········· 657
55.1 어떻게 동작하는가 ········· 658
55.2 언제 사용하는가 ········· 658
55.3 비밀 벽을 위한 상태 머신(C) ········· 659
55.4 상태 머신을 동적으로 로드하기(C) ········· 666

56. 모델 비식별 생성 ········· 671
56.1 어떻게 동작하는가 ········· 671
56.2 언제 사용하는가 ········· 672
56.3 중첩된 조건식을 사용해서 비밀 벽을 위한 상태 머신 생성하기(C) ········· 672

57. 제너레이션 갭 ········· 675
57.1 어떻게 동작하는가 ········· 675
57.2 언제 사용하는가 ········· 677
57.3 데이터 스키마로부터 클래스 생성하기(자바와 약간의 루비) ········· 678

찾아보기 ········· 684

역자 서문

어릴 때를 되돌아보면 공부를 곧잘 했습니다. 여러 가지 이유가 있었겠지만 늘 책을 보던 습관 때문이 아니었나 합니다. 친구들은 그런 저를 데려다가 한 학년 위의 책까지도 읽을 수 있다고 치켜세우곤 했습니다. 그 시절에는 한 학년 위의 책을 읽는다는 것이 마치 훈장처럼 여겨지던 때였습니다. 그도 그럴 것이 불과 일 년 차이가 날 뿐이었지만, 새로운 단어가 있었고 문장 구조도 복잡했으며 용법도 다양했기 때문이었습니다. 그래서인지 학년이 올라갈 때마다 새 책을 받아 들고는 새로운 내용에 늘 놀라지 않을 수 없었습니다.

컴퓨터 프로그래밍 언어를 배울 때도 비슷한 경험을 하게 됩니다. 0과 1밖에는 알지 못하는 컴퓨터에게 한글을 가르칠 수는 없습니다. 그래서 사람들은 천공카드에 구멍을 뚫어서 컴퓨터에게 명령을 내리기 시작합니다. 하지만 기계어는 컴퓨터가 이해하기 쉬운 언어이지, 사람들에게는 그저 암호로밖에 보이지 않습니다. 매트릭스의 네오가 아닌 이상 0과 1의 배열을 보고 인식할 수 있는 사람은 없을 것입니다. 결국 어셈블리어를 사용하기 시작했습니다. 기계보다는 사람에게 가까운 언어가 만들어진 것입니다. 하지만 한글과 같은 자연어라기보다는 여전히 기계어에 가까웠습니다. 이 시대에 태어나지 않은 것을 정말 감사드립니다.

드디어 절차지향 언어가 생겨납니다. 우리가 이미 익숙한 단어와, 조금 어색하지만 그래도 쓸만한 문장 구조를 가진 C 언어가 탄생했습니다. 이쯤에 이르자 많은 사람들이 프로그래머가 될 수 있었습니다. 어느 정도의 지식만 갖추면(물론 이조차도 쉽지는 않지만), 쉽게 프로그램을 만들 수 있었기 때문입니다. 하지만 break와 같은 단어나 함수와 같은 문장 구조는 여전히 사람보다는 컴퓨터, 특히 프로그램 구조에 맞춰져 있었습니다. 결국 구조가 바뀌면 프로그램을 모두 뜯어 고쳐야 하는 악몽과도 같은 세상이 됩니다.

이제 사람들은 캡슐화에 주목하기 시작했습니다. 특정 부분이 바뀌더라도 나머지 부분에는 영향을 미치지 않는 그런 언어를 만들기 시작했고, 마침내 객체지향 언어가 도래합니다. 프로그램 구조뿐만 아니라 필요한 행위를 클래스라고 불리는 장소에 모아둘 수 있게 됩니다. 무엇보다도 함수나 포인터와 같이 컴퓨터에 적합한 구조가 아니라, 객체라는 사람이 이해하기 쉬운 대상을 이용해서 프로그램을 만들 수 있게 된 것입니다. 하지만 어떻게 만들면 되는지는 쉽게 배울 수 있게 되었지만, 무엇을 만들어야 할지 고민하기에는 객체지향 언어도 그리 좋은 도구가 되지 못했습니다. 프로그래밍 언어는 계속해서 발전해왔지만, 고객과는 동떨어진 채 프로그래머만을 고려했기 때문입니다. 결국 고객과 프로그래머는 서로 다른 언어를 사용해서 대화하기 시작했고, 마침내는 서로를 동료가 아닌 적으로 등을 돌리게 되었습니다.

마침내 사람들은 도메인 전문가와 프로그래머가 같이 사용할 수 있는 공통적인 용어를 찾기 시작합니다. 그렇게 UML이 만들어졌습니다. 간단한 도형을 사용해서 개발하려는 영역을 작성할 수 있게 되었습니다. 하지만 도메인 전문가가 보기에 UML은 여전히 복잡했으며, 프로그래머는 UML을 의사소통의 도구가 아닌 자동화의 영역으로만 다루기 시작했습니다. 클래스 다이어그램을 그리면 자동으로 클래스가 만들어진다거나, 시퀀스 다이어그램에서 실선은 호출이고 점선은 비동기 호출이라는 등 규칙만 복잡해지는 형태로 발전했습니다. 결국 UML은 문제점만 낳은 채, 본래의 목표였던 원활한 의사소통을 끝내는 이루지 못했습니다.

이제 새로운 패러다임이 등장했습니다. DSL(Domain-Specific Language)이 바로 그 답입니다. 프로그래머뿐만 아니라 도메인 전문가가 함께 사용할 수 있는 프로그래밍 언어로, 서로간의 언어 장벽을 허물 수 있는 도구가 DSL입니다. DSL을 사용하면 마치 자연어에 가까운 언어 흐름을 사용해서 프로그램을 개발하고, 도메인 전문가도 프로그램을 읽고 이해할 수 있습니다. 뿐만 아니라 UML과는 달리 DSL로 개발한 프로그램은 단순히 의사소통의 도구로서의 역할을 넘어서, 실행 가능한 프로그램이기도 합니다. 따라서 고객의 요구사항이 바뀌면, DSL을 그에 맞게 작성하기만 하면 실행 가능한 프로그램이 마치 마법처럼 만들어집니다.

이 책을 통해서 DSL의 매력에 흠뻑 빠져보시기 바랍니다. 그리고 새로운 프로그래밍의 세계로 한걸음 내디딜 수 있기를 기대합니다.

번역이라는 가슴 뛰는 일을 할 수 있게 도와주시고, 늘 도전하시며 후배들의 본보기가 되어주시는 황상철 수석님께 감사 드립니다. 그리고 자신의 일처럼 꼼꼼하게 리뷰해준 삼성 SDS의 이기영 선임에게도 고맙다는 말을 전합니다. 끝으로, 이처럼 좋은 책의 번역을 맡겨주신 인사이트 출판사의 한기성 사장님과 조연희 님께 감사의 말씀을 드립니다.

역자들 감사의 말

송준이

번역하느라 가정을 뒷전으로 미룰 수 있게 해준 사랑하는 아내 선희에게 고맙다는 말을 전합니다.

한익준

매일 함께하면서 생각을 정리하고 물심양면으로 도와 준 임준혁 님, 새로운 관점을 제시하고 조언을 아끼지 않은 김판기 님께 감사 드립니다. 그리고 사랑하는 아내 양혜선에게 항상 이해해주고 도와주어 고맙다는 말을 전하고 싶습니다

손준영

번역 한다고 주말에도 나오는 것 이해해준 사랑하는 아내와 함께 놀아주지 못해 미안한 아들에게 감사하다는 말을 전하고 싶습니다.

서문

DSL(Domain Specific Language)은 내가 프로그래밍에 입문하기 이전부터 컴퓨팅 분야의 일부분이었다. 오랫동안 유닉스나 Lisp를 사용한 사람에게 물어보면, 망설임 없이 DSL이 굉장히 유용한 도구라고 지겨울 정도로 말한다. 그런데도 DSL은 컴퓨팅 분야에서 한 번도 주목을 받은 적이 없다. 대다수의 사람은 DSL을 사람에게서 배우고, 유효한 기법 중에서 일부만을 습득할 뿐이다.

이런 상황을 바꿔보고자 이 책을 썼다. 이 책에서는 다양한 DSL 기법을 설명한다. 이를 통해 하려는 작업에 DSL을 적용할지 결정하거나, DSL 기법을 선택할 때, 분별력 있게 판단을 내리는데 도움이 되기를 바란다.

DSL이 인기를 끈 이유는 여러 가지가 있지만, 주요한 이유 두 가지만 강조하려고 한다. 바로 DSL을 사용하면 개발자 생산성이 향상되고, 도메인 전문가와 원활하게 의사소통할 수 있다는 점이다. DSL을 제대로 선택하면 복잡한 코드 덩어리를 더욱 쉽게 이해할 수 있고, 따라서 DSL로 작업하는 사람은 생산성이 향상된다. 또한 도메인 전문가와 의사소통이 원활해진다. DSL은 평범한 텍스트인 동시에 실행 가능한 소프트웨어일 뿐만 아니라, 도메인 전문가가 자신의 의견이 시스템에 어떻게 반영되었는지 이해할 때 읽을 수 있는 설명서로도 활용할 수 있기 때문이다. 이처럼 도메인 전문가와 의사소통하는 일은 달성하기 어렵지만, 달성할 수만 있다면 매우 폭넓은 이점을 얻을 수 있다. 이는 소프트웨어를 개발할 때 가장 지독한 병목 중 하나인 '프로그래머와 고객 사이의 의사소통' 문제를 해결하는데 도움을 주기 때문이다.

DSL의 가치를 과장하고 싶지는 않다. 사람들이 DSL이 주는 장점을 말하는 걸 볼 때마다(사실 대부분은 단점을 말하지만), 나는 그 말에 'DSL' 대신 '라이브러리'를 넣어서 말해 보라고 얘기하곤 한다. DSL로 얻을 수 있는 장점은 프레임워크를 구현해도 대부분 얻을 수 있다. 사실 대부분의 DSL은 라이브러리나 프레임워크를 감싸는 얇은 껍데기에 지나지 않는다. 따라서 DSL을 만드는데 드는 비용과 그에 따른 효과는 생각보다 크지 않다. 하지만 사람들은 이러한 비용과 효과를 자신이 생각하는 만큼 잘 이해하지 못한다. 훌륭한 기법을 습득하면, DSL을 개발하는데 드는 비용을 상당히 줄일 수 있다. 이 책의 목표는 훌륭한 기법을 소개해서 비용을 줄이는

데 있다. DSL이 얇은 껍데기에 지나지 않겠지만, 매우 유용하며 만들어 볼만한 가치가 있다.

왜 지금인가?

DSL은 꽤 오래된 개념이지만, 최근에서야 눈에 띌 정도의 관심을 조금 끌고 있을 뿐이다. 그동안에 나는 이 책을 쓰는데 두 해 정도를 투자하기로 마음먹었다. 왜냐고? 관심이 이처럼 전반적으로 증가하는 추세를 완벽히 설명할 수는 없겠지만, 개인적인 견해 정도는 공유할 수 있기 때문이다.

새천년이 시작되면서, 프로그래밍 언어에서는 표준화를 위한 바람이 거세게 불었다. 최소한 내가 일하는 기업 소프트웨어 분야에서는 확실히 그랬다. 지난 수년 동안, 자바는 미래에 최후까지 살아남을 언어로 통했다. 마이크로소프트가 이에 대항하려고 C#을 내놓았고, C# 또한 자바와 동등한 자리를 차지했다. 컴파일 해야 하고, 정적이며, 객체지향적인 C 계열의 언어가 개발을 새롭게 지배했다. (비주얼 베이직(Visual Basic)마저도 C#과 최대한 유사하게 만들어졌다.)

하지만 얼마 지나지 않아, 자바/C#이 모든 것을 장악할 수 없다는 사실이 분명히 드러났다. 이들 언어로는 중요한 로직 중 많은 부분을 다루기가 힘들었기 때문에, 결국 XML 설정파일 시대가 열렸다. 이내 프로그래머는 자바/C#보다는 XML로 프로그램을 더 많이 짠다고 농담을 할 정도였다. XML이 이처럼 인기를 끈 이유는 프로그램 행위를 런타임에 동적으로 바꾸고 싶기 때문이었다. 그리고 무엇보다도 행위적인 측면을 커스텀 구문을 사용해 기술할 수 있기 때문이었다. XML은 구문에 군더더기가 많았지만, 자신만의 용어를 정의할 수 있었고 강력한 계층 구조를 제공했다.

하지만 XML에서 군더더기 구문은 계속해서 늘어났다. 사람들은 각괄호가 눈을 피로하게 만든다고 불평했다. 결국 XML의 불편함은 버리고 XML 설정파일의 장점만을 살릴 수 있는 방법을 찾기 시작했다.

이제 루비 온 레일스(Ruby on Rails)가 폭발적인 관심 속에 등장했던 2000년대 중반으로 가보자. 레일스가 실용적인 플랫폼으로 자리 잡았는지 아닌지를 떠나(나는 꽤나 실용적이라고 생각한다), 레일스는 사람들이 라이브러리와 프레임워크 설계에 대해 사고하는 방식에 커다란 영향을 미쳤다. 루비 커뮤니티에서는 라이브러리와 프레임워크를 더욱 유창한(fluent) 방식으로 운용했다. 라이브러리를 이용해 프로그램을 작성할 때, 마치 특별한 언어를 사용하는 듯한 느낌을 받을 수 있었다. 이 사상은 가장 오래된 프로그래밍 언어 중 하나인 Lisp에서 유래했다. 이처럼 유창한 방식으로 접근하자, 자바/C#에서 불모지처럼 보였던 분야에서도 효과를 거두기 시작했다. 이제 두 언어에서도 플루언트 인터페이스(fluent interface)가 점점 주목을 끌기 시작했다. 이는 JMock과 Hamcrest 창시자가 지속적으로 영향을 미쳤기 때문인 듯하다.

이 상황을 모두 지켜본 나로서는 지식 격차를 느낀다. 커스텀 구문이 읽기도 더 쉽고 작성하기도 그리 어렵지 않은 상황에서조차 XML을 사용하는 사람들이 있다. 커스텀 구문이 좀 더 쉬운 경우에도 루비를 복잡하게 꼬아 사용하는 사람도 있다. 정규 언어로 플루언트 인터페이스를 만드는 게 훨씬 쉬울 때도, 굳이 파서로 처리하려는 사람도 있다.

나는 지식 격차로 인해 이러한 상황이 벌어진다고 생각한다. 숙련된 프로그래머조차도 여러 DSL 기법 중에서 선택할 때 분별력 있게 결정할 수 있을 정도로 DSL 기법을 충분히 알지 못한다. 이 책을 통해 채우고자 하는 격차가 바로 이러한 지식 격차다.

왜 DSL이 중요한가?

여기에 대해서는 37쪽의 '왜 DSL을 사용하는가?'에서 더욱 상세하게 다루겠지만, 우선 DSL에 관심을 가져야 하는 이유 중 두 가지를 말하려고 한다.

첫 번째 이유는 개발자 생산성을 향상시킬 수 있기 때문이다. 아래 코드를 보자.

```
input =~ /\d{3}-\d{3}-\d{4}/
```

이 코드는 정규 표현식으로 매칭하는 코드임을 쉽게 알 수 있다. 그리고 매칭하려는 패턴이 무엇인지도 알아볼 수 있을 듯하다. 정규 표현식은 이해하기가 어렵다는 이유로 비난 받을 때가 많지만, 위와 같은 패턴과 일치하는 코드를 정규 제어문만 사용해서 작성하면 어떨지 상상해 보라. 정규 표현식과 비교해 볼 때, 그 코드를 이해하고 수정하는 게 과연 쉬울까?

DSL은 프로그램에서 극히 일부분에만 집중해서 작성하며, 이해하기도 매우 쉽다. 따라서 빠르게 작성하고 수정할 수 있으며, 버그를 만들어 내는 일도 줄어든다.

DSL이 가치 있는 두 번째 이유는 DSL의 가치가 비단 프로그래머에게만 국한되지 않는다는 점이다. DSL은 작고 이해하기 쉽기 때문에, 프로그래머가 아닌 사람도 핵심 업무를 처리하는 코드를 읽을 수 있다. 실제 코드가 도메인을 이해하는 사람에게 드러나기 때문에, 프로그래머와 고객이 훨씬 수월하게 의사소통 할 수 있다.

도메인 전문가가 DSL 코드를 읽을 수 있게 된다는 점을 이야기할 때마다, 사람들은 프로그래머가 결국 사라지게 될 거라고 말하곤 한다. 나는 이 의견에 지극히 회의적인데, 사실 코볼(COBOL)도 마찬가지였기 때문이다. CSS처럼 스스로를 프로그래머라고 여기지 않는 사람이 작성하는 언어가 분명히 존재하지만, 진짜 중요한 건 읽을 수 있다는 사실이지, 작성할 수 있다는 사실이 아니다. 도메인 전문가가 핵심 업무를 처리하는 코드를 읽을 수 있고, 코드 대부분을 이해할 수 있게 되면, 실제로 코드를 작성하는 프로그래머와 더욱 상세히 소통할 수 있게 된다.

DSL을 사용해야 하는 이 두 번째 이유는 성취하기가 결코 쉽지 않지만, 공을 들일 만하다. 프로그래머와 고객 사이의 의사소통은 소프트웨어를 개발할 때 가장 큰 병목이므로, 이 병목을 줄일 수 있는 기법이라면 작은 노력이라도 그 가치는 크다.

이 책의 두께에 놀라지 마시길

이 책이 너무 두꺼워 지레 겁먹을 수 있다. 이 책에서 너무 많은 내용을 다룬 나머지 나 또한 염려스럽다. 책을 볼 시간은 늘 부족하고, 특히 두꺼운 책이라면 시간을 더 많이 투자해야 하므로(시간은 책의 가격보다 훨씬 소중하므로), 나는 두꺼운 책을 경계하는 편이다. 결국 이와 같은 상황에서 내가 선호하는 2단형 책으로 만들었다.

2단형 책은 하나의 표지에 2개의 책을 포함한다. 첫 번째 책은 내러티브 부분으로, 처음부터 끝까지 순서대로 읽을 수 있게 만들었다. 내러티브 부분에서는 각 토픽의 상세한 내용은 숨긴채 개요만 간략히 다뤄서, DSL을 폭넓게 이해할 수 있도록 했다. 내러티브 부분은 150쪽을 넘지 않는 범위 내에서, 읽을 만한 정도로 분량을 할당하려고 한다.

두 번째로 나오는, 조금 더 두꺼운 책은 레퍼런스 부분이다. 순서대로 읽는 게 아니라(순서대로 읽어나가는 사람도 더러 있지만), 필요한 부분만 읽을 수 있도록 만들었다. 내러티브 부분을 먼저 읽어 개요를 개략적으로나마 이해한 후에야, 흥미를 끄는 장을 학습하길 원하는 사람도 있고, 내러티브 부분을 읽는 도중에도 흥미로운 레퍼런스 부분을 바로 습득하길 좋아하는 사람도 있다. 책을 2단으로 구성한 이유는 건너뛸 수 있는 부분과 아닌 부분을 독자가 직접 결정하도록 하기 위해서다. 건너뛸지 아니면 좀 더 깊게 학습할지 직접 선택할 수 있다.

뿐만 아니라 레퍼런스에서는 각 장을 되도록이면 독립적으로 구성하려고 애썼다. 따라서 트리 생성(341)을 적용하려는 사람이 있으면, 이 패턴만 읽으라고 제안

해도 충분하다. 비록 내러티브 부분이 잘 기억나지 않더라도, 적용하는 데 필요한 정보를 충분히 얻을 수 있다. 따라서 내러티브 부분에서 제시한 개괄적인 내용을 섭렵하고 나면, 특정 토픽을 더 자세히 알고 싶을 때 레퍼런스 부분을 찾아보기 편리하다.

책이 이렇게 두꺼워진 데는 이보다 더 얇게 만들 방법을 도저히 찾지 못했기 때문이다. 무엇보다도 DSL을 직접 만들 때, 이 책이 사용할 수 있는 다양한 기법을 샅샅이 조사해 둔 교재가 되기를 바랐다. 사실 코드 생성이나 루비 메타 프로그래밍, 또는 파서 생성기(327) 툴 등을 설명하는 책은 시중에 많이 있다. 반면에 이 책에서는 이들 기법을 모두 샅샅이 조사해, 각 기법 간의 유사점과 차이점을 더 잘 이해하도록 만들고 싶었다. 이들 기법은 모두 드넓은 컴퓨팅 분야에서 자신의 몫을 한다. 이 책에서는 이 분야를 둘러볼 뿐만 아니라, 각 기법을 시도해볼 수 있을 만큼 충분히 상세히 설명하려고 한다.

무엇을 배울 수 있는가

이 책은 다양한 DSL과, DSL을 만드는 기법을 폭넓게 설명할 수 있도록 만들었다. DSL을 시도할 때, 겨우 기법 하나만을 선택할 때가 많다. 이 책에서는 다양한 기법을 소개하여, 현재 상황에 가장 알맞은 기법을 선택할 수 있도록 하는데 초점을 맞추었다. 이들 기법 중 상당수는 구현할 수 있는 세부 내용과 예제를 함께 포함한다. 물론 필요한 내용을 모두 보여주기는 어렵다. 하지만 DSL을 시작하고, 결정을 빨리 내리는데 도움이 될 정도의 내용은 충분히 포함되어 있다.

책 초반부에서는 DSL이 무엇인지, 언제 효과가 나는지, 그리고 프레임워크나 라이브러리에 비교해서 어떤 역할을 하는지를 잘 이해할 수 있도록 설명한다. 구현하기 장에서는 외부 DSL과 내부 DSL을 만드는 방법을 폭넓게 설명한다. 외부 DSL을 다룬 장에서는 파서의 역할, 파서 생성기(327)의 유용성, 그리고 외부 DSL을 파싱할 때 파서를 사용하는 다양한 방법을 설명한다. 내부 DSL 부분에서는 다양한 언어 구조체를 DSL 형식으로 사용할 때 고려할 수 있는 방법을 보여준다. 비록 특정 언어마다 가장 효과적인 방법을 설명할 수는 없지만, 특정 언어로 적용한 기법을 다른 언어에 어떻게 적용할 수 있을지 이해하는 데 도움이 될 것이다.

코드 생성을 다룬 장은 코드를 반드시 생성해야 하는 환경일 때, 코드를 생성하는 다양한 전략을 간략히 설명한다. 언어 워크벤치 장에서는 새로운 세대의 툴을 간략히 개요만 다룬다. 이 책의 내용은 대부분 수십 년 동안 활용된 기법만을 다루고 있다. 반면에 언어 워크벤치는 미래에 사용될 기법으로, 전망은 밝지만 아직 검증되지는 않았다.

누가 이 책을 읽어야 하는가

이 책이 목표로 하는 주요 독자는 DSL을 만들 의향이 있는 전문 소프트웨어 개발자다. 최소한 수년 간 프로그래밍을 경험해 보았고, 이를 통해 소프트웨어를 설계하는 기본 원칙 정도는 익힌 상태여야 한다.

당신이 언어 설계 분야와 관련이 깊다면, 이 책의 소재가 그다지 많이 새롭지는 않을 듯하다. 그러나 정보를 분류하고 전달하는 데 사용한 접근법은 도움이 되리라고 본다. 언어 설계 분야에서는 산더미 같은 연구가 이뤄졌지만(특히 학계에서), 이 연구 결과 중 극소수만이 프로그래밍 세계에 알려졌을 뿐이다.

DSL이 무엇인지, 왜 사용해볼 만한지 궁금한 독자라면 내러티브 초반부에 있는 장들이 유용할 것이다. 내러티브 부분을 모두 읽고 나면, 다양한 구현 기법을 어떻게 사용할지 개략적으로 이해할 수 있을 것이다.

이 책은 자바 또는 C#에 대한 것인가?

내가 쓴 책들 대다수가 그렇듯, 이 책에서 설명하는 대부분의 내용은 특정 프로그래밍 언어에 국한되지 않았다. 이보다는 사용 중인 프로그래밍 언어와 상관없이 적용할 수 있는 일반적인 원칙과 패턴을 알려주고자 한다. 따라서 어떤 객체지향 언어를 사용하더라도, 이 책에 나오는 내용은 가치가 있을 것이다.

책에서 설명하는 내용이 함수형 언어에서는 차이가 날 수도 있다. 물론 책 내용 중 대부분은 함수형 언어에서도 의미 있다고 본다. 하지만 나는 함수형 언어를 충분히 경험해 보지 못했다. 따라서 함수형 프로그래밍 원칙을 따를 때, 이 책에서 설명하는 내용이 얼마나 바뀔지 확실히 알 수 없다. 또한 절차형 언어(즉 C 언어와 같이 객체 지향이 아닌 언어)에서도 제약이 다소 있을 수 있는데, 책에서 설명하는 수많은 기법이 객체지향 원칙에 기반하기 때문이다.

비록 이 책에서 일반적인 원칙을 설명하지만, 이 원칙을 제대로 설명하려면 예제를 보여줘야 한다고 믿는다. 결국 이들 예제를 작성하기 위해 특정 언어를 선택해야 했다. 예제를 작성할 언어를 선택하면서 해당 언어가 폭넓게 읽혀야 함을 그 기준으로 삼았다. 결과적으로 이 책에 포함된 예제는 대부분 자바나 C#으로 작성했다. 두 언어는 모두 컴퓨팅 산업에서 널리 사용하고, C 언어와 유사한 구문을 가지며, 메모리를 관리할 수 있고, 사용하기 불편한 점을 없앤 라이브러리를 제공하기 때문이다. 두 언어가 DSL을 만들 때 사용할 수 있는 최고의 언어라는 뜻은 아니다(특히 나는 그렇게 생각하지 않는다). 다만 내가 설명하려는 일반적인 개념을 전달하는 데는 최적의 언어라고 본다. 두 언어를 공평하게 사용하려고 노력했고, 이 중 어느 하나가 문제를 더욱 쉽게 해결할 수 있을 때에만 그 언어를 좀 더 활용했다. 또한 언어 요소 중에서 해당 언어 구문에 대한 지식이 많이 필요하다면, 해당 구문은 피하려고 애썼다. 하지만 이러한 트레이드오프는 쉬운 일이 아닌데, 내부 DSL을 잘 활용하기 위해서는 특정 언어에서 특수한 구문 요소를 사용해야 할 때가 많기 때문이다.

자바나 C#으로는 설명할 수 없고, 반드시 동적 언어를 사용해야 하는 내용도 더러 있다. 이 경우에는 루비(Ruby)를 사용했다. 루비는 내가 가장 익숙한 동적 언어기 때문이다. 게다가 루비는 DSL을 작성하는 데도 효과적이다. 다시 한 번 말하지만 내가 특정 언어에 익숙하고, 다른 언어보다 해당 언어를 더 선호한다는 사실만으로, 기법을 다른 언어에 적용할 수 없다고 추측하지 않았으면 한다. 물론 나는 루비를 상당히 좋아한다. 하지만 스몰토크(Smalltalk)를 무시할 정도여야 내가 언어에 편견이 심하다는 사실을 증명할 수 있을 것이다.

DSL을 만들기에 적합한 다른 언어가 많이 있다는 사실을 분명히 밝혀 둔다. 여기에는 내부 DSL을 더욱 쉽게 작성할 수 있도록 특별히 만들어진 언어도 다수 포함된다. 이 책에서는 이들 언어를 언급하지 않으려 한다. 이들 언어를 거들먹거리며 자신 있게 말할 수 있을 정도로 충분히 사용해보지 않았기 때문이다. 하지만 내가 이들 언어에 부정적인 견해를 가지고 있다고 해석하지 않았으면 한다.

DSL에 대한 책을 언어와 무관하게 쓸 때 특히 어려운 점 중 하나는, 많은 기법이 특정 언어의 특성에 직접적으로 의존해야만 유용하다는 사실이다. 이 책에서는 기법을 범용적으로 활용할 수 있게 하려고, 특정 언어의 특수 구문을 되도록이면 사용하지 않았다. 하지만 당신이 현재 사용 중인 언어 환경에서는 내가 사용한 기준과는 차이가 있음을 항상 유념해야 한다.[1]

이 책에서 다루지 않는 내용들

이런 책을 쓸 때 가장 실망스러움을 느끼는 경우 중 하나는 멈춰야 한다는 사실을

---

[1] (옮긴이) 이 책에서는 개념을 쉽게 설명하기 위해, 언어 기능 중에서 일반적인 기능만을 사용했다. 하지만 해당 언어에서 특수한 기능을 사용해야만 DSL의 가치가 극대화 될 때가 많다. 이 책에서는 기법이 범용적으로 쓰이도록 하기 위해, 특수한 언어 구문을 최소한 사용하려고 노력했다. 하지만 실무에서는 오히려 특수한 언어 구문을 사용해야 할 때가 많다

깨달을 때다. 이 책을 쓰는데 수년 동안 심혈을 기울였고, 읽어볼 가치가 있는 자료가 책에 많이 포함되었다고 믿는다. 하지만 지식 격차는 분명히 많이 남아 있다. 이 격차를 메우기 원하지만, 그러려면 더 많은 시간을 할애해야만 한다. 완벽하지는 않더라도 책을 출판하는 게, 책이 완벽해질 때까지 몇 년 기다리는 일보다(완벽한 책이라는 게 있을지 모르겠지만) 더 낫다고 믿는다. 알고는 있지만 다룰 시간이 부족했던 이들 격차에 대해 말해둬야겠다.

앞에서 이들 격차 중 하나로 함수형 언어가 맡은 역할에 대해서 넌지시 언급한 바 있다. ML[2]이나 하스켈(Haskell)에 기반을 둔 최신의 함수형 언어에서는 DSL을 만들려는 역사가 뚜렷했지만, 이 책에서 그 성과는 다루지 않는다. 만약 당신이 이들 함수형 언어와 DSL의 사용법에 능숙하다면, 함수형 언어까지 이 책에 포함하고자 할 때 이 책의 내용이 어떻게 바뀔지 생각해 보는 일도 상당히 흥미로울 것이다.

가장 실망스러운 격차는 진단과 에러 처리에 대해 충분히 논의하지 못했다는 점일 것이다. 대학에서 컴파일러를 만들 때, 사실 가장 어려운 부분은 진단이라고 배웠다. 이 책에서는 이 부분을 제대로 다루지 않았기 때문에, 상당히 많은 주제를 얼버무리고 넘어간다는 생각이 든다.

이 책에서 가장 마음에 드는 장은 「컴퓨팅 대안 모델」이다. 이 주제에 대해 많은 내용을 다루고 싶었지만, 마찬가지로 시간이 허락하지 않았다. 결국 컴퓨팅 대안 모델에 대해 내가 원했던 만큼 다루지는 못했다. 다행스럽게도 당신을 고무시킬 수 있을 만큼은 충분히 다뤘으니, 스스로 탐구해보기 바란다.

레퍼런스 부분

내러티브 부분은 상당히 일반적인 형식을 따르지만, 레퍼런스 부분에서 따르는 구조는 설명을 곁들여야겠다. 레퍼런스 부분은 일련의 유사한 토픽들로 나누고, 유사한 내용의 토픽은 하나의 장으로 묶었다. 각 토픽은 다른 토픽에 독립적으로 구성했다. 따라서 내러티브 부분을 읽은 후라면, 특정 토픽을 상세하게 살펴볼 때 다른 토픽들은 살펴보지 않아도 되도록 구성했다. 특정 토픽이 다른 토픽과 관련이 있는 경우에는, 해당 토픽의 첫 부분에 이를 언급했다.

토픽은 대부분 패턴 형식으로 작성했다. 패턴에서 핵심은 반복되어 발생하는 문제에 대한 공통된 해결책이다. 예를 들어 공통된 문제가 "파서를 어떻게 구조화 해

---

2 (옮긴이) ML은 범용 함수형 언어로, 흔히 메타언어(metalanguage)를 뜻한다. 1970년대 초반에 에든버러(EdinBurgh) 대학의 로빈 밀러(Robin Miller)가 개발했다.

야 하는가?"라면, 이 문제를 해결할 수 있는 패턴으로는 구분자 주도 변환(247)과 구문 주도 변환(267) 두 가지가 있을 수 있다.

지난 20여 년 동안 소프트웨어 분야에서는 패턴과 관련된 자료가 많이 쓰여졌고, 저자마다 패턴에 대해 서로 다른 시각을 가진다. 내게 있어서 패턴은 레퍼런스 부분에 있는 내용을 구조화하기에 효과적인 방법이라는 점에서 유용하다. 내러티브 부분에서는 텍스트를 파싱할 때, 위 두 가지 패턴을 적용할 수 있다고 설명한다. 그리고 각 패턴에서는 더 상세한 정보를 제공하므로, 이들 가운데 하나를 선택해 구현할 수 있을 것이다.

레퍼런스 부분에서는 대부분 패턴 구조를 적용했지만, 모두 그렇게 하지는 않았다. 레퍼런스 부분에 있는 토픽들이 모두 해결책처럼 보이지는 않았기 때문이다. 중첩 연산자 표현식(395)과 같은 일부 토픽에서는 해결책이 핵심이 아니었고, 패턴 구조에도 잘 맞지 않았다. 따라서 이러한 경우에는 패턴 형식으로 설명하지 않았다. 매크로(225)나 BNF(279)와 같이 패턴이라고 부르기에는 힘든 기법도 있었지만, 패턴 구조를 적용해 효과적으로 설명할 수 있는 경우도 있었다. 대체로 특정 개념을 설명할 때 패턴 구조 중에서 '어떻게 동작하는가'와 '언제 사용하는가'를 구분할 수 있느냐에 따라 패턴 구조를 적용할지를 결정했다.

패턴 구조

저자들은 대부분 패턴을 기술할 때 정형화된 템플릿을 사용한다. 나 또한 예외는 아니다. 다른 저자들과는 다르지만, 정형화된 템플릿이 있다. 내가 사용하는 템플릿 또는 패턴 형태는 『Patterns of Enterprise Application Architecture』[Fowler PoEAA] 책을 쓸 때 처음 적용했던 형태로, 다음과 같다.

패턴에서 가장 중요한 요소는 이름일 듯하다. 레퍼런스에 있는 토픽에 대해 패턴을 즐겨 사용하는 가장 큰 이유 중 하나는, 해당 토픽을 논의할 수 있는 용어를 뚜렷하게 만드는데 도움을 주기 때문이다. 이 용어가 폭넓게 사용되리라고 보장할 수는 없지만, 최소한 내가 쓰는 글에서는 일관성을 지킬 수 있다. 뿐만 아니라 사람들이 이 책에서 사용한 용어를 활용하기를 원한다면, 이 책은 의미 있는 출발점이 될 것이다.

패턴에서 이름 다음에 나오는 두 요소는 의도와 스케치다. 이들 요소는 패턴을 간단히 요약하는데 사용하며, 패턴을 상기할 때 도움을 준다. 즉 이미 패턴이 적용되었지만 그 이름이 생각나지 않을 때, 기억을 되살려 주는 데 도움이 된다. 의도는 글로 쓴 한두 줄의 문장인 반면에, 스케치는 좀 더 시각적으로 표현한다. 다이어그램이나 코드 예제와 같이, 패턴의 핵심을 간결하게 전달할 수 있다고 생각하는 방식으로 스케치를 표현한다. 스케치를 다이어그램으로 그릴 때는 주로 UML을 사용하지만, 의미를 더욱 쉽게 전달할 수 있다면 무엇이라도 기꺼이 사용할 수 있다.

다음에 나오는 요소는 다소 긴 요약으로, 대체로 동기 부여를 위한 예제를 설명한다. 요약은 두어 단락으로 구성하며, 상세한 내용을 습득하기 전에 개요를 전반적으로 익히는데 도움을 준다.

패턴 구조에서 가장 핵심적은 두 가지 요소는 바로 '어떻게 동작하는가'와 '언제 사용하는가'다. 이 둘의 순서는 정해져 있지 않다. 패턴을 적용할지 결정해야 하는 경우라면 '언제' 부분만 읽기를 원할 수 있다. 하지만 패턴이 '어떻게' 동작하는지 이해하지 못한다면, '언제' 부분에서 설명하는 내용을 이해하기 힘들 때가 많다.

마지막 요소는 예제다. '어떻게' 부분에서 패턴이 어떻게 동작하는지 최대한 설명하겠지만, 요점을 제대로 이해하려면 코드가 포함된 예제가 필요할 때가 많다. 하지만 코드 예제는 위험이 따르는데, 예제는 패턴을 적용할 수 있는 하나의 사례만을 나타내기 때문이다. 결국 일부 사람들은 일반적인 개념이 아니라, 이 사례 하나가 패턴의 전부라고 오해하기도 한다. 그러나 같은 패턴이라도 매번 다른 방법으로 구현할 수 있다. 하지만 제한된 지면에 이 예제를 작성해야 하고, 게다가 예제를 모두 작성하기에 기력이 충분치도 않다. 따라서 패턴은 특정 예제에서 보여주는 것 이상임을 항상 기억해야 한다.

예제는 모두 의도적으로 매우 간단하게 작성해서, 다루고 있는 패턴과 관련된 부분에만 초점을 맞추었다. 레퍼런스 부분은 각 토픽을 독립적으로 구성했고, 이 목표와 부합하도록 하기 위해서 단순하고 독립적인 예제를 사용했다. 당연하겠지만, 패턴을 현재 당면한 상황에 적용해야 할 때는 처리해야 하는 이슈가 더 많이 존재한다. 하지만 예제가 단순하다면, 적어도 핵심적인 내용은 더 쉽게 이해할 수 있으리라고 판단했다. 풍부한 예제는 더욱 현실성이 있겠지만, 습득하고 있는 패턴과는 거리가 먼 여러 이슈를 이해해야만 한다. 따라서 코드 일부만을 보여 줄 것이며, 필요한 경우 이 코드 예제를 결합하는 일은 독자의 몫으로 남겨두겠다.

코드 예제를 간단히 작성한 또 다른 이유는 코드 예제를 통해 이루려는 주요 목표가 패턴을 쉽게 이해시키기 위해서기 때문이다. 따라서 성능 이슈나 에러 처리와 같이, 패턴의 핵심에서 벗어나는 주제는 다루지 않았다.

그리고 예제에서 사용한 언어에서 자연스러운 관례라 하더라도, 이해하기 힘든 구문은 피하려고 노력했다. 특히 내부 DSL을 만드는 경우에는 이러한 균형을 이루기가 쉽지 않다. 내부 DSL에서 언어의 흐름을 향상시키려면, 해당 언어의 특수한 구문에 의존해야 하기 때문이다.

한두 개의 패턴 요소가 빠진 패턴도 많이 있는데, 이 부분을 작성해야 할 이유가 분명치 않았기 때문이다. 예제가 없는 패턴도 있는데, 이는 다른 패턴에서 관련된 예제를 다루었기 때문이다. 이러한 경우에는 관련된 패턴을 언급했다.

감사의 글

내가 책을 쓸 때마다 책이 출간되기까지 큰 도움을 준 사람들이 많았다. 내 이름은 책 표지에 올라가겠지만, 그렇지 못한 채 책의 질을 높여준 사람들이 많이 있었다.

무엇보다 직장 동료인 레베카 파슨스(Rebecca Parsons)에게 감사의 말을 전한다. 이 주제로 책을 쓸 때 가장 염려스러웠던 점은 학문적인 배경지식을 상당히 요하는 분야를 다뤄야 하지만, 내가 심각할 정도로 무지하다는 사실이었다. 레베카는 언어론에 조예가 깊었으므로, 이 부분에 큰 도움이 되었다. 게다가 레베카는 회사에서 기술적인 문제를 해결하고 전략을 세우는 데 가장 우수한 사람 중 한 명이었으므로, 학문적인 배경지식을 수많은 실제 경험과 결합할 수 있었다. 레베카는 이 책에서 가장 중요한 역할을 하는데 적격이었으며, 흔쾌히 부탁을 들어주었다. 하지만 그녀는 이 일을 하느라 쏘트웍스(ThoughtWorks) 사에서 자신의 일을 미뤄둘 수밖에 없었다. 많은 시간을 할애해서 조언해 준 그녀에게 깊이 감사드린다.

저자가 검토자를 고를 때는, 검토자가 모든 부분을 거듭 검토해 크든 작든 산더미 같은 문제점을 찾아주기를 바란다(그리고 찾을까 두려워하기도 한다). 운좋게도 이 역할을 놀랄 정도로 훌륭하게 소화해낸 마이클 헝거(Micheal Hunger)를 찾을 수 있었다. 이 책을 내 웹 사이트에 올리자마자, 마이클은 오류와 이에 대한 해결책으로 나를 괴롭혀 왔다. 단언컨대, 정말로 내가 필요로 했던 일이었다. 뿐만 아니라 내가 정적 타입을 활용하는 기법을 설명하도록 하는데도(특히 정적 타입 심벌을 작성하는데) 큰 공을 세웠다. 이 밖에도 조언을 엄청나게 해주었는데, 이를 모두 다루려면 또다른 책을 두 권이나 더 쓸 수 있을 정도였다. 다음 번에는 이 조언들을 다룰 수 있기를 바란다.

지난 수년 동안 동료인 레베카 파슨스, 닐 포드(Neal Ford), 올라 비니(Ola Bini)와 함께 이 주제로 교육을 해왔다. 동료들은 교육뿐만 아니라, 자신의 생각이 이 책에서 표현될 수 있도록 힘썼으며, 많은 아이디어를 가져다 쓸 수 있도록 허락해 주었다.

쏘트웍스 사는 이 책을 쓰느라 보낸 시간을 너그러이 봐주었다. 다시는 회사에 직장을 구하지 않겠노라고 결심한 후 오랜 시간이 지나서, 머무르고 싶은 마음이 생긴 이 회사를 창립하는 데 적극적으로 참여할 수 있게 되어 정말이지 기쁘다.

내게는 쟁쟁한 공식 검토 그룹이 있다. 이들은 이 책을 살펴보고, 오류를 찾아 개선책을 제시해 주었다.

David Bock	David Ing
Gilad Bracha	Jeremy Miller
Aino Corry	Ravi Mohan
Sven Efftinge	Terance Parr
Eric Evans	Nat Pryce
Jay Fields	Chris Sells
Steve Freeman	Nathaniel Schutta
Brian Goetz	Craig Taverner
Steve Hayes	Dave Thomas
Clifford Heath	Glenn Vanderburg
Michael Hunger	

Zoo of DSLs의 이름을 제안한 데이비드 잉(David Ing)에게도 특별한 감사의 말을 전한다.

시리즈로 출간되는 책의 저자가 되면 좋은 점은 자문을 구하거나 새로운 생각을 검토해 줄, 정말 뛰어난 검토 그룹을 얻을 수 있다는 점이다. 이분들 중에서도 세세하게 지적하고 훌륭하게 검토해준 엘리엇 러스티 해럴드(Elliotte Rusty Harold)에게 특별히 감사드린다.

쏘트웍스 사의 수많은 동료도 새로운 생각을 제시해 주었다. 지난 수년 동안 프로젝트에서 새로운 정보를 캐낼 수 있게 배려해 준, 모든 사람에게 감사드린다. 새로운 정보가 너무 많아 이 책에 다 쓸 수 없을 정도였으며, 풍부한 내용을 찾을 수 있어 정말이지 즐거웠다.

책을 출판하기 전에 Safari Books Online에 1차 편집본을 올렸는데, 이때 Pavel Bernhauser, Mocky, Roman Yakovenko, tdyer가 훌륭한 지적을 해주었다.

이 책을 출판해 준 피어슨(Pearson) 사에도 감사의 말을 전한다. 그렉 도엔히(Greg Doench)는 원고 검토 편집자로, 이 책이 출판되기까지 모든 과정을 돌봐주었다. 편집장인 존 풀러(John Fuller)는 이 책이 인쇄될 수 있도록 감독해 주었다.

드미트리 키르사노프(Dmitry Kirsanov)는 내 엉성한 문장을 책에 걸맞게 수정해 주었다. 알리나 키르사노바(Alina Kirsanova)는 이 책을 지금 이 형식으로 배치해 주었고, 색인을 맡아 주었다.

1부
내러티브

1장

DOMAIN-SPECIFIC LANGUAGES

도입 예제

나는 글을 쓸 때, 먼저 무엇에 대해 글을 쓰는지 간략히 설명하곤 한다(이 책에서는 DSL(Domain-Specific Language)이 바로 그 무엇이다). 이때 구체적인 예제를 우선 보여준 다음, 이어서 예제에서 다룬 개념을 추상화하는 편이다. 이 책도 마찬가지로, 이 장에서 먼저 예제를 통해 DSL에서 나타날 수 있는 여러 가지 형태를 설명하려고 한다. 그런 후 다음 장부터 이 개념을 폭넓게 적용할 수 있게 일반화하고자 한다.

1.1 고딕양식의 보안

어릴 적에 TV에서 봤던 유치한 모험 영화들이 어렴풋하게 기억이 난다. 흔히 이런 영화에는 오래된 성, 특이한 비밀 장소, 또는 비밀 통로가 숨겨져 있었다. 영화에 등장하는 영웅은 이 비밀 공간을 찾으려고 계단 꼭대기의 촛대를 당기거나, 벽을 두 번 두드리곤 했다.

이러한 생각을 바탕으로, 보안 시스템을 만들려는 회사를 상상해 보자. 이 회사 직원이 와서 무선 네트워크를 준비하고, 작은 장치들을 설치한다. 각 장치는 흥미로운 일이 일어날 때 4글자로 된 메시지를 보낸다. 예를 들어 서랍에 장착된 센서는 서랍이 열릴 때 〈D2OP〉라는 메시지를 보낸다. 이들 장치 중에는 작은 제어 장치도 있는데, 이 제어 장치는 4글자로 된 명령 메시지에 반응한다. 예를 들어 제어 장치는 〈D1UL〉라는 메시지를 받았을 때 문을 연다.

이러한 보안 시스템에서 핵심 부분은 컨트롤러 소프트웨어로, 이벤트 메시지를 받고 이 메시지로 무엇을 할지 계산한 후, 명령 메시지를 전송한다. 이 회사는 닷컴이 붕괴할 때 자바로 제어할 수 있는 값싼 토스터를 대량 구매해서 컨트롤러로 사용하고 있다. 그래서 고객이 고딕 보안 시스템을 구매하면, 수많은 장치와 자바로 제어할 수 있는 토스터를 가지고 가서 고객사에 맞게 만들어 주었다.

이 예제에서는 이 컨트롤러 프로그램에 주목하려고 한다. 각 고객은 자신만의 요구사항을 가지고 있지만, 요구사항을 잘 수집해서 보면 공통적인 패턴을 쉽게 찾을 수 있다. 예를 들어 그랜트(Grant) 양은 침실 문을 닫고, 서랍을 연 후, 등을 켜야만 비밀 장소에 들어갈 수 있다. 쇼(Shaw) 양은 수도꼭지를 튼 후, 두 개의 비밀 장소에 맞게 전등을 켜서 비밀 장소를 이용한다. 반면에 스미스(Smith) 양은 사무실의 자물쇠로 잠긴 옷장 안에 비밀 장소가 있다. 옷장의 자물쇠를 풀려면, 문을 닫고, 벽에 걸린 사진을 내려놓은 후, 책상 전등을 세 차례 켜고, 서류 캐비닛의 맨 위 서랍을 연다. 만약 스미스 양이 책상 전등을 끄지 않고 비밀 장소를 열면, 경고음이 울린다.

비록 이 예시가 엉뚱하지만, 근본적인 요점 자체는 유별나지 않다. 요점은 이 시스템이 구성요소와 행위 대부분을 공유하지만, 중요한 차이점도 몇 가지 있다는 사실이다. 이 경우 고객이 컨트롤러와 메시지를 주고받는 방식은 모두 동일하지만, 이벤트와 명령 메시지가 발생하는 순서는 서로 다르다. 회사는 최소한의 노력으로 새로운 시스템을 설치할 수 있게 준비하려고 한다. 이렇게 하려면, 회사는 일련의 행동을 컨트롤러에 쉽게 프로그래밍할 수 있도록 만들어야 한다.

이들 사례를 모두 살펴보니, 컨트롤러를 상태 머신(state machine)으로 보면 효과적일 거라는 생각이 문득 떠오른다. 각 센서는 이벤트를 전송해 컨트롤러의 상태를 바꾼다. 컨트롤러의 상태가 변할 때, 컨트롤러는 명령 메시지를 네트워크를 통해 전송한다.

이쯤에서 처음에는 이와는 반대로 글을 썼음을 밝혀야겠다. 상태 머신이 DSL의 좋은 사례였기에, 먼저 상태 머신을 선택했다. 그리고 나서 기존의 상태 머신 예제가 지루했기 때문에, 고딕 양식의 성을 예제로 골랐다.

1.1.1 그랜트 양의 컨트롤러

이 상상 속의 회사에 만족하는 고객이 수천 명이 되더라도, 지금은 한 명에만 집중해 보자. 바로 내가 제일 좋아하는 그랜트 양이다. 평상시에는 자물쇠로 잠근 침실 안에 비밀 장소를 숨겨 놓고 있다. 비밀 장소를 열려면, 문을 닫고, 두 번째 서랍을 연 후, 옆에 있는 등을 켜는데 순서는 중요하지 않다. 이렇게 하면, 비밀 벽이 열리고 비밀 장소로 들어갈 수 있다.

이 순서를 상태 다이어그램으로 표현할 수 있다(그림 1.1).

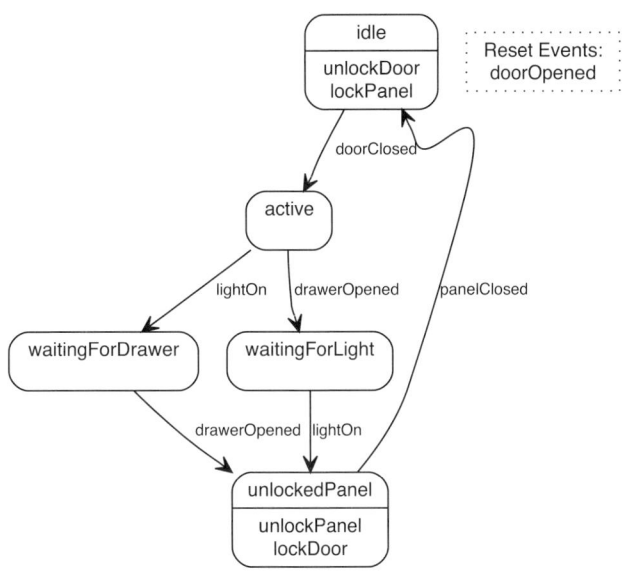

그림 1.1 그랜트 양의 비밀 장소를 표현한 상태 다이어그램

상태 머신을 한 번도 배운 적이 없을 수도 있지만, 상태 머신은 행위를 기술할 내가 주로 사용하는 방식이다. 보편적인 방식은 아니지만, 이 경우에는 꽤 효과적이다. 상태 머신을 적용할 때 밑바탕에 깔린 생각은 컨트롤러가 다양한 상태에 있을 수 있다는 점이다. 컨트롤러가 특정 상태에 있을 때 특정 이벤트가 일어나면, 다른 상태로 전이(transition)하며, 이 상태에서도 다른 상태로 전이할 수 있다. 이벤트가 연속적으로 발생하면, 결국 컨트롤러는 여러 상태들 사이로 이동하게 된다. 이 모델에서, 액션(컨트롤러에서 명령어 전송)은 해당 상태로 진입할 때 발생한다. (상태 머신 종류에 따라 액션이 발생하는 위치는 다르다.)

이 컨트롤러는 간단하고, 대부분은 전형적인 상태 머신을 따랐지만, 약간 변형한 부분이 있다. 이 컨트롤러는 별도의 유휴 상태(idle state)를 가지며, 시스템은 대부분의 시간을 이 상태에서 보낸다. 특정 이벤트는 시스템을 유휴 상태로 바로 되돌려, 모델을 리셋할 수 있다. 심지어는 시스템에서 상태가 전이하는 도중에도 리셋할 수 있다.

이처럼 상태 머신에 리셋 이벤트를 추가하게 되면, 전통적인 의미의 상태 머신 모델 범주에는 포함되지 않는다. 상태 머신을 변형한 모델에는 여러 종류가 있고, 꽤 널리 쓰인다. 이 모델은 그중 하나를 본떠서 만들었지만, 리셋 이벤트를 추가해 예제 특유의 상황에 맞게 변형했다.

특히 주목할 점은, 리셋 이벤트가 없더라도 그랜트 양의 컨트롤러를 표현할 수 있다는 점이다. 리셋 이벤트를 사용하지 않고, 〈doorOpened〉 이벤트로 촉발되어 유휴 상태로 돌아가는 전이를 모든 상태에 추가할 수도 있다. 하지만 리셋 이벤트를 사용하면 다이어그램을 단순하게 만들 수 있으므로 효과적이다.

1.2 상태 머신 모델

팀에서 상태 머신을 사용하여 컨트롤러가 동작하는 방식을 효과적으로 추상화할 수 있다고 결정했다면, 다음 단계로 이 추상화가 소프트웨어 자체에 확실히 스며들도록 해야 한다. 팀원이 컨트롤러가 동작하는 방식을 이벤트, 상태, 전이를 통해 이해했다면, 이들 용어가 소프트웨어 코드에도 그대로 나타나기를 원한다. 사실 이는 유비쿼터스 언어(Ubiquitous Language)[Evans DDD]에서 말하는 도메인 주도 설계(Domain-Driven Design) 원칙이다. 즉, 이 작업은 도메인 전문가와 프로그래머가 공유하는 언어를 만드는 일이다.

자바로 작업할 때 이처럼 공통 용어를 만들 수 있는 자연스러운 방법으로, 도메인 모델(Domain Model)[Fowler PoEAA]을 이용해 상태 머신을 만들 수 있다.

컨트롤러는 여러 장치와 통신할 때, 이벤트 메시지를 받아 커맨드 메시지를 전송한다. 이들 메시지는 4글자로 된 코드이며, 통신 채널을 통해 전송된다. 컨트롤러 소스 코드에서 이들 메시지를 코드가 아니라, 의미 있는 이름을 사용해 참조하기를 원한다. 그래서 Event 클래스와 Command 클래스에 코드(code)뿐

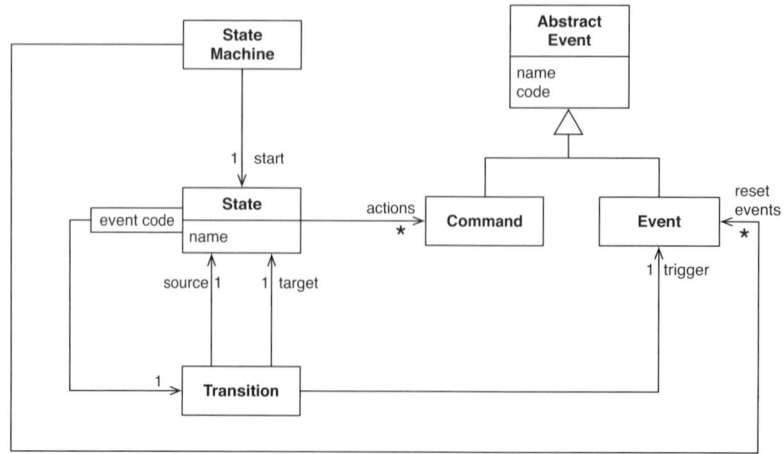

그림 1.2 상태 머신 프레임워크에 대한 클래스 다이어그램

만 아니라, 이름(name)을 추가했다. 나는 이들 클래스를 서로 분리했는데(같은 슈퍼 클래스를 사용해), 이 두 클래스가 컨트롤러 코드에서 서로 다른 역할을 하기 때문이다.

```
class AbstractEvent...
  private String name, code;

  public AbstractEvent(String name, String code) {
    this.name = name;
    this.code = code;
  }
  public String getCode() { return code;}
  public String getName() { return name;}

public class Command extends AbstractEvent

public class Event extends AbstractEvent
```

State 클래스에는 해당 상태에서 전송하는 커맨드와 외부로 향하는 전이를 저장한다.

```
class State...
private String name;
  private List<Command> actions = new ArrayList<Command>();
  private Map<String, Transition> transitions
                              = new HashMap<String, Transition>();

  public void addTransition(Event event, State targetState) {
    assert null != targetState;
    transitions.put(event.getCode(), new Transition(this, event, targetState));
  }
class Transition...
  private final State source, target;
  public Transition(State source, Event trigger, State target) {
    this.source = source;
    this.target = target;
    this.trigger = trigger;
  }
  public State getSource() {return source;}
  public State getTarget() {return target;}
  public Event getTrigger() {return trigger;}
  public String getEventCode() {return trigger.getCode();}
```

상태 머신에는 시작 상태(start)를 저장한다.

```
class StateMachine...
  private State start;

  public StateMachine(State start) {
    this.start = start;
  }
```

그리고 상태 머신에 있는 상태는 모두 이 시작 상태로부터 도달할 수 있는 상태다.

```
class StateMachine...
  public Collection<State> getStates() {
    List<State> result = new ArrayList<State>();
    collectStates(result, start);
    return result;
  }
 private void collectStates(Collection<State> result, State s) {
    if (result.contains(s)) return;
      result.add(s);
    for (State next : s.getAllTargets())
      collectStates(result, next);
 }
class State...
  Collection<State> getAllTargets() {
    List<State> result = new ArrayList<State>();
    for (Transition t : transitions.values()) result.add(t.getTarget());
    return result;
  }
```

리셋 이벤트를 처리하기 위해, 상태 머신에 리셋 이벤트 리스트를 저장한다.

```
class StateMachine...
  private List<Event> resetEvents = new ArrayList<Event>();

  public void addResetEvents(Event... events) {
    for (Event e : events) resetEvents.add(e);
  }
```

이처럼 별도의 변수를 사용해 리셋 이벤트를 처리하지 않아도 된다. 다음과 같이 상태 머신에 단순히 전이를 추가적으로 선언해 리셋 이벤트를 처리할 수도 있다.

```
class StateMachine...
  private void addResetEvent_byAddingTransitions(Event e) {
    for (State s : getStates())
      if (!s.hasTransition(e.getCode())) s.addTransition(e, start);
  }
```

상태 머신에 리셋 이벤트를 명시적으로 선언하면 의도를 더욱 분명하게 표현할 수 있기 때문에, 나는 명시적인 방법을 선호한다. 이렇게 하면 상태 머신이 약간 복잡해지지만, 여기에서 만드는 범용적인 상태 머신이 동작하는 방식을 더 명확하게 만들 뿐만 아니라, 특정 컨트롤러를 정의할 때도 의도가 명확해진다.

이제 구조에서 한 발 물러나, 행위로 넘어가보자. 곧 알게 되겠지만, 행위는 정말이지 간단하다. 컨트롤러는 장치로부터 이벤트 코드를 받아서 처리하는 메서드 (handle)를 가진다.

```
class Controller...
  private State currentState;
  private StateMachine machine;

  public CommandChannel getCommandChannel() {
    return commandsChannel;
  }

  private CommandChannel commandsChannel;

  public void handle(String eventCode) {
    if (currentState.hasTransition(eventCode))
      transitionTo(currentState.targetState(eventCode));
    else if (machine.isResetEvent(eventCode))
      transitionTo(machine.getStart());
    // 정의되지 않은 이벤트는 처리하지 않는다.
  }

  private void transitionTo(State target) {
    currentState = target;
    currentState.executeActions(commandsChannel);
  }

class State...
  public boolean hasTransition(String eventCode) {
    return transitions.containsKey(eventCode);
  }
  public State targetState(String eventCode) {
    return transitions.get(eventCode).getTarget();
  }
  public void executeActions(CommandChannel commandsChannel) {
    for (Command c : actions) commandsChannel.send(c.getCode());
  }

class StateMachine...
  public boolean isResetEvent(String eventCode) {
    return resetEventCodes().contains(eventCode);
  }

  private List<String> resetEventCodes() {
    List<String> result = new ArrayList<String>();
    for (Event e : resetEvents) result.add(e.getCode());
    return result;
  }
```

이 컨트롤러는 상태에 등록되지 않은 이벤트는 모두 무시한다. 이벤트가 등록되어 있다면, 컨트롤러는 목표 상태로 전이되고, 목표 상태에 선언된 커맨드를 모두 실행한다.

1.3 그랜트 양의 컨트롤러 프로그래밍하기

상태 머신 모델을 구현하면, 이제 그랜트 양의 컨트롤러를 아래처럼 프로그래밍할 수 있다.

```
Event doorClosed = new Event("doorClosed", "D1CL");
Event drawerOpened = new Event("drawerOpened", "D2OP");
Event lightOn = new Event("lightOn", "L1ON");
Event doorOpened = new Event("doorOpened", "D1OP");
Event panelClosed = new Event("panelClosed", "PNCL");

Command unlockPanelCmd = new Command("unlockPanel", "PNUL");
Command lockPanelCmd = new Command("lockPanel", "PNLK");
Command lockDoorCmd = new Command("lockDoor", "D1LK");
Command unlockDoorCmd = new Command("unlockDoor", "D1UL");

State idle = new State("idle");
State activeState = new State("active");
State waitingForLightState = new State("waitingForLight");
State waitingForDrawerState = new State("waitingForDrawer");
State unlockedPanelState = new State("unlockedPanel");

StateMachine machine = new StateMachine(idle);

idle.addTransition(doorClosed, activeState);
idle.addAction(unlockDoorCmd);
idle.addAction(lockPanelCmd);

activeState.addTransition(drawerOpened, waitingForLightState);
activeState.addTransition(lightOn, waitingForDrawerState);

waitingForLightState.addTransition(lightOn, unlockedPanelState);

waitingForDrawerState.addTransition(drawerOpened, unlockedPanelState);

unlockedPanelState.addAction(unlockPanelCmd);
unlockedPanelState.addAction(lockDoorCmd);
unlockedPanelState.addTransition(panelClosed, idle);

machine.addResetEvents(doorOpened);
```

이 코드는 앞에서 본 코드와는 본질적으로 상당히 다르다. 이전의 코드에서는 상태 머신 모델을 만드는 방법을 기술했다. 반면에 이 코드에서는 특정 컨트롤러 하나에 대한 모델을 설정한다. 이 두 코드는 다음과 같이 구분할 수 있다. 앞에서 본 코드가 라이브러리, 프레임워크, 컴포넌트를 구현하는 코드라면, 이 코드는 설정 코드 또는 컴포넌트를 조립하는 코드다. 결국 범용적인 코드와 변할 수 있는 코드를 분리한 것과 같다. 즉, 범용적인 코드를 일련의 컴포넌트로 구조화한 후, 다양한 목적에 맞게 컴포넌트를 설정한다.

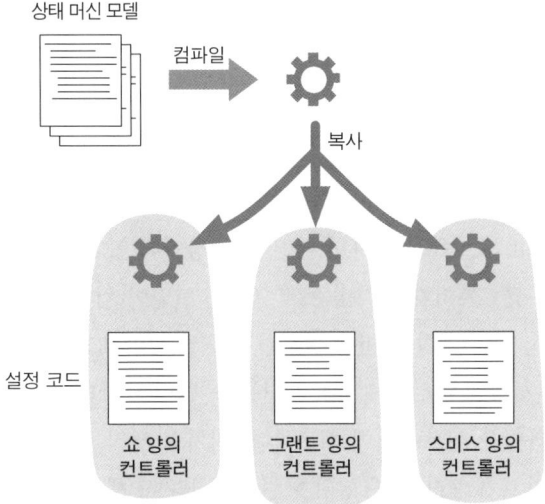

그림 1.3 하나의 라이브러리를 사용해 여러 가지 설정 코드를 만든다.

설정 코드를 아래와 같이 달리 표현할 수도 있다.

```
<stateMachine start = "idle">
  <event name="doorClosed" code="D1CL"/>
  <event name="drawerOpened" code="D2OP"/>
  <event name="lightOn" code="L1ON"/>
  <event name="doorOpened" code="D1OP"/>
  <event name="panelClosed" code="PNCL"/>

  <command name="unlockPanel" code="PNUL"/>
  <command name="lockPanel" code="PNLK"/>
  <command name="lockDoor" code="D1LK"/>
  <command name="unlockDoor" code="D1UL"/>

  <state name="idle">
    <transition event="doorClosed" target="active"/>
    <action command="unlockDoor"/>
    <action command="lockPanel"/>
  </state>

  <state name="active">
    <transition event="drawerOpened" target="waitingForLight"/>
    <transition event="lightOn" target="waitingForDrawer"/>
  </state>

  <state name="waitingForLight">
    <transition event="lightOn" target="unlockedPanel"/>
  </state>

  <state name="waitingForDrawer">
    <transition event="drawerOpened" target="unlockedPanel"/>
  </state>

  <state name="unlockedPanel">
    <action command="unlockPanel"/>
```

```
        <action command="lockDoor"/>
        <transition event="panelClosed" target="idle"/>
    </state>

    <resetEvent name = "doorOpened"/>
</stateMachine>
```

독자들 대다수는 이러한 표현형식에 익숙할 텐데, 설정 코드를 XML을 사용해서 표현했다. 이처럼 XML 파일을 사용하면 여러 가지 장점이 있다. 확실한 장점 하나는 사무실에 설치할 컨트롤러마다 자바 프로그램을 일일이 컴파일하지 않아도 된다는 점이다. 대신에, 단순히 상태 머신 컴포넌트를 컴파일 하고, 컴파일된 컴포넌트와 적당한 파서를 공통으로 사용할 JAR로 만든다. 그리고 상태 머신이 시작될 때 읽어 들이는 XML 파일을 컨트롤러에 배포한다. 이처럼 설정 코드를 XML 파일로 작성하면 컨트롤러가 수행해야 하는 행위가 변경되더라도, 새로운 JAR를 배포하지 않고도 모두 처리할 수 있다. 물론 설정 파일에 있는 구문 오류는 런타임 때만 발견할 수 있다는 비용을 감수해야 한다. 하지만 다양한 XML 스키마 시스템을 활용하면, XML 파일을 작성할 때 생기는 구문 오류를 쉽게 찾을 수 있다. 뿐만 아니라, 나는 테스트를 철저하게 하는 편이므로, 컴파일할 때 타입을 검사해서 대다수의 에러를 찾을 수 있었다. 게다가 테스트를 철저히 하면, 타입 검사로는 발견하지 못했던 다른 에러도 찾을 수 있었다. 이처럼 테스트를 철저히 하기 때문에, 에러가 런타임에 발견될 수 있더라도 크게 걱정하지 않는다.

두 번째 장점은 파일 자체가 표현력을 가진다는 점이다. 변수 간에 서로 관계를 맺느라 세세한 부분을 걱정하는 대신에, 선언적인 방법을 사용해서 여러모로 더 잘 읽히는 형식으로 작성한다. 뿐만 아니라 XML 파일에서는 설정 정보만 표현할 수 있다는 점에서, 표현성이 한정된다. 게다가 이러한 제한은 도움이 될 때가 많다. 컴포넌트를 조립하는 코드를 작성할 때, 실수할 가능성이 줄어들기 때문이다.

흔히 이런 종류의 프로그래밍 방식을 선언적 프로그래밍(declarative programming)이라고 부른다. 프로그래밍에서 주로 사용하는 모델은 명령형 모델(imperative model)이다. 명령형 모델에서는 일련의 단계에 따라 컴퓨터에게 명령을 내린다. '선언적'이라는 말은 모호하지만, 대체로 명령형 모델에서 벗어난 접근법을 일컫는다. 앞선 예제는 바로 이 접근법을 따른다. 즉, 변수 간에 서로 관계를 맺는 방법에서 벗어나, 상태의 액션과 전이를 XML의 하위 요소로 기술한다.

자바와 C#의 많은 프레임워크가 XML 파일을 이용해 설정하도록 만들어진 데는 바로 이러한 장점이 있기 때문이다. 최근에는 주류 프로그래밍 언어보다 XML을 이용해 프로그래밍을 할 때가 더 많다고 느낄 정도다.

설정 코드는 다음과 같이 표현할 수도 있다.

```
events
  doorClosed D1CL
  drawerOpened D2OP
  lightOn L1ON
  doorOpened D1OP
  panelClosed PNCL
end

resetEvents
  doorOpened
end

commands
  unlockPanel PNUL
  lockPanel PNLK
  lockDoor D1LK
  unlockDoor D1UL
end

state idle
  actions {unlockDoor lockPanel}
  doorClosed => active
end

state active
  drawerOpened => waitingForLight
  lightOn => waitingForDrawer
end

state waitingForLight
  lightOn => unlockedPanel
end

state waitingForDrawer
  drawerOpened => unlockedPanel
end

state unlockedPanel
  actions {unlockPanel lockDoor}
  panelClosed => idle
end
```

이 설정 정보는 분명히 코드다. 물론 이 구문이 익숙하지 않을 수도 있다. 사실 이 코드는 이 예제를 위해 특별히 만든 커스텀 구문(custom syntax)을 사용한다. 이 구문은 XML 구문보다 더 쉽게 작성할 수 있을 뿐 아니라, 무엇보다도 더 쉽게 읽을 수 있다. 이 구문은 간결하며, XML과는 달리 인용부호나 군더더기 구문을 사용하지 않는다. 물론 모든 사람들이 내가 만든 구문과 똑같은 형태로 만들지는 않을 것이다. 중요한 사실은 같이 일하는 팀에서 선호하는 구문을 어떻게든 만들 수 있다는 점이다. 이렇게 만든 커스텀 구문을 사용해 설정 파일을 만들어도 런타임에 여전히 로드할 수 있다(XML과 마찬가지로). 뿐만 아니라 컴파일 타임에 로드하길 원한다면, 굳이 런타임에 로드하지 않아도 된다(XML도 런타임 로드하지 않듯이).

바로 이 언어가 DSL(Domain-Specific Language)이며, DSL로서 지녀야 할 많은 특징을 갖는다. 첫째, 이 언어는 매우 제한적인 목적에만 적합하다. 즉 이 언어로는 특정 상태 머신을 설정하는 이외의 작업은 전혀 할 수 없다. 결과적으로 이 DSL은 매우 간단하며, 제어 구조 등의 기능이 전혀 없다. 게다가 이 언어는 튜링이 완전(Turing-complete)하지도 않다. 이 언어만으로는 애플리케이션 전체를 작성할 수 없다. 이 언어로는 애플리케이션에서 일부분을 기술할 수 있을 뿐이다. 결국 DSL은 다른 언어와 결합해야만 무언가를 완성할 수 있다. 하지만 DSL은 단순하므로, 작성하고 처리하기가 쉽다.

이처럼 DSL은 단순하므로, 컨트롤러 소프트웨어를 작성해야 하는 사람들이 이 언어를 쉽게 배울 수 있다. 뿐만 아니라 소프트웨어의 행위를 이해할 수 있는 사람들의 범위가 개발자를 넘어선다. 즉, 시스템 구성 책임자가 이 코드를 보고 동작하는 방식을 이해할 수 있다. 물론 책임자는 컨트롤러 자체에 컴파일된 자바 코드는 이해하지 못할 수도 있다. 책임자가 단순히 DSL을 읽을 수만 있어도, 에러를 찾거나 자바 개발자들과 효과적으로 의사소통하기에 충분하다. 하지만 DSL을 이처럼 도메인 전문가나 업무 분석가와 의사소통할 수 있는 매개체가 되도록 만드는 데는 현실적으로 어려움이 따른다. 하지만 소프트웨어 개발에서 이러한 커뮤니케이션 격차를 메우기가 가장 힘든 일이므로, DSL을 만들어 이들 격차를 줄일 수만 있다면 충분히 시도해 볼 만한 가치가 있다.

이제 XML로 표현한 코드를 다시 보자. 이것은 DSL인가? 내 대답은 "그렇다"이다. 이 코드는 XML 구문을 사용했지만, DSL임에는 변함이 없다. 결국 설계적인 측면에서 논쟁 거리가 뒤따른다. 커스텀 구문으로 DSL을 만드는 게 나은가? 아니면 XML 구문을 사용해야 하는가? 사람들이 XML 파싱에 익숙하므로, XML 구문은 파싱하기가 훨씬 쉽다. (하지만 사실 내가 커스텀 구문에 맞게 파서를 작성할 때 걸린 시간은 XML 파서를 작성하는데 걸린 시간과 거의 같았다.) 최소한 이 경우만 보더라도, 커스텀 구문을 읽기가 훨씬 쉽다는 게 내 주장이다. 이 둘 중에 하나를 선택해야 한다고 볼 수도 있겠지만, 이러한 트레이드오프는 여러 DSL에서 늘 있는 일이다. 심지어 XML 설정 파일들 대대수가 본질적으로는 DSL이라고 말할 수도 있다.

그럼 다음 코드를 보자. 이 코드는 DSL처럼 보이는가?

```
event :doorClosed, "D1CL"
event :drawerOpened, "D2OP"
event :lightOn, "L1ON"
event :doorOpened, "D1OP"
event :panelClosed, "PNCL"

command :unlockPanel, "PNUL"
command :lockPanel, "PNLK"
command :lockDoor, "D1LK"
command :unlockDoor, "D1UL"

resetEvents :doorOpened

state :idle do
  actions :unlockDoor, :lockPanel
  transitions :doorClosed => :active
end

state :active do
  transitions :drawerOpened => :waitingForLight,
   :lightOn => :waitingForDrawer
end

state :waitingForLight do
  transitions :lightOn => :unlockedPanel
end

state :waitingForDrawer do
  transitions :drawerOpened => :unlockedPanel
end

state :unlockedPanel do
  actions :unlockPanel, :lockDoor
  transitions :panelClosed => :idle
end
```

앞에서 본 커스텀 언어보다는 군더더기가 다소 많긴 하지만, 여전히 간결하다. 프로그래밍 언어 취향이 나와 비슷한 독자라면 이 코드가 루비(Ruby) 코드임을 알 수 있을 것이다. 루비에서는 코드를 더욱 읽기 쉽게 작성할 수 있는 구문 기능을 다수 제공한다. 따라서 루비는 커스텀 언어와 매우 유사하게 사용할 수 있다.

루비 개발자라면 이 코드를 DSL로 볼 것이다. 나는 루비에서 일부 기능만을 사용해, XML과 커스텀 구문으로 표현하려던 내용을 똑같이 표현했다. 본질적으로 이 코드는 루비의 일부 기능을 구문으로 사용해 루비에 DSL적인 요소를 삽입한 것과 같다. 이처럼 루비를 DSL로 보느냐 아니냐는 무엇보다도 마음가짐의 문제다. 이 코드에서는 내가 DSL 안경을 쓰고 루비 코드를 보겠다고 마음먹었을 뿐이다. 실제로 이러한 관점은 오랫동안 사용되어 왔다. 예를 들어 Lisp 프로그래머는 Lisp 언어 안에서 DSL을 만드는 일을 줄곧 생각해 왔다.

따라서 텍스트형 DSL에는 두 가지 유형이 있다고 밖에 볼 수 없다. 바로 외부

DSL(external DSL)과 내부 DSL(internal DSL)이다. 외부 DSL은 시스템에서 주로 사용하는 언어와는 다른 언어로 표현한 DSL이다. 외부 DSL에서는 커스텀 구문을 사용하거나, XML과 같이 또 다른 표현형식의 구문을 따를 수도 있다. 내부 DSL에서는 범용 언어가 가진 구문을 사용해 DSL을 표현한다. 이때 도메인에 특화된 목적에 맞도록, 언어를 특별한 형식에 따라 사용한다.

임베디드 DSL(embedded DSL)이 내부 DSL과 같은 뜻으로 쓰일 때도 있다. 이 용어는 꽤 널리 쓰이지만, 나는 이 용어를 사용하기를 꺼린다. '임베디드 언어(embedded language)'는 엑셀의 VBA나 김프(Gimp)의 스킴(Scheme)과 같이, 애플리케이션에 내장된 스크립트형 언어를 가리킬 때도 사용하기 때문이다.

이제 처음에 작성했던 자바 설정코드를 다시 한번 보자. 그건 DSL인가? 내 대답은 "아니오"다. 이 코드는 API를 사용해 컴포넌트를 서로 엮는다는 느낌이 드는데 반해, 앞에서 본 루비 코드는 선언적인 언어에 더 가깝다. 그러면 자바로는 내부 DSL을 작성할 수 없다는 말인가? 다음 코드를 보자.

```java
public class BasicStateMachine extends StateMachineBuilder {
  Events doorClosed, drawerOpened, lightOn, panelClosed;
  Commands unlockPanel, lockPanel, lockDoor, unlockDoor;
  States idle, active, waitingForLight, waitingForDrawer, unlockedPanel;
  ResetEvents doorOpened;

  protected void defineStateMachine() {
    doorClosed.   code("D1CL");
    drawerOpened.code("D2OP");
    lightOn.      code("L1ON");
    panelClosed. code("PNCL");

    doorOpened.   code("D1OP");

    unlockPanel. code("PNUL");
    lockPanel.   code("PNLK");
    lockDoor.    code("D1LK");
    unlockDoor.  code("D1UL");

    idle
      .actions(unlockDoor, lockPanel)
      .transition(doorClosed).to(active)
      ;

    active
      .transition(drawerOpened).to(waitingForLight)
      .transition(lightOn). to(waitingForDrawer)
      ;

    waitingForLight
      .transition(lightOn).to(unlockedPanel)
      ;

    waitingForDrawer
      .transition(drawerOpened).to(unlockedPanel)
```

```
      ;
    unlockedPanel
      .actions(unlockPanel, lockDoor)
      .transition(panelClosed).to(idle)
      ;
  }
}
```

이 코드는 독특하게 배치되었고, 일반적인 프로그래밍 관례를 따르지 않는다. 하지만 자바 코드임에는 분명하다. 나는 이 코드 역시 DSL이라고 본다. 루비로 작성한 DSL보다는 상당히 지저분하지만, DSL로서 가져야 할 선언적인 흐름이 확실히 있기 때문이다.

내부 DSL은 일반적인 API와 어떤 점이 다른가? 이 질문에 답하기란 쉽지 않다. 여기에 대한 답은 나중에 다루도록 하겠다. 요점은 애매한 개념이긴 하지만, 내부 DSL이 자연어와 같은 흐름을 가진다는 점이다.

내부 DSL에서 등장하는 또 다른 용어는 바로 플루언트 인터페이스(fluent interface)다. 이 용어는 내부 DSL이 실제로는 특별한 형태의 API일 뿐이며, 유창함(fluency)이라는 모호한 특성을 가진다는 사실을 강조한다. 이처럼 구분하려면, 유창하지 않은 API를 뜻하는 용어가 있어야 의미가 있다. 앞으로 유창하지 않은 API는 커맨드-쿼리 API(command-query API)라고 부르도록 하겠다.

1.4 언어와 시맨틱 모델

이 예제를 시작하면서, 상태 머신에 대한 모델을 만들었다. 이러한 모델이 있고, 이 모델과 DSL 간의 관계를 이해하는 일은 대단히 중요하다. 이 예제에서 DSL은 상태 머신 모델을 파퓰레이트[1] 하는 역할을 맡았다. 따라서 커스텀 구문을 사용한 DSL에서 아래와 같은 코드가 나오면,

```
doorClosed D1CL
```

새로운 이벤트 객체를 생성했고(new Event("doorClosed", "D1CL")), 이 객체를 한쪽에(심벌 테이블(205))에 저장해 두었다. 따라서 doorClosed => active 문장이 인

---

[1] (옮긴이) 파퓰레이트(populate) : 범용적인 모델을 기반으로 설정 정보를 사용해서 해당 모델의 특수한 객체들을 생성한다는 의미다. 예를 들어 상태 머신 모델이 있고, DSL로 작성한 설정 정보를 이용해 그랜트 양의 컨트롤러에 대한 객체를 생성한다는 뜻이다.

식되면, 전이 객체에 이 객체를 저장했다(addTransition 메서드를 이용해서). 모델은 엔진으로 상태 머신에 행위를 제공한다. 실제로 이러한 설계가 가진 힘은 대부분 모델이 있다는 사실에서 나온다. DSL은 모델을 파퓰레이트 하는 방법을 쉽게 읽을 수 있게 만들어 줄 뿐이다. 바로 이 점이 DSL이 커맨드-쿼리 API와 다른 점이다.

DSL 관점에서 나는 이 모델을 시맨틱 모델(197)이라고 부른다. 사람들이 프로그래밍 언어에 대해 논의할 때마다, 구문(syntax)과 시맨틱(semantic, 의미)에 대해 이야기하는 일을 흔히 볼 수 있다. 구문은 프로그램에서 유효한 표현식을 담는다. 예를 들어, 커스텀 구문으로 작성한 DSL에 있는 구문은 문법에 반드시 부합해야 한다. 프로그램에서 시맨틱은 프로그램이 의미하는 내용이다. 즉, 프로그램이 실행될 때 수행하는 일이다. 이 경우에는 모델이 시맨틱을 정의한다. 도메인 모델(Domain Models)[Fowler PoEAA]을 사용하는데 익숙하다면, 지금 당장은 시맨틱 모델을 도메인 모델과 비슷한 것쯤으로 생각해도 좋다.

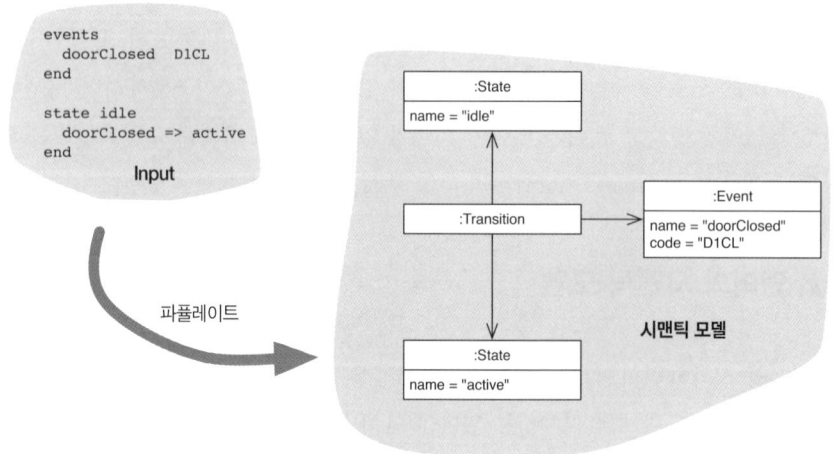

그림 1.4 DSL을 파싱하면, 시맨틱 모델(197)이 파퓰레이트 된다.

(시맨틱 모델(197) 장을 보면 시맨틱 모델과 도메인 모델의 차이점, 그리고 시맨틱 모델과 추상 구문 트리와의 차이점을 알 수 있다.)

DSL을 제대로 만들었다면, 시맨틱 모델이 반드시 있어야 한다고 믿는다. 현재 나와 있는 DSL에는 시맨틱 모델을 사용하는 것도 있고, 사용하지 않는 것도 있다. 하지만 나는 거의 모든 경우에 시맨틱 모델을 사용해야 한다고 굳게 믿는다. (항상 참이 되는 규칙을 찾기란 '거의' 불가능하기 때문에, 말을 할 때 '거의'라는 부사로 한정 짓지 않고서는 '모든'이라고 말하는 게 불가능하다고 생각한다.)

나는 시맨틱 모델을 늘 사용해야 한다고 생각한다. 시맨틱 모델을 사용하면 언어를 파싱할 때 필요한 관심사와, 시맨틱 모델을 만들 때 필요한 관심사를 명확하게 분리할 수 있기 때문이다. 언어와 관련된 이슈를 고민하지 않은 채, 상태 머신이 동작하는 방식을 추론해볼 수 있고, 상태 머신을 개선하거나 디버깅할 수 있다. 상태 머신 모델 자체를 테스트할 수도 있으며, 테스트할 모델 객체를 커맨드-쿼리 인터페이스를 사용해서 파퓰레이트할 수도 있다. 상태 머신 모델과 DSL을 독립적으로 개발할 수도 있다. 따라서 모델에 새로운 기능을 추가할 때, 이 기능을 활용할 수 있는 구문을 언어에 어떻게 만들지 고민하지 않아도 된다. 무엇보다도 시맨틱 모델을 사용하면 DSL을 사용해서 별로 중요하지도 않은 일을 하느라 시간을 허비하지 않고도 모델을 독립적으로 테스트할 수 있게 된다. 실제로 앞에서 본 DSL은 모두 같은 시맨틱 모델을 기반으로 만들었을 뿐만 아니라, 해당 모델의 객체들이 동일하게 설정된 상태로 파퓰레이트 되었다.

이 예제에서는 객체 모델을 시맨틱 모델로 사용했다. 하지만 시맨틱 모델은 다양한 형태를 가질 수 있다. 예를 들어, 순수하게 데이터만 가지는 구조로, 모든 행위를 함수로 분리할 수도 있다. 이러한 데이터 구조도 여전히 시맨틱 모델이다. 이 데이터 구조는 이들 함수를 사용해 특별하게 작성된 DSL 스크립트의 의미를 정확히 담아내기 때문이다.

이러한 관점에서 봤을 때, DSL은 단순히 모델을 설정하는 방식을 표현하는 메커니즘으로 활용된다. 이렇게 접근할 때 얻는 장점은 대부분 DSL이 아니라 모델에서 나온다. 새로운 고객을 확보했을 때, 고객에 맞는 상태 머신을 쉽게 설정할 수 있다는 사실은 모델의 속성이지, DSL의 속성이 아니다. 뿐만 아니라 컨트롤러를 컴파일하지 않고도 런타임에 수정할 수 있다는 사실은 모델의 특성이며, DSL의 특성이 아니다. 또한 여러 컨트롤러에서 코드를 재사용할 수 있다는 사실도 모델의 속성이지, DSL의 속성이 아니다. 따라서 DSL은 모델을 감싸는 얇은 껍데기에 지나지 않는다.

모델에서 얻는 장점 중 많은 부분이 DSL과는 무관하다. 실제로 우리는 모델을 항상 활용한다. 예를 들어 라이브러리와 프레임워크를 사용하며, 이를 통해 불필요한 작업을 피할 수 있다. 소프트웨어를 자체적으로 만들 때도 자체 모델을 만들고 모델을 추상화 한다. 이를 통해 프로그램을 더 빨리 만들 수 있다. 훌륭한 모델은(라이브러리나 프레임워크로 범용화 했을 때나, 아니면 단순히 자체 프로그램을 지원하기 위해 만들었을 때도) DSL이 없더라도 상당히 효과적이다.

하지만 DSL이 있다면, 모델로 할 수 있는 일의 범위를 확장할 수 있다. DSL을 제대로 사용하면, 특정 상태 머신이 수행하는 작업을 이해하기가 훨씬 쉽다. 모델을 런타임에 설정할 수 있는 DSL도 있다. 따라서 DSL은 모델에서 유용하게 사용할 수 있는 부속물이다.

DSL이 제공하는 이점은 특히 상태 머신과 관련이 깊다. 상태 머신은 모델의 특별한 유형으로, DSL로 파퓰레이트한 상태 머신 모델은 사실 시스템에서 프로그램에 해당한다. 따라서 상태 머신의 행위를 수정하려고 한다면, 모델에서 객체를 바꾸거나 객체 사이의 관계를 변경해야 한다. 이러한 유형의 모델을 적응형 모델(577)이라고 부른다. 결과적으로 시스템에서 코드와 데이터를 구분하는 게 모호해진다. 따라서 상태 머신의 행위를 이해하려면, 코드만 살펴봐서는 충분하지 않다. 제대로 이해하려면, 객체들 사이의 관계를 살펴봐야 한다. 물론 어느 정도는 이 말이 사실이다. 프로그램이라면, 입력 데이터가 다를 때 그 결과가 매번 달라지기 때문이다. 하지만 적응형 모델, 즉 상태 머신에는 더 큰 차이점이 있다. 상태 머신에는 상태 객체가 있으므로, 입력 데이터가 달라질 때 시스템의 행위가 상당히 큰 규모로 변경되기 때문이다.

적응형 모델은 매우 강력하지만 사용하기는 어렵다. 적응형 모델에는 행위를 정의하는 코드가 전혀 없기 때문이다. 따라서 적응형 모델을 사용하는 경우, DSL이 중요해진다. DSL을 사용하면 코드를 명시적으로 표현할 수 있고, 이러한 코드 형식을 통해 상태 머신을 프로그래밍한다는 느낌을 받을 수 있기 때문이다.

상태 머신이 적응형 모델로 효과적인 이유는, 상태 머신이 컴퓨팅 대안 모델(alternative computational model)이기 때문이다. 정규 프로그래밍 언어는 기계를 프로그래밍하는데 대한 표준화된 방법을 제공하고, 많은 경우에 이 방법은 효과적이다. 하지만 다른 방법으로 접근해야 할 때도 있다. 이러한 방법에는 상태 머신(623), 생성 규칙 시스템(605), 의존성 네트워크(595) 등이 있다. 적응형 모델은 컴퓨팅 대안 모델을 만드는 효과적인 방법이다. 그리고 DSL을 사용하면 이렇게 만든 컴퓨팅 대안 모델을 쉽게 프로그래밍할 수 있다. 1부 후반부에서 컴퓨팅 대안 모델 몇몇을 설명한다(139쪽, 「컴퓨팅 대안 모델」). 이를 통해 컴퓨팅 대안 모델이 무엇인지, 그리고 어떻게 구현하는지 감을 잡을 수 있을 것이다. 이렇게 DSL을 사용하는 방식을 흔히 '선언적 프로그래밍(declarative programming)'이라고 부르기도 한다.

이 예제를 설명하면서, 먼저 모델을 만든 후, 모델을 조작하는데 도움을 주도록 DSL을 모델의 상위 레이어에 만들었다. 이러한 순서를 따른 이유는 소프트웨어 개발에서 DSL이 과연 얼마나 효과적인지 쉽게 이해시킬 수 있는 방법이었기 때문이다. 이처럼 모델을 먼저 만드는 경우가 일반적이지만, 항상 그렇게 해야 하는 것은 아니다. 다른 시나리오를 생각해 볼 수도 있다. 먼저 도메인 전문가와 이야기를 나눈 후, 상태 머신을 사용해 접근하면 도메인 전문가가 이해할 수 있다는 판단이 설 수 있다. 그러면 서로 협력해, 도메인 전문가가 이해할 수 있게 DSL을 만든다. 이 시나리오에서는 DSL과 모델을 동시에 개발한다.

1.5 코드 생성 기법 사용하기

지금까지는 DSL을 처리해 시맨틱 모델(197)을 파퓰레이트한 다음, 시맨틱 모델을 직접 실행해 컨트롤러에 필요한 행위를 제공했다. 이러한 접근법은 언어론에서 인터프리테이션(interpretation, 해석)으로 알려져 있다. 텍스트를 인터프리테이션하는 하는 경우, 먼저 텍스트를 파싱한 후, 프로그램에서 필요한 결과를 바로 보여준다. (인터프리테이션은 애매한 용어로, 소프트웨어에서 온갖 종류의 함축적인 의미를 지닌다. 하지만 이 책에서는 엄밀하게 말해 즉시 실행한다는 의미로만 사용하려고 한다.)

언어론에서 인터프리테이션 대신 사용할 수 있는 방법은 컴파일(compilation)이다. 컴파일의 경우, 프로그램 텍스트를 파싱한 후, 중간 형태의 결과를 만든다. 그리고 이 결과를 별도의 과정을 따라 처리해 필요한 행위를 제공한다. 일반적으로 DSL과 관련된 문맥에서는, 컴파일을 통한 접근법을 코드 생성(code generation)이라고 부른다.

상태 머신 예제로는 이 둘을 구분해서 설명하기가 다소 어려우므로, 다른 예제를 사용하겠다. 보험에 가입할 자격이 있는지 심사할 때 사용할 수 있는 자격 규칙이 있다고 하자. 예를 들어 나이가 21세 이상이고, 40세 이하여야 한다는 규칙이 있을 수 있다. 이 규칙을 DSL로 만들 수 있고, 이 DSL을 처리해 지원자가 가입할 자격이 되는지 심사할 수 있을 것이다.

인터프리테이션을 사용하면, 자격 처리기 클래스(EligibilityProcessor)가 실행되거나 기동될 때 자격 처리기에서 규칙을 파싱해서 시맨틱 모델을 로드한다. 지원자(candidate)를 심사할 때는, 지원자에 대해 시맨틱 모델을 실행해 그 결과를 얻는다.

컴파일의 경우 파서가 시맨틱 모델을 로드하고, 이 작업은 자격 처리기를 빌드하는 과정의 일부가 된다. 이 빌드 과정에서 DSL 프로세서가 코드를 생성한다. 생성된 코드는 컴파일하고 패키징 한 후, 자격 처리기에 공유 라이브러리 형태로 포함된다. 이 중간 단계의 코드를 실행해 지원자를 평가한다.

앞에서 본 상태 머신 예제에서는 인터프리테이션을 사용했다. 즉 설정 코드를 런타임에 파싱해서 시맨틱 모델을 파퓰레이트했다. 하지만 이 방식 대신에 코드를 생

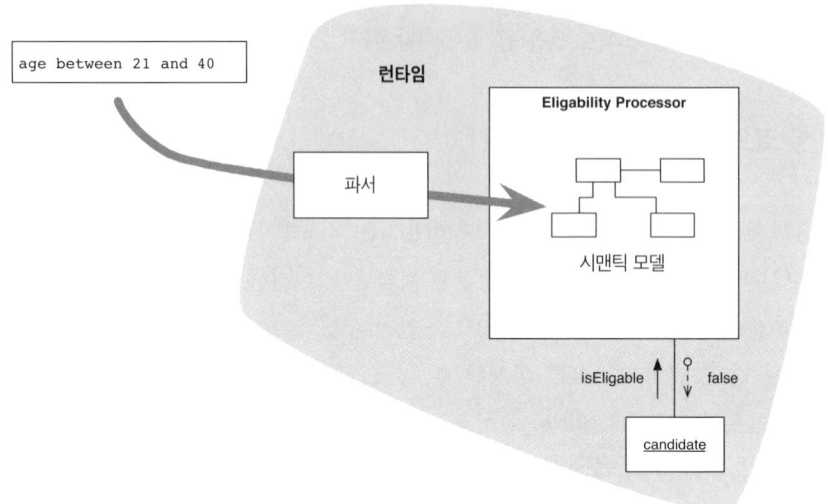

그림 1.5 인터프리터는 텍스트를 파싱하고 그에 따라 결과를 생성하는 작업을 한 번에 처리한다.

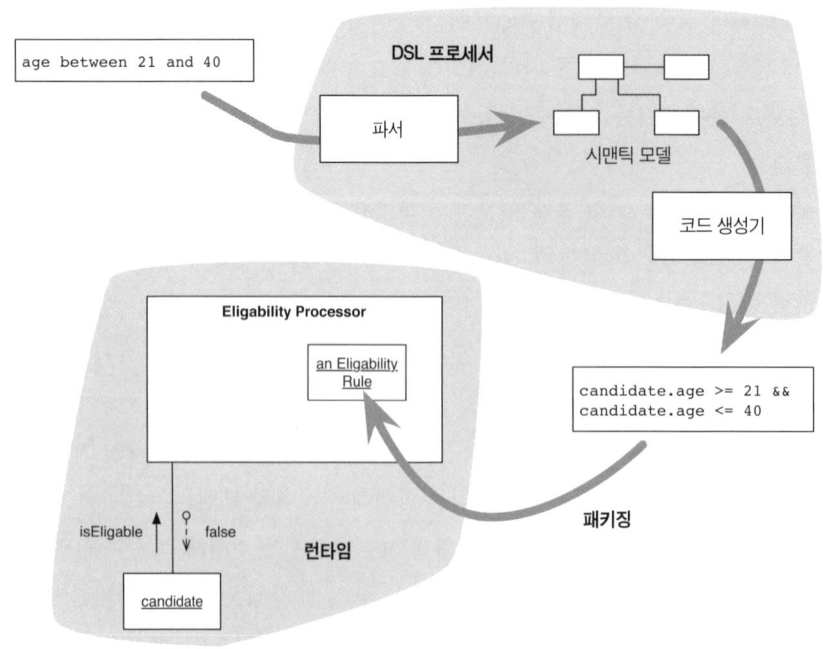

그림 1.6 컴파일러는 텍스트를 파싱해 중간 단계의 코드를 생성한다. 그러고 나서 이 코드를 패키징하고, 패키징된 코드를 실행할 수 있는 다른 프로세스에 배포한다.

성할 수도 있다. 코드 생성 기법을 사용하면 파서와 모델 코드를 토스터에 배포하지 않아도 된다.

코드 생성 기법을 사용하면, 대개 컴파일 단계를 추가적으로 거쳐야 하므로 불편할 때가 많다. 프로그램을 빌드하려면, 먼저 상태 프레임워크와 파서를 컴파일 한 후, 파서를 실행해 그랜트 양의 컨트롤러에 맞게 소스 코드를 생성한다. 그리고 나서 생성된 코드를 컴파일한다. 이로 인해 빌드 과정이 훨씬 복잡해진다.

하지만 코드 생성 기법을 사용할 때의 장점은 파서를 만들 때 사용했던 프로그래밍 언어를 생성된 코드에 그대로 사용하지 않아도 된다는 점이다. 따라서 자바스크립트나 JRuby처럼 동적 언어로 된 코드를 생성하면, 두 번째 컴파일 단계를 거치지 않아도 된다.

게다가 코드 생성 기법을 사용하면 목표 플랫폼에 DSL을 지원하는 도구가 없을 때에도 DSL을 사용할 수 있다는 장점이 있다. 예를 들어 토스터가 너무 낡아서 컴파일된 C 언어만 이해할 수 있고, 이 토스터에 보안 시스템을 설치해야 한다고 가정해 보자. 코드 생성기를 사용하면 이 문제를 해결할 수 있다. 즉, DSL로 파퓰레이트된 시맨틱 모델을 입력으로 받아 C 코드를 생성하는 코드 생성기를 만들 수 있다. 그러면 생성된 코드를 컴파일 해, 낡은 토스터에서 실행할 수 있다. 실제로 최근에 MathCAD, SQL, 코볼로 된 코드를 생성하는 프로젝트를 경험했다.

DSL을 다루는 대다수의 글에서 시맨틱 모델을 바로 생성하는 기법보다는 코드 생성 기법에 집중할 때가 많다. 심지어 코드 생성 기법을 DSL에서 가장 중요한 목표로 보기까지 한다. 뿐만 아니라, 코드 생성 기법의 효용성을 극찬하는 기사나 책을 볼 수 있다. 하지만 나는 코드 생성 기법이 구현 메커니즘일 뿐이며, 사실 대다수의 경우에는 필요하지 않다고 본다. 코드를 생성해야만 하는 상황이 분명히 많이 있지만, 마찬가지로 코드를 생성하지 않아도 되는 경우 역시 많다.

시맨틱 모델을 사용하지 않은 채, 입력 텍스트를 파싱해 코드를 직접 생성하는 방식을 이용하는 사람들이 많다. 이처럼 코드 생성 기법은 시맨틱 모델을 사용하지 않은 채 사용된다. 이는 코드 생성형 DSL(code-generating DSL)로 작업할 때 흔한 방식이지만, 정말 단순한 경우가 아니라면 이 방식을 권장하지 않는다. 시맨틱 모델을 사용하면 파싱, 시맨틱 모델 실행, 코드 생성 작업을 분리할 수 있고, 전체 작업은 더 단순해진다. 게다가 내린 결정을 바꾸기도 쉽다. 예를 들어 코드 생성 루틴을 변경하지 않고도, DSL을 내부 DSL에서 외부 DSL로 바꿀 수 있다. 뿐만 아니라, 결과를 여러 가지 형태로 쉽게 생성할 수 있으며, 이처럼 다양한 형태의 결과를 만들더라도 파서 자체가 복잡해지지는 않는다. 또한 동일한 시맨틱 모델에 대해 모델을 직접 실행할 수도 있고, 코드를 생성할 수도 있다.

따라서 이 책 대부분에서는 시맨틱 모델이 있다고 가정한다. 시맨틱 모델은 DSL에 공을 들이는 가장 중요한 이유다.

코드 생성 기법에는 주로 두 가지 스타일이 있다. 하나는 '첫 단계' 코드를 생성하는 방법이다. 이 코드는 템플릿으로 사용할 용도로 생성되며, 이후에 직접 수정해야 한다. 두 번째 방법은 디버깅을 위한 추적용 코드를 추가하는 게 아니라면, 직접 수정하지 않아도 되도록 코드를 생성하는 방법이다. 나는 거의 모든 경우에 두 번째 방법을 선호한다. 코드를 언제라도 다시 생성할 수 있기 때문이다. 특히 두 번째 방법은 DSL에 효과적이다. DSL을 사용하는 이유가 DSL로 정의하려는 로직의 대다수를 DSL에 표현하기를 원하기 때문이다. 즉, 행위를 변경하길 원할 때는 언제라도 DSL을 쉽게 변경할 수 있어야 한다는 뜻이다. 결국, 생성된 코드는 절대로 직접 수정해서는 안 되도록 보장해야 한다. 물론 생성된 코드에서 직접 만든 코드를 호출하거나, 그 반대로 호출할 수는 있다.

1.6 언어 워크벤치 사용하기

지금까지 설명한 DSL 스타일(내부 DSL과 외부 DSL)은 DSL을 분류하는 전통적인 방식이다. DSL을 폭넓게 이용하거나 제대로 사용하는 수준이 기대에 못 미칠 수도 있다. 하지만 DSL은 오랜 역사를 거쳐 왔고, 어느 정도는 잘 활용되고 있는 편이다. 따라서 책의 나머지 부분에서는 꽤 완성도가 있고, 구하기 쉬운 툴을 사용해서, DSL을 시작할 수 있도록 하는데 초점을 맞춘다.

최근 완전히 새로운 범주의 툴이 수면 위로 등장했다. 이들 툴은 DSL의 현재 판세를 뒤엎을 수도 있으며, 나는 이러한 툴을 언어 워크벤치(language workbench)라고 부른다. 언어 워크벤치는 사람들이 새로운 DSL을 만드는데 도움을 주기 위해 만들어진 플랫폼으로, DSL을 효과적으로 사용하는데 필요한 품질 높은 툴을 포함한다.

외부 DSL을 사용할 때 가장 큰 단점 중 하나는 상당히 제한된 툴에 얽매인다는 점이다. 대다수의 사람은 텍스트 편집기에서 구문 강조 기능을 설정할 수 있기를 원한다. 물론 DSL은 간단하고, 스크립트는 크기가 작으므로, 현재 수준으로도 충분하다고 말할 수 있다. 하지만 최신 IDE가 지원하는 정도로 정교한 툴이 필요하다는 요구도 있다. 언어 워크벤치를 사용하면 단순히 파서만 쉽게 정의할 수 있는 게 아니라, 이렇게 만든 언어를 편집할 수 있는 맞춤형 개발환경까지 만들 수 있다.

이들 기능 모두가 유용하지만, 언어 워크벤치를 사용하면 무엇보다 흥미로운 특성은 소스 코드를 텍스트 기반으로 편집하던 전통적인 언어 형태를 뛰어넘는 DSL을 만들 수 있다는 점이다. 이러한 형태 중 가장 확실한 사례는 바로 도식형 언어(diagrammatic language)다. 이러한 도식형 언어를 사용하면 비밀 벽을 위한 상태 머신 예제를 상태 전이 다이어그램을 사용해 직접적으로 기술할 수 있다.

언어 워크벤치를 사용할 때, 이처럼 도식형 언어만 정의할 수 있는 것은 아니다. 언어 워크벤치를 사용하면 DSL 스크립트를 다양한 관점에서 바라볼 수 있다. 그림 1.7에서 다이어그램을 볼 수 있을 뿐 아니라, 상태 리스트와 이벤트 리스트, 그리고 이벤트 코드를 입력할 수 있는 테이블까지 표시한다(다이어그램이 너무 복잡해지면, 이벤트 코드를 다이어그램에 표시하지 않을 수도 있다).

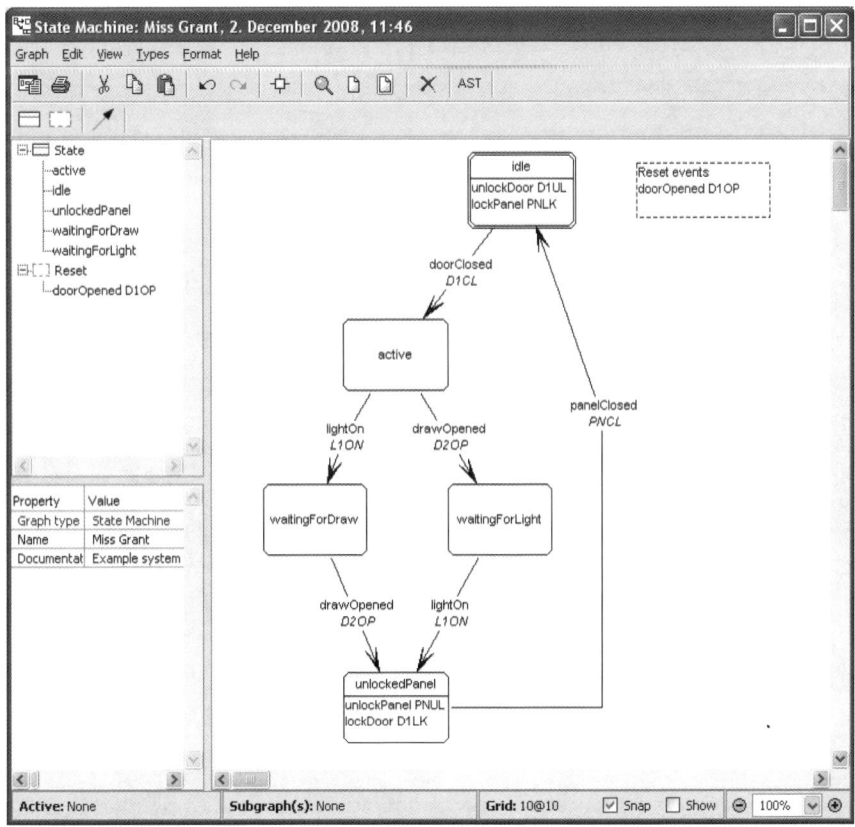

그림 1.7 MetaEdit 언어 워크벤치(http://www.metacase.com)를 사용해서 만든 비밀 벽을 위한 상태 머신

실제로 많은 툴에서 이처럼 다중 창을 가진 시각적 편집 환경(visual editing environment)을 지원한다. 이러한 편집 환경을 직접 만들기란 쉽지 않다. 하지만 언어 워크벤치를 사용하면 이러한 편집 환경을 쉽게 만들 수 있다. 실제로 MetaEdit 툴을 처음 사용했음에도 불구하고, 그림 1.7과 비슷한 편집 환경을 매우 빨리 만들 수 있었다. MetaEdit 툴을 사용해 상태 머신에 대한 시맨틱 모델(197)을 정의할 수 있었고, 그림 1.7에 있는 테이블 형식의 편집창, 시각적인 편집창을 만들 수 있었다. 그리고 시맨틱 모델로부터 코드 생성기를 만들 수도 있었다.

이러한 툴은 확실히 좋아 보이지만, 많은 개발자들은 이처럼 두들웨어(doodleware)[2]를 만드는 툴에 의문을 품는다. 물론 소스 코드를 텍스트 형식으로 표현하면 좋다는 주장에는 실용적인 이유도 더러 있다. 실제로 텍스트 중심의 편집 방식을 택한 툴도 있다. 이들 언어 워크벤치는 텍스트형 언어에 맞게 포스트 IntelliJ[3] 스타일의 기능을 제공한다. 이러한 기능에는 구문 주도 편집, 자동완성 등이 있다.

내가 볼 때 언어 워크벤치가 제대로 도약한다면, 언어 워크벤치로 만든 언어는 지금 우리가 프로그래밍 언어라고 부르는 것과는 전혀 다를 것이다. 이러한 툴이 공통적으로 제공하는 장점 중 하나는 프로그래머가 아닌 사람도 프로그래밍 할 수 있다는 점이다. 이처럼 일반인도 프로그래밍할 수 있다는 개념을 보면, 나는 흔히 비웃는 편이다. 사실 코볼의 본래 취지도 이와 마찬가지였기 때문이다. 하지만 스프레드시트처럼, 자신을 프로그래머라고 생각하지 않는 사람조차 프로그래밍 할 수 있는 환경을 제공하는데 상당한 성공을 거둔 프로그래밍 환경도 확실히 존재한다.

스프레드시트를 프로그래밍 환경으로 보지 않는 사람들이 많다. 하지만 사실 스프레드시트는 현재 우리가 아는 한, 가장 성공적인 프로그래밍 환경이라고 볼 수 있다. 스프레드시트를 프로그래밍 환경으로 봤을 때 흥미로운 특징 중 하나는, 툴과 프로그래밍 환경을 밀접하게 통합했다는 점이다. 스프레드시트에는 파서로 처리해야 하는 텍스트 중에서, 툴에 독립적인 텍스트 표현형식이라는 개념은 아예 없다. 툴과 언어는 긴밀하게 얽혀 있고, 실제로 같이 만들어졌다.

주목할 만한 두 번째 특징은 내가 일러스트러티브 프로그래밍(illustrative programming)이라고 부르는 것이다. 스프레드시트를 볼 때, 눈에 가장 드러나는 부분은 모든 계산을 담당하는 공식이 아니라, 계산된 결과인 숫자다. 이들 숫자는 프로

---

2 (옮긴이) 텍스트를 기반으로 프로그래밍해야 한다고 믿는 프로그래머들이 시각적 개발 환경을 비난조로 부를 때 사용하는 용어다.

3 (옮긴이) post-IntelliJ, 저자는 이클립스를 IntelliJ IDE의 새로운 버전으로 본다. 자세한 내용은 http://martinfowler.com/bliki/PostIntelliJ.html을 참조하라.

그램이 실행되어 처리된 결과인 실례(illustration)를 그대로 보여준다. 대다수의 프로그래밍 언어에서는 프로그램이 가장 중요한 위치를 차지한다. 그리고 결과를 실제로 보려면 프로그램을 실행해야 한다. 반면에 스프레드시트에서는 결과가 가장 중요한 자리를 차지한다. 프로그램은 칸을 선택했을 때만 눈에 드러난다.

일러스트러티브 프로그래밍은 별로 주목을 받지 못한 개념이다. 심지어 이 개념을 설명하려고 일러스트러티브 프로그래밍이라는 새로운 용어를 만들어야 했다. 하지만 바로 이 개념이 비전문적인 프로그래머가 스프레드시트에 쉽게 접근할 수 있었던 중요한 요인이다. 물론 단점은 있다. 예를 들면, 프로그램 구조는 간과되기 때문에, 프로그래밍할 때 복사-붙여넣기가 만연하게 되고, 결국 프로그램 구조는 엉망이 된다.

언어 워크벤치를 사용하면 이처럼 새로운 유형의 프로그래밍 플랫폼을 개발할 수 있다. 따라서 이들 툴을 사용해 DSL을 만들면 흔히 생각하는 형식(그리고 이 책에서 설명할 형식)이 아니라, 스프레드시트에 더 흡사할 거라고 본다.

언어 워크벤치가 가진 잠재력은 주목할 만하다. 언어 워크벤치가 이러한 잠재력을 실현한다면, 소프트웨어의 국면을 혁신적으로 바꿀 수 있다. 잠재력이 어마어마하지만, 실제로 실현되려면 갈 길이 멀다. 언어 워크벤치는 아직 걸음마를 떼고 있는 중이다. 새로운 방법이 계속해서 나타났다 사라지고, 오랫동안 검증된 툴도 계속해서 개선되어야 한다. 결국 이 분야에 대해서는 할 말이 그리 많지 않다. 이 책이 수명이 다할 때까지도, 이 분야는 극심하게 변화될 것이기 때문이다. 그래도 이 분야는 주시할만한 가치가 있으므로, 책 마지막에 한 장을 마련해서 이 분야를 논의해 보겠다.

1.7 시각화

언어 워크벤치를 사용할 때 큰 장점 중 하나는 DSL을 다양한 표현형식으로, 특히 그래픽 형태로 나타낼 수 있다는 점이다. 하지만 텍스트형 DSL도 다이어그램 형태로 표현할 수 있다. 실제로 책 초반부에서 이러한 다이어그램을 볼 수 있다. 그림 1.1에 나타난 다이어그램을 보면 이 책에 있는 다른 다이어그램과는 달리 그리 매끄럽지 않다는 사실을 알 수 있다. 그 이유는 이 다이어그램을 직접 그리지 않았기 때문이다. 사실 이 다이어그램은 그랜트 양의 시맨틱 모델(197)에서 자동으로 생성했다. 즉, 도입 예제에 있는 상태 머신 클래스는 실행될 뿐만 아니라, DOT 언어를 사용해 자신을 직접 표현할 수도 있다.

    DOT 언어는 그래프비즈(Graphviz) 패키지에 포함되어 있다. 이 언어는 오픈 소스 툴로, 이 언어를 사용하면 수학적인 그래프 구조(점과 모서리)를 기술하고, 이를 통해 그래프를 자동으로 그릴 수 있다. 점과 모서리에는 무엇이 있는지, 어떤 도형을 사용할지, 그리고 몇몇 힌트를 알려주면 그래프를 어떻게 그릴지 계산해낸다.

    그래프비즈와 같은 툴을 사용하면 DSL을 다양한 형태로 표현할 수 있으므로, DSL을 작성할 때 상당히 도움이 될 때가 많다. 이처럼 시각적으로 표현한 형식은 사실 DSL 자체와 그 용도가 비슷하다. 시각적인 표현을 통해 사람들이 모델을 쉽게 이해할 수 있기 때문이다. 하지만 이러한 시각화(visualization)는 편집할 수 없다는 점에서 소스 코드와는 다르다. 하지만 다르게 보면 이러한 시각화는 다이어그램으로 표현할 수 있는 기능과 같이 편집용 형식에서는 할 수 없는 일들을 할 수 있다.

    시각화가 꼭 그래픽 형태일 필요는 없다. 예를 들어 나는 파서를 작성할 때 디버깅에 도움이 되도록 간단히 텍스트 형태로 시각화할 때도 많다. 그리고 도메인 전문가와 의사소통 하는데 도움이 되도록, 엑셀에서 시각적인 형태를 생성하는 일도 본 적이 있다. 요지는 공을 들여 시맨틱 모델을 만들고 나면, 여기에 시각화를 추가하기는 정말 쉽다는 사실이다. 시각화는 모델에서 만들어진다는 점을 명심해야 한다. 따라서 모델을 파퓰레이트 하는 DSL이 없더라도, 모델만 있다면 시각화는 가능하다.

2장

DOMAIN-SPECIFIC LANGUAGES

DSL 사용하기

앞 장에서 DSL 사례들을 살펴봤으므로, 이제 DSL이 무엇인지 감이 올 것이다. (DSL 사례들은 183쪽의 'Zoo of DSLs'에서 더 찾아볼 수 있다.) 하지만 DSL이 무엇인지 정식으로 정의하진 않았다. 이 장에서는 DSL을 정의하고, DSL을 통해 얻을 수 있는 장점과 문제점을 다루고자 한다. 이 장에서 이들 내용을 먼저 설명한 후, 이 내용을 바탕으로 다음 장에서 DSL을 구현하는 방법을 설명하려고 한다.

2.1 DSL의 정의

'DSL(Domain-Specific Language)'은 용어로써 그 쓰임새가 있는 동시에, 개념 자체도 훌륭하다. 하지만 DSL의 경계는 매우 모호하다. 물론 확실히 DSL이다 라고 말할 수 있는 언어도 있다. 하지만 DSL로 볼 수도 있고 아닐 수도 있는 언어도 있다. 게다가 DSL이라는 용어가 근래에 사용되고 있지만, 소프트웨어와 관련된 다른 개념과 마찬가지로 제대로 정의된 적이 한 번도 없다. 따라서 이 책을 통해 DSL을 정의하는 일은 의미가 있다.

Domain-specific language(명사) : 특정 도메인에 관심을 집중해서 목적에 맞게 표현성을 한정시킨 컴퓨터 프로그래밍 언어

이 정의에는 4가지의 핵심 요소가 있다.

- 컴퓨터 프로그래밍 언어 : DSL은 컴퓨터가 무언가를 하도록 사람이 지시하는데 사용된다. 최신 프로그래밍 언어와 마찬가지로, DSL의 구조는 사람이 쉽게 이해할 수 있도록 만들어진다. 이와 동시에 DSL은 컴퓨터에 의해서 실행될 수 있어야 한다.

- 언어적 본질 : DSL은 프로그래밍 언어이므로, 언어로서 가져야 하는 유창함(fluency)을 지녀야 한다. 즉, 언어의 표현력이 개별적인 표현식에서만 나타나는 게 아니라, 표현식이 서로 조합되는 방식에서도 나타나야 한다.
- 한정된 표현력 : 범용 프로그래밍 언어는 많은 기능을 제공한다. 다양한 데이터 타입을 제공하고, 제어문이 있으며, 데이터 구조를 추상화할 수도 있다. 이들 기능은 모두 유용하지만, 배우고 사용하기는 어렵다. 반면에 DSL은 특정 도메인에서 필요한 거의 최소한의 기능만을 제공한다. 따라서 DSL만으로는 소프트웨어 시스템 전체를 개발할 수 없다. 대신에 DSL은 시스템에서 특정 부분을 만들 때 사용한다.
- 집중된 도메인 : 한정된 언어는 작은 도메인에 제대로 집중해야만 쓸모가 있다. 특정 도메인에 관심을 집중해야만, 한정된 언어는 빛을 발한다.

집중된 도메인이 DSL을 정의하는 목록에서 마지막에 나오고, 이 특성은 언어에서 표현력이 한정되기 때문에 생기는 결과에 지나지 않음을 주목해야 한다. DSL을 문자 그대로 특정 도메인을 위한 언어로 이해하는 사람들이 많다. 하지만 이처럼 용어를 문자 그대로 정의하면 맞지 않을 때가 많다. 예를 들어, 동전은 원반 모양(disk)이고, 우리가 흔히 원반이라고 부르는 사물보다는 조그맣다(compact). 그렇긴 해도, 우리는 동전을 컴팩트 디스크(compact disk)라고 부르지는 않는다.

DSL은 주로 세 가지 범주로 나뉜다. 여기에는 외부 DSL, 내부 DSL 그리고 언어 워크벤치가 포함된다.

- 외부 DSL(external DSL)은 DSL을 적용할 시스템에서 메인 언어로 사용하는 언어와는 다른 언어다. 외부 DSL은 흔히 커스텀 구문을 직접 정의하는 형식으로 사용된다. 하지만 이미 있는 프로그래밍 언어의 구문을 사용할 때도 많다(예를 들어 XML이 주로 사용된다). 외부 DSL로 작성한 스크립트는 텍스트 파싱 기법을 사용해서 호스트 애플리케이션에 있는 코드로 파싱될 때가 많다. 전통적으로 소형 언어를 사용하는 유닉스는 이러한 방식에 잘 맞는다. 예를 들어 외부 DSL에는 정규 표현식, SQL, Awk, 스트럿츠나 하이버네이트에서 활용하는 XML 설정 파일 등이 있다.
- 내부 DSL(internal DSL)은 범용 언어를 활용하는 특별한 방식이다. 내부 DSL로 작성된 스크립트는 범용 언어 안에서도 유효한 코드다. 하지만 언어의 기능 중 일부만을, 특별한 형식으로 사용해 전체 시스템에서 조그만 부분만을 처리한다.

따라서 내부 DSL로 작성한 스크립트는 호스트 언어보다는 커스텀 언어에 가까워야 한다. 호스트 언어를 이처럼 특별한 형식으로 사용하는 전형적인 예는 Lisp다. 실제로 Lisp 프로그래머는 Lisp 프로그래밍을 마치 DSL을 만들어 사용하는 것처럼 이야기할 때가 많다. 루비 또한 DSL 문화를 뚜렷하게 형성해왔다. 실제로 많은 루비 라이브러리들은 DSL 형식을 띤다. 특히 루비에서 가장 유명한 프레임워크인 레일스(Rails)를 DSL 집합으로 볼 때도 많다.

- 언어 워크벤치(Language Workbench)는 DSL을 정의하고 개발하는 데 특화된 IDE다. 무엇보다도 언어 워크벤치를 사용하면 DSL 구조를 정의할 수 있을 뿐만 아니라, DSL 스크립트를 작성할 수 있는 커스텀 편집 환경을 만들 수도 있다. 따라서 편집 환경과 언어가 밀접하게 결합된다.

지난 수년 동안 이들 세 형식의 DSL은 자신만의 공동체를 형성해 왔다. 따라서 내부 DSL에는 정통하지만, 외부 DSL 개발에 대해서는 전혀 모르는 사람들을 볼 수 있다. 이러한 상황은 문제가 있다. 결국 자신의 작업에 가장 알맞은 도구를 선택하지 못하기 때문이다. 내부 DSL로 커스텀 구문을 지원하려고 매우 기발한 처리 기법을 사용했던 팀과 이야기를 나눈 적이 있다. 확신하건대, 외부 DSL을 사용했다면 작업이 훨씬 쉬웠을 것이다. 하지만 이 팀은 외부 DSL을 개발하는 방법을 몰랐기 때문에, 내부 DSL 말고는 선택의 여지가 없었다. 이처럼 대부분의 사람은 내부 DSL이나 외부 DSL 중 어느 하나만 알고 있다든지, 알더라도 특정 기법만 이해하고 있을 뿐이다. 따라서 다양한 기법을 습득할 수 있도록, 이 책을 통해 내부 DSL과 외부 DSL을 모두를 명확하게 설명하는 일이 중요하다고 본다. (언어 워크벤치에 대해서는 다소 개략적으로 설명하려고 한다. 이 분야는 매우 새롭고, 여전히 발전하는 중이기 때문이다.)

DSL을 바라보는 또 다른 시각은 추상화를 조작하는 방식이다. 소프트웨어를 개발할 때, 우리는 무언가를 추상화하고, 이를 조작한다(흔히 이러한 추상화는 다양한 레벨에서 이루어진다). 추상화를 하는 가장 일반적인 방법은 라이브러리나 프레임워크를 구현하는 일이다. 그리고 이러한 프레임워크를 조작하는 가장 흔한 방법은 커맨드-쿼리 API를 사용하는 것이다. 이러한 관점에서 볼 때 DSL은 라이브러리의 가장 앞부분으로, 커맨드-쿼리 API와는 다른 형태의 조작 방식을 제공한다. 이런 맥락에서 라이브러리는 DSL의 시맨틱 모델(197)이라고 볼 수 있다. 결과적으로 DSL은 라이브러리를 따르는 경향이 있다. 실제로 DSL을 제대로 만들었다면, 시맨틱 모델은 없어서는 안될 부속물이라고 생각한다.

DSL을 이야기할 때면, DSL을 만드는 일이 어려운 작업이라고 생각하기 쉽다. 하지만 가장 어려운 작업은 모델을 만드는 일이다. DSL은 모델 상위에 있는 레이어에 불과하다. 효과적인 DSL을 만들려면 노력을 들여야 하지만, 이러한 노력은 기반 모델을 만드는 노력에 비하면 훨씬 작을 때가 많다.

2.1.1 DSL의 경계

말했다시피 DSL 개념은 그 경계가 모호하다. 정규 표현식이 DSL이라는데 동의하지 않을 사람이 있을 거라고는 생각하지 않는다. 하지만 논쟁 거리가 될 수 있는 언어도 많다. 따라서 이 절에서 이들 사례를 설명하는 게 의미가 있다고 본다. 이를 통해 DSL이 무엇인지 생각할 때 도움을 줄 수 있기 때문이다.

각 DSL 범주마다 서로 다른 경계 조건을 가지므로, 범주별로 따로 설명하고자 한다. 이들 경계 조건을 살펴볼 때, DSL을 구분 짓는 특성들이 언어적 본질, 집중된 도메인, 한정된 표현력이라는 점을 떠올리면 도움이 될 것이다. 곧 알게 되겠지만 집중된 도메인은 썩 좋은 경계 조건이 아니다. 일반적으로 경계 조건으로는 한정된 표현력과 언어적 본질이 더욱 중요하다.

먼저 내부 DSL부터 살펴보자. 이 경우 경계를 구분 짓는 문제는 내부 DSL과 보통의 커맨드-쿼리 API 간의 차이다. 내부 DSL은 여러모로 독특한 API에 지나지 않는다(벨연구소의 오래된 격언에도 '라이브러리를 설계하는 일은 사실 언어를 설계하는 일이다'라는 말이 있다). 내가 보기에 이 둘 사이의 가장 중요한 차이점은 언어적 본질에 달려있다. 마이크 로버츠(Mike Roberts)는 커맨드-쿼리 API가 추상화의 용어를 정의한다면, 내부 DSL은 문법을 더한다고 말했다.

커맨드-쿼리 API를 가진 클래스를 문서화할 때는 주로 클래스가 가진 메서드를 모두 나열한다. 이처럼 문서화할 때, 각 메서드는 독립적으로도 그 의미를 가진다. 다시 말해 결국 '단어'집을 가지게 되며, 각 단어는 그 자체로도 의미가 충분하다. 반면에 내부 DSL의 메서드는 DSL에서 메서드 하나보다 큰 규모의 표현식 문맥 안에서만 의미를 가질 때가 많다. 도입부에서 자바로 작성한 내부 DSL을 보면, to라는 이름의 메서드가 있다. 이 메서드는 전이에서 목표 상태를 기술했다. 이와 같은 이름은 커맨드-쿼리 API에서는 좋은 명명법이 아니다. 하지만 .transition(lightOn).to (unlockedPanel)과 같은 표현식 안에서는 잘 어울린다.

결국 내부 DSL은 연관성이 없는 일련의 명령어가 아니라, 문장 전체를 조립한다는 느낌이 들어야 한다. 이런 이유 때문에 이러한 형태의 API를 플루언트 인터페이스(fluent interfaces)라고 부른다.

내부 DSL의 경우 한정된 표현력은 내부 DSL을 구분 짓는 핵심적인 특성이 분명히 아니다. 내부 DSL에서 사용하는 언어가 범용 언어이기 때문이다. 내부 DSL의 경우 한정된 표현력은 사실 언어를 사용하는 방식에서 기인한다. 내부 DSL 표현식을 구성할 때, 범용 언어의 기능 중 작은 부분만 한정해서 사용한다. 이때 조건식, 루프 구조, 변수를 사용하지 않을 때가 많다. 피아즈 콜리(Piers Cawley)는 이러한 사용법을 호스트 언어의 피진어[1]적 사용법(pidgin use)이라고 불렀다.

외부 DSL의 경우 경계를 구분 짓는 문제는 범용 프로그래밍 언어와의 차이다. 한 언어가 집중된 도메인을 가지더라도, 그 언어는 DSL이 아니라 범용 언어일 수도 있다. 이에 대한 좋은 예가 통계 언어이면서 플랫폼인 R^2이다. 실제로 이 언어는 통계 작업만을 철저히 겨냥했다. 하지만 범용 프로그래밍 언어가 지니는 표현력을 모두 가진다. 따라서 이 언어는 도메인이 집중되어 있지만, 나는 이 언어를 DSL이라고 보지 않는다.

좀 더 확실한 외부 DSL은 정규 표현식이다. 정규 표현식의 도메인은 집중되어 있으므로(텍스트를 매칭), 이 목적에 맞게 기능 또한 한정적이다. 즉, 정규 표현식은 텍스트 매칭을 쉽게 할 수 있을 만큼의 기능만을 제공한다. DSL에서 공통적으로 나타나는 지표는 튜링이 완전하지 않다는 점이다. 일반적으로 DSL에서는 정규 명령형 제어 구조(조건식과 루프)를 피하고, 변수가 없으며, 서브루틴을 정의할 수 없다.

많은 사람들이 내 의견에 동의하지 않는 부분이 바로 이점이다. DSL을 문자 그대로 정의하는 이들은 R과 같은 언어도 DSL 범주에 반드시 포함되어야 한다고 주장한다. 내가 한정된 표현력을 이토록 강조하는 이유가 바로 이 때문이다. DSL과 범용 언어를 구분 지을 때 바로 이 한정된 표현력이 도움이 된다. 한정된 표현력으로 인해 DSL은 범용 언어와는 다른 특성을 지니게 된다. 이는 DSL과 범용 언어를 비교하는 데 있어 달리 생각해 볼 수 있는 실마리가 된다.

이 경계가 그리 명확하지 않다면 XSLT를 생각해 보자. XSLT는 XML 문서를 변환하는 도메인에 집중한다. 하지만 XSLT는 정규 프로그래밍 언어로서 지녀야 할

---

[1] (옮긴이) 특정 언어(특히 영어, 포르투갈어, 네덜란드어)에서 제한된 어휘들이 토착 언어 어휘들과 결합되어 만들어진, 단순한 형태의 합성어. 서로 다른 언어를 쓰는 사람들이 의사소통하기 위해 만들어졌다.

[2] (옮긴이) R은 프로그래밍 언어로, 통계 계산이나 그래픽 처리를 할 때 사용된다. 뉴질랜드 오클랜드 대학의 로스 이하카(Ross Ihaka)와 로버트 젠틀맨(Robert Gentleman)이 초기 버전을 만들었다.

기능을 모두 가지고 있다. 이러한 경우라면 나는 언어 자체보다도 그 언어가 사용되는 방식이 더 관련이 깊다고 본다. XSLT를 XML을 변환할 때 사용한다면, 나는 XSLT가 DSL이라고 본다. 하지만 8-queens 퍼즐[3]을 풀려고 XSLT를 사용한다면, 나는 XSLT를 범용 언어로 본다. 따라서 언어가 사용되는 특정 방식에 따라 이 언어는 DSL일 수도 있고 아닐 수도 있다.

외부 DSL의 경계에 있는 또 다른 언어는 직렬화된 데이터 구조다. color = blue와 같이, 설정 파일에 있는 프로퍼티 할당 구문은 DSL인가? 이 경우에 경계를 구분 짓은 조건은 언어적 본질이다. 일련의 할당문은 유창함(fluency)이 부족하므로, 나는 이들 할당문이 DSL 범주에 맞지 않다고 본다.

많은 설정 파일에 대해서도 비슷한 주장을 펼칠 수 있다. 오늘날 많은 환경에서 특정 설정 파일을 통해(보통 XML 구문을 사용해) 프로그래밍할 수 있는 기능을 많이 제공한다. 많은 경우에 이들 XML 설정 파일은 사실상 DSL이다. 하지만 모든 XML 설정 파일이 DSL은 아니다. 예를 들어 XML 이외의 툴을 이용해 XML 파일을 생성할 목적으로 만들어진 경우도 있다. 이러한 XML 파일은 직렬화를 위해서만 사용되며, 사람이 사용할 목적으로 만들어진 게 아니다. 따라서 나는 이러한 XML 파일은 DSL로 분류하지 않는다. 물론 XML을 직렬화를 위해 만들었더라도, 사람이 읽을 수 있는 형태로 저장하는 일은 여전히 가치 있다. 이렇게 만들면 디버깅할 때 도움이 되기 때문이다. 하지만 경계를 구분 짓는 문제는 사람이 읽을 수 있느냐 아니냐가 아니다. XML로 시스템의 특정 부분을 표현했을 때, 이 표현형식이 사람과 시스템이 상호작용 하는 주된 방식인지 아닌지다.

이러한 종류의 설정 파일과 관련된 가장 큰 이슈 중 하나는, 설정 파일이 애초에는 직접 편집할 수 있도록 만들어지지 않았음에도 실제로는 가장 주요한 편집 메커니즘이 되어 버린다는 점이다. 이로 인해 XML은 의도하지는 않았지만 DSL이 되기도 한다.

언어 워크벤치의 경우, 사용자가 자신만의 데이터 구조나 폼(form)을 직접 만들 수 있는 애플리케이션이 언어 워크벤치를 구분 짓는 경계가 된다. 이러한 애플리케이션의 예로 마이크로소프트 액세스(Microsoft Access)를 들 수 있다. 요컨대 상태 모델을 관계형 데이터베이스 구조에 표현할 수도 있다(나는 이보다 더 엉망인 아이디어를 본 적도 있다). 그리고 폼을 생성해 이 모델을 조작할 수도 있다. 이 경우에

---

[3] (옮긴이) n-queens 퍼즐. n = 1이거나 N >= 4인 경우, 체스보드에 n개의 퀸을 서로 공격하지 않도록 배치할 수 있다. n이 8인 경우, 총 92개의 배치 방법이 존재하는데, 8개의 퀸을 그냥 놓는 방법이 4,426,165,368가지나 된다.

는 두 가지 질문을 할 수 있다. 액세스는 언어 워크벤치인가? 액세스로 정의한 것은 DSL인가?

먼저 두 번째 질문부터 살펴보자. 이 경우 상태 머신에 맞게 특별한 애플리케이션을 만들고 있으므로, 집중된 도메인과 한정된 표현력 둘 다 만족한다. 가장 중대한 문제는 바로 언어적 본질이다. 데이터를 폼에 입력하고, 이 데이터를 테이블에 저장한다면, 이 경우에는 진짜 언어라는 느낌을 거의 받을 수 없다. 물론 테이블은 언어적 본질을 가진 표현식일 수도 있다. 실제로 Fit(192쪽, 「Fit」)과 엑셀은 모두 테이블 형태의 표현형식을 사용하며, 언어라는 느낌도 든다(나는 Fit은 DSL이라고 보지만, 엑셀은 범용 언어라고 본다). 하지만 애플리케이션은 대부분 이러한 종류의 유창함을 가지지 않는다. 단순히 폼과 윈도(window)를 생성할 뿐이고, 이들 간에는 서로 관련이 없다. 예를 들어 언어 워크벤치 중에서 메타 프로그래밍 시스템(Meta-Programming System)의 텍스트형 인터페이스는 폼을 기반으로 하는 대다수의 UI와 확연히 차이가 난다. 마찬가지로 MetaEdit처럼 다이어그램을 배치해 구성 요소간의 관계를 정의할 수 있는 애플리케이션도 거의 없다.

액세스가 언어 워크벤치인지에 대해서는 애초에 액세스가 만들어진 목적을 살펴보면 된다. 실제로 액세스는 언어 워크벤치로 만들어지지는 않았다. 물론 원한다면 언어 워크벤치로 활용할 수는 있다. 얼마나 많은 사람이 엑셀을 데이터베이스로 사용하는지 보라. 물론 엑셀도 데이터베이스로 만들어진 건 아니다.

넓은 의미에서, 순전히 사람만 사용하는 언어는 DSL인가? 이 질문에 대한 대답으로 흔히 스타벅스에서 커피를 주문할 때 사용하는 언어가 예제로 사용된다. 예를 들어 "Venti, halfcaf, nonfat, no-foam, no-whip"처럼 주문할 수 있다. 이 언어는 DSL처럼 보인다. 한정된 표현력과 집중된 도메인을 만족하고, 용어와 문법을 가지기 때문이다. 하지만 내가 정의하는 DSL 범주에서는 벗어난다. 나는 그 언어가 컴퓨터 언어일 때만 'DSL'이라고 부르기 때문이다. 스타벅스에서 사용하는 표현을 컴퓨터 언어로 구현했다면, 이 언어는 확실히 DSL이다. 하지만 카페인 양을 알려줄 때 내뱉는 단어는 사람의 언어다. 이처럼 사람들이 사용하는 DSL을 가리킬 때 나는 도메인 언어(domain language)라고 부르고, 'DSL'은 컴퓨터 언어에만 적용한다.

자, DSL의 경계에 대한 지금까지 논의를 통해 무엇을 알 수 있었는가? 다행히도 명확한 한 가지는 그 경계가 그리 뚜렷하지 않다는 사실이다. DSL이 무엇인지에 대한 의견은 사람마다 서로 일치하지 않을 수 있고, 각자가 내세우는 논거 또한 타당할 수 있다. 게다가 언어적 본질과 한정된 표현력과 같은 조건은 그 자체로도 모호하다. 결국 이 조건으로 구분 지은 경계 또한 뚜렷할 수 없다. 뿐만 아니라 내가 사용하는 경계 조건을 모든 사람이 똑같이 사용하지는 않을 것이다.

DSL의 경계를 논의하면서, 많은 언어들을 DSL 범주에서 제외시켰다. 그렇다고 이들 언어가 중요하지 않다는 뜻은 아니다. 무언가를 정의하는 목적은 의사소통을 돕고, 이를 통해 설명하는 내용에 대해 서로 다른 사람들이 똑같이 이해하도록 돕기 위해서다. 실제로 DSL의 정의는 이 책을 쓸 때, 내가 설명하려는 기법이 서로 관련이 있는지 결정하는데 도움이 되었다. 뿐만 아니라 DSL의 정의는 내가 이 책에서 설명할 기법을 더욱 효과적으로 선별하는 데도 도움이 되었다.

2.1.2 부분형 DSL과 독립형 DSL

29쪽 「DSL 사용하기」에서 사용했던 비밀 벽을 위한 상태 머신 예제는 독립형 DSL(stand-alone DSL)이다. DSL 스크립트 블록이 있고(주로 한 파일 내에), 이 스크립트가 모두 DSL일 때 나는 이 DSL을 독립형 DSL이라고 부른다. 독립형 DSL인 경우 호스트 언어가 사용되지 않았거나(외부 DSL인 경우), 내부 DSL이라면 호스트 언어가 한정되어 사용된다. 따라서 독립형 DSL인 경우에는 애플리케이션에서 사용한 호스트 언어에는 생소하더라도 DSL 구문에만 익숙하다면, DSL이 의미하는 바를 이해할 수 있어야 한다. 해당 DSL이 외부 DSL이었다면 호스트 언어 자체가 없으며, 반면에 내부 DSL이었다면 언어가 제한적이기 때문이다.

이와는 달리 DSL은 부분적인 형태를 취할 수도 있다. 이 경우에는 DSL이 호스트 언어 코드 내부에서 부분적으로 사용된다. 이러한 부분형 DSL(fragmentary DSL)은 호스트 언어에 추가해서 기능을 개선하는 부가 장치쯤으로 볼 수 있다. 이 경우에는 호스트 언어를 이해하지 않고서는 DSL이 의미하는 바를 전혀 이해할 수 없다.

외부 DSL 중에서 부분형 DSL의 좋은 예는 정규 표현식이다. 프로그램을 만들 때 정규 표현식으로만 가득 채워지는 않는다. 대신에 정규 호스트 코드에 정규식 코드를 부분적으로 배치한다. 또 다른 예로는 SQL이 있다. SQL은 좀 더 큰 프로그램 문맥 안에서 SQL 문장 형태로 사용될 때가 많다.

내부 DSL에서도 마찬가지로 부분형 DSL을 사용할 수 있다. 내부 DSL을 개발해 상당한 성과를 거두고 있는 분야는 단위 테스트 분야다. 그 한 예로 목 객체(mock object) 라이브러리에서 사용하는 기댓값 문법을 들 수 있다. 이 DSL은 좀 더 큰 호스트 코드 문맥 안에서 드문드문 사용된다. 내부 DSL 중에서 부분형으로 널리 쓰이는 DSL은 어노테이션(529)이다. 어노테이션을 사용하면 호스트 코드 프로그램 요소에 메타데이터를 추가할 수 있다. 따라서 어노테이션은 부분형 DSL로는 효과가 있지만, 독립형 DSL로는 쓸모가 없다.

독립적인 문맥에서 사용할 수 있고, 부분적인 문맥에서도 사용할 수 있는 DSL도 있다. SQL이 좋은 예다. 부분형으로만 사용하려고 만들어진 DSL도 있고, 독립형으로만 사용하려고 만들어진 DSL도 있다. 그리고 어느 쪽으로도 사용할 수 있는 DSL도 있다.

2.2 왜 DSL을 사용하는가?

지금쯤이면 DSL이 무엇인지 충분히 이해했으리라 생각한다. 다음 질문은 왜 DSL 사용을 고려해야 하는지다.

DSL은 제한된 도메인에 관심이 집중된 도구다. DSL은 소프트웨어를 개발하는 방식을 근본적으로 바꿔 놓을 정도로 사고의 전환을 가져온 객체 지향이나 애자일 방법론과는 다르다. DSL은 매우 한정된 상황에 맞게 만들어진, 특정한 목적을 가진 도구다. 전형적인 프로젝트라면 다양한 목적으로 6개 가량의 DSL을 사용할 수도 있다. 실제로 많은 프로젝트에서 DSL을 여러 가지 목적으로 활용한다.

17쪽의 '언어와 시맨틱 모델'에서 DSL은 모델(라이브러리 또는 프레임워크)을 감싸는 얇은 껍데기라고 계속 강조했다. 이 말은 DSL의 장점(또는 단점)을 생각할 때는 모델 자체가 제공하는 장점과 DSL이 제공하는 장점을 서로 구분하는 게 중요하다는 뜻이다. 흔히 이 둘을 혼동하는 실수를 저지른다.

DSL을 사용하면 확실히 이득을 볼 수 있다. DSL 사용을 고려하고 있다면, 이들 장점을 따져보고, 현재 상황에서 어떤 이득을 얻을 수 있는지 검토해야 한다.

2.2.1 개발 생산성의 향상

DSL이 매력적으로 다가오는 핵심적인 이유는 DSL을 사용해 시스템 일부를 만들었을 때, 이렇게 만든 의도를 더욱 명료하게 전달하는 도구가 되기 때문이다. 예를 들어 그랜트 양의 컨트롤러를 모델의 커맨드-쿼리 API를 사용해 정의할 때보다, DSL을 사용해서 정의할 때 컨트롤러의 동작 방식을 더욱 쉽게 이해할 수 있다.

이러한 명료성은 단순히 미학적인 욕구를 채우기 위해서만은 아니다. 코드가 읽기 쉬워지면, 결국 실수를 더 쉽게 발견할 수 있고, 시스템을 수정하는 일도 쉬워진다. 따라서 DSL을 사용하라고 권장하는 이유는 변수에 의미 있는 이름을 부여하고,

문서화를 하며, 코드를 명확하게 구조화하도록 권장하는 이유와도 일맥상통한다.

결함이 생산성에 미치는 영향을 과소평가하는 사람들이 의외로 많다. 결함이 생기면 소프트웨어의 외적인 품질을 떨어뜨린다. 뿐만 아니라, 결함을 찾아서 고치느라 시간을 허비하고, 시스템의 동작 방식에 혼란을 가중시키므로 개발자 생산성을 떨어뜨리게 된다. DSL은 표현성이 제한적이므로 실수를 덜 하게 되고, 에러가 발생하더라도 찾기가 훨씬 쉬워진다.

모델을 사용하면 그 자체로도 생산성이 상당히 향상된다. 공통 코드를 모을 수 있으므로, 코드 중복을 피할 수 있다. 무엇보다도 모델은 문제를 추상화하기 때문에, 모델을 사용하면 시스템의 행위를 좀 더 이해하기 쉽게 기술할 수 있다. DSL을 사용하면 이러한 추상화를 읽고 조작하는 일을 좀 더 서술적인 형태로 기술할 수 있기 때문에, 생산성이 더욱 향상된다. 뿐만 아니라 DSL은 서로 다른 API 메서드를 조합하는 방식에 초점을 맞추기 때문에, DSL은 API를 사용하는 방법을 배우는 데도 도움이 된다.

이에 대한 흥미로운 사례를 우연히 본 적이 있다. 이들은 DSL을 이용해 조잡한 써드파티(third-party) 라이브러리를 감쌌다. DSL에서 플루언트 인터페이스를 사용할 때 주로 얻는 장점들은 이처럼 커맨드-쿼리 API가 형편없는 경우에 극대화된다. 뿐만 아니라 DSL은 써드파티 라이브러리의 클라이언트가 실제로 사용하는 기능만 지원하면 되므로, 클라이언트 개발자가 배워야 하는 범위를 상당히 좁힐 수 있게 된다.

2.2.2 도메인 전문가와 의사소통

나는 소프트웨어 프로젝트에서 가장 어려운 부분, 즉 프로젝트가 실패하게 되는 가장 주요한 원인이 소프트웨어를 사용하는 고객이나 사용자와의 의사소통에 달려있다고 본다. DSL을 사용하면 명료하면서도 간결한 언어를 통해 도메인을 다룰 수 있으므로, DSL은 이러한 의사소통을 개선하는데 도움을 준다.

이러한 장점은 단순히 개발 생산성이 향상된다는 논거와는 달리 함축적인 의미를 가진다. 우선 도메인과 관련해서 의사소통을 하는 데는 적합하지 않은 DSL들이 많다. 예를 들어 정규 표현식을 작성하거나, 빌드 의존성을 기술할 때 사용하는 DSL은 도메인에 대해 의사소통할 때는 도움이 되지 않는다. 독립형 DSL 중에서 극히 일부만이 이러한 의사소통 도구로 사용될 수 있다.

사람들이 이러한 맥락에서 DSL을 이야기할 때면, "이제는 프로그래머가 필요 없고, 업무 담당자가 규칙을 직접 기술할 수 있을 것이다"라는 관점에서 말할 때가 많다. 나는 이러한 주장을 '코볼 오류(COBOL fallacy)'라고 부른다. 코볼이 등장했을 때, 코볼에 대해서도 마찬가지 예측을 했기 때문이다. 이러한 주장은 자주 언급되곤 하지만, 상황이 나아졌다고 보지는 않는다.

코볼 오류가 있지만, DSL을 사용하면 분명히 의사소통을 개선할 수 있다고 본다. 물론 도메인 전문가가 직접 DSL을 작성하리라고 기대하지는 않는다. 하지만 최소한 도메인 전문가는 DSL을 읽을 수 있게 되고, 결국 자신이 생각한 대로 시스템이 동작하는지 이해할 수 있게 된다. DSL 코드를 읽을 수 있으므로, 도메인 전문가가 실수를 찾아낼 수도 있다. 뿐만 아니라 DSL에 규칙을 작성하는 프로그래머들과 더욱 효과적으로 이야기할 수 있다. 도메인 전문가가 대략적으로 초안을 작성하고, 프로그래머가 이 초안을 올바른 DSL 규칙으로 정제하게 된다.

도메인 전문가가 DSL을 절대로 직접 작성해서는 안 된다는 말은 아니다. 도메인 전문가가 시스템에서 핵심적인 행위 중 일부를 DSL을 사용해서 직접 작성하는데 성공했던 팀을 많이 봐왔다. 이처럼 도메인 전문가가 DSL을 직접 작성할 수 있게 만들 수는 있다. 하지만 이보다는 도메인 전문가가 DSL을 읽을 수 있는 정도로만 만들 수 있다면, 의사소통 향상이라는 장점은 충분히 얻을 수 있다고 본다. DSL을 만들 때 첫 단계는 DSL을 읽을 수 있도록 만드는 데 집중하는 일이다. 이 장점은 도메인 전문가가 직접 작성할 수 있게 만들려고 굳이 개선하지 않더라도 충분히 얻을 수 있다.

나는 DSL을 만드는 가장 중요한 목표가 도메인 전문가가 읽을 있게 하는데 있다고 본다. 하지만 이러한 주장은 이 목표만을 위해서라면 굳이 DSL을 사용할 필요가 있냐고 반문할 수 있는 근거가 되기도 한다. 도메인 전문가가 시맨틱 모델(197)에 있는 내용을 이해할 수 있게 만드는 게 목적이라면, 모델에 대한 시각화로도 충분히 목표를 이룰 수 있기 때문이다. 따라서 DSL을 만드는 대신에 시각화만을 제공해서 충분히 효과적인지 고려하는 일도 의미가 있다. 뿐만 아니라 DSL이 있더라도 시각화를 제공하면 도움이 된다.

DSL을 작성할 때 도메인 전문가와 협업해야 하는 이유는, 모델을 개발할 때 도메인 전문가와 함께 해야 하는 이유와도 같다. 나는 모델을 개발할 때 도메인 전문가와 일할 때, 큰 이득을 얻는 경우가 많았다. 유비쿼터스 언어(Ubi-quitous Language)[Evans DDD]를 만들면 소프트웨어 개발자와 도메인 전문가들은 깊게 의사소통할 수 있다. DSL은 이러한 의사소통에 이용할 수 있는 또 다른 기법이다.

상황에 따라 다르겠지만 모델과 DSL을 모두 개발하거나 DSL만을 개발할 때도, 도메인 전문가와 함께 일할 수 있다.

심지어 DSL 구현은 전혀 하지 않은 상황에서도 DSL을 이용해 도메인을 기술하면 도움이 되기도 한다. 이러한 경우에 DSL은 의사소통을 위한 플랫폼으로서 효과를 볼 수 있다.

결론적으로 도메인 전문가와 함께 DSL을 작성하기란 대체로 어렵지만, 할 수만 있다면 상당한 보상을 받을 수 있다. 뿐만 아니라 도메인 전문가와 거의 협업을 할 수 없다고 해도, DSL을 만들면 개발 생산성 측면에서 여전히 충분한 이득을 볼 수 있다. 따라서 DSL은 노력을 들일 만한 가치가 있다.

2.2.3 실행 문맥의 변화

상태 머신 예제에서 컨트롤러를 XML을 이용해 기술해야 하는 이유를 설명했다. 그 이유 중에서도 컨트롤러의 정의를 컴파일 타임이 아니라 런타임에 평가할 수 있다는 게 가장 중요한 이유였다. DSL을 사용하는 공통적인 이유는 코드를 다른 환경에서 실행하길 원하기 때문이다. 예를 들어 XML 설정 파일을 사용하는 공통적인 이유는 로직을 컴파일 타임에서 런타임으로 옮길 수 있기 때문이다.

이처럼 실행 문맥을 바꾸었을 때 이득을 볼 수 있는 또 다른 형태가 있다. 내가 조사한 어떤 프로젝트에서는 데이터베이스를 살살이 조사해 특정 조건을 만족하는 계약을 모두 찾아서 표시를 해야 했다. 이 팀은 이러한 조건에 대한 DSL을 루비로 작성했다. 그리고 이 DSL을 사용해서 시맨틱 모델(197)을 파퓰레이트했다. 하지만 모델의 계약 객체를 모두 메모리에 올려서 루비로 작성된 쿼리 로직을 실행하기에는 시스템이 너무 느려질 수도 있었다. 반대로 DSL 대신에 SQL을 사용해 조건 규칙을 직접 작성하는 일은 개발자뿐만 아니라 업무 담당자조차도 버거운 일이었다. 그래서 이 팀은 시맨틱 모델을 사용해 SQL 코드를 생성한 후, 데이터베이스에서 이 SQL 문을 처리했다. 이를 통해, 업무 담당자는 SQL이 아니라 DSL을 읽어서 표현식이 맞는지 확인할 수 있었다(뿐만 아니라 이 프로젝트에서는 업무 담당자가 DSL을 직접 작성할 수도 있었다).

DSL을 이렇게 사용하면 호스트 언어가 가진 한계를 채울 수 있을 때가 많다. 먼저 익숙한 DSL을 이용해 스크립트를 작성하고, 실제 실행 환경에 맞게 코드를 생성할 수 있기 때문이다.

모델이 있으면 이처럼 실행 문맥을 변화시키는 일이 용이해진다. 모델을 직접 실행하거나, 모델을 이용해 코드를 쉽게 생성할 수 있기 때문이다. 모델은 DSL뿐만 아니라 폼(form) 형태의 인터페이스를 이용해서도 파퓰레이트할 수 있다. 하지만 폼이 아니라 DSL을 사용하면 추가적인 이득을 볼 수 있다. 무엇보다도 DSL은 폼보다 복잡한 로직을 더 효과적으로 표현한다. 뿐만 아니라 모델 코드를 관리할 때 사용하는 코드 관리 툴(버전 관리 시스템)을 그대로 사용해 도메인 규칙을 관리할 수 있다. 도메인 규칙을 폼에 입력하고, 이들 규칙을 데이터베이스에 저장하는 경우에는, 버전이 관리되지 않을 때가 많다.

이처럼 모델을 이용해서 코드를 생성하는 방식으로 실행 문맥을 변화시키는 일은 DSL이 주는 장점이 아니다. 하지만 DSL을 사용하면 동일한 행위를 서로 다른 언어 환경에서 실행할 수 있다는 점을 DSL의 장점으로 보는 사람들도 있다. 예를 들어 DSL로 업무 규칙을 작성해 C# 코드나 자바 코드로 생성할 수 있다거나, 유효성 검증 규칙을 DSL로 작성해 서버에서는 C# 코드로 실행하고 클라이언트에서는 자바스크립트로 실행할 수 있다고 말한다. 이는 거짓된 이득인데, 이들 장점은 모델을 사용하기 때문에 얻는 이득이기 때문이다. 여기에는 DSL이 전혀 필요가 없다. DSL은 이들 업무 규칙을 좀 더 읽기 쉽게 만들어줄 뿐이며, 모델을 사용해서 얻는 이득과는 전혀 상관이 없다.

2.2.4 컴퓨팅 대안 모델

주류 언어를 사용해 프로그래밍 할 때는 거의 항상 명령형 컴퓨팅 모델을 사용한다. 즉, 무슨 작업을 할지, 어떤 순서를 따를지 컴퓨터에 지시를 내린다. 그리고 조건식과 루프를 사용해 프로그램 흐름을 제어하며, 변수를 사용한다. 사실 우리가 지금 당연하다고 여기는 수많은 요소가 여기에 포함된다. 명령형 모델은 이해하기가 다소 쉽고, 많은 문제에 활용할 수 있었기 때문에 인기를 끌게 되었다. 하지만 명령형 모델이 항상 최선은 아니다.

상태 머신이 좋은 예다. 명령형 코드와 조건식을 사용해도 상태 머신의 행위를 처리할 수 있고, 또한 꽤 훌륭하게 구조화된다. 하지만 상태 머신은 상태 머신 자체로 생각하는 게 더 도움이 될 때가 많다. 주로 사용하는 또 다른 예로 소프트웨어 빌드 작업을 정의하는 일을 들 수 있다. 명령형 코드를 사용해도 빌드 작업을 정의할 수는 있다. 하지만 얼마 지나지 않아 대부분의 사람들은 의존성 네트워크(595)를 사용(테스트를 실행하려면, 컴파일이 최신 상태여야 한다와 같이)하는 편이 더욱 쉽다는 사실을 깨닫게 된다. 실제로 빌드 작업을 기술하고자 만든 언어(메이크나 앤트와 같이)는 태스크 간의 의존성을 핵심적인 구조 메커니즘으로 사용한다.

이처럼 선언적 프로그래밍(declarative programming)으로 알려진 비명령형 접근법을 흔히 볼 수 있다. 이는 명령형 문장을 사용해 행위가 '어떻게' 동작해야 하는지 기술하는 방식으로 작업하는 대신에, '무엇이' 일어나야 하는지 선언하는 방식으로 작업하려는 개념이다.

컴퓨팅 대안 모델을 사용하려고 굳이 DSL을 사용할 필요는 없다. 상태 머신 예제에서 알 수 있듯이, 컴퓨팅 대안 모델의 핵심 행위는 시맨틱 모델(197)에서 나온다. 하지만 DSL을 만들면 큰 차이를 만들 수 있다. DSL을 사용하면 시맨틱 모델을 파퓰레이트하는 선언적 프로그램을 훨씬 쉽게 만들 수 있기 때문이다.

2.3 DSL의 문제점

DSL을 언제 사용해야 할지 설명했으니, 언제 사용하면 안 될지에 대해서도 조금은 말해야겠다. 최소한 DSL을 사용할 때 어떤 문제가 생기는지 정도라도 말이다.

기본적으로 DSL을 사용하지 말아야 할 유일한 경우는 현재 상황에 DSL을 적용하더라도 이득이 전혀 없는 경우다. 이득이 있더라도, DSL을 개발하는 데 드는 비용에 비해 그 효과가 미미하다면 DSL을 사용할 이유가 없다.

DSL을 사용할 수 있더라도 늘 문제점이 수반된다. 나는 대체로 이들 문제점이 현재 과장되어 있다고 본다. DSL을 어떻게 개발할지, 그리고 소프트웨어를 개발하는 큰 그림에서 어떻게 DSL을 적용할지 익숙하지 못한 경우가 많기 때문에, 문제가 발생한다. 뿐만 아니라 DSL과 모델을 혼동한 나머지, DSL에서 얻는 이득으로 잘못 알려진 거짓된 이득과 마찬가지로, DSL로 인해 생기는 문제점으로 알려졌지만 사실은 모델로 인해 생기는 문제점인 경우가 흔하다.

DSL로 인해 생기는 많은 문제점은 특정 DSL 유형에 따라 달라진다. 따라서 이들 문제점을 이해하려면 각 DSL이 구현되는 방식을 깊이 이해하고 있어야 한다. 이런 이유로 이들 문제점은 나중에 논의하고자 한다. 지금은 현재 설명하는 내용의 맥락에 맞게, 보다 일반적인 문제점만을 살펴보겠다.

2.3.1 언어 사이의 불협화음

DSL을 반대하는 가장 일반적인 이유는 언어는 배우기가 어려우므로, 한 언어를 사용할 때보다 여러 언어를 활용하면 더 복잡해질 거라고 우려하기 때문이다. 나는 이 문제를 언어 사이의 불협화음(language cacophony)이라고 부른다. 다양한 언어를 익혀야 하므로 시스템을 만들고 수정하기가 더 어려워지고, 결국 프로젝트에 신규 인력을 투입하는 일도 더 힘들어진다는 주장이다.

사람들이 이 같은 우려를 나타낼 때 공통적으로 실수하는 몇 가지 오해가 있다. 첫 번째 오해로, 흔히 사람들은 DSL을 익히는데 드는 비용과 범용 언어를 익히는데 드는 비용을 구분하지 못한다. DSL은 범용 언어에 비해 훨씬 간단하므로, 사실 배우기가 무척 쉽다.

이 사실을 수긍하는 반대론자는 다른 이유를 들어 DSL을 여전히 반대한다. DSL이 상대적으로 배우기 쉽더라도, 다수의 DSL을 적용하게 되면 프로젝트가 어떻게 진행되는지 이해하기 힘들어진다는 게 바로 그 이유다. 하지만 이 오해는 프로젝트에는 복잡해서 배우기 힘든 영역이 늘 존재한다는 사실을 잊어버리기 때문에 생긴다. DSL을 사용하지 않더라도, 애플리케이션 코드는 많은 부분이 추상화되고, 이렇게 추상화된 코드는 반드시 이해해야 한다. 대개 이들 추상화는 다루기 쉽도록 라이브러리로 만들어진다. 따라서 프로젝트에서 다수의 DSL을 활용하지 않더라도, 다양한 라이브러리를 여전히 공부해야 한다.

따라서 학습 비용에 대한 질문을 제대로 하려면 기반 모델 자체를 배울 때와 비교해서 DSL을 추가로 익힐 때 얼마나 더 어려운가를 물어야 한다. 나는 기반 모델을 이해한 상태에서 DSL을 추가로 익힐 때 드는 비용을 기반 모델만을 이해하는데 드는 비용과 비교했을 때 굉장히 적다고 본다. 실제로 DSL을 사용하려는 주목표가 모델을 더욱 쉽게 이해하고 다루기 위한 것이므로, DSL을 사용하게 되면 기반 모델에 대한 학습 비용도 확실히 줄게 된다.

2.3.2 개발 비용

기반 라이브러리가 있다면 DSL을 만드는데 드는 추가 비용은 적다. 하지만 적게 들더라도 비용은 비용이다. 여전히 코드를 만들어야 하고, 무엇보다 유지해야 한다. 이처럼 DSL에는 비용이 들므로, 일단 만든 DSL은 자신의 몫을 해야 한다. 하지만 라이브러리를 DSL로 감싼다고 늘 이득이 되지는 않는다. 커맨드-쿼리 API만으로도 충분히 효과적이라면, 다른 API를 여기에 더하는 일은 쓸데없는 짓이다. 심지어 DSL이 도움이 되더라도, DSL을 만들고 유지하는 비용을 고려하면 그 이득이 미미할 때도 있다.

DSL을 제대로 유지하는 일은 중요한 요소다. 간단한 내부 DSL일지라도, 대다수의 개발 팀이 이해하는데 어려움을 겪는다면, 문제의 원인이 될 수 있다. 특히 외부 DSL을 사용할 때는 개발 프로세스가 많이 변경된다. 게다가 개발자들에게 두려움의 대상이 되는 파서가 사용된다.

DSL을 도입할 때 드는 비용이 증가하는 이유 중 하나는 사람들이 DSL을 개발하는데 익숙하지 않다는 사실이다. DSL을 개발하려면 많은 기법을 새롭게 배워야 한다. 물론 이들 비용을 무시할 수는 없다. 하지만 학습 곡선을 오르는데 비용을 한번 들이고 나면, 이후에 DSL을 사용하면서 얻는 이득으로 그 비용을 조금씩 되갚을 수 있다는 사실을 기억해야 한다.

또한 DSL을 개발하는데 드는 비용은 모델을 먼저 만든 후에 드는 추가적인 비용이라는 점을 명심해야 한다. 시스템은 복잡한 영역을 가지기 마련이고, 이러한 영역을 제대로 처리하려면 특정 메커니즘을 사용해야 한다. 그리고 이 영역이 상당히 복잡해서 DSL을 고려할 정도라면, DSL을 만들기 전에 먼저 모델을 만들어도 될 정도로 복잡할 게 틀림없다. 이처럼 모델을 만들 때 DSL을 사용하면 모델을 생각하는 데 도움이 될 뿐만 아니라, 모델을 개발하는데 드는 비용까지도 줄일 수 있다.

이와 관련된 이슈로, 이처럼 DSL을 권장하게 되면 결국 나쁜 DSL이 많이 만들어 질 수도 있다는 점이다. 수많은 라이브러리가 나쁜 커맨드-쿼리 API를 제공하듯이, 나는 실제로 악성 DSL이 만들어지리라 예상한다. 하지만 이 문제의 요지는 DSL로 인해 이 사태가 더 악화되느냐다. 좋은 DSL은 나쁜 라이브러리를 감싸고, 이를 통해 라이브러리를 더욱 쉽게 다룰 수 있다(물론 나라면 차라리 라이브러리를 수정한다). 하지만 나쁜 DSL이라면, 만들고 개발하는 비용은 자원의 낭비다. 하지만 이는 DSL뿐만 아니라, 다른 코드에도 여전히 해당되는 말이다.

2.3.3 게토 언어

게토 언어(ghetto language) 문제는 언어 사이의 불협화음 문제와는 반대의 경우에 발생한다. 예를 들어 어느 회사에서 자체적으로 개발한 언어를 사용해 많은 시스템을 만들었다고 생각해 보자. 이렇게 하면 결국 신규 직원을 고용하기가 어려워지고, 기술 변화에 대처하기가 힘들어진다.

이 문제를 검토하면서 나는 다음 사실에 주목하기 시작했다 즉, 하나의 언어를 사용해 시스템 전체를 개발할 수 있다면, 결국 이 언어는 DSL이 아니라 범용 언어라는 사실이다(적어도 내 정의를 따르면). 물론 범용 언어를 만들 때, 여러 가지 DSL 기법을 적용할 수는 있다. 하지만 나는 제발 그러지 말기를 바란다. 범용 언어를 만들고 유지하려면 많은 비용을 감당해야 한다. 결국 해야 할 일이 쌓이게 되고, 일생을 빈민가(ghetto)에서 보내야 한다. 제발 부탁이다.

내 생각에 게토 언어 문제에는 실질적으로 두 가지 이슈가 함축되어 있다. 첫 번째는 DSL이 의도치 않게 범용 언어로 진화할 수 있는 위험성이 도사리고 있다는 점이다. 즉 DSL을 만들고 난 후, 계속해서 새로운 기능을 추가하게 된다. 오늘은 조건식을 추가하고, 내일은 루프를 추가한다. 그러다 결국 DSL은 튜링이 완전해진다.

이렇게 되지 않게 하는 유일한 방어책은 계속해서 감시하는 일이다. DSL로 집중하려는 한정된 문제가 무엇인지 명확하게 파악하라. 새로운 기능을 추가할 때면, 이 목적에서 벗어나지는 않는지 의심을 품어라. 이 목적보다 더 넓은 범위의 작업을 해야 한다면 하나의 DSL을 계속해서 키우지 말고, 다른 DSL을 더 만들고 결합하면 어떨지 고려하라.

같은 문제로 인해 프레임워크도 엉망이 될 수 있다. 훌륭한 라이브러리라면 목표를 뚜렷하게 지닌다. 예를 들어 상품 가격을 책정할 때 사용하는 라이브러리에 HTTP 프로토콜을 구현한 클래스를 추가한다고 생각해 보자. DSL 하나로 여러 작업을 처리하려고 할 때와 마찬가지로, 이 경우도 관심사를 분리하는 데 실패했으므로 본질적으로 같은 문제를 겪게 된다.

두 번째 이슈는 이미 만들어져 있어 가져다 써야 할 기능을 직접 만든다는 점이다. 이 문제는 DSL뿐만 아니라 라이브러리에도 똑같이 적용된다. 예를 들어, 현재는 객체-관계 매핑 시스템을 직접 개발할 이유가 전혀 없다. 소프트웨어에 관한 나의 일반적인 규칙은 "직접 해야 할 일이 아니라면, 직접 만들지 말라. 대신 다른 사람이 만들어 놓지 않았는지 찾아보라"다. 특히 오픈 소스 툴이 발전했으므로, 맨바닥에서 직접 만들려고 하지 말아야 한다. 대신에 검증된 오픈 소스를 확장해서 작업하는 게 더 효과적이다.

2.3.4 편협한 추상화

DSL은 다루고자 하는 대상 영역을 추상화해서 사고하는 데 도움을 준다. 이러한 추상화는 대단히 중요하다. 추상화를 하면 하위 레벨의 구조체 관점에서 생각할 때보다 도메인의 행위를 훨씬 쉽게 표현할 수 있기 때문이다.

하지만 추상화를 하게 되면(DSL로 추상화를 하든, 아니면 모델로 추상화를 하든) 늘 위험이 수반된다. 즉, 추상화로 인해 생각이 편협해질 수 있다. 편협한 시각으로 추상화를 하게 되면 세상에 맞게 추상화를 하려고 하지 않고, 좁은 추상화 기준에 세상을 맞추려고 애를 쓰게 된다. 다시 말하면 추상화 범주에 맞지 않는 무언가와 마주쳤을 때 새로운 행위를 쉽게 받아들이도록 추상화를 수정하는 대신에, 새로운 행위를 추상화에 맞추려고 시간을 허비하게 된다. 이러한 편협한 태도는 한번 만들어진 추상화에 익숙해지고, 이 추상화가 안정적이라고 느낌이 들 때 흔히 발생한다. 따라서 이처럼 익숙한 추상화가 뿌리째 흔들릴 수도 있다는 생각이 들면 불안해지는 게 당연하다.

편협하게 추상화하는 일은 비단 DSL뿐만 아니라 다른 경우에도 마찬가지 문제다. 하지만 DSL은 상황을 악화시킬 우려가 있다. DSL을 사용하면 추상화를 다루기가 훨씬 수월해지므로, 결국 한번 만들어진 추상화를 수정하는데 주저하게 된다. DSL을 도메인 전문가와 같이 사용하는 경우 문제는 더 악화된다. 도메인 전문가는 일단 추상화에 익숙해지고 나면, 추상화를 수정하는 일을 훨씬 주저하기 때문이다.

여느 추상화와 마찬가지로, DSL은 완성품이 아니라 진화하는 대상으로 항상 생각해야 한다.

2.4 일반적인 의미에서 본 언어 처리

이 책은 DSL에 관한 내용을 담고 있지만, 이 내용은 언어 처리와도 관련이 있다. 사실 DSL과 언어 처리는 서로 겹치는 내용이 많다. 전형적인 개발 팀에서 활용하는 언어 처리 기법 중 90% 정도는 DSL을 위해서 사용하기 때문이다. 하지만 이들 기법은 다른 목적으로도 활용할 수 있다. 이 책에서는 이러한 사례들은 다루지 않는데, 당연히 내 불찰이다.

쏘트웍스(ThoughtWorks) 사의 한 프로젝트 팀을 방문했을 때, 여기에 적합한 사례를 우연히 발견할 수 있었다. 이 팀은 메시지를 써드파티 시스템에 전송해 통신하는 프로그램을 만들어야 했다. 전송하는 메시지에는 코볼 copybook[4] 구문으로 정의된 코드를 담았다. 코볼 copybook은 데이터 구조를 정의할 때 사용한다. 작성해야 하는 copybook이 너무 많은 나머지, 동료인 Brian Egge는 파서를 만들기로 마음먹었다. 그래서 코볼 copybook 구문 중에서 실제로 사용하는 일부 구문에 맞게 파서를 만들고, 이들 copybook에 대한 인터페이스로 자바 클래스를 생성했다.

---

[4] copybook은 상위 레벨 프로그래밍 언어 또는 어셈블리어로 작성된 코드로, 복사해서 다른 프로그램에 삽입할 수 있다. (http://en.wikipedia.org/wiki/Copybook_%28programming%29)

파서가 만들어지자, 필요한 모든 copybook에 맞게 인터페이스를 제공할 수 있었다. 결국 나머지 코드에서는 코볼 데이터 구조를 전혀 이해할 필요가 없게 되었다. 게다가 변경사항이 발생하더라도, 간단히 클래스를 재생성함으로써 쉽게 처리할 수 있게 되었다. 코볼 copybook을 DSL이라고 부른다면 과장이 지나쳐 보인다. 하지만, 이 경우에 사용한 기법은 사실 외부 DSL에서 사용하는 기법과 같다.

따라서 이 책에서 기법들을 DSL을 만드는 맥락에서 설명했다고 해서, 다른 문제에 이들 기법을 적용할 수 없다는 뜻은 아니다. 언어를 처리하는 이들 기법을 이해했다면, 이들 기법은 여러 방식으로 활용할 수 있다.

2.5 DSL 생명주기

도입부에서는 먼저 프레임워크를 만들어 커맨드-쿼리 API를 설명한 후, 이 API를 더욱 쉽게 조작할 수 있도록 상위 레이어에 DSL을 두는 순서로 DSL을 소개했다. 이 순서대로 접근한 이유는 이 방식이 DSL을 이해하기에 가장 쉽다고 생각했기 때문이다. 하지만 DSL을 실제로 만들 때 이 순서대로만 만들 수 있는 것은 아니다.

이와는 반대로 DSL을 먼저 정의하는 방법도 일반적이다. 이 경우에는 먼저 몇몇 시나리오를 떠올린 후, DSL 스크립트에서 작성하고자 하는 방식으로 이들 시나리오를 써내려 간다. DSL로 다루고자 하는 부분이 도메인 기능과 관련이 있다면, 시나리오를 도메인 전문가와 함께 작성하면 효과적이다. 따라서 이 방식을 따르면, DSL을 의사소통 수단으로 활용할 수 있는 첫 걸음을 효과적으로 내디딜 수 있다.

구문적으로 유효한 문장부터 시작하길 좋아하는 사람도 있다. 따라서 이들이 내부 DSL을 정의하는 경우라면 호스트 언어 구문을 고수할 것이다. 외부 DSL이라면, 파싱할 수 있을 거라고 확신이 드는 문장부터 작성할 것이다. 이와는 반대로 구문에 얽매이지 않고 먼저 DSL 문장들을 작성한 후, 두 번째 단계를 거쳐 이들 문장을 올바른 구문에 가깝게 보정하기를 좋아하는 사람도 있다.

DSL을 만들 때 이처럼 DSL을 먼저 정의하는 방식을 따르는 개발자가 상태 머신에 맞게 DSL을 작성한다고 생각해 보자. 먼저, 이들 개발자는 요구사항을 알고 있는 몇몇 고객과 함께 모인다. 개발자는 컨트롤러가 가질 수 있는 일련의 기능들을 예를 들어 제시한다. 이러한 기능은 이전에 고객이 요구했던 기능일 수도 있고, 현재 고객이 기대하는 기능일 수도 있다. DSL 개발자는 이들 사례마다 DSL 형태로 작성하려고 시도한다. 여러 사례들로 작업해 나가면서, 새로운 기능이 발생할 때마다

DSL을 수정해 이 기능을 지원한다. 이렇게 작업하다 보면, 적절한 표본이 되는 사례들을 끝마치게 된다. 따라서 결국에는 각 사례에 맞게 의사 DSL(pseudo DSL)을 만들 수 있게 된다.

언어 워크벤치를 사용하고 있더라도, 워크벤치를 이 작업에 활용할 수는 없다. 대신 간단한 텍스트 편집기나 이미지 편집기, 펜과 종이를 사용해야만 한다.

도메인을 대표하는 의사 DSL(pseudo DSL)을 일단 만들고 나면, 이제 DSL을 구현할 수 있게 된다. 이때 구현 작업에는 호스트 언어로 상태 머신 개발하기, 모델에 맞게 커맨드-쿼리 API 개발하기, DSL 구문을 구체적으로 정의하기, DSL과 커맨드-쿼리 API 간에 변환하기 등이 포함된다. 구현 작업은 다양한 방식을 따를 수 있다. 예를 들어 이들 작업을 모두 한 번에 조금씩 수행하길 좋아하는 사람도 있다. 즉 모델을 조금 개발하고, 이 모델을 조작할 수 있는 DSL을 약간 더한 다음, 추가된 증가분을 모두 테스트한다. 반면에 프레임워크를 먼저 만들고 테스트 한 후, 상위 레이어에 DSL을 두는 방식을 좋아하는 사람도 있다. 뿐만 아니라 DSL을 먼저 준비한 후 라이브러리를 만들어, 이 둘을 서로 맞추기를 좋아하는 사람도 있다. 나는 점진주의자로, 하나의 기능을 짧은 주기로 만드는 방식을 선호하기 때문에, 첫 번째 방식을 따르는 편이다.

따라서 나는 가장 간단한 의사 DSL부터 먼저 시작하는 편이다. 먼저 이 사례를 지원할 수 있게, 테스트 주도 개발(test-driven development)을 사용하여 라이브러리를 프로그래밍한다. 그리고 나서 사용할 DSL 유형을 선택한 후, DSL을 구현해 이미 만들어 놓은 프레임워크와 결합한다. 좀 더 쉽게 개발할 수 있다면 나는 얼마든지 DSL을 변경하는 편이다. 물론 DSL을 변경할 때는 도메인 전문가의 확인을 거쳐서, 변경하더라도 DSL이 공통적인 의사소통 수단으로 여전히 활용될 수 있게 보장해야 한다. 이렇게 컨트롤러 하나를 제대로 만들고 나면, 다음 의사 DSL을 선택한다. 그리고 먼저 프레임워크를 개선하고 테스트한 후, DSL을 발전시켜 나간다.

물론 모델을 우선 개발하는 방식이 나쁘다는 뜻은 아니다. 실제로 모델을 먼저 개발해야 하는 경우도 많다. 일반적으로 이 방식은 처음에는 DSL을 사용할 생각이 전혀 없었거나, DSL을 사용해야 할지 확신이 서지 않을 때 사용된다. 따라서 먼저 프레임워크를 만들어 당분간 사용해 본 후, DSL을 더하면 유용할지 검토한다. 결국 이 경우에는 많은 고객이 상태 머신 모델을 이미 사용 중인 상태다. 새로운 고객에 맞게 컨트롤러를 추가하는 게 생각보다 쉽지 않다고 판단이 서면, DSL을 사용하기로 결정할 수 있다.

모델을 먼저 만든 후, 모델을 기반으로 DSL을 발전시켜 나갈 수 있는 접근법에는 두 가지가 있다. 언어 우선 접근법(language-seeded approach)의 경우에는 모델을 기반으로 DSL을 천천히 만들어 나가며, 되도록이면 모델은 블랙박스(black box)처럼 다룬다. 먼저 현재 동작 중인 컨트롤러를 모두 살펴본 후, 각 컨트롤러에 맞게 의사 DSL을 간략히 작성한다. 그런 다음 앞에서 본 경우와 마찬가지로 시나리오마다 DSL을 구현한다. 이때 모델에 큰 변경은 전혀 가하지 않는다. 물론 DSL을 지원할 수 있게 돕는 메서드를 모델에 추가할 수는 있다.

모델 우선 접근법(model-seeded approach)에서는 모델을 쉽게 조작할 수 있도록 먼저 플루언트 메서드를 모델에 추가한다. 그런 다음 플루언트 메서드를 DSL에 맞게 조금씩 만들어나간다. 이 방법은 내부 DSL에 좀 더 적합하다. 모델에서 내부 DSL을 이끌어내는 이 방법은 강력한 리팩토링으로 볼 수도 있다. 모델 우선 접근법은 점진적인 방식이므로, DSL을 개발하는데 비용이 엄청나게 들지 않는다는 점에서 매력적이다.

심지어 프레임워크를 만들어야 할지 확신이 서지 않는 경우도 흔히 있다. 따라서 컨트롤러를 많이 개발하고 나서야 비로소 공통 기능이 많다는 사실을 깨닫게 될 수도 있다. 그러면 먼저 리팩토링을 해서 모델과 설정 코드를 분리해야 한다. 이러한 분리 작업은 필수적이다. DSL을 염두에 두고 분리 작업을 하더라도 마찬가지다. DSL을 만들기 전에, 이러한 분리 작업을 먼저 해야 한다.

이쯤에서 몇 가지 사항을 강조해야 하겠다(굳이 말을 꺼내지 않을 수 있으면 더욱 좋겠지만). DSL 스크립트는 모두 버전 관리 시스템에 확실히 유지해야 한다. DSL 스크립트는 시스템에서 코드의 일부분이고, 따라서 다른 코드와 마찬가지로 버전을 관리해야 한다. 텍스트형 DSL의 뛰어난 부분이 바로 이 점으로, 버전 관리 시스템에 잘 들어맞는다. 즉 텍스트형 DSL의 경우, 시스템의 행위를 변경시킨 이력이 분명하게 유지된다.

2.6 어떻게 해야 좋은 DSL을 만들 수 있는가?

이 책을 리뷰해준 사람들이 어떻게 해야 언어를 잘 설계할 수 있는지, 조언을 부탁하곤 했다. 실제로 언어를 설계하는 일은 까다롭고, 우리는 잘못 만들어진 언어가 확산되지 않기를 바란다. 좋은 조언을 해주고 싶은 마음이 굴뚝같지만, 사실 마땅한 조언은 잘 떠오르지는 않는다.

다른 유형의 글과 마찬가지로, 대체로 DSL은 독자들이 명료하게 이해할 수 있는지를 그 목적으로 삼는다. 즉 목표 독자들이(프로그래머나 도메인 전문가가) DSL에 있는 문장이 의미하는 바를 되도록이면 빨리, 그리고 명확하게 이해할 수 있기를 바란다. 어떻게 해야 이 목적을 이룰 수 있을지 아직은 잘 모르겠다. 하지만 이 목적을 생각하면서 DSL을 만드는 게 정말 중요하다.

나는 대체로 점진적 설계를 지지하며, DSL도 예외는 아니다. 목표 독자를 대상으로 생각나는 대로 시도해보라. 여러 가지 대안을 준비하고, 각 방법마다 사람들이 어떻게 반응하는지 살펴보라. 훌륭한 언어를 만들려면, 계속해서 시도하고, 잘못을 바로잡아야 한다. 실패를 두려워하지 말아라. 더 많이 실패할수록 더 정확해지고, 좋은 방향을 잡을 기회도 더 많아진다.

DSL과 시맨틱 모델(197)에서 도메인 용어를 사용하는 일을 두려워하지 말아라. DSL 사용자가 이들 용어에 익숙하다면, 사용자는 DSL에서도 이 용어들이 당연히 쓰이기를 바란다. 물론 도메인과 관련 없는 사람은 이 용어를 이해할 수 없을 수도 있다. 하지만 이처럼 도메인 용어를 사용하면, 도메인과 관련된 사람들 사이에서는 의사소통이 원활해진다.

정규 프로그래밍에서 공통적으로 사용하는 관례를 그대로 따르라. 모든 사람이 자바나 C#을 사용한다면 주석으로 '//'을 사용하고, 계층 구조를 나타낼 때는 '{'와 '}'을 사용하라.

특히 주의를 기울여야 할 사항은 DSL을 자연어처럼 읽을 수 있게 만들려고 노력하지 말라는 것이다. 범용 언어를 자연어처럼 읽히도록 만들려는 시도가 많이 있었다. Applescript가 잘 알려진 예다. 이러한 시도는 결국 syntactic sugar[5]가 수없이 추가되고, 이로 인해 의미를 이해하기가 더욱 어려워진다는 문제점이 있다. 프로그래밍 언어는 자연어와는 달리 상당히 간결하며, 정확성을 요구한다. DSL 또한 프로그래밍 언어라는 사실을 명심해야 한다. 따라서 DSL을 사용할 때는 프로그래밍을 한다는 느낌을 받을 수 있어야 한다. 프로그래밍 언어를 자연어처럼 보이도록 만들려고 시도하면, 결국 엉뚱한 상황에 빠지게 된다. 따라서 프로그래밍을 할 때는 항상 자신이 프로그래밍 환경에 있다는 사실을 반드시 떠올릴 수 있어야 한다.

---

5 (옮긴이) 프로그래밍에서 무언가를 좀 더 읽기 쉽게 만들거나, 쉽게 작성할 수 있도록 하기 위해 추가된 부가적인 구문을 뜻한다. 이러한 구문은 컴퓨터가 아니라 사람의 입장에서 사용하기 더 쉽기 때문에 sugar, 즉 설탕처럼 달콤하다고 말한다.

ID omain-Specific Languages

3장

DOMAIN-SPECIFIC LANGUAGES

DSL 구현하기

이제 DSL이 무엇인지, 왜 DSL을 사용하는데 관심을 가져야 하는지 어느 정도 이해했을 것이다. 지금부터는 DSL을 만들기 시작할 때 필요한 기법들에 초점을 맞추어 보도록 하자. 내부 DSL을 만들 때 사용하는 기법과 외부 DSL을 만들 때 사용하는 기법은 서로 많이 다르다. 하지만, 공통적으로 사용하는 기법도 많이 있다. 이 장에서는 내부 DSL과 외부 DSL를 구현할 때 공통적으로 나타나는 이슈를 집중적으로 다루고자 한다. 그 후에 다음 장부터 DSL 유형별로 관련된 이슈를 살펴보겠다. 한 가지 덧붙이자면, 이 장에서는 언어 워크벤치는 무시한 채 설명하며, 언어 워크벤치에 대해서는 후반부에서 다루도록 하겠다.

3.1 DSL 처리 아키텍처

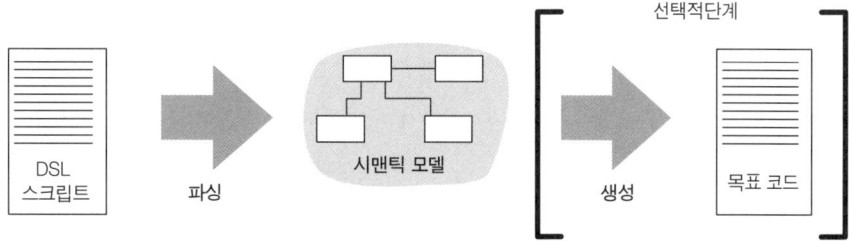

그림 3.1 전반적인 DSL 처리 아키텍처

DSL을 구현하는 전반적인 구조에 대해 가장 먼저 설명해야겠다. 나는 이 구조를 DSL 아키텍처라고 부른다.

지금쯤이면 DSL이 모델 위에 있는 얇은 레이어라는 말은 수없이 들었을 것이다. 여기에서 말하는 모델은 바로 시맨틱 모델(197) 패턴이다. 이 패턴의 바탕이 되는 기본적인 아이디어는 의미적으로 중요한 행위는 모두 모델에 저장하고, DSL은 파싱 과정을 통해 이 모델을 파퓰레이트하는 역할을 맡는데 있다. 즉 DSL을 고려할 때 시맨틱 모델이 중심축이 된다는 뜻이다. 실제로 이 책에서는 거의 모든 부분에 시맨틱 모델을 사용한다고 가정한다. (그래서 먼저 DSL과 시맨틱 모델을 충분히 설명한 후, 이 절 마지막에서 시맨틱 모델의 대안에 대해 논의하고자 한다.)

객체 지향 광신도인 내 입장에서 보자면, 시맨틱 모델은 당연히 객체 모델이라고 가정하는 편이다. 내 경우에는 데이터와 행위를 결합한 풍부한 객체 모델(rich object model)을 선호한다. 그러나 시맨틱 모델이 꼭 객체 모델일 필요는 없다. 시맨틱 모델은 오로지 데이터 구조로만 이루어질 수도 있다. 가능하면 적절한 객체를 사용해서 시맨틱 모델을 표현하겠지만, 시맨틱 모델을 전혀 사용하지 않는 것보다는 이처럼 데이터 모델 형식으로라도 시맨틱 모델을 사용하는 게 낫다. 그러므로 이 책에서는 시맨틱 모델이 적절한 행위를 포함하는 객체라고 가정하겠지만, 데이터 구조로만 이루어진 시맨틱 모델도 선택할 수 있음을 기억해 두자.

많은 시스템이 도메인 모델[Fowler PoEAA]을 사용해서 시스템의 핵심 행위를 담는다. 그리고 DSL을 사용해서 도메인 모델의 핵심 부분을 파퓰레이트할 때가 많다. 하지만 나는 도메인 모델의 개념과 시맨틱 모델의 개념을 분명하게 구분해서 사용한다. DSL에서 말하는 시맨틱 모델은 애플리케이션에서 말하는 도메인 모델의 하위 개념일 때가 많다. DSL만으로 도메인 모델의 모든 부분을 제대로 처리할 수는 없기 때문이다. 게다가 DSL은 도메인 모델을 파퓰레이트하는 용도 이외의 작업에도 사용할 수 있다. 심지어 도메인 모델이 이미 존재하더라도 DSL을 활용할 수 있다.

시맨틱 모델은 완전히 일반적인 객체 모델이므로, 여타의 객체 모델을 조작할 때와 마찬가지 방식으로 조작할 수 있다. 실제로 상태 머신 예제에서 상태 모델의 커맨드-쿼리 API를 사용해 상태 머신을 파퓰레이트하고, 상태 머신을 직접 실행해서 필요한 작업을 할 수 있었다. 이러한 점에서 보면 시맨틱 모델과 DSL이 관계가 깊다고 볼 수 있지만, 이 둘은 서로 독립적이다. (컴파일러에 대한 배경지식이 있는 독자라면, 시맨틱 모델이 추상 구문 트리와 같은 것이 아닌가 하는 의문이 들 것이다. 결론부터 말하면, 이 둘은 서로 다른 개념이다. 이 점에 대해서는 47쪽의 '파서가 하는 일'에서 살펴보도록 하겠다.)

시맨틱 모델을 DSL과 분리하게 되면 많은 장점을 얻을 수 있다. 가장 중요한 장점은 DSL 구문이나 파서를 이해하느라 혼란스러울 필요 없이, 도메인의 의미를 이해할 수 있다는 점이다. 지금 DSL을 사용하고 있다면, DSL로 표현해야 할 복잡한 무언가가 있었을 것이다. 이러한 복잡성이 없었다면, DSL을 사용하지 않았을 것이다. 따라서 매우 복잡한 무언가를 표현해야 한다는 점은 DSL이 자신만의 모델을 가져야 하는 충분한 이유가 된다.

시맨틱 모델과 DSL을 분리하면 무엇보다도 시맨틱 모델을 테스트할 때, 모델 객체를 직접 생성하고 조작할 수 있다. 파싱을 전혀 고려하지 않고도 상태와 전이 객체를 만들고, 이벤트와 커맨드 객체가 제대로 실행되는지 테스트를 통해 확인할 수 있다. 상태 머신을 실행할 때 문제가 생기면 이 문제를 모델에 국한시켜 생각할 수 있으며, 파서가 동작하는 방식에 대해서는 전혀 이해하지 않아도 된다.

또한 시맨틱 모델이 명백히 분리되어 있으면, 이 시맨틱 모델을 파퓰레이트할 수 있는 DSL을 여러 개 만들 수도 있다. 먼저 간단한 내부 DSL부터 시작하지만, 보다 읽기 쉬운 다음 버전으로 외부 DSL을 추가하는 경우를 생각해 보자. 이때 기존의 내부 DSL로 작성한 스크립트와 사용자가 있다면, 이 내부 DSL을 그대로 유지하고 지원해야 한다. 하지만 서로 다른 두 DSL을 파싱하면 결국 동일한 시맨틱 모델이 만들어지므로, 어려운 일이 아니다. 게다가 두 언어 간에 중복을 완전히 없앨 수도 있다.

더 중요하게는 시맨틱 모델을 분리하면, 모델과 언어를 독립적으로 개선할 수 있게 된다. 모델을 변경하고자 한다면, DSL을 변경할 필요 없이 모델만 분석하면 된다. 그리고 모델을 완벽히 개선한 뒤에, 필요한 구조체를 DSL에 더하면 된다. 반대로, 새로운 구문을 DSL에서 먼저 실험한 후, 새로운 구문이 모델에서 동일한 객체를 생성하는지 검사할 수 있다. 이때 새로운 구문과 기존 구문이 시맨틱 모델을 어떻게 파퓰레이트하는지 비교함으로써, 두 구문을 비교할 수 있다.

이러한 시맨틱 모델과 DSL 구문의 분리는 기업형 소프트웨어를 설계할 때 볼 수 있는 도메인 모델과 프레젠테이션의 분리와 여러모로 비슷하다. 어느 여름날에는 DSL이 사용자 인터페이스의 또 다른 형태는 아닌지 생각해 보기도 했다.

하지만 실제로 DSL을 프레젠테이션에 비교해 보면, DSL에는 한계가 드러난다. DSL과 시맨틱 모델은 여전히 연결되어 있다는 점이다. 예를 들어 DSL에 새로운 구조체를 추가한다면, 이 구조체가 시맨틱 모델에서 지원되도록 보장해야 한다. 결국 DSL과 시맨틱 모델을 동시에 수정해야 한다. 그러나 시맨틱 모델과 DSL이 분리되어 있으면, 의미적인 이슈와 파싱 이슈를 분리해서 생각할 수 있으므로 작업은 단순해진다.

내부 DSL과 외부 DSL 사이의 차이점은 파싱 단계에 나타난다. 파싱 대상과 파싱 방법, 둘 모두에서 차이가 있다. 두 DSL에서 생성하는 시맨틱 모델의 종류는 같다.

또한 앞에서 은연중에 말했듯이, 내부 DSL과 외부 DSL이 동일한 시맨틱 모델을 파퓰레이트하지 말아야 할 이유도 전혀 없다. 실제로 상태 머신 예제를 프로그래밍할 때 정확히 이 방법을 사용하여 여러 DSL로 모두 동일한 시맨틱 모델을 파퓰레이트했다.

외부 DSL의 경우 DSL 스크립트, 파서 그리고 시맨틱 모델 간에 구분이 명확하다. 이때 DSL 스크립트는 별도의 언어로 작성한다. 파서는 이 스크립트를 읽고 시맨틱 모델을 파퓰레이트한다. 반면에 내부 DSL에서는 각 요소가 뒤섞이기 쉽다. 그래서 나는 언어로 활용할 수 있는 플루언트 인터페이스를 제공하는 객체(표현식 빌더(415))를 별도의 레이어로 만들라고 말한다. 그러면 DSL 스크립트는 표현식 빌더에 있는 메서드를 호출하고, 이를 통해 시맨틱 모델을 파퓰레이트한다. 이처럼 내부 DSL의 경우에는 호스트 언어 파서와 표현식 빌더를 조합해 DSL 스크립트를 파싱한다.

이는 흥미로운 관점을 제시한다. 특히 내부 DSL을 다루는 맥락에서 '파싱'이라는 단어를 사용하는 게 조금 이상하게 보일 듯하다. 사실 나는 파싱이라는 단어를 어느 DSL에서 사용하더라도 그리 편하지는 않다. 하지만 내부 DSL과 외부 DSL 처리 과정을 같은 방식으로 병렬적으로 생각하면 도움이 된다고 본다. 전통적인 의미에서 파싱은 텍스트 스트림을 받아서, 텍스트를 파스 트리로 배열한 후, 이 파스 트리를 처리해 유용한 결과를 생성하는 과정을 뜻한다. 내부 DSL에서 파싱은 입력으로 일련의 함수 호출을 받는다. 게다가 입력을 계층 구조로 배열한 후(보통 암묵적으로 스택 위에), 의미 있는 결과를 생성한다.

이처럼 '파싱'이라는 단어를 내부 DSL에 적용할 수 있는 또 다른 이유는, 많은 경우에 호스트 언어 파서가 텍스트를 모두 처리하지는 않기 때문이다. 내부 DSL을 보면, 호스트 언어 파서가 텍스트를 처리한 후, DSL 프로세서가 추가적인 언어 구조체를 처리한다. 외부 DSL인 XML DSL도 동일한 과정을 거친다. 즉 XML 파서가 텍스트를 XML 요소로 변환한 후, DSL 프로세서가 이 요소들을 처리한다.

이쯤에서 내부 DSL과 외부 DSL 간의 차이점을 다시 한 번 논의해 볼 만하다. 앞에서 사용한 구분 기준(DSL을 애플리케이션에서 사용하는 기반 언어로 작성했는가)은 옳을 때가 많지만, 모든 경우에 적용할 수는 없다. 극단적인 예로 주요 애플리케이션은 자바로 작성하고 DSL은 JRuby로 작성한 경우를 생각해 보자. 이 경우에도 DSL은 여전히 내부 DSL 범주에 포함된다. JRuby를 DSL로 사용하려면 이 책의 내부 DSL 부분에서 다룬 기법들을 사용해야 하기 때문이다.

내부 DSL과 외부 DSL을 구분 짓는 진짜 기준은 따로 있다. 내부 DSL은 실행 가능한 언어로 작성하고, 이 DSL을 해당 언어 안에서 실행해 파싱한다. JRuby와 XML의 경우, 둘 다 DSL이 매개체 구문(carrier syntax) 안에 삽입되지만, JRuby 코드는 실행하는 반면에 XML 데이터 구조는 그저 읽을 뿐이다. 그렇긴 해도 대부분의 내부 DSL은 애플리케이션에서 사용하는 기반 언어로 작성하므로, 일반적으로 앞에서 사용한 기준이 더 쓸 만하다.

시맨틱 모델을 일단 만들었으면, 그 다음에는 모델을 사용해 원하는 작업을 할 수 있어야 한다. 상태 머신 예제에서 하려는 작업은 보안 시스템을 제어하는 일이었다. 시맨틱 모델로 원하는 작업을 할 때, 사용할 수 있는 방법에는 크게 두 가지가 있다. 일반적으로 가장 간단하고, 가장 좋은 방법은 시맨틱 모델 자체를 실행하는 것이다. 시맨틱 모델은 코드이므로, 시맨틱 모델을 실행해서 필요한 일을 모두 할 수 있다.

다른 방법은 코드 생성(code generation) 기법을 사용하는 것이다. 코드 생성 기법이란 코드를 생성해, 별도의 과정을 통해 이 코드를 컴파일하고 실행하는 방법이다. 코드 생성을 DSL에서 필수 사항으로 보는 그룹도 있다. DSL로 작업하려면 반드시 코드를 생성해야 한다고 가정한 채, 코드 생성에 대해 이야기하는 사람도 본 적 있다. 흔치 않게 파서 생성기(327)에 대해 이야기하거나 글을 쓰는 사람을 보아도, 역시나 코드 생성을 이야기했다. 하지만 DSL 작업을 하는데 코드 생성이 반드시 필요한 과정은 아니다. 많은 경우 최고의 방법은 시맨틱 모델을 바로 실행하는 것이다.

코드 생성 기법이 반드시 필요한 경우는 모델을 실행하려는 환경과 DSL을 파싱하려는 환경이 서로 다른 경우다. 예를 들어, 사용할 수 있는 언어가 제한적인 환경에서 코드를 실행해야 할 때가 있다. 즉 제한된 하드웨어나 관계형 데이터베이스 내에서 코드를 실행해야 할 때다. 이러한 경우 파서를 토스터기에서 실행하거나, 파서 자체를 SQL로 만들고 싶지는 않으므로, 먼저 파서와 시맨틱 모델을 보다 적합한 언어로 구현한 후에 C 코드나 SQL로 생성한다. 이와 비슷하게, 운영 환경에서는 필요 없는 라이브러리에 파서가 의존하는 경우도 있다. 이는 복잡한 툴을 사용해 DSL을 만들 때 흔히 나타난다. 이 때문에 언어 워크벤치에서는 코드 생성 기법을 사용하는 경우가 많다.

이러한 환경에서도 코드를 생성하기 전에, 파싱 환경에서 실행할 수 있는 시맨틱 모델을 만드는 일은 여전히 도움이 된다. 시맨틱 모델을 실행할 수 있다면, 코드 생성이 어떻게 이루어지는지 한꺼번에 이해하지 않고도 DSL이 어떻게 실행되는지 실험해 볼 수 있다. 즉, 코드를 생성하지 않고도 파싱이 제대로 되는지 그리고 생성된 모델의 의미가 맞는지, 테스트할 수 있다. 이를 통해 보다 빠르게 테스트할 수 있고, 발생된 문제를 파싱에 국한해서 처리할 수 있다. 또한 시맨틱 모델을 검증할 수 있으므로, 코드를 생성하기 전에 에러를 미리 잡아낼 수 있다.

시맨틱 모델을 바로 실행하기보다 코드 생성을 해야 하는 또 다른 이유로, 다행히 시맨틱 모델을 해석할 수 있는 환경이라 하더라도 풍부한 시맨틱 모델(rich Semantic Model)에 로직을 담는 경우, 많은 개발자들이 이해하는데 어려움을 겪는다는 점을 들 수 있다. 실제로 시맨틱 모델에서 코드를 생성하면 모든 게 명확해지고, 시맨틱 모델과는 달리 마술처럼 보이는 일이 줄어든다. 따라서 팀에 역량이 부족한 개발자가 많다면, 코드 생성 기법을 사용해야만 하는 결정적인 이유가 될 수도 있다.

하지만 코드 생성은 DSL 처리환경에서 선택 사항이라는 점을 반드시 기억해야 한다. 코드 생성은 이 기법이 필요한 환경에서는 절대적으로 중요한 기법 중 하나지만, 대부분의 환경에서는 필요하지 않다. 나는 코드 생성기를 스노슈즈(snow-shoes)라고 생각한다. 한겨울에 눈이 수북이 쌓인 산을 등산하고 있다면, 정말로 스노슈즈가 필요하다. 하지만 여름날에는 절대로 신지 않는다.

코드 생성 기법을 적용하는 경우라도, 시맨틱 모델을 만들어두면 또 다른 이점을 얻을 수 있다. 즉, 코드 생성기와 파서를 분리할 수 있다. 파싱 과정을 전혀 이해하지 않고도 코드 생성기를 만들어, 파서와 독립적으로 테스트할 수 있다. 이 이유 하나만으로도 시맨틱 모델은 충분히 가치 있다. 게다가 시맨틱 모델을 사용하면 여러 목표 환경에 대해 코드를 생성해야 할 때 쉽게 지원할 수 있다.

3.2 파서가 하는 일

결국 내부 DSL과 외부 DSL의 차이는 모두 파싱 과정에서 발생한다. 실제로 각 DSL을 파싱하는 세부 작업에는 많은 차이점이 있다. 그러나 비슷한 점 또한 많다.

파싱 작업이 매우 계층적이라는 점이 가장 중요한 유사점이다. 즉 텍스트를 파싱할 때, 텍스트를 트리 구조로 배열한다. 상태 머신에서 이벤트 리스트의 단순한 구조를 생각해 보자. 외부 DSL 구문으로는 다음과 같이 작성한다.

```
events
  doorClosed D1CL
  drawerOpened D2OP
end
```

각 이벤트는 이름과 코드를 가지며, 이벤트 리스트는 이들 이벤트로 구성된 합성 구조로 볼 수 있다.

루비를 사용한 내부 DSL도 비슷하다.

```
event :doorClosed "D1CL"
event :drawerOpened "D2O
```

이 경우에는 전체 리스트라는 개념이 명시적으로 나타나진 않지만, 각 이벤트는 여전히 계층구조를 이룬다. 즉 이벤트는 이름에 대한 심벌과 코드에 대한 문자열을 포함한다.

이와 같은 스크립트를 보면 언제든지 스크립트를 계층 구조로 생각해 볼 수 있다. 이러한 계층구조를 구문 트리(또는 파스 트리)라고 부른다. 모든 스크립트는 구문 트리로 변환할 수 있으며, 이 구문 트리는 여러 가지 형태를 취할 수 있다. 구문 트리는 스크립트를 분해하는 방식에 따라 형태가 달라진다. 구문 트리는 단어를 사용해서 표현한 스크립트보다 훨씬 유용한 표현형식이다. 구문 트리를 탐색해 다양한 방법으로 조작할 수 있기 때문이다.

시맨틱 모델(197)을 사용하고 싶다면, 구문 트리를 만들고 이를 시맨틱 모델로 변환할 수 있다. 언어 커뮤니티에서 작성한 자료를 읽어보면 시맨틱 모델보다 구문

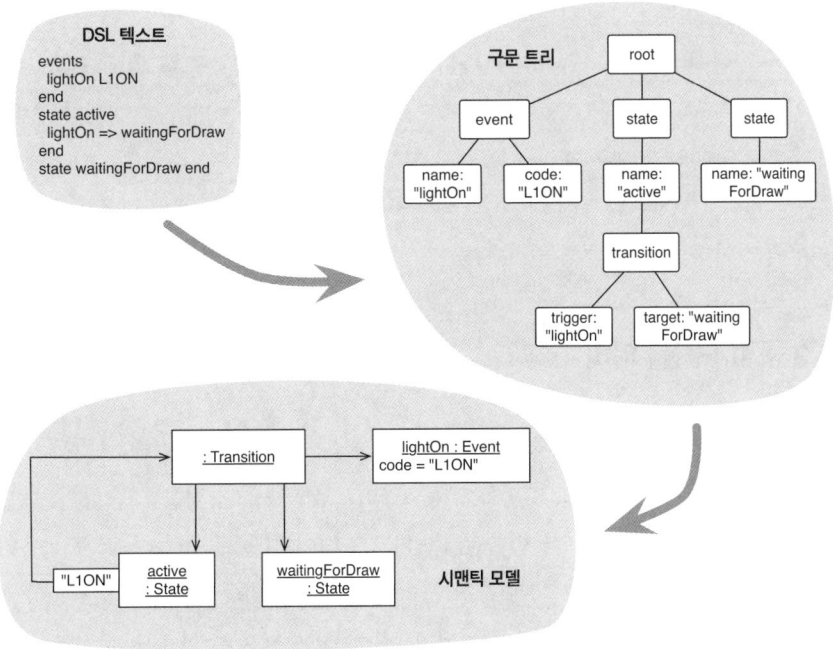

그림 3.2 구문 트리와 시맨틱 모델은 DSL 스크립트를 표현하는 형식으로, 일반적으로 서로 다르다.

트리를 한층 더 강조한다는 사실을 쉽게 알 수 있다. 즉, 이들 자료에서는 구문 트리를 직접 실행하거나 구문 트리에서 코드를 생성한다. 사실상 구문 트리를 시맨틱 모델로 활용하는 일도 가능하다. 대부분의 경우 나는 그러지 않는 편이다. 구문 트리는 DSL 스크립트 구문에 매우 강하게 연관되어 있어서, DSL 처리 과정과 DSL 구문이 결합되어 버리기 때문이다.

구문 트리가 마치 XML DOM처럼 시스템에서 눈으로 볼 수 있는 데이터 구조인 듯 설명했지만, 그렇지 않을 때가 많다. 많은 경우 구문 트리는 호출 스택 위에 만들어지고, 이 트리를 탐색해서 필요한 작업을 한다. 결과적으로 트리 전체는 절대 볼 수 없으며, 현재 처리하고 있는 트리의 일부를 볼 수 있을 뿐이다(이는 XML SAX가 동작하는 방식과 유사하다). 이처럼 구문 트리는 호출 스택의 그늘에 가려진 유령과도 같은 존재지만, 그럼에도 구문 트리를 이해하면 도움이 될 때가 많다. 내부 DSL의 경우 구문 트리는 함수 호출 인자(중첩 함수(429)) 또는 중첩된 객체(메서드 체이닝(447))를 통해 만들어진다.

때로는 계층 구조가 전혀 보이지 않아, 계층 구조를 일부러 만들어야 할 때도 있다(함수 시퀀스(423)에서는 컨텍스트 변수(217)를 사용해 계층 구조를 가상으로 만들어낸다). 이때 구문 트리는 유령같이 형체가 없을 수 있지만, 사고 기법으로는 유용하게 쓰일 수 있다. 외부 DSL을 사용하면 훨씬 명시적으로 구문 트리를 만들 수 있다. 실제로 외부 DSL에서는 구문 트리 데이터 구조를 한꺼번에 모두 만들 때도 있다(트리 생성(341)). 그러나 외부 DSL을 사용하더라도 호출 스택 위에 구문 트리의 일부를 계속해서 만들고 없애는 방식으로 DSL을 처리하는 게 일반적이다. (여기에서 아직 설명하지 않은 패턴을 일부 참고했다. 이 책을 처음 읽을 때는 가볍게 무시해도 좋다. 그러나 다음에 다시 볼 때는 여기에서 참고한 패턴이 이해하는데 도움이 될 것이다.)

3.3 문법, 구문, 의미

언어 구문을 가지고 작업할 때 가장 중요한 도구는 문법이다. 문법은 규칙들의 집합으로, 각 규칙은 텍스트 스트림을 구문 트리로 변환하는 방법을 기술한다. 대다수의 프로그래머는 살면서 한 번쯤은 문법을 본 적이 있을 것이다. 우리가 사용하는 프로그래밍 언어를 기술할 때 흔히 문법이 사용되기 때문이다. 문법은 생성 규칙(production rule)의 리스트로 구성되고, 각 규칙은 규칙의 이름과 규칙을 분해하는 방법을 기술하는 문장으로 구성된다. 예를 들어 덧셈 연산에 대한 문법은 additionStatement := number '+' number처럼 작성할 수 있다. 따라서 언어에서 5 + 3과 같은 문장이 나타나면, 파서에서는 이 문장을 덧셈 연산으로 인식할 수 있다. 규칙은 서로 참조할 수 있으며, 따라서 유효한 숫자를 인식하는 방법을 알려주는 number에 대한 규칙을 만들 수도 있다. 이들 규칙을 가지고, 언어에 맞게 문법을 구성할 수 있다.

하나의 언어를 정의할 수 있는 문법이 한 가지가 아니라는 점을 깨닫는 게 중요하다. 한 언어를 위한 유일한 문법은 존재하지 않는다. 문법은 언어에 맞게 생성되는 구문 트리의 구조를 정의한다. 그리고 언어의 특정 텍스트에 매칭하는 트리 구조에는 여러 형태가 있을 수 있다. 따라서 실제로 사용할 문법과 구문 트리를 선택할 때 많은 요소를 바탕으로 결정한다. 이러한 요소에는 사용하려는 문법 언어의 특징과 구문 트리를 처리하는 방법이 포함된다.

또한 문법은 오직 언어의 구문, 즉 언어가 구문 트리에서 표현되는 방식을 정의한다. 문법은 표현식이 무엇을 뜻하는지, 즉 표현식의 의미에 대해서는 아무것도 말해주지 않는다. 5 + 3은 문맥에 따라 8을 의미할 수도 있고, 53을 의미할 수도 있다. 즉, 구문은 같지만 그 의미는 완전히 다르다. 시맨틱 모델(197)에서 말하는 의미(semantic)란, 구문 트리에서 시맨틱 모델을 어떻게 파퓰레이트하고, 이 시맨틱 모델로 무엇을 할 수 있는지가 핵심이다. 특히 두 표현식이 구문이 서로 다를지라도 동일한 구조의 시맨틱 모델을 파퓰레이트한다면, 두 표현식은 서로 의미가 같다고 말할 수 있다.

외부 DSL을 사용 중이고 특히 구문 추도 변환(267) 기법을 적용하고 있다면, 명시적인 문법을 사용해 파서를 개발했을 것이다. 반면에 내부 DSL의 경우 명시적인 문법은 없지만, 문법적인 요소를 사용해서 생각해 보면 도움이 된다. 이러한 문법은 다양한 내부 DSL 패턴 중에서 하나를 선택할 때 도움이 된다.

내부 DSL에서 문법에 대해 이야기기 까다로운 이유 중 하나는 파싱할 때 두 단계를 거치기 때문에, 필요한 문법이 두 개라는 점이다. 첫 단계는 호스트 언어 자체를 파싱하는 과정으로, 이 단계는 확실히 호스트 언어의 문법에 의존한다. 이 파싱 단계에서는 호스트 언어에서 실행 가능한 명령어들을 만들어낸다. 반면에 호스트 언어에서 DSL 부분이 실행되면, 호출 스택 위에 가상의 구문 트리를 생성한다. 여기에서 말하는 개념적인 DSL 문법은 이 두 번째 파싱 단계에만 영향을 미친다.

3.4 데이터 파싱하기

파서가 실행되면, 파서는 파싱과 관련된 여러 가지 데이터를 저장해야 한다. 이 데이터는 구문 트리 전체일 수도 있지만, 대다수의 경우 트리 일부만을 저장한다. 구문 트리 전체를 데이터로 저장하는 경우라도, 관련된 다른 데이터를 저장할 수 있어야만 파싱을 제대로 수행할 수 있다.

파싱 과정은 기본적으로 트리 탐색이다. 따라서 DSL 스크립트의 일부분을 파싱할 때마다, 해당 구문 트리의 가지에 있는 문맥 정보를 얻게 된다. 하지만 이 가지 바깥에 있는 정보가 필요할 때가 많다. 상태 머신 예제를 다시 한번 살펴보자.

```
commands
  unlockDoor D1UL
end

state idle
  actions {unlockDoor}
end
```

여기에서 파싱할 때 흔히 마주치는 상황을 볼 수 있다. 즉 커맨드가 정의된 부분과 참조되는 부분이 서로 다르다. 커맨드가 state의 actions 절에서 참조될 때, 파서는 커맨드가 정의되어 있는 구문 트리의 가지와는 다른 부분에 위치한다. 구문 트리가 호출 스택 위에서만 표현된다면, 커맨드에 대한 정의는 현재 사라지고 없다. 결국 커맨드 객체를 어딘가에 저장해야만, 나중에 actions 절에서 커맨드 객체를 참조할 수 있다.

이처럼 참조를 저장할 때, 심벌 테이블(205)을 사용한다. 본질적으로 심벌 테이블은 사전(dictionary)으로, 이 경우에는 unlockDoor 식별자를 키로, 커맨드 객체를 값으로 가진다. unlockDoor D1UL와 같은 텍스트를 처리할 때, 이 데이터를 담기 위한 객체를 생성하고, unlockDoor를 키로 심벌 테이블에 이 객체를 넣어둔다. 이 객체는 시맨틱 모델 객체일 수도 있고, 또는 구문 트리에서만 유효한 중간 단계의 객체일 수도 있다. 이후에 actions {unlockDoor}를 처리할 때, 심벌 테이블에서 이 객체를 찾아, 상태와 액션 간의 관계를 설정할 수 있다. 이처럼 심벌 테이블은 상호 참조(cross-reference)를 만드는데 필요한 핵심적인 도구다. 하지만 파싱하면서 구문 트리 전체를 실제로 만들 수 있다면, 심벌 테이블 없이 파싱하는 일도 이론적으로는 가능하다. 그렇다 해도 일반적으로 심벌 테이블은 객체들을 서로 쉽게 연결해주는 유용한 구조다.

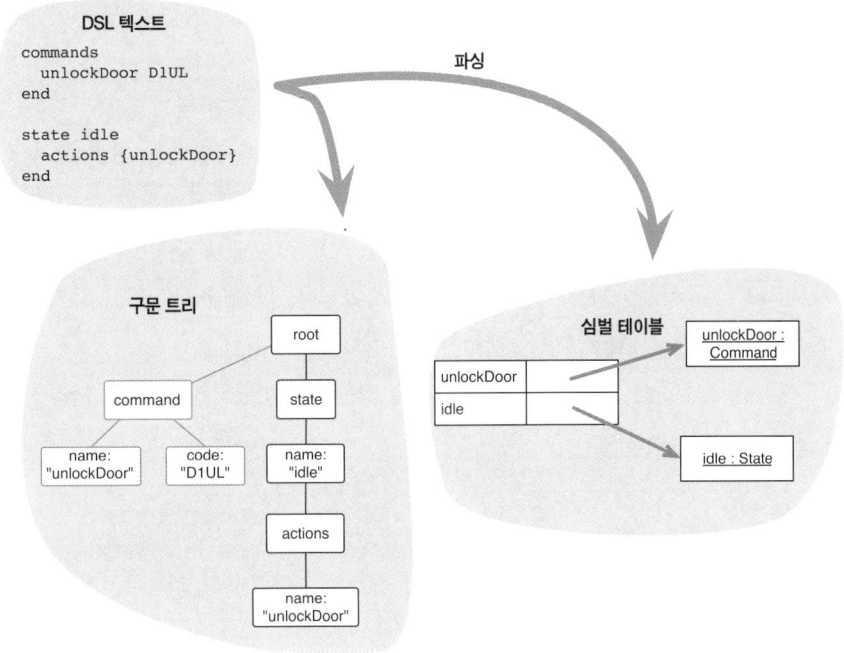

그림 3.3 DSL 텍스트를 파싱하면 구문 트리와 심벌 테이블이 한꺼번에 생성된다.

이제 이 절을 끝내면서, 몇몇 패턴을 좀 더 상세히 다뤄보고자 한다. 이 장 대부분의 내용은 이어서 설명할 패턴보다는 더 추상적인 내용이다. 하지만 내부 DSL과 외부 DSL 모두에서 사용할 패턴이므로, 지금이 설명하기에 가장 적절한 것 같다.

파싱하는 동안에 파싱된 결과를 어딘가에 저장해야 한다. 결과를 모두 심벌 테이블에 넣을 수도 있고, 많은 정보를 호출 스택 위에 유지할 수도 있으며, 파서 내에 추가적인 데이터 구조가 필요할 수도 있다. 결과를 어디에 저장하든 무엇보다 중요한 점은, 파싱 결과로 시맨틱 모델(197) 객체를 생성해야 한다는 점이다. 그러나 중간 단계의 객체를 생성해야 할 때도 있다. 시맨틱 모델을 생성하려면 파싱의 후반부까지 기다려야 할 때도 있기 때문이다. 이러한 중간 단계 객체의 일반적인 예는 생성 빌더(221)로, 시맨틱 모델 객체를 생성할 때 필요한 정보를 모두 저장하는 객체다. 시맨틱 모델 객체가 일단 생성되고 나면 읽을 수만 있고, 생성에 필요한 데이터는 파싱하면서 점진적으로 얻을 수 있을 때 생성 빌더 패턴은 유용하다. 생성 빌더는 시맨틱 모델 객체에 있는 필드를 똑같이 가지지만, 이들 필드를 읽고 쓸 수 있게 만든다. 이를 통해 데이터를 모아둘 수 있는 공간을 제공한다. 데이터를 모두 모으고 나면, 시맨틱 모델 객체를 만들 수 있다. 생성 빌더를 사용하면 파서가 복잡해진다. 하지만 시맨틱 모델의 프로퍼티를 읽기 전용으로 만들 때 얻을 수 있는 이점을 포기하는 것보다는 차라리 낫다.

심지어 DSL 스크립트를 모두 파싱하기 전까지 시맨틱 모델 객체를 생성하는 일을 미뤄야 할 때도 있다. 이 경우에 파싱은 뚜렷이 구분되는 단계를 거친다. 첫 단계에서는 DSL 스크립트를 읽어서 중간 단계의 파싱 데이터를 생성한다. 두 번째 단계에서는 이 중간 단계의 데이터를 모두 사용해 시맨틱 모델을 생성한다. 텍스트를 파싱할 때 어느 정도까지 작업을 할지, 그리고 그 다음 단계에서는 어떤 작업을 할지 결정하는 일은 시맨틱 모델을 생성하는 방식에 달려 있다.

표현식을 파싱하는 방법은 현재 작업하고 있는 문맥(context)에 따라 달라진다. 다음 텍스트를 살펴보자.

```
state idle
  actions {unlockDoor}
end

state unlockedPanel
  actions {lockDoor}
end
```

actions {lockDoor}를 파싱할 때, 파서가 idle 상태가 아니라 unlockedPanel 상태의 문맥에 있다는 사실을 알 수 있어야 한다. 이러한 문맥은 파서가 파스 트리를 구성하고 탐색하는 과정에서 알 수 있을 때가 많지만, 이렇게 하더라도 문맥 정보를 알 수 없을 때도 많다. 파스 트리를 조사해서 문맥 정보를 찾을 수 없을 때, 이를 처리하는 좋은 방법은 문맥(이 경우에는 현재 상태)을 변수에 저장하는 것이다. 이러한 종류의 변수를 컨텍스트 변수(217)라고 부른다. 심벌 테이블과 마찬가지로 컨텍스트 변수에는 시맨틱 모델이나 중간 단계의 객체를 저장할 수 있다.

컨텍스트 변수는 사용하기에 직관적인 도구지만, 가능하면 컨텍스트 변수를 사용하지 않는 게 더 낫다. 컨텍스트 변수를 서로 바꿔가면서 어느 컨텍스트 변수를 사용하는지 외우지 않아도 될 때, 파싱 코드를 훨씬 쉽게 이해할 수 있다. 이는 절차형 코드에서 가변 변수를 수없이 사용하게 되면, 코드를 이해하기 어려운 상황과 비슷하다. 컨텍스트 변수를 사용할 수밖에 없는 상황도 확실히 있다. 하지만 나는 이러한 상황은 피해야 할 냄새[1]로 보는 편이다.

---

[1] (옮긴이) 저자가 쓴 『리팩토링(Refactoring)』(대청미디어, 윤성준/조재박 옮김, 2003)에서 사용한 용어로, 리팩토링이 필요한 시점에 대한 생각을 냄새의 관점에서 설명하고 있다. 즉 무언가가 잘못 되었을 때 이를 나쁜 냄새(bad smell)가 난다고 표현한다.

3.5 매크로

매크로(225)는 내부 DSL과 외부 DSL 모두에서 사용할 수 있는 도구다. 매크로는 상당히 폭넓게 사용되었지만, 지금은 그리 잘 쓰이지 않는다. 대부분의 경우에는 매크로 사용을 피하라고 말하지만, 유용할 때도 가끔 있다. 따라서 매크로가 어떻게 동작하는지, 그리고 언제 사용해야 하는지 조금은 이야기해야겠다.

매크로에는 텍스트형 매크로(textual macro)와 구문형 매크로(syntactic macro), 두 가지 형태가 있다. 텍스트형 매크로는 특정 텍스트를 다른 텍스트로 대체하는 매크로로, 쉽게 배울 수 있다. 텍스트형 매크로를 사용하는 좋은 예로는 CSS 파일에 색깔을 지정하는 경우를 들 수 있다. 일부 경우를 제외하고는 CSS에서 색깔을 지정할 때, #FFB595와 같이 색깔 코드를 사용해야 한다. 이런 코드로는 그 의미를 알기가 쉽지 않을뿐더러, 같은 색을 여러 위치에서 사용하는 경우에 해당 코드를 반복해서 사용해야 한다. 이는 코드를 중복해서 사용하는 다른 경우와 마찬가지로 좋지 못한 일이다. MEDIUM_SHADE와 같이 문맥에 맞게 의미 있는 이름을 부여하고, 한 위치에서 MEDIUM_SHADE가 #FFB595임을 정의하는 게 더 나은 방법이다.

CSS에서는(최소한 지금 당장은) 이처럼 색깔 코드에 의미 있는 이름을 부여할 수 없다. 하지만 매크로 프로세서(macro processor)를 사용하면 이 문제를 해결할 수 있다. 즉, 색으로 #FFB595를 사용하는 대신에 MEDIUM_SHADE를 사용한 자신만의 CSS 파일을 그저 만들면 된다. 그런 후 매크로 프로세서가 단순한 텍스트 치환 작업을 수행해서, MEDIUM_SHADE를 #FFB595로 치환하도록 만든다.

이는 매크로를 사용하는 가장 간단한 형태다. 파라미터를 사용하는 더 복잡한 매크로 형태도 있다. 파라미터를 사용하는 매크로의 고전적인 예는 C 전처리기(pre-processor)로, sqr(x)를 x * x로 치환하는 매크로를 정의할 수 있다.

매크로를 호스트 언어 안에서 일부 사용하거나(C 전처리기가 동작하는 방식), 매크로를 독립적인 파일에 사용한 후 호스트 언어로 변환할 수도 있다. 어느 경우든 DSL을 만들 때 다양한 기회를 제공한다. 반면에 매크로에는 여러 가지 문제점이 있으므로, 실제로 사용하기는 어렵다는 단점이 있다. 결국 텍스트형 매크로는 우리의 입맛에는 잘 맞지 않고, 전문가라면 텍스트형 매크로를 사용하지 말라고 권고한다.

구문형 매크로 역시 치환작업을 한다. 하지만 텍스트형 매크로와는 달리, 호스트 언어에서 구문적으로 유효한 요소를 바탕으로 한 종류의 표현식을 다른 형식으로 변환한다. C++ 템플릿이 구문형 매크로로 많이 알려졌지만, 사실 구문형 매크로를 가장 많이 사용하는 언어로는 Lisp가 제일 유명하다. Lisp로 내부 DSL을 작성하는 경우에, 구문형 매크로가 핵심 기법으로 사용된다. 하지만 구문형 매크로는 언어에서 지원하는 경우에만 사용할 수 있다. 구문형 매크로를 지원하는 언어가 상대적으로 적기 때문에, 구문형 매크로에 대해서는 이 책에서 이야기하지 않겠다.

3.6 DSL 테스트하기

지난 수십 년 동안, 나는 테스트 분야에 상당히 많이 기여했다. 나는 테스트 주도 개발[Beck TDD]이나, 이와 비슷하게 프로그래밍하기 전에 테스트를 먼저 수행하는 기법을 매우 좋아한다. 이런 이유로, 먼저 DSL을 테스트할 생각을 하지 않고서는 DSL을 만들려고 하지 않는다.

DSL에서는 테스트를 세 가지 영역으로 나누어볼 수 있다. 시맨틱 모델 테스트, 파서 테스트 그리고 스크립트 테스트다.

3.6.1 시맨틱 모델 테스트하기

첫 번째로 테스트할 영역은 시맨틱 모델(197)이다. 이 테스트는 시맨틱 모델이 기대했던 방식대로 동작하는지 확인하기 위함이다. 즉 시맨틱 모델 테스트에서는 시맨틱 모델을 실행해서 입력 값에 따라 올바른 결과가 나오는지 확인한다. 이 테스트는 표준적인 테스트 실천법으로, 객체를 생성하는 프레임워크를 테스트할 때도 똑같은 방식으로 테스트한다. 시맨틱 모델을 테스트할 때는 사실 DSL이 전혀 필요 없다. 모델 자체가 가진 기본 인터페이스를 사용해서 모델을 생성할 수 있기 때문이다. 이러한 테스트 방식은 DSL이나 파서와는 독립적으로 테스트할 수 있기 때문에 좋은 방법이다.

비밀 벽을 위한 컨트롤러를 예제로 사용해 시맨틱 모델을 테스트해 보자. 이 경우 시맨틱 모델은 상태 머신이다. 도입부에서 커맨드-쿼리 API를 사용한 코드(10쪽)를 이용해 시맨틱 모델을 생성하고 테스트할 수 있다.

```
@Test
public void event_causes_transition() {
  State idle = new State("idle");
  StateMachine machine = new StateMachine(idle);
  Event cause = new Event("cause", "EV01");
  State target = new State("target");
  idle.addTransition(cause, target);
  Controller controller = new Controller(machine, new CommandChannel());
  controller.handle("EV01");
```

```
    assertEquals(target, controller.getCurrentState());
}
```

위 코드는 시맨틱 모델을 독립적으로 테스트하기가 쉽다는 점을 보여준다. 하지만 실제로 테스트할 때는 테스트 코드가 더 복잡하고, 더 잘 설계해야 한다는 점을 밝혀둔다.

이러한 종류의 코드를 더 잘 설계하는 방법이 몇 가지 있다. 첫째, 최소한의 픽스처(fixture)를 가진 여러 개의 작은 상태 머신을 만들어, 시맨틱 모델의 다양한 기능을 테스트할 수 있다. 예를 들어 이벤트가 전이를 촉발한다는 점을 테스트하려면, 유휴 상태와 서로 다른 상태로 이동하는 두 개의 전이를 가진 상태 머신이면 충분하다.

```
class TransitionTester...
  State idle, a, b;
  Event trigger_a, trigger_b, unknown;

  protected StateMachine createMachine() {
    idle = new State("idle");
    StateMachine result = new StateMachine(idle);
    trigger_a = new Event("trigger_a", "TRGA");
    trigger_b = new Event("trigger_b", "TRGB");
    unknown = new Event("Unknown", "UNKN");
    a = new State("a");
    b = new State("b");
    idle.addTransition(trigger_a, a);
    idle.addTransition(trigger_b, b);
    return result;
  }
```

반면에 커맨드를 테스트할 때는 유휴 상태로부터 전이해서 도달되는 상태 하나만을 가진, 더 작은 상태 머신이면 충분하다.

```
class CommandTester...
  Command commenceEarthquake = new Command("Commence Earthquake", "EQST");
  State idle = new State("idle");
  State second = new State("second");
  Event trigger = new Event("trigger", "TGGR");

  protected StateMachine createMachine() {
    second.addAction(commenceEarthquake);
    idle.addTransition(trigger, second);
    return new StateMachine(idle);
  }
```

서로 다른 이들 테스트 픽스처는 유사한 방식으로 실행하고 테스트할 수 있다. 이들 픽스처는 공통적인 슈퍼 클래스를 만들어 더 쉽게 테스트할 수도 있다. 이 슈퍼 클래스에서 첫 번째로 제공하는 기능은 공통적인 픽스처를 초기화하는 일이다.

이 예제에서는 컨트롤러와 커맨드 채널을 주어진 상태 머신에 맞게 초기화한다.

```
class AbstractStateTesterLib...
  protected CommandChannel commandChannel = new CommandChannel();
  protected StateMachine machine;
  protected Controller controller;

  @Before
  public void setup() {
    machine = createMachine();
    controller = new Controller(machine, commandChannel);
  }

  abstract protected StateMachine createMachine();
```

이제 컨트롤러에서 이벤트를 발생시켜서 상태를 검사하는 테스트를 작성할 수 있다.

```
class TransitionTester...
  @Test
  public void event_causes_transition() {
    fire(trigger_a);
    assertCurrentState(a);
  }
  @Test
  public void event_without_transition_is_ignored() {
    fire(unknown);
    assertCurrentState(idle);
  }

class AbstractStateTesterLib...
  //-------- 유틸리지 메서드 ------------------------
  protected void fire(Event e) {
    controller.handle(e.getCode());
  }
  //-------- 단정문 ------------------------
  protected void assertCurrentState(State s) {
    assertEquals(s, controller.getCurrentState());
  }
```

슈퍼 클래스는 테스트 유틸리티 메서드[Meszaros]와 커스텀 Assert 문[Meszaros]을 제공한다. 이를 통해 테스트를 읽기가 더욱 쉬워진다.

시맨틱 모델을 테스트하는 다른 방법도 있다. 모델의 많은 기능을 확인해 볼 수 있는 커다란 모델을 생성한 후, 이 모델에 대해 테스트를 많이 실행하는 것이다. 그랜트 양의 컨트롤러를 테스트 픽스처로 사용해 이 방법을 알아보자.

```
class ModelTest...
  private Event doorClosed, drawerOpened, lightOn, doorOpened, panelClosed;
  private State activeState, waitingForLightState, unlockedPanelState,
          idle, waitingForDrawerState;
  private Command unlockPanelCmd, lockDoorCmd, lockPanelCmd, unlockDoorCmd;
  private CommandChannel channel = new CommandChannel();
```

```java
  private Controller con;
  private StateMachine machine;

  @Before
  public void setup() {
    doorClosed = new Event("doorClosed", "D1CL");
    drawerOpened = new Event("drawerOpened", "D2OP");
    lightOn = new Event("lightOn", "L1ON");
    doorOpened = new Event("doorOpened", "D1OP");
    panelClosed = new Event("panelClosed", "PNCL");
    unlockPanelCmd = new Command("unlockPanel", "PNUL");
    lockPanelCmd = new Command("lockPanel", "PNLK");
    lockDoorCmd = new Command("lockDoor", "D1LK");
    unlockDoorCmd = new Command("unlockDoor", "D1UL");

    idle = new State("idle");
    activeState = new State("active");
    waitingForLightState = new State("waitingForLight");
    waitingForDrawerState = new State("waitingForDrawer");
    unlockedPanelState = new State("unlockedPanel");

    machine = new StateMachine(idle);

    idle.addTransition(doorClosed, activeState);
    idle.addAction(unlockDoorCmd);
    idle.addAction(lockPanelCmd);

    activeState.addTransition(drawerOpened, waitingForLightState);
    activeState.addTransition(lightOn, waitingForDrawerState);

    waitingForLightState.addTransition(lightOn, unlockedPanelState);
    waitingForDrawerState.addTransition(drawerOpened, unlockedPanelState);

    unlockedPanelState.addAction(unlockPanelCmd);
    unlockedPanelState.addAction(lockDoorCmd);
    unlockedPanelState.addTransition(panelClosed, idle);

    machine.addResetEvents(doorOpened);
    con = new Controller(machine, channel);
    channel.clearHistory();
  }

  @Test
  public void event_causes_state_change() {
    fire(doorClosed);
    assertCurrentState(activeState);
  }

  @Test
  public void ignore_event_if_no_transition() {
    fire(drawerOpened);
    assertCurrentState(idle);
  }
}
```

이 경우에도 마찬가지로 시맨틱 모델 자체에 있는 커맨드-쿼리 API를 사용해 시맨틱 모델을 파퓰레이트했다. 하지만 이처럼 테스트 픽스처가 복잡해질 때 DSL을 사용해 픽스처를 생성하면, 테스트 코드를 단순하게 만들 수 있다. 하지만 이렇게 하려면 파서에 대한 테스트가 필요하다.

3.6.2 파서 테스트하기

시맨틱 모델(197)을 사용하는 경우, 파서는 시맨틱 모델을 파퓰레이트하는 역할을 맡는다. 따라서 파서 테스트란 DSL 스크립트를 일부 작성한 후, 이 스크립트가 시맨틱 모델 구조를 제대로 만드는지 확인하는 일이다.

```
@Test
public void loads_states_with_transition() {
  String code =
    "events trigger TGGR end " +
    "state idle " +
    "trigger => target " +
    "end " +
    "state target end ";
  StateMachine actual = StateMachineLoader.loadString(code);

  State idle = actual.getState("idle");
  State target = actual.getState("target");

  assertTrue(idle.hasTransition("TGGR"));
  assertEquals(idle.targetState("TGGR"), target);
}
```

이처럼 시맨틱 모델을 직접 조사해서 테스트하게 되면 테스트가 꽤 복잡해진다. 게다가 시맨틱 모델 객체 내부에 은닉된 정보를 드러낼 수도 있다. 따라서 파서의 결과를 테스트하는 다른 방법으로, 시맨틱 모델을 비교하는 메서드를 정의해서 사용하는 방법을 이용해 볼 수 있다.

```
@Test
public void loads_states_with_transition_using_compare() {
  String code =
    "events trigger TGGR end " +
    "state idle " +
    "trigger => target " +
    "end " +
    "state target end ";
  StateMachine actual = StateMachineLoader.loadString(code);

  State idle = new State("idle");
  State target = new State("target");
  Event trigger = new Event("trigger", "TGGR");
  idle.addTransition(trigger, target);
  StateMachine expected = new StateMachine(idle);

  assertEquivalentMachines(expected, actual);
}
```

복합적인 구조체가 서로 같은지(equivalence) 확인하는 일은 단순히 그 값이 같은지(equality) 확인하는 일보다 훨씬 복잡하다. 게다가 객체 간의 차이점이 무엇인지 알 수 있어야 하므로, 단순히 불린 값을 결과로 받아서는 부족하다. 따라서 비교할 때 노티피케이션(239) 패턴을 활용해야 한다.

```
class StateMachine...
  public Notification probeEquivalence(StateMachine other) {
    Notification result = new Notification();
    probeEquivalence(other, result);
    return result;
  }

  private void probeEquivalence(StateMachine other, Notification note) {
    for (State s : getStates()) {
      State otherState = other.getState(s.getName());
      if (null == otherState) note.error("missing state: %s", s.getName()) ;
      else s.probeEquivalence(otherState, note);
    }
    for (State s : other.getStates())
      if (null == getState(s.getName()))
        note.error("extra state: %s", s.getName());
    for (Event e : getResetEvents()) {
      if (!other.getResetEvents().contains(e))
        note.error("missing reset event: %s", e.getName());
    }
    for (Event e : other.getResetEvents()) {
      if (!getResetEvents().contains(e))
        note.error("extra reset event: %s", e.getName());
    }
  }

class State...
  void probeEquivalence(State other, Notification note) {
    assert name.equals(other.name);
    probeEquivalentTransitions(other, note);
    probeEquivalentActions(other, note);
  }

  private void probeEquivalentActions(State other, Notification note) {
    if (!actions.equals(other.actions))
      note.error("%s has different actions %s vs %s",
        name, actions, other.actions);
        }

  private void probeEquivalentTransitions(State other, Notification note) {
    for (Transition t : transitions.values())
      t.probeEquivalent(other.transitions.get(t.getEventCode()), note);
    for (Transition t : other.transitions.values())
      if (!this.transitions.containsKey(t.getEventCode()))
        note.error("%s has extra transition with %s", name, t.getTrigger());
}
```

이 경우 시맨틱 모델의 객체들을 모두 탐색하면서, 차이점이 있으면 노티피케이션 객체에 기록하는 방식으로 객체를 조사한다. 이처럼 노티피케이션 기법을 사용하면 에러가 처음 발생했을 때 테스트를 멈추는 게 아니라, 차이점을 모두 찾을 수 있다. 그러면 단정문에서는 단순히 노티피케이션 객체에 에러가 있는지 확인하는 방식으로 테스트할 수 있다.

```
class AntlrLoaderTest...
  private void assertEquivalentMachines(StateMachine left, StateMachine right) {
    assertNotificationOk(left.probeEquivalence(right));
    assertNotificationOk(right.probeEquivalence(left));
  }

  private void assertNotificationOk(Notification n) {
    assertTrue(n.report(), n.isOk());
  }

class Notification...
  public boolean isOk() {return errors.isEmpty();}
```

이처럼 양쪽 모두 테스트하는 코드를 보면, 내게 편집증이 있지는 않은지 하는 생각이 들 수도 있다. 하지만 코드는 흔히 나를 배신한다.

유효하지 않은 입력 테스트

지금까지의 테스트는 긍정 테스트(positive test)다. 즉, 입력으로 유효한 DSL 테스트가 들어왔을 때 시맨틱 모델(197) 구조가 올바르게 생성되는지 확인했다. 테스트에는 다른 유형으로 부정 테스트(negative test)가 있다. 부정 테스트란 입력이 유효하지 않을 때 발생하는 일을 조사하는 테스트다. 부정 테스트를 설명하려면 에러 처리와 진단과 관련된 분야를 모두 알아야 하므로, 이 책에서 다루려는 범위를 넘어선다. 그렇더라도 이 절에서 유효하지 않은 입력 테스트에 대해 간략하게나마 언급하려고 한다.

유효하지 않은 입력 테스트는 유효하지 않은 다양한 값을 파서에 입력으로 넣어보려는데 있다. 이러한 테스트를 처음으로 실행해 보면, 정말 흥미로운 결과가 발생한다. 이해하기도 힘들고, 치명적인 에러가 발생할 때도 많다. DSL을 작성할 때 지원하려는 진단 기능의 수준에 따라 다르겠지만, 이 결과만으로도 충분할 수 있다. 하지만 유효하지 않은 DSL을 입력해서 파싱했는 데도 아무런 에러가 발생하지 않는다면, 상황이 심각하다. 이렇게 되면 '빨리 실패하라(fail fast)'는 원칙을 위반하게 된다. 이 원칙에 따르면 에러는 되도록이면 빠르고 소란스럽게 발생해야 한다. 그렇지 않다면, 결국 모델은 잘못된 상태로 생성되게 되고, 나중에서야 문제를 발견할 수 있게 된다. 이때는 이미 실수(유효하지 않은 입력을 로드한 일)를 한 시점과 에러를 발견한 시점 사이에 시간이 오래 지나버렸으므로, 실수를 찾기가 더욱 어려워진다.

도입부의 상태 머신 예제는 이 책의 다른 예제들과 마찬가지로 에러를 처리하는 기능이 거의 없다. 나는 그저 무슨 일이 발생할지 보기 위해, 파서 예제 중 하나를 가지고 부정 테스트를 실행해 보았다.

```
@Test
public void targetStateNotDeclaredNoAssert () {
  String code =
    "events trigger TGGR end " +
    "state idle " +
    "trigger => target " +
    "end ";
  StateMachine actual = StateMachineLoader.loadString(code);
}
```

이 테스트는 잘 통과했지만, 좋지 못한 결과다. 이렇게 생성된 모델로 무언가를 하려고 하자, 그때서야 비로소 null 포인터 예외를 출력했다. 이 예제가 조금 조잡하긴 해도, 교육적인 목적으로만 만들어졌으므로 이 정도로도 충분하다. 그러나 입력 DSL 내의 오타 하나 때문에 디버깅할 때 많은 시간을 허비하게 될 수도 있다. 이렇게 허비되는 시간은 내 시간이고, 나는 시간이 가치 있다고 믿기 때문에, 테스트가 빨리 실패하기를 원한다.

문제는 시맨틱 모델에서 유효하지 않은 구조를 만든다는 점이므로, 이 문제를 검사해야 하는 책임은 시맨틱 모델의 몫이다. 앞의 예제의 경우에는 전이를 상태에 추가하는 메서드의 몫이다. 그래서 이 메서드에 문제를 감지하는 단정문을 추가했다.

```
class State...
  public void addTransition(Event event, State targetState) {
    assert null != targetState;
    transitions.put(event.getCode(), new Transition(this, event, targetState));
  }
```

이제 테스트가 예외를 잡도록 변경할 수 있다. 이를 통해 상태에 전이가 제대로 추가되었는지, 아니면 이처럼 유효하지 않은 입력이 들어왔을 때 어떤 에러가 발생하는지 알 수 있다.

```
@Test
public void targetStateNotDeclared () {
  String code =
    "events trigger TGGR end " +
    "state idle " +
    "trigger => target " +
    "end ";
  try {
    StateMachine actual = StateMachineLoader.loadString(code);
    fail();
  } catch (AssertionError expected) {}
```

이때 목표 상태에 대해서만 단정문을 추가했고, 마찬가지로 null이 될 수도 있는 트리거 이벤트에 대해서는 단정문을 사용하지 않았다는 점을 볼 수 있다. 이 경우에 단정문을 사용하지 않은 이유는 이벤트가 null이라면, event.getCode()를 호출할 때 null 포인터 예외가 즉시 발생하기 때문이다. 이로써 빠르게 실패한다는 원칙을 만족한다. 다른 테스트를 통해서 이 점을 확인할 수 있다.

```
@Test
public void triggerNotDeclared () {
  String code =
    "events trigger TGGR end " +
    "state idle " +
    "wrongTrigger => target " +
    "end " +
    "state target end ";
  try {
    StateMachine actual = StateMachineLoader.loadString(code);
    fail();
  } catch (NullPointerException expected) {}
```

null 포인트 예외는 확실히 빠르게 실패하지만, 단정문만큼 명확하지는 않다. 일반적으로 나는 메서드 인자에 대해 not-null 단정문을 사용하지 않는다. not-null 단정문을 추가하더라도, 해당 단정문 코드는 읽는데 드는 비용에 비해 그만한 가치가 없다고 보기 때문이다. 하지만 예외적으로 목표 상태가 null이 되는 경우처럼, null이 될 수 있지만 즉시 실패하지 않을 수 있는 때는 not-null 단정문을 사용한다.

3.6.3 스크립트 테스트하기

시맨틱 모델(197)과 파서를 테스트하는 일은 사실 일반적인 코드를 단위 테스트하는 작업과 같다. 그러나 DSL 스크립트 역시 코드이므로, DSL 스크립트도 테스트해야 한다. "DSL 스크립트는 너무 간단하고 명료해서, 테스트할 필요가 없다"고 주장하는 사람을 본 적 있다. 하지만 이러한 주장은 의심스럽기 짝이 없다. 나는 테스트가 이중 검사 메커니즘(double-check mechanism)이라고 생각한다. 코드와 테스트를 작성할 때, 같은 행위를 확연히 다른 두 메커니즘을 사용해 기술한다. 코드는 추상화 메커니즘을 사용하고, 테스트는 사례를 통해 기술한다. 코드가 지니는 가치를 지속적으로 유지하려면, 반드시 이중으로 검사해야 한다.

스크립트 테스트의 상세한 부분은 테스트 하려는 대상과 밀접한 관련이 있다. 일반적으로 텍스트 픽스처를 만들고, DSL 스크립트를 실행한 후, 그 결과를 비교할 수 있는 테스트 환경을 제공하는 방식으로 접근한다. 이러한 환경을 제공하려면 어느 정도는 노력을 들여야 할 때가 많다. DSL이 읽기 쉽다고 하더라도, 실수를 하지 않는다는 뜻은 아니다. 따라서 테스트 환경을 제공하지 않고 이로 인해 이중 검사 메커니즘을 구비하지 못한다면, DSL 스크립트에 에러가 생길 위험성이 매우 커진다.

게다가 스크립트 테스트는 통합 테스트로 활용할 수 있다. 파서나 시맨틱 모델에 에러가 있다면, 스크립트 테스트 역시 실패로 이어지기 때문이다. 따라서 스크립트를 테스트하려는 목적에 맞게, DSL 스크립트 예제를 만드는 일은 의미가 있다.

DSL 스크립트를 다른 형태로 시각화하면 스크립트를 테스트하고 디버깅하는데 도움이 될 때가 많다. 스크립트가 시맨틱 모델을 생성한다면, 스크립트에 담긴 로직을 다른 텍스트 형태로 만들거나, 그래픽 형태로 시각화하는 일은 상대적으로 쉽다. 정보를 여러 가지 형태로 표현하게 되면 사람들이 에러를 찾는데 도움이 될 때가 많다. 실제로 이중 검사 메커니즘이란 스스로를 테스트하는 코드를 작성하는 게 정말로 가치 있는 접근법임을 말해주는 핵심 개념이다.

도입부의 상태 머신 예제를 만들 때, 먼저 이러한 유형의 머신에서 의미가 있는 사례를 생각하기 시작했다. 논리적으로 접근하려면, 사례별로 시나리오를 실행하고 각 시나리오는 머신에 보내는 일련의 이벤트로 구성되어 있어야 할 것 같았다. 이벤트가 발생하고 나면, 머신의 종료 상태를 검사하고, 상태에서 전송하는 커맨드를 검사했다. 무언가를 이처럼 쉽게 읽을 수 있게 만들 수 있는 방법을 생각하다, 마침내 또 다른 형태의 DSL이 떠올랐다. 이러한 DSL은 드물지 않다. 예를 들어 테스트 스크립트는 DSL의 일반적인 예다. 테스트 스크립트는 제한적이고, 선언적인 언어에 잘 들어맞기 때문이다.

```
events("doorClosed", "drawerOpened", "lightOn")
    .endsAt("unlockedPanel")
    .sends("unlockPanel", "lockDoor");
```

3.7 에러 처리하기

책을 쓸 때마다 책이 출판되려면 내용의 범위를 좁혀야 한다는 사실을 깨닫는다(소프트웨어를 만들 때도 마찬가지다). 이 말은 중요한 주제를 제대로 다루지 못할 수도 있다는 뜻이다. 그러나 완벽하진 않지만, 유용한 책이 절대로 끝나지 않을 완벽한 책보다 더 낫다고 생각한다. 이 책에서도 더 많이 파고들었으면 하는 주제들이 많았는데, 그중에서도 에러 처리가 단연 우선이었다.

대학에서 컴파일러 수업을 들을 때, 컴파일러를 만드는 일 중에서 파싱과 결과 생성이 가장 쉬운 부분이라고 배웠던 기억이 난다. 반면에 가장 어려운 부분은 제대로 된 에러 메시지를 보여주는 부분이었다. 그때 강의에서도 에러 진단은 수업 범위에 포함되지 않았는데, 이 책에서도 마찬가지로 에러 진단은 책 범위에 포함하지 않았다.

에러 메시지를 제대로 보여주는 부분이 컴파일러 수업 범위에 포함되지 않았다는 말은 더 많은 의미를 함축한다. 성공적인 DSL에서조차 에러 진단이 제대로 되는 경우는 매우 드물다. 유용한 DSL 패키지 중에서 쓸 만한 정보를 보여주는 패키지는 거의 없다. 내가 즐겨 사용하는 DSL 툴 중 하나인 그래프비즈를 예를 들면, 그래프비즈는 단순히 4번째 라인 근처에 에러가 있다고 알려줄 뿐이다. 이처럼 라인 번호를 알 수 있다는 사실에도 감사해야 할지 모르겠다. 아무런 메시지 없이 실패하는 툴도 확실히 본 적이 있다. 결국 이런 툴을 사용할 때는 단순히 문제점이 발생한 위치를 찾으려고 각 라인을 주석 처리 해가면서 이진 검색(binary search)을 해야만 했다.

이처럼 에러 진단이 부족한 시스템은 비난 받아 마땅할 수도 있다. 하지만 에러 진단 역시 균형을 맞추어야 할 대상이다. 에러 처리 기능을 개선하느라 시간을 쏟으면, 그만큼 다른 기능을 추가할 시간이 부족해진다. 지금 나와 있는 많은 DSL을 보면, 사람들이 에러 진단이 부족하더라도 상당히 잘 견딘다는 사실을 알 수 있다. 어쨌든 DSL은 작으므로, DSL의 에러 검색 기법이 범용 프로그래밍 언어에 비해 조잡하더라도 충분히 일리가 있다.

이 말이 에러 진단 기능을 만들지 말라는 뜻은 아니다. 매우 많이 활용되는 라이브러리라면, 에러 진단을 제대로 제공해야만 많은 시간을 아낄 수 있다. 어느 지점에서 균형을 맞추느냐에 따라 그 결과는 달라지며, 따라서 그때그때 상황에 맞게 결정해야 한다. 이 책에서는 에러 진단에 대해 다루지 않기로 결정했는데, 꽤 다행스럽다.

사실 이 주제에 대해 원하는 만큼 상세히 설명할 수는 없다. 하지만 당신이 에러 진단에 대해 좀 더 생각할 수 있을 정도로, 그래서 에러 진단을 강력히 지원할지 결정을 내릴 수 있을 정도로는 설명할 수 있을 것 같다.

(가장 조잡한 에러 검색 기법인 주석 처리에 대해 좀 덧붙여야겠다. 외부 DSL을 사용한다면, 주석 처리는 반드시 해야 한다. 주석 처리를 반드시 해야 하는 이유에는 여러 가지가 있겠지만, 사람이 문제점을 쉽게 찾도록 돕는 역할도 있다. 이러한 주석은 줄바꿈 문자로 끝날 때 파싱하기가 가장 쉽다. 독자마다 다르겠지만, 이 책에서는 '#'(스크립트 스타일)이나 '//'(C 스타일)을 사용하려고 한다. 이렇게 하면 렉서 규칙으로 주석을 간단히 파싱할 수 있다.)

시맨틱 모델(197)을 사용하라는 나의 일반적인 권고를 따른다면, 에러 처리를 넣을 수 있는 두 부분은 모델과 파서다. 구문 오류(syntactic error)의 경우, 에러를 처리하기에 가장 적합한 위치는 파서다. 구문 오류 중 일부를 파서에서 처리할 수 있을 것이다. 예를 들어 내부 DSL에서는 호스트 언어 구문 오류를, 외부 DSL의 경우 파서 생성기(327)를 사용할 때는 문법 오류를 찾을 수 있다.

의미적 오류(semantic error)를 처리할 때는 파서나 모델 중에서 하나를 선택해야 한다. 의미적 오류의 경우, 두 군데 모두 장단점이 있다. 모델은 구조가 의미적으로 잘 구성되었는지 검사하기에 최적의 장소다. 모델에는 모든 정보가 있고, 이들 정보는 생각하는 방식대로 구조화되어 있다. 따라서 에러 검사 코드는 모델에서 가장 깔끔하게 작성할 수 있다. 게다가 모델은 여러 방법으로 파퓰레이트할 수 있다. 예를 들어 다수의 DSL을 사용하거나, 커맨드 쿼리 API를 함께 사용할 수 있다. 이러한 경우라면 반드시 모델에서 에러를 검사해야 한다.

에러 처리를 모두 시맨틱 모델에서만 할 때 발생할 수 있는 심각한 문제가 하나 있다. 문제가 발생한 근원인 DSL 스크립트에 대한 연결고리가 전혀 없다는 점이다. 심지어 대략적인 라인 번호조차 알 수 없다. 이러면 무엇 때문에 잘못 되었는지 알아내기가 더욱 어려워진다. 그렇다고 해서 해결하기 불가능한 문제도 아니다. 경험에 비추어 볼 때, 모델만을 기반으로 에러를 처리하더라도 문제점을 찾기에 충분하다.

DSL 스크립트에서 에러가 발생한 문맥을 찾고자 한다면 방법이 몇 가지 있다. 가장 확실한 방법은 에러 감지 규칙을 파서에 포함하는 것이다. 하지만 이 방법에는 어려움이 따른다. 시맨틱 모델 관점이 아니라 구문 트리 관점에서 처리해야 하기 때문에, 이러한 규칙을 작성하기가 무척 어렵다. 또한 규칙이 중복될 수 있다는, 훨씬 큰 위험을 감수해야 한다. 이처럼 규칙이 중복되면 코드가 중복될 때 수반되는 문제점이 모두 발생하게 된다.

대안은 시맨틱 모델에 구문 정보를 포함하는 방법이다. 예를 들어 시맨틱 모델인 전이 객체에 라인 번호를 필드로 추가할 수 있다. 그러면 시맨틱 모델에서 해당 전이 객체에 에러가 감지될 때, 시맨틱 모델은 스크립트의 라인 번호를 출력할 수 있다. 이 방법의 문제점은 시맨틱 모델이 정보를 추적해야 하므로 훨씬 더 복잡해진다는 점이다. 게다가 스크립트는 모델과 정확하게 매핑되지 않기 때문에, 이러한 에러 메시지는 도움이 되기보다는 오히려 혼란만 가중시킬 수 있다.

에러 처리 방법 중 개인적으로 가장 좋은 방법이라고 생각하는 마지막 방법은, 에러 감지는 시맨틱 모델이 하지만 에러 감지를 파서에서 작동시키는 것이다. 이 경우, 파서가 DSL 스크립트를 파싱해서 시맨틱 모델을 파퓰레이트한 후, 해당 모델이 에러를 찾도록 지시한다(또는 모델을 파퓰레이트할 때 바로 에러를 찾도록 할 수도 있다). 모델이 에러를 찾으면, 파서는 이들 에러를 받고, 에러에 자신이 알고 있는 DSL 스크립트의 문맥 정보를 추가한다. 이를 통해, 구문적 정보(파서가 알고 있는)와 의미적 정보(모델이 알고 있는)에 대한 관심을 분리할 수 있다.

유용한 접근법을 하나 더 말하자면, 에러 처리를 초기화, 감지, 리포팅으로 분리하는 방법이다. 이 전략에 따르면, 초기화 작업은 파서에서, 에러 감지는 모델에서, 그리고 리포팅은 양쪽 모두에서 처리한다. 이때 모델은 의미적인 정보를, 파서는 구문 문맥 정보를 에러에 더한다.

3.8 DSL 이행하기

DSL 지지자라면 주의해야 할 위험요소가 하나 있다. DSL을 한번 설계하고 나면, 사람들이 그 DSL을 사용한다는 사실이다. 모든 소프트웨어가 진화하듯이, DSL도 성공하려면 진화하기 마련이다. 따라서 초기 버전의 DSL로 작성된 스크립트는 이후 버전의 DSL과 함께 실행될 때 실패할 수도 있다.

좋든 나쁘든, DSL이 가진 많은 특성들과 마찬가지로 이 문제 또한 라이브러리에서도 똑같이 발생한다. 누군가가 만든 라이브러리를 사용해 코드를 작성했다고 해보자. 그들이 라이브러리를 업그레이드해버리면 꼼짝 못하는 상황에 처할 수도 있다. DSL 자체에서는 이러한 상황을 바꾸기 위한 작업을 전혀 하지 않는다. 하지만 DSL 정의는 본질적으로 공표된 인터페이스(published interface)[2]고, 따라서 라이브러리에서 해결하는 방식과 똑같이 이 문제를 해결해야 한다.

공표된 인터페이스라는 용어는 내가 쓴 리팩토링 책[Fowler Refactoring]에서 처음 사용했다. 공표된 인터페이스는 좀 더 일반적인 '공용(public)' 인터페이스와는 차이가 있는데, 공표된 인터페이스는 이 인터페이스를 만든 팀이 아닌 다른 팀에서 코드를 작성할 때 사용한다는 점이다. 따라서 공표된 인터페이스를 정의한 팀이 인터페이스를 변경하려고 할 때, 인터페이스 호출 코드를 바꾸기란 쉽지 않다. 이처럼 공표된 DSL(published DSL)을 바꾸는 작업은 내부 DSL과 외부 DSL 모두에서 문

---

2 (옮긴이) 저자가 쓴 『리팩토링(Refactoring)』에서 사용한 용어다. public 메서드 중에서, 해당 메서드를 사용하는 코드를 모두 알지 못하거나, 혹은 다른 이유로 메서드의 인터페이스를 변경할 수 없는 경우 메서드를 공표된 인터페이스라고 부른다. 즉 인터페이스가 공표되었다면, 인터페이스가 하위 버전과 호환성을 가지도록 변경해야만 한다.

제가 된다. 반면에 DSL이 공표되지 않았고, 호스트 언어가 자동화된 리팩토링 기능을 제공한다면, 내부 DSL을 변경하기는 훨씬 쉽다.

이러한 DSL을 변경하는 문제를 해결할 수 있는 한 가지 방법으로, 한 버전의 DSL을 다른 버전으로 자동으로 이행해 주는 툴을 제공할 수 있다. 이때 이 툴은 DSL을 업그레이드 할 때 실행할 수도 있고, 아니면 이전 버전의 스크립트를 실행할 때 자동으로 실행할 수도 있다.

이행하는 방법에는 크게 두 가지 방식이 있다. 첫 번째는 점진적인 이행(incremental migration) 전략이다. 이 전략은 점진적인 데이터베이스 설계(evolutionary database design)[Fowler and Sadalage]를 할 때 사용하는 개념과 본질적으로 같다. 즉, DSL 정의를 변경할 때마다 이전 버전의 DSL 스크립트를 새로운 버전으로 자동으로 이행하는 이행 프로그램을 만든다. 이를 통해 새로운 버전의 DSL을 출시할 때, DSL을 사용하는 코드를 모두 이행하는 스크립트를 함께 제공할 수 있다.

점진적으로 이행할 때 중요한 점은 변경사항을 가능하면 작게 유지해야 한다는 점이다. 버전 1에서 버전 2로 업그레이드하면서 DSL 정의에 10가지 변경을 만든다고 가정해보자. 이 경우에 이행 스크립트를 하나만 만들어서 버전 1에서 버전 2로 이행하지 말아라. 대신에 스크립트를 최소한 10개는 만들어라. DSL 정의는 한 번에 한 기능씩 변경하고, 각 변경사항에 대해 이행 스크립트 하나를 만들어라. 이 작업을 더 잘게 나누고, 기능들을 추가할 때 하나 이상의 단계를 거치면(따라서 이행을 여러 단계로 나누면) 더 도움이 된다는 사실을 알게 될 것이다. 이렇게 말하면 스크립트 하나를 만들 때보다 더 많이 작업하라는 말처럼 들린다. 하지만 점진적 이행의 핵심은 이행의 크기가 작을수록 이행 스크립트를 작성하기 쉽고, 여러 개의 이행을 서로 묶는 일이 간단하다는 데 있다. 결과적으로 스크립트 하나보다 스크립트 10개를 더 빨리 작성할 수 있다.

다른 접근법은 모델 기반 이행(model-based migration)이다. 이 전략은 시맨틱 모델(197)이 있을 때 사용할 수 있다. 모델을 기반으로 이행할 때는, 출시한 DSL 버전마다 파서를 제공한다. 즉 여러 개의 파서를 만든다. (따라서 버전 1과 버전 2에만 파서를 제공하고, 나머지 중간 단계에는 이러한 파서가 없다.) 각 파서는 시맨틱 모델을 파퓰레이트한다. 시맨틱 모델을 사용하면, 파서의 동작 방식이 매우 간단해진다. 따라서 파서를 여러 개 만드는 일이 그리 어렵지 않다. 이렇게 파서를 제공하면, 현재 작업 중인 스크립트 버전에 맞는 파서를 실행할 수 있다. 이 작업을 통해 여러 버전의 DSL을 처리할 수는 있지만, 스크립트를 이행하지는 않는다. 스크립트를 이행하려면, 코드 생성기를 만들어서 시맨틱 모델을 DSL 스크립트 형태의 코드로 생성해야 한다. 이와 같은 방법으로 1 버전의 스크립트에 맞는 파서를 실행해 시맨틱 모델을 파퓰레이트하고, 이 모델을 기반으로 생성기를 돌려 2 버전의 스크립트를 만들어 낸다.

모델 기반 접근법이 가진 문제 하나는 스크립트에서 의미적으로는 중요하지 않지만 스크립트 작성자가 그대로 유지하고자 하는 정보를 잃어버리기 쉽다는 점이다. 주석이 확실한 예다. 주석과 같은 정보를 유지하려고 파서를 너무 똑똑하게 만들어버리면 문제는 더 악화된다. 그렇긴 해도, 모델 기반 접근법으로 이행하려고 한다면 파서를 단순하게 만드는 방식이 권장된다. 이는 모델 기반 접근법이 가진 좋은 점이다.

DSL에서 변경된 사항이 너무 많다면, 1 버전의 스크립트로는 2 버전의 시맨틱 모델로 변환할 수 없을 수도 있다. 이 경우에는, 1 버전의 모델(또는 중간 버전의 모델)을 만들고, 이 모델로 2 버전의 스크립트를 직접 생성하는 기능을 만들 수도 있다.

나는 이 두 가지 방법 중 어느 한쪽을 특별히 선호하지는 않는다.

이행 스크립트는 스크립트 작성자가 필요할 때 직접 실행하거나, DSL 시스템이 자동으로 실행할 수도 있다. 자동으로 실행할 때, DSL 스크립트의 버전 정보를 스크립트에 기록하면 도움이 된다. 파서가 이 정보를 찾아서, 그에 맞게 이행할 수 있기 때문이다. 실제로 DSL 스크립트는 모두 버전 문구가 반드시 있어야 한다고 주장하는 DSL 창시자도 있다. 버전 문구를 사용하면 스크립트에 군더더기가 약간 더해지지만, 원래 없던 버전 문구를 나중에 새로 넣기란 쉽지 않다.

물론 아예 이행하지 않을 수도 있다. 즉, 1 버전의 파서를 그대로 유지하고, 이 파서가 2 버전의 모델을 파퓰레이트 하도록 만들 수 있다. 물론 사용자가 이행할 수 있게 반드시 지원해야 하고, 이를 통해 새로운 버전에서 더 많은 기능을 사용하고자 한다면 사용자는 이행을 하게 될 것이다. 하지만 이전 버전의 스크립트를 직접 지원할 수만 있다면, 사용자가 자신의 상황에 맞게 이행할 수 있으므로 더 유용하다.

이와 같은 기법들이 상당히 매력적임에도 불구하고, 현실적으로 이들 기법이 가치가 있는지는 의문이 남는다. 앞에서 말했듯이, DSL을 이행할 때 생기는 문제점은 폭넓게 사용되는 라이브러리에서도 똑같이 발생한다. 하지만 자동화된 이행 전략은 라이브러리를 이행할 때도 많이 사용되지는 않는다.

ID
4장

DOMAIN-SPECIFIC LANGUAGES

내부 DSL 구현하기

앞에서 DSL을 구현하는데 대한 일반적인 이슈를 살펴보았다. 이제 특정 종류의 DSL를 구현하는데 대해 상세히 설명하고자 한다. 그중에서도 DSL을 작성할 때 보통 내부 DSL이 가장 이해하기 쉬운 형태이므로, 먼저 내부 DSL을 다루기로 결정했다. 외부 DSL과는 달리 내부 DSL을 사용할 때, 문법과 언어 파싱을 배우지 않아도 된다. 그리고 언어 워크벤치와는 달리 특별한 툴이 없어도 된다 뿐만 아니라 내부 DSL을 사용할 때는 평소에 사용하는 언어 환경에서 작업한다. 따라서 지난 몇 년 동안 내부 DSL이 많은 관심을 받았다는 사실은 그리 놀랄만한 일이 아니다.

반면에 내부 DSL을 사용하면, 호스트 언어에 따라 매우 많은 제약이 가해진다. 내부 DSL로 표현식을 작성하려면, 이 표현식이 호스트 언어 안에서 유효해야 한다. 결과적으로 내부 DSL을 어떻게 사용할지 고려할 때는 호스트 언어의 기능에 국한해서 사고할 수밖에 없다. 최근에 루비 커뮤니티에서 내부 DSL을 눈에 띄게 발전시켜 왔고, 이로 인해 루비 언어에는 DSL을 권장하는 기능이 많다. 그러나 루비의 많은 기법들은 루비만큼 우아하지는 않겠지만 다른 언어에서도 활용할 수 있다. 루비 이외에도 내부 DSL처럼 사고하는 방식을 이끌어 온 원로격 언어인 Lisp가 있다. Lisp는 가장 오래된 컴퓨터 언어 중 하나로, 제한적이긴 하지만 작업에 필요한 기능을 매우 적절하게 모은 언어다.

알아둬야 할 또 다른 용어는 플루언트 인터페이스(fluent interface)다. 이 용어는 에릭 에반스(Eric Evans)와 내가 만든 신조어로, 자연어에 보다 가까운 API를 가리킨다. API의 관점에서 보면, 이 용어는 내부 DSL과 동의어다. 이 용어는 내부 DSL 계열의 언어를 API와 구분 지을 수 있는 핵심적인 기준, 즉 언어적 본질을 가리키는 용어다. 앞에서 말했듯이, 플루언트 인터페이스와 API를 명료하게 구분하기란 쉽지 않다. 물론 특정 언어 구조가 자연어에 가까운지 아닌지에 대해 분명한 근거는 없더라도, 타당한 자신만의 이유를 댈 수는 있다. 그리고 이처럼 주장할 수 있다는 그 자체만으로도 장점이 있다. 이처럼 주장할 수 있으려면 사용하고 있는 기법과, 이를 통해 만든 DSL이 얼마나 읽기 쉬운지에 대해 고민해야 하기 때문이다. 하지만 반대로 개인적인 선호도를 그대로 되풀이해서 보여주는데 그치고 만다는 단점도 있다.

4.1 플루언트 API와 커맨드-쿼리 API

많은 사람들은 플루언트 인터페이스의 핵심 패턴이 메서드 체이닝(447)이라고 본다. 흔히 API는 다음 코드와 같은 형태로 사용된다.

```
Processor p = new Processor(2, 2500, Processor.Type.i386);
Disk d1 = new Disk(150, Disk.UNKNOWN_SPEED, null);
Disk d2 = new Disk(75, 7200, Disk.Interface.SATA);
return new Computer(p, d1, d2);
```

메서드 체이닝을 사용하면 위의 코드를 아래와 같이 표현할 수 있다.

```
computer()
  .processor()
    .cores(2)
    .speed(2500)
    .i386()
  .disk()
    .size(150)
  .disk()
    .size(75)
    .speed(7200)
    .sata()
.end();
```

메서드 체이닝은 일련의 메서드 호출을 사용하며, 각 호출은 이전 호출의 결과에 따라 동작한다. 메서드는 한 번에 하나씩 차례대로 호출하는 방식으로 구성한다. 객체 지향적인 정규 코드 관점에서 보면, 이러한 메서드를 '열차 사고(train wrecks)'로 비유하며 조롱하곤 한다. 점('.')으로 분리한 각 메서드를 기차의 한 칸으로 보고, 체인의 중간에 있는 클래스의 인터페이스가 변하면 코드가 깨지기 쉬우므로 사고가 날 수 있다고 보는 것이다. 하지만 유창함의 관점에서 보면, 메서드 체이닝을 사용할 경우 변수를 많이 사용하지 않고도 다수의 메서드 호출을 쉽게 구성할 수 있다. 결과적으로 코드는 마치 물 흐르듯이 읽을 수 있고, 그 자체로도 언어에 가깝게 느껴진다.

하지만 이처럼 코드를 물 흐르듯 읽을 수 있게 해주는 방법에 메서드 체이닝만 있는 것은 아니다. 아래는 같은 코드를 일련의 메서드 호출 문장을 사용해 작성한 코드로, 함수 시퀀스(423)라고 부른다.

```
computer();
  processor();
    cores(2);
    speed(2500);
    i386();
  disk();
    size(150);
  disk();
    size(75);
    speed(7200);
    sata();
```

보다시피 함수 시퀀스를 적절히 배치하고 조직화하는 노력을 기울인다면, 메서드 체이닝을 사용할 때만큼이나 간결하게 읽을 수 있다. (나는 이 패턴 이름에는 '메서드'가 아니라 '함수'를 사용했다. 메서드 체이닝은 객체 지향적인 메서드를 필요로 한다. 반면에, 함수 시퀀스는 함수 호출을 기반으로 하는, 객체 지향이 아닌 환경에서도 사용할 수 있기 때문이다.) 말하고자 하는 요지는 사용하는 구문 형식이 아니라 메서드 자체를 이름 짓고 요소화 하는 방식에서 유창함이 나온다는 점이다.

객체가 등장했던 초창기에 나뿐만 아니라 많은 사람에게 가장 큰 영향을 미친 책 중 하나는 베르트랑 마이어(Bertrand Meyer)가 쓴 『Object-Oriented Software Construction』이다. 그는 책에서 객체를 기계 장치에 비유해 설명하기도 했다. 이 관점에서 보면 객체는 블랙박스고, 객체의 인터페이스는 일련의 디스플레이 장치나 버

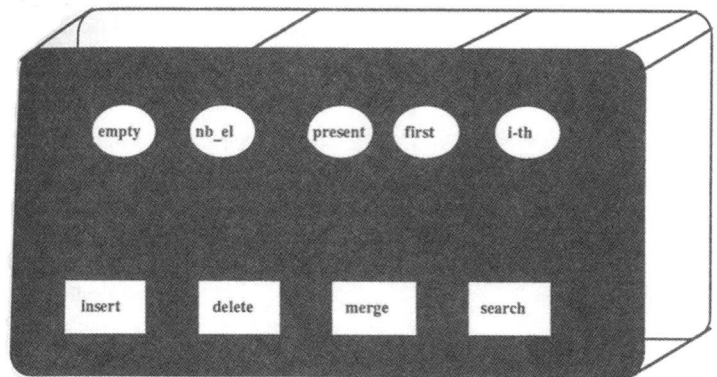

그림 4.1 베르트랑 마이어가 기계 장치 메타포를 설명하기 위해 OOSC에 삽입한 원본 그림. 타원은 쿼리 버튼을 나타낸다. 쿼리 버튼을 눌렀을 때 기계 장치의 상태를 드러내는 지시등을 표시하지만 기계 장치의 상태를 변경하지는 않는다. 반면에 사각형은 상태를 변경하는 커맨드 버튼으로, 기계 장치가 '끼익 소리를 내고 딸각거리게' 만들지만, 이 소음이 무슨 일을 하느라 생기는지 말해주는 지시등은 전혀 없다

튼에 해당한다. 따라서 디스플레이를 통해 객체에서 관찰할 수 있는 상태를 보여주거나, 버튼을 눌러 객체의 상태를 변경할 수 있다. 사실상 이러한 디스플레이 장치와 버튼은 객체를 이용해 할 수 있는 다양한 작업들에 대한 메뉴에 해당한다. 현재 소프트웨어 컴포넌트 간의 상호작용에 대해 생각할 때, 이러한 인터페이스 방식이 가장 지배적이다. 이 방식이 너무 지배적인 나머지, 사람들은 이러한 인터페이스 방식에 이름을 붙일 생각조차 하지 못했다. 그래서 이 방식을 설명하고자 '커맨드-쿼리 인터페이스(command-query interface)'라는 신조어를 만들었다.

플루언트 인터페이스의 핵심은 컴포넌트 사용에 대해 생각할 때 이 메타포와는 달리 접근한다는 점이다. 플루언트 인터페이스를 많은 버튼이 드러나 있는 객체로 구성된 박스로 생각하는 대신에, 언어적인 관점에서 접근한다. 즉 객체를 서로 엮을 수 있는 절들을 사용해 문장을 구성한다. 이러한 사고의 전환이 내부 DSL과 단순히 API라고 불리는 인터페이스 사이의 핵심적인 차이점이다.

앞에서 말했듯이 이 둘 사이의 구분은 매우 모호하다. API를 언어처럼 보려는 접근법도 객체가 일반화되기 오래 전부터 있어왔고, 꽤 호응을 얻었다. 실제로 커맨드-쿼리 API인지, 아니면 플루언트 인터페이스인지 왈가왈부하는 사례도 많이 있다. 그러나 둘 사이를 구분 짓기가 이처럼 모호하더라도, 구분 지어놓으면 확실히 도움이 된다고 생각한다.

이처럼 두 인터페이스는 그 형식에 있어 차이가 있고, 결과적으로 훌륭한 인터페이스를 만드는데 관련된 규칙도 서로 다르다. 마이어가 처음 사용했던 기계 장치 메타포는 훌륭한 커맨드-쿼리 인터페이스를 만드는 규칙을 잘 보여준다. 실제로 위 그림은 OOSC에서 커맨드-쿼리 분리 원칙을 소개했던 장에 삽입되었다.

커맨드-쿼리 분리 원칙(Command-Query Separation)에 따르면, 객체의 다양한 메서드는 반드시 커맨드(command)와 쿼리(query)로 분리해야 한다. 쿼리는 값을 반환하는 메서드로, 시스템에서 관찰할 수 있는 상태는 변경하지 않는다. 반면에 커맨드 메서드는 관찰할 수 있는 상태를 변경할 수 있지만, 값을 반환해서는 안 된다. 이 원칙은 쿼리 메서드 식별에 도움을 준다는데 그 가치가 있다. 쿼리는 부수 효과를 가지지 않으므로, 이 메서드는 여러 번 호출할 수 있고 사용하는 순서를 바꿀 수도 있으며, 호출하더라도 결과를 변경하지 않는다. 커맨드는 확실히 부수 효과를 가지므로, 사용에 더 많은 주의를 기울여야 한다.

커맨드-쿼리 분리는 매우 가치 있는 프로그래밍 원칙이므로, 나는 팀에서 이 원칙을 반드시 따르기를 권한다. 그러나 내부 DSL에서 메서드 체이닝을 사용하면, 어쩔 수 없이 이 원칙을 위반할 때가 많다. 예를 들어, 각 메서드는 상태를 변경하지만 체인을 이어가기 위해 객체를 반환한다. 나는 커맨드-쿼리 분리 원칙을 따르지 않는 사람을 강력히 비난해 왔고, 앞으로도 마찬가지다. 하지만 플루언트 인터페이스는 이와는 다른 종류의 규칙을 따르므로, 이 원칙을 지키지 않더라도 나는 기꺼이 허용하는 편이다.

이 밖에도 커맨드-쿼리 인터페이스와 플루언트 인터페이스 사이의 중요한 차이점은 메서드 명명 규칙에 있다. 커맨드-쿼리 인터페이스에 대해 이름을 지을 때는, 이름이 독립적인 문맥에서도 의미를 갖기를 원한다. 사람들은 원하는 작업을 해주는 메서드를 찾을 때, 웹 문서나 IDE 메뉴에서 메서드 목록을 훑어보곤 한다. 따라서 해당 문맥에서 메서드가 무슨 일을 해줄 수 있을지 의미를 명확히 전달하도록 이름을 지어야 한다. 기계 장치 메타포에서는 메서드 이름을 버튼의 라벨로 볼 수 있다.

반면에 플루언트 인터페이스의 명명 규칙은 상당히 다르다. 언어의 개별요소에는 관심을 크게 기울이지 않고, 대신에 구성하려는 전체 문장에 더 많은 관심을 기울인다. 결국 독립된 문맥에서는 별 의미가 없지만, DSL 문장 안의 맥락에서는 효과적으로 읽히도록 메서드를 이름 짓는 편이다. DSL 명명규칙에서는 문장이 우선이며, 구성요소들은 이 문맥에 잘 어울리도록 이름이 지어진다. DSL에서는 특정 DSL의 문맥을 염두에 두고 이름을 짓는다. 반면에 커맨드-쿼리에서는 문맥에 관계없이 동작하도록(또는 같은 의미로 모든 문맥에서도 동작하도록) 이름을 짓는다.

4.2 파싱 레이어의 필요성

플루언트 인터페이스는 커맨드-쿼리와는 다른 유형의 인터페이스이므로, 이로 인해 문제가 생길 수 있다. 예를 들어 하나의 클래스에 두 인터페이스 형태를 모두 적용하면 혼란이 생긴다. 따라서 나는 DSL의 언어 처리 요소를 정규 커맨드 쿼리 객체로부터 분리해야 한다고 본다. 따라서 정규 객체의 상위 레이어에 표현식 빌더(415)를 두어야 한다. 표현식 빌더란 플루언트 인터페이스를 사용해, 오로지 일반적인 객체 모델을 만드는 작업을 하는 객체다. 사실상 표현식 빌더는 플루언트 인터페이스로 작성된 문장을 일련의 커맨드-쿼리 API 호출로 변환하는 일을 맡는다.

두 인터페이스가 본질적으로 서로 다르다는 점도 표현식 빌더를 사용해야 하는 부분적인 이유지만, 근본적인 이유는 고전적인 '관심의 분리(separation of concerns)' 원칙을 따르기 위해서다. 새로운 언어를 도입하려면 비록 이 언어가 내부 DSL이더라도 이 언어를 이해하는 코드를 작성해야만 한다. 이때 코드에는 언어가 처리되는 도중에만 필요한 데이터인 파싱 데이터(parsing data)를 유지해야 할 때가 많다. 그리고 내부 DSL이 동작하는 방식을 이해하려면 어느 정도는 노력을 기울여야 하며, 기반 모델을 만들고 나면 내부 DSL은 더 이상 필요하지 않다. 다시 말해 기반 모델이 일단 만들어지면, 내부 DSL을 이해하지 않아도 될뿐더러 기반 모델이 동작하는 방식을 내부 DSL에서 어떻게 이해해서 처리하는지 알 필요도 없다. 따라서 언어를 처리해서 기반 모델을 만드는 코드를 별도의 레이어에 유지하는 일은 의미가 있다.

따라서 내부 DSL을 처리하는 구조는 일반적인 DSL 처리 아키텍처를 그대로 따른다고 볼 수 있다. 이때 커맨드-쿼리 인터페이스의 기반 모델이 시맨틱 모델(197)에 해당하며, 표현식 빌더 레이어는 파서(또는 파서의 부분)에 해당한다.

이처럼 표현식 빌더 레이어를 '파서'라고 부르면서 조금 당혹스러웠다. 보통은 텍스트를 파싱하는 맥락에서만 '파서'라는 용어를 사용한다. 하지만 내부 DSL에서는 호스트 언어 파서가 텍스트를 처리한다. 그렇긴 해도 표현식 빌더로 하려는 작업과 파서가 수행하는 작업 사이에는 비슷한 점이 많다. 물론 전통적인 파서는 연속된 토큰들을 구문 트리로 배열하는 반면에, 표현식 빌더는 연속된 함수 호출을 입력으로 받는다는 커다란 차이점이 있다. 그러나 함수 호출을 트리의 노드로 보고, 연속된 함수 호출을 트리로 배열한다는 관점에서 보면, 표현식 빌더 레이어는 전통적인 파서와 유사하다고 볼 수 있다. 그리고 사용하는 파싱 데이터 구조(심벌 테이블(205) 등)도 유사할뿐더러, 표현식 빌더 레이어도 마찬가지로 시맨틱 모델을 파퓰레이트한다.

이처럼 시맨틱 모델을 표현식 빌더로부터 분리하면, 시맨틱 모델이 주는 일반적인 장점을 얻을 수 있게 된다. 일단, 표현식 빌더와 시맨틱 모델을 독립적으로 테스트할 수 있다. 또한 내부 DSL과 외부 DSL을 혼용하거나, 다수의 표현식 빌더를 사용해 여러 개의 내부 DSL을 지원하는 방식을 통해 다수의 파서를 사용할 수도 있다. 뿐만 아니라 표현식 빌더와 시맨틱 모델을 독립적으로 개선할 수 있다. 여타의 소프트웨어와 마찬가지로 DSL은 계속해서 변하기 마련이므로, 이 사실은 매우 중요하다. 소프트웨어는 계속해서 개선할 수 있어야 하며, 이때 DSL 스크립트를 변경하지 않고도 기반이 되는 프레임워크를 변경할 수 있게 되면 유용할 때가 많으며, 그 반대도 마찬가지다.

표현식 빌더를 사용해서는 안 되는 경우도 있다. 하지만 이 경우는 시맨틱 모델 자체에서 커맨드-쿼리 인터페이스가 아니라 플루언트 인터페이스를 사용할 때뿐이다. 실제로 모델을 조작할 때 사람들이 주로 플루언트 인터페이스를 사용해야 한다면, 모델에 플루언트 인터페이스를 사용하는 게 낫다. 그러나 이러한 경우가 아니라면 대부분의 경우 모델에는 커맨드-쿼리 인터페이스를 사용해야 한다. 커맨드-쿼리 인터페이스는 다양한 문맥에서도 사용할 수 있다는 점에서 플루언트 인터페이스보다 유연하다. 반면에 플루언트 인터페이스에서는 임시적인 파싱 데이터가 필요할 때가 많다. 무엇보다 동일한 객체에서 플루언트 인터페이스와 커맨드-쿼리 인터페이스를 섞어 쓰는 일은 반대하는 편이다. 하나의 객체에서 두 가지 형식의 인터페이스를 제공하면, 혼란만 가중시킬 뿐이다.

따라서 이후부터는 표현식 빌더가 있다고 가정하겠다. 물론 표현식 빌더를 항상 사용해야 한다고 볼 수는 없다. 하지만 대부분의 경우에는 사용해야 하므로, 이러한 대다수의 경우를 염두에 두고 글을 쓰고자 한다.

4.3 함수 사용하기

프로그래밍을 시작한 초창기부터 프로그래머는 공통 코드를 재사용 가능한 패키지로 만들기 위해 애써왔다. 이러한 노력의 일환으로 훌륭한 패키지 구조체를 만들 수 있었고, 그중 하나가 함수다(서브루틴, 프로시저로도 불리며, 객체 지향에서는 메서드라고 부른다). 실제로 커맨드-쿼리 API는 함수를 통해 표현될 때가 많다. 마찬가지로 DSL 구조도 함수를 사용해 구성할 수 있다. 하지만 함수를 조합하는 방식에서 커맨드-쿼리 인터페이스와 DSL 사이에는 커다란 차이점이 있다.

함수를 조합해서 DSL을 만드는 패턴에는 여러 가지가 있다. 이 장을 시작하면서 함수 패턴 중 두 개를 보여주었다. 그래도 기억이 잘 나지 않을 수 있으니, 이들 패턴부터 개괄적으로 살펴보자. 먼저 메서드 체이닝(447)을 보자.

```
computer()
  .processor()
    .cores(2)
    .speed(2500)
    .i386()
  .disk()
    .size(150)
  .disk()
    .size(75)
    .speed(7200)
    .sata()
  .end();
```

다음은 함수 시퀀스(423)다.

```
computer();
  processor();
    cores(2);
    speed(2500);
    i386();
  disk();
    size(150);
  disk();
    size(75);
    speed(7200);
    sata();
```

이 둘은 함수를 조합하는 기법으로, 서로 다른 패턴이다. 당연히 이중 어느 패턴을 사용해야 할지 의문이 생긴다. 이 질문에 답하려면 다양한 요소를 고려해야 한다. 첫 번째 요소는 함수의 유효범위다. DSL에서 메서드 체이닝을 사용해 함수를 조합했다면 이 함수는 메서드이므로, 체인에 참여하는 객체에 이들 메서드를 정의해야 한다. 이 객체는 주로 표현식 빌더(415) 객체다. 반면에 함수 시퀀스를 사용할 때 함수를 참조가 없이 사용하려면, 이들 함수가 제대로 해석될 수 있도록 보장해야 한다. 가장 뻔한 방법으로 전역 함수를 사용할 수 있다. 하지만 전역 함수를 사용하면 두 가지 문제점이 생긴다. 전역 네임스페이스를 복잡하게 만들고, 전역 변수를 추가해 파싱 데이터를 저장한다는 점이다.

오늘날에 훌륭한 프로그래머라면 이러한 전역성을 마땅히 두려워해야 한다. 이러한 전역성이 있다면 변경사항을 일부에만 국한시키기가 힘들기 때문이다. 전역 함수는 프로그램의 모든 부분에서 보이는 반면에, 내부 DSL을 만든다면 해당 DSL 안에서만 함수들을 사용할 수 있도록 만드는 게 이상적이다. 이러한 전역성을 없앨 수 있는 언어 기능에는 여러 가지가 있다. 예를 들어 네임스페이스 기능을 사용하면 특정 네임스페이스를 임포트해야만 함수를 전역 함수처럼 사용할 수 있게 된다(자바의 경우 static 임포트 구문을 지원한다).

파싱 데이터가 전역이라면 문제가 더 심각하다. 함수 시퀀스를 사용하는 경우 표현식을 파싱할 때 현재 어느 부분을 파싱하고 있는지 알 수 있으려면, 컨텍스트 변수(217)를 조작할 수밖에 없다. 예를 들어 diskSize에 대한 호출을 보자. 표현식 빌더는 이 호출이 어느 디스크에 대해서 사이즈를 기술하는 표현식인지 알아야 하므로, 현재 처리 중인 디스크를 변수에 기록해야만 한다. 따라서 disk 함수를 호출하면서, 이 변수를 갱신해야 한다. 이때 함수는 모두 전역이므로, 결국 이 상태도 전역 변수여야 한다. 데이터를 모두 싱글턴(singleton) 객체에 유지하는 방식 등을 사용하면 전역성을 한 곳에 모을 수는 있다. 그러나 전역 함수를 사용하는 한, 전역 데이터를 없앨 수는 없다.

메서드 체이닝을 사용하면 이들 문제점 중 많은 부분을 피할 수 있다. 물론 체인을 시작하려면 참조가 없는 함수가 여전히 필요하다. 하지만 체인이 한번 시작되면, 파싱 데이터는 모두 체이닝 메서드가 정의된 표현식 빌더 객체에 유지할 수 있다.

또는 객체 스코핑(461) 기법을 사용해서 함수 시퀀스를 사용할 때 생기는 전역성을 모두 피할 수 있다. 객체 스코핑을 적용할 때는 대부분 DSL 스크립트를 표현식 빌더의 서브 클래스에 작성한다. 그리고 DSL 스크립트에서 참조가 없이 호출하는 함수들을 슈퍼 클래스인, 표현식 빌더 클래스의 메서드로 해석되도록 객체를 구현한다. 객체 스코핑을 사용하면 두 가지 전역성 문제를 모두 해결할 수 있다. 일단 DSL에서 사용하는 함수는 모두 빌더 클래스에만 정의하므로, 함수는 모두 지역 함수로 만들어진다.

게다가 이들 함수는 인스턴스 메서드이므로, 빌더 인스턴스의 데이터에 직접 접근해서 파싱 데이터를 저장할 수 있다. 이 장점들은 매우 강력하기 때문에, DSL 스크립트를 빌더의 서브 클래스에 작성해야 하는 비용을 기꺼이 감수할 만하다. 그래서 나는 객체 스코핑 패턴을 늘 적용하는 편이다.

객체 스코핑을 사용할 때 얻는 또 다른 장점은 확장성이다. 스코핑 클래스의 서브 클래스를 쉽게 사용할 수 있도록 DSL 프레임워크를 만들어두면, DSL 사용자는 자신만의 DSL 메서드를 언어에 직접 추가할 수 있게 된다.

함수 시퀀스나 메서드 체이닝 기법의 경우, 컨텍스트 변수를 이용해서 파싱 데이터를 유지해야만 한다. 중첩 함수(429)는 함수를 조합하는 세 번째 기법으로, 컨텍스트 변수를 사용하지 않을 수 있다. 컴퓨터 구성 예제를 중첩 함수를 사용해서 작성하면 다음과 같다.

```
computer(
  processor(
    cores(2),
    speed(2500),
    i386
  ),
  disk(
    size(150)
  ),
  disk(
    size(75),
    speed(7200),
    SATA
  )
);
```

중첩 함수의 경우, 함수 호출을 상위 레벨에 있는 함수 호출의 인자로 만드는 방식으로 함수들을 조합한다. 결과적으로 함수 호출이 서로 중첩된다. 언어가 계층 구조를 가질 때, 중첩 함수에는 강력한 장점들이 몇 가지 있다. 실제로 이러한 계층 구조는 파싱할 때 매우 흔히 나타난다. 이 예제에서 즉시 볼 수 있는 장점 하나는 컴퓨터 구성 정보의 계층 구조가 언어 구조 자체에 직접 반영된다는 점이다. 예를 들어 disk 함수는 computer 함수 내부에 중첩되어 있고, 이 계층 구조는 결과적으로 만들어지는 프레임워크 객체가 중첩되는 방식과 완전히 같다. 즉 함수를 중첩해서 DSL의 논리적인 구문 트리를 그대로 반영할 수 있다. 반면에 함수 시퀀스나 메서드 체이닝을 적용할 때는 구문 트리가 어떤 형태를 취할지 겨우 힌트를 줄 수 있을 뿐이며, 이마저도 이상한 들여쓰기 관례를 사용해야만 한다. 그러나 중첩 함수를 사용하면, 구문 트리를 언어 자체에 반영할 수 있다(물론 중첩 함수를 사용할 때도 정규 코드를 배치하는 방식과는 조금 다르게 코드를 배치한다).

함수를 중첩하는 데 따르는 또 다른 장점은 평가 순서가 달라진다는 점이다. 중첩 함수를 사용하면 함수의 인자는 함수 자체보다 먼저 평가된다. 따라서 컨텍스트 변수를 보통 사용하지 않고도, 프레임워크 객체를 만들 수 있다. 예제를 보면 processor 함수를 먼저 평가한 후, 프로세서 객체를 완전히 구성해서 반환한다. 그런 다음 computer 함수를 평가한다. 그러면 computer 함수는 완전히 구성된 파라미터를 이용해 컴퓨터 객체를 만들 수 있다.

따라서 중첩 함수는 상위 레벨의 구조를 만들 때 매우 효과적이다. 하지만 중첩 함수가 완벽한 방법은 아니다. 괄호와 콤마를 통한 구분법이 더 명확하긴 하지만, 들여쓰기 관례만을 이용하는 방법에 비교하면 군더더기로 보인다. (Lisp는 이 부분에서 다른 언어보다 뛰어나다. Lisp 구문은 중첩 함수와 믿기 어려울 정도로 잘 어울린다.) 중첩 함수를 사용하려면 결국 함수를 참조가 없이 사용해야 한다. 따라서 함수 시퀀스를 사용할 때와 마찬가지로 전역성으로 인해 생기는 문제들에 똑같이 봉착한다(물론 함수 시퀀스를 사용할 때와 마찬가지로 객체 스코핑을 이용해 전역성 문제를 해결할 수 있다).

뿐만 아니라 계층 구조를 구성하는 관점이 아니라 일련의 명령어를 실행하는 관점에서 보게 되면, 중첩 함수가 평가되는 순서는 혼란스러울 수도 있다. 중첩 함수들은 세번째(두번째(첫번째)))와 같이, 작성된 순서와는 반대 방향으로 평가된다. 직장 동료인 닐 포드는 "Old MacDonald Had a Farm"[1] 노래를 예로 들어 이 문제를 지

---

1 (옮긴이) "Old MacDonald Had a Farm"는 미국 유치원에서 배우는 영어 동요로, 후렴 구절이 E-I-E-I-O로 구성된다. 따라서 후렴을 중첩 함수로 작성하려면, 실제 읽어야 하는 순서와는 반대 방향인 o(i(e(i(e()))))로 작성해야 한다는 뜻이다.

적하곤 했다. 이 노래를 중첩 함수로 작사하려면, 인상적인 후렴구를 o(i(e(i(e()))))처럼 작사해야 한다는 것이다. 반면에 함수 시퀀스나 메서드 체이닝을 사용할 때는 둘 다 호출들을 평가하는 순서대로 작사할 수 있다.

중첩 함수가 다른 함수 조합 기법에 비해 뒤떨어지는 또 다른 점은 인자를 이름이 아니라 위치에 따라 식별한다는 점이다. 디스크의 사이즈와 스피드를 명시하는 경우를 보자. 이들 인자가 둘 다 정수라면, 사실 disk(75, 7200) 정도로 작성해도 충분하다. 하지만 이 문장만 봐서는 인자를 구별하기 힘들다. 이 경우 단순히 정수 값을 반환하는 중첩 함수를 사용해 disk(size(75), speed(7200))와 같이 작성하면 이 문제를 해결할 수 있다. 하지만 문장 자체는 읽기가 더 쉬워지지만, disk(speed(7200), size(75))처럼 작성해서 예상치 못한 디스크를 만들게 되는 경우를 막지는 못한다. 이 문제를 피하려면 결국 좀 더 풍부한, 중간 단계의 데이터를 반환해야 한다. 즉, 단순한 정수가 아니라 토큰 객체로 대체해야 한다. 하지만 이 방법은 사용하기가 굉장히 복잡하다. 사용하는 언어에서 키워드 인자를 지원한다면 이 어려움을 해결할 수 있지만, 안타깝게도 키워드 인자와 같이 유용한 구문 기능을 제공하는 언어는 드물다. 여러모로 메서드 체이닝은 키워드 인자를 지원하지 않는 언어에서 이 기능을 대체할 수 있는 메커니즘이다. (곧 설명할 리터럴 맵(501)은 이름으로 접근하는 파라미터(named parameter)를 지원하지 않을 때 사용 가능한 또 하나의 돌파구다.)

대다수의 프로그래머는 중첩 함수를 굉장히 많이 사용하는 경우가 드물다고 본다. 사실 이러한 관점은 일반적인 프로그래밍에서(DSL이 아닌 환경에서), 함수를 조합하는 패턴들을 우리가 어떻게 사용하는지 반증한다. 대부분의 경우 프로그래머는 함수 시퀀스를 사용하며, 중첩 함수나 메서드 체이닝(객체 지향 언어인 경우)은 부분적으로 사용할 뿐이다. 반면에 Lisp 프로그래머라면, 중첩 함수를 정규 프로그래밍에서 자주 이용한다. 이 책에서는 이들 패턴을 DSL을 작성하는 맥락에서 설명하고 있지만, 사실 이 패턴들은 표현식을 조합하는 경우에 얼마든지 사용할 수 있는 일반적인 패턴이다. 결국 함수들을 조합하는 패턴 중 어느 게 좋은지는 상황에 따라 다르다.

이들 패턴이 마치 서로 배타적인 듯 설명했지만, 사실 특정 DSL을 작성할 때 흔히 이들 패턴을(그리고 나중에 설명할 추가적인 패턴을) 서로 조합해서 사용한다. 패턴마다 장단점이 있고, 이 중 어느 패턴을 사용할지는 DSL의 각 부분마다 서로 다르다. 따라서 패턴을 조합해서 아래와 같이 하이브리드 형태로 작성할 수도 있다.

```
computer(
  processor()
    .cores(2)
    .speed(2500)
    .type(i386),
  disk()
    .size(150),
  disk()
    .size(75)
    .speed(7200)
    .iface(SATA)
);
computer(
  processor()
    .cores(4)
);
```

이 DSL 스크립트에는 지금까지 설명한 세 가지 패턴을 모두 활용한다. 함수 시퀀스를 사용해 각 computer를 차례대로 정의하고, 각 computer 함수는 인자들에 중첩 함수를 사용하며, 각 processor와 disk 함수에는 메서드 체이닝을 사용했다.

이처럼 하이브리드 형태를 택할 때 이점은, DSL의 특정 부분마다 각 패턴의 장점을 살릴 수 있다는 점이다. 함수 시퀀스는 리스트에서 각 요소를 정의할 때 효과적이다. 따라서 함수 시퀀스를 사용하면, 각 computer 함수 정의를 문장 단위로 효과적으로 분리할 수 있다. 뿐만 아니라 각 문장에서 컴퓨터 객체를 완전히 구성해서 결과 리스트에 바로 추가할 수 있으므로, 함수 시퀀스는 구현하기도 쉽다.

각 computer 함수 인자에는 중첩 함수를 사용하므로, 현재 구성 중인 컴퓨터를 저장할 컨텍스트 변수를 사용하지 않아도 된다. computer 함수가 호출되기 전에 인자들이 모두 평가되기 때문이다. 뿐만 아니라 컴퓨터가 프로세서 하나와 여러 개의 디스크로 구성된다고 했을 때, 함수의 인자 목록에서 타입을 지정해 이 사실을 효과적으로 표현할 수 있다. 게다가 중첩 함수를 사용하는 경우 전역 함수를 안전하게 사용할 수 있을 때가 많다. 전역 함수에서는 단순히 객체를 반환하고, 파싱 상태는 전혀 변경하지 않도록 함수를 배치하기가 쉽기 때문이다.

각 processor와 disk 함수에서는 선택적 인자를 여러 개 사용하므로, 메서드 체이닝을 사용해 효과적으로 작성할 수 있다. 프로세서나 디스크를 만들 때 체이닝을 호출해 얼마든지 필요한 값을 설정할 수 있다.

하지만 이처럼 혼용하게 되면 문제점도 생겨난다. 특히 구두법에 혼란을 가져온다. 콤마로 분리되는 요소들도 있고, 점으로 분리되는 요소들도 있으며, 세미콜론으로 분리되는 요소들도 있다. 프로그래머라면 이해할 수 있겠지만, 그래도 이들을 구분해서 기억하기란 쉽지 않다. 프로그래머가 아닌 사람들은 그저 표현식을 읽는 일조차도 혼란스러워하기 쉽다. 이러한 구두법간의 차이는 구현하면서 인위적으로 생긴 결과물이지, DSL 자체에서 의미 있는 요소는 아니다. 따라서 이처럼 구현상의 이슈를 사용자에게 드러내는 일은 언제나 미덥지 못한 생각이다.

따라서 예제와 같은 상황이더라도 앞의 코드와 같은 형태로 조합해서 사용하는 일은 절대로 없다. computer 함수에서 중첩 함수를 사용하기보다는, 메서드 체이닝을 사용하는 방식을 사용하는 편이다. 그래도 여러 개의 computer 함수를 정의할 때는, 함수 시퀀스를 그대로 사용한다. 이를 통해 사용자가 computer 함수 정의를 더 명확히 구분할 수 있기 때문이다.

여기에서 말한 각 기법 간의 균형은 DSL을 직접 만들어야 할 때 내려야 하는 결정들의 축소판이다. 이 책에서 서로 다른 패턴들의 장단점을 알려줄 수는 있겠지만, 당신이 현재 처리해야 할 문제에 적합한 조합은 직접 결정해야 한다.

4.4 리터럴 컬렉션

범용 언어를 사용해서 프로그래밍 하든, 아니면 DSL을 사용해서 프로그래밍하든 상관없이, 프로그래밍이란 요소들을 서로 결합하는 일이다. 이때 연속된 문장이나 함수를 사용해 프로그램 구성할 때가 많다. 함수 이외에, 요소들을 서로 결합하는 다른 방법에는 리터럴 리스트(499)와 리터럴 맵(501)이 있다

리터럴 리스트 패턴의 경우 요소들을 리스트에 저장한다. 이때 요소의 타입은 서로 같지 않아도 되며, 리스트의 크기가 정해져 있지도 않다. 사실 리터럴 리스트의 예를 이미 앞에서 살짝 보여주었다. 중첩 함수(429)를 사용해서 컴퓨터를 구성한 예제를 다시 보자.

```
computer(
  processor(
    cores(2),
    speed(2500),
    i386
  ),
  disk(
    size(150)
  ),
  disk(
    size(75),
    speed(7200),
    SATA
  )
);
```

여기에서 하위 레벨 함수 호출을 겹치면 다음과 같은 코드가 된다.

```
computer(
  processor (...),
  disk(...),
  disk(...)
);
```

보다시피 computer 함수 호출 내부는 요소들로 구성된 리스트다. 실제로 자바나 C#과 같이 중괄호를 사용하는 언어라면, 이 같은 가변인자 함수 호출은 리터럴 리스트를 사용하는 일반적인 방식이다.

이와는 다른 방식을 사용할 수 있는 언어도 있다. 예를 들어 루비에서는 리터럴 리스트를 위한 내장 구문을 제공하며, 아래와 같이 표현할 수 있다.

```
computer [
  processor(...),
  disk(...),
  disk(...)
]
```

괄호가 아니라 대괄호를 사용한다는 점만 빼면, 두 코드는 별반 차이가 없다. 하지만 루비의 리터럴 리스트 구문은 함수를 호출할 때뿐만 아니라, 더 많은 맥락에서 사용할 수 있다.

C 계열 언어에서는 {1,2,3} 같은 리터럴 배열 구문이 있어, 리터럴 리스트를 좀 더 유연하게 사용할 수 있다. 하지만 리터럴 배열 구문은 사용할 수 있는 영역에 있어 제약이 있고, 배열에 담을 수 있는 타입도 제한적이다. 반면에 루비와 같은 언어에서는 리터럴 리스트를 이보다 폭넓게 사용할 수 있다. 물론 가변인자 함수를 사용하면 비슷하게 처리할 수는 있지만, 루비만큼은 유연하지 않다.

스크립트 언어를 사용하는 경우라면, 리터럴 컬렉션의 두 번째 유형인 리터럴 맵도 사용할 수 있다. 리터럴 맵은 해시(hash) 또는 사전(dictionary)으로 불리기도 한다. 리터럴 맵을 사용하면 컴퓨터 구성 예제를 다음처럼 작성할 수 있다(이 경우에도 루비를 사용했다).

```
computer(processor(:cores => 2, :type => :i386),
         disk(:size => 150),
         disk(:size => 75, :speed => 7200, :interface => :sata))
```

processor와 disk의 프로퍼티를 설정하는 경우라면, 리터럴 맵은 꽤 도움이 된다. 이 경우 disk에는 여러 개의 하위 요소가 있고, 이 요소들은 모두 선택적이며, 각 요소는 한 번만 설정해야 한다. 메서드 체이닝(447)을 사용하면 하위 요소에 알맞은 이름을 지을 수 있지만, 각 disk에서 speed가 확실히 한 번만 호출되도록 하려면 코드를 직접 작성해야만 한다. 반면에 리터럴 맵에는 이러한 조건을 자체적으로 가지고 있을뿐더러, 해당 언어를 사용하는 사람이라면 이러한 사실을 이미 잘 이해하고 있다.

이 경우 리터럴 맵보다 더 나은 구조는 함수에서 이름으로 접근하는 파라미터(named parameter)를 가진 경우다. 예를 들어 스몰토크에서는 앞의 문장을 disk WithSize: 75 speed: 7200 interface: #sata과 같이 작성할 수 있다. 안타깝게도 리터럴 맵 구문을 지원하는 언어가 적듯이, 이름으로 접근하는 파라미터를 지원하는 언어는 그보다 더 적다. 하지만 사용 중인 언어에서 이름으로 접근하는 파라미터를 사용할 수 있다면, 이 기능을 사용해 리터럴 맵을 구현하는 편이 좋다.

이 밖에도 이 예제에서는 중괄호를 사용하는 언어에는 없는 구문 요소인 심벌(symbol) 데이터를 볼 수 있다. 심벌은 데이터 타입으로, 언뜻 보기에는 문자열처럼 보인다. 하지만 심벌은 주로 맵, 특히 심벌 테이블(205)에서 검색하기 위한 목적으로 만들어졌다. 심벌은 값이 변하지 않고, 성능 향상을 도모하기 위해 같은 값을 가지면 동일한 객체가 되도록 구현될 때가 많다. 심벌의 리터럴 형식에는 공백을 사용할 수 없고, 문자열에서 제공하는 함수도 거의 지원하지 않는다. 심벌은 텍스트를 저장하기 위해서가 아니라, 검색하기 위해서 만들어졌기 때문이다. 앞의 예제에서는 :cores와 같은 요소가 심벌이다. 루비에서는 콜론(:)을 앞에 두어 심벌을 표시한다. 언어에서 심벌을 지원하지 않는다면, 심벌 대신 문자열을 사용할 수 있다. 하지만 언어에서 심벌 데이터 타입을 지원하고 검색이 목적이라면, 반드시 심벌을 사용해야 한다.

내부 DSL을 만들 때 Lisp가 왜 그토록 매력적인 언어인지, 이제 그 이유를 설명할 수 있을 듯하다. Lisp에서는 (one two three)와 같이 리터럴 리스트 구문을 매우 간편하게 사용할 수 있다. 뿐만 아니라 함수를 호출할 때도 (max 5 14 2)와 같이 리터럴 리스트 구문을 사용한다. 결국 Lisp 프로그램은 모두 중첩된 리스트다. 예를 들어 (one two three)에서 참조가 없는 단어들은 모두 심벌이며, 따라서 이 구문은 심벌로 구성된 중첩된 리스트를 표현하는 게 전부다. 내부 DSL을 만들 때 이 같은 구문을 지원할 생각이 있다면, Lisp의 리터럴 리스트 구문은 기반으로 삼을 수 있는 최적의 언어다. 이 간단한 구문은 Lisp의 강점인 동시에 약점이기도 하다. 이 구문은 매우 논리적이어서, 이해할 수만 있다면 의미가 완벽히 통하므로 강점이 될 수 있다. 반면에 구문 형식이 특이하므로, 이 형식을 이해하는 일 자체가 약점이 되기도 한다. 이 구문을 이해하지 못한 채 멈춰 서버리면, 이 구문은 그저 비위에 거슬리는 우스꽝스러운 괄호처럼 보일 뿐이다.

4.5 문법을 활용해 내부 DSL 요소 선택하기

설명했다시피, 내부 DSL을 작성할 때 선택할 수 있는 요소는 여러 가지가 있다. 이 중에서 하나를 선택할 때 활용할 수 있는 한 가지 방법으로, 작성하려는 DSL이 가진 논리적 문법을 통해 생각해 볼 수 있다. 그리고 구문 추도 변환(267)을 사용할 때 만드는 문법 규칙의 종류도 선택할 때 도움이 된다. 실제로 특정 표현식을 BNF 규칙을 이용해 표현해 보면, 어떤 내부 DSL 구조를 사용할지 결정하는 데 도움을 준다.

구조	BNF	고려해 볼만한 구조
필수적인 리스트	parent ::= first second third	중첩 함수(429)
선택적인 리스트	parent ::= first maybeSecond? maybeThird?	메서드 체이닝(447) 리터럴 맵(501)
같은 종류를 담는 가방	parent ::= child*	리터럴 리스트(499) 함수 시퀀스(423)
다른 종류를 담는 가방	parent ::= (this | that | theOther)*	메서드 체이닝
set	n/a	리터럴 맵

문장 절이 필수적인 요소로 구성된 경우(parent ::= first second), 중첩 함수가 가장 효과적이다. 중첩 함수의 인자들은 규칙 원소들에 직접 대응한다. 또한 타입을 엄격히 검사하는 언어를 사용한다면, 인자 타입을 식별하여 인자들 위치에 맞게 올바른 항목을 제시하는 자동 완성 기능을 이용할 수도 있다.

리스트가 선택적인 요소들로 구성되었다면(parent ::= first maybeSecond? maybeThird?), 중첩 함수를 사용하기가 다소 까다롭다. 인자들을 조합하는 경우의 수에 맞게 중첩 함수를 모두 만들게 되면, 결국 함수 개수가 폭발적으로 증가하기 쉽기 때문이다. 이보다는 메서드 체이닝을 사용하는 게 더 효과적이다. 메서드 체이닝의 경우 메서드 호출을 통해 사용하려는 요소를 지정할 수 있기 때문이다. 반면에 메서드 체이닝을 사용하면 처리하기 까다로운 점도 있다. 규칙에서 각 항목이 반드시 한 번만 나타나도록 만들려면, 별도의 로직을 직접 구현해야 한다.

문장 절에 같은 종류의 하위 요소들이 여러 번 나타난다면(parent ::= child*), 리터럴 리스트가 효과적이다.

함수 시퀀스가 필요한 경우는 얼마 되지 않는다. 함수 시퀀스를 고려해 볼 수 있는 몇 안 되는 경우 중 하나는, 작성하려는 표현식이 언어의 최상위 수준에 위치할 문장인 경우 정도다.

반면에 문장 절에 다른 종류의 하위 요소들이 여러 번 나타난다면(parent ::= (this | that |theOther)*), 이 경우에도 마찬가지로 메서드 체이닝을 사용해볼 수 있다. 거듭 말하지만 메서드 체이닝을 사용하면, 메서드 이름을 통해 처리하고 있는 요소가 무엇인지 쉽게 알 수 있기 때문이다.

하위 요소로 구성된 Set은 흔히 BNF로 표현하기 힘든 경우 중 하나다. Set은 여러 개의 하위 요소로 구성될 수 있지만, 각 요소는 한 번만 나타나야 한다. Set은 필수적인 리스트로도 생각해 볼 수 있지만, Set에 포함된 하위 요소 간에는 순서가 없다. 따라서 이 경우에는 리터럴 맵을 사용하는 게 맞다. 하지만 키를 올바르게 사용하도록 알려줄 수 없거나, 강제하기도 힘든 상황에 처하기 쉽다는 문제가 있다.

하나 이상의 요소를 나타내는 문법 규칙(parent ::= child+)을 내부 DSL 구조체로 표현하기란 쉽지 않다. 가장 확실한 방법은 여러 요소를 나타내는 일반적인 형식을 사용하고, 파싱할 때 해당 요소가 최소 한 번 이상 호출되는지 검사하는 것이다.

4.6 클로저

클로저(closure)는 일부 프로그래밍 언어 그룹(Lisp와 스몰토크와 같은)에서 오랫동안 사용해온 프로그래밍 언어 기능이다. 그리고 최근에 들어서야 주류 언어에서 그 모습을 드러내기 시작했다. 클로저는 다양한 이름(람다(lambdas), 블록(blocks), 익명 함수(anonymous functions))으로 알려져 있다. 클로저를 사용해 할 수 있는 일을 간략히 설명해 보면, 인라인 코드(inlne code)를 객체로 패키징한 후 필요할 때마다 이 객체를 전달해 평가할 수 있다는 점이다. (클로저가 무엇인지 아직 잘 이해되지 않는다면, 클로저(475)를 먼저 읽어보기 바란다.)

내부 DSL의 경우 클로저를 DSL 스크립트 내에서 중첩 클로저(483)로 사용한다. DSL에서 중첩 클로저를 사용할 때, 유용할 수 있는 특징이 세 가지 있다. 인라인 코드를 중첩할 수 있고, 중첩된 코드를 지연 평가할 수 있으며, 변수의 유효범위를 제한할 수 있게 된다는 점이다.

앞에서 중첩 함수(429)에 대해 설명하면서 이 패턴의 탁월한 특징으로, DSL이 가진 계층성이 호스트 프로그래밍 언어 자체에서 의미를 가지도록 표현할 수 있다고 말한 바 있다. 즉 중첩 함수는 함수 시퀀스(423)나 메서드 체이닝(447)처럼 들여쓰기를 이용해 계층성을 표현하는 게 아니다. 중첩 클로저도 중첩 함수와 같은 특징을 갖는다. 뿐만 아니라 중첩 클로저에서는 여기에 더해서 인라인 코드를 얼마든지 중첩할 수 있다는 장점이 있다. 그래서 이 특징을 인라인 중첩(inline nesting)이라고도 부른다. 대다수 언어는 함수 인자로 전달 할 수 있는 대상에 한계가 있고, 결국 중첩 함수로 작성하는 범위에는 한계가 있기 마련이다. 하지만 중첩 클로저를 사용하면 이 한계를 뛰어넘을 수 있고, 더욱 복잡한 구조를 중첩할 수 있다. 예를 들어 중첩 클로저 내부에 함수 시퀀스를 사용할 수 있다. 중첩 함수를 사용해서는 이런 방식을 이용할 수 없다. 게다가 많은 언어에서 여러 라인에 걸쳐 있는 코드를 중첩 함수보다는 중첩 클로저 내부에 쉽게 중첩할 수 있는 구문을 제공한다는 장점이 있다.

지연 평가(deferred evaluation)는 중첩 클로저로 할 수 있는 일 중에서 가장 중요한 기능이다. 중첩 함수의 경우, 함수의 인자는 외부 함수가 호출되기 전에 먼저 평가된다. 이러한 평가 순서가 도움이 될 때도 있지만, 혼란스러울 수도 있다(Old MacDonald 예제와 같이). 반면에 중첩 클로저의 경우, 클로저가 평가되는 시점을 완벽히 제어할 수 있다. 평가 순서를 바꿀 수 있고, 일부 코드는 전혀 평가하지 않을 수도 있으며, 코드를 모두 클로저에 저장해 평가를 지연할 수도 있다. 이러한 지연 평가 기능은 시맨틱 모델(197)에서 프로그램이 실행하는 방식을 강력히 제어해야 할 때 특히 유용하다. 이러한 모델을 나는 적응형 모델(577)이라고 부르는데, 139쪽의 「적응형 컴퓨팅 모델」에서 더 자세히 다루도록 하겠다. 이러한 적응형 모델을 사용할 경우 DSL 내부의 일부 영역을 호스트 코드로 작성할 수 있고, 이렇게 작성한 코드 블록을 시맨틱 모델에 담을 수도 있다. 이를 통해 DSL과 호스트 언어를 좀 더 자유롭게 혼용할 수 있게 된다.

마지막 특징은 중첩 클로저를 사용하면 유효 범위가 클로저로 제한된, 새로운 개념의 변수를 만들 수 있다는 점이다. 이처럼 유효범위가 제한된 변수를 사용하면, 메서드가 영향을 미치는 범위가 어디까지인지 좀 더 쉽게 파악할 수 있다.

이쯤에서 중첩 클로저의 특징들을 예제로 설명하면 좋을 듯하다. 먼저 중첩 클로저를 사용해 컴퓨터 구성 예제를 작성한 코드를 살펴보자.

```
#루비...
ComputerBuilder.build do |c|
  c.processor do |p|
    p.cores 2
    p.i386
    p.speed 2.2
  end
  c.disk do |d|
    d.size 150
  end
  c.disk do |d|
    d.size 75
    d.speed 7200
    d.sata
  end
end
```

(여기에서는 루비를 사용한다. 자바는 클로저를 지원하지 않고, C#의 클로저 구문은 군더더기가 너무 많아 중첩 클로저의 가치를 제대로 보여주기에 적합하지 않기 때문이다.)

이 예제는 인라인 중첩을 보여주는 좋은 예다. processor와 disk에 대한 호출에는 여러 개의 루비 문장으로 된 코드를 포함한다. 게다가 computer, processor, disk에서 제한된 유효범위를 가진 변수를 사용하고 있음을 볼 수 있다. 이들 변수를 사용하면 문장에 군더더기가 약간 더해지지만, 해당 객체가 어디에서 조작되는지 더욱 쉽게 알아볼 수 있다. 뿐만 아니라 이 코드에는 전역 함수를 쓰지 않았고, 객체 스코핑(461)도 적용하지 않았음을 볼 수 있다. speed와 같은 함수가 유효범위가 제한된 변수들에(이 경우에는 표현식 빌더(415)에) 정의되어 있기 때문이다.

이같이 컴퓨터를 구성하는 DSL에서는 지연 평가 기능이 그리 필요치 않다. 클로저가 가진 이 기능은 모델 구조에 호스트 코드 일부를 삽입하려고 할 때 그 효과가 드러난다.

예를 들어 유효성 검증 규칙들을 적용하는 경우를 보자. 객체 지향 환경에서는 흔히 객체가 유효한지 아닌지를 고려해야 하고, 결국 이러한 유효성을 검증하기 위한 코드를 어딘가에 포함하기 마련이다. 하지만 이처럼 유효성을 검증하는 작업은 상당히 복잡해질 수 있다. 대개의 경우 유효성이 문맥에 의존하기 때문이다. 다시 말해 객체가 유효한지 검증하는 일은, 해당 객체를 통해 무언가를 하기 위해서다. 예를 들어 지원자와 관련된 데이터를 조사하는 경우를 생각해 보자. 지원자가 특정 보험 정책에 가입할 자격이 되는지 검사할 때 적용하는 검증 규칙과, 가입 자격이 아닌 다른 보험 정책을 검증하는 규칙은 서로 다르기 마련이다. 가입 자격 규칙을 DSL 형식으로 기술하면 다음과 같다.

```
// C#...
class ExampleValidation : ValidationEngineBuilder {
  protected override void build() {
    Validate("Annual Income is present")
      .With(p => p.AnnualIncome != null);
    Validate("positive Annual Income")
      .With(p => p.AnnualIncome >= 0);
```

이 예제에서 With 함수에 대한 호출 몸체는 클로저다. 이 클로저는 지원자를 인자로 받고, 임의의 C# 코드를 포함한다. 이 코드는 시맨틱 모델에 저장해, 모델이 실행될 때 평가할 수 있다. 이를 통해 검증 규칙들을 선택할 때 더 많은 유연성을 얻을 수 있다.

중첩 클로저는 매우 유용한 DSL 패턴이지만, 사용하기에는 실망스러울 정도로 불편할 때가 많다. 자바를 포함해서 많은 언어가 클로저를 지원하지 않는다. 물론 클로저가 지원되지 않는 경우, 다른 기법을 활용해 처리할 수는 있다. 예를 들어 C에서는 함수 포인터를 사용하거나, 객체 지향 언어에서는 커맨드(Command) 패턴을 사용할 수 있다. 이러한 기법들은 클로저가 없는 언어에서 적응형 모델을 만들 때 중요하다. 하지만, 이들 메커니즘을 적용하려면 다루기 힘든 구문들을 많이 사용해야 하며, 구문에 군더더기가 너무 많이 더해져 DSL의 가치를 떨어뜨릴 수도 있다.

더군다나 클로저를 지원하는 언어조차도 복잡한 구문을 사용해야 할 때가 많다. C#은 버전이 올라가면서 점차 나아지긴 했지만, 여전히 내 기대만큼 깔끔하진 않다. 나는 스몰토크의 깔끔한 클로저 구문에 익숙한 편이다. 루비의 클로저 구문은 스몰토크만큼이나 명료하고, 실제로도 루비에서는 중첩 클로저가 매우 흔하게 사용된다. Lisp에서는 클로저를 최고 수준으로 지원하지만, 사용하기에는 이상하리만치 문법이 불편하다. 결국 Lisp에서는 매크로를 이용해 불편함을 해소하는 편이다.

4.7 파스 트리 조작

Lisp와 매크로를 말한 김에, 주제를 자연스럽게 전환해서 파스 트리 조작(541)을 살펴보자. 이처럼 주제를 전환할 수 있는 연결 고리는 Lisp 매크로다. Lisp 매크로를 사용하면 클로저를 구문적으로 더욱 입맛에 맞게 만들 수 있기 때문에, Lisp에서 매크로는 폭넓게 사용된다. 무엇보다도 Lisp 매크로를 사용하면 코드를 기발하게 작성할 수 있는 기법을 만들 수 있다는 점에서, 그 강력함을 볼 수 있다.

파스 트리 조작 기법의 밑바탕에 깔린 생각은 호스트 프로그래밍 언어로 작성된 표현식을 가져와서, 이 표현식을 평가해서 그 결과를 얻는 대신에, 파스 트리 자체를 데이터로 처리하려는 데 있다. 예를 들어 C# 표현식인 aPerson.Age 〉 18을 보자. 이 표현식과 aPerson 변수에 바인딩된 값을 받아서 평가하면, 당연히 불린 결과 값을 얻을 수 있다. 하지만 이처럼 평가하는 대신에 표현식을 처리한 후, 표현식에 대해 파스 트리를 만들 수도 있다(이 기법은 일부 언어에서만 사용할 수 있다) (그림 4.2).

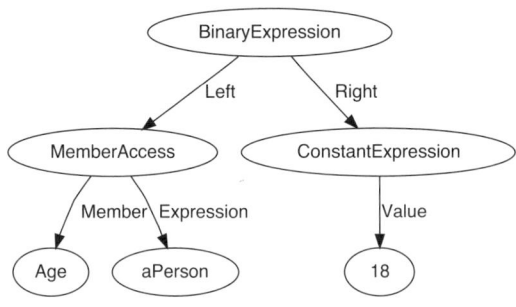

그림 4.2 aPerson.Age 〉 18을 표현한 파스 트리

이러한 파스 트리가 만들어지면, 이 트리를 런타임에 조작해 흥미로운 작업들을 얼마든지 할 수 있다. 일례로, 파스 트리를 탐색해서 SQL과 같은 쿼리 언어로 작성된 쿼리문을 생성할 수도 있다. 실제로 .NET의 Linq 언어에서 이와 같은 일을 한다. Linq를 사용하면 많은 SQL 쿼리문을 C#으로 표현할 수 있으며, 이러한 방식을 선호하는 프로그래머가 많다.

파스 트리의 힘은 표현식을 호스트 언어로 작성하지만, 시맨틱 모델을 파퓰레이트할 수 있는 다른 표현식으로 이 표현식을 변환할 수 있다는 데 있다. 이를 통해 단순히 클로저 자체를 저장하는 방식을 넘어서는 작업을 할 수 있게 된다.

예를 들어 위 C#의 경우, 파스 트리의 객체 모델 표현형식을 조작할 수 있다. Lisp의 경우에는 Lisp 소스 코드에 대해 매크로 변환(macro transformation)을 수행해서, 파스 트리를 조작한다. Lisp의 경우 파스 트리 조작 기법을 사용하면 효과적인데, 소스 코드의 구조가 구문 트리의 구조와 매우 흡사하기 때문이다. 실제로 Lisp로 DSL 작업을 하는 경우, 파스 트리 조작 기법이 폭넓게 활용된다. 너무 자주 사용된 나머지, Lisp 사용자는 다른 언어에 매크로가 없다고 불평할 정도다. 그렇긴 해도 나는 Lisp 매크로를 사용하는 방식보다는 C# 형식으로 파스 트리의 객체 모델을 조작하는 방식이 더 효과적이라고 본다. 물론 내가 Lisp 매크로 처리를 활용한 경험이 부족해서일 수도 있다

어느 메커니즘을 사용하든지 이 다음에 할 수 있는 질문은 파스 트리 조작이 DSL

기법으로 얼마나 중요하느냐다. 이 기법이 두드러지게 사용된 예는 Linq로, 마이크로소프트에서 개발했다. 쿼리 조건을 C#으로 표현하고, 이 표현식을 목표로 하는 다양한 데이터 구조에 맞게 다양한 쿼리 언어로 변환해 준다. 이를 통해 C# 쿼리문을 관계형 데이터베이스에 맞게 SQL 문으로 변환하거나, XML 구조라면 XPath로 변환할 수 있다. 또는 메모리에 상주하는 C# 구조라면, C# 코드를 유지할 수도 있다. 결국 Linq는 런타임에 애플리케이션 코드를 변환해서, C# 표현식으로부터 임의의 코드를 생성할 수 있는 메커니즘이라고 볼 수 있다.

파스 트리 조작 기법은 이처럼 강력하긴 하지만, 약간 복잡하기도 하다. 그리고 과거에는 그리 많은 언어에서 지원하지 않았지만, 최근에 C#과 루비에서 지원하면서 좀 더 많은 관심을 끌고 있다. 이 기법은 다소 새롭기 때문에(Lisp 세계에 문외한이라면), 이 기법이 진짜 얼마나 유용한지 평가하기란 어려운 일이다. 현재로서는 이 기법이 한계 기법(marginal technique)이라고 본다. 즉 거의 필요하지 않지만, 필요한 경우에는 매우 유용할 수 있는 그런 기법이다. Linq와 같이 쿼리문을 여러 데이터 구조에 맞게 변환할 수 있는 기능은 이 기법의 유용함을 완벽히 보여주는 사례다. 시간이 지나면 또 다른 애플리케이션이 나타날지도 모르는 일이다.

4.8 어노테이션

C# 언어가 처음 등장했을 때, 많은 프로그래머는 사실 C#이 자바를 재탕한 언어에 지나지 않는다고 비웃었다. 이 말도 일리는 있었다. 그렇더라도 이미 훌륭하다고 검증된 아이디어가 훌륭히 실행되도록 구현한 언어를 그렇게 비웃을 필요까지는 없다고 본다. 게다가 주류 언어에는 없던 아이디어를 구현한 기능도 있었는데, 그중 하나가 어트리뷰트(attribute)다. 이 언어 기능은 훗날 자바에서도 어노테이션(529)이라는 이름으로 따라 만들었다. (이 책에서는 자바의 용어를 사용하는데, '어트리뷰트'라는 용어는 프로그래밍에서 꽤나 다양한 뜻을 가지기 때문이다.)

어노테이션을 사용하면, 클래스나 메서드와 같은 프로그래밍 구조체에 메타데이터를 추가할 수 있다. 이렇게 추가한 어노테이션은 컴파일할 때 뿐만 아니라 실행할 때도 읽어 들일 수 있다.

예를 들어 특정 필드를 선언하면서, 특정 범위의 값을 가지도록 한정하는 경우를 생각해 보자. 어노테이션을 사용하면 다음과 같이 선언할 수 있다.

```
class PatientVisit...
  @ValidRange(lower = 1, upper = 1000, units = Units.LB)
  private Quantity weight;
  @ValidRange(lower = 1, upper = 120, units = Units.IN)
  private Quantity height;
```

어노테이션 대신에 주로 사용하는 방법으로는 필드 범위를 검사하는 코드를 세터에 추가하는 방식이 있다. 하지만 세터보다는 어노테이션을 사용하면 많은 장점을 얻는다. 일단 필드 범위를 한정한다는 점을 더욱 쉽게 알 수 있다. 그리고 값을 설정하거나 이후에 객체가 유효한지 검증할 때, 범위를 좀 더 쉽게 검사할 수 있다. 뿐만 아니라 GUI 위젯을 설정할 때와 같은 방식으로 검증 규칙을 기술할 수 있다.

단순히 숫자 범위만을 제한하는 기능을 가진 언어도 더러 있다(파스칼에서 이 기능을 지원했던 것으로 기억한다). 반면에 어노테이션은 언어를 확장해서 새로운 키워드와 기능까지 지원할 수 있는 기법이다. 실제로 원래 있는 키워드조차도 어노테이션을 활용하면 더욱 효과적으로 만들 수 있다. 시도해본 적은 없지만, 접근 지시자(private, public 등)도 어노테이션을 활용하면 좀 더 효과적으로 만들 수 있을 듯하다.

어노테이션은 호스트 언어에 종속된 기능이므로, 독립형 DSL보다는 부분형 DSL에 적합하다. 무엇보다도 어노테이션을 사용하면, DSL 요소를 호스트 언어에 추가해서 호스트 언어를 향상시키더라도, 두 언어가 통합된 느낌이 들도록 만들 수 있다.

자바의 어노테이션과 .NET의 어트리뷰트는 확실히 매우 비슷하다. 반면에 이 외의 언어에서는 근본적으로 같은 효과를 내려면, 확연히 차이가 나는 언어 구조체를 사용해야 한다. 예를 들어 다음은 루비 온 레일스에서 문자열의 길이에 대해 상한선을 기술할 때 사용하는 방식이다.

```
class Person
validates_length_of :last_name, :maximum => 30
```

이 구문의 경우 필드에 직접 어노테이션을 두는 게 아니라, 필드의 이름(:last_name)을 사용해서 검증할 필드를 지정한다는 점에서 차이가 난다. 구현에도 차이가 있다. 시스템이 실행되어 클래스가 로딩될 때 실행되는 대상이 어노테이션처럼 특정 언어 기능이 아니라, 클래스 메서드다. 이처럼 차이가 나지만, 프로그램 요소에 메타데이터를 추가한다는 사실에는 변함이 없고, 어노테이션을 사용하는 방법과도 유사하다. 따라서 루비 구문도 본질적으로는 어노테이션과 같은 개념으로 봐야 한다.

4.9 리터럴 확장

최근에 DSL에 대한 관심이 급증한 데는 루비 온 레일스에서 DSL 표현식을 사용했기 때문이다. 루비 온 레일스에서 쓰이는 DSL 표현식 중 흔히 쓰이는 사례로 5.days.ago를 들 수 있다. 이 표현식은 앞에서 살펴본 메서드 체이닝(447)을 사용해 작성했다. 새로운 점은 체이닝이 리터럴인 숫자에서 시작한다는 점이다. 이렇게 하기가 까다로운 이유는 정수 타입이 언어, 또는 표준 라이브러리에서 제공된다는 점이다. 이처럼 리터럴에서 체인을 시작하려면 리터럴 확장(571)을 사용할 수 있어야한다. 그리고 이처럼 리터럴을 확장하려면, 외부 라이브러리 클래스에 메서드를 추가할 수 있어야 한다. 이러한 기능은 호스트 언어에서 지원할 수도 있고, 아닐 수도 있다. 예를 들어 자바에서는 이 기능을 지원하지 않고, C#(확장 메서드를 활용)과 루비에서는 지원한다.

리터럴 확장이 가진 위험 요소 중 하나는 메서드가 전역에 추가된다는 점이다. 하지만 리터럴을 확장할 때 추가하는 메서드는 DSL을 사용하는, 제한된 문맥 안에서만 주로 사용해야 한다. 실제로 루비에서는 이러한 전역성으로 인해 문제가 생긴다. 뿐만 아니라 루비에는 리터럴을 어디에서 확장했는지 쉽게 찾을 수 있는 메커니즘이 없기 때문에, 문제는 더욱 악화된다. 반면에 C#에서는 확장 메서드를 네임스페이스 안에 두고, 사용하기 전에 해당 네임스페이스를 명시적으로 임포트하도록 해서 이 문제를 해결한다.

리터럴 확장은 흔히 쓰이지 않는 기법 중 하나지만, 활용해야 할 때가 오면 꽤 유용하게 사용할 수 있다. 실제로 리터럴 확장 기법을 사용해 보면, 도메인에 맞게 언어를 마음대로 만든다는 기분이 든다.

4.10 구문에서 군더더기 줄이기

내부 DSL은 호스트 언어로 작성한 표현식일 뿐이지만, 자연어만큼이나 쉽게 읽을 수 있는 형식으로 작성하게 된다. 하지만 내부 DSL을 작성하게 되면, 결국 호스트 언어의 구문 구조를 그대로 가져다 쓸 수밖에 없다. 물론 프로그래머는 호스트 언어 구문에 익숙하므로, 이처럼 호스트 언어의 구문 구조를 그대로 따르면 좋을 때도 있다. 하지만 눈에 거슬리는 구문도 일부 있다.

이처럼 성가실 수도 있는 구문을 줄일 수 있는 방법이 있다. 호스트 언어에 가깝지만, 그렇다고 완전히 같지는 않게 DSL 코드를 작성한 후, 간단한 텍스트 치환 기법을 적용해 DSL 코드를 호스트 언어로 변환하는 방식이다. 이 기법은 텍스트 폴리싱(565)이라고 부른다. 이 기법을 사용하면 3 hours ago 절을 3.hours.ago로 변환하거나, 또는 더 과감하게는 3% if value at least $30000을 percent(3).when.minimum(30000)으로 변환할 수도 있다.

나는 이 기법을 몇 차례 들어보았지만, 그리 좋아하는 편은 아니다. 이러한 치환 기법은 상당히 쉽게 복잡해지고, 이처럼 복잡해질 바에는 차라리 외부 DSL을 사용하는 편이 훨씬 쉽다.

텍스트 치환 대신에 군더더기 구문을 줄이는 방법으로 구문 강조 기능을 사용해 볼 수 있다. 대다수의 텍스트 편집기는 사용자가 설정할 수 있는 텍스트 강조 옵션을 제공한다. 따라서 도메인 전문가와 협의하는 경우라면 군더더기 구문이 덜 강조되도록 옵션을 설정할 수 있다. 예를 들어 배경은 흰색으로, 군더더기 구문은 회색으로 표시하도록 설정해볼 수 있다. 심지어 군더더기 구문을 배경과 똑같은 색으로 설정해서, 아예 보이지 않게 만들 수도 있다.

4.11 동적 리셉션

스몰토크나 루비와 같은 동적 언어는 메서드 호출을 런타임에 처리한다는 특징을 공통적으로 가진다. 따라서 aPerson.name과 같이 작성해서 name 메서드를 호출할 때 Person 클래스에 name 메서드가 없더라도, 코드는 컴파일이 제대로 된다. 그리고 에러는 런타임에 발생한다(반면에 C#과 자바에서는 컴파일 타임에 에러가 발생한다). 이처럼 존재하지 않는 메서드가 있을 때, 런타임에 에러가 발생한다는 점을 문제라고 보는 사람이 많다. 그러나 동적 언어를 지지하는 사람들은 이러한 특징을 강점으로 활용하기도 한다.

이처럼 예상치 못한 호출이 발생했을 때, 동적 언어에서는 이 호출을 특수한 메서드로 전달하는 메커니즘을 주로 따른다(예를 들어 루비에는 method_missing 메서드가 있고, C#에는 doesNotUnderstand 메서드가 있다). 특수한 이 메서드에는 기본적으로 에러를 던지지만, 이와는 다른 처리를 하도록 메서드를 오버라이딩 할 수도 있다. 나는 이처럼 오버라이딩 하는 방식을 동적 리셉션(509)이라고 부른다. 리셉션(reception) 규칙, 즉 유효한 메서드로 받아들일지 결정하는 규칙을 동적으로(런타임에) 선택한다는 뜻이다. 이러한 동적 리셉션과 그 의미가 통하는, 유용한 프로그래밍 관례들이 많이 있는데, 그중에서도 프록시 사용을 들 수 있다. 특정 객체에 필요한 작업을 해주는 메서드가 있지만, 정확히 어느 메서드가 호출되는지 알 필요가 없을 때, 프록시로 해당 객체를 감싼다.

DSL을 만드는 경우라면, 메서드 인자에 있는 정보를 메서드 이름 자체로 옮기는 방식으로 동적 리셉션을 주로 활용한다. 동적 리셉션을 활용한 훌륭한 사례로는 레일스의 액티브 레코드(Active Record)에 있는 동적 파인더(dynamic finder)를 들 수 있다. 예를 들어 firstname을 필드로 가지는 Person 클래스가 있을 때, 성(firstname)을 이용해 사람을 찾고자 할 수 있다. 이때 모든 필드에 대해 find 메서드를 정의하는 대신에, people.find_by("firstname", "martin")처럼 필드 이름을 인자로 받는 find 함수를 범용적으로 정의할 수도 있다. 물론 이 방법이 동작은 하지만, 다소 어색해 보이기도 한다. 실제로 이 메서드를 사용하는 사람은 "firstname"이 파라미터가 아니라, 메서드 이름의 일부일 거라고 기대하기 때문이다. 이때 동적 리셉션 기법을 사용하면 people.find_by_firstname("martin")처럼 쓸 수 있고, 이 메서드가 미리 정의되어 있지 않더라도 상관없다. 이렇게 사용하려면 method_missing 핸들러를 오버라이딩해야 한다. 먼저 호출된 메서드가 find_by 시작하는지 검사한 후, 메서드 이름을 처리해 필드 명을 찾는다. 그리고 호출된 메서드를 모든 파라미터를 가지는 메서드로 변환해서 다시 호출한다. 동적 리셉션을 사용할 때 people.find_by_firstname("martin")처럼 메서드 하나에 정보를 모두 담거나, 또는 people.find.by.firstname("martin")과 같이 메서드를 분리할 수도 있다.

동적 리셉션 패턴에서 핵심은 정보를 파라미터에서 메서드 이름으로 옮길 수 있다는 점이다. 이처럼 정보를 메서드로 옮기게 되면, 표현식을 이해하기가 좀 더 쉽다. 하지만 너무 많은 정보를 인자에서 메서드로 옮기게 되면 어려움이 따른다. 일련의 메서드 이름에서 복잡한 구조를 처리하는 자신의 모습을 누구도 보고 싶지는 않을 것이다. 따라서 처리해야 할 구조가 리스트 하나를 넘어서서 더욱 복잡해질 때는, 동적 리셉션보다는 좀 더 구조화된 기법들을(중첩 함수(429)나 중첩 클로저(483)와 같은) 고려해야 한다. 뿐만 아니라 동적 리셉션은 기본적인 처리를 각 호출에 동일하게 적용할 수 있을 때 사용해야만 큰 효과를 볼 수 있다. 반면에 수신한 호출을 동적으로 다양하게 처리해야 한다면(즉 firstname과 lastname을 처리하는 코드가 서로 다르다면), 동적 리셉션 기법에 기대지 말고 메서드를 명시적으로 작성해야 한다.

4.12 타입 검사 기능 제공하기

앞에서는 동적 언어에서만 사용할 수 있는 기법을 살펴봤다. 이제 정적 언어 세계로 되돌아가서 정적 타입 검사를 사용해 이득을 얻을 수 있는 방법을 살펴보자.

언어에 정적 타입 검사 기능이 필요한지 아닌지에 대한 논쟁은 오랫동안 끊이지 않아 왔고, 끝날 기미도 보이지 않는다. 이 논쟁을 이 책에서 다시 다루고 싶은 생각은 추호도 없다. 컴파일 타임에 타입 검사를 하는 게 매우 가치 있는 일이라고 생각하는 사람이 많다. 반면에 효과적인 테스트로도 잡지 못하는 에러가 있다면, 컴파일 타임에 타입 검사를 하더라도 이러한 에러는 그리 많이 찾을 수 없다고 주장하는 사람도 있다(게다가 효과적인 테스트는 반드시 만들어 두기 마련이다).

그렇긴 해도 정적 타입 검사를 지지하는 또 다른 이유도 있다. 최신 IDE가 가진 강력한 장점 중 하나로, IDE가 정적 타입에 기반해서 매우 훌륭한 지원 기능을 제공한다는 점이다. 예를 들어, 변수 명을 입력하고 제어 키를 조합해서 누르면, 변수 타입에 기반해 해당 변수에서 호출할 수 있는 메서드 목록이 나타난다. IDE는 코드에서 사용된 심벌의 타입을 알기 때문에, 이처럼 지원할 수 있게 된다.

하지만 DSL에서 사용하는 심벌들 대다수가 이 같은 지원을 받을 수 없다. DSL에서는 심벌을 문자열이나 심벌 데이터 타입으로 표현하고, 자체적인 심벌 테이블에 저장하기 때문이다. 다음은 고딕 양식의 보안에 나온 예제 중에서 루비로 작성한 DSL의 일부분이다(15쪽).

```
state :waitingForLight do
  transitions :lightOn => :unlockedPanel
end
```

여기에서 :waitingForLight는 심벌 데이터 타입이다. 이 코드를 자바로 변환하면 다음과 같다.

```
state("waitingForLight")
  .transition("lightOn").to("unlockedPanel");
```

이 경우에 심벌은 단순히 기본 문자열이다. 게다가 waitingForLight를 메서드로 감싸야만 이 메서드에 대해 체이닝을 이어갈 수 있다. 또한 목표 상태 값을 입력할 때 unlockedPanel을 직접 입력해야 한다. 상태 목록 메뉴에서 선택하는 기능과 같은, IDE의 자동완성 메커니즘을 이 경우에는 이용할 수는 없다.

이런 방식보다는 다음 코드와 같이 작성할 수 있기를 바란다.

```
waitingForLight
  .transition(lightOn).to(unlockedPanel)
;
```

이 코드는 읽기 쉬울 뿐 아니라, state 메서드도 필요 없으며 군더더기 같은 인용 부호도 필요 없다. 게다가 전이를 촉발하는 이벤트나 목표 상태를 작성할 때, 타입에 기반한 자동완성 기능을 적절히 활용할 수 있다. 즉 IDE가 가진 기능을 최대한 활용할 수 있게 된다.

이처럼 작성할 수 있으려면, 심벌 타입(state, command, event 등)을 선언하는 방법과 특정 DSL 스크립트에서 심벌(lightOn, waitingForLight 등)을 선언하는 방법이 DSL 처리 메커니즘에 있어야 한다. 이때 클래스 심벌 테이블(555) 패턴을 사용해볼 수 있다. 이 패턴의 경우, DSL 프로세서에 각 심벌 타입을 클래스로 정의한다. 그리고 클래스 안에 스크립트를 작성하며, 각 심벌은 클래스에 필드로 선언한다. 예를 들어 상태 리스트를 정의하려면, 먼저 심벌 데이터 타입으로 States 클래스를 만든다. 그리고 나서 스크립트를 작성할 클래스에, 스크립트에서 사용할 상태 심벌을 필드로 선언해 정의한다.

```
Class BasicStateMachine...
  States idle, active, waitingForLight, waitingForDrawer, unlockedPanel;
```

여타의 DSL 구조체와 마찬가지로, 클래스 심벌 테이블을 사용하면 결과 코드는 다소 어색해진다. 코드를 보면 상태 클래스로 States를 사용했는데, 이처럼 클래스명을 복수형으로 사용하는 일은 보통 때라면 절대 지지하지 않는다. 하지만 클래스명으로 단수형을 사용하는 일은 사실 일반적인 자바 프로그래밍을 할 때 접하게 되는 편집 경험일 뿐이다.

5장

DOMAIN-SPECIFIC LANGUAGES

외부 DSL 구현하기

내부 DSL은 많은 노력을 들이면, 유창한 흐름을 가지도록(유창함을 완벽히 규정하기는 힘들지만) 언어를 정의할 수 있다. 하지만 결국은 호스트 언어가 가진 구문 구조를 지켜야 하므로, 결국에는 한계에 부딪히기 마련이다. 반면 외부 DSL을 사용하면 구문에서 자유로울 수 있다. 다시 말해 사용할 수 있는 구문에 제한이 없다.

내부 DSL을 구현할 때와는 다르게, 외부 DSL을 구현할 때는 파싱 과정이 순전히 텍스트로 작성된 입력을 기반으로 동작한다. 그리고 이 텍스트 입력은 특정 언어에 전혀 국한되지 않는다. 이러한 텍스트를 파싱할 때 사용할 수 있는 기법은 사실상 지난 수십 년 동안 프로그래밍 언어를 파싱하기 위해 사용해 왔던 바로 그 기법이다. 그리고 이러한 툴과 기법은 언어 커뮤니티에서 오랫동안 발전시켜 왔다.

하지만 여기에는 문제가 숨어있다. 프로그래밍 언어 커뮤니티에서는 거의 모든 경우 범용 언어를 사용해 작업한다고 가정한 채, 이러한 툴을 만들고 글을 써왔다. 지나가는 말로 DSL이 언급되기라도 했다면 다행일 정도다. 범용 언어와 DSL에 동일하게 적용할 수 있는 원칙들도 많지만, 차이점도 있다. 뿐만 아니라 DSL로 작업할 때는 그다지 많은 내용을 이해할 필요가 없다. 다시 말해 범용 언어를 사용하려면 상당한 수준의 학습 곡선을 극복해야 하지만, DSL을 사용할 때는 그 정도까지 이해하지 않아도 된다.

5.1 구문 분석 전략

외부 DSL을 파싱할 때, 텍스트 스트림을 받은 후 특정 구조로 분할해야만 이 구조를 통해 텍스트가 의미하는 바를 알아낼 수 있다. 이처럼 파싱 과정 초반에 입력을 구조화하는 일을 구문 분석(syntactic analysis)이라고 부른다. 도입부의 상태 머신 프로그램(3쪽, '고딕 양식의 보안')을 변형한 다음 코드를 보자.

```
event doorClosed D1CL
event drawerOpened D2OP
command unlockPanel PNUL
command lockPanel PNLK
```

구문 분석이란 event doorClosed D1CL이 이벤트에 대한 정의임을 인식하고, 커맨드 정의와 구별해내는 작업이다.

구문을 분석하는 가장 간단한 방법이 있는데, 확신컨대 파싱을 한 번도 제대로 해보지 않은 사람이라도 한 번쯤은 직접 사용해 본 적이 있는 그런 방법이다. 바로 입력 텍스트를 라인 단위로 분할한 후, 각 라인을 처리하는 방식이다. 이 경우 라인이 event로 시작하면, 이 라인은 이벤트 정의이고, command로 시작하면 커맨드 정의로 인식한다. 그러면 각 라인을 정의에 맞게 분할해, 핵심적인 정보를 찾는다. 이러한 방식은 구분자 주도 변환(247)이라고 부른다. 이 기법의 밑바탕에 깔린 생각은 다음과 같다. 먼저 입력 텍스트를 문장들로 분할할 수 있게 구분자(대개는 줄바꿈 문자)를 정한 후, 이 구분자에 따라 입력 텍스트를 문장들로 분할한다. 그러고 나서 분할된 각 문장을 별도의 처리 단계에 전달해, 해당 라인에 포함된 내용들을 알아낸다. 일반적으로 각 라인에는 명확한 지시어가 있어, 현재 처리하려는 문장이 어떤 종류의 문장인지 알 수 있다.

구분자 주도 변환은 적용하기가 무척 쉽다. 그리고 문자열 분할이나 정규 표현식과 같이 대부분의 프로그래머가 익숙한 기법을 사용한다. 하지만 입력 텍스트에서 문맥이 계층 구조를 이룰 경우, 구분자 주도 변환만으로 처리할 수 없다는 한계가 있다.

예를 들어 상태 머신을 다음과 같이 정의해 보자.

```
events
  doorClosed D1CL
  drawerOpened D2OP
end

commands
  unlockPanel PNUL
  lockPanel PNLK
end
```

이제는 라인 단위로 분할해서는 충분하지 않다. 예를 들어 doorClosed D1CL 라인만 봐서는 이 라인이 이벤트 정의인지 아니면 커맨드 정의인지 구분할 수 있을 정도의 정보는 없기 때문이다. 이 문제를 해결할 수 있는 방법이 있긴 하지만('구분자 주도 변환'에 나온 예제에서, 이 방법 중 하나를 다룬다), 결국 구분자 주도 변환 이외의 방법을 적용해 계층 구조를 직접 다뤄야만 한다. 그리고 문맥의 계층 구조가 심화될수록, 이러한 계층 구조를 직접 관리하려면 더 많은 노력을 쏟아야만 한다.

이처럼 DSL의 계층 구조가 복잡할 때, 사용할 수 있는 다른 방법에는 구문 주도 변환(267)이 있다. 구문 주도 변환의 경우, 먼저 입력 언어에 맞게 형식 문법(formal grammar)을 정의한다. 예를 들면 다음과 같다.

```
list : eventList commandList;
eventList : 'events' eventDec* 'end';
eventDec : identifier identifier;
commandList : 'commands' commandDec* 'end';
commandDec : identifier identifier;
```

프로그래밍 언어에 관련된 책을 한 번이라도 읽어봤다면, 문법이라는 개념을 접해봤을 것이다. 문법은 프로그래밍 언어에서 유효한 구문을 정의하는 방법이다. 거의 모든 경우에 문법은 BNF(279) 형식을 사용해 작성한다. 문법에서 각 라인은 생성 규칙(production rule)으로, 규칙의 이름과 해당 규칙에서 유효한 요소들을 기술한다. 따라서 앞의 예제에서 list : eventList commandList; 라인은 list가 eventList와 commandList로 구성된다는 뜻이다. 인용부호로 묶인 항목은 리터럴이며, "*"는 선행 요소가 여러 번 나타날 수 있음을 가리킨다. 따라서 eventList : 'events' eventDec* 'end';는 eventList가 events 낱말, 다수의 eventDec, 그리고 end 낱말로 구성된다는 뜻이다.

구문 주도 변환 기법을 적용하지 않더라도 문법을 이용해서 언어의 구문을 생각해 보면 도움이 된다. 사실 문법은 내부 DSL에 대해 생각할 때도 매우 유용하다. 실제로 내부 DSL 요소들을 정리한 표에서 문법을 사용해 표현했다(94쪽, '문법을 활용해 내부 DSL 요소 선택하기'). 문법은 구문 주도 변환 기법을 사용할 때 특히 효과적인데, 문법을 거의 기계적으로 변환해서 파서를 만들 수 있기 때문이다.

구문 주도 변환 기법을 사용하면 파서를 만들 수 있고, 이렇게 만들어진 파서는 계층 구조를 매우 효과적으로 처리할 수 있다(실제로도 범용 언어를 처리하려면 이러한 파서가 필수적이다). 결과적으로, 구분자 주도 변환으로는 처리하기 힘든 많은 복잡함을 구문 주도 변환을 사용하면 훨씬 쉽게 처리할 수 있다.

문법으로부터 어떻게 파서를 만들 수 있을까? 앞에서 말했듯이 이 과정은 매우 기계적이며, BNF를 특정한 유형의 파싱 알고리즘으로 변환할 수 있는 다양한 방법들이 있다. 이에 대한 연구가 수년 간 진행되어 왔으며, 이러한 연구를 통해 수많은 기법들이 생겨났다. 이 책에서는 이 중에서 가장 일반적인 세 가지 기법을 다루려고 한다.

먼저 BNF를 파싱 알고리즘으로 변환하는 가장 고전적인 방식으로, 재귀 하향식 파서(297)가 있다. 재귀 하향식 알고리즘은 파싱 방식 중에서 이해하기 쉬운 알고리즘으로, 각 문법 규칙을 함수 안에 제어 흐름으로 표현되도록 변환한다. 이때 문법의 각 규칙을 파서의 함수로 변환하고, BNF의 각 연산자를 제어흐름으로 변환한다. 그리고 각 연산자를 특정 제어 흐름으로 변환할 때는 정해진 패턴을 따르면 된다.

이보다 새롭고 현대적인 방법은 파서 결합기(309)다. 이 패턴을 사용하면, 각 규칙을 객체로 변환하고, 이들 객체를 결합해서 문법을 반영할 수 있는 구조로 만든다. 재귀 하향식 파서를 만들 때 필요했던 요소는 이 패턴에서도 여전히 필요하다. 하지만 이들 요소는 결합기 객체 내부에 포함되고, 이들 객체를 단순히 결합할 뿐이다. 따라서 재귀 하향식 파서 알고리즘을 상세하게 알지 못하더라도, 문법을 구현할 수가 있다.

세 번째 방법은 이 책에서 가장 중요한 패턴인 파서 생성기(327)다. 파서 생성기는 BNF 형식으로 작성된 언어를 받아서, 마치 이 언어를 DSL처럼 사용한다. 이 DSL에 문법을 작성하기만 하면, 파서 생성기가 파서를 생성해 준다.

파서 생성기 패턴은 파서를 만드는 가장 정교한 방법이다. 그리고 파서 생성기 툴은 매우 성숙했고, 복잡한 언어를 매우 효과적으로 처리한다. 또한 BNF를 DSL로 사용하므로 언어를 이해하고 유지하기가 쉬워진다. BNF 구문은 명료하게 정의할 수 있고, 이렇게 정의한 문법을 바탕으로 자동으로 파서를 생성하기 때문이다. 하지만 단점도 있다. 파서 생성기를 배우려면 어느 정도는 시간이 걸린다. 게다가 대다수의 파서 생성기에서 파서를 생성할 때 코드 생성 기법을 사용하므로, 빌드 과정이 복잡해진다. 심지어 사용 중인 언어 플랫폼에 맞게 효과적으로 활용할 수 있을만한 파서 생성기가 없을 수도 있다. 파서 생성기가 없다면 직접 만들기도 쉬운 일이 아니다.

파서 생성기에 비해 재귀 하향식 파서는 덜 강력하고, 덜 효과적이다. 하지만 DSL을 파싱하는 경우만 따져 보자면, 재귀 하향식 파서도 충분히 강력하고 효과적이다. 따라서 파서 생성기를 사용할 수 없거나, 도입하기에 이른 감이 든다면, 재귀 하향식 파서도 충분히 생각해볼 수 있다. 그러나 재귀 하향식 파서를 사용하면 문법이 제어 흐름으로 변환되어 사라지게 되고, 안타깝지만 결국 명료하지 않은 코드가 만들어진다는 심각한 단점이 있다.

따라서 파서 생성기를 사용할 수 없거나 도입하려는 생각이 전혀 없다면, 파서 결합기를 사용하는 편이 낫다. 파서 결합기는 재귀 하향식 파서에서 사용하는 알고리즘을 똑같이 따를 뿐만 아니라, 결합기를 서로 결합하는 방식을 통해 문법을 코드 내부에 명시적으로 표현할 수 있다. 물론 이렇게 작성한 코드가 진짜 BNF만큼 명료하지는 않겠지만, 상당히 가깝게 표현할 수 있다. 특히 내부 DSL 기법들을 활용하면 문법을 상당히 명료하게 표현할 수 있다.

지금까지 설명한 세 가지 구문 주도 변환 방법 중 어느 방법을 사용하더라도, 구분자 주도 변환에 비해 언어에서 나타나는 구조를 얼마든지 훨씬 쉽게 처리할 수 있다. 구문 주도 변환의 가장 큰 약점은 생각보다 널리 알려지지 않은 기법이라는 점이다. 실제로 구문 주도 변환 기법을 사용하기가 어렵다고 여기는 사람들이 많다. 하지만 나는 범용 언어를 파싱하는 맥락에서 구문 주도 변환 기법을 주로 설명한다는 사실에서 이 같은 두려움이 비롯되었다고 본다. 실제로 범용 언어를 파싱할 때는 DSL을 파싱할 때에는 직면하지 않아도 되는 복잡한 문제가 수없이 생겨난다. 나는 이 책을 통해서 사람들이 구문 주도 변환을 직접 시도해 볼 수 있는 용기를 얻고, 이러한 시도를 통해서 이 기법이 그리 어려운 일이 아니라는 사실을 깨닫기를 바란다.

이 책의 대부분에서 파서 생성기를 사용하고자 한다. 여러 파서 생성기 툴 중에서도 내가 설명하려는 다양한 개념들을 훨씬 쉽게 전달할 수 있으려면, 툴이 성숙하고 문법이 명시적이어야 한다. 그래서 나는 이 책에서 ANTLR 파서 생성기를 사용한다. ANTLR은 오랫동안 검증되었고, 대다수의 플랫폼에 맞는 버전을 쉽게 구할 수 있고, 오픈 소스로 제공되기 때문이다. 또한 ANTLR은 재귀 하향식 파서의 정교한 형태라는 장점이 있다. 따라서 재귀 하향식 파서나 파서 결합기를 사용하면서 얻은 지식들이 파서 생성기를 사용할 때도 도움이 되기도 한다. 무엇보다도 구문 주도 변환을 처음으로 시도한다면, ANTLR은 훌륭한 출발점이 되어준다.

5.2 결과 생성 전략

입력을 파싱하려면, 파싱된 결과로 무엇을 하고자 하는지 알고 있어야 한다. 다시 말해 파싱해서 어떤 결과물을 만들 것인지 인지해야 한다. 일반적인 경우라면, 파싱해서 그 결과물로 반드시 시맨틱 모델(197)을 만들어야 한다. 그러고 나서 이 모델을 직접 실행하거나, 아니면 코드를 생성할 때 입력으로 사용해야 한다. 입력을 파싱해서 그 결과로 시맨틱 모델을 만들어야 한다는 주장을 이 절에서 다시 하고 싶지는 않다. 다만 내 주장과 저명한 언어 커뮤니티에서 생각하는 기본 전제 사이에는 근본적인 차이점 있다는 사실을 말해 둬야겠다.

언어 커뮤니티의 경우 코드를 생성하는 전략에 집중한다. 그리고 시맨틱 모델을 명시적으로 만들지 않고, 결과 코드를 직접 생성하도록 파서를 개발한다. 범용 언어를 파싱하는 경우라면 이 방식이 일리가 있지만, DSL을 파싱하는 경우라면 추천하는 방식은 아니다. 언어 커뮤니티에서 작성한 자료를(파서 생성기(327)와 같은 툴에 대한 대부분의 문서를 포함해서) 읽을 때는, 이러한 차이점을 반드시 염두에 두어야 한다.

따라서 파싱한 결과가 시맨틱 모델이라고 전제하면, 결과를 생성할 때 한 단계를 거치느냐 아니면 두 단계를 거치느냐 중에서 한 방식을 선택해야 한다. 한 단계를 거치는 방식은 임베디드 변환(361)으로, 결과를 생성하는 호출을 파서 내에 직접 삽입하고, 파싱을 하면서 바로 시맨틱 모델을 생성한다. 따라서 이 기법을 사용하면 파싱을 진행하면서 시맨틱 모델을 점진적으로 만들어낸다. 이때 시맨틱 모델의 일부를 충분히 인식할 수 있을 정도만 입력을 읽어 들인 후, 시맨틱 모델에서 이 부분을 바로 생성한다. 이 기법을 사용할 때 시맨틱 모델 객체를 실제로 생성할 수 있으려면, 중간 단계의 파싱 데이터가 일부 필요할 때도 있다. 따라서 이 기법을 사용할 때면 흔히 심벌 테이블(205)에 이들 정보를 저장하는 작업이 포함되곤 한다.

이와는 달리 두 단계를 거쳐 결과를 생성하는 방법으로 트리 생성(341) 기법이 있다. 이 기법의 경우 입력 텍스트를 파싱한 후 구문 트리를 만들고, 입력 텍스트의 핵심 구조를 이 트리에 담는다. 트리 생성 기법을 사용할 때도 심벌 테이블을 생성해서, 트리의 서로 다른 부분에서 일어나는 상호 참조를 해결한다. 이처럼 첫 단계에서 구문 트리를 만들고 나면, 두 번째 단계에서 구문 트리를 탐색해서 시맨틱 모델을 파퓰레이트한다.

트리 생성 기법의 가장 큰 장점은 하나의 파싱 작업을 보다 간단한 두 가지 작업으로 나눌 수 있다는 점이다. 입력 텍스트를 인식하는 작업에서는 오직 구문 트리를 어떻게 만들지에 대해서만 집중할 수 있다. 실제로 트리 생성을 위한 DSL을 제공하는 파서 생성기가 많다. 이 DSL을 사용하면 구문 트리를 생성하는 작업을 훨씬 간단하게 수행할 수 있다. 이처럼 구문 트리를 만들고 나면, 트리를 탐색해서 시맨틱 모델을 파퓰레이트하는 작업은 사실 정규 프로그래밍 작업에 가깝다. 그리고 입력 텍스트에 대한 전체 트리가 만들어지므로, 이 트리를 조사해서 무엇을 할지 결정할 수 있다. XML을 처리하는 코드를 작성해본 적이 있다면, SAX를 사용하는 방식은 임베디드 변환에 가깝고, DOM을 사용하는 방식은 트리 생성 기법과 비슷하다고 볼 수 있다.

결과를 생성할 때 사용할 수 있는 세 번째 방법은 임베디드 인터프리테이션(369)이다. 이 기법의 경우 파싱하는 과정에서 입력 텍스트를 바로 해석하고, 그 결과로 최종 결과값을 만든다. 임베디드 인터프리테이션 기법의 고전적인 사례는 계산기로, 산술식을 입력 받아 그 결과로 산술식의 해답을 만들어낸다. 따라서 임베디드 인터프리테이션 기법에서는 시맨틱 모델을 만들어 내지 않는다. 임베디드 변환 기법이 이따금씩 필요하기도 하지만, 그리 잘 사용되지는 않는다.

물론 임베디드 변환이나 트리 생성 기법을 사용할 때 시맨틱 모델을 만들지 않을 수도 있다. 실제로 이러한 방식은 코드 생성 기법을 사용할 때 상당히 일반적이다. 그리고 파서 생성기에 대한 대다수 예제를 보면, 이 두 방식 중 하나를 사용한다. 이처럼 시맨틱 모델을 만들지 않는 방식도 일리가 있고, 특히 간단한 경우에는 효과적이지만 나는 거의 추천하지 않는다. 일반적으로 시맨틱 모델을 만드는 방식은 코드를 생성하는 방식이 엄두도 못낼 정도로 크게 도움이 된다.

따라서 결과를 생성하는 대다수의 경우, 임베디드 변환 기법과 트리 생성 기법 둘 중 하나를 선택하게 된다. 이 중 어느 기법을 사용하느냐는 구문 트리를 만드는 데 드는 비용과 그에 따른 효용성에 따라 다르다. 트리 생성 기법의 가장 큰 장점은 파싱과 관련된 문제를 두 단계로 분리한다는 점이다. 일반적으로 크고 복잡한 태스크 하나보다는, 단순한 태스크 두 개를 결합하는 편이 처리하기가 훨씬 쉽다. 따라서 전반적인 변환 작업이 더 복잡해질수록, 트리 생성 기법으로 처리하기가 훨씬 쉬워진다. 그리고 DSL이 더 복잡해지고 DSL과 시맨틱 모델 사이의 관련성이 작아질수록, 트리 생성 기법을 사용해 중간 단계의 구문 트리를 만드는 편이 훨씬 더 도움이 된다. 특히 추상 구문 트리 만들 수 있는 툴을 구비하고 있다면, 트리 생성 기법을 사용하는 편이 훨씬 낫다.

여기서 트리 생성 기법을 훨씬 더 지지하는 것처럼 보일 수 있다. 실제로 트리 생성 기법을 반대할 때 주로 말하는 근거는(구문 트리는 메모리를 차지한다) 최신의 하드웨어 위에서 작은 DSL을 처리하는 경우라면 별로 설득력이 없다. 게다가 트리 생성 기법을 선호해야 하는 다른 이유도 많이 있다. 하지만 그렇다고 트리 생성 기법이 전적으로 낫다고는 확신하지 못하겠다. 때로는 트리를 만들어서 탐색하는 방식이 그 효용성에 비해 매우 번거롭게 보이기도 한다. 게다가 트리를 생성하는 코드뿐만 아니라 트리를 탐색하는 코드까지 작성해야 한다. 오히려 시맨틱 모델을 즉석에서 바로 생성하는 편이 더 쉬울 때도 많다.

결국 둘 중에 어느 기법을 선택할지 고민스럽다. 단순히 변환 작업이 복잡해질 때 트리 생성을 우선적으로 사용하라고 말하기에는 너무 모호하다. 하나를 선택하자니 머리가 훨씬 더 복잡해진다. 내가 할 수 있는 최고의 조언은 두 방식을 모두 조금씩 시도해 보고, 어느 방식이 더 좋을지 직접 확인하라는 것이다.

5.3 파싱 관련된 개념들

파싱이나 파서 생성기(327)와 관련된 자료를 읽기 시작했다면, 결국에는 이 세계에 포함된 기본 개념들을 엄청나게 많이 마주치기 마련이다. 그리고 구문 주도 변환(267) 기법을 이해하려면, 이들 개념 중 많은 부분을 이해해야 한다. 물론 이 책에서는 범용 언어가 아니라 DSL에 대해서 다루므로, 컴파일러를 다루는 전통적인 책에서 설명하는 수준까지는 이해하지 않아도 된다.

5.3.1 렉싱 분리

구문 주도 변환(267)은 주로 두 단계로 나뉜다. 스캐닝(scanning)이나 토큰화(tokenization)라고도 부르는 렉싱(lexing)과, 구문 분석(혼란스럽지만 파싱이라고도 부르는)이다. 렉싱 단계에서는 입력 텍스트를 받아서 토큰 스트림으로 변환한다. 토큰에는 두 개의 기본 속성인 type과 content가 있다. 도입부의 상태 머신에 대한 DSL을 예로 보면, 입력 텍스트로 state idle가 전달되면 두 개의 토큰으로 변환된다.

```
[content: "state", type: state-keyword]
[content: "idle", type: identifier]
```

정규식 테이블 렉서(291)를 사용하면 렉서를 상당히 쉽게 작성할 수 있다. 정규식 테이블 렉서는 단순히 정규 표현식을 토큰 타입에 매칭하는 규칙들로 구성된 리스트다. 입력 스트림을 읽고, 매칭될 수 있는 첫 번째 정규식을 찾은 후, 해당 정규식에 대응하는 타입으로 토큰을 생성한다. 입력 스트림의 나머지 부분에 대해서도 동일한 과정을 반복한다.

렉서가 입력 스트림을 토큰으로 생성하고 나면, 구문 분석기가 이 토큰 스트림을 받아 문법 규칙에 맞게 구문 트리로 구성한다. 하지만 이처럼 렉서가 먼저 처리하게 되면 몇 가지 중요한 결과를 낳는다. 첫 번째로, 입력 텍스트를 작성할 때 주의를 기울여야 한다. 예를 들어 상태 이름으로 initial state를 사용하고자 할 때, state initial state처럼 상태를 선언할 수 있다. 하지만 렉서에서 이 텍스트를 해석하기는 조금 까다롭다. 렉서는 기본적으로 상태 선언에 있는 두 번째 "state"를 identifier가 아니라 state-keyword로 인식하기 때문이다. 이 문제를 해결하려면 얼터너티브 토크나이제이션(385) 기법을 사용해야 한다. 얼터너티브 토크나이제이션 패턴에는 여러 기법이 있지만, 파서 툴에 따라 사용할 수 있는 기법들이 서로 다르다.

두 번째 결과는 흔히 입력 스트림의 공백이 모두 제거된 토큰 스트림이 파서에 전달된다는 사실이다. 결국 구문적 공백을 처리하기가 훨씬 어려워진다. 구문적 공백(syntactic whitespace)이란 언어의 구문 자체에 포함되는 공백이다. 문장 분리 기호로 사용하는 줄바꿈(줄바꿈 분리 기호(401))이나, 파이썬에서 구조를 정의할 때 사용하는 들여쓰기가 그 예다.

구문적 공백을 사용하려면 언어의 구문 구조와 포맷팅이 서로 결합해야 하므로, 어려울 수밖에 없는 영역이다. 하지만 이처럼 구문적 공백을 사용해서 여러모로 언어의 구조와 포맷팅이 서로 일치하는 편이 좋다. 사람은 언어가 작성된 포맷팅 정보를 눈으로 보고 그 구조를 유추한다. 따라서 구조와 포맷팅 정보를 같은 방식으로 사용하는 언어가 더 효과적이다. 하지만 구조와 포맷팅 정보를 서로 일치시켜서는 안 되는 경우도 상당히 많으므로, 구문적 공백을 일괄적으로 도입하게 되면 많은 혼란이 생긴다. 이 때문에 언어 분야와 관련된 많은 사람들은 구문적 공백을 무척 싫어하는 편이다. 줄바꿈 분리 기호는 구문적 공백 중에서 주로 사용되는 형태이므로, 여기에 대한 일부 정보를 책에 실었다. 반면에 구문적 들여쓰기(syntactic indentation)에 관해서는 시간이 부족했기에 깊이 있게 조사하지는 못했다. 그래서 시간을 약간만 들여 407쪽의 '구문적 들여쓰기'에서 몇 가지 의견을 밝혀두었다.

이처럼 렉서를 파서와 분리하면, 렉서와 파서를 각각 만들기가 훨씬 쉬워진다. 따라서 렉싱 분리는 복잡한 하나의 일을 보다 단순한 두 가지 일로 분리해서 처리하는 또 다른 사례다. 뿐만 아니라 이처럼 렉서와 파서를 분리하면 성능이 향상되며, 그 효과는 하드웨어가 제한적일 때 특히 두드러진다. 렉서나 파서와 관련된 많은 툴들이 이처럼 제한된 하드웨어에 맞게 특별히 만들어졌기 때문이다.

5.3.2 문법과 언어

이 책을 처음부터 정말 꼼꼼하게 읽어왔다면, 언어에 맞게 어떤 문법(a grammar)을 작성한다고 말해왔다는 사실을 눈치챘을 수도 있다. 많은 사람들은 한 언어에 대해 유일한 하나의 문법(the grammar)이 있다고 오해하곤 한다. 물론 언어의 구문을 형식적으로 정의할 때 문법을 사용한다는 말은 사실이지만, 하나의 언어를 인식할 수 있는 문법에는 여러 가지가 있을 수 있다.

고딕 보안 시스템에서 사용했던 아래의 입력을 보자.

```
Events
  doorClosed D1CL
  drawOpened D2OP
end
```

이 입력에 대한 문법을 아래와 같이 작성할 수 있다.

```
eventBlock : Event-keyword eventDec* End-keyword;
eventDec : Identifier Identifier;
```

그러나 문법을 아래와 같이 작성할 수도 있다.

```
eventBlock : Event-keyword eventList End-keyword;
eventList : eventDec*
eventDec : Identifier Identifier;
```

이 두 문법은 모두 해당 언어에서 유효한 문법이다. 두 문법 모두 입력을 인식할 수 있다. 즉 입력 텍스트를 파스 트리로 변환할 수 있다. 이때 만들어진 파스 트리는 문법에 따라 차이가 나고, 따라서 결과 생성 코드를 작성하는 방법도 달라진다.

이처럼 동일한 언어에 대해 다양한 문법이 만들어지는 데는 여러 가지 이유가 있다. 무엇보다도 파서 생성기(327)마다 구문뿐만 아니라 의미적인 측면 모두에서 서로 다른 문법을 사용하기 때문이다. 게다가 위에서 본 문법과 같이, 심지어 동일한 파서 생성기를 사용하더라도 규칙을 추출하는 방식에 따라 문법을 다르게 작성할 수 있다. 코드를 작성할 때와 마찬가지로, 문법을 작성할 때도 리팩토링을 해서 이해하기 쉽게 만들어야 한다. 그리고 결과 생성 코드로 인해 문법을 작성하는 방식이 바뀌기도 한다. 예를 들어 나는 문법을 바꾸어서라도, 입력 텍스트를 시맨틱 모델로 변환하는 코드를 좀 더 쉽게 구조화할 수 있도록 만들 때가 많다.

5.3.3 정규 문법, 문맥 자유 문법, 문맥 의존 문법

이제 언어론과 관련해서 몇 가지 내용을 살펴봐도 좋을 듯하다. 무엇보다도 프로그래밍 커뮤니티에서 문법을 분류하는 방법에 대해 먼저 알아보자. 문법을 분류하는 이 방식은 촘스키 계층(Chomsky hierarchy)이라고 부르며, 언어학자인 노암 촘스키(Noam Chomsky)가 1950년대에 개발했다. 이 분류 방식은 컴퓨터 언어가 아니라 자연어에 대한 관찰을 바탕으로 만들어졌다. 촘스키는 언어의 구문 구조를 정의하는 문법이 가진 수학적인 특성으로부터 분류 체계를 도출했다.

촘스키 계층에서 사용한 문법 중에서도 정규 문법, 문맥 자유 문법, 문맥 의존 문법이 중요하다. 이들 문법은 계층 구조를 이룬다. 정규 문법은 모두 문맥 자유 문법이고, 문맥 자유 문법은 모두 문맥 의존 문법이다. 엄밀히 말해 촘스키 계층은 문법에 대한 분류 방식이지만, 언어에도 똑같이 적용된다. 예를 들어 언어가 정규 언어다 라는 말은 이 언어에 맞는 정규 문법을 작성할 수 있다는 뜻이다.

이러한 분류 체계에서 문법 간의 차이점은 문법이 가진 일부 수학적 특성에 달려 있다. 여기에 대한 설명은 언어론과 관련된 서적에 맡겨 두겠다. 여기에서는 DSL 관점에서 봤을 때, 이들 문법 간의 가장 중요한 차이점이 파서에서 어떤 종류의 핵심 알고리즘을 사용해야 하느냐에 따라 생긴다고 본다.

정규 문법(regular grammar)은 유한 상태 머신(finite state machine)을 통해 처리할 수 있으므로 DSL 관점으로 볼 때 중요하다. 정규 표현식은 유한 상태 머신이고, 따라서 정규 언어는 정규 표현식을 사용해 파싱할 수 있으므로 정규 문법은 중요할 수밖에 없다.

컴퓨터 언어 관점에서 보면 정규 문법에는 심각한 문제점이 하나 있다. 정규 문법으로는 중첩된 요소를 처리할 수 없다는 점이다. 정규 언어는 1 + 2 * 3 + 4와 같은 표현식은 파싱할 수 있지만, 1 + (2 * (3 + 4))와 같은 형태는 파싱할 수 없다. 사람들이 정규 문법은 "계산할 수 없다(can't count)"고 말하는 것을 들은 적이 있을 것이다. 파싱 용어로 보면 이 말은 언어가 중첩된 블록을 가질 때, 유한 상태 머신을 사용해서 파싱할 수 없다는 뜻이다. 정규 언어가 컴퓨터 언어라면, 계산할 수 없는 정규 언어는 실망스럽기 짝이 없다. 범용 프로그래밍 언어라면 산술식을 얼마든지 처리할 수 있어야 하기 때문이다. 뿐만 아니라 블록 구조에도 영향을 미친다. 예를 들어 아래와 같은 프로그램은

```
for (int i in numbers) {
  if (isInteresting(i)) {
    doSomething(i);
  }
}
```

블록이 중첩되므로, 정규적이지 않다.

이러한 중첩된 블록을 처리하려면 정규 문법에서 한 단계 올라서서 문맥 자유 문법(context-free grammar)을 사용해야 한다. 이 이름은 다소 혼동을 가져올 수 있다고 본다. 내가 보기에 문맥 자유 문법은 문법에 계층적인 문맥을 추가해서, '계산'을 하기 때문이다. 문맥 자유 문법은 푸시다운 머신을 사용해 구현할 수 있다. 푸시다운 머신(push-down machine)이란 스택(stack)을 가지는 유한 상태 머신이다. 언어 파서들 대다수는 문맥 자유 문법을 사용하고, 파서 생성기(327) 대다수도 문맥 자유 문법을 이용한다. 그리고 재귀 하향식 파서(297)나 파서 결합기(309) 패턴을 사용하면 모두 푸시다운 머신을 만들어 낸다. 즉 최신의 프로그래밍 언어는 대부분 문맥 자유 문법을 사용해서 파싱한다.

물론 문맥 자유 문법이 꽤 널리 사용되는 편이지만, 원하는 구문 규칙들을 모두 처리하지는 못한다. 문맥 자유 문법에서 지켜야 하는 매우 특별한 규칙은 변수를 사용하기 전에 반드시 변수를 선언해야 한다는 점이다. 하지만 계층 구조의 특정 위치에서 변수를 사용하고자 할 때, 해당 변수가 현재 위치와는 다른 위치에 주로 선언된다는 문제가 있다. 문맥 자유 문법을 사용하면 계층적인 문맥을 저장할 수는 있지만, 이러한 경우를 처리하기에는 충분하지 않다. 따라서 심벌 테이블(205)을 사용해야 한다.

촘스키 계층에서 문맥 자유 문법 상위에 있는 문법은 문맥 의존 문법(context-sensitive grammar)이다. 문맥 의존 문법을 사용하면, 앞에서 설명한 문제를 모두 처리할 수 있다. 하지만 현재로서는 범용적인 문맥 의존 파서를 작성하는 방법은 알려지지 않았다. 무엇보다도 문맥 의존 문법에서 파서를 생성하는 방법을 알지 못한다.

지금까지 언어 분류 체계와 관련된 이론을 깊이 있게 들여다봤는데, 이를 통해 DSL을 처리할 때 어떤 툴을 사용할지 고민할 때 통찰력을 얻기 위해서다. 예를 들어 중첩된 블록을 사용한다면, 문맥 자유 문법을 처리할 무언가가 필요하다는 사실을 알 수 있게 된다. 뿐만 아니라 중첩된 블록이 필요하다면, 구분자 주도 변환(247)보다는 구문 주도 변환(267)이 더 낫다는 점을 입증해준다.

또한 정규 언어만을 사용한다면, 이 언어를 처리할 때는 푸시다운 머신이 필요 없다는 점을 알 수 있다. 나중에 설명하겠지만, 어떤 언어를 처리하더라도 푸시다운 머신을 사용하는 편이 훨씬 쉽다. 푸시다운 머신을 사용하는데 익숙해지고 나면, 이 머신이 상당히 직관적이기 때문에 정규 언어를 처리할 때 푸시다운 머신을 사용하더라도 그리 과도한 해결책은 아니다.

이처럼 문법을 분류할 수 있다는 점은 렉싱을 분리하는 이유와도 일맥상통한다. 렉싱은 주로 유한 상태 머신을 이용해 처리하는 반면에, 구문 분석에서는 푸시다운 머신을 사용한다. 따라서 렉서는 제한적인 처리밖에 할 수 없지만, 렉서는 이 작업을 빨리 수행할 수 있게 된다. 물론 여기에도 예외는 있다. 이 책에 나오는 예제들은 대부분 ANTLR을 사용하는데, ANTLR은 렉싱과 구문 분석 모두에서 푸시다운 머신을 사용한다.

정규 문법만을 처리하는 파서 툴도 일부 있다. 그 예로는 Ragel이 가장 잘 알려져 있다. 그리고 렉서만 단독으로 사용해서 정규 문법을 인식할 수도 있다. 하지만 구문 주도 변환 기법을 처음 접하는 경우라면, 문맥 자유 문법을 사용하는 툴로 시작하기를 권한다.

정규 문법이나 문맥 자유 문법은 가장 흔히 사용하는 개념이지만, 이보다 상대적으로 새롭고 흥미로운 문법도 있다. 예를 들어 파싱 표현식 문법(Parsing Expression Grammar, PEG)라고 불리는 문법 형식을 들 수 있다. PEG는 이전의 문법과는 다른 문법 형식을 사용한다. 그리고 대다수의 문맥 자유 언어를 처리할 수 있고, 문맥 의존 언어도 일부 다룰 수 있다. PEG 파서는 렉싱을 분리하지 않는 편이고, 많은 경우에 문맥 의존 문법보다 PEG가 보다 유용해 보인다. 하지만 이 책을 쓰는 현재로서는, 아직까지도 PEG는 상대적으로 새로운 개념이고, 관련된 툴도 거의 없거니와, 있더라도 미숙하다. 물론 이 책을 읽을 때쯤이면 이러한 상황이 바뀔 수도 있다. 하지만 현재로서는 이 책에서 PEG에 대해 많이 이야기하기가 꺼려진다. 가장 잘 알려진 PEG 파서로는 Packrat 파서가 있다.

(PEG 파서와 전통적인 파서 간의 경계는 그리 뚜렷하지 않다. 실제로 ANTLR은 PEG에서 나온 많은 아이디어를 포함한다.)

5.3.4 하향식 파싱과 상향식 파싱

파서는 여러 가지 방식으로 작성할 수 있다. 따라서 사용할 수 있는 파서 생성기(327)의 종류도 다양하며, 파서 생성기마다 흥미로운 차이점이 있다. 그 중에서도 가장 눈에 띄는 특성은 파서가 하향식(top-down)인지, 아니면 상향식(bottom-up)인지다. 이 특성은 파서가 동작하는 방식뿐만 아니라, 파서에서 사용하는 문법의 종류에도 영향을 미친다.

하향식 파서는 문법에서 최상위 레벨의 규칙부터 시작한다. 그리고 이 규칙을 사용해 어느 하위 요소를 적용해 매칭할지 결정한다. 따라서 아래와 같이 문법에 이

벤트 리스트에 대한 규칙이 있고,

```
eventBlock : Event-keyword eventDec* End-keyword;
eventDec : Identifier Identifier;
```

입력이 아래와 같다면

```
events
  doorClosed D1CL
  drawOpened D2OP
end
```

파서는 먼저 eventBlock 요소를 매칭하려고 시도하며, 따라서 Event-keyword를 찾는다. 파서가 Event-keyword를 찾고 나면 다음에는 eventDec 규칙으로 매칭해야 한다는 사실을 알고 있으므로, 이 규칙 내부를 확인한다. eventDec 규칙 내부를 확인한 파서는 식별자(Identifier)와 매칭해야 한다는 사실을 알게 된다. 정리하면, 하향식 파서는 무엇을 찾을지 지시하는 목표(goal)로써 규칙을 사용한다.

반면에 상향식 파서는 하향식 파서와 반대 방향으로 수행된다고 말해도 그리 놀랍지는 않을 것이다. 상향식 파서는 Event-keyword를 읽는 데서 시작한다. 그리고 지금까지 읽은 입력이 규칙과 매칭하기에 충분한지 검사한다. (아직까지는) 충분하지 않으므로, 이 토큰을 어딘가에 제쳐두고(이를 시프트한다(shifting)라고 부른다), 다음 토큰(식별자 토큰)을 읽는다. 하지만 지금까지의 입력으로는 매칭되는 규칙이 아직 없으므로, 이번에도 토큰을 시프트한다. 그러나 두 번째 식별자 토큰을 읽고 나면 비로소 eventDec 규칙에 매칭할 수 있게 된다. 따라서 이제 두 식별자 토큰을 eventDec 규칙으로 리듀스(reduce, 감축이라고도 부른다)할 수 있게 된다. 파서는 입력의 두 번째 라인도 비슷한 방식으로 인식한다. 결국 파서는 End-keyword에 도달하게 되고, 표현식 전체를 eventBloc으로 리듀스할 수 있게 된다.

하향식 파서를 LL 파서로, 상향식 파서를 LR 파서로 부르는 경우를 흔히 볼 수 있다. 이때 첫 번째 대문자는 입력을 스캔하는 방향을, 두 번째 대문자는 규칙을 인식하는 방향을 가리킨다(L은 left-to-right, 즉 하향식을, R은 right-to-left, 즉 상향식을 뜻한다). 상향식 파싱을 시프트-리듀스(shift-reduce) 파싱이라고 부르기도 하는데, 상향식으로 파싱하는 대부분의 경우에 시프트-리듀스 방식을 사용하기 때문이다. LALR, GLR, SLR과 같이 LR 파서의 변형들도 다양하게 있다. 이 책에서는 이처럼 변형해서 만든 파서는 상세히 설명하지 않는다.

흔히 상향식 파서는 하향식 파서에 비해 작성하기도 힘들고, 이해하기도 더 어렵다고들 말한다. 상향식 파싱의 경우, 규칙이 처리되는 순서를 예측하는데 많은 사람들이 어려움을 겪기 때문이다. 파서 생성기를 사용한다면 파서를 만드는 일은 걱정하지 않아도 되겠지만, 파서가 동작하는 방식을 대충은 이해하고 있어야만 문제가 발생했을 때 디버깅할 수 있다. 가장 많이 알려진 파서 생성기 계열은 Yacc 계열이며, 이들은 상향식(LALR) 파서다.

재귀 하향식 알고리즘은 하향식 파싱 알고리즘이다. 따라서 재귀 하향식 파서(297)는 하향식 파서이고, 파서 결합기(309)도 마찬가지다. 이들 파서로 충분하지 않다면, ANTLR 파서 생성기를 사용해 볼 수 있다. ANTLR 파서 생성기도 마찬가지로 재귀 하향식 알고리즘을 기반으로 하며, 따라서 하향식 파서다.

하향식 파서의 큰 단점은 좌측 재귀(left recursion)을 다룰 수 없다는 점이다. 좌측 재귀는 아래와 같은 형식을 가지는 규칙이다.

```
expr: expr '+' expr;
```

이 같은 규칙을 사용하면 파서는 expr을 매칭하려고 시도하면서 끝없이 반복하게 된다. 이처럼 하향식 파서에서 좌측 재귀를 사용할 수 없다는 제약사항이 현실적으로 얼마나 큰 문제인지는 사람마다 의견이 분분하다. 좌측 인수분해(left-factoring)로 불리는 간단하고, 기계적인 메커니즘을 이용하면 좌측 재귀를 제거할 수는 있다. 하지만 이 메커니즘을 적용한 문법 파일은 읽고 이해하기가 쉽지 않다. 하지만 다행스럽게도 하향식 파서를 사용하는 경우 중첩 연산자 표현식(395)을 다룰 때만 이 문제가 나타난다. 그리고 중첩 연산자 표현식을 효과적으로 다룰 수 있는 관례들을 익히고 나면, 문법 파일을 얼마든지 기계적으로 찍어낼 수 있게 된다. 물론 이렇게 작성된 문법은 상향식 파서의 문법만큼 명료하지는 않을 것이다. 하지만 이들 관례를 익히고 있다면, 상향식 파서의 문법 수준에 더 빨리 도달할 수 있을 것이다.

일반적으로 파서 생성기마다 처리할 수 있는 문법의 종류에 제약이 있다. 이들 제약사항은 파서 생성기에서 사용하는 파싱 알고리즘에 의해 정해진다. 문법 이외에도 각 파서 생성기에는 여러 가지 차이점이 있다. 예를 들어 코드 액션(code action)을 어떻게 작성하는지, 파스 트리에서 데이터를 위아래로 어떻게 전달하는지, 그리고 어느 문법 구문을 사용하는지(BNF인지, EBNF인지) 등에서 차이가 난다. 이들 요소는 모두 문법을 작성하는 방식에 영향을 미친다. 무엇보다도 DSL을 정의하는 문법을 변하지 않는 요소로 여겨서는 안 된다는 사실을 깨닫는 게 가장 중요하다. 실제로 문법에서 결과를 더욱 효과적으로 생성하려면 문법을 변경해야 할 때가 많다. 여느 코드와 마찬가지로, 문법 또한 이 문법으로 무엇을 하고 싶은지에 따라 변경되기 마련이다.

이들 개념에 익숙해지고 나면, 사용할 파서 툴을 결정할 때 큰 도움이 된다. 반면에 파서 툴을 가끔씩 사용하는 사용자라면, 이러한 개념들이 사용할 파서 툴을 결정할 때 그다지 큰 영향을 미치지 않는다. 하지만 이러한 개념들로 인해 선택한 파서 툴로 작업하는 방식이 바뀔 수 있으므로, 이들 개념을 익혀두면 도움이 된다.

5.4 다른 언어와 혼용하기

외부 DSL을 사용하면서 직면하게 되는 가장 큰 위험요인 중 하나는 외부 DSL이 뜻하지 않게 범용 언어로 발전할 수 있다는 점이다. 설령 상황이 이렇게까지 나빠지지 않더라도, DSL은 매우 복잡한 언어로 변하기 쉽다. 아주 드물게 사용되지만 특별한 처리를 해야만 하는 특수한 경우가 많다면, DSL은 상당히 쉽게 복잡해진다.

예를 들어, 요청 받은 제품의 종류와 고객이 위치한 주에 따라 판매원에게 가망 고객(Sales Lead)[1]을 할당하는 DSL을 작성한다고 해보자. 아래와 같이 할당 규칙을 작성해볼 수 있다.

```
scott handles floor_wax in WA;
helen handles floor_wax desert_topping in AZ NM;
brian handles desert_topping in WA OR ID MT;
otherwise scott
```

어쩌다 보니 스콧(Scott)이 베이커 사(Baker Industries)의 거물과 정기적으로 골프를 치기 시작했고, 이 인연으로 스콧이 Baker This나 Baker That으로 불리는 베이커 계열사들 모두와 친밀한 인맥을 맺게 되었다고 생각해보자. 그래서 바닥용 왁스(floor was) 제품이라면, 뉴잉글랜드 주에서 회사명이 'Baker' 시작하는 회사들을 스콧의 가망 고객으로 할당해서 인맥을 활용하기로 결정했다.

이처럼 특수한 경우들이 많을 수 있고, 이러한 경우를 모두 처리하려면, DSL을 특정한 방향으로 확장해야만 한다. 이처럼 개별적인 경우를 모두 처리하기 위해 DSL에 특별한 변경사항을 추가하게 되면, DSL은 계속해서 복잡해지기 마련이다. 이처럼 드물게 발생하는 경우라면 차라리 범용 언어를 사용해 외래 코드(373)를 작

---

[1] (옮긴이) 가망 고객이란 구매를 이끌어 낼 수 있는 고객 정보나 접촉 기회를 뜻한다.

성하는 편이 도움이 될 때가 많다. 이러한 외래 코드는 DSL 파서가 파싱하지 않는다. 대신에 파서는 외래 코드를 하나의 문자열로 추출해서, 나중에 처리할 수 있도록 시맨틱 모델(197)에 담는다. 이 예제의 경우에는 이 규칙을 아래와 같이 작성할 수 있다(외래 코드를 자바스크립트로 작성하는 경우라면).

```
scott handles floor_wax in MA RI CT when {/^Baker/.test(lead.name)};
```

이 규칙은 DSL을 확장해서 작성했을 때만큼은 명료하지 않다. 하지만 외래 코드 기법을 사용하면 보다 넓은 범위의 경우를 처리할 수 있다. 그리고 이처럼 정규식을 이용해 매칭하는 조건식이 흔히 사용된다면, 이 DSL은 나중에 얼마든지 확장할 수 있다.

이 경우 범용 언어로 자바스크립트를 사용했다. 실제로 이처럼 동적 언어를 사용해 외래 코드를 작성하는 편이 훨씬 효과적이다. 동적 언어는 DSL 스크립트를 읽고 바로 해석하기 때문이다. 물론 정적 언어를 사용해도 외래 코드를 작성할 수는 있다. 하지만 정적 언어를 사용하면 코드를 생성해야 하고, 호스트 코드와 생성된 코드를 서로 결합해야 한다. 대다수의 파서 생성기(327)에서 외래 코드 기법을 사용해서 동작하므로, 파서 생성기를 사용해본 사람이라면 이 기법이 익숙할 것이다.

이 예제에서는 범용 언어를 사용해서 외래 코드를 작성했지만, 외래 코드를 작성할 때 별도의 DSL을 사용할 수도 있다. 이 방식을 사용하면 직면한 문제의 다양한 측면에 맞게, 서로 다른 DSL을 사용할 수 있게 된다. 따라서 이 방식은 하나의 큰 DSL보다는 여러 개의 작은 DSL을 사용하자는 철학에도 잘 맞아 떨어진다.[2]

안타깝게도 현재 기술로는 이처럼 여러 가지 외부 DSL을 결합해서 사용하기란 그리 쉽지 않다. 현재의 파서 기술은 모듈식 문법(modular grammar)을 통해 다양한 언어들을 결합해서 사용하는 방식에 잘 맞지 않는다(410 쪽, '모듈식 문법').

외래 코드를 사용할 때 발생하는 문제점 중 하나는 외래 코드를 토큰화하는 방식과 메인 언어로 작성한 코드를 토큰화하는 방식이 다르다는 점이다. 따라서 얼터너티브 토크나이제이션(385) 기법을 사용해야만 한다.

얼터너티브 토크나이제이션 기법 중에서 가장 간단한 방식은, 삽입된 외래 코드를 명확히 구분할 수 있도록 특정 구분자를 사용해 인용부호를 붙이는 방식이다. 앞에서 자바스크립트 코드를 중괄호 사이에 넣었듯이, 이처럼 구분자를 사용해 인

---

2 (옮긴이) 이처럼 여러 가지 DSL을 결합해서 소프트웨어를 개발하려는 철학을 LOP(Language Oriented Programming)라고 부른다. (http://martinfowler.com/articles/languageWorkbench.html)

용부호를 붙인 코드를 토크나이저가 인식하고, 외래 코드를 하나의 문자열로 추출할 수 있게 하는 방식이다. 이 방식을 사용하면 외래 코드를 사용한 텍스트를 쉽게 뽑아낼 수는 있지만, 언어에 군더더기 구문이 약간 더해지게 된다.

얼터너티브 토크나이제이션 기법은 외래 코드를 처리할 때 뿐만 아니라 다른 목적으로도 사용할 수 있다. 예를 들어 state initial state와 같이, 보통은 키워드에 해당하는 낱말을 파싱 문맥에 따라 상태 이름의 일부로 해석해야 할 때도 있다. 물론 인용부호를 붙이는 방식으로도(state "initial state"와 같이) 처리할 수는 있다. 하지만 얼터너티브 토크나이제이션 패턴에서 논의하는 다른 방식을 사용하면, 언어 구문에 군더더기가 더 적게 더해진다.

5.5 XML DSL

이 책 맨 앞부분에서 우리가 다루는 많은 XML 설정 파일이 사실상 DSL이라고 주장한 바 있다. 어쩌다보니 XML 설정 파일을 보여주긴 했지만, 아직까지는 XML DSL에 대해서 깊이 있게 설명하지는 않았다. 사실 이 장에서 외부 DSL에 대해 이야기할 기회를 가질 때까지, 때를 기다리고 있었다.

물론 설정 파일이 모두 DSL이라는 뜻은 아니다. 무엇보다 프로퍼티 리스트와 DSL은 구분하고자 한다. 프로퍼티 리스트란 키/값 쌍으로 구성된 단순한 리스트로, 카테고리 단위로 구조화된다. 프로퍼티 리스트에는 구문 구조가 거의 없다. 다시 말해 언어가 DSL이 되려면 핵심적으로 지녀야 할 신비로운 언어적 본질이 없다. (그렇긴 해도 프로퍼티 리스트를 XML로 작성하면 너무 군더더기가 많다고 본다. 그래서 나는 프로퍼티 리스트와 같은 유형의 정보는 INI 파일을 사용해서 작성하는 편이다.)

사실 많은 설정 파일은 그 자체에 언어적 본질을 지니고 있으며, 따라서 DSL이라고 볼 수 있다. 그리고 이러한 설정 파일을 XML로 작성했다면, 나는 이 XML 설정 파일을 외부 DSL이라고 본다. XML은 프로그래밍 언어가 아니고, 시맨틱(의미)이 전혀 없는 구문 구조일 뿐이다. 따라서 코드를 해석해서 실행하는 대신에, 코드를 읽어서 토큰을 만드는 방식으로 XML 설정 파일을 처리한다. 사실상 DOM 처리는 트리 생성(341) 기법에 해당하며, SAX 처리는 임베디드 변환(361)에 해당한다. 내부 DSL의 경우 호스트 언어가 DSL에 대한 매개체 구문(carrier syntax)을 제공하듯이, XML은 외부 DSL에 대한 매개체 구문이라고 생각한다. (내부 DSL의 경우에는 구문뿐만 아니라 의미까지도 제공한다.)

이처럼 XML을 매개체 구문으로 사용하면, 꺾쇠괄호, 따옴표, 슬래시 등 구문에 너무 많은 군더더기를 더한다는 문제점이 있다. XML을 사용할 때 중첩된 요소에는 모두 시작 태그와 종료 태그가 필요하다. 결과적으로 실제 내용에 비해 너무 많은 문자가 구문 구조에 사용된다. 이로 인해 코드에서 전달하려는 내용을 이해하기가 훨씬 힘들어지고, 마침내 DSL을 사용하려는 목적 자체를 깡그리 망치게 된다.

이러한 문제점에도 불구하고, XML 사용을 지지하는 주장에도 몇 가지 근거가 있다. 첫 번째 근거는 사람이 처음부터 XML을 작성해서는 안 된다는 점이다. 대신에 특별한 UI를 사용해 관련 정보를 얻고, XML은 단순히 사람이 읽을 수 있는 직렬화 메커니즘(serialization mechanism)으로만 사용해야 한다는 주장이다. 비록 이로 인해 XML이 DSL 범주에서는 멀어지더라도, XML을 언어가 아니라 직렬화 메커니즘으로 보자는 주장은 합당하다. 실제로 특별한 몇몇 작업은 DSL을 사용하는 대신에, 폼(form)과 필드(field)로 구성된 UI를 통해 처리할 수도 있다. 내가 보기에 XML을 직접 편집하지 말고 UI를 사용하자는 주장은 말뿐이었으며, 실제로 구현된 경우는 거의 없었다. 하지만 당신이 XML을 살펴보는데 상당한 시간을 보낸다면, 이에 대한 UI는 자연스럽게 만들어지기 마련이다.

XML 파서가 이미 만들어져 있으므로, XML 파서를 직접 만들지 않아도 된다고 주장하는 사람도 흔히 볼 수 있다. 내가 보기에 이 주장은 파싱이 무엇인지 혼동하는 데서 비롯된 오해다. 이 책에서는 입력 텍스트를 시맨틱 모델(197)로 변환하는 과정 전체를 파싱으로 본다. 반면에 XML 파서는 입력 XML을 주로 DOM으로 변환할 뿐이며, 전체 파싱 과정에서 일부분만을 맡는다. 따라서 DOM을 탐색하는 코드를 작성해야만, 의미 있는 일을 할 수가 있다. XML 파서가 하는 일은 파서 생성기(327)를 사용해도 똑같이 할 수 있다. 예를 들어 ANTLR의 경우, 입력 텍스트를 받아서 구문 트리를 쉽게 만들어 낸다. 바로 이 구문 트리가 DOM에 해당한다. 내 경험에 따르면, 파서 생성기에 어느 정도 익숙해지고 나면 XML 파서 툴을 사용하는데 비해서 파서 생성기를 사용하더라도 시간이 더 많이 걸리지는 않는다. 이 밖에도 프로그래머는 파서 생성기보다 주로 XML 파싱 라이브러리에 더 익숙하므로, XML 파서를 직접 만들지 않아도 된다고 주장하기도 한다. 하지만 파서 생성기를 습득하기 위해 들이는 시간은 충분히 투자할 가치가 있는 비용이라고 본다.

사용하는 커스텀 외부 DSL이 인용부호나 이스케이프 처리를 할 때 일관성이 없다면, 짜증이 날 수도 있다. 유닉스에서 설정 파일을 작성하느라 시간을 허비한 경험이 있는 사람이라면, 누구라도 이 괴로움에 동감할 것이다. 반면 XML에서는 매우 일관적으로 동작하는, 한 가지 방식만을 제공한다.

이 책에서는 대개의 경우 에러 처리와 진단에 대해서는 대충 건너뛰었다. 그렇다고 해서 XML 프로세서가 매우 효과적으로 에러를 처리하고 진단한다는 사실을 무시할 수는 없다. 반면에 전형적인 커스텀 언어를 직접 만드는 경우에는, 효과적인 진단 정보를 얻을 수 있게 만들려면 열심히 노력해서 작업해야만 한다. 그리고 얼마나 노력해야 하느냐는 사용하고 있는 파서 툴이 얼마나 훌륭한지에 따라 다르다.

XML을 실행하지 않고도 스키마와 비교해서 XML이 유효한지를 쉽게 검사할 수 있는 기술이 XML에 포함되어 있다. XML 스키마에는 DTD, XML Schema, Relax NG 등 다양한 형태가 있다. 이들 스키마를 사용하면 XML에 대해 여러 가지 검사를 할 수 있을 뿐만 아니라, 보다 지능적인 편집 도구도 지원받을 수 있다. (실제로 나는 이 책을 XML로 작성했다. 그리고 Relax NG 스키마에서 제공하는 Emacs 지원 기능을 활용했다.)

XML을 사용하면 트리나 이벤트를 생성하는 파서 툴[3] 이외에도, XML 데이터를 객체의 필드로 쉽게 변환할 수 있는 바인딩 인터페이스(binding interface)와 관련된 툴도 사용할 수 있다. 하지만 이러한 툴은 XML 파일이 DSL이라면 그리 도움이 되지 않는다. 시맨틱 모델의 구조와 XML DSL의 구조는 거의 일치하지 않으므로, XML 요소를 시맨틱 모델로 바인딩할 수 없기 때문이다. 물론 변환 레이어(translation layer)에서 바인딩 할 수도 있겠지만, XML 트리를 탐색하는 방식에 비해 더 나을지는 의문스럽다.

XML 스키마가 제공하는 많은 검증 기능을 파서 생성기의 문법 DSL을 이용해 똑같이 정의할 수 있다. 하지만 이러한 문법을 활용할 수 있는 툴이 거의 없다. 게다가 이러한 툴을 직접 만들 수도 있겠지만, XML의 장점은 이러한 툴이 이미 구현되어 있다는 점이다. 실제로 질은 낮지만 널리 쓰이는 기술이 결국에는 훨씬 뛰어난 기술보다 더 도움이 될 때가 많다.

결국 XML의 이러한 장점을 인정할 수밖에 없다. 하지만 XML을 사용하면 DSL 구문에 너무 많은 군더더기를 더하게 된다. DSL에서 제일 중요한 요소는 가독성이다. 툴이 있다면 XML을 작성하는 데는 도움이 되겠지만, 정말로 중요한 점은 XML이 읽기 쉬우냐다. 물론 XML은 XML만의 장점이 있다(이 책과 같이 텍스트에 대한

---

[3] (옮긴이) 트리를 생성하는 파서 툴은 DOM 파서 툴을 말하며, 이벤트를 생성하는 파서 툴은 SAX 파서 툴을 뜻한다.

마크업 언어로는 정말 효과적이다). 하지만 DSL에 사용할 매개체 구문으로 보자면, XML은 기대에 비해 너무 많은 군더더기를 더한다.

    이러한 이유로 XML과는 다르지만 유사한 구문이 만들어졌다. 구조화된 데이터를 텍스트 형태로 코드화할 수 있는 이들 구문은 최근에 관심을 끌고 있다. JSON(www.json.org)과 YAML(www.yaml.org)이 좋은 예다. 이들 구문을 사용하면 XML에 비해 구문에 군더더기가 덜 더해지므로, 나를 포함해 많은 사람이 선호한다. 하지만 이들 언어는 데이터를 구조화하는 목적으로만 상당히 치중하고 있으며, 결국 제대로 된 유창한 언어(fluent language)가 되기에는 유연성이 상당히 부족하다. 플루언트 API와 커맨드-쿼리 API가 다르듯이, DSL과 데이터 직렬화 포맷은 다를 수밖에 없다. DSL을 쉽게 읽을 수 있으려면 유창함이 매우 중요하다. 하지만 데이터 직렬화 포맷을 이러한 유창함의 맥락에서 제대로 동작하게 만들려면, 너무 많은 타협을 필요로 한다.

6장

DOMAIN-SPECIFIC LANGUAGES

내부 DSL과 외부 DSL 중에서 선택하기

지금까지 내부 DSL과 외부 DSL을 구현하는 세부 사항을 살펴봤다. 이제 각 DSL이 가진 강점과 약점을 더욱 자세히 알아볼 차례다. 이런 내용을 파악해두면 두 기법 중에서 하나를 선택하거나, DSL을 과연 도입해도 되는지 결정할 때 도움이 되는 정보를 얻을 수 있다.

DSL에 관련된 결정을 내릴 때 가장 어려운 점은 선택의 바탕이 될 정보가 부족하다는 점이다. DSL을 사용해서 많은 일을 하는 사람은 극히 적고, DSL을 사용하더라도 한두 개 정도의 기법만을 적용하는 편이다. 결국 사람들은 다양한 DSL 기법을 서로 비교할 수 없다. 게다가 이 책에서 설명하는 기법 중 많은 부분이 그리 널리 알려진 편이 아니므로 이 문제는 더욱 심각해진다. 나는 이 책을 통해 사람들이 DSL을 좀 더 쉽게 만들 수 있게 돕고자 한다. 하지만 불모지와 같은 이 분야에서 이 책이 얼마간 활용된 후에야, DSL 사용하느냐 그리고 사용한다면 어떤 종류의 DSL을 선택하느냐 결정할 때 미치는 영향을 알 수 있으리라고 본다. 결국 이 장에서 설명할 내용에 관한 의견은 다분히 추측에 근거하고 있다.

6.1 학습 곡선

언뜻 보기에 학습 곡선에 따른 비용을 비교하면, 내부 DSL을 사용하는 게 더 나아 보인다. 사실 내부 DSL은 파격적인 형식의 API일 뿐이며, 익히 알고 있는 언어 기능을 사용하기 때문이다. 반면에 외부 DSL을 사용하려면 파서와 문법, 파서 생성기(327)를 배워야 한다.

이 말은 어느 정도는 일리가 있지만, 실제로 보면 다소 미묘한 차이가 있다. 확실히 구문 주도 변환(267)을 적용하려면 새로운 개념을 많이 익혀야 할뿐더러, 문법을 통해 파서를 실행하는 방식은 마치 마법처럼 보이기도 한다. 물론 많은 사람이 두려워하는 만큼 이 문제가 심각하지는 않다. 그렇더라도 외부 DSL 툴로 작업해 본 적이 한 번도 없다면, 먼저 모의 예제로 몇 번 작업해서 이 툴에 익숙해지기를 권한다. 그런 후에야 실무에서 외부 DSL 툴을 사용하는데 드는 비용이나 효과를 측정할 수 있다.

안타깝게도 구문 주도 변환을 적용하고자 한다면, 학습 곡선은 더 악화된다. 대부분의 파서 생성기 툴에서 문서화를 제대로 하지 않았기 때문이다. 게다가 문서가 있더라도, DSL이 아니라 범용 언어를 사용하는 사람을 대상으로 작성된 경우가 대부분이다. 그리고 해당 툴을 설명하는 유일한 문서가 박사 논문인 경우도 많다. 따라서 파서 생성기 툴을 사용하길 원하지만, 언어 커뮤니티에 속한 사람만큼의 배경 지식이 없는 사람도 파서 생성기 툴을 이용할 수 있게 하려면, 파서 생성기 툴과 관련된 문서가 더 많이 만들어져야 한다.

따라서 구문 주도 변환 대신에 구분자 주도 변환(247)을 사용해야 한다는 말도 일리는 있다. 구분자 주도 변환 기법으로 구현한 툴은 훨씬 익숙하다. 정규 표현식을 사용해 문자열을 나누는 방식으로 동작하며, 문법은 전혀 사용하지 않기 때문이다. 하지만 구분자 주도 변환으로 할 수 있는 일에는 한계가 있다. 따라서 대부분의 경우에는 구문 주도 변환을 익히는데 드는 학습 곡선을 받아들이는 편이 더 낫다. 하지만 구분자 주도 변환도 익혀 두면 도움이 된다. 특히 정규 언어를 다루는 경우라면 충분히 고려해볼 만하다.

구문 주도 변환을 익히는데 드는 비용을 아낄 수 있는 다른 방법으로, XML 구문을 사용해볼 수 있다. 하지만 XML을 사용해 만든 DSL보다 구문 주도 변환 기법을 사용해서 만든 DSL을 훨씬 명료하게 읽을 수 있다. 따라서 XML을 사용할지, 아니면 구문 주도 변환을 사용할지 고려하는 경우에도, 구문 주도 변환을 배우는데 드는 비용은 아깝지 않다.

한편, 내부 DSL도 생각처럼 그리 간단하지만은 않다. 내부 DSL의 경우 사용하는 언어가 익숙하긴 하지만, 매우 이상한 방식으로 활용하기 마련이다. 그리고 내부 DSL을 만들 때 호스트 언어의 교묘한 기법을 사용해 플루언트 API를 만들 때가 많다. 따라서 언어를 잘 알고 있다 하더라도, 특정 언어에서 사용할 수 있는 교묘한 기법을 찾느라 시간을 보내야 할지도 모른다. 물론 이 책에서 설명한 패턴을 보면 어디서부터 시작할지 찾는데 도움을 얻을 수는 있겠지만, 특정 언어에서만 사용할 수 있는 기법은 이 책에 나오지 않으므로 직접 찾아야만 한다. 결국 이 같은 기법을 찾고 비교하는 일은 그 자체로도 학습 곡선을 가진다. 다행인 점은 내부 DSL을 개발하는 도중에 새로운 기법을 익히면서, 이 학습 곡선을 천천히 오를 수 있다는 점이다. 이와는 반대로 구문 주도 변환을 사용해 DSL 개발을 시작하려면, 이보다 더 많이 배워야 한다.

결론적으로 학습 곡선에 드는 비용은 생각보다 적다. 하지만 외부 DSL보다 내부 DSL이 더 배우기 쉽다는 데는 변함이 없다.

학습 곡선을 고려할 때 명심할 점은 그 대상이 DSL 작성자뿐만 아니라, DSL 코드를 사용하는 사람도 포함된다는 점이다. 따라서 DSL 코드를 사용하는 사람이 외부 DSL 사용법을 익히는데 노력을 들일 마음이 그다지 없다면, 외부 DSL을 적용하기란 쉽지 않다.

6.2 개발 비용

DSL 기법을 처음 사용한다면, DSL을 만드는데 드는 비용은 주로 학습 곡선을 오르는데 든다. 물론 관련 기법에 익숙해지면 학습 곡선에 드는 비용은 없어지겠지만, DSL을 만드는 데는 여전히 비용이 든다.

DSL을 개발하는데 드는 비용을 생각할 때, 모델을 개발할 때 드는 비용과 이 모델 상위에 있는 DSL 레이어를 개발하는데 드는 비용을 반드시 구분해서 생각해야 한다. 이 절에서는 모델이 이미 만들어져 있다는 가정 하에 개발 비용을 논의하려고 한다. 사실 많은 경우 모델은 DSL과 동시에 개발하는 편이지만, 모델은 그 자체만 개발하더라도 충분히 의미가 있다.

모델이 이미 있고 내부 DSL을 만드는 경우라면, 모델 상위에 표현식 빌더(415) 레이어를 개발할 때 비용이 추가로 든다. 표현식 빌더를 만드는 일은 다분히 직관적이므로, 표현식 빌더가 동작하도록 만드는 데는 비용이 얼마 들지 않는다. 이보다 개발 비용의 대부분은 표현식 빌더가 내부 DSL 언어와 효과적으로 동작하도록 만들기 위해 계속해서 손을 보는데 든다. 물론 플루언트 메서드를 모델에 직접 정의하면, 이처럼 표현식 빌더를 개발하는데 비용은 들지 않는다. 하지만 커맨드-쿼리 API에 비해 플루언트 메서드를 사람들이 어렵게 느낀다면, 이처럼 플루언트 메서드를 모델에 직접 정의할 때 또 다른 비용이 발생할 수도 있다.

외부 DSL을 만드는 경우라면, 파서를 개발하는데 드는 비용이 내부 DSL에서 표현식 빌더를 만드는데 드는 비용에 해당한다. 구문 주도 변환(267)에 이미 익숙하다면, 문법과 변환 코드는 사실 상당히 빨리 작성할 수 있다. 현재로서는 파서를 개발하는데 드는 비용과 표현식 빌더 레이어를 개발하는데 드는 비용이 엇비슷할 거라고 본다.

뿐만 아니라 구문 주도 변환에 익숙해지면, XML 구문을 사용할 때보다 그리 어렵지 않다. 그리고 언어가 그리 단순하지 않은 경우라면, 구분자 주도 변환(247)을 사용할 때보다 훨씬 쉽게 처리할 수 있으리라고 본다.

결론적으로 어느 기법이든지 익숙해지고 나면, 개발하는 언어가 내부 DSL이든, 아니면 외부 DSL이든 상관없이 드는 비용에는 큰 차이가 없다고 생각한다.

6.3 개발자 친숙도

내부 DSL의 경우 프로그래머가 이미 잘 알고 있는 언어를 사용하므로, 새로운 외부 DSL을 사용할 때보다 더 쉽게 작업할 수 있다고 주장하는 사람이 많다. 이 말은 어느 정도는 사실이지만, 그 차이가 대다수 사람들이 생각하는 것처럼 그리 크다고 생각하지는 않는다. 특이한 플루언트 인터페이스를 개발하는 방법을 배울 때만큼은 아니더라도, 플루언트 인터페이스 형식을 익숙하게 사용하려면 적은 시간이긴 하지만 시간은 걸리기 마련이다. 게다가 제대로 만들었다면 외부 DSL은 단순하기 때문에, 외부 DSL을 배우는 일은 그리 어렵지도 않다. 뿐만 아니라 평소에 사용하는 프로그래밍 언어의 구문적인 관례를 그대로 따라 외부 DSL을 만든다면, 외부 DSL 구문을 익히고 사용하는데 큰 도움을 줄 수도 있다.

구문 요소 이외에도 주로 사용하는 툴에서 큰 차이가 난다. 사용 중인 호스트 언어에서 정교한 IDE를 이용할 수 있다면, 내부 DSL을 작성할 때도 익숙한 해당 툴을 그대로 활용할 수 있다. 물론 이렇게 하려면 클래스 심벌 테이블(555)과 같이 좀 더 복잡한 기법을 적용해야 할 수도 있다. 하지만 내부 DSL을 작성할 때는 어떻게든 툴의 기능을 그대로 지원받을 수 있다. 반면에 외부 DSL을 작성할 때는 가장 기본적인 수준의 편집 환경 이외에는 툴의 지원을 거의 받을 수 없다. 결국 일반적인 텍스트 편집기에 주로 의지해야 한다. 물론 구문 강조 기능을 지원하는 일이 그리 어렵지 않고, 구문 강조 기능을 사용할 수 있도록 대다수의 텍스트 편집기를 설정할 수 있다. 하지만 타입에 기반한 자동 완성 기능은 거의 확실히 우리 능력 밖의 일이다.

6.4 도메인 전문가와 의사소통

내부 DSL은 호스트 언어의 구문에 의존적일 수밖에 없다. 따라서 내부 DSL로 표현할 수 있는 데는 제약이 따르기 마련이고, 어느 정도는 구문에 군더더기가 더해지게 된다. 이러한 문제가 프로그래머에게는 그리 큰 영향을 미치지 않지만(프로그래머는 이러한 문제에 익숙하므로), 도메인 전문가의 경우라면 상황이 다르다. 뿐만 아니라 사용하는 언어에 따라 제한하는 정도가 다르고, 구문에 더해지는 군더더기의 양도 달라진다. 실제로 내부 DSL을 만들 때, 특정 언어는 다른 언어에 비해 훨씬 효과적이다.

심지어 내부 DSL을 정말 잘 만들었다고 해도, 구문을 작성할 때 외부 DSL만큼 유연하게 작성할 수는 없다. 도메인 전문가가 편하게 느끼는 정도는 도메인 전문가에 따라 차이가 난다. 하지만 바로 이 때문에 어느 의사소통 수단을 사용하느냐가 중요하며, 내가 강조하는 부분도 바로 이 점이다. 따라서 나는 외부 DSL을 사용해서 도메인 전문가와 더 원활히 의사소통 할 수 있다는 생각이 들면, 외부 DSL을 사용하는 편이다.

외부 DSL을 개발하는데 익숙하지 않아서 내부 DSL을 사용해야 하는 상황이라고 해보자. 그리고 내부 DSL을 사용하더라도 도메인 전문가와 얼마나 성공적으로 의사소통할 수 있을지 확신이 서지 않는다고 해보자. 그러면 먼저 내부 DSL을 사용하고, 나중에 외부 DSL이 유용할 거라고 판단이 서면 외부 DSL로 전환하면 된다. 외부 DSL로 전환하려고 할 때, 내부 DSL에서 사용했던 시맨틱 모델(197)을 그대로 사용할 수 있으므로, 두 DSL을 모두 개발하더라도 실제 드는 비용은 그리 크게 증가하지는 않는다.

6.5 호스트 언어와 혼용하기

사실 내부 DSL은 특정 작업을 처리하는 플루언트 메서드를 사용하는 관례에 지나지 않는다. 따라서 DSL형 코드와 정규 명령형 코드를 아무렇게나 섞어서 쓰는 일을 막을 수는 없다. 이처럼 내부 DSL과 호스트 언어 사이의 경계가 아주 얇으므로, 내부 DSL과 호스트 언어를 혼용하는 방식에 따라 유익할 때도 있지만 문제가 되기도 한다.

이처럼 경계가 얇아 이득이 되는 경우는 내부 DSL에 필요한 구조체가 없을 때 호스트 언어를 마음대로 사용할 수 있을 때다. 예를 들어 DSL에서 산술식을 표현해야 할 때, 이를 위한 구조체를 DSL에 만들 필요가 없다. 그저 호스트 언어의 산술 기능을 사용하면 그만이다. 그리고 DSL 상위에 추상화를 만들어야 한다면, 호스트 언어의 추상화 기능을 그대로 사용할 수도 있다.

이처럼 내부 DSL과 호스트 언어를 혼용할 때 얻는 장점은 명령형 코드를 DSL에 삽입해야 할 때 특히 효과적이다. DSL을 사용해 소프트웨어를 빌드하는 절차를 기술하는 경우가 좋은 예다. 메이크(Make)와 앤트(Ant)처럼 의존성 네트워크(595) 패턴을 활용하는 빌드 언어는 오랫동안 사용되어 왔다. 메이크와 앤트는 둘 다 외부 DSL이며, 빌드에 필요한 작업을 의존성 네트워크를 통해 기술하기에 매우 효과적이다. 하지만 빌드 태스크를 작성할 때 더욱 복잡한 로직이 필요하거나, 의존성 자체도 자신의 상위에 추상화를 해야 할 때가 많다. 결국 앤트는 범용성이라는 함정에 빠졌고, 앤트의 구문은 빌드라는 애초의 목적에 잘 맞지 않는 온갖 종류의 명령형 구조체를 받아들여 버렸다.

이는 내부 DSL을 서로 혼용할 때와 대조를 이룬다. 예를 들어 루비에서 소프트웨어를 빌드할 때 사용하는 내부 DSL인 레이크(Rake) 언어를 보자. 레이크의 경우 중첩 클로저(483) 안에 명령형 코드를 작성하고, 이 코드를 의존성 네트워크와 자유롭게 혼용할 수 있다. 따라서 복잡한 빌드 작업을 더욱 쉽게 기술할 수 있다. 또한 루비의 객체와 메서드를 사용해서 의존성 네트워크 상위에 추상화를 할 수 있으므로, 빌드 절차를 좀 더 높은 수준의 추상화를 통해 기술하는데 도움이 된다.

반면에 외부 DSL를 호스트 코드와 혼용하는 일도 불가능하지만은 않다. 호스트 코드를 외래 코드(373)로 사용해서 DSL 스크립트에 삽입할 수 있다. 마찬가지로 DSL을 범용 코드에 문자열로 삽입할 수도 있다. 이는 오늘날 정규 표현식과 SQL을 삽입하는 일반적인 방식이다. 하지만 이처럼 혼용하게 되면 곤란한 문제가 생긴다. 삽입된 코드가 무엇을 하려는지 툴이 이해하지 못할 때가 많고, 결국 툴을 활용하기가 어려워진다. 또한 두 환경 간에 심벌을 통합하기가 힘들어지고, 따라서 DSL 코드 영역에서 호스트 코드의 변수를 참조하기가 어려워지는 등의 문제가 있다. 따라서 호스트 코드와 DSL 코드를 혼용하고자 한다면, 외부 DSL보다는 내부 DSL이 거의 항상 최선책이다.

6.6 뚜렷한 표현성 경계

이처럼 호스트 코드와 DSL 코드를 자유롭게 혼용한다고 해서 항상 긍정적인 결과만을 낳는 건 아니다. 사실 DSL 사용자가 호스트 언어에 익숙할 때만 효과가 있다. 따라서 도메인 전문가가 DSL을 읽어야 한다면, 호스트 코드와 DSL을 혼용하기가 어려울 때가 많다. 이 경우 DSL에 호스트 코드 블록을 집어넣으면, 의사소통에 장벽만 세울 뿐이다. 하지만 DSL을 사용하는 이유는 이러한 의사소통 장벽을 없애기 위해서가 아닌가?

뿐만 아니라 DSL을 다양한 프로그래머 그룹에서 작성하고자 할 때도, DSL을 호스트 코드와 혼용하는 일은 별 도움이 되지 않는다. 사실 DSL을 사용하는데 따른 장점은 DSL을 사용해 제한된 범위의 작업만을 할 수 있다는 점이다. 이처럼 제약을 하기 때문에 무엇을 할지 더욱 쉽게 이해할 수 있고, 버그가 생기는 일을 막을 수 있게 된다. 게다가 DSL의 경계가 뚜렷하다면, 테스트 해야 할 대상도 한정할 수 있다. 예를 들어 가격을 결정하는 규칙을 기술하는 DSL을 만들더라도, 이 규칙이 통합 서버에 임의의 메시지를 전송하거나 주문을 처리하는 작업 흐름을 변경하지는 않는다. 반면에 범용 언어에서는 이 모든 게 가능하므로, 관례나 리뷰를 통해 그 경계를 주시해야 한다. 외부 DSL의 경우 훨씬 제한적이므로, 이러한 제약을 통해 주의해야 할 대상을 줄여나갈 수 있다. 대다수의 경우 이러한 제약은 효과적이다. 실수를 예방할 수 있을 뿐 아니라, 수정하더라도 다른 부분에 영향을 주지 않기 때문이다.

6.7 런타임 설정

XML DSL이 인기를 끌게 된 주요 이유 중 하나는 XML을 사용하면 코드가 실행되는 문맥을 컴파일 타임에서 런타임으로 바꿀 수 있기 때문이다. 컴파일형 언어를 내부 DSL로 사용하면서 다시 컴파일하지 않고도 시스템의 행위를 바꾸고자 하는 상황이라면, 코드를 런타임에 실행할 수 있다는 사실은 중요한 요소다. 반면에 외부 DSL은 런타임에 실행하기가 쉽다. 외부 DSL을 런타임에 파싱해서 시맨틱 모델(197)로 변환한 후, 이 모델을 실행할 수 있기 때문이다. (물론 인터프리터형 언어를 내부 DSL로 사용해서 프로그래밍한다면, 어쨌든 코드는 모두 런타임에 실행되므로 아무런 문제가 되지 않는다.)

따라서 컴파일형 언어를 사용하는 경우에 런타임에 시스템의 행위를 바꾸고자 한다면, 인터프리터형 언어를 같이 사용해 볼 수 있다. 이 경우 인터프리터형 언어를 사용해 내부 DSL을 작성한다. 그러나 이 각본을 따르면, 내부 DSL이 주는 일반적인 장점들 중 많은 부분이 희석될 수 있다. 대다수의 팀원이 동적 언어에 익숙하지 않다면, 내부 DSL이 주는 '개발자 친숙도'라는 장점을 기대하기 힘들다. 그리고 동적 언어를 지원하는 툴은 미숙할 때가 많다. 게다가 동적 언어와 정적 언어 구조체를 혼용하기가 쉽지 않을 뿐만 아니라, 동적 언어의 기능을 모두 활용해 버리면 DSL의 경계를 뚜렷하게 세울 수 없다. 물론 내부 DSL을 이 방식으로는 사용하지 말라는 뜻은 아니다. 사실 이러한 잠재적인 이슈가 문제되지 않는 경우도 많이 있다. 하지만 이처럼 내부 DSL이 주는 장점이 희석될 수 있는 상황이라면, 오히려 외부 DSL를 정적 호스트 언어와 같이 사용하는 편이 더 나은 효과를 거둘 수 있는 경우가 훨씬 많다.

6.8 범용성이라는 함정에 빠지다

근래에 가장 성공한 DSL 중 하나는 바로 앤트다. 앤트는 자바에서 빌드 절차를 기술하는 언어다. 앤트는 XML 구문을 사용하는 외부 DSL이다. 앤트를 창시한 제임스 덩컨 데이비드슨(James Duncan Davidson)과 DSL에 대해 논의한 적이 있는데, 이때 그는 "어떻게 해야 앤트와 같은 재앙을 막을 수 있을까?"라고 물었다.

실제로 앤트는 엄청난 성공인 동시에 악몽이기도 하다. 당시 자바로 개발할 때 비어 있었던 커다란 틈을 앤트를 사용해 메울 수 있었다. 하지만 앤트가 성공한 이래로 많은 개발팀은 앤트의 결함과 맞닥뜨릴 수밖에 없었다. 앤트에는 문제점이 많은데, 그 중에서도 XML 구문에서 문제점이 가장 두드러졌다(나조차도 당시에는 XML 구문을 사용한 게 훌륭한 생각이라고 여겼다). 하지만 앤트 이면에 숨은 진짜 문제는 시간이 지나면서 기능 면에서 끊임없이 확장해 나갔고, 결국에는 DSL로 부르기에는 이미 표현성에서 제약이 풀려버렸다는 점이다.

이처럼 표현성에 제약이 풀려버리면 나락으로 빠지기 쉽다. 유닉스를 활용한 경험이 있는 사람들은 흔히 Sendmail을 예로 든다. DSL에 대한 요구가 점차 증가하고 그에 따라 더 많은 기능이 더해지게 되면서, DSL이 점차 복잡해지면서 이러한 결과가 만들어진다. 결국 훌륭한 DSL이 가졌던 명료성이 조금씩 새나가게 되고, 마침내 모두 사라져버린다.

이러한 위험 요인은 외부 DSL에는 늘 있었고, 설계할 때 생기는 대다수의 이슈와 마찬가지로 정답을 찾기가 쉽지 않다. 해답은 없더라도, DSL이 너무 복잡해지지 않게 하려는 관심과 단호함은 지속적으로 지녀야 한다. 이밖에 다른 방법도 있다. 예를 들어 복잡한 경우라면 DSL이 아니라 다른 언어를 사용해 개발해볼 수도 있다. 즉 언어를 확장하는 대신에, 다른 언어를 도입해서 특별하고 어려운 경우를 처리하는 방법이다. 예를 들어 기본 DSL 상위 레이어에서 다른 언어를 사용해 개발하고, 그 결과로 기본 DSL 코드를 만들 수 있다. 이 기법을 사용하면 추상화 기능이 떨어지는 언어에서 추상화를 사용할 수 있으므로 큰 도움이 된다. 따라서 이처럼 복잡도가 증가할 때는 흔히 내부 DSL이 탁월한 효과를 낸다. 내부 DSL을 사용하면 DSL과 범용 언어 요소를 혼용할 수 있기 때문이다.

실제로 내부 DSL은 범용 호스트 언어에 포함되므로, 내부 DSL은 범용성에 빠지는 문제로 시달리지 않아도 된다. 하지만 내부 DSL을 호스트 언어와 혼용할 때 너무 많이 뒤얽혀서 DSL처럼 보이지 않는다면, 외부 DSL이 겪는 문제가 그대로 생길 수 있다.

6.9 DSL 조합하기

DSL은 작고, 지극히 제한된 기능만을 가져야 한다고 누차 말해 왔다. 따라서 실무에서는 DSL을 하나 이상의 범용 언어와 조합해서 사용해야만 한다. 또한 DSL끼리 서로 조합할 수도 있다.

내부 DSL을 서로 조합하는 일은 호스트 언어와 혼용할 때만큼이나 쉽다. 게다가 호스트 언어가 가진 추상화 기능을 사용하면 조합할 때 도움이 된다.

반면에 외부 DSL을 서로 조합하는 일은 좀 더 어렵다. 예를 들어 구문 주도 변환(267)을 사용할 때, 외부 DSL을 서로 조합할 수 있으려면 각 언어마다 문법을 독립적으로 작성할 수 있어야 하며, 동시에 문법을 서로 조합할 수 있어야 한다. 하지만 대다수의 파서 생성기(327)는 이처럼 문법을 조합하는 기능을 지원하지 않는다. 이는 파서 생성기가 주로 범용 프로그래밍 언어를 지원하는데 초점을 맞추어 만들어졌기 때문에 어쩔 수 없는 결과다. 결국 외래 코드를 사용해야만 DSL을 서로 조합할 수 있으며, 그 결과물은 기대에 못 미칠 정도로 투박하다. (DSL을 서로 조합할 수 있도록 지원하는 툴을 만드는 작업이 진행 중이지만, 아직까지는 상당히 미숙한 편이다.)

6.10 요약

결론적으로, 결론을 내릴 수 없다. 내부 DSL만의 일반적인 장점이나 외부 DSL만의 장점을 명료하게 구분하기란 힘들다. 바로 이것이 일반적으로 따라야 할 지침이라고 거만하게 말할 수 있을 정도로 내가 제대로 알고 있는지 확신이 서지도 않는다. 그저 지금까지 정보를 충분히 제공했으니, 이를 통해 당신이 처한 특정 상황에 가장 알맞은 기법을 선택하는데 도움을 줄 수 있기를 바랄 뿐이다.

그렇긴 해도 딱 하나는 강조하고 싶다. 두 방식을 모두 시험 삼아 한번 해보더라도, 생각보다 비용이 그리 많이 들지 않는다는 점이다. 시맨틱 모델을 적용한다면, 모델을 기반으로 여러 DSL을 만드는 일은(내부 DSL이나 외부 DSL에 관계없이) 상당히 쉽다. 따라서 여러 DSL을 만들어 실험해 볼 수 있고, 이를 통해 현재 상황에 잘 들어맞는 기법을 찾을 수 있으리라고 본다.

글렌 반더버그(Glenn Vanderburg)는 초기에, 즉 DSL로 무엇을 하려고 하는지 이해하려고 시도할 때는 우선 내부 DSL을 사용하는 게 효과적이라고 말했다. 이처럼 내부 DSL을 먼저 사용해보면, 호스트 언어의 기능에 쉽게 접근할 수 있고, DSL을 매끄럽게 향상시킬 수 있는 환경에서 작업할 수가 있다. 이후에 하려는 작업이 결정되고, 외부 DSL의 장점을 활용해야 할 때가 오면, 외부 DSL로 전환하면 된다. 물론 이때도 이미 만든 시맨틱 모델을 그대로 사용해서 외부 DSL을 쉽게 만들 수 있다.

아직 설명하진 않았지만 사용해볼 수 있는 다른 방법으로는 언어 워크벤치(Language Workbench)가 있다. 여기에 대해서는 161쪽의 「언어 워크벤치」에서 소개하고자 한다.

7장

DOMAIN-SPECIFIC LANGUAGES

컴퓨팅 대안 모델

DSL을 사용하면서 얻는 장점을 이야기할 때마다, DSL을 사용하면 프로그래밍을 좀 더 선언적인(declarative) 방식으로 접근할 수 있다고 말한다. 나는 이 '선언적'이라는 단어는 문제가 있다고 본다. 이 용어는 의미가 너무 광범위하기 때문이다. 하지만 '선언적'이다, 라고 말할 때는 대체로 '명령형(imperative)이 아닌 무언가'로 이해하면 된다.

주류 프로그래밍 언어는 명령형 컴퓨팅 모델(imperative computational model)을 따른다. 명령형 모델은 일련의 단계에 따라 계산 작업을 정의한다. 즉 "이 일을 처리해라. 저 일을 처리해라. 빨간색이면 다른 일을 처리해라"와 같은 식이다. 조건식과 반복문을 사용해 처리 단계들에 변화를 줄 수 있고, 이 단계들을 서로 엮어서 함수로 만들 수도 있다. 예를 들어 객체 지향 언어는 데이터와 행위를 함께 엮을 수 있는 기능과 다형성을 제공하지만, 여전히 명령형 모델을 기반으로 한다.

명령형 모델은 상당히 비난 받아 왔지만(특히 학계로부터), 컴퓨팅 초창기부터 지금까지 기본적인 컴퓨팅 모델로 사용되고 있다. 이유를 대자면 명령형 모델은 이해하기가 쉽기 때문이다. 실제로 명령형 모델을 사용해 연속적으로 처리하는 작업들은 이해하기에 직관적이다.

이처럼 "이해하기 쉽다"라고 말할 때, 사실 이러한 이해에는 두 가지 유형의 이해가 관련되어 있다. 첫 번째는 "프로그램의 의도를 이해하기 쉽다"는 뜻으로, 의도란 프로그램을 만들어서 달성하려는 목표다. 두 번째는 구현부, 즉 "의도를 충족시키기 위해 만든 프로그램이 동작하는 방식을 쉽게 이해할 수 있다"는 뜻이다. 명령형 프로그래밍 모델은 특히 후자에 뛰어나다. 즉 명령형 코드는 읽을 수 있고, 또 코드가 무슨 일을 하는지 알 수 있다. 더 상세히 알고자 한다면, 디버거를 사용해 처리 단계를 밟아갈 수도 있다. 게다가 소스 코드에서 문장이 나타나는 순서는 디버거에서 처리하는 순서와 정확히 일치한다.

반면에 명령형 모델을 사용하면 프로그램의 의도를 이해하기는 쉽지 않다. 물론 의도 자체가 연속된 행위로 이루어진다면, 명령형 모델로도 의도를 표현하기에 충분하다. 하지만 사람의 의도를 이처럼 연속적인 행위들로 제대로 표현하기가 쉽지 않을 때가 많다. 따라서 이 경우에는 명령형 모델 이외의 컴퓨팅 모델을 고려해 봐야 한다.

단순한 예제로 시작해 보자. 조건들을 서로 조합한 후, 각 조합에 따라 서로 다른 결과를 기술해야만 하는 상황과 맞닥뜨릴 때가 많다. 간단한 예로 자동차 보험료를 산정하려고 점수를 매기는 경우를 들 수 있다. 예를 들어 그림 7.1과 같은 표를 본 적이 있을 것이다.

휴대전화를 가지고 있는가	Y	Y	N	N	← 조건
빨간 차를 가지고 있는가	Y	N	Y	N	
점수	7	3	2	0	← 결과

그림 7.1 자동차 보험료를 결정하는 간단한 테이블

예제와 같은 유형의 문제가 있을 때, 사람들은 흔히 위와 같은 형태의 테이블을 이용해 생각한다. 이 테이블을 명령형 언어인 C# 코드로 작성하면 다음과 같다.

```
public static int CalcPoints(Application a) {
  if ( a.HasCellPhone && a.HasRedCar) return 7;
  if ( a.HasCellPhone && !a.HasRedCar) return 3;
  if (!a.HasCellPhone && a.HasRedCar) return 2;
  if (!a.HasCellPhone && !a.HasRedCar) return 0;
    throw new ArgumentException("unreachable");
}
```

보통 때라면 나는 이 같은 불린 표현식을 다음과 같이 좀 더 간결하게 작성한다.

```
public static int CalcPoints2(Application a) {
  if (a.HasCellPhone)
    return (a.HasRedCar) ? 7 : 3;
  else return (a.HasRedCar) ? 2 : 0;
}
```

하지만 이 경우에는 첫 번째 코드처럼 더 길게 쓰는 방식을 선호한다. 첫 번째 코드가 도메인 전문가가 생각하는 의도와 좀 더 밀접하게 대응하기 때문이다. 도메인 전문가는 이 문제가 테이블 형태의 특성을 가진다고 생각하며, 이러한 사고방식은 첫 번째 코드가 배치된 방식과 매우 유사하다.

테이블과 코드 간에는 비슷한 점이 있지만, 완전히 같지는 않다. 명령형 모델을 사용한 코드에서는 여러 개의 if 문장들을 특정 순서대로 실행되도록 강제하지만, 테이블에는 이러한 순서가 정해져 있지 않다. 즉 테이블을 코드로 표현하면서 테이블과는 관계없는 임의의 구조가 구현부에 들어가게 된다. 예제와 같은 결정 테이블이라면 큰 문제가 아니지만, 다른 컴퓨팅 대안 모델에서는 문제가 될 수도 있다.

의도를 명령형 모델로 표현할 때 발생할 수 있는 더 심각한 문제는 유용할 뻔 했던 기회를 박탈한다는 점이다. 결정 테이블에서 얻을 수 있는 이러한 기회는 조건들의 조합에서 빠진 경우는 없는지, 그리고 조합을 중복하는 실수를 하지는 않았는지 확실히 검사할 수 있다는 점이다.

명령형 코드를 사용하는 대신에 결정 테이블을 추상화하고, 이를 이용해 이 예제에 맞게 설정하는 방법도 있다. 따라서 결정 테이블을 추상화했다면, 예제의 테이블은 다음과 같이 표현할 수 있다.

```
var table = new DecisionTable<Application, int>();
table.AddCondition((application) => application.HasCellPhone);
table.AddCondition((application) => application.HasRedCar);
table.AddColumn( true, true, 7);
table.AddColumn( true, false, 3);
table.AddColumn(false, true, 2);
table.AddColumn(false, false, 0);
```

이렇게 하면 코드를 예제의 결정 테이블에 좀 더 충실하게 표현할 수 있다. 앞의 명령형 코드에서 조건식을 평가하던 순서는 더 이상 기술하지 않게 되고, 평가 순서는 추상화된 결정 테이블에서 처리하도록 남겨둔다(이처럼 순서가 없다면, 동시성을 활용하기도 편해진다). 무엇보다 중요한 점은 추상화된 결정 테이블에서 조건들이 제대로 구성되었는지 검사할 수 있고, 설정하면서 빠뜨린 조건은 없는지 알 수 있다는 점이다. 덤으로 실행 문맥을 컴파일 타임에서 런타임으로 옮겨서, 규칙을 변경하더라도 다시 컴파일하지 않아도 된다.

나는 이러한 형태의 표현형식을 적응형 모델(577)이라고 부른다. 객체 모델을 사용해서 적응형 모델을 만드는 방식을 설명하고자 '적응형 객체 모델(adaptive object model)'이라는 용어가 한동안 사용되어 왔다. 조 요더(Joe Yoder)와 랄프 존슨(Ralph Johnson)이 쓴 글[Yoder and Johnson]에서 자세한 내용을 찾아볼 수 있다. 하지만 이처럼 적응형 모델을 만들 때 굳이 객체를 사용할 이유는 없다. 실제로 행위와 관련된 규칙들을 가지는 데이터 구조를 데이터베이스 저장할 때도 많다. 객체 모델을 제대로 만들었다면, 대부분의 경우 객체는 데이터뿐만 아니라 행위를 포함한다. 반면에 적응형 모델에서는 본질적으로 행위가 모델의 인스턴스와, 이들 인스턴스가 서로 결합되는 방식에 따라 주로 정의된다. 따라서 적응형 모델에서는 인스턴스들이 어떻게 설정되었는지 살펴보지 않고서는 모델이 어떤 행위를 할지 알 수 없다.

적응형 모델을 사용할 때 DSL이 꼭 있어야 하는 것은 아니다. 사실 DSL과 적응형 모델은 서로 다른 개념이고, 독립적으로 사용할 수 있다. 그렇긴 해도 적응형 모델과 DSL은 마치 와인과 치즈처럼 당연히 함께 사용해야 한다고 본다. 나는 이 책에서 DSL을 파싱하면 시맨틱 모델(197)이 만들어진다는 점을 지겨울 정도로 반복해서 말했다. 여기에서 말하는 시맨틱 모델이란 소프트웨어 시스템의 일부분에 대해 컴퓨팅 대안 모델을 제시하는 적응형 모델이다.

적응형 모델을 사용할 때 가장 큰 단점은 적응형 모델에 정의된 행위가 암시적이어서, 코드만 살펴봐서는 무슨 작업이 이루어질지 알 수 없다는 점이다. 더군다나 의도는 이해하기가 좀 더 쉬운 반면에, 구현부는 어려울 때가 많다. 이러한 점은 무언가가 잘못되어 디버깅을 해야 할 경우 중요해진다. 일반적으로 적응형 모델에서 오류를 찾기가 훨씬 어렵다. 사람들은 적응형 모델에서 프로그램을 찾기가 힘들고, 찾더라도 어떻게 동작하는지 이해하기 어렵다고 불평하곤 한다. 결국 적응형 모델은 유지하기 어렵기로 악명이 높다. 적응형 모델이 어떻게 동작하는지 이해하는데 몇 달씩 걸린다고 말하는 사람들도 있다. 이들이 적응형 모델을 기어코 이해했다면 생산성이 매우 향상될 것이다. 하지만 이해하기 전에는(실제로 이해하지 못한 채 끝나는 사람들이 많다), 적응형 모델은 악몽과도 같다.

이처럼 적응형 모델에서 구현부를 이해하는데 어려움이 있다는 사실은 실질적인 문제다. 이로 인해 적응형 모델이 동작하는 방식에 익숙해지고 나면 이득을 실제로 얻을 수 있다는 사실을 알면서도, 적응형 모델을 단념하는 사람들이 많다. 내가 보기에 DSL을 사용하면 적응형 모델이 결합되는 방식을 쉽게 이해할 수 있고, 따라서 적응형 모델로 프로그래밍하기가 훨씬 쉬워진다. 이 이유가 아니더라도 DSL이 있으면 최소한 프로그램을 볼 수가 있다. 물론 일반적인 적응형 모델이 동작하는 방식을 이해하는데 따르는 어려움을 DSL만으로 모두 해결할 수는 없다. 하지만 적응형 모델의 특정한 설정 정보를 DSL을 통해 볼 수 있으므로, 이해하는데 큰 도움이 된다.

또한 컴퓨팅 대안 모델은 DSL을 사용해야만 하는 강력한 이유 중 하나다. 그리고 이 책에서 많은 장을 할애해서 컴퓨팅 대안 모델을 다루는 이유이기도 하다. 처리해야 하는 문제가 명령형 코드를 사용해 쉽게 표현할 수 있는 경우라면, 정규 프로그래밍 언어만으로도 충분하다. 사실 DSL의 핵심적인 장점들(생산성 향상과 도메인 전문가와의 의사소통 등)은 컴퓨팅 대안 모델을 사용하는 경우에 드러난다. 도메인 전문가는 처리해야 할 문제를 생각할 때, 흔히 결정 테이블과 같이 명령적이지 않은 방식을 사용한다. 적응형 모델을 사용하면, 도메인 전문가의 사고방식을 좀 더 직접적으로 프로그램에 담을 수 있다. 그리고 여기에 DSL을 더하면, 해당 모델의 표현형식을 도메인 전문가에게(그리고 프로그래머에게) 더욱 명료하게 전달할 수 있게 된다.

7.1 컴퓨팅 대안 모델의 사례들

사용해 볼 수 있는 컴퓨팅 모델에는 여러 가지가 있다. 하지만 이 책에서는 이들 모델을 모두 포괄적으로 설명하지는 않겠다. 대신에 일반적으로 사용하는 모델에 대해 조그만 사례들만 제시하고자 한다. 이를 통해 이들 모델을 사용할 수 있는 상황에 도움이 되리라고 본다. 뿐만 아니라 현재 일하는 도메인에 맞는 특별한 컴퓨팅 모델을 생각해낼 때 영감을 얻을 수 있기를 바란다.

7.1.1 결정 테이블

앞에서 이미 결정 테이블(585)을 설명했으니, 이 패턴을 먼저 다루는 편이 낫겠다. 결정 테이블은 컴퓨팅 대안 모델 중에서 상당히 단순한 형태이며, DSL과 함께 활용하기에도 적합하다. 그림 7.2는 비교적 간단한 예다.

프리미엄 고객	X	X	Y	Y	N	N
우선 주문	Y	N	Y	N	Y	N
해외 주문	Y	Y	N	N	N	N
요금	150	100	70	50	80	60
직원에게 공지	Y	Y	Y	N	N	N

그림 7.2 주문을 처리하기 위한 결정 테이블

테이블은 여러 조건 행과, 그 아래에 있는 여러 결과 행으로 구성된다. 테이블의 의미는 직관적으로 이해할 수 있다. 예를 들어 이 경우에는 주문을 받고, 조건들에 대해 주문을 검사하는 테이블이다. 검사가 끝나면 조건 열 중에서 하나에 반드시 일치하게 되고, 그러면 이 열에 있는 결과를 적용한다. 따라서 프리미엄 고객이 국

내에서 우선 주문을 한 경우에는 70$의 요금이 들고, 이 주문을 처리할 직원에게 알려야 한다.

이 경우에는 각 조건이 불린 조건이지만, 숫자 범위와 같이 다른 형태의 조건을 가지는 좀 더 복잡한 결정 테이블도 있을 수 있다.

무엇보다도 결정 테이블은 프로그래머가 아닌 사람이 이해하기에 쉽고, 따라서 도메인 전문가와 의사소통할 때 효과적으로 활용할 수 있다. 결정 테이블은 본질적으로 테이블 형태를 취하므로, 편집할 때 스프레드시트를 주로 사용한다. 따라서 결정 테이블은 도메인 전문가가 직접 작성할 가능성이 가장 높은 DSL 사례 중 하나다.

7.1.2 생성 규칙 시스템

생성 규칙 시스템(605)이란, 로직을 설계할 때 각 로직을 조건과 결과 액션을 가지는 규칙들로 나누어서 처리하려는 개념이다 각 규칙은 명령형 코드로 if-then 문장들을 작성할 때와 유사한 형식을 사용해서 개별적으로 기술할 수 있다.

```
if
  passenger.frequentFlier
then
  passenger.priorityHandling = true;

if
  mileage > 25000
then
passenger.frequentFlier = true;
```

생성 규칙 시스템을 사용할 때 조건과 액션을 이용해 각 규칙을 기술하지만, 이들 규칙을 실행하고 관계를 맺는 일은 기반 시스템에 맡긴다. 예를 들어 위의 예제에서 보면 규칙 간에는 관계가 있다. 두 번째 규칙이 참인 경우(이 분야의 용어로는 '수행(fired)'되었다면), 이는 곧 첫 번째 규칙의 수행 여부에 영향을 미칠 수 있다.

한 규칙이 수행되어 그 결과로 다른 규칙의 수행 여부에 변경을 가하는 이 특성은 체이닝(chaining)이라고 부른다. 이러한 체이닝은 생성 규칙 시스템이 가진 중요한 특성이다. 체이닝을 이용하면 각 규칙을 개별적으로 작성할 수 있고, 규칙들이 수행되어 서로 간에 어떤 영향을 미칠지 넓은 관점에서 생각할 필요가 없다. 그리고 그 결과는 시스템에서 처리하도록 맡길 수 있다.

이는 장점인 동시에 위험요인이기도 하다. 생성 규칙 시스템은 숨어있는 다수의 로직에 의존하고, 이 로직은 예상치 못했던 일을 하기도 한다. 이처럼 예상치 못했던 행위가 도움이 될 때도 있지만, 해로울 때도 있으며 결국 잘못된 결과를 만들기도 한다. 이러한 오류가 발생하는 이유는 규칙을 작성하는 사람들이 규칙들이 서로 어떻게 영향을 미칠지 고려하지 않았기 때문인 경우가 많다.

이처럼 숨겨진 채로 이루어지는 행위들로 인해 문제가 발생한다는 점은 컴퓨팅 대안 모델에서 공통적으로 드러나는 이슈다. 물론 비교적 익숙한 명령형 모델을 사용할 때도 우리는 수없이 실수를 한다. 하지만 대안 모델을 사용한다면 실수를 하기가 훨씬 쉬운데, 코드만 살펴봐서는 무슨 일이 일어날지 추론하기가 쉽지 않기 때문이다. 생성 규칙 시스템의 규칙 베이스(rule base)[1]에 내장된 일련의 규칙들은 좋든 나쁘든 놀라운 결과를 만들 때가 많다. 따라서 모델을 실행할 때 정확히 무슨 일이 일어나는지 볼 수 있도록 추적 메커니즘을 만드는 일이 중요하다. 이는 컴퓨팅 대안 모델을 구현하는 대다수의 경우에 해당된다. 규칙 생성 시스템을 사용하는 경우라면, 수행된 규칙들을 기록하고, 필요하다면 이 기록들을 제공할 수 있는 기능이 있어야 한다. 따라서 예상치 못한 결과가 나왔을 때, 당황한 사용자나 프로그래머가 이러한 결과를 만들어낸 규칙들의 체인을 볼 수 있어야 한다.

생성 규칙 시스템은 오래된 개념이고, 이 개념을 구현한 제품들이 많이 있다. 이들 제품은 규칙을 저장하고, 실행할 수 있는 정교한 툴을 제공한다. 이처럼 생성 규칙 시스템을 이미 구현한 제품이 있지만, 조그만 생성 규칙을 직접 코드로 만들어서 사용하면 도움이 될 때도 있다. 이처럼 컴퓨팅 대안 모델을 상황에 맞게 직접 만들고자 한다면, 다소 간단하더라도 특정 도메인을 고려해서 모델을 작은 규모로 만들어야만 효과적이다.

생성 규칙 시스템에서 체이닝은 확실히 중요한 요소이지만, 그렇다고 필수적인 요소는 아니다. 가끔은 체이닝이 없는 생성 규칙 시스템을 만드는 게 도움이 되기도 한다. 유효성 검증 규칙을 처리하는 경우가 좋은 예다. 유효성을 검증하는 경우, 조건에 일치하지 않으면 액션에서는 단순히 에러를 던지는 규칙을 작성한다. 또한 체이닝이 필요하더라도, 행위를 독립적인 규칙의 집합으로 생각해 보는 일은 여전히 도움이 된다.

결정 테이블(585)에서 각 열을 하나의 규칙에 대응시켜 보면, 결국 결정 테이블도 생성 시스템의 한 형태가 아니냐고 물을 수 있다. 맞는 말이긴 하지만, 내가 보기에 이 주장은 요점을 놓치고 있다. 생성 규칙 시스템에서는 행위를 생각할 때 한 번에

---

[1] (옮긴이) 지식 베이스(knowledge base)는 특정 분야의 전문가가 지적 활동과 경험을 통해서 축적한 전문 지식이나, 문제 해결에 필요한 사실과 규칙 등이 저장되어 있는 특별한 종류의 데이터베이스다. 규칙 베이스는 지식 베이스의 특별한 유형으로, 규칙들을 저장하는 데이터베이스다.

규칙 하나에만 초점을 맞추는 반면에, 결정 테이블의 경우에는 테이블 전체에 초점을 맞춘다. 이러한 사고방식의 차이는 두 모델 사이의 본질적인 차이점이다. 따라서 두 기법은 전혀 다른 사고 기법이다.

7.1.3 상태 머신

이 책 도입부는 상태 머신(623)으로 시작했다. 상태 머신은 컴퓨팅 대안 모델로 주로 사용된다. 상태 머신은 객체의 행위를 모델링할 때, 행위를 상태 집합과 이벤트를 통한 촉발 행위로 구분한다. 그리고 객체가 위치한 현재 상태에 따라, 각 이벤트가 발생했을 때 객체는 서로 다른 상태로 전이된다.

그림 7.3을 보면 주문이 collecting과 paid 상태에 있을 때 주문을 취소할 수 있음을 알 수 있다. 그리고 두 상태에서는 주문이 모두 cancelled 상태로 전이된다.

상태 머신은 상태(state), 이벤트(event), 전이(transition)를 핵심 요소로 가진다.

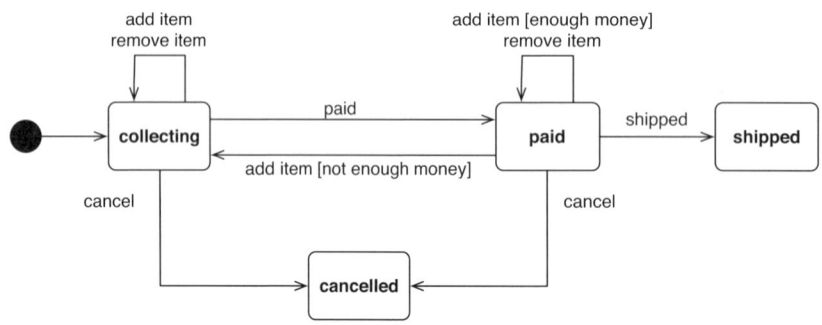

그림 7.3 주문에 대한 UML 상태 머신 다이어그램

그리고 이 기본 구조를 바탕으로, 변형된 상태 머신도 많이 있다. 특히 상태 머신이 액션(action)을 실행시키는 방식에서 많은 변형이 나타난다. 많은 시스템이 이벤트에 대한 반응으로 일련의 상태 변화가 일어나는 형태이므로, 컴퓨팅 대안 모델 중에서 상태 머신이 흔히 사용된다.

7.1.4 의존성 네트워크

소프트웨어 개발자라면 일상적으로 가장 익숙한 대안 모델은 의존성 네트워크(595)다. 이 모델은 메이크(Make), 앤트(Ant), 그리고 여기에서 파생된 빌드 툴을 뒷받침하는 모델이므로, 개발자라면 익숙할 수밖에 없다. 이 모델에서는 처리해야 할 태스크를 검토하고, 태스크마다 선행해야 할 조건을 찾는다. 예를 들어 '테스트'를 실행하는 태스크는 선행 조건으로 '컴파일' 태스크와 '데이터 로딩' 태스크를 가진다. 그리고 이 두 태스크는 모두 '코드 생성' 태스크를 선행 조건으로 가진다. 이처럼 의존성을 기술하고 나면 '테스트' 태스크를 호출할 수 있고, 무슨 태스크를 어떤 순서대로 수행할지는 시스템이 계산해낸다. 심지어 수행할 태스크 목록에 '코드 생성' 태스크가 두 번 나타나더라도(선행 조건으로 두 번 등록되므로), 의존성 네트워크 시스템은 이 태스크를 한 번만 수행하면 된다는 사실을 파악하고 있다.

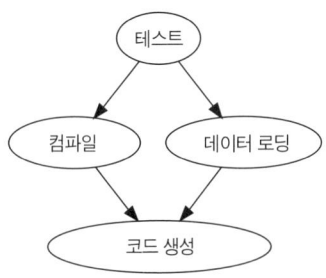

그림 7.4 소프트웨어를 빌드할 때 만들 수 있는 의존성 네트워크

따라서 의존성 네트워크는 태스크 사이에 의존성이 있고, 태스크를 처리하는데 비용이 많이 드는 경우에 선택하면 효과적이다.

7.1.5 모델 선택하기

특정 컴퓨팅 모델을 언제 선택해야 하는지에 대해 명료한 지침을 만들기란 어렵다. 모델을 선택할 때 가장 중요한 기준은, 직면한 문제에 대해 생각하는 방식과 가장 잘 맞는 컴퓨팅 모델을 선택하라는 것이다. 그리고 잘 맞는지 아닌지를 결정할 때는 직접 써보는 게 최선이다. 처음에는 단순히 종이에 간단한 글과 다이어그램을 사용해서 행위들을 설명해보라. 그리고 선택한 모델이 이처럼 간단한 탁상 실험을 통과하면, 이때부터 모델을 실제로 구현해볼 수 있다. 실제 모델보다는 아마 프로토타입으로 개발하겠지만, 이를 통해서 모델이 실제로 동작하는 방식을 확인할 수 있다. 이때 가장 중요한 일은 제대로 돌아가는 시맨틱 모델(197)을 만드는 일이다. DSL을 간단히 만들어서 사용하면 이 작업을 하는데 도움이 될 수도 있다. 하지만 나는 먼저 모델을 수정하는데 노력을 더 들인 후에야, 비로소 DSL을 읽기 쉽도록 만드는 편이다. 우선 시맨틱 모델을 제대로 준비해 두고, DSL을 만들어서 이 모델을 파퓰레이트할 수 있도록 하는 편이 비교적 더 쉽다.

컴퓨팅 대안 모델에는 이 밖에도 여러 가지가 있다. 이 책을 쓰는네 더 많은 시간을 할애하기가 힘들었기 때문에, 이들 모델에 대해서는 다루지 않았다. 하지만 누군가가 컴퓨팅 모델에 대해 책을 쓴다면, 훌륭한 책이 되리라 본다.

8장

DOMAIN-SPECIFIC LANGUAGES

코드 생성

지금까지 DSL을 구현하는 일에 관해 논의하면서, DSL 텍스트를 파싱하는 작업에 대해 이야기했다. 그리고 대개의 경우 파싱 작업은 시맨틱 모델(197)을 파퓰레이트하고, 관심이 있는 행위를 모델 자체에 담으려는 게 그 목적이었다. 많은 경우 시맨틱 모델을 파퓰레이트하면 작업은 완료되고, 단순히 시맨틱 모델을 실행해서 원하는 행위를 이룰 수 있다.

이처럼 원하는 행위를 수행할 때 시맨틱 모델을 직접 실행하는 편이 가장 쉽지만, 직접 실행할 수 없는 경우도 많다. 예를 들어 시맨틱 모델과 파서를 만들기 어렵거나 아예 불가능한 환경처럼, DSL을 작성한 환경과 매우 상이한 환경에서 DSL에 기술한 로직을 실행해야 할 때도 있다. 이러한 환경에서는 코드 생성 기법의 도움을 받아야 한다. 코드 생성 기법을 사용하면, DSL에 기술된 행위를 거의 모든 환경에서 실행할 수 있다.

코드를 생성할 때 서로 다른 두 가지 환경을 고려해야 한다. 나는 이 두 환경을 각각 DSL 프로세서(DSL processor)와 목표 환경(target environment)이라고 부른다. DSL 프로세서는 파서, 시맨틱 모델, 코드 생성기가 위치하는 곳이다. 따라서 DSL 프로세서는 이들을 편하게 개발할 수 있는 환경이어야 한다. 목표 환경은 생성된 코드, 그리고 이 코드의 주변 환경이다. 목표 환경에서는 DSL 프로세서를 제대로 개발하기 힘들기 때문에, 코드 생성 기법을 사용한다면 목표 환경과 DSL 프로세서를 분리하는 일이 중요하다.

목표 환경은 다양한 모습으로 나타난다. 예를 들어 목표 환경이 DSL 프로세서를 실행하기에는 자원이 충분하지 않은 임베디드 시스템일 수 있다. 또는 DSL을 처리하기에는 적합하지 않은 언어를 목표 환경에서 필요로 하는 경우도 있다. 심지어는 목표 환경 자체가 또 다른 DSL일 수도 있다. DSL은 표현성이 제한적이므로, 더욱 복잡한 시스템을 만들 때 필요한 추상화 기능을 제공하지 않을 때가 많다. 물론 DSL이 추상화 기능을 가지도록 확장할 수는 있겠지만, DSL이 복잡해진다는 비용을 감수해야만 한다. 어쩌면 DSL을 범용 언어로 충분히 바꿀 수 있을 정도로 비용이 들지도 모른다. 따라서 목표 환경과는 다른 환경에서 추상화를 수행한 후, 목표 DSL로 작성된 코드를 생성하는 편이 더 나을 수 있다. 질의 조건을 DSL로 명시한 후, SQL 코드를 생성하는 게 좋은 예다. 물론 데이터베이스에 맞게 질의문을 직접 작성하면 더 효율적으로 실행되겠지만, 사람이 질의문을 작성하기에는 SQL이 최상의 언어는 아니다.

목표 환경에 제약이 있다는 사실이 코드를 생성해야 하는 유일한 이유는 아니다. 코드를 생성해야 하는 또 다른 이유는 목표 환경에 익숙하지 않아서일 수도 있다. 즉 좀 더 익숙한 언어로 행위를 기술하고, 덜 익숙한 언어로 작성된 코드를 생성하는 편이 더 쉬울 수 있다. 코드를 생성하는 또 다른 이유는 정적 타입 검사를 쉽게 할 수도 있기 때문이다. 예를 들어 시스템에서 일부 인터페이스는 DSL을 이용해 특수하게 만들고, 시스템의 나머지 부분에서는 C#을 이용해 이 인터페이스와 통신하기를 원할 수 있다. 이 경우 DSL로 기술된 API를 입력으로 사용해 C# 언어로 작성된 API 코드를 생성하면, 컴파일 타임에 타입을 검사할 수 있고 IDE 지원도 받을 수 있게 된다. 그리고 인터페이스 정의가 변경되면 C# 코드를 다시 생성할 수 있고, 이에 따라 변경해야 하는 부분도 컴파일러가 식별해서 알려줄 수 있다.

8.1 무엇을 생성하지 결정하기

코드를 생성할 때 제일 먼저 결정해야 할 사항은 생성할 코드의 종류다. 내가 생각한 바로는 코드 생성 기법에는 두 가지가 있다. 모델 식별 생성(657) 기법과 모델 비식별 생성(671) 기법이다. 이들 두 기법의 차이점은 목표 환경에 시맨틱 모델(197)을 명시적으로 표현한 형태가 있는지에 달려 있다.

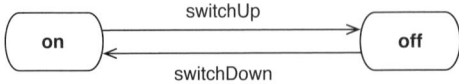

그림 8.1 매우 간단한 상태 머신

예를 들어 상태 머신(623)을 생각해보자. 전통적으로 상태 머신을 구현하는 두 가지 방식에는 조건식을 중첩해서 사용하거나, 또는 상태 테이블을 사용하여 구현하는 방식이 있다. 그림 8.1과 같이 상태 모델이 매우 간단하다면, 다음과 같이 중첩된 조건식을 사용해서 구현한다.

```
public void handle(Event event) {
  switch (currentState) {
    case ON: switch (event) {
          case DOWN:
             currentState = OFF;
        }
    case OFF: switch (event) {
          case UP : currentState = ON;
        }
  }
}
```

보다시피 두 개의 조건식 검사가 하나의 조건식 검사 안에 중첩되었다. 바깥쪽의 조건식은 머신의 현재 상태를 확인하고, 안쪽의 조건식은 머신에서 받은 이벤트에 따라 분기한다. 이 경우 상태 머신의 로직이 언어의 제어 흐름 내부로 삽입되므로, 여기에서 사용한 방식은 모델 비식별 생성에 해당한다. 결과적으로 이 코드에는 시맨틱 모델이 명시적으로 표현되지 않는다.

반면에 모델 식별 생성 기법을 사용하면, 시맨틱 모델을 어떤 형태로든 생성된 코드 내부에 표현한다. 이러한 표현형식이 DSL 프로세서에서 사용한 형식과 똑같을 필요는 없지만, 최소한 데이터 형태로는 표현되어야 한다. 이 기법을 사용하면 상태 머신은 좀 더 복잡해진다.

```
class ModelMachine...
  private State currentState;
  private Map<State, Map<Event, State>> states
      = new HashMap<State, Map<Event, State>>();

  public ModelMachine(State currentState) {
    this.currentState = currentState;
  }
  void defineTransition(State source, Event trigger, State target) {
    if (! states.containsKey(source))
      states.put(source, new HashMap<Event, State>());
    states.get(source).put(trigger, target);
  }
  public void handle(Event event) {
    Map<Event, State> currentTransitions = states.get(currentState);
    if (null == currentTransitions) return;
    State target = currentTransitions.get(event);
    if (null != target) currentState = target;
  }
```

이 경우에는 전이를 중첩된 맵에 저장한다. 바깥쪽 맵은 상태들로 구성된 맵으로, 키로는 상태 이름을, 값으로는 두 번째 맵을 가진다. 안쪽 맵은 이벤트 이름을 키로, 목표 상태를 값으로 가진다. 이 상태 모델은 조잡하다. 심지어는 예제와는 달리 상태, 전이, 이벤트를 나타내는 클래스를 명시적으로 정의하지 않아도 된다. 그렇게 하더라도 데이터 구조에는 상태 머신의 행위가 그대로 담겨 있다. 이 경우 데이터 주도로 코드를 작성했으므로, 이 코드는 완전한 범용 코드다. 따라서 특수한 코드를 통해 이 코드를 설정해야만, 코드를 실행할 수 있다.

```
modelMachine = new ModelMachine(OFF);
modelMachine.defineTransition(OFF, UP, ON);
modelMachine.defineTransition(ON, DOWN, OFF);
```

이 경우 시맨틱 모델을 생성된 코드 내부에 표현한다. 따라서 생성된 코드는 이 책 도입부에서 말한 일반화된 프레임워크 코드와 특수한 설정 코드를 분리하라는 원칙을 그대로 따른다. 이처럼 모델 식별 생성은 '일반화와 특수화의 분리(generic/specific separation)' 원칙을 그대로 따르는 반면에, 모델 비식별 생성은 시맨틱 모델을 흐름 내부에 표현하므로 이 둘을 겹쳐 버린다.

결국 모델 식별 생성 기법을 사용할 때 유일하게 생성해야 하는 코드는 이 특수한 설정 코드뿐이다. 기본적인 상태 머신을 목표 환경에 맞게 모두 만들 수 있고, 목표 환경에서 바로 테스트할 수도 있다. 반면에 모델 비식별 생성을 사용할 때는 코드를 더 많이 생성해야 한다. 물론 일부 코드는 라이브러리 함수로 도출해서 생성하지 않아도 되겠지만, 핵심적인 행위들 대다수는 생성해야만 한다.

따라서 모델 식별 생성을 사용해서 코드를 생성하는 편이 훨씬 쉽다. 그리고 이렇게 생성된 코드는 매우 단순할 때가 많다. 물론 범용적인 코드는 직접 만들어야 한다. 하지만 범용 코드는 코드 생성 시스템과는 독립적으로 실행하고 테스트할 수 있으므로, 범용 코드는 훨씬 쉽게 개발할 수 있다.

이런 이유로 나는 가능하면 모델 식별 생성을 사용하는 편이다. 하지만 사용이 불가능한 경우도 있다. 일반적으로 코드를 생성하는 가장 큰 이유는 목표 언어를 사용해서는 모델을 데이터로 표현하기가 어렵기 때문이다. 표현할 수 있더라도 목표 환경에서 이 데이터를 처리하는데 제약이 따른다. 따라서 임베디드 시스템에서는 주로 모델 비식별 생성을 사용한다. 모델 식별 생성 기법을 사용해 생성된 코드를 임베디드 시스템에서 처리하려면, 시스템 자원의 소모가 너무 크기 때문이다.

모델 식별 생성을 사용할 수 있는 환경이라면 한 가지 사항을 더 기억해야 한다. 시스템의 특수한 행위를 변경하고자 할 때, 설정 코드에 해당하는 결과물만 교체하면 충분하다는 점이다. 예를 들어 C 코드를 생성한다고 해보자. 이때 설정 코드는 일반화된 코드를 포함하는 라이브러리와는 분리해서 다른 라이브러리에 저장한다. 그러면 시스템 전체를 교체하지 않고도, 특수한 행위를 변경할 수 있다(하지만 이렇게 하려면 런타임에 바인딩할 수 있는 메커니즘이 필요하다).

여기에서 더 나아가, 생성된 코드를 모두 런타임에 읽을 수 있는 형식으로도 코드를 생성할 수 있다. 예를 들면 다음과 같이 텍스트로 작성된 간단한 테이블을 생성할 수도 있다.

```
off switchUp on
on switchDown off
```

이처럼 코드를 생성하면, 시스템의 특수한 행위를 런타임에 변경할 수 있다. 물론 이렇게 하려면, 범용 코드로 작성된 시스템이 시작될 때 이 데이터 파일을 로드할 수 있어야 한다.

당장 보기에 이처럼 생성된 코드는 목표 환경에서 파싱하는 또 다른 DSL이라고 생각할 수도 있다. 물론 이 코드가 DSL처럼 보일 수도 있겠지만, 내 생각은 조금 다르다. 위의 간단한 테이블은 사람이 조작할 목적으로 만들지 않았기 때문에, 사실 나는 이 테이블을 DSL이라고 보지 않는다. 물론 이처럼 텍스트 형식으로 작성하면 사람들이 쉽게 읽을 수 있다. 하지만 텍스트 형식으로 작성한 이유는 사람을 위해서라기보다는 디버깅할 때 도움이 되기 때문이다. 이 테이블을 만들 때는 파싱을 상당히 쉽게 할 수 있고, 결국 목표 환경에서 빠르게 로드할 수 있게 만들려는 목적뿐이었다. 따라서 이 경우에는 사람이 읽을 수 있도록 만들려는 목표보다는, 쉽게 파싱하려는 목표가 우선순위가 훨씬 높았다. DSL이라면 사람이 읽을 수 있게 만들려는 목표가 가장 높은 우선순위를 차지해야 한다.

8.2 어떻게 생성할까

무슨 코드를 생성할지 결정하고 나면, 다음으로는 코드 생성 과정을 어떻게 진행할지 결정해야 한다. 텍스트 형태의 결과를 생성한다면 주로 사용할 수 있는 방식에는 두 가지가 있다. 변환기 기반 생성(631) 기법과 템플릿 기반 생성(637) 기법이다. 변환기 기반 생성 기법을 사용할 때는, 시맨틱 모델을 읽어서 목표로 하는 소스 코드에 맞게 문장을 생성하는 프로그램을 작성한다. 상태 머신을 예로 보면 이벤트 객체들이 있고, 이들 이벤트 객체를 바탕으로 변환기를 사용해 각 이벤트를 선언하는 결과 코드를 생성할 수 있다. 커맨드에 대해서도 동일하게 생성하고, 마지막으로 각 상태에 대해서도 마찬가지로 작업한다. 상태는 전이를 가지므로, 상태 객체마다 전이들을 찾고, 이들 전이에 대한 코드 또한 변환기에서 각각 생성해야 한다.

반면에 템플릿 기반 생성 기법에서는 샘플 결과 파일을 작성하면서 시작한다. 특정 상태 머신에서만 나타나는 특별한 요소가 있다면, 이 결과 파일에 특수한 템플릿 지시어를 사용한다. 이들 지시어를 사용해 시맨틱 모델을 호출하고, 이를 통해 적절한 코드를 생성한다. ASP, JSP 등과 같은 툴을 이용해 웹 페이지 템플릿을 만든 경험이 있다면 이 메커니즘이 익숙할 수도 있다. 템플릿 엔진에서 템플릿을 실행하면, 템플릿에 포함된 참조가 생성된 코드로 교체된다.

템플릿 기반 생성 기법을 사용할 때는 결과 파일의 구조를 중심으로 처리한다. 반면에 변환기 생성 기법은 입력 주도 방식이거나 결과 주도 방식일 수도 있고, 또는 두 가지 방식을 혼용할 수도 있다.

코드를 생성하는 두 가지 기법은 모두 효과적이다. 이 중에서 하나를 선택하려면, 먼저 각 기법으로 시도해 본 후, 어느 기법이 현재 할 작업에 가장 적합한지 직접 보는 게 좋다. 내 생각에는, 결과에 정적인 코드가 많고 동적인 코드는 얼마 없다면, 템플릿 기반 생성 기법이 가장 효과적이다. 무엇보다도 템플릿 기반으로 코드를 생성하면, 템플릿 파일을 보면서 어떤 결과가 생성될지 쉽게 알 수 있다. 따라서 모델 비식별 생성(671)을 사용한다면, 템플릿 기반 생성을 사용하는 편이 좋다. 반면에 모델 비식별 생성을 사용하지 않는다면(사실상 거의 모든 경우에), 변환기 기반 생성을 사용해야 한다.

이 두 기법을 정반대의 방식처럼 설명했지만, 두 기법을 혼용할 수 없다는 뜻은 아니다. 실제로 혼용할 때도 많다. 예를 들어 변환기 기반 생성 기법을 사용할 때, 일부 출력 코드에서는 문자열의 포맷을 지정하는 구문을 사용한다. 사실 이 문자열 포맷 구문은 템플릿 기반 생성 패턴의 축소판에 해당한다. 이처럼 두 기법을 혼용해서 사용할 수 있지만, 그럼에도 현재 사용하는 전략이 대체로 어느 패턴에 더 가까운지 명확히 이해하고, 또 이 두 기법을 서로 바꾸어가며 사용할 때 이를 인지하고 있다면 꽤 도움이 된다. 프로그래밍에 관련해서, 대부분의 경우에 해당하는 격언이 있다. 무엇을 하려는지 인지하기를 멈추는 순간이, 유지할 수 없을 정도로 망가져 가기 시작하는 순간이다.

템플릿 기반 생성 기법을 사용할 때 생길 수 있는 심각한 문제점이 있다. 호스트 코드를 사용해 결과에서 변경될 수 있는 부분을 생성할 때, 호스트 코드로 작성된 동적인 코드가 정적인 템플릿 코드를 완전히 뒤덮을 수도 있다는 점이다. 예를 들어 자바 코드를 사용해서 C 코드를 생성하는 경우, 템플릿에서 대부분은 C로 작성하고 자바 코드는 최소로 사용할 수 있어야 한다. 이 경우 필수적인 패턴이 임베드먼트 헬퍼(647)다. 이 패턴을 사용하면 템플릿에서 변경 가능한 요소를 생성해야 하는 복잡함은 헬퍼 클래스 안에 모두 숨기고, 템플릿에는 헬퍼를 호출하는 단순한 메서드 호출만이 남는다. 이를 통해 C로 작성된 템플릿 코드에는 자바 코드를 최소한으로 유지할 수 있다.

이처럼 임베드먼트 헬퍼를 사용하면 템플릿을 명료하게 유지할 수 있을 뿐 아니라, 코드를 생성하는 코드도 쉽게 만들 수 있다. 임베드먼트 헬퍼는 정규 클래스로 만들 수 있고, 자바로 프로그래밍할 때 사용하는 툴을 통해 편집할 수 있다. 따라서 정교한 IDE를 사용해서 임베드먼트 헬퍼 클래스를 만들면, 임베드먼트 헬퍼를 사용하지 않을 때와 비교해 큰 차이가 난다. 예를 들어, C 코드 파일에 자바 코드를 너무 많이 삽입하면, 삽입할 자바 코드를 작성할 때는 자바 IDE의 지원을 받을 수 없게 된다. 구문 강조 기능조차 활용할 수 없을 수도 있다. 따라서 템플릿의 외부 호출은 반드시 메서드 하나만을 호출해야 하며, 나머지 코드는 모두 임베드먼트 헬퍼 내부에 작성해야 한다.

임베드먼트 헬퍼가 중요해지는 좋은 사례로, 구문 주도 변환에서 사용하는 문법 파일을 들 수 있다. 문법 파일에 코드 액션, 즉 외래 코드(373) 블록이 길다랗게 가득 차 있는 경우를 흔히 볼 수 있다. 이들 코드 블록은 생성할 파서 내부에 삽입할 코드이지만, 코드 블록이 크기가 커지면 문법의 구조를 덮어 버린다. 임베드먼트 헬퍼는 이들 코드 액션을 작게 유지하는데 도움이 된다.

8.3 생성된 코드와 직접 작성한 코드를 혼용하기

목표 환경에서 실행할 코드를 모두 생성할 수 있을 때도 있지만, 대개는 생성된 코드와 직접 작성한 코드를 혼용해야 한다.

이러한 경우, 아래와 같은 규칙을 지켜야 한다.

- 생성된 코드는 수정하지 마라.
- 생성된 코드는 직접 작성한 코드와 명확하게 분리해라.

DSL에서 말하는 코드 생성 기법에서는 생성된 코드에 포함될 행위에 대해, DSL이 권위 있는 정보 제공자가 되어야 한다. 결국 생성된 코드는 DSL에 포함된 정보를 가공한 결과물에 지나지 않는다. 따라서 코드 생성으로 만든 결과를 열어서 직접 편집해버리면, 코드를 새로 생성할 때 이러한 변경사항을 모두 잃게 된다. 결국 변경사항을 유지하려면 코드 생성 과정에 작업을 추가적으로 해야 한다. 이 같은 추가 작업은 그 자체로도 나쁠 뿐더러, 수시로 DSL을 변경하고 코드를 새로 생성하는 일을 꺼리게 만들 수도 있다. 이로 인해 DSL을 사용하려는 목적 자체를 약화시키게 된다. (물론 발판 코드를 생성하고, 이 코드를 바탕으로 직접 변경 작업을 하는 방식은 유용할 때도 많다. 하지만 DSL을 만드는 경우라면, 이처럼 발판 코드를 생성하는 방식이 주로 사용되지는 않는다.)

따라서 생성된 코드는 절대 직접 건드려서는 안 된다. (디버깅을 위해 추적하기 위한 문장을 추가하는 일은 예외다.) 생성된 코드는 절대 건드리지 말아야 하므로, 생성된 코드는 직접 작성한 코드와 분리해야 한다. 나는 파일 전체가 생성된 코드로만 구성되거나, 아니면 직접 작성한 코드로만 구성되도록 명확히 분리하는 편이다. 이때 생성된 코드는 소스 코드 레파지토리에 체크인하지 않는다. 소스 코드를 빌드하면 생성된 코드는 언제든지 다시 생성할 수 있기 때문이다. 따라서 생성된 코드는 소스 코드 레파지토리에서 별도의 브랜치에 분리해서 유지한다.

절차형 시스템에서는 함수로 구성된 파일 단위로 코드를 나눌 수 있으므로, 이처럼 생성된 코드와 직접 작성한 코드를 분리하는 일이 상당히 쉽다. 반면에 객체 지향적인 언어에서는 코드가 데이터 구조와 행위가 서로 결합된 클래스로 구성되므로, 이렇게 분리하기가 어려울 때가 많다. 예를 들어 논리적인 단위의 클래스는 하나지만, 클래스의 일부는 생성하고 나머지 부분은 직접 작성해야 하는 경우다.

이 문제를 처리하는 가장 쉬운 방법은 클래스 하나에 대해 파일을 여러 개 만드는 것이다. 그러면 생성된 코드와 직접 작성한 코드를 얼마든지 나눌 수 있다. 하지만 모든 프로그래밍 환경에서 이 기능을 지원하지는 않는다. 예를 들어 자바에는 이 기능이 없고, C#의 최신 버전에서는 '분할 클래스(partial class)'라는 이름으로 지원한다. 결국 자바로 작업하고 있다면, 하나의 클래스를 여러 파일로 나누기가 쉽지 않다.

이러한 경우 주로 사용하는 방법 중 하나는 클래스의 영역을 분리해서, 생성된 영역과 직접 작성한 영역을 표시하는 것이다. 나는 이 메커니즘을 사용하는 일이 항상 위험하다고 본다. 사람들이 생성된 코드를 수정하고, 결국에는 잘못될 때가 많기 때문이다. 게다가 이 방법을 사용하면 생성된 코드를 체크인할 수밖에 없고, 이로 인해 버전 관리 시스템에서 이력 정보를 혼란스럽게 만든다.

이에 대한 좋은 해결책이 제너레이션 갭(675) 패턴으로, 생성된 코드와 직접 작성한 코드를 상속을 이용해서 분리하는 방식이다. 이 패턴의 기본 형식을 따르면 슈퍼 클래스에 대한 코드는 생성하고, 서브 클래스는 직접 작성한다. 이를 통해 생성된 행위를 오버라이딩해서 기능을 확장한다. 이 기법을 사용하면 생성된 코드와 직접 작성한 코드를 파일 단위로 분리할 수 있다. 뿐만 아니라 생성된 코드와 직접 작성된 코드를 모두 하나의 클래스에서 결합할 수 있다는 점에서 유연성을 상당히 확보할 수 있다. 단점은 가시성 규칙을 완화해야 한다는 점이다. 이 방법을 쓰지 않았다면 접근 제어를 private으로 선언했을 메서드를 protected로 완화해야만, 서브 클래스에서 오버라이딩하여 호출할 수 있다. 그렇긴 해도 생성된 코드와 직접 작성한 코드를 분리할 수 있다는 이득에 비하면, 이처럼 접근 제어를 완화해야만 하는 비용은 적다고 본다.

생성된 코드와 직접 작성한 코드를 분리하는 일이 얼마나 어려우냐는 두 코드 간의 호출 방식에 따라 다르다. 예를 들어 모델 비식별 생성(671) 기법을 사용할 때는 생성된 코드에서 직접 작성한 코드를 호출하고, 그 반대로는 호출하지 않으므로 제어 흐름이 단순하다. 이처럼 제어 흐름이 단순한 경우에는 두 코드를 매우 쉽게 분리할 수 있다. 따라서 직접 작성한 코드와 생성된 코드를 분리하기가 어려울 때는, 먼저 제어 흐름을 단순하게 할 수 있는 방법에 대해 생각해봐야 한다.

8.4 코드를 읽기 쉽게 생성하기

코드 생성 기법에 대해 이야기 나눌 때면, 생성된 코드를 얼마나 읽기 쉽게 생성하고, 또 어느 정도까지 구조화할지에 대해선 의견이 팽팽하게 대립하는 경우가 많다. 여기에는 두 가지 학파가 있다. 한쪽에서는 생성된 코드는 직접 작성한 코드만큼 명확하고 읽기 쉬워야 한다고 말한다. 반대쪽 학파에서는 생성된 코드는 직접 수정할 일이 전혀 없으므로, 코드를 생성할 때 이런 고민을 할 필요가 없다고 주장한다.

이 논쟁에서 나는 생성된 코드도 반드시 구조화가 잘 되어 있고, 명확해야 한다고 주장하는 학파를 지지한다. 물론 생성된 코드는 절대로 직접 수정해서는 안 된다. 하지만 생성된 코드가 어떻게 동작하는지 이해해야 할 때도 있기 마련이다. 무언가가 잘못되고 디버깅이 필요해지면, 명확하고 구조화가 잘된 코드가 디버깅하기에는 훨씬 쉽다.

그래서 나는 직접 작성하는 코드와 마찬가지로, 생성된 코드도 잘 구조화되게 만드는 편이다. 변수 명을 명확하게 짓고, 알맞게 구조화하는 등, 직접 프로그래밍할 때 일반적으로 적용하는 대다수의 기법을 그대로 사용한다.

여기에도 예외는 있다. 예를 들어 구조를 알맞게 만드는데 시간을 더 들여야 한다면, 나는 이 작업에 관심을 별로 쏟지 않는다. 나는 생성된 코드에 대해 최적의 구조를 생각해내거나 만들려고 시간을 보내고 싶은 마음은 없다. 코드가 중복되는 일도 그리 따지지 않는다. 물론 명확하고, 쉽게 피할 수 있는 중복들이 생성되는 일은 원치 않지만, 직접 작성한 코드에 적용하는 수준만큼 강조하지는 않는다. 어쨌든 코드를 생성할 때 유일하게 고민해야 할 사항은 변경 가능성이 아니라, 가독성이기 때문이다. 따라서 코드를 중복해서 코드를 더 명료하게 만들 수 있다면, 중복을 그대로 둔다. 또한 나는 주석을 기꺼이 사용한다. 코드를 생성할 때 주석도 생성하므로, 이처럼 생성된 주석은 늘 최신의 상태라는 점을 보장할 수 있기 때문이다. 그리고 주석을 참조하면 시맨틱 모델(197)이 원래 어떤 구조였을지 생각하는데 도움이 된다. 뿐만 아니라 성능 목표를 이룰 수만 있다면, 구조의 명료성을 절충하기도 한다. 물론 코드를 직접 작성할 때도 이러한 절충은 마찬가지로 필요하다.

8.5 파싱 전 단계에 코드 생성하기

이 장 대부분에서는 코드 생성 기법을 DSL 스크립트를 처리하는 마지막 단계로 사용하는데 초점을 맞추었다. 하지만 코드 생성 기법은 다른 단계에서도 제 역할을 할 수 있다. 예를 들어 DSL 스크립트를 작성할 때 시스템 외부에 있는 정보를 사용해야 할 때가 있다. 일례로 판매원별로 담당 구역을 할당하는 DSL을 작성한다고 해보자. 이때 판매원이 이용하는 기업 데이터베이스의 정보와 DSL에 작성하는 정보가 서로 일치하기를 원한다. 즉 DSL 스크립트에서 사용하는 심벌과 기업 데이터베이스에 저장된 심벌이 서로 확실히 일치해야 한다. 이러한 경우에 코드 생성 기법을 사용하면, 스크립트를 작성할 때 필요한 정보를 생성할 수 있다. 이 같은 종류의 검사는 주로 시맨틱 모델(197)을 파퓰레이트할 때 수행한다. 하지만 소스 코드 안에 이러한 정보를 포함하면 유용할 때가 더러 있다. 특히 코드를 탐색하거나 정적 타입 검사를 할 때 도움이 된다.

예를 들어 자바나 C#으로 내부 DSL을 작성할 때, 판매원을 가리키는 심벌에 대해 정적으로 타입을 검사하기를 원할 수 있다. 이 경우 판매원 목록에 대해 열거형 코드를 생성하고, 이렇게 생성된 열거형 코드를 스크립트에 임포트하면 정적으로 타입을 검사할 수 있게 된다[Kabanov et al.].

8.6 추가적인 참고 자료

코드 생성 기법을 가장 폭넓게 다루는 책은 [Herrington]이다. 또한 Marcus Voelter [Voelter]에 나오는 일련의 패턴도 도움이 된다.

9장

DOMAIN-SPECIFIC LANGUAGES

언어 워크벤치

지금까지 설명한 기법은 어떤 형태로든 오랫동안 사용되어 왔다. 외부 DSL에서 사용하는 파서 생성기(327)와 같이 이 기법을 지원하고자 만들어진 툴도 마찬가지로 꽤 성숙했다. 반면에 이 장에서는 시간을 들여, 눈이 부실 정도로 새로운 툴을 살펴보려고 한다. 나는 이 툴을 언어 워크벤치(language workbench)라고 부른다.

실질적으로 언어 워크벤치란 DSL을 직접 개발하는 데 도움을 주고, 개발을 지원하는 툴을 제공하는, 현대적인 IDE 스타일을 따르는 툴이다. 언어 워크벤치는 단순히 IDE를 제공해서 DSL 개발을 도우려는 데 그치지 않는다. 개발한 DSL을 편집할 수 있는 IDE를 직접 만드는 데도 도움을 준다. 따라서 언어 워크벤치를 사용하면, DSL 스크립트를 작성하는 사람도 포스트 IntelliJ IDE를 사용하는 프로그래머가 지원 받는 수준으로 IDE의 지원을 받을 수 있게 된다.

이 책을 쓰는 현재로서는 언어 워크벤치 분야는 여전히 미숙하다. 툴은 대부분 거의 베타 수준에 머물러 있고, 출시 후에 한동안 사용된 툴조차도 마땅한 결론을 내릴 수 있을 정도로 충분한 사용 경험을 모으지 못했다. 하지만 이 분야에는 어마어마한 잠재력이 숨어 있다. 즉 언어 워크벤치는 우리가 알고 있는 프로그래밍 양상을 바꿀 수도 있는 툴이다. 이러한 노력이 성공할지 아직 알 수 없지만, 이 분야는 주시할만한 가치가 있다고 확신한다.

이처럼 성숙하지 않은 분야를 다루기란 정말 어렵다. 이 책을 통해서 언어 워크벤치에 대해 무엇을 이야기할지 오랫동안 골똘히 생각해 왔다. 결국 나는 이 툴이 굉장히 새롭고 변하기 쉬우므로, 이 책에서는 많은 부분을 할애하기가 힘들다는 결론을 내렸다. 지금 쓰는 내용 중 많은 부분이 책을 읽을 때쯤이면 낡은 지식이 되어 있을지도 모른다. 다른 내용과 마찬가지로 많이 변하지 않는 핵심 원칙을 찾으려고 노력했지만, 이처럼 급격하게 바뀌는 분야에서는 이 원칙을 식별하기가 어려웠다.

결국 이 분야에 대해서는 이 장 하나만을 할애하고, 레퍼런스 부분에서는 상세한 내용을 더 다루지 않기로 마음먹었다. 또한 이 장에서는 언어 워크벤치의 일부 측면, 즉 상대적으로 안정화되었다고 여기는 부분만을 다루기로 결정했다. 그렇더라도 독자들은 이 장을 신중히 살펴봐야 하며, 인터넷을 계속 주시해서 최신의 개발 정보를 더 많이 찾아봐야 한다.

9.1 언어 워크벤치의 구성 요소

비록 언어 워크벤치마다 그 형태가 서로 많이 다르지만, 이들이 공유하는 공통적인 구성 요소가 있다. 무엇보다도 언어 워크벤치를 사용하면, DSL 환경의 세 가지 측면을 정의할 수 있다.

- **시맨틱 모델 스키마**(Semantic Model Schema)는 시맨틱 모델의 데이터 구조와 정적 시맨틱(static semantic)을 정의한다. 이때 주로 메타 모델을 사용한다.
- **DSL 편집 환경**(DSL Editing Environment)은 DSL 스크립트를 작성하는 사람에게 풍부한 편집 경험을 제공하도록 정의한다. 소스는 직접 편집하거나, 투사형 편집(projectional editing)을 이용할 수도 있다.
- **시맨틱 모델 행위**(Semantic Model Behavior)는 DSL 스크립트가 무슨 일을 하는지 정의한다. 이를 위해 시맨틱 모델을 만들며, 대개의 경우 코드 생성 기법을 이용한다.

언어 워크벤치는 시맨틱 모델을 시스템의 핵심 부분으로 사용한다. 따라서 언어 워크벤치는 시맨틱 모델을 정의하는데 도움을 주는 툴을 제공한다. 이 책에서는 프로그래밍 언어를 사용해 시맨틱 모델을 정의한다고 가정했다. 반면에 언어 워크벤치의 경우, 특별한 메타 모델링 구조 내에서 시맨틱 모델을 정의한다. 이 메타 모델링 구조를 이용하면 런타임 툴을 사용해 모델을 다룰 수 있게 된다. 이러한 메타 모델링 구조는 언어 워크벤치에서 높은 수준의 툴을 제공하는 데 도움을 준다.

결과적으로 스키마와 행위가 분리되게 된다. 시맨틱 모델 스키마는 본질적으로 데이터 모델이며, 행위가 거의 없다. 시맨틱 모델이 가진 행위적 측면은 데이터 구조 외부로부터 나오며, 행위의 대부분은 코드 생성을 통해서 만들어진다. 시맨틱 모델을 외부로 노출해서 인터프리터를 개발할 수 있도록 하는 툴도 있지만, 현재까지는 시맨틱 모델을 실행하는 가장 일반적인 방법은 코드 생성이다.

언어 워크벤치에서 가장 흥미롭고 중요한 측면 중 하나는 바로 편집 환경이다. 아마도 언어 워크벤치가 소프트웨어 개발에 새롭게 도입한 핵심적인 측면은 바로 이 편집 환경일 것이다. 이러한 편집환경은 시맨틱 모델을 생성하고 조작할 수 있는 툴을 훨씬 풍부한 수준으로 제공한다. 이 툴은 텍스트형 편집을 지원하는 데서부터, 다이어그램으로 DSL 스크립트를 작성하는 그래픽형 에디터, 또 내가 '일러스트러티브 프로그래밍(illustrative programming)'이라고 부르는 방법을 사용해서 정규 프로그래밍 언어에서 얻는 경험보다는 스프레드시트로 작업할 때 얻는 경험에 가까운 편집 환경에 이르기까지 다양한 편집 경험을 제공한다.

이러한 툴은 새롭고 쉽게 바뀌므로, 깊이 파고들면 들수록 문제가 될 여지가 있다. 그러나 앞으로도 계속 보편 타당할 것으로 보이는 일반적인 기법이 몇 가지 있다. 바로 스키마 정의와 투사형 편집이다.

9.2 스키마 정의 언어와 메타 모델

시맨틱 모델(197)을 사용하면 도움이 된다고, 이 책을 통해 누차 강조했다. 실제로 내가 조사한 언어 워크벤치는 모두 시맨틱 모델을 사용하며, 시맨틱 모델을 정의하는 툴을 제공한다.

언어 워크벤치에서 말하는 모델과 이 책에서 지금까지 설명한 시맨틱 모델 사이에는 주목할만한 차이점이 있다. 객체 지향을 열광적으로 지지하는 내가 보기에, 시맨틱 모델은 당연히 데이터 구조와 행위를 결합해서 객체 지향적으로 구성해야 한다. 하지만 언어 워크벤치는 이런 방식으로 동작하지 않는다. 언어 워크벤치는 모델의 스키마, 즉 모델의 데이터 구조를 정의할 수 있는 환경을 제공한다. 이처럼 모델의 데이터 구조를 정의할 때, 언어 워크벤치는 특별한 DSL인 스키마 정의 언어(schema definition language)를 사용할 때가 많다. 그리고 행위적으로 의미 있는 로직은 별도의 작업으로 남겨 두며, 이 작업은 이후에 코드 생성을 이용해 만들어진다.

바로 이때 '메타'라는 단어가 갑자기 등장하면서, 상황은 에셔(Escher)[1]의 그림처럼 변하기 시작한다. 스키마 정의 언어도 시맨틱 모델을 가지며, 이 또한 모델이다.

---

1 (옮긴이) 모리츠 코르넬리스 에셔(Maurits Cornelis Escher), 시각적이고 지각적인 반응을 일으키는 판화 작품으로 유명한 네덜란드의 그래픽 아티스트다. 복잡하게 상호 결합된 상반된 패턴의 조합을 표현한 작품과 뫼비우스의 띠를 근간으로 만들어낸 시각적 착각을 표현하는 작품이 대표적이다.

스키마 정의 언어의 시맨틱 모델은 DSL의 시맨틱 모델을 위한 메타 모델이다. 하지만 스키마 정의 언어도 스키마를 필요로 하고, 이 스키마는 시맨틱 모델을 사용하여 정의하고, 이 시맨틱 모델의 메타 모델은 스키마 정의 언어이며, 이 언어의 메타 모델은...(끝없이 이어진다).

위 단락을 완벽하게 이해할 수 없으므로(그리고 나조차도 화요일이 되어서야 겨우 이해할 수 있으므로), 이 부분은 좀 더 찬찬히 설명하는 편이 낫겠다.

비밀 벽 예제의 일부분, 특히 active 상태로부터 waiting-for-drawer 상태로 이동하는 부분을 이용해 설명을 시작하려고 한다. 그림 9.1에 상태 다이어그램을 이용해 이 부분을 나타냈다.

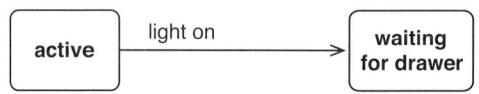

그림 9.1 전등이 켜지는 경우의 간단한 상태 다이어그램

이 부분적인 다이어그램에는 상태 두 개와 이를 연결하는 전이가 있다. 도입부에서 설명한 시맨틱 모델(6쪽, '상태 머신 모델')을 정의한 자바 클래스와 필드를 사용해 보면, 이 모델이 State 클래스의 인스턴스 두 개와 Transition 클래스의 인스턴스 하나로 구성된다고 해석할 수 있다. 이 경우 시맨틱 모델의 스키마는 자바의 클래스 정의다. 특히 네 종류의 클래스가 필요한데, 바로 State, Event, String, Transition이다. 이 스키마의 형식을 간단히 표현하면 다음과 같다.

```
class State {
  ...
}
class Event {
  ...
}
class Transition {
  State source, target;
  Event trigger;
    ...
}
```

자바 코드는 이 스키마를 표현하는 한 방법이다. 다른 방법으로, 클래스 다이어그램을 사용해 볼 수 있다 (그림 9.2).

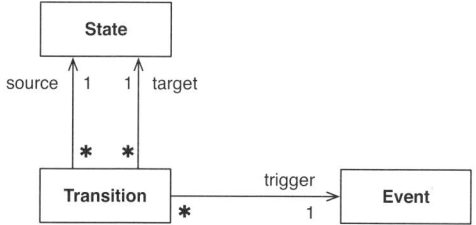

그림 9.2 간단한 상태 머신 스키마에 대한 클래스 다이어그램

모델의 스키마는 모델이 어떤 내용을 가질 수 있는지를 정의한다. 따라서 전이를 보호할 수 있는 요소[2]를 스키마에 추가하지 않는다면, 전이에 대한 보호를 상태 다이어그램에도 추가할 수 없다. 이 특성은 어느 데이터 구조 정의라도(클래스와 인스턴스, 테이블과 행, 레코드 타입과 레코드) 마찬가지다.[3]

이 경우 스키마는 자바의 클래스 정의지만, 클래스 대신 자바 객체로 구성된 스키마를 사용할 수도 있다. 이 방법을 사용하면 스키마를 런타임에 조작할 수 있다. 클래스, 필드, 객체를 나타내는 세 가지 클래스를 이용해서 이 방법을 적당히 구현해 볼 수 있다.

```
class MClass...
  private String name;
  private Map<String, MField> fields;

class MField...
  private String name;
  private MClass target;

class MObject...
  private String name;
  private MClass mclass;
  private Map<String, MObject> fields;
```

이 클래스를 이용해서 상태와 전이에 대한 스키마를 만들 수 있다.

```
private MClass state, event, transition;
private void buildTwoStateSchema() {
  state = new MClass("State");
  event = new MClass("Event");

  transition = new MClass("Transition");
  transition.addField(new MField("source", state));
  transition.addField(new MField("target", state));
  transition.addField(new MField("trigger", event));
}
```

---

2 (옮긴이) 보호된 전이 : 특정 조건을 만족할 때만 전이가 촉발되어야 하는 경우, 해당 전이는 보호된다고 말한다.

3 (옮긴이) 즉 클래스에 없는 필드는 인스턴스도 가질 수 없고, 테이블에 없는 칼럼은 행에 나타날 수 없다.

이제 이 스키마를 이용해 그림 9.1의 간단한 상태 모델을 정의할 수 있다.

```
private MObject active, waitingForDrawer, transitionInstance, lightOn;
private void buildTwoStateModel() {
  active = new MObject(state, "active");
  waitingForDrawer = new MObject(state, "waiting for drawer");
  lightOn = new MObject(event, "light on");
  transitionInstance = new MObject(transition);
  transitionInstance.set("source", active);
  transitionInstance.set("trigger", lightOn);
  transitionInstance.set("target", waitingForDrawer);
}
```

그림 9.3에서 보는 바와 같이, 이 구조를 두 개의 모델로 생각해 보면 도움이 된다. 기반 모델은 그랜트 양의 컨트롤러에 대한 모델 중 일부로, 이 모델에는 MObject들이 포함된다. 두 번째 모델은 MClass와 MField를 포함하며, 흔히 메타 모델로 불린다. 메타 모델은 자신의 인스턴스가 또 다른 모델의 스키마를 정의하는 모델이다.

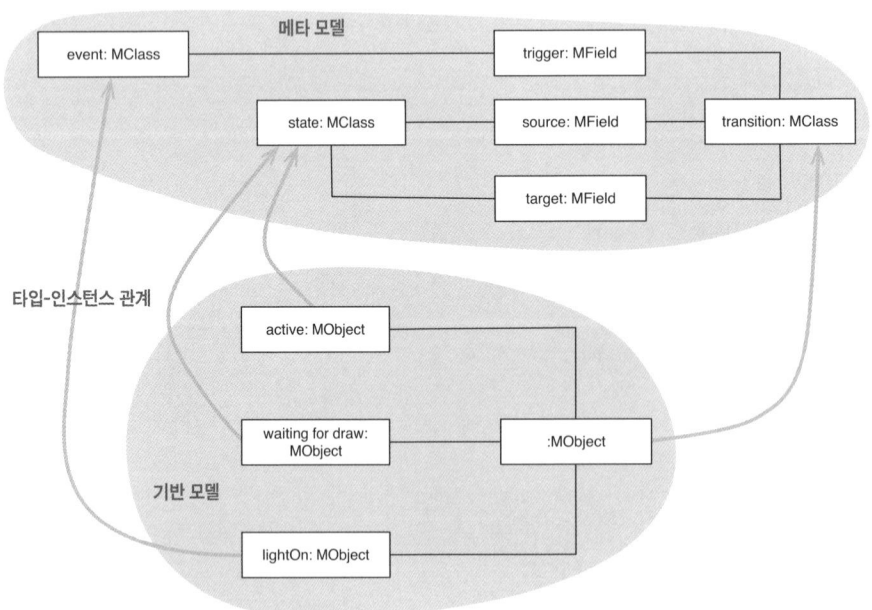

그림 9.3 상태 머신에 대한 메타 모델과 기반 모델

메타 모델은 또 다른 시맨틱 모델에 지나지 않는다. 따라서 기반 모델에서 DSL을 사용해 모델을 파퓰레이트한 것과 마찬가지로, 메타 모델을 위한 DSL을 정의해서 모델을 파퓰레이트할 수도 있다. 나는 이 DSL을 스키마 정의 언어(schema definition language)라고 부른다. 스키마 정의 언어는 사실 데이터 모델의 형태일 뿐이며, 엔티티를 정의하고 엔티티 간의 관계를 정의할 수 있는 방법을 포함한다. 실제로 다양한 스키마 정의 언어와 메타 모델이 만들어져 있다.

DSL을 직접 만드는 경우에는, 이처럼 메타 모델을 생성하는 일은 거의 의미가 없다. 그리고 대다수의 경우 구조를 정의할 수 있는 호스트 언어의 기능을 사용하는 게 최선책이다. 이처럼 호스트 언어를 사용하면 스키마나 인스턴스 모두에 대해 우리가 이미 익숙한 언어 구조체를 사용해서 정의하므로, 이해하기가 훨씬 쉽다. 예를 들어 앞에서 적당히 만든 예제 코드를 보자. 전이에서 출발 상태를 찾으려면 aTransition.getSource( )가 아니라 aTransition.get("source")와 같이 표현해야 한다. 결국에는 해당 클래스에서 사용할 수 있는 필드에 무엇이 있는지 알기가 더욱 어려워질 뿐만 아니라, 타입 검사를 직접 해야 한다. 다시 말해 호스트 언어에서 해당 기능을 지원함에도 불구하고, 이 기능을 사용하지 않고 직접 만들어 버린다는 점이다.

이와 같은 경우라면 메타 모델을 사용하지 말아야 한다. 그렇지 않고 메타 모델을 만들면, 시맨틱 모델을 제대로 된 객체 지향 모델로 만들지 못할 수도 있다. 물론 메타 모델을 이용해 시맨틱 모델 구조를 정의하는 일이 불편하기는 하지만 무난한 편이다. 하지만 시맨틱 모델의 행위를 정의하는 일은 상당히 어렵다. 따라서 데이터와 행위를 모두 결합해서 객체를 제대로 만들고자 한다면, 언어 자체에서 지원하는 스키마 정의 메커니즘을 사용하는 편이 훨씬 낫다.

그러나 DSL을 직접 만들지 않고 언어 워크벤치를 사용하게 되면, 이러한 트레이드오프가 달리 작용하게 된다. 언어 워크벤치에서 툴 지원을 충분히 할 수 있으려면, 직접 정의한 모델의 스키마를 워크벤치가 얼마든지 조사하고 조작할 수 있어야 한다. 메타 모델을 사용하면, 이처럼 조작하기가 훨씬 쉽다. 뿐만 아니라 언어 워크벤치의 툴 지원을 받으면, 메타 모델을 사용할 때 공통적으로 생기는 단점을 상당수 극복할 수 있다. 결과적으로 언어 워크벤치 대다수는 메타 모델을 사용한다. 편집기를 정의하거나, 모델에 없었던 행위를 추가하는데 도움을 주기 위해 언어 워크벤치는 메타 모델을 사용한다.

물론 메타 모델은 모델일 뿐이다. 따라서 다른 모델과 마찬가지로 자신의 구조를 정의하는 스키마를 가진다. 앞에서 적당히 만든 예제의 경우 MClass, MField, MObject가 바로 메타 모델의 스키마에 해당한다. 마찬가지로 스키마 자체도 메타 모델을 사용해서 정의해서는 안 될 이유가 전혀 없다. 이처럼 메타 모델을 사용해 스키마를 정의하고자 할 때, 언어 워크벤치 자체의 모델링 툴을 사용해서 스키마 정의 시스템을 만들 수 있다. 그리고 DSL 스크립트를 작성할 때 사용했던 툴을 똑같이 사용해서 메타 모델을 만들 수 있다. 언어 워크벤치에서 볼 때, 스키마 정의 언어 자체는 사실 또 다른 DSL일 뿐이다.

많은 언어 워크벤치가 이 접근법을 택했으며, 나는 이 방식을 부트스트랩 방식의 워크벤치(boot-strapped workbench)라고 부른다. 일반적으로 부트스트랩 방식의 워크벤치를 사용하면, 모델링 툴로 현재 작업을 처리할 수 있다는 자신감을 충분히 얻을 수 있다. 툴에서 툴 자체를 정의할 수 있기 때문이다.

하지만 이제 또다시 에서의 그림 안에 갇힌 듯한 느낌이 들기 시작한다. 모델이 메타 모델을 사용해 정의되고, 이 메타 모델도 단순히 메타 모델을 사용해 정의된 모델이라면, 이 고리는 대체 언제 끝나는가? 실무에서 스키마 정의 툴을 만들어 보면, 이 툴은 여러모로 특수할뿐더러 워크벤치가 동작하도록 하려면 워크벤치에 하드 코딩을 일부 해야만 한다. 무엇보다도 스키마 정의 모델의 특별한 점은 자신을 정의할 수 있다는 점이다. 자신이 끝이 없는 사다리를 오르는 게 아닐까 하고 생각하겠지만, 결국에는 스스로를 정의할 수 있는 모델에 다다르게 된다. 물론 이 자체로도 상당히 이상하다. 대체로 나는 이 부분을 너무 깊이 생각하지 않는 게 속 편하다고 생각한다. 심지어 화요일이라도 말이다.

흔히들 하는 질문이 스키마 정의 언어와 문법이 서로 어떻게 차이가 나느냐. 간단히 대답하자면, 문법은 언어(텍스트형)의 구문을 구체적으로 정의하는 반면에, 스키마 정의 언어는 시맨틱 모델의 스키마가 가진 구조를 정의한다는 점이다. 따라서 문법에는 입력 언어를 기술하는 요소가 많지만, 스키마 정의 언어는 시맨틱 모델을 정의할 때 사용하는 DSL에 완전히 독립적이다. 또한 문법에는 파스 트리의 구조가 함축되어 있다. 그리고 문법에 트리 생성 규칙을 함께 사용하면, 구문 트리의 구조를 정의할 수 있다. 하지만 구문 트리는 대개 시맨틱 모델과는 다르다(이점은 56쪽의 '파서가 하는 일'에서 설명한 바 있다).

스키마를 정의할 때 클래스나 필드와 같은 데이터 구조 관점에서 스키마를 생각해볼 수 있다. 실제로 스키마를 정의하는 일의 대부분은 시맨틱 모델의 요소를 저장할 수 있는 논리적인 데이터 구조에 대해 생각하는 일이다. 하지만 스키마를 정의할 때 다른 요소를 추가적으로 고려해야 하는데, 바로 구조적 제약사항이다. 구조적 제약사항(structural constraint)이란 시맨틱 모델에서 어느 인스턴스가 유효한지 결정짓는 제약사항으로, 계약에 따른 설계(Design by Contract)[Meyer]에서 말하는 불변식(invariant)에 해당한다.

구조적 제약사항은 주로 유효성 검증 규칙으로 나타나며, 데이터 구조 정의 자체에서 표현할 수 있는 범위를 넘어선다. 물론 데이터 구조 정의 자체에도 제약사항이 포함된다. 즉 시맨틱 모델의 스키마에 저장하지 못하는 요소는 시맨틱 모델에서도 표현할 수 없다. 예를 들어 위의 상태 모델의 경우, 하나의 전이에는 오로지 하나의 목표 상태가 있다. 여기에 목표 상태를 더 이상을 추가할 수는 없는데, 이를 저장할 수 있는 곳이 없기 때문이다. 이는 데이터 구조가 정의하고 강제하는 제약사항이다.

반면에 구조적 제약사항은 이러한 데이터 구조 때문에 생기는 제약사항과는 다르다. 오히려 저장할 수는 있지만 유효하지 않은 제약사항을 가리킬 때 구조적 제약사항이라고 부른다. 따라서 구조적 제약사항이란 데이터 구조에 추가로 부과하는 제약사항이기도 하다. 예를 들어 사람의 다리 개수는 정수 필드에 저장하겠지만, 사람은 반드시 0, 1, 2개의 다리를 가져야 한다고 말할 수 있다. 이러한 제약사항은 상당히 복잡해질 수 있고, 여러 개의 필드와 객체를 포함할 수도 있다. 예를 들어 누구도 스스로가 자신의 조상이 되서는 안 된다고 제약할 수 있다.

흔히 스키마 정의 언어는 구조적 제약사항을 표현할 수 있는 방법을 포함한다. 이 방법은 속성에 범위를 추가하는 정도로 제한적이거나, 범용 언어를 사용해서 제약사항을 임의로 표현할 수 있는 방법일 수도 있다. 일반적으로 구조적 제약사항은 시맨틱 모델을 변경할 수는 없고, 질의만 할 수 있도록 한정 짓는다. 이렇게 보면 구조적 제약사항은 체이닝을 사용하지 않는 생성 규칙 시스템(605)으로 볼 수도 있다.

9.3 소스 편집과 투사형 편집

많은 언어 워크벤치에서 가장 눈길을 끄는 특성 중 하나는 바로 투사형 편집 시스템을 사용한다는 점이다. 투사형 편집 시스템은 대다수의 프로그래머가 익숙한 소스 편집 시스템과는 다르다. 소스 기반 편집(source-based editing) 시스템의 경우, 프로그램을 실행 시스템에 맞게 처리할 때 사용하는 툴과는 독립적으로 편집할 수 있는 표현형식을 사용해서 프로그램을 정의한다. 실제로 이 표현형식은 텍스트 형식이므로, 텍스트를 편집할 수 있는 툴이라면 얼마든지 사용해서 프로그램을 읽고 편집할 수 있다. 이 텍스트가 바로 프로그램의 소스 코드다. 물론 소스 코드를 실행 가능한 형식으로 변환하려면 컴파일러나 인터프리터에 넘겨야 하지만, 프로그래머인 우리가 편집하고 저장할 때 사용하는 핵심적인 표현형식은 바로 이 소스 코드다.

반면에 투사형 편집(projectional editing) 시스템에서는 프로그램의 핵심적인 표현형식이 프로그램을 실행하는 툴 특유의 형식으로 저장된다. 이 형식은 툴 자체에서 사용하는 시맨틱 모델(197)이 영속성을 가지도록 표현한 형식이다. 따라서 프로그램을 편집하려면 툴의 편집 환경을 실행하고, 툴은 시맨틱 모델을 편집 가능한 형식으로 투사한다. 그러면 우리는 투사된 프로그램을 읽고 수정한다. 이때 프로그램은 텍스트, 다이어그램, 테이블 폼(form) 등 다양한 표현형식으로 투사된다.

마이크로소프트 엑세스(Access)와 같은 데스크톱 데이터베이스 툴은 투사형 편집 시스템의 좋은 예다. 엑세스를 이용해 프로그램을 만들었을 때, 이 프로그램에 대한 텍스트형 소스 코드는 편집은 고사하고, 눈으로 볼 수조차 없다. 대신 액세스를 기동한 후, 다양한 툴을 사용해 데이터베이스 스키마, 보고서, 쿼리 등을 조사한다.

투사형 편집은 소스 기반의 접근법보다 나은 장점을 많이 제공한다. 가장 확실한 장점은 투사형 편집을 사용하면 다양한 표현형식을 통해 편집할 수 있다는 점이다. 예를 들어 상태 머신의 경우, 다이어그램 형식으로 표현할 때 이해하기가 가장 쉽다. 이때 투사형 편집기를 사용하면 상태 머신을 다이어그램으로 표시한 후, 이 형식을 직접 편집할 수 있다. 반면에 소스 편집기를 사용하면, 텍스트로만 편집할 수 있다. 물론 시각화 도구를 실행하면 텍스트를 다이어그램으로 볼 수 있더라도, 다이어그램을 직접 편집할 수는 없다.

이처럼 투사를 활용하면 정확한 정보를 입력하고, 부정확한 정보는 입력하지 못하도록 만드는 일이 훨씬 쉬워진다. 그리고 이를 통해 편집 경험(editing experience)을 제어할 수 있다. 예를 들어 텍스트 형식으로 투사하는 경우, 객체에서 메서드를 호출해야 할 때 해당 클래스에서 유효한 메서드만을 표시해서 오직 유효한 메서드 이름만 입력되도록 만들 수 있다. 이를 통해 편집기와 프로그램 사이의 피드백 사이클이 더욱 짧아지고, 편집기는 프로그래머에게 더 나은 지원을 제공할 수 있게 된다.

뿐만 아니라 표현형식을 여러 형식으로 한꺼번에 투사하거나, 또는 필요할 때마다 각각 투사할 수도 있다. 예를 들어 Intentional Software 사가 만든 언어 워크벤치는 조건식을 C 계열 언어의 구문으로 보여준다. menu 명령을 이용하면, 동일한 표현식을 Lisp 계열의 구문으로 바꾸거나 테이블 형태로 바꿀 수도 있다. 이를 통해 정보를 현재 처리해야 하는 특정 작업에 맞게 보거나, 또는 프로그래머 개개인의 입맛에 맞추려고 할 때 언제든지 최적의 형식으로 투사할 수 있다. 뿐만 아니라 동일한 정보를 여러 형식으로 투사할 때도 많다. 예를 들면 클래스의 슈퍼 클래스를 폼에서 필드로 보여주면서, 동시에 편집 환경의 다른 화면 영역에 클래스 계층 구조로도 보여줄 수 있다. 투사된 이 두 형식 중 어느 형식을 편집해도 결국에는 기반 모델을 갱신하게 되고, 투사된 형식을 차례대로 모두 갱신한다.

이러한 표현형식은 기반 모델을 투사한 형식이므로, 모델을 의미적인 차원에서 변환할 수 있게 된다. 예를 들어 메서드 이름을 바꾸려고 할 때, 이 작업이 텍스트 형식이 아닌 모델 관점에서 수행된다. 따라서 많은 변경 작업이 텍스트 형식의 관점에서 이루어지기보다는, 시맨틱 모델에 대해 의미적인 차원에서 이루어지게 된다. 이런 방식은 리팩토링을 안전하고, 더욱 효과적으로 수행하는데 도움이 된다.

투사형 편집은 전혀 새로운 개념이 아니다. 최소한 내가 프로그래밍에 발을 담근 이후로 줄곧 있어 왔다. 투사형 편집은 많은 장점을 가지고 있다. 하지만 실무에서 만드는 대다수의 프로그램은 여전히 소스를 기반으로 하는데, 투사형 시스템을 사용하면 특정 툴에 종속되기 때문이다. 사람들은 시스템이 이처럼 벤더에 종속되는 일을 염려스러워한다. 뿐만 아니라 여러 툴이 공통적인 표현형식을 바탕으로 서로 공존하는 에코 시스템(ecosystem)을 만들기도 힘들어진다. 결국 많은 결함을 가지고 있더라도, 텍스트를 공통적인 포맷으로 사용할 수밖에 없다. 따라서 텍스트를 조작할 수 있는 툴이 폭넓게 사용되기 마련이다.

텍스트가 공통적인 포맷으로 사용될 때 가장 큰 차이를 이끌어 내는 꽤 훌륭한 예로 소스 코드 관리를 들 수 있다. 지난 몇 년에 걸쳐 소스 코드 관리 분야에서는 흥미로운 개발이 엄청나게 많이 이루어졌다. 여기에는 동시 편집, diffs의 표현형식, 병합 자동화, 트랜잭션이 유지되는 레파지토리 갱신, 분산 버전 관리 등이 있다. 소스 코드 관리 툴은 매우 폭넓은 범위의 프로그래밍 환경에서 사용할 수 있는데, 이들 툴이 순전히 텍스트 파일에 기반해서 동작하기 때문이다. 결국 투사형 편집 툴을 사용하게 되면, 이전에 활용할 수 있었던 지능형 레파지토리, diffs, 병합을 이용할 수 없는 안타까운 상황을 마주하게 된다. 이러한 기능을 사용할 수 없다는 사실은 대규모의 소프트웨어 프로젝트에서는 매우 중요한 문제다. 따라서 대규모의 소프트웨어 시스템에서는 여전히 소스를 기반으로 편집할 수밖에 없다.

소스에는 이 외에도 실용적인 장점이 있다. 누군가에게 사용법을 설명하는 이메일을 전송하는 경우 텍스트 형식으로 보내기는 쉬운 일이다. 반면에, 투사나 스크린 샷을 통해 설명하려면 더 애를 먹게 된다. 뿐만 아니라 투사형 시스템에서 필요한 변환 작업을 제공하지 않을 수도 있다. 반면에 소스의 경우, 텍스트 처리 툴을 사용하면 변환 작업을 쉽게 자동화할 수 있을 때도 더러 있으므로, 변환 작업이 필요한 경우 오히려 소스가 더 유용하다. 게다가 투사형 시스템은 유효한 값만을 입력하도록 하는 데는 도움이 되겠지만, 해결책을 모색하는 동안 중간 과정으로 지금 당장은 유효하지 않은 값을 입력할 수가 없다. 이러한 중간 단계의 입력 값은 유용할 때가 많다. 이처럼 유용한 제한과 사고의 제약[4] 사이의 차이점은 대개 미묘하다.

현대적인 IDE가 이루어낸 대성공 중 하나는 IDE에서 두 시스템의 장점을 모두 취할 수 있는 방법을 제공한다는 점이다. 기본적으로는 소스를 기반으로 작업하고, 이를 통해 소스 기반 시스템이 가진 장점을 모두 얻을 수 있다. 게다가 소스를 IDE로 로드하면, IDE는 시맨틱 모델을 생성한다. 이를 통해 더욱 쉽게 편집할 수 있는 투사형 기법을 모두 사용할 수 있게 된다. 나는 이 방식을 모델이 지원되는 소스 편집(model-assisted source editing)이라고 부른다. 이를 위해서는 컴퓨팅 자원이 많이 필요하다. 툴은 소스를 모두 파싱해야 하고, 시맨틱 모델을 유지하려면 메모리를 많이 차지한다. 하지만 결과적으로 양쪽 측면을 모두 만족시킬 수 있다. 이처럼 일거양득을 이뤄내고, 프로그래머가 편집하는 동안 모델을 갱신하는 기능을 만들기란 어렵다.

9.3.1 다양한 표현형식

소스 편집 과정이나 투사형 편집 과정을 생각할 때, 표현 역할의 관점에서 생각해 보면 꽤 도움이 된다. 먼저 소스 편집 과정을 살펴보면 소스 코드는 두 가지 역할을 수행하는데, 편집용 표현형식(프로그램을 편집할 때 사용하는 표현형식)과 저장용 표현형식(영속성을 가지도록 저장하는 표현형식)이다. 컴파일러는 이 표현형식을 실행가능한 형식, 즉 머신에서 실행할 수 있는 형식으로 변환한다. 반면에 인터프리터형 언어에서는 소스 그 자체가 실행가능한 표현형식이다.

어느 시점에 접어들면(예를 들어 컴파일 하는 동안에), 추상화된 표현형식이 생성된다. 이 형식은 순전히 컴퓨터 지향적인 구조로, 프로그램을 더욱 쉽게 처리하기 위한 구조다. 최신의 IDE는 편집을 지원할 목적으로 추상화된 표현형식을 생성한다. 추상화된 표현형식에는 여러 가지가 있지만, IDE에서 편집을 위해 사용하는 형식이 컴파일러가 사용하는 구문 트리와는 같지 않을 수도 있다. 최신의 컴파일러는 다양한 목적에 맞게 추상화된 표현형식을 여러 가지로 생성하기도 한다. 예를 들어 구문 트리를 생성할 때도 있고, 호출 그래프(call graph)를 생성할 때도 있다.

---

[4] (옮긴이) 유용한 제한과 사고의 제약 : 투사형 시스템은 유효한 입력 값만을 허용하도록 제한하는 유용한 기능을 가지고 있다. 반면에 인간의 사고 능력은 문제를 해결하기 위해서 중간 단계의 임시값을 필요로 하기도 한다. 따라서 투사형 시스템이 가진 유용한 제한은 중간 단계의 임시값을 허용하지 않으므로 사고 능력을 제한할 수 있다.

반면에 투사형 편집에서는 표현형식이 이와는 달리 배치된다. 투사형 편집 툴은 시맨틱 모델(197)을 핵심적인 표현형식으로 사용한다. 그리고 이 표현형식을 편집용 표현형식에 맞게 다양하게 투사하며, 별도의 저장용 표현형식을 사용해 모델을 저장한다. 저장용 표현형식은 어느 정도는 사람이 읽을 수도 있지만(예를 들면, XML로 직렬화한 경우), 제정신이라면 이 형식을 편집하려는 목적으로 사용하지는 않는다.

9.4 일러스트러티브 프로그래밍

투사형 편집의 결과 중 가장 흥미로운 점은 내가 일러스트러티브 프로그래밍(illustrative programming)[5]이라고 부르는 방식을 지원한다는 점이다. 정규 프로그래밍에서는 프로그램, 즉 하려는 일을 기술한 일반적인 문장에 가장 많은 관심을 기울인다. 여기서 문장이 일반적이라 함은 이들 문장이 일반적인 경우를 기술하는 텍스트이기 때문이다. 이때 입력이 달라지면 그에 따라 결과도 달라진다.

하지만 전 세계에서 가장 인기 있는 프로그래밍 환경은 이렇게 동작하지 않는다. 과학적으로 관찰한 바는 아니지만, 내가 볼 때 가장 인기를 끈 프로그래밍 환경은 바로 스프레드시트다. 스프레드시트가 인기를 끈 이유는 특히 흥미로운데, 스프레드시트 프로그래머는 대부분 비전문적인 프로그래머이기 때문이다. 실제로도 이들은 자신을 프로그래머라고 생각지 않는다.

스프레드시트의 경우 가장 가시적인 부분은 일련의 숫자를 바탕으로 계산된 결과로, 그 결과가 그대로 눈에 드러난다. 반면에 프로그램에 해당하는 부분은 수식 입력 줄에 감춰져 있고, 한 번에 한 셀만 볼 수 있다. 스프레드시트에서 프로그램 실행과 프로그램 정의는 서로 합쳐져 있고, 따라서 프로그램 실행에만 집중할 수 있다. 또한 프로그램을 실행한 구체적인 실례를 그대로 보여주므로, 프로그램 정의가 어떤 일을 하는지 사람들이 쉽게 이해할 수 있도록 한다. 따라서 프로그램의 행위를 더욱 쉽게 추론할 수 있게 된다. 물론 이는 테스트를 상당히 많이 만드는 경우에도 공통적으로 드러나는 특징이다. 하지만 스프레드시트에서는 실행한 결과가 프로그램보다 더 눈에 띈다는 점에서 차이가 있다.

---

[5] (옮긴이) 앞으로 설명하겠지만, '일러스트러티브'는 '실례를 보여주는', 또는 '구체적인 예를 보여주는'의 뜻을 가진다. 저자가 직접 만든 신조어로, 단어의 의미를 그대로 살리기 위해서 발음 나는 대로 사용하려고 한다. 이후의 설명에서 기법을 가리킬 때는 '일러스트러티브'를 사용하고, 설명하는 내용일 때는 '실례를 보여주는'을 사용해서 이해를 돕고자 한다.

나는 이 특성을 설명하고자 '일러스트러티브 프로그래밍'이라는 용어를 선택했다. '예제(example)'는 너무 보편적으로 쓰이는 용어이므로 이를 피했고(반면에 '일러스트레이션(illustration)'이라는 용어는 그리 잘 쓰이지 않는다), 또한 '일러스트레이션'은 예제를 실행한다는 본질을 보강해서 설명해 주는 용어이기 때문이다. 일러스트레이션은 개념을 설명할 때 다른 방법을 제시해서 이해를 돕는다는 뜻을 가진다. 이와 비슷하게 일러스트러티브 실행(illustrative execution)은 프로그램을 변경할 때, 프로그램이 무슨 일을 하는지 쉽게 이해할 수 있다는 뜻이다.

이처럼 개념을 명확히 하려고 할 때 경계 사건을 고려해 보면 도움이 된다. 이러한 경계 중 하나로, 프로그램을 편집할 때 프로그램 정보를 투사하는 개념을 들 수 있다. 예를 들어 IDE는 클래스 코드를 작성하는 동안에 클래스 계층 구조를 보여준다. 어느 정도는 일러스트러티브 프로그래밍과 유사한데, 프로그램을 수정하는 동안에도 계층 구조가 계속해서 갱신되어 표시되기 때문이다. 하지만 결정적인 차이점이 있다. 계층 구조는 프로그램의 정적인 정보를 이용해서도 유도할 수 있다는 점이다. 반면에 일러스트러티브 프로그래밍에서는 실제로 실행되는 프로그램에서 정보를 얻는다.

또한 인터프리터에서 코드 블록을 쉽게 실행할 수 있는 기능(동적 언어에서 굉장히 인기 있는 기능)보다 일러스트러티브 프로그래밍이 훨씬 광범위한 개념이라고 생각한다. 물론 인터프리터에서도 코드를 바로 해석하고, 실행 작업을 조사할 수는 있다. 하지만 스프레드시트의 경우 값이 가장 중요한 위치를 차지하는 것과는 달리, 인터프리터를 사용하는 경우 실례를 가장 중요한 위치에 두지 않는다. 반면에 일러스트러티브 프로그래밍 기법에서는 실례를 편집 환경에서 맨 앞에 둔다. 프로그램은 맨 뒤로 물러나고, 실례에서 일부를 조사하려고 할 때만 눈 앞에 잠깐 드러난다.

일러스트러티브 프로그래밍이 만능이라는 뜻은 아니다. 스프레드시트나 GUI 개발 툴에서 발견한 문제점 중 하나는 프로그램이 하는 일을 보여주는 데는 성공했지만, 프로그램 구조는 간과했다는 점이다. 따라서 스프레드시트나 UI 패널이 복잡해지면, 이해하거나 수정하기가 어려워지게 된다. 이러한 프로그램에서는 흔히 복사-붙여넣기가 무절제하게 만연하는 편이다.

실례를 보여주기 위해 프로그램이 경시되었고, 프로그래머조차 프로그램을 신경 쓰지 않는다는 사실로 인해 이런 결과가 초래되었다는 사실은 놀라울 수밖에 없다. 정규 프로그래밍에서도 프로그램에 주의를 기울이지 않으면 상당히 애를 먹는다. 따라서 일러스트러티브 프로그램을 비전문적인 프로그래머가 개발했다면, 이런 결과가 발생한다고 해도 그리 놀랍지 않을 수도 있다. 하지만 이 문제로 인해 결국 프로그램이 확장되면서 유지할 수 없을 정도로 쉽게 변해 버린다. 일러스트러티브 프로그래밍 환경에서 앞으로 도전해 볼만한 분야는 실례의 내부 프로그램도 제대로 구조화가 되도록 개발할 수 있게 돕는 일이다. 물론 일러스트러티브 환경에서 잘 구조화된 프로그램이 과연 무엇인지는, 다시 한번 생각해 봐야 할 문제다.

이처럼 잘 구조화된 일러스트러티브 프로그램을 만들 때 어려운 부분은 새로운 추상화를 쉽게 만들 수 있는 기능이다. 리치 클라이언트(rich client) UI 소프트웨어를 살펴본 결과 중 하나는, UI 빌더 툴이 스크린과 컨트롤의 관점에서 생각하기 때문에 이들 소프트웨어가 복잡하다는 점이다. 시험 삼아 해본 내 경험에 따르면, 자신의 프로그램에 맞는 추상화를 직접 찾아야 하며, 이 추상화는 상황에 따라 그 형태가 다르다. 하지만 이렇게 추상화를 찾더라도 스크린 빌더 소프트웨어에서 지원되지 않기도 한다. 대개의 경우 스크린 빌더는 자신이 알고 있는 추상화만을 보여줄 수 있기 때문이다.

이러한 문제점이 있지만 일러스트러티브 프로그래밍은 좀 더 진지하게 고려해야 할 기법이다. 스프레드시트가 비전문적인 프로그래머에게 인기를 얻게 되었다는 사실을 무시할 수는 없다. 많은 언어 워크벤치에서 비전문적인 프로그래머가 사용할 수 있도록 하는데 관심을 기울이고 있다. 또한 투사형 편집과 일러스트러티브 프로그래밍은 의미가 일맥상통한다. 따라서 일러스트러티브 프로그래밍은 언어 워크벤치가 성공하기 위한 필수 요소일 수도 있다.

9.5 툴 둘러보기

지금까지는 실제 사용 중인 언어 워크벤치에 대해 언급하기를 꺼려왔다. 이처럼 변화가 심한 분야에서 툴에 대해 무슨 이야기를 하더라도, 이 책을 읽을 때는 고사하고 책이 출판되었을 때조차도 시대에 뒤떨어진 내용이 되기 십상이기 때문이다. 하지만 이 분야에 존재하는 툴이 얼마나 다양한지 맛보기로 보여주기 위해, 어쨌든 툴을 설명하기로 마음먹었다. 하지만 툴에 대한 실질적인 세부 내용은 이 책을 읽을 쯤에는 거의 사실이 아닐 거라는 점은 기억해둬야 한다.

가장 영향력이 크고, 확실히 가장 정교한 툴은 Intentional Software 사(http://intentsoft.com)가 만든 Intentional Workbench다. 이 프로젝트는 찰스 시모니

(Charles Simonyi)가 이끌었다. 찰스는 PARC 연구소에서 초기 워드 프로세서에 대해서 선구적인 연구를 했고, 마이크로소프트 오피스 개발을 이끈 사람으로도 잘 알려져 있다. 찰스는 프로그래머와 프로그래머가 아닌 사람들이 하나의 통합된 툴에서 작업하는, 고도로 협력적인 환경에 대한 비전을 품었다. 그 결과 Intentional Workbench는 상당히 풍부한 투사형 편집 기능과, 모든 요소를 하나로 결합하기 위한 메타 모델링 레파지토리를 포함하게 되었다.

그러나 Intentional 사는 이들이 오랫동안 이 작업에 공을 들여왔음에도, 너무 비밀스럽게 작업을 진행했다는 이유로 강력히 비난 받았다. 게다가 Intentional 사는 적극적으로 움직여 특허를 신청했고, 이 사실은 이 분야에 있는 많은 사람들을 놀라게 했다. 중요한 공개 발표는 2009년 초반에야 시작했고, 이 발표에서 고도로 뛰어난 툴이란 어떤 것인지 제대로 보여주었다. 이 툴을 사용하면 텍스트, 다이어그램, 일러스트레이션뿐만 아니라 이 형식을 모두 조합한 형식 등 다양한 표현형식으로 얼마든지 투사할 수 있다.

개발된 시기로 보자면 Intentional Workbench가 가장 오래된 언어 워크벤치지만, 가장 오래 전에 출시된 툴은 MetaCase(www.metacase.com)에서 만든 MetaEdit일 듯하다. 이 툴은 그래픽형 투사에 특화된 툴이지만, 테이블 형식으로도 투사할 수 있다(텍스트 형식은 지원하지 않는다). 특이하게도 이 툴은 부트스트랩 방식의 환경이 아니다. 스키마와 투사를 정의하려면 특별한 환경을 사용해야 한다. 마이크로소프트 또한 유사한 방식으로 동작하는 툴로 구성된 DSL 툴셋을 만들었다.

JetBrains(www.jetbrains.com)이 만든 Meta-Programming System(MPS)은 투사형 편집에 대해, 구조화된 텍스트 형식을 표현형식으로 선택하는 또 다른 방식으로 접근했다. 게다가 이 툴은 DSL을 작성할 때 도메인 전문가가 깊이 관여하도록 하기보다는, 프로그래머 생산성에 더 많은 목표를 두었다. JetBrains은 정교한 코드 편집과 탐색 툴을 통해 IDE 기능을 향상하는데 상당히 기여했으며, 이를 통해 개발자 툴 분야에서 명성을 얻었다. JetBrains은 미래에 만들어질 툴이 MPS를 토대로 삼아야 한다고 본다. 특히 중요한 점은, MPS 코드 대부분이 오픈 소스라는 점이다. 이처럼 언어 워크벤치가 반드시 오픈 소스가 되어야만, 언어 워크벤치와 같이 매우 다른 유형의 프로그래밍 환경으로 개발자가 움직이도록 만들 수 있다.

오픈 소스로 만들어진 또 다른 워크벤치에는 이클립스를 기반으로 만들어진 Xtext(www.eclipse.org/Xtext)가 있다. Xtext는 투사형 편집이 아니라 소스를 편집한다는 점에서 다른 워크벤치와는 뚜렷이 차이가 난다. 이 툴은 내부적으로 ANTLR

을 파서로 사용하며, 이클립스와도 통합되었다. 따라서 이클립스에서 DSL 스크립트를 작성할 때, 모델이 지원되는 소스 편집 기능을 사용할 수 있다. 게다가 자바로 편집할 때도 비슷한 방식으로 편집할 수 있다.

마이크로소프트의 SQL 서버 모델링 프로젝트(예전에는 'Oslo'로 알려진)는 텍스트형 소스와 투사형 소스를 혼용한다. 이 프로젝트에는 현재 M으로 불리는 모델링 언어가 포함되어 있는데, 이 언어를 사용하면 텍스트형 DSL에 대해 시맨틱 모델(197) 스키마와 문법을 정의할 수 있다. 그러면 이 모델이 지원되는 소스 편집 기능을 제공하는 지능형 편집기를 툴을 사용해 플러그인 형태로 만들 수 있다. 결과 모델은 관계형 데이터베이스 레파지토리에 저장되고, 다이어그램 형식으로 투사하는 편집기(Quadrant)로 이 모델을 조작할 수 있다. 또한 모델에 대해 런타임에 질의할 수 있으므로, 코드 생성을 하지 않고도 전체 시스템을 완벽히 동작시킬 수 있다.

지금까지 워크벤치와 관련된 툴을 간략히 둘러보았다. 물론 이처럼 개략적으로 살펴본다고 해서 모든 툴을 포괄적으로 살펴봤다고 말하기는 힘들다. 하지만 이 분야에 있는 다양한 툴에 대한 맛보기 정도는 되리라고 본다. 이 분야에서는 새로운 많은 생각들이 갑자기 생겨나므로, 기술적인 아이디어와 비즈니스 아이디어를 어떻게 조합해야 성공할 수 있을지 예측하기는 아직 너무 이르다. 순전히 기술적인 정교함으로만 보자면, Intentional Workbench가 확실히 선두에 서리라고 본다. 하지만 알다시피, 주요 목표를 대부분 이루었지만 기술적인 면에서는 뒤떨어진 것들이 최후의 승자가 될 때가 많다.

9.6 언어 워크벤치와 CASE 툴

언어 워크벤치를 살펴보고는 CASE(Computer-Aided Software Engineering) 툴과 상당히 비슷하다고 보는 사람도 있다. 사실 CASE 툴은 이미 수십 년 전에 소프트웨어 개발에 혁명을 가져왔어야 했다.

이러한 전설을 그리워하는 사람들은 당시에 CASE 툴을 사용하면 다양한 도식형 표기법을 사용해서 소프트웨어를 설계하고, 소프트웨어 코드를 생성할 수 있다고 믿었다. 90년대 당시에는 이 툴이 소프트웨어 개발의 미래였겠지만, 이 꿈은 이제 사라진 지 오래다.

표면적으로 보면, 언어 워크벤치와 CASE 툴 사이에는 비슷한 점이 몇 가지 있다. 마찬가지로 CASE 툴에서도 모델이 핵심적인 역할을 했고, 메타 모델을 사용해 모델을 정의했으며, 다이어그램을 이용한 투사형 편집을 지원했다.

하지만 기술적으로 주요한 차이점이 있다. CASE 툴로는 자신만의 언어를 정의할 수가 없다. CASE 툴에 가장 가까운 언어 워크벤치는 MetatEdit이다. 하지만 MetaEdit을 사용하면 자신만의 언어를 정의할 수 있을뿐더러, 모델을 기반으로 코드 생성을 제어할 수 있다는 점에서 CASE 툴이 제공하는 기능과는 확연히 다르다.

OMG(Object Management Group)에서 만든 MDA(Model-Driven Architecture)가 DSL이나 언어 워크벤치 분야에서 커다란 역할을 할 수 있다고 보는 부류도 있다. 나는 이 주장에 회의적인데, OMG MDA 표준은 DSL 환경으로 사용하기에는 너무 복잡하기 때문이다.

무엇보다도 가장 중요한 차이점은 문화와 관련이 깊다. CASE 세계에서 활동하는 많은 사람들은 프로그래밍을 깔보았고, 무언가를 자동화하는 일을(결국에는 사라져버렸지만) 자신의 역할로 여겼다. 반면에 언어 워크벤치 커뮤니티의 많은 사람들은 프로그래밍 경험을 갖추었고, 프로그래머들이 좀 더 생산적으로 일하기 위한(그리고 고객이나 사용자와의 협력을 증대시키기 위한) 환경을 만드는 방법을 찾으려 노력한다. 이러한 노력의 일환으로 언어 워크벤치에서는 코드 생성 툴을 강력히 지원하는 편이다. 툴을 사용해 유용한 결과를 만들어내려면 코드 생성 툴이 필수적이기 때문이다. 이처럼 문화적인 차이점은 단순히 툴을 시연해서는 놓치기 쉽다. 시연에서는 오히려 투사형 편집 기능이 훨씬 흥미롭기 때문이다. 하지만 바로 이 문화적인 측면이 우리가 언어 워크벤치 툴을 진지하게 받아들여야만 하는 신호다.

9.7 언어 워크벤치를 사용해야 하는가

이 분야가 정말 불확실하다고, 이 장에서 지겨우리만치 계속해서 말해왔다. 하지만 이 절에서도 거듭 말해야겠다. 언어 워크벤치는 새롭고 변화가 심한 분야이므로, 내가 지금 말하는 내용은 이 책을 읽을 때쯤이면 틀릴 게 확실하다. 그렇다 하더라도 할 수 있는 데까지는 말해야겠다.

나는 지난 몇 년 동안 언어 워크벤치와 관련된 툴을 주시해왔다. 이들 툴이 믿을 수 없을 정도의 잠재력을 가졌다고 생각했기 때문이다. 언어 워크벤치가 이루려는 비전을 달성하기만 하면, 프로그래밍의 국면은 완전히 바꾸어 놓을 수 있고, 프로그래밍 언어에 대한 우리의 생각까지도 전환할 수 있다. 거듭 말하지만 언어 워크벤치의 힘은 잠재적이다. 마치 핵융합 발전이 인류에게 필요한 에너지를 모두 충당할 수 있다고 믿었듯이, 결국에는 잠재력만으로 끝날 수도 있다. 하지만 언어 워크벤치에 잠재력에 있다는 사실 하나만으로도, 이 분야에서 현재 어떤 개발이 이루어지는지 주시할만한 가치는 충분히 있다.

이 분야가 새롭고 쉽게 변경된다는 말은 지금 당장은(2010년 초반) 주의하는 게 중요하다는 뜻이다. 주의해야 할 또 다른 이유는 이 툴이 종속성을 내재한다는 점이다. 한 워크벤치에서 작성한 코드를 다른 워크벤치에 맞게 변환하는 일은 아예 불가능하다. 언어 워크벤치 간의 상호 운용을 위한 표준이 언젠가는 만들어지겠지만, 매우 어려운 일임에는 틀림없다. 따라서 한 워크벤치에서 문제를 해결하기 위해 들인 노력이 해당 워크벤치만으로는 해결할 수 없는 벽에 부딪히거나, 벤더에 문제가 생기면 노력이 수포로 돌아갈 수도 있다.

이러한 문제를 줄일 수 있는 방법으로, 언어 워크벤치를 완전한 DSL 환경이 아니라 파서로만 사용해 볼 수 있다. 언어 워크벤치를 완전한 DSL 환경으로 적용한다는 말은 워크벤치의 스키마 정의 환경에서 시맨틱 모델(197)을 설계한 후, 거의 모든 기능이 포함된 코드를 생성한다는 뜻이다. 반면에 언어 워크벤치를 파서로만 사용한다면, 늘 하던 방식대로 시맨틱 모델을 만들 수 있다. 그리고 언어 워크벤치를 사용해서 시맨틱 모델에 대해 모델 식별 생성(657) 기법을 활용할 수 있도록, 모델을 기반으로 하는 편집 환경을 정의한다. 따라서 언어 워크벤치에 문제가 발생하게 되면, 파서만 영향을 받게 된다. 그리고 가장 중요한 요소인 시맨틱 모델은 언어 워크벤치에 종속되지 않는다. 뿐만 아니라 파서로 사용하는 언어 워크벤치에 문제가 있더라도, 다른 파서 메커니즘을 쉽게 생각해낼 수 있다.

물론 언어 워크벤치를 애용해야 한다는 지금까지의 내 의견은 어느 정도 추측에 근거한다. 하지만, 이 툴이 잠재력을 가지고 있으므로 시도해 볼만한 가치가 있다고 본다. 그리고 이러한 투자는 위험이 따르겠지만, 성공한다면 그 보상은 어마어마하다.

2부
공통 토픽

10장

DOMAIN-SPECIFIC LANGUAGES

A Zoo of DSLs[1]

이 책을 시작할 때 말했듯이, 소프트웨어 세계는 DSL로 가득 차 있다. 이 장에서는 이 중에서 일부를 간략하게나마 소개하려고 한다. 최고의 DSL을 보여주려는 의도로 사례를 고르지는 않았다. 그저 생각나는 대로 선택했을 뿐이며, 이미 DSL이 다양하게 존재한다는 사실을 보여주기에 적합하다고 생각했기 때문이다. 현존하는 DSL 중에서 극히 일부만을 소개하겠지만, 이 조그만 사례들이 전체 DSL에 대한 맛보기가 되기를 바란다.

10.1 그래프비즈

그래프비즈(Graphviz)는 DSL을 설명하기에 좋은 예제인 동시에, DSL로 작업하는 사람이라면 누구나 유용하게 활용할 수 있는 패키지다. 그래프비즈는 그래픽 형태로 렌더링하는 데 사용할 수 있는 라이브러리로, 노드(node)와 호(arc)로 구성된 그래프를 그릴 수 있다. 그림 10.1은 그래프비즈 웹사이트에서 가져온 예다.

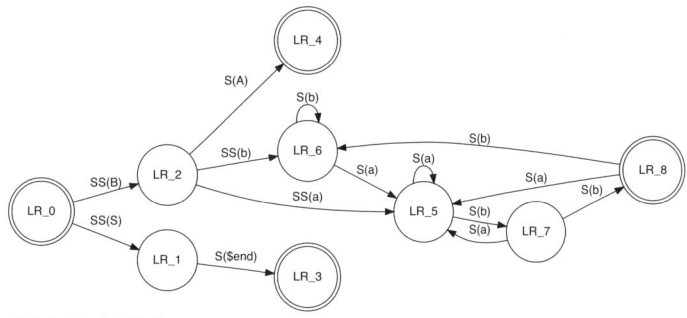

그림 10.1 그래프비즈를 사용한 예

---

1 (옮긴이) 마치 동물원에서 다양한 동물을 관람하듯이, 여러 DSL에 대한 내용을 한군데 모아 놓은 장이라는 뜻이다. 저자가 서문에 Zoo of DSL의 이름을 제안한 데이비드 잉에게 감사의 말을 달았기에 번역하지 않고 그대로 두었다.

이 다이어그램을 만들려면, 외부 DSL에 속하는 DOT 언어를 사용해 다음과 같이 코드를 작성해야 한다.

```
digraph finite_state_machine {
  rankdir=LR;
  size="8,5"
  node [shape = doublecircle]; LR_0 LR_3 LR_4 LR_8;
  node [shape = circle];
  LR_0 -> LR_2 [ label = "SS(B)" ];
  LR_0 -> LR_1 [ label = "SS(S)" ];
  LR_1 -> LR_3 [ label = "S($end)" ];
  LR_2 -> LR_6 [ label = "SS(b)" ];
  LR_2 -> LR_5 [ label = "SS(a)" ];
  LR_2 -> LR_4 [ label = "S(A)" ];
  LR_5 -> LR_7 [ label = "S(b)" ];
  LR_5 -> LR_5 [ label = "S(a)" ];
  LR_6 -> LR_6 [ label = "S(b)" ];
  LR_6 -> LR_5 [ label = "S(a)" ];
  LR_7 -> LR_8 [ label = "S(b)" ];
  LR_7 -> LR_5 [ label = "S(a)" ];
  LR_8 -> LR_6 [ label = "S(b)" ];
  LR_8 -> LR_5 [ label = "S(a)" ];
}
```

예제에서 보다시피, 그래프에는 두 가지 요소가 있음을 볼 수 있다. 바로 노드와 호다. 노드는 node 키워드를 사용해 선언할 수 있지만, 굳이 선언하지 않아도 된다. 호는 -> 연산자를 사용해 선언한다. 노드와 호는 둘 다 각괄호 사이에 속성을 설정할 수 있다.

그래프비즈는 C 데이터 구조 형식을 시맨틱 모델(197)로 사용한다. 파서는 Yacc 와 C 언어를 이용해 구문 주도 변환(267)과 임베디드 변환(361)을 적용해서 만들어졌다. 이 파서를 이용해 시맨틱 모델을 파퓰레이트한다. 그리고 파서는 임베드먼트 헬퍼(647)를 효과적으로 활용한다. C 언어를 사용했으므로 임베드먼트 헬퍼로 객체를 사용할 수는 없다. 대신에 일련의 헬퍼 함수를 문법 액션에서 호출한다. 결과적으로 코드 액션이 간결해지고 문법 파일의 구조도 해치지 않는다. 따라서 문법 파일은 그 자체로도 쉽게 읽을 수 있다. Lex 렉서 생성기가 있지만, 렉서는 자체적으로 구현되었다. 이는 Yacc 파서를 사용할 때 상당히 일반적이다.

노드와 호로 구성된 시맨틱 모델이 파퓰레이트된 후에야 그래프비즈는 실질적인 작업을 수행한다. 이 패키지는 다이어그램에 그래프를 어떻게 배치할지 계산한다. 게다가 이 패키지에는 그래프를 다양한 그래픽 형식으로 렌더링할 수 있는 렌더링 코드가 포함되어 있다. 이 코드는 모두 파서 코드와는 독립적이다. 따라서 스크립트를 기반으로 시맨틱 모델이 만들어지고 나면, 이후의 작업은 모두 이 C 데이터 구조를 기반으로 처리한다.

이 예제에서는 문장 분리기호로 세미콜론을 사용했지만, 세미콜론은 순전히 선택적이다.

10.2 JMock

JMock은 목 객체(Mock Object)[Meszaros]를 만드는데 사용하는 자바 라이브러리다. JMock 창시자는 목 객체 라이브러리를 다수 만들었다. 이를 통해 목 객체에 기대 값을 정의하는데 사용할 수 있는, 훌륭한 내부 DSL이 무엇인지에 대한 자신의 생각을 발전시켜 나갔다([Freeman and Pryce] 문서는 어떻게 발전되어 왔는지 탁월하게 설명한다).

목 객체는 테스트를 할 때 사용한다. 먼저 기대 값(expectation)을 선언해 테스트를 시작한다. 기대 값은 객체에서 기대되는 값을 받는 메서드로, 테스트하는 동안에 호출된다. 다음으로 테스트 하려는 실제 객체 대신에 목 객체를 끼워 넣고, 실제 객체를 시뮬레이션할 수 있다. 그러면 목 객체는 메서드 호출이 제대로 이뤄졌는지 보고한다. 이는 행위 검증(Behavior Verification)[Meszaros]에 해당한다.

JMock에서 사용한 DSL을 설명하려면, 우선 JMock이 발전해온 과정을 살펴볼 필요가 있다. 먼저 처음 만들어진 JMock 라이브러리(JMock 1)부터 살펴보자. JMock 창시자는 이 버전에 신생대라는 별칭을 붙였다[Freeman and Pryce]. 다음은 기대 값을 사용한 예다.

```
mainframe.expects(once())
  .method("buy").with(eq(QUANTITY))
  .will(returnValue(TICKET));
```

이 코드는 테스트의 일환으로 mainframe 객체(이 객체가 바로 목 객체다)에서 buy 메서드가 한 번만 호출되리라고 기대한다는 뜻이다. 이때 호출 파라미터는 반드시 QUANTITY 상수와 같아야 한다. 그리고 호출이 완료되면, buy 메서드는 TICKET 상수 값을 반환해야 한다.

목 객체에 대한 기대 값 문장은 테스트 코드 내에 부분형 DSL로 작성해야 한다. 따라서 내부 DSL을 사용하는 게 가장 자연스럽다. JMock 1에서는 목 객체에 직접 메서드 체이닝(447)을 활용하고(expects), 이와 동시에 중첩 함수(429)를 적용했다(once). 여기에 객체 스코핑(461)을 적용해서, 중첩 함수에 해당하는 메서드를 참조 없이 쓸 수 있었다. JMock 1에서는 목 객체를 사용하는 테스트를 모두 라이브러리 클래스의 서브 클래스 안에 작성하도록 강제하는 방식을 통해 객체 스코핑을 적용한다.

IDE를 사용하는 경우 메서드 체이닝이 좀 더 효과적으로 동작하도록 만들기 위해, JMock은 프로그레시브 인터페이스(progressive interface)를 사용한다. 예를 들어 with는 method 이후에만 사용할 수 있다. 이처럼 IDE에서 자동완성 기능을 사용할 수 있게 되면, 기대 값 문장을 올바르게 작성하는데 도움이 된다.

JMock은 DSL 호출을 처리한 후, 목 객체와 기대 값 객체로 구성된 시맨틱 모델(197)로 변환하기 위해 표현식 빌더(415)를 사용한다. [Freeman and Pryce]에서는 이 표현식 빌더를 구문 레이어(syntax layer)로, 시맨틱 모델은 인터프리터 레이어(interpreter layer)라고 부른다.

이처럼 메서드 체이닝과 중첩 함수를 함께 사용하는 예제에서 확장과 관련된 흥미로운 교훈을 배울 수 있다. 표현식 빌더에 정의된 메서드 체이닝은 사용자가 확장하기에 까다로운데, 사용할 수 있는 메서드가 모두 표현식 빌더에 정의되어 있기 때문이다. 하지만 중첩 함수에 메서드를 새롭게 추가하기는 쉽다. 새 메서드는 테스트 클래스 자체에 정의하거나, 또는 객체 스코핑을 위해 라이브러리에 있는 슈퍼 클래스의 서브 클래스를 직접 만들어 사용할 수 있기 때문이다.

이 접근법은 잘 동작하지만, 몇 가지 문제점은 여전히 남는다. 특히 목 객체를 사용하는 테스트는 모두 JMock 라이브러리 클래스의 서브 클래스에 정의해야만 객체 스코핑을 적용할 수 있다는 제약이 생긴다. JMock 2에서는 DSL을 새로운 형식으로 사용해 이 문제점을 해결했다. 새로운 버전에서는 앞의 기대 값 코드를 아래와 같이 작성할 수 있다.

```
context.checking(new Expectations() {{
  oneOf(mainframe).buy(QUANTITY);
  will(returnValue(TICKET));
}}
```

이 버전에서는 이제 자바의 인스턴스 초기자 구문을 사용해 객체 스코핑을 적용한다. 이렇게 하면 표현식에서 군더더기가 앞부분에 다소 더해지지만, 기대 값을 서브 클래스 내부에 정의하지 않아도 된다. 이처럼 인스턴스 초기자 구문을 사용하면 사실 클로저(475)를 만드는 효과가 있으므로, 결국 중첩 클로저(483)가 만들어진다. 뿐만 아니라 메서드 체이닝을 코드 전반에 걸쳐 사용하지 않았다는 점을 주목해야 한다. 대신에 기대 값에서 메서드를 호출하는 부분과 반환 값을 기술하는 부분을 함수 시퀀스를 사용해서 서로 분리했다.

10.3 CSS

DSL에 대해 이야기해야 할 때, CSS를 예로 들 때가 많다.

```
h1, h2 {
  color: #926C41;
  font-family: sans-serif;
}
b {
  color: #926C41;
}
*.sidebar {
  color: #928841;
  font-size: 80%;
  font-family: sans-serif;
}
```

CSS가 DSL의 탁월한 사례가 되는 데는 여러 가지 이유가 있다. 무엇보다도 대다수의 CSS 프로그래머가 자신을 프로그래머가 아닌, 웹 디자이너로 본다는 점이다. 따라서 CSS는 도메인 전문가가 읽을 뿐 아니라 직접 작성하기도 하는 DSL의 좋은 예다.

뿐만 아니라 CSS에서는 명령형 모델과는 상당히 다른 선언적 컴퓨팅 모델을 사용한다. 전통적인 프로그래밍 언어에서 드러나는 "이것을 해라, 그러고 나서 저것을 해라"와 같은 느낌이 CSS에서는 나지 않는다. 대신에 HTML 요소에 매칭하려는 규칙을 단순히 선언할 뿐이다.

이처럼 본질적으로 CSS는 선언적이므로, 무슨 일이 벌어지는지 이해하기가 상당히 복잡해진다. 앞의 예제에서 사이드바(sidebar) 영역에 포함된 h2 엘리먼트는 두 가지 색깔 규칙에 매칭된다. 이러한 상황이 벌어질 때, 이 중에서 어느 색깔을 선택하는지 계산하는데 사용되는 CSS 규칙은 다소 복잡하고, 특이하다. 결국 이들 규칙이 동작하는 방식을 이해하기 어렵다고 생각하는 사람이 많다. 바로 이점이 선언적 모델이 가진 이면이다.

CSS는 웹 생태계에서 한 분야에 잘 집중된 역할을 맡는다. 오늘날 CSS는 필수적이지만, 웹 애플리케이션을 CSS만을 사용해 모두 개발하려는 생각은 터무니없다. 웹 애플리케이션에서 CSS는 자신만의 역할을 맡고 있으며, 전체 애플리케이션을 만들려면 다른 DSL이나 범용 언어와 함께 사용해야 한다.

또한 CSS는 상당히 방대하다. 기본 언어 구문뿐만 아니라 다양한 어트리뷰트 구문 면에서 그 요소가 방대하다. DSL로 표현할 수 있는 범위는 제한될 수 있지만, 배워야 할 요소는 여전히 많다.

　DSL은 일반적으로 에러 처리가 제한적인데, CSS도 마찬가지다. 브라우저는 잘못된 입력을 무시하도록 만들어졌으므로, CSS 파일에 구문 오류가 있다면 잘못된 방식으로 처리되지만 이 점이 눈에 드러나지는 않는다. 이로 인해 디버깅하기가 다소 성가실 때가 많다.

　대다수의 DSL과 마찬가지로 CSS에는 추상화를 새로 만들 수 있는 방법이 거의 없다. 이는 DSL로 표현하는 범위에 제한이 있다는 공통적인 사실에 기인한다. 대부분의 경우 별 문제가 없지만, 빠져 있는 기능 중 몇몇은 상당히 아쉽다. 앞의 CSS 샘플 코드에서도 이처럼 빠져 있는 기능 중에서 하나를 볼 수 있다. 색깔 규칙에서 색깔에 이름을 붙일 수 없고, 의미 없는 16진수 문자열을 사용해야 한다는 점이다. 사이즈와 여백을 조작하는데 사용할 수 있는 산술 함수가 없다는 점도 못마땅하다. 이에 대한 해결책으로 다른 DSL에서 사용하는 방법을 동일하게 적용할 수 있다. 많은 경우 문제가 간단하며(예를 들어 색깔에 이름을 붙여야 하는 문제처럼), 이때는 매크로(225)를 이용해 해결할 수 있다.

　또 다른 해결책으로, CSS와 유사한 DSL을 별도로 작성한 후, 결과 파일로 CSS 코드를 생성할 수 있다. SASS(http://sass-lang.com)가 이러한 DSL 중 하나로, 산술 연산과 변수를 제공한다. SASS는 CSS와는 상당히 다른 구문을 사용하며, CSS의 블록 구조가 아니라 구문적 들여쓰기와 구문적 줄바꿈 문자를 사용한다. 이 방식은 기반 DSL에 추상화 기능이 없을 때, 이 DSL의 상위 레이어에 또 다른 DSL을 사용해 추상화 기능을 제공하는 방식으로 주로 사용된다. 이때 상위 레이어에 있는 DSL은 기반 DSL과 유사해야 하며(SASS의 경우 동일한 어트리뷰트 이름을 사용한다), 이를 통해 상위 DSL 사용자는 기반 DSL도 이해할 수 있어야 한다.

10.4 HQL

하이버네이트(Hibernate)는 객체-관계 매핑 시스템으로 널리 사용되며, 자바 클래스를 관계형 데이터베이스의 테이블로 매핑할 수 있다. HQL(Hibernate Query Language)을 사용하면 자바 클래스 용어를 사용해서, SQL과 유사한 형식으로 된 쿼리를 작성할 수 있다. 이렇게 작성된 쿼리는 실제 데이터베이스에 맞는 SQL 쿼리로 매핑된다. 예를 들어 HQL을 사용하면 쿼리를 다음과 같이 작성할 수 있다.

```
select person from Person person, Calendar calendar
```

```
where calendar.holidays['national day'] = person.birthDay
  and person.nationality.calendar = calendar
```

따라서 사람들은 데이터베이스의 테이블 관점이 아니라 자바 클래스 관점에서 생각할 수 있다. 뿐만 아니라, 다양한 데이터베이스 간에 서로 다른 SQL 다이얼렉트(dialect) 때문에 생기는 성가신 작업을 피할 수 있다.

HQL 처리란, 본질적으로 HQL 쿼리를 SQL 쿼리로 변환하는 일이다. 하이버네이트에서는 세 단계를 거친다.

- HQL로 작성된 입력 텍스트는 구문 주도 변환(267)과 트리 생성(341) 기법을 사용해서 HQL 추상 구문 트리(AST)로 변환된다.
- HQL AST을 SQL AST로 변환한다.
- 코드 생성기를 이용해, SQL AST로부터 SQL 코드를 생성한다.

이들 단계 모두에서 ANTLR이 활용된다. ANTLR의 경우, 구문 분석에 대한 입력으로 토큰 스트림뿐만 아니라, AST를 사용할 수도 있다(ANTLR에서는 이러한 AST를 '트리 문법'이라고 부른다). ANTLR의 트리 생성 구문을 사용하면 HQL AST 뿐만 아니라 SQL AST도 생성한다.

'입력 텍스트 → 입력 AST → 결과 AST → 결과 텍스트'와 같은 경로를 따라 변환하는 일은, 소스에서 소스로 변환할 때 따르는 일반적인 방법이다. 변환 작업을 수행해야 하는 작업 대부분에서, 복잡한 변환 작업을 작은 변환 작업 여러 개로 나눈 후, 서로 결합하는 게 효과적이다.

이 경우에 SQL AST를 시맨틱 모델(197)로 볼 수 있다. HQL 쿼리를 SQL로 렌더링 함으로써 그 의미가 정의되고, 이때 SQL AST가 SQL의 모델이 된다. 대개의 경우 AST는 시맨틱 모델로는 적합한 구조가 아니다. 구문 트리가 가진 제약이 도움이 되기보다는 방해가 되기 때문이다. 하지만 소스에서 소스로 변환하는 경우에는, 목표 언어로 된 AST를 시맨틱 모델로 사용하는 것도 꽤 일리가 있다.

10.5 XAML[2]

사용자 인터페이스로 화면 전체를 조작할 수 있게 되자, 사람들은 화면 레이아웃

---

[2] (옮긴이) XAML(eXtensible Application Markup Language): 마이크로소프트에서 구조값과 객체를 초기화할 때 사용하려고 만든 XML 기반 언어다.

을 정의하는 방법을 연구하기 시작했다. 화면이 그래픽 매체라는 사실로 인해, 결국 사람들은 일종의 그래픽 레이아웃 도구를 사용하려고 시도했다. 하지만 레이아웃을 그래픽 형태가 아닌 텍스트 코드로 작성하면 유연성이 향상될 때가 더 많다. 문제는 이러한 텍스트 형태의 코드는 사용하기 불편한 메커니즘이 될 수도 있다는 점이다. 화면 레이아웃은 주로 계층 구조를 가지고, 이러한 계층 구조를 코드로 표현하는 일은 생각보다 성가실 때가 많다. 결국 윈도 프레젠테이션 프레임워크(Windows Presentation Framework)가 등장했고, 마이크로소프트는 XAML을 DSL로 사용해 UI 레이아웃을 작성했다.

(최근에 마이크로소프트가 제품에 짓는 이름이 꽤나 시시하게 느껴진다. 'Avalon'과 'Indigo'는 꽤 흥미로운 코드명이었는데, 결국에는 따분하게도 머리글자를 사용해 WPF와 WCF로 변경되었다. 비록 이러한 이름이 'Windows'가 훗날 'Windows Technology Foundation'로 바뀌지 않을까 하는 환상을 심어주기는 하지만 말이다.)

XAML 파일은 XML 파일로, 객체 구조를 배치하는데 사용한다. WPF를 함께 사용하면, 화면 레이아웃을 배치할 수 있다. 다음은 [Anderson]에서 가져온 예제다.

```
<Window x:Class="xamlExample.Hello"
  xmlns="http://schemas.microsoft.com/winfx/2006/xaml/presentation"
  xmlns:x="http://schemas.microsoft.com/winfx/2006/xaml"
  Title="Hello World">
  <WrapPanel>
    <Button Click='HowdyClicked'>Howdy!</Button>
    <Button>A second button</Button>
    <TextBox x:Name='_text1'>An editable text box</TextBox>
    <CheckBox>A check box</CheckBox>
    <Slider Width='75' Minimum='0' Maximum='100' Value='50' />
  </WrapPanel>
</Window>
```

마이크로소프트는 시각적으로 디자인할 수 있는 편집기를 선호한다. 따라서 XAML을 사용할 때, 이러한 시각적인 편집기를 사용하거나, 또는 텍스트 표현형식을 이용할 수도 있으며, 둘 모두를 활용할 수도 있다. XAML을 텍스트 형식으로 표현하면, XML 구문에 나타나는 군더더기가 여전히 드러난다. 반면에 XML을 사용하므로 계층 구조를 상당히 효과적으로 처리할 수 있다. HTML을 사용해 화면 레이아웃을 배치하는 코드와 매우 유사하다는 점도 장점이다.

XAML은 계산형(computational)이 아닌 DSL의 좋은 예로, 내 오랜 동료인 브래드 크로스(Brad Cross)는 이를 합성형(compositional) DSL이라고 불렀다. 도입부에서 본 상태 머신 예제와는 달리, XAML은 다소 수동적인 객체들을 구조화하는데 사용한다. 이 경우 프로그램의 행위는 화면의 레이아웃이 배치되는 세세한 방식에 그리 강하게 종속되지 않을 때가 많다. 실제로 XAML이 가진 강점 중 하나는 화면 레이아웃과 화면에서 행위를 조작하는 코드를 분리하도록 장려한다는 점이다.

XAML로 작성한 문서는 C# 클래스를 논리적으로 정의한다. 따라서 코드 생성 기법이 사용되며, 코드는 분할 클래스로 생성된다. 이 예제의 경우에는 xamlExample.Hello가 생성된 분할 클래스다. 화면에 행위를 추가하려면, 별도의 분할 클래스를 정의하고 여기에 코드를 작성해야 한다.

```
public partial class Hello : Window {
  public Hello() {
    InitializeComponent();
  }
  private void HowdyClicked(object sender, RoutedEventArgs e) {
    _text1.Text = "Hello from C#";
  }
}
```

이 코드를 통해 행위를 함께 결합할 수 있다. XAML 파일에 컨트롤이 정의되어 있다면, 해당 컨트롤에서 발생한 이벤트는 코드에 있는 핸들러 메서드(HowdyClicked)와 얼마든지 연결할 수 있다. 뿐만 아니라 코드에서는 컨트롤을 이름으로 참조해 조작할 수 있다(_text1). 이처럼 이름을 사용할 수 있으므로, UI 레이아웃 구조와는 독립적으로 참조들을 유지할 수 있다. 따라서 행위적인 코드를 수정하지 않고도 UI 레이아웃을 변경할 수 있다.

XAML을 설명할 때 거의 모든 경우에 WPF가 같이 거론되므로, XAML을 UI를 디자인하는 맥락에서 이해하곤 한다. 하지만 CLR[3] 클래스의 인스턴스들을 서로 결합할 때도 XAML을 사용할 수 있으므로, XAML은 더욱 많은 경우에 활용할 수 있다.

XAML로 정의된 구조는 계층적이다. DSL을 사용하면 계층 구조를 정의할 수 있을 뿐 아니라, 이름을 사용해 다른 구조도 정의할 수 있다. 실제로 그래프비즈에서는 이름에 대한 참조를 사용해 그래프 구조를 정의한다.

이처럼 그래픽 구조를 배치하는 DSL은 상당히 흔하다. Swiby(http://swiby.codehaus.org)는 루비를 내부 DSL로 사용해 화면 레이아웃을 정의한다. 이때 중첩 클로저(483)를 적용해, 계층 구조를 자연스러운 방식으로 정의할 수 있다.

그래픽 레이아웃을 배치하는 DSL을 이야기할 때 빼놓을 수 없는 게 바로 PIC이다. PIC은 오래되었지만, 다분히 매력적인 DSL이다. PIC은 유닉스가 나온 아주 초창기에 만들어졌는데, 이 시기는 아직 그래픽 화면이 보편적이지 않을 때였다. PIC

---

3 (옮긴이) CLR(Common Language Runtime) : CLR은 마이크로소프트의 .NET 프레임워크의 일부로, 지원되는 언어 중에서 한 언어로 작성된 프로그램이 공통 클래스를 공유할 수 있도록 해주는 실행 관리 프로그램이다.

을 사용하면 다이어그램을 텍스트 형식으로 기술할 수 있고, 이 텍스트를 처리해 이미지를 만든다. 예를 들면, 아래와 같이 코드를 작성하면 그림 10.2에 나오는 다이어그램이 만들어진다.

```
.PS
A: box "this"
move 0.75
B: ellipse "that"
move to A.s; down; move;
C: ellipse "the other"
arrow from A.s to C.n
arrow dashed from B.s to C.e
.PE
```

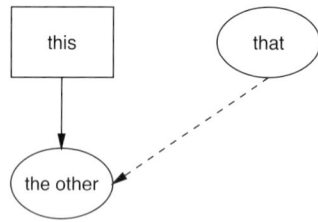

그림 10.2 간단한 PIC 다이어그램

작성된 형식은 상당히 명료하다. 힌트를 하나 주자면, 도형의 연결점은 방위를 사용해서 표시한다. 따라서 A.s는 도형 A에서 'south' 지점을 뜻한다. PIC처럼 텍스트 형식으로 기술하는 방법은 WYSWIG 환경이 보편화된 현재는 그다지 주목을 받지 못하지만, 이 방법은 꽤 유용하다.

10.6 Fit

Fit(http://fit.c2.com)은 워드 커닝햄(Ward Cunningham)이 2000년대 초반에 개발한 테스팅 프레임워크다(Fit은 Framework for Integrated Test를 뜻한다). Fit은 테스트 시나리오를 도메인 전문가가 이해할 수 있는 형식으로 기술하려는 목적으로 만들어졌다. 이후로 이 기본 사상을 발전시켜 다양한 툴들이 등장했는데, 특히 Fitness(http://fitnesse.org)가 유명하다.

DSL 관점에서 Fit을 살펴보면 흥미로운 점이 몇 가지 있다. 먼저 기술 형식이 가장 눈에 띈다. 프로그래머가 아닌 사람은 테스트 사례를 테이블 형식으로 기술하는 데 매우 익숙하다는 게 Fit이 가진 핵심적인 개념이다. 결국 Fit 프로그램은 테이블로 구성되며, 테이블은 주로 HTML 페이지에 삽입된다. 테이블을 제외한 HTML 요소는 모두 테이블 사이에 사용할 수 있고, 이들 요소는 주석으로 처리된다. 이를 통해 도메인 전문가는 산문체를 사용해 자신이 원하는 바를 기술할 수 있으며, 실질적인 처리는 테이블을 통해 이루어진다.

Fit 테이블은 다양한 형태로 작성할 수 있다. 프로그램에 가장 비슷해 보이는 형식은 액션 픽스처(action fixture)로, 사실 이 형태는 간단한 명령형 언어에 해당한다. 이 형식은 조건식과 루프가 전혀 없다는 점에서 간단하다고 볼 수 있다.

eg.music.Realtime			
enter	select	2	pick an album
press	same album		find more like it
check	status	searching	
await	search complete		
check	status	ready	
check	selected songs	2	

각 테이블은 픽스처에 전달되고, 픽스처는 동사에 해당하는 부분을 시스템에 대한 액션으로 변환한다. check 동사는 비교 작업을 수행한다는 점에서, 다른 동사에 비해 독특하다. 테이블을 실행하면, 입력으로 사용한 페이지와 동일한 HTML 페이지가 결과로 만들어진다. 결과 페이지가 입력 페이지와 다른 점은 check를 사용한 행은 모두 녹색 또는 붉은색으로 색칠된다는 점이다. 비교해서 일치하면 녹색으로, 아니면 붉은색으로 칠해진다.

Fit에서 사용할 수 있는 테이블 형식에는 이처럼 제한적인 명령형 형식 이외에도 여러 가지가 있다. 아래와 같이 객체 리스트로부터 만들어진 결과 데이터를 테이블 형식으로 정의할 수도 있다(이 예제의 경우 객체는 위에서 검색한 Music 객체다).

eg.music.Display					
title	artist	album	year	time()	track()
Scarlet Woman	Weather Report	Mysterious Traveller	1974	5.72	6 of 7
American Tango	Weather Report	Mysterious Traveller	1974	3.70	2 of 6

테이블 상단에는 리스트에 있는 객체 컬렉션에서 호출할 수 있는 여러 메서드를 정의한다. 각 행에서 객체 하나와 비교할 정보를 기술한다. 이때 각 열의 어트리뷰트마다 객체에서 기대되는 값을 작성한다. 이 테이블을 실행하면 Fit이 기대 값과

실제 값을 비교한 후, 그 결과에 따라 이번에도 마찬가지로 녹색/붉은색으로 색칠한다. 이 테이블은 앞서 나온 명령형 테이블 뒤에 나온다. 즉, 명령형 테이블(액션 픽스처)을 사용해 애플리케이션을 조작하고, 이 테이블 다음에 선언적 테이블을 사용해 기대되는 결과(행 픽스처)를 작성한 후, 실제 애플리케이션에서 표시하는 값과 비교한다.

이처럼 테이블을 소스 코드처럼 사용하는 기법은 잘 사용되지 않는다. 하지만 생각보다 더 많은 곳에 활용할 수도 있는 그런 기법이다. 사람들은 무언가를 테이블 형식으로 기술하기를 좋아한다. 그 대상이 테스트 데이터 값일 수도 있고, 결정 테이블(585)처럼 좀 더 일반적인 처리 규칙일 수도 있다. 도메인 전문가는 대부분 스프레드시트에서 테이블을 편집하는 일을 상당히 수월하게 여긴다. 따라서 이 기법을 사용하면, 테이블을 소스 코드로 처리할 수 있다.

Fit에서 눈길을 끄는 두 번째 점은 바로 Fit이 테스트 지향 DSL(testing-oriented DSL)이라는 점이다. 최근에 자동화된 테스트 툴에 대한 관심이 급증했으며, 마침내 테스트를 조직화할 때 사용할 수 있는 DSL들이 여럿 만들어졌다. 이들 DSL 중 많은 수가 Fit의 영향을 받았다.

테스트 작업에 DSL을 선택하는 일은 당연한 결과다. 테스트 언어에는 범용 프로그래밍 언어와는 다른 유형의 구조와 추상화가 필요하다. 예를 들어 Fit에서는 액션 테이블처럼 단순하고 선형적인, 명령형 모델을 사용한다. 테스트는 도메인 전문가가 읽을 수 있어야 할 때가 많으므로, DSL은 탁월한 선택이다. 이 경우, 만들려는 애플리케이션에 맞게 특별히 만들어진 DSL을 사용할 때가 많다.

10.7 메이크 등 기타 DSL

시시한 프로그램이라면 빌드하고 실행하는 일도 사소하겠지만, 머지않아 빌드 코드를 여러 단계로 구성해야 함을 깨닫게 된다. 그래서 유닉스는 초창기부터 메이크 툴(www.gnu.org/software/make)을 제공해, 빌드 작업을 구조화하는 플랫폼으로 사용했다. 빌드를 할 때 문제는, 자원이 많이 드는 빌드 단계가 많으므로 이 단계를 매번 수행하지 말아야 한다는 점이다. 따라서 프로그래밍 모델로 의존성 네트워크(595)를 선택하는 게 가장 자연스럽다. 예를 들어 메이크 프로그램은 여러 타깃(target)으로 구성되며, 이들 타깃은 서로 의존성을 가진다.

```
edit : main.o kbd.o command.o display.o
       cc -o edit main.o kbd.o command.o
```

```
main.o : main.c defs.h
        cc -c main.c
kbd.o : kbd.c defs.h command.h
        cc -c kbd.c
command.o : command.c defs.h command.h
        cc -c command.c
```

이 프로그램에서 첫 라인은 edit이 프로그램의 다른 타깃들에 의존함을 나타낸다. 따라서 의존성이 있는 타깃들 중에서 최신이 아닌 타깃이 하나라도 있다면, 해당 타깃을 반드시 먼저 빌드한 후에 edit 타깃을 빌드하게 된다. 의존성 네트워크를 사용하면 빌드 시간을 거의 최소화할 수 있으며, 이와 동시에 빌드해야 하는 타깃들이 모두 빌드되도록 보장해준다. 메이크는 우리에게 꽤 익숙한 외부 DSL 중 하나다.

내가 보기에, 메이크와 같은 빌드 언어에서 사용하는 컴퓨팅 모델은 그리 크게 흥미롭지는 않다. 이들 언어는 자신의 DSL과 다소 정규적인 프로그래밍 언어를 혼용해야 하기 때문이다. 타깃과 타깃 사이에 의존성을 기술할 뿐만 아니라(이 경우에는 DSL을 전형적으로 사용하는 각본을 따른다), 각 타깃을 빌드하는 방법을 기술해야 한다(이는 다분히 명령적인 각본을 따라야 한다). 예를 들어 메이크의 경우, 빌드 방법을 기술하기 위해서 셸(shell) 스크립트 명령어를 사용해야 한다. 이 예제에서는 cc(C 컴파일러)를 호출했다.

이처럼 타깃을 정의할 때 언어를 혼용해야 한다. 뿐만 아니라 의존성 네트워크는 단순하므로, 빌드가 점점 복잡해지면 어려움을 겪게 된다. 그리고 결국에는 의존성 네트워크를 바탕으로 더 높은 추상화가 추가적으로 필요하게 된다. 이로 인해 유닉스 세계에서는 Automake 툴체인[4]이 만들어졌다. 이 툴체인을 사용하면, Automake 시스템이 Makefile들을 생성한다.

자바 세계도 이와 비슷한 방식으로 발전했다. 자바에서 사용하는 표준 빌드 언어는 앤트(Ant)로, 메이크와 마찬가지로 외부 DSL이며, XML 구문을 사용한다. (개인적으로는 XML 구문이 질색이다. 하지만 메이크에서 구문적으로 탭과 공백 둘 다를 들여쓰기 문자로 허용해서 발생했던, 끔찍한 문제를 피할 수 있다.) 앤트는 시작은 간소했지만, 결국에는 범용 스크립트를 삽입할 수 있게 되어버렸다. 결국에는 메이븐(Maven)과 같은 시스템이 앤트 스크립트를 생성하게 되었다.

내가 개인적으로 프로젝트를 할 때는 빌드 시스템으로 최근에 등장한 레이크(Rake) (http://rake.rubyforge.org)를 선호한다. 메이크, 앤트와 마찬가지로 레이크

---

4 (옮긴이) GNU 툴체인(toolchain) : GNU 프로젝트에서 만든 프로그래밍 툴셋을 가리키는 용어다. (http://en.wikipedia.org/wiki/GNU_toolchain)

는 의존성 네트워크를 핵심적인 컴퓨팅 모델로 사용한다. 반면에 레이크는 루비로 작성한 내부 DSL이라는 점이 큰 차이점이다. 따라서 타깃의 내용을 더욱 매끄럽게 작성할 수 있을 뿐만 아니라, 더 큰 추상화도 쉽게 만들 수 있다.

다음 예제는 이 책을 빌드할 때 사용했던 Rakefile에서 가져왔다.

```
docbook_out_dir = build_dir + "docbook/"
docbook_book = docbook_out_dir + "book.docbook"

desc "Generate Docbook"
task :docbook => [:docbook_files, docbook_book]

file docbook_book => [:load] do
  require 'docbookTr'
  create_docbook
end

def create_docbook
  puts "creating docbook"
  mkdir_p docbook_out_dir
  File.open(docbook_book, 'w') do |output|
    File.open('book.xml') do |input|
      root = REXML::Document.new(input).root
      dt = SingleDocbookBookTransformer.new(output,
                  root, ServiceLocator.instance)
      dt.run
    end
  end
end
```

task :docbook => [:docbook_files, docbook_book] 라인이 의존성 네트워크로, :dockbook이 다른 두 타깃에 의존한다는 뜻이다. 레이크에서 타깃은 태스크이거나 파일이다(따라서 태스크 지향적인 의존성 네트워크뿐만 아니라 제품 지향적인 형식도 지원한다). 타깃을 빌드하는 명령형 코드는 타깃 선언 다음에 있는 중첩 클로저(483)에 포함된다.([Fowler rake]를 보면, 레이크를 사용해 할 수 있는 멋진 일들을 더 많이 찾을 수 있다.)

11장

DOMAIN-SPECIFIC LANGUAGES

시맨틱 모델

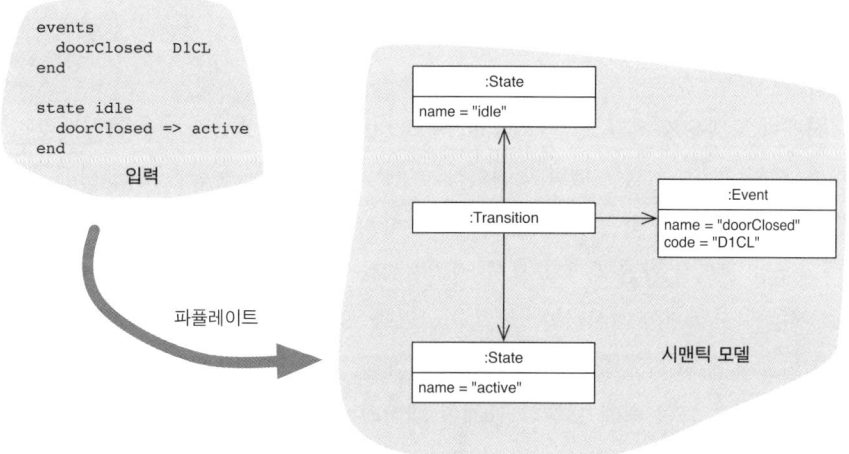

DSL에서 파퓰레이트되는 모델

11.1 어떻게 동작하는가

DSL에서 말하는 시맨틱 모델(Semantic Model)이란 일종의 표현형식으로(메모리에 있는 객체 모델처럼), DSL이 기술하는 주제 영역과 동일한 내용을 표현한다. 예를 들어 DSL로 상태 머신을 기술했다면, 시맨틱 모델은 상태, 이벤트 등에 대한 클래스로 구성된 객체 모델로 표현할 수 있다. 그리고 특정 상태와 이벤트를 정의한 DSL 스크립트에 기술된 스키마를 바탕으로, DSL을 특정한 모델로 파퓰레이트한다. 이렇게 파퓰레이트 된 모델에는 해당 DSL 스크립트에 선언된 이벤트마다 이벤트 인스턴스를 가지게 된다. 따라서 시맨틱 모델은 DSL이 파퓰레이트하는 라이브러리나 프레임워크라고 볼 수 있다.

이 책에서는 메모리에 만들어지는 객체 모델을 시맨틱 모델로 사용한다. 하지만 시맨틱 모델을 표현하는 방법은 여러 가지다. 예를 들어 상태 머신에 해당하는 시맨틱 모델을 데이터 구조 형태로 만들 수 있다. 그리고 상태 머신의 행위는 해당 데이터를 바탕으로 동작하는 함수를 통해 추가한다. 뿐만 아니라 시맨틱 모델은 메모리에 있을 필요도 없다. DSL을 통해 파퓰레이트되는 모델을 관계형 데이터베이스에 저장할 수도 있다.

시맨틱 모델은 DSL의 목적에 맞게 만들어야 한다. 예를 들어 시맨틱 모델이 상태 머신이라면, DSL은 상태 머신(623) 컴퓨팅 모델을 사용해서 행위를 제어하려는 목적을 갖는다. 뿐만 아니라 시맨틱 모델은 DSL이 없더라도 활용할 수 있어야 한다. 즉, 커맨드-쿼리 인터페이스를 사용해서 시맨틱 모델을 파퓰레이트할 수 있어야 한다. DSL이 없어도 시맨틱 모델을 활용할 수 있다는 말은 주제 영역의 의미를 시맨틱 모델에 완벽히 담아냈으며, 따라서 파서와는 독립적으로 시맨틱 모델을 테스트할 수 있다는 뜻이다.

시맨틱 모델은 도메인 모델(Domain Model)[Fowler PoEAA]과 매우 유사한 개념이다. 여기에서 이처럼 시맨틱 모델이라는 용어를 별도로 사용한 이유는 시맨틱 모델이 도메인 모델의 하위 개념일 때가 많긴 하지만, 늘 그렇지는 않기 때문이다. 나는 풍부한 행위를 가진 객체 모델을 가리킬 때는 도메인 모델이라고 부른다. 반면에, 시맨틱 모델에는 데이터만 있을 수도 있다. 도메인 모델은 애플리케이션의 핵심적인 행위를 담고 있지만, 시맨틱 모델은 애플리케이션을 지원하는 역할만 할 수도 있다. 예를 들어 객체 모델과 관계형 데이터베이스 사이에서 데이터를 변환하는 객체-관계 매퍼가 이러한 차이를 잘 보여준다. 예를 들어 DSL을 사용해서 객체-관계 매핑을 기술할 수 있다. 이때 결과적으로 만들어진 시맨틱 모델은 매핑하려는 대상인 도메인 모델로 구성되는 게 아니라, Data Mapper[Fowler PoEAA] 객체로 구성된다.

시맨틱 모델은 구문 트리와도 다르다. 실제로 이 둘은 서로 다른 목적을 갖는다. 구문 트리는 DSL 스크립트의 구조에 해당한다. 물론 추상 구문 트리를 사용하면 구문 트리를 단순화할 수 있고, 입력 데이터의 구조를 어느 정도는 재구성할 수 있다. 하지만 근본적으로 추상 구문 트리는 구문 트리와 그 형태가 같다. 반면에 시맨틱 모델은 DSL 스크립트에 기술된 정보를 이용해서 무슨 작업을 하는가를 바탕으로 만들어진다. 따라서 흔히 시맨틱 모델은 상당히 다양한 구조로 표현되며, 트리 구조가 아닐 때가 많다. DSL의 시맨틱 모델로 AST가 효과적일 때도 있지만, 이례적인 경우다.

전통적으로 언어와 파싱을 논의할 때 시맨틱 모델은 사용되지 않는다. DSL로 작업할 때와 범용 언어로 작업할 때 차이가 나는 부분이 바로 이 점이다. 범용 프로그래밍 언어에서 코드를 생성하는 경우, 기반 구조로 구문 트리를 사용하면 적절할 때가 많다. 그래서 시맨틱 모델을 별도로 만들려 하지 않는다. 때에 따라 시맨틱 모델이 사용되기도 한다. 예를 들어 호출 그래프는 최적화 단계에서 매우 유용한 표현형식이다. 하지만 이 모델은 중간 단계의 표현형식(intermediate representation)이라고 불리는데, 코드를 생성하기 이전의 중간 단계에서 주로 사용하기 때문이다.

시맨틱 모델을 DSL보다 먼저 만들 때도 많다. 이는 일부 도메인 모델이 정규 커맨드-쿼리 인터페이스보다 DSL을 사용할 때 더 효과적으로 파퓰레이트 할 수 있다고 판단할 때다. 또는 도메인 전문가와 논의하면서 DSL과 시맨틱 모델을 동시에 만들 수도 있다. 이때는 DSL 표현식과 도메인 모델 구조를 같이 개선한다.

시맨틱 모델을 실행하는 코드를 모델에 직접 포함할 수도 있고(인터프리터 형식), 또는 시맨틱 모델을 기반 정보로 활용해서 코드를 생성할 수도 있다(컴파일러 형식). 코드 생성 기법을 사용하는 경우에도 인터프리터 형식으로 실행하는 방식을 추가하면 테스트하거나 디버깅할 때 도움이 된다.

또한 시맨틱 모델은 검증 행위를 두기에도 최적의 위치. 검증 행위를 표현하거나 실행할 때 필요한 정보나 구조가 모두 시맨틱 모델에 있기 때문이다. 특히 인터프리터를 실행하거나 코드를 생성하기 전에 검증 작업을 해야 한다면 시맨틱 모델이 가장 적합하다.

브래드 크로스(Brad Cross)는 DSL을 계산형 DSL(computational DSL)과 합성형 DSL(compositional DSL)로 구분했다[Cross]. 이 구분은 DSL이 만드는 시맨틱 모델의 종류와 관련이 깊다. 합성형 DSL은 합성 구조를 텍스트 형식으로 기술할 때 사용하는 DSL이다. UI 레이아웃을 기술할 때 사용하는 XAML이 합성형 DSL의 좋은 예다. 이 경우 시맨틱 모델은 다양한 요소를 서로 결합한 구조로 주로 표현된다. 반면에 상태 머신 DSL로 생성되는 시맨틱 모델은 데이터라기보다는 코드에 더 가까우므로, 상태 머신 DSL은 계산형 DSL이라고 볼 수 있다.

계산형 DSL을 사용하면 계산을 수행하는 시맨틱 모델이 만들어지며, 명령형 모델보다는 주로 컴퓨팅 대안 모델을 이용한다. 이 경우 시맨틱 모델은 주로 적응형 모델(577)이다. 계산형 DSL을 사용하면 더 많은 일을 할 수 있지만, 사람들은 계산형 DSL을 어렵다고 여기는 편이다.

시맨틱 모델에는 뚜렷하게 구별되는 두 가지 종류의 인터페이스가 있다고 생각하면 도움이 된다. 하나는 조작 인터페이스(operational interface)로, 파퓰레이트된 모델을 사용해서 클라이언트에서 작업을 할 때 이용한다. 두 번째는 파퓰레이션 인터페이스(population interface)로, DSL 스크립트에서 사용하며, 모델 클래스의 인스턴스를 생성하는 인터페이스다.

조작 인터페이스의 경우 시맨틱 모델이 이미 만들어져 있다고 가정한 채, 시스템의 나머지 부분에서 시맨틱 모델을 쉽게 활용할 수 있게 하려고 만드는 인터페이스다. 마술을 부려 모델을 이미 만들어 두었다고 가정하고, 이 모델을 어떻게 활용할지 자신에게 질문을 하는 식의 사고 기법이 API를 설계할 때 도움이 되는 경우가 많다. 이처럼 파퓰레이션 인터페이스보다 조작 인터페이스를 먼저 만드는 방식이 납득이 잘 안 될 수도 있다. 하지만 심지어 실행 시스템에서 파퓰레이션 인터페이스를 먼저 실행해야 하는 경우에도, 파퓰레이션 인터페이스를 생각하기에 앞서 조작 인터페이스를 먼저 정의하면 더 효과적이다. 내 경험에 비추어 보면, 이 방식은 비단 DSL뿐만 아니라 다른 객체를 만들 때도 마찬가지다.

파퓰레이션 인터페이스는 모델의 인스턴스를 생성할 목적으로만 사용한다. 따라서 파서(그리고 시맨틱 모델을 테스트하는 코드)에서만 파퓰레이션 인터페이스가 사용된다. 이처럼 파서에서 시맨틱 모델을 파퓰레이트하려면 파서가 시맨틱 모델을 볼 수 있어야 하기 때문에 가급적이면 시맨틱 모델과 파서를 분리하려고 애쓰지만, 이 둘 사이에는 늘 의존성이 있기 마련이다. 그렇긴 해도 인터페이스를 명확하게 분리하면, 시맨틱 모델의 구현을 변경해야 할 때 파서까지도 변경해야 하는 일을 줄일 수 있다.

11.2 언제 사용하는가

시맨틱 모델은 항상 사용해야 한다. 이처럼 '항상'이라고 말할 때는 항상 마음이 그리 편치 않다. 절대적인 충고가 주로 편협한 생각을 통해 만들어진다고 보기 때문이다. 이 경우에도 내 생각이 짧아서일 수도 있다. 하지만 시맨틱 모델을 사용하지 않아도 되는 경우는 거의 없다. 행여 있더라도 매운 단순한 경우 뿐이라고 본다.

시맨틱 모델을 사용하면 강력한 장점을 많이 얻을 수 있다. 명료한 시맨틱 모델을 사용하면, 시맨틱 모델을 테스트하는 작업과 DSL을 파싱하는 작업을 분리할 수 있다. 이처럼 분리하고 나면 시맨틱 모델을 직접 파퓰레이트한 후, 이 모델에 대해 테스트를 실행해서 모델의 의미를 검사할 수 있다. 그리고 파서가 알맞은 객체로 구성된 시맨틱 모델을 파퓰레이트하는지 확인하고, 이를 통해 파서를 테스트할 수 있다. 파서가 여러 개라면, 파서마다 시맨틱 모델을 파퓰레이트하도록 한다. 그리고 각 시맨틱 모델을 서로 비교하고, 의미적으로 동등한 결과를 만드는지 확인하는 과정을 통해 여러 파서를 테스트할 수 있다. 이처럼 DSL과 시맨틱 모델을 분리하면 여러 개의 DSL을 더욱 쉽게 지원할 수 있다. 무엇보다도 DSL을 시맨틱 모델과는 독립적으로 개선할 수 있다는 장점이 있다.

시맨틱 모델을 사용하면 파싱할 때뿐만 아니라 실행할 때도 유연성이 증대된다. 시맨틱 모델을 직접 실행할 수 있을 뿐만 아니라, 코드 생성 기법을 활용할 수도 있다. 코드 생성 기법을 사용하는 경우 시맨틱 모델을 기반으로 코드를 생성하므로, 코드 생성 단계를 파싱 단계와 완전히 분리할 수 있다. 뿐만 아니라 시맨틱 모델과 생성된 코드를 둘 다 실행할 수도 있다. 이를 통해 시맨틱 모델을 생성된 코드에 대한 시뮬레이터로 활용할 수 있다. 게다가 시맨틱 모델을 사용하면 코드 생성기를 여러 개 만들 수 있다. 시맨틱 모델은 파서와는 독립적이므로, 파서 코드를 중복해서 사용할 이유가 전혀 없기 때문이다.

무엇보다도 시맨틱 모델을 사용하면 모델이 가지는 의미를 파싱과 분리해서 생각할 수 있다. DSL이 아무리 간단하더라도 이처럼 더 간단한 문제로 나누어야 할 정도의 복잡도는 가지기 마련이다.

그렇다면 시맨틱 모델을 사용하지 않아도 되는 일부 예외적인 경우는 언제인가? 인터프리터를 통해 간단한 명령형 문장을 해석하는 경우가 그 예다. 이 경우 각 문장을 파싱하면서 바로 실행한다. 단순한 산술식을 평가하는 고전적인 계산기 프로그램이 좋은 예다. 또한 산술식을 직접 평가하지 않는 경우에도, 산술식에 맞게 만들어진 시맨틱 모델은 사실 산술식의 추상 구문 트리(AST)와 매우 비슷하다. 따라서 이 경우에 구문 트리와 별도로 시맨틱 모델을 별도로 만드는 일은 무의미하다. 일반적으로 AST보다 더 효과적인 모델이 떠오르지 않는다면, 시맨틱 모델을 별도로 만들어도 별 효과가 없다. 산술식은 시맨틱 모델을 만들어도 별 효과가 없는 한 예다.

시맨틱 모델을 사용하지 않는 경우는 주로 코드를 생성할 때다. 이 경우 파서가 AST를 생성하고, 코드 생성기는 AST를 직접적으로 활용한다. 이 접근법은 AST가 근본적인 의미를 잘 표현한 모델이어야 하고, 이처럼 코드 생성 로직과 AST가 결합되더라도 개의치 않아도 될 때만 합당하다. 그렇지 않다면 AST를 시맨틱 모델로 변환한 후, 이 모델에 대해 더 단순한 코드 생성 기법을 적용하는 편이 훨씬 간단하다.

하지만 내가 항상 시맨틱 모델이 필요하다고 가정한 채 시작할 거라고 오해하지 않기를 바란다. 나는 충분히 생각한 후 시맨틱 모델이 필요 없다는 확신이 들더라도, 복잡도가 증가하지 않는지 정신을 바짝 차린다. 그리고 파싱 로직이 조금이라도 복잡해지기 시작하면 바로 시맨틱 모델을 추가한다.

나는 시맨틱 모델을 높이 평가한다. 하지만 정말 공정해지려면, 함수형 프로그래밍 세계에서는 이처럼 시맨틱 모델을 사용하는 방식이 함수형 DSL 문화에 속하지 않는다는 점을 말해두어야 하겠다. 함수형 프로그래밍 커뮤니티는 DSL을 오랫동안 연구해온 반면에, 나는 함수형 언어를 아주 잠깐씩 실험해 봤을 뿐이다. 사실 함수형 프로그래밍에서도 시맨틱 모델이 유용하다고 말하고 싶은 생각이 굴뚝같다. 하지만 확신해서 말할 수 있을 만큼 내가 함수형 언어를 충분히 알지 못한다는 점을 밝혀둔다.

11.3 도입 예제(자바)

이 책에서 시맨틱 모델 예제를 수없이 사용했는데, 시맨틱 모델을 반드시 사용해야 한다고 믿기 때문이다. 이 중에서도 요점을 짚기에 도움이 되는 예제는 도입부에서 사용한 예제인, 비밀 벽을 위한 컨트롤러 상태 머신이다. 이 경우 시맨틱 모델은 상태 머신 모델이다. 도입부에서는 시맨틱 모델이라는 용어를 사용하지 않았는데, 도입부에서는 DSL의 개념을 소개하는 일을 목표로 삼았기 때문이다. 결과적으로 모델이 이미 만들어져 있고, DSL은 모델 위에 있는 레이어라고 가정하면 DSL을 이해하기가 훨씬 쉽다는 걸 알 수 있었다. 이렇게 하더라도 여전히 모델로는 시맨틱 모델을 만들지만, 접근 방향을 뒤집었기 때문에 시맨틱 모델을 논의하기에는 그리 좋은 방법이 아니다.

하지만 시맨틱 모델을 대표하는 강점은 모두 바로 거기에 있다. DSL 작성하는 일과는 독립적으로 상태 머신 모델을 테스트할 수 있다(또 그렇게 했다). 모델 구현부를 약간 리팩토링했지만, 그러면서도 파싱 코드는 손볼 필요가 없었다. 구현부가 변경되더라도 파퓰레이션 인터페이스에는 영향이 없었기 때문이다. 심지어는 파퓰레이션 메서드를 수정해야 할 때조차도, 이 인터페이스가 분명히 구분되기 때문에 파서에서 변경해야 할 대상 중 대부분을 쉽게 찾을 수 있다.

동일한 시맨틱 모델에 대해 여러 개의 DSL을 지원하는 일은 그리 흔한 경우는 아니다. 하지만 도입 예제에서는 여러 DSL을 만드는 일이 요구사항이었다. 시맨틱 모델을 사용하면 이 요구를 쉽게 처리할 수 있다. 실제로 내부 DSL과 외부 DSL을 만들고, 여기에 맞게 여러 개의 파서를 만들었다. 그리고 이들 파서가 동등한 시맨틱 모델을 파퓰레이트하는지 확인해서, 파서를 테스트할 수 있었다. 이처럼 새로운 DSL과 파서를 쉽게 추가할 수 있을 뿐만 아니라, 그러면서도 다른 파서에 있는 코드를 조금도 중복하지 않았고 시맨틱 모델을 변경하지도 않았다. 이러한 장점은 결과를 생성할 때도 효과적이었다. 시맨틱 모델인 상태 머신을 직접 실행할 수 있었을 뿐만 아니라, 다수의 예제에서는 시맨틱 모델을 바탕으로 코드를 생성하거나 시각화를 만들 수도 있었다.

이처럼 시맨틱 모델을 직접 실행할 수도 있고, 아니면 시맨틱 모델을 기반으로 다른 형식의 결과를 만들 수 있다. 뿐만 아니라 시맨틱 모델은 유효성 검증 로직을 두기에도 좋다. 예를 들어 다른 상태에서 도달할 수 없는 상태나, 외부로 절대로 나갈 수 없는 상태가 하나도 없음을 검증할 수 있다. 그리고 상태나 전이를 정의할 때, 이벤트와 커맨드가 빠짐없이 사용되는지도 검증할 수 있다.

12장

DOMAIN-SPECIFIC LANGUAGES

심벌 테이블

파싱하는 동안에 참조를 해석할 수 있도록, 식별 가능한 객체들을 모두 저장하는 대상

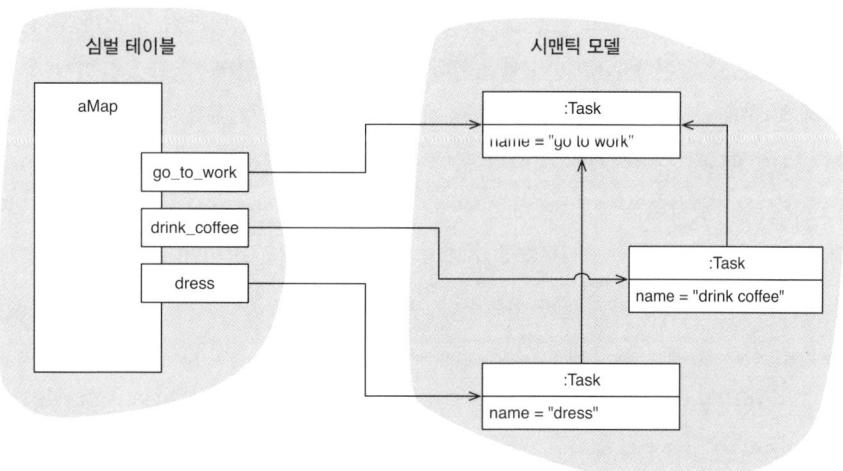

코드의 현재 문맥과는 다른 문맥에 있는 객체를 참조해야 할 때가 많다. 예를 들어 태스크와 태스크 간에 의존성을 정의하는 언어를 사용할 때, 태스크를 정의하면서 의존성이 있는 다른 태스크를 참조할 수 있는 방법이 있어야 한다.

이 경우 각 태스크에 대해 심벌을 사용해서 DSL 스크립트를 작성한다. 그러고 나서 DSL 스크립트를 처리할 때, 심벌을 모두 심벌 테이블(Symbol Table)에 저장한다. 이때 심벌 테이블에는 심벌과 심벌이 가리키는 기반 객체와의 관계가 저장된다.

12.1 어떻게 동작하는가

심벌 테이블을 사용하는 근본적인 목적은 DSL에서 객체를 참조할 때 사용하는 심벌과, 심벌이 가리키는 객체를 서로 매핑하기 위해서다. 이와 같은 매핑은 맵 데이터 구조가 가지는 개념과 자연스럽게 맞아 떨어진다. 따라서 심벌 테이블을 구현할 때 주로 맵을 사용한다는 사실은 그리 놀라운 일이 아니다. 이때 키는 심벌이 되고, 값은 시맨틱 모델(197) 객체가 된다.

이런 질문을 생각해볼 수 있다. 심벌 테이블에서 키로 어떤 종류의 객체를 사용하는가? 대부분의 DSL에서 문자열을 사용해 스크립트를 작성하므로, 거의 모든 경우에 심벌 테이블의 키로 문자열을 사용한다.

문자열 이외의 유형을 사용해야 할 때는 주로 언어에서 심벌 데이터 타입을 지원하는 경우다. 데이터 구조 관점에서 보면 심벌은 문자열에 지나지 않는데, 심벌은 근본적으로 연속된 문자들이기 때문이다. 하지만 행위 관점에서 보면 심벌과 문자열은 차이가 날 때가 많다. 문자열에서 사용하는 많은 연산들(문자열 합치기, 문자열 자르기 등)이 심벌에서는 의미가 없다. 심벌은 주로 검색을 위해 사용하므로, 심벌 타입은 검색하려는 용도에 맞게 만들어질 때가 많다. 따라서 "foo"와 "foo" 두 문자열이 있을 때, 이 둘은 보통 서로 다른 객체이며, 객체가 가진 내용을 조사해서 두 객체가 같은 값을 가지는지 비교한다. 반면에 :foo와 :foo 두 심벌이 있을 때, 이 둘은 늘 같은 객체로 해석되고, 같은 값을 가지는지 더 빠르게 비교할 수 있다.

성능적인 측면에서 보자면 당연히 문자열보다 심벌 데이터 타입을 선호해야 한다. 하지만 조그만 DSL에서는 성능상에 큰 차이가 나지 않을 수도 있다. 심벌 데이터 타입을 우선적으로 사용해야 하는 가장 큰 이유는, 바로 심벌을 사용하면 의도를 더 명확하게 전달할 수 있다는 점이다. 무언가를 심벌로 선언한다는 말은 지금 심벌을 사용하겠다 라는 의도를 명확히 알린다는 뜻이고, 따라서 코드를 읽기가 좀 더 쉬워진다.

심벌을 지원하는 언어 대부분이 심벌에 대해 특별한 리터럴 구문을 사용한다. 예를 들어 루비에서는 :aSymbol을, 스몰토크에서는 #aSymbol을 심벌 구문으로 사용한다. Lisp의 경우, 거의 모든 식별자가 심벌이다. 이처럼 심벌은 특수한 구문을 사용하므로, 심벌은 내부 DSL에서 쉽게 눈에 띈다. 바로 이 점이 심벌 테이블에서 심벌을 키로 사용하면 좋은 또 다른 이유다.

심벌 테이블의 값으로는 최종적인 모델 객체를 사용할 수도 있지만, 중간 단계의 빌더를 사용할 수도 있다. 모델 객체를 값으로 사용하면 심벌 테이블을 결과 데이터로 활용할 수 있으며, 이 방법은 간단한 경우라면 꽤 효과적이다. 반면에 빌더 객체를 값으로 저장하려면 더 많은 작업을 해야 하지만, 유연성은 증대될 때가 많다.

많은 언어들은 다양한 종류의 객체를 참조해야 한다. 도입부의 상태 모델을 보면 상태 객체, 커맨드 객체 그리고 이벤트 객체를 참조할 수 있어야 한다. 다양한 종류의 객체를 참조할 수 있어야 한다는 말은 심벌 테이블로 맵 하나를 사용하거나, 맵을 여러 개 사용하거나, 아니면 특별한 클래스를 사용해야 한다는 뜻이다.

심벌 테이블로 단일 맵을 사용하게 되면, 모든 심벌을 반드시 동일한 맵에서 찾아야 한다. 이에 따른 직접적인 결과로, 객체의 유형이 서로 다르더라도 동일한 심벌 이름을 사용할 수 없게 된다. 예를 들어 상태 객체를 가리키는 심벌이 있을 때, 이벤트 객체에 대해 같은 이름을 가지는 심벌을 사용할 수 없다. 이렇게 하면 DSL 내에서는 혼동을 줄일 수 있는 유용한 제약사항이 될 수도 있다. 하지만 맵을 하나만 사용하게 되면 DSL을 처리하는 코드를 읽기는 더 힘들어진다. 처리 코드에서 심벌을 참조할 때, 이 심벌이 가리키는 객체 유형이 무엇인지가 그다지 명료하지 않기 때문이다. 따라서 심벌 테이블로 단일 맵을 사용하는 방법은 권장하지 않는다.

결국 심벌 테이블로 맵을 여러 개 사용하기로 결정했다면, 참조하려는 객체 유형에 따라 맵을 분리할 수 있다. 예를 들어 상태 모델에서는 이벤트, 커맨드, 상태가 있으므로 세 가지 맵을 사용할 수 있다. 이 세 가지 맵을 하나의 논리적인 심벌 테이블로 생각하든, 아니면 세 개의 심벌 테이블로 생각하든 상관없다. 어느 쪽이든, 나는 단일 맵을 사용하는 방법보다 이 방법을 선호한다. DSL을 처리하는 코드에서 심벌을 참조할 때, 이 심벌이 가리키는 객체 유형이 무엇인지 명료해지기 때문이다.

심벌 테이블로 사용할 클래스를 특별히 만들 수도 있다. 단일 객체를 만들어서 참조할 다른 유형의 객체들을 이 객체에 저장하고, 객체를 유형별로 참조할 수 있는 메서드를 제공한다. 예를 들어 getEvent(String code), getState(String code), registerEvent(String code, Event object)와 같은 메서드를 제공하도록 심벌 테이블 클래스를 만들 수 있다. 이 방법이 유용할 때도 더러 있다. 예를 들어 특수한 방식으로 심벌을 처리해야 할 때, 클래스는 처리 로직을 추가하기에 자연스러운 공간이 되기도 한다. 하지만 대다수의 경우, 굳이 이 방법을 사용할 필요는 없었다.

객체가 제대로 정의되기도 전에 객체를 참조해야 할 때도 있다. 이 같은 참조를 전방 참조(forward reference)라 부른다. DSL에서는 식별자를 사용하기 전에 반드시 선언해야 한다는 규칙을 엄격하게 적용하지 않을 때가 많으므로, 전방 참조를 허용하는 게 맞다. 하지만 전방 참조를 허용하려면, 심벌이 참조될 때 해당 객체가 없는 경우 반드시 객체를 생성하도록 해야 한다. 이렇게 하려고 할 때 모델 객체가 그다지 유연하지 않다면, 심벌 테이블의 값으로 빌더를 사용해야 할 때도 많다.

게다가 심벌을 명시적으로 선언하지 않는다면, 심벌 이름을 철자가 틀리게 작성하는 경우를 조심해야 한다. 철자가 틀렸는지 찾을 수 있는 기법이 있으므로, 이 같은 기법을 사용하면 머리를 쥐어뜯게 되는 상황은 예방할 수 있다. 하지만 이 문제를 해결하려면, 차라리 모든 심벌을 어떤 식으로든 미리 선언해두는 게 더 낫다. 심벌을 명시적으로 선언하기로 결정했다고 해서, 사용하기 전에 반드시 선언해야 한다는 뜻은 아님을 명심해야 한다.

다소 복잡한 언어에서는 대부분 유효 범위를 중첩할 수 있고, 심벌은 프로그램 전체에서 일부분에만 정의된다. 범용 언어에서는 이러한 기능이 상당히 보편적이지만, 단순한 DSL에서는 매우 드문 기능이다. 이와 같은 기능이 필요하다면, 심벌 테이블을 사용해서 중첩된 유효범위(Nested Scope)[parr-LIP] 기능을 지원할 수 있다.

12.1.1 정적 타입 심벌

내부 DSL을 작성하면서 정적 타입 언어를(C#이나 자바와 같은) 사용한다면, 문자열을 키로 가지는 해시맵을 심벌 테이블로 쉽게 사용할 수 있다. 이처럼 해시맵을 사용하여 다음과 같은 DSL 문을 작성할 수 있다.

```
task("drinkCoffee").dependsOn("make_coffee", "wash");
```

이처럼 심벌 테이블의 키로 문자열을 사용하면 확실히 동작은 하지만, 몇 가지 단점이 있다.

- 문자열은 인용부호로 묶어야 하므로, 구문에 군더더기가 더해진다.
- 컴파일러에서 타입 검사를 전혀 할 수 없다. 태스크 이름의 철자가 틀렸더라도, 런타임에서만 문제를 알아차릴 수 있다. 더군다나 심벌 테이블에서 잘못된 타입의 객체를 가져오더라도, 컴파일러는 잘못된 타입을 참조하고 있다는 사실을 알려줄 수 없다. 이번에도 마찬가지로 런타임에만 문제를 발견할 수 있다.
- 최신의 IDE를 사용하더라도 문자열에 대해서는 자동완성을 지원하지 않는다. 즉, 프로그래밍할 때 도움을 받을 수 있는 강력한 요소를 버리게 된다.
- 문자열에 대해서는 리팩토링 자동화가 그리 잘 동작하지 않을 수 있다.

이러한 문제점들을 피하고 싶다면, 정적 타입 심벌(Statically Typed Symbol) 등과 같은 기법을 사용할 수 있다. enum은 간단한 경우에 쓸 만하다. 또는 클래스 심벌 테이블(555)패턴도 효과적이다.

12.2 언제 사용하는가

심벌 테이블은 언어 처리론에서 단골로 등장하는 연습문제다. 생각컨대, 심벌 테이블은 거의 항상 사용해야 한다.

심벌 테이블을 사용하지 않아도 될 때가 있다. 예를 들어 트리 생성(341)의 경우, 무언가를 찾아야 한다면 구문 트리를 얼마든지 다시 탐색할 수 있다. 또는 구성하고 있는 시맨틱 모델을 검색하면 심벌 테이블을 사용하는 것과 같은 결과를 얻을 수 있을 때가 많다. 하지만 때로는 중간 단계의 데이터를 저장해야 한다. 그리고 중간 단계의 데이터가 없더라도, 심벌 테이블을 사용하면 삶이 더 단순해진다.

12.3 추가적인 참고 자료

[parr-LIP]은 외부 DSL에서 사용할 수 있는, 다양한 종류의 심벌 테이블을 상세히 설명한다. 심벌 테이블은 내부 DSL에서도 없어서는 안 될 기법이므로, 책에서 설명하는 기법 중 많은 내용이 내부 DSL에서도 여전히 적용될 듯하다.

[Kabanov et al.]은 자바에서 정적 타입 심벌을 사용할 때 유용할 수 있는 일부 아이디어를 제시한다. 이러한 아이디어는 자바 이외의 언어에서도 활용할 수 있다.

12.4 외부 DSL로 작성한 의존성 네트워크(자바와 ANTLR)

다음은 간단한 의존성 네트워크다.

```
go_to_work -> drink_coffee dress
drink_coffee -> make_coffee wash
dress -> wash
```

"->"의 왼쪽에 있는 태스크는 오른쪽에 있는 태스크에 의존한다. 임베디드 변환(361) 기법을 사용해 이 DSL을 파싱하려고 한다. 이때 이들 의존성을 순서에 상관없이 작성하더라도, 헤드의 목록을 반환할 수 있기를 원한다. 헤드(head)란, 다른 어느 태스크에도 선행하지 않는 태스크다. 이 예제는 태스크를 심벌 테이블에 유지하는 게 일리가 있는 좋은 사례다.

내가 ANTLR 파서를 사용할 때 늘 그렇듯이, 로더(loader) 클래스로 ANTLR 파서를 감싼다. 로더 클래스는 Reader로부터 입력을 얻는다.

```
class TaskLoader...
  private Reader input;
  public TaskLoader(Reader input) {
    this.input = input;
  }

  public void run() {
    try {
      TasksLexer lexer = new TasksLexer(new ANTLRReaderStream(input));
      TasksParser parser = new TasksParser(new CommonTokenStream(lexer));
      parser.helper = this;
      parser.network();
    } catch (IOException e) {
      throw new RuntimeException(e);
    } catch (RecognitionException e) {
      throw new RuntimeException(e);
    }
  }
```

로더는 생성된 파서에 자신을 임베드먼트 헬퍼(647)로 등록한다. 로더가 헬퍼로써 제공하는 기능 중 하나는 바로 심벌 테이블이다. 심벌 테이블은 간단한 맵으로, 태스크 이름과 Task 객체로 구성된다.

```
class TaskLoader...
private Map<String, Task> tasks = new HashMap<String, Task>();
```

이 DSL을 위한 문법은 매우 단순하다.

```
문법파일...
  network : SEP? dependency (SEP dependency)* SEP?;
  dependency
    : lhs=ID '->' rhs+=ID+
      {helper.recognizedDependency($lhs, $rhs);}
    ;
```

헬퍼에는 식별된 의존성을 처리하는 코드를 포함한다. Task 객체를 서로 연결하기 위해, 헬퍼에서 Task 객체를 생성하면서 동시에 심벌 테이블에 객체를 저장한다.

```
class TaskLoader...
  public void recognizedDependency(Token consequent, List dependencies) {
    registerTask(consequent.getText());
    Task consequentTask = tasks.get(consequent.getText());
    for(Object o : dependencies) {
      String taskName = ((Token)o).getText();
```

```
      registerTask(taskName);
      consequentTask.addPrerequisite(tasks.get(taskName));
    }
  }
  private void registerTask(String name) {
    if (!tasks.containsKey(name)) {
      tasks.put(name, new Task(name));
    }
  }
```

로더를 실행하고 나면 로더에 요청해서 의존성 네트워크가 나타내는 그래프에서 헤더들을 언제라도 얻을 수 있다.

```
class TaskLoader...
  public List<Task> getResult() {
    List<Task> result = new ArrayList<Task>();
    for(Task t : tasks.values())
      if (!tasksUsedAsPrerequisites().contains(t))
        result.add(t);
    return result;
  }
  public Set<Task> tasksUsedAsPrerequisites() {
    Set<Task> result = new HashSet<Task>();
    for(Task t : tasks.values())
      for (Task preReq : t.getPrerequisites())
        result.add(preReq);
    return result;
  }
```

12.5 내부 DSL에서 심벌을 키로 사용하기(루비)

심벌 테이블은 파싱과 관련된 분야에서 등장했지만, 마찬가지로 내부 DSL에서도 유용하게 활용할 수 있다. 이 예제에서는 루비를 사용해서 심벌 데이터 타입을 사용하는 법을 보여주고자 한다. 심벌 데이터 타입은 사용하는 언어에서 지원해야만 사용할 수 있다. 다음은 아침에 해야 하는 태스크와 선행 조건을 작성한 간단한 DSL 스크립트다.

```
task :go_to_work => [:drink_coffee, :dress]
task :drink_coffee => [:make_coffee, :wash]
task :dress => [:wash]
```

DSL에서 각 태스크는 루비의 심벌 데이터 타입을 사용해 참조한다. 함수 시퀀스(423)를 사용해 태스크들의 리스트를 선언하고, 각 태스크의 세부 사항은 리터럴 맵(501)을 사용해 표현한다.

시맨틱 모델은 설명할 것도 없이, 그저 Task 클래스 하나로 구성된다.

```
class Task
  attr_reader :name
  attr_accessor :prerequisites

  def initialize name, *prereqs
    @name = name
    @prerequisites = prereqs
  end

  def to_s
    name
  end
end
```

표현식 빌더(415)가 DSL 스크립트를 읽어 들인다. 빌더는 객체 스코핑(461) 기법을 활용하며, 이때 instance_eval을 사용한다.

```
class TaskBuilder...
  def load aStream
    instance_eval aStream
    return self
  end
```

심벌 테이블로는 간단히 해시를 사용한다.

```
class TaskBuilder...
  def initialize
    @tasks = {}
  end
```

task 절은 해시를 인자로 받고, 이 인자를 사용해 Task 객체와 관련 정보를 생성한다.

```
class TaskBuilder...
  def task argMap
    raise "syntax error" if argMap.keys.size != 1
    key = argMap.keys[0]
    newTask = obtain_task(key)
    prereqs = argMap[key].map{|s| obtain_task(s)}
    newTask.prerequisites = prereqs
  end
  def obtain_task aSymbol
    @tasks[aSymbol] = Task.new(aSymbol.to_s) unless @tasks[aSymbol]
    return @tasks[aSymbol]
  end
```

심벌 데이터 타입을 사용해 심벌 테이블을 구현하는 일은 문자열을 식별자로 사용할 때와 동일하다. 하지만 심벌을 사용할 수 있다면 반드시 심벌을 사용해야 한다.

12.6 enum을 사용해 정적 타입 심벌 사용하기(자바)

마이클 헝거(Michael Hunger)는 이 책을 매우 꼼꼼하게 리뷰해 주었다. 마이클은 enum을 정적 타입 심벌로 사용하는 기법을 추가해 달라고 줄기차게 재촉했는데, 자신이 이 기법을 꽤 효과적으로 활용해 왔기 때문이었다. 정적 타입을 사용하면 에러를 찾기 쉬우므로 많은 사람들이 선호한다. 하지만 나는 정적 타입을 그리 선호하는 편은 아니다. 꼼꼼하게 테스트를 수행한 후에도 남는 에러라면, 정작 타입을 사용하더라도 이러한 에러는 그다지 많이 찾을 수 없기 때문이다. 게다가 정적 타입을 사용하든 아니든, 언제라도 테스트는 수행해야 한다. 하지만 정적 타입을 사용하면 최신의 IDE에서 효과를 볼 수 있다는 큰 장점이 있다. 그저 컨트롤과 스페이스 키를 눌러서, 프로그램의 현재 위치에서 유효한 심벌들 목록을 모두 볼 수 있으므로 멋진 일임에 틀림없다.

앞에서 사용한 태스크 예제를 다시 사용하려고 하며, 시맨틱 모델(197)도 완전히 동일하게 활용하려고 한다. 시맨틱 모델에서는 태스크 이름으로 문자열을 사용하지만, DSL 스크립트에서는 enum을 사용하려고 한다. 이를 통해 자동완성 기능을 사용할 수 있을 뿐 아니라, 철자를 틀리는 실수를 막고자 한다. 우선 enum을 보면, 단순하다.

```
public enum TaskName {
  wash, dress, make_coffee, drink_coffee, go_to_work
}
```

이 enum을 사용해 태스크 의존성을 다음과 같이 정의할 수 있다.

```
builder = new TaskBuilder(){{
  task(wash);
  task(dress).needs(wash);
  task(make_coffee);
  task(drink_coffee).needs(make_coffee, wash);
  task(go_to_work).needs(drink_coffee, dress);
}};
```

자바의 객체 초기자 구문을 사용해 객체 스코핑(461) 기법을 적용한다. 또한 static 임포트 구문을 TaskName enum에 사용해, 태스크 이름을 스크립트에서 참조 없이 그대로 사용했다. 이 두 기법을 적용했기 때문에 스크립트를 특정 클래스와 관계없이 어디에나 작성할 수 있었다. 그렇지 않고 상속을 사용했더라면, 스크립트는 반드시 표현식 빌더(415)의 서브 클래스에 작성해야 했을 것이다.

TaskBuilder는 Task 객체로 구성되는 맵을 만든다. 이때 task 메서드를 호출할 때마다, 맵에 Task 객체가 등록된다.

```
class TaskBuilder...
  PrerequisiteClause task(TaskName name) {
    registerTask(name);
    return new PrerequisiteClause(this, tasks.get(name));
  }
  private void registerTask(TaskName name) {
    if (!tasks.containsKey(name)) {
      tasks.put(name, new Task(name.name()));
    }
  }
  private Map<TaskName, Task> tasks
            = new EnumMap<TaskName, Task>(TaskName.class);
```

PrerequisiteClause는 자식 빌더 클래스에 해당한다.

```
class PrerequisiteClause...
  private final TaskBuilder parent;
  private final Task consequent;
  PrerequisiteClause(TaskBuilder parent, Task consequent) {
    this.parent = parent;
    this.consequent = consequent;
  }
  void needs(TaskName... prereqEnums) {
    for (TaskName n : prereqEnums) {
      parent.registerTask(n);
      consequent.addPrerequisite(parent.tasks.get(n));
    }
  }
```

이 자식 빌더를 TaskBuilder 클래스에서 정적 내부 클래스(static inner class)가 되도록 만들었다. 따라서 자식 빌더에서는 TaskBuilder의 private 멤버들을 접근할 수 있다. 여기에서 더 나아가, 자식 빌더를 인스턴스 내부 클래스(instance inner class)로 만들 수도 있고, 이를 통해 parent 참조조차도 사용하지 않을 수 있었다. 굳이 이렇게까지는 하지 않았는데, 자바에 익숙하지 못한 독자들은 이해하기 어려울 수 있기 때문이다.

이처럼 enum을 사용하는 기법은 상당히 간단하며, 상속을 적용하거나 DSL 스크립트 코드를 특정 위치에 작성하도록 강제하지 않는다는 점에서 훌륭하다. 바로 이 점이 클래스 심벌 테이블(555)에 비해 유리한 점이다.

이 기법을 사용할 때 명심할 점은 일련의 심벌들이 특정 외부 데이터 소스와 일치해야 하는 경우도 있다는 점이다. 이러한 경우라면 작업 단계를 추가해, 이 단계에서 외부 데이터 소스를 읽어서 enum을 선언하는 코드를 생성할 수도 있다. 이를 통해 심벌들을 서로 일치시킬 수 있다[Kabanov et al.].

이 예제에서 구현한 코드를 보면, 결과적으로 심벌들에 대해 네임스페이스가 하나만 만들어진다. 작은 스크립트가 여러 개 있고, 서로 같은 심벌들을 공유한다면 이 기법도 효과적이다. 하지만 스크립트에서 서로 다른 심벌 집합을 사용해야 할 때도 있다.

예를 들어 두 유형의 태스크가 있다고 해보자. 하나는 아침에 일어나서 해야 하는 태스크(앞에서 본 태스크)이고, 다른 하나는 눈을 치우는 일과 관련된 제설 작업 태스크가 있다고 해보자(맞아요, 오늘 도로를 달리면서 이 태스크가 떠올랐습니다). 아침용 태스크를 사용해서 스크립트를 작성할 때는, IDE에서 아침용 태스크만 자동완성 메뉴로 나타나기를 원한다. 반면에 제설 작업 태스크를 사용해서 스크립트를 작성할 때는, 해당 태스크만 자동완성 메뉴에 나타나도록 만들고 싶다.

이를 지원하려면, 인터페이스를 기반으로 TaskBuilder를 정의한다. 그리고 각 태스크 유형별로 이 인터페이스를 구현한다.

```
public interface TaskName {}

class TaskBuilder...
  PrerequisiteClause task(TaskName name) {
    registerTask(name);
    return new PrerequisiteClause(this, tasks.get(name));
  }
  private void registerTask(TaskName name) {
    if (!tasks.containsKey(name)) {
      tasks.put(name, new Task(name.toString()));
    }
  }
  private Map<TaskName, Task> tasks = new HashMap<TaskName, Task>();
```

다음으로, 특정 태스크 유형에 맞게 enum을 정의해 사용한다. 이때 필요한 enum을 선택적으로 임포트한다.

```
import static path.to.ShovelTasks.*;

enum ShovelTasks implements TaskName {
  shovel_path, shovel_drive, shovel_sidewalk, make_hot_chocolate
}

builder = new TaskBuilder(){{
  task(shovel_path);
  task(shovel_drive).needs(shovel_path);
  task(shovel_sidewalk);
  task(make_hot_chocolate).needs(shovel_drive, shovel_sidewalk);
}};
```

더욱 세밀하게 정적 타입을 제어하고자 한다면, TaskBuilder 클래스를 generic 형태로 만들어 TaskName의 서브 타입을 올바르게 사용하는지 검사할 수도 있다. 하지만 전적으로 IDE 사용성에만 관심이 있다면, 위에서처럼 필요한 enum을 선택적으로 임포트하는 방법만으로도 충분하다.

13장
DOMAIN-SPECIFIC LANGUAGES

컨텍스트 변수

파싱하는 동안에 필요한 컨텍스트를 저장하기 위해 변수를 사용한다.

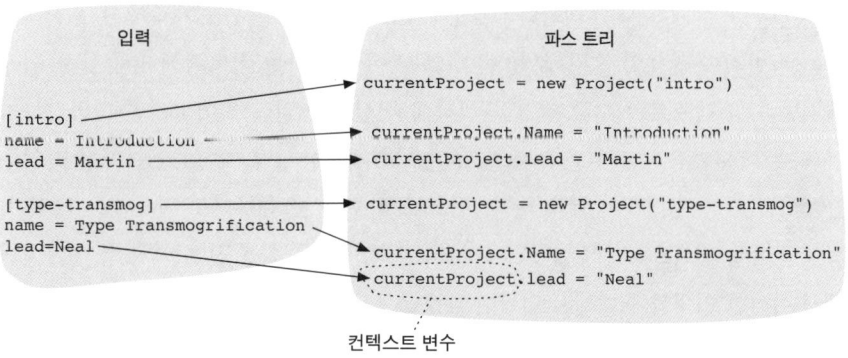

특정 항목으로 구성된 리스트를 파싱하면서, 각 항목에서 데이터를 추출하는 경우를 생각해 보자. 이때 항목마다 각 정보는 독립적으로 추출할 수 있겠지만, 지금 추출한 정보가 어느 항목에 대한 정보인지 알 수 있어야 한다.

이를 위해 현재 처리 중인 항목을 변수에 저장하고, 다음 항목으로 이동할 때 변수에 항목을 새로 할당할 수 있다. 이때 이 변수를 컨텍스트 변수(Context Variable)라고 부른다.

13.1 어떻게 동작하는가

currentItem과 같은 이름을 가진 변수가 있고, 입력 스크립트에서 한 항목에서 다른 항목으로 이동하면서 파싱할 때 주기적으로 이 변수를 갱신한다면, 이 변수가 바로 컨텍스트 변수다.

컨텍스트 변수로는 시맨틱 모델(197) 객체나 빌더를 사용할 수 있다. 겉으로 보기에는 시맨틱 모델을 사용하는 게 더욱 직관적이다. 하지만 엄밀히 말하면, 파싱하는 동안에 모델의 프로퍼티가 모두 가변일 때에만 시맨틱 모델을 컨텍스트 변수로 사용해야 한다. 그렇지 않다면 생성 빌더(221)와 같은 일종의 빌더를 사용해 정보를 수집한 후, 정보가 모두 수집되면 시맨틱 모델 객체를 생성하는 게 가장 좋다.

13.2 언제 사용하는가

파싱하면서 컨텍스트 정보를 저장해야 할 때가 많은데, 이때 컨텍스트 변수가 확실한 선택이다. 컨텍스트 변수는 쉽게 만들어 활용할 수 있기 때문이다.

하지만 컨텍스트 변수를 사용하면 문제가 따르는데, 컨텍스트 변수를 많이 사용하는 경우에 문제가 특히 심하다. 본질적으로 컨텍스트 변수는 계속해서 유지해야 하는 가변적인 상태일 수밖에 없다. 버그는 이러한 가변적인 상태에서 아주 쉽게 생겨난다. 컨텍스트 변수를 적절한 시점에 갱신하는 일을 잊어버리면 디버깅하기가 정말 어려워진다. 필요한 컨텍스트 변수의 개수를 줄일 수 있도록 파싱 작업을 구성하는 다른 방법들이 꽤 있다. 컨텍스트 변수가 늘 해롭다고 말하지는 않겠다. 하지만 나는 컨텍스트 변수를 사용하지 않는 기법들을 훨씬 선호한다. 책 여기저기에서 이러한 기법들에 대해서 언급한 내용을 볼 수 있을 것이다.

13.3 INI File 읽기(C#)

정말 간단한 예제를 사용해 컨텍스트 변수가 무엇인지 설명할 수 있기를 바랐는데, 오랫동안 사용된 INI 파일 포맷이 가장 적합해 보였다. INI 파일 포맷은 다소 구식이다(윈도에서는 레지스트리를 사용해서 이 포맷을 개선했다). INI 파일 포맷은 가볍고, 사람이 읽을 수 있다. 따라서 프로퍼티를 가지는 항목 리스트가 단순할 때, 이러한 리스트를 처리하는 방법으로 여전히 사용된다. 이 대신에 XML이나 YAML과 같은 포맷을 사용하면 좀 더 복잡한 구조를 처리할 수 있지만, 가독성이 떨어지고 파싱하기가 어려워진다. 처리해야 하는 데이터가 INI 파일로 처리할 수 있을 정도로 단순하다면, INI 파일 포맷을 선택하는 게 합리적일 수 있다.

예를 들어 여러 개의 프로젝트가 있고, 각 프로젝트는 몇몇 프로퍼티 데이터로 구성된 경우를 살펴보자.

```
[intro]
name = Introduction
lead = Martin

[type-transmog]
name = Type Transmogrification
lead=Neal

#line comment

[lang] #group comment
name = Language Background Advice
lead = Rebecca # item comment
```

비록 INI 파일 포맷에 대한 표준 형식은 없더라도, 기본적으로 프로퍼티를 할당하고, 각 할당문을 영역별로 구분하는 형식을 따른다.

앞의 코드에 대한 시맨틱 모델(197)은 간단하다.

```
class Project...
  public string Code { get; set; }
  public string Name { get; set; }
  public string Lead { get; set; }
```

INI 파일 포맷은 구분자 주도 변환(247)을 사용하면 쉽게 파싱할 수 있다. 이때 파서를 구현하는 일반적인 방식을 따라 기본 구조를 구현한다. 즉 스크립트를 라인 단위로 분리한 후, 각 라인을 파싱하도록 만든다.

```
class ProjectParser...
  private TextReader input;
  private List<Project> result = new List<Project>();

  public ProjectParser(TextReader input) {
    this.input = input;
  }
  public List<Project> Run() {
    string line;
    while ((line = input.ReadLine()) != null) {
      parseLine(line);
    }
    return result;
  }
```

라인 파서(parseLine)의 첫 문장에서는 단순히 공백과 주석을 처리한다.

```
class ProjectParser...
  private void parseLine(string s) {
    var line = removeComments(s);
    if (isBlank(line)) return ;
    else if (isSection(line)) parseSection(line);
    else if (isProperty(line)) parseProperty(line);
    else throw new ArgumentException("Unable to parse: " + line);
  }
```

```
private string removeComments(string s) {
  return s.Split('#')[0];
}
private bool isBlank(string line) {
  return Regex.IsMatch(line, @"^\s*$");
}
```

영역을 파싱할 때(parseSection) 컨텍스트 변수인 currentProject가 필요하므로, currentProject에 값을 할당한다.

```
class ProjectParser...
  private bool isSection(string line) {
    return Regex.IsMatch(line, @"^\s*\[");
  }
  private void parseSection(string line) {
    var code = new Regex(@"\[(.*)\]").Match(line).Groups[1].Value;
    currentProject = new Project {Code = code};
    result.Add(currentProject);
  }
  private Project currentProject;
```

다음으로 프로퍼티를 파싱할 때(parseProperty), 이 컨텍스트 변수를 사용한다.

```
class ProjectParser...
  private bool isProperty(string line) {
    return Regex.IsMatch(line, @"=");
  }
  private void parseProperty(string line) {
    var tokens = extractPropertyTokens(line);
    setProjectProperty(tokens[0], tokens[1]);
  }
  private string[] extractPropertyTokens(string line) {
    char[] sep = {'='};
    var tokens = line.Split(sep, 2);
    if (tokens.Length < 2) throw new ArgumentException("unable to split");
    for (var i = 0; i < tokens.Length; i++) tokens[i] = tokens[i].Trim();
    return tokens;
  }
  private void setProjectProperty(string name, string value) {
    var proj = typeof(Project);
    var prop = proj.GetProperty(capitalize(name));
    if (prop == null)
        throw new ArgumentException("Unable to find property: " + name);
    prop.SetValue(currentProject, value, null);
  }
  private string capitalize(string s) {
    return s.Substring(0, 1).ToUpper() + s.Substring(1).ToLower();
  }
```

이처럼 리플렉션을 활용하면 코드는 더욱 복잡해진다. 하지만 시맨틱 모델에 프로퍼티를 추가해야 할 때, 파서를 수정하지 않아도 된다.

14장

DOMAIN-SPECIFIC LANGUAGES

생성 빌더

빌더 객체를 사용해서, 불변 객체(immutable object)를 점진적으로 생성한다.
이때 불변 객체의 생성자에 사용할 인자를 빌더에 필드로 저장한다.

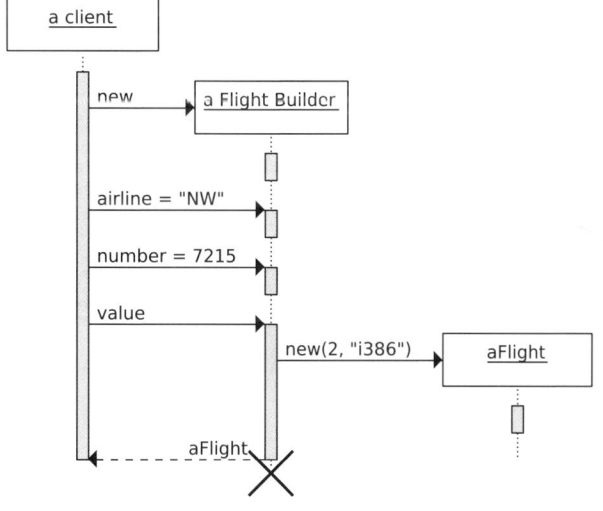

14.1 어떻게 동작하는가

생성 빌더(Construction Builder) 패턴의 밑바탕에 깔린 아이디어는 매우 간단하다. 불변 객체를 점진적인 방법으로 생성해야 한다고 해보자(여기에서는 불변 객체를 결과물이라고 부르겠다). 결과물을 만들어 내는 생성자의 각 인자를 빌더에 필드로 추가한다. 만들려는 결과물이 가진 다른 속성들에 대해서도 빌드에 필드로 추가한다. 마지막으로 생성 빌더에 있는 데이터를 모두 모아서 결과물 객체를 새롭게 생성한 후 반환하는 메서드를 생성 빌더에 추가한다.

결과물의 생명주기를 제어할 수 있는 메서드를 생성 빌더에 추가할 수도 있다. 이러한 메서드로는 결과물을 만들기에 충분한 정보를 모았는지 검사하는 제어 메서드가 있을 수 있다. 또는 플래그를 설정해서, 결과물을 한 번 반환한 뒤에는 다시 반환하지 않도록 하거나, 생성된 결과물을 필드에 저장할 수도 있다. 결과물이 한 번 만들어진 뒤에 생성 빌더에 속성을 새롭게 추가하려고 할 때 에러를 던지게 할 수도 있다.

생성 빌더를 여러 개 결합해 좀 더 복잡한 구조를 만들 수도 있다. 이렇게 결합한 생성 빌더는 단일 객체를 만드는 게 아니라, 연관된 객체들을 한꺼번에 만들어낸다.

14.2 언제 사용해야 하는가

생성하려는 객체가 불변 필드를 여러 개 가지지만, 이들 필드에 대한 데이터는 점진적으로 수집해야 하는 경우에 생성 빌더가 효과적이다. 생성 빌더는 진짜 결과물을 생성하기 전에, 이 데이터를 모두 저장하기 위해 필요한 공간을 제공한다.

생성 빌더를 사용하는 대신에, 이 정보를 지역 변수에 저장하거나 임시 필드에 저장할 수도 있다. 결과물이 한두 개 정도면 이 방법이 가능하다. 하지만 여러 객체를 한꺼번에 생성해야 한다면(예를 들어 파싱할 때), 이 방법은 복잡해지기 쉽다.

또 다른 대안은 진짜 모델 객체를 생성하는 방법으로, 불변 속성에 대한 데이터를 수집한 후에 모델 객체의 복사본을 새로 생성하는 방식이다. 즉 해당 불변 속성만 변경해서 복사본을 생성한 뒤, 예전 모델 객체를 대체한다. 이 방법을 사용하면 생성 빌더를 만들어야 하는 시간을 아낄 수 있다. 하지만 대체로 이 방법은 적용하기가 까다롭고, 이해하기도 쉽지 않다. 특히 객체에 대한 참조가 여러 개 있는 경우라면 그리 효과적이지 않다. 게다가 객체에 대한 참조를 모두 대체해야 하므로, 적용하기가 상당히 어렵다.

생성 빌더를 사용하면 이러한 문제를 효과적으로 처리할 수 있지만, 불변 필드가 있을 때만 생성 빌더를 사용해야 함을 명심해야 한다. 불변 필드가 없다면, 결과물 객체를 직접 생성하는 편이 더 간단하다.

생성 빌더는 표현식 빌더(415)와 마찬가지로 '빌더'라는 용어를 공통적으로 사용한다. 하지만 나는 이 두 패턴을 구분하는 편이다. 순전히 생성하려는 객체를 점진적으로 만들려는 목적으로만 생성 빌더를 사용하며, 플루언트 인터페이스를 제공하려는 용도로는 사용하지 않는다. 반면에 표현식 빌더는 플루언트 인터페이스를 제공하려는 목적으로만 사용한다. 하지만 한 객체가 생성 빌더이면서 동시에 표현식 빌더가 되는 경우도 확실히 드문 일은 아니다. 그렇더라도 이 두 패턴이 같은 개념이라는 뜻은 아니다.

14.3 간단한 항공 데이터 생성하기(C#)

항공 데이터를 사용하는 애플리케이션을 생각해 보자. 이 애플리케이션에서는 항공 데이터를 읽기만 한다고 가정하면, 도메인 클래스를 읽기 전용으로 만드는 게 타당할 듯하다.

```
class Flight...
  readonly int number;
  readonly string airline;
  readonly IList<Leg> legs;
  public Flight(string airline, int number, List<Leg> legs) {
    this.number = number;
    this.airline = airline;
    this.legs = legs.AsReadOnly();
  }
  public int Number {get { return number; }}
  public string Airline {get { return airline; }}
  public IList<Leg> Legs {get { return legs; }}

class Leg...
  readonly string start, end;
  public Leg(string start, string end) {
    this.start = start;
    this.end = end;
  }
  public string Start {get { return start; }}
  public string End {get { return end; }}
```

이 애플리케이션에서는 항공 데이터를 그저 읽기만 한다. 여기에 더해, 생성자를 사용해서 완전한 객체를 한 번에 만드는 게 어려울 수 있는 방식으로 데이터를 모으는 상황도 충분히 있음직하다. 이러한 상황에서 간단히 생성 빌더를 사용하면, 데이터를 모두 수집한 후에 결과물 객체를 생성할 수 있다.

```
class FlightBuilder...
  public int Number { get; set; }
  public string Airline { get; set; }
  public List<LegBuilder> Legs { get; private set; }
  public FlightBuilder() {
    Legs = new List<LegBuilder>();
  }
  public Flight Value {
    get{return new Flight(Airline, Number, Legs.ConvertAll(l => l.Value));}
  }
```

```
class LegBuilder...
  public string Start { get; set; }
  public string End { get; set; }
  public Leg Value {
    get { return new Leg(Start, End); }
  }
```

15장

DOMAIN-SPECIFIC LANGUAGES

매크로

언어를 처리하기 전에, *템플릿 기반 생성*(637) 기법을 사용해 입력 텍스트를 다른 형태로 변환한다.

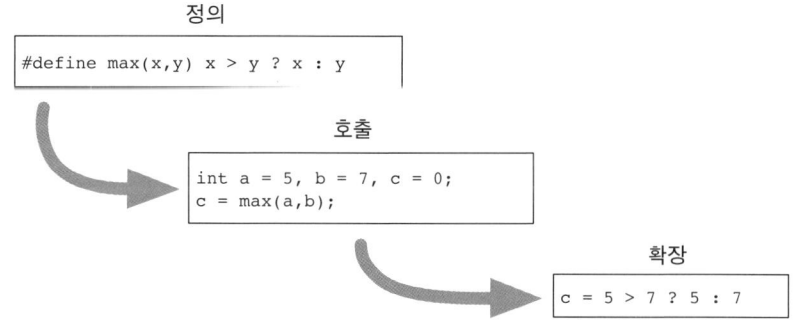

언어마다 처리할 수 있는 형태와 구조는 고정되어 있다. 하지만 언어에서 제공하지 않는 추상화를 추가할 수 있는 방식이 더러 있다. 예를 들어 컴파일러나 인터프리터가 입력 텍스트를 파싱하기 전에, 입력 텍스트를 다른 텍스트 형태로 변환하는 방식을 사용할 수 있다. 이 경우 컴파일러나 인터프리터가 파싱할 수 있는 최종 모습을 이미 알고 있으므로, 이러한 최종 형태를 작성하고 여기에 파라미터를 받을 수 있는 호출을 더하는 방식으로 변환 작업을 작성해볼 수 있다.

매크로(Macro)를 사용하면 이러한 변환 작업을 정의할 수 있다. 이때 순전히 텍스트를 기반으로 변환하는 매크로를 정의할 수도 있고, 기반 언어가 가진 구문을 이해할 수 있게 구문형 매크로를 정의할 수도 있다.

15.1 어떻게 동작하는가

매크로는 프로그래밍 언어에서 추상화를 할 때 오래 전부터 사용한 기법 중 하나다. 예전에는 매크로를 함수만큼이나 폭넓게 사용했다. 그 이후로 매크로는 사람들의 관심에서 완전히 멀어졌는데, 이렇게 된 데는 나름대로 이유가 있었다. 하지만 매크로가 여전히 사용되는 내부 DSL도 있는데, 특히 Lisp 커뮤니티에서 자주 사용된다.

나는 매크로를 주로 두 가지 유형으로 구분하는 편이다. 바로 텍스트형 매크로(textual macro)와 구문형 매크로(syntactic macro)다. 텍스트형 매크로는 텍스트를 단순히 텍스트로만 보기 때문에, 텍스트형 매크로는 좀 더 익숙하고, 이해하기도 쉽다. 반면에 구문형 매크로는 호스트 언어가 가진 구문 구조를 인식할 수 있도록 만들어진다. 따라서 텍스트를 구문적으로 의미가 있는 단위로 처리하고, 이를 통해 구문적으로 유효한 결과를 만들도록 보장하기가 훨씬 쉽다. 텍스트형 매크로 프로세서는 텍스트로 표현할 수 있는 언어라면 얼마든지 사용할 수 있다. 따라서 거의 모든 언어에서 활용할 수 있다. 반면에 구문형 매크로는 단일 언어에서만 활용되도록 만들어진다. 따라서 해당 언어에서만 지원되는 자체 툴로 만들어질 때가 많고, 심지어는 언어 스펙 자체에 포함되기도 한다.

매크로가 동작하는 방식을 이해하려면 우선적으로 텍스트형 매크로를 이해한 후 기본 개념을 잡아야 한다. 비록 구문형 매크로에 더 관심이 가더라도 기본 개념을 먼저 익히는 게 중요하다.

15.1.1 텍스트형 매크로

최신의 언어는 대부분 텍스트형 매크로를 지원하지 않고, 개발자들 또한 대부분 매크로를 사용하지 않으려 애쓴다. 하지만 고전적인 Unix m4 매크로 프로세서와 같은 범용 매크로 프로세스를 사용하면, 모든 언어에서 텍스트형 매크로 기법을 적용할 수 있다. 벨로시티(Velocity)와 같은 템플릿 엔진은 매우 간단한 매크로 프로세서로, 벨로시티를 사용하면 일부 기법들을 활용할 수 있다. 게다가 최신 언어들은 대부분 매크로를 피하려고 하지만, C(그리고 C++)에는 매크로 전처리기(macro preprocessor)가 기본 툴로 내장되어 있다. C++ 구루들 대다수는 이 전처리기를 사용하지 말라고 당부하지만(물론 좋은 이유로), 전처리기는 여전히 이들 언어에 자리잡고 있다.

매크로 중에서 가장 간단한 형식은 한 문자열을 다른 문자열로 치환하는 매크로다. 이러한 치환 매크로를 유용하게 사용할 수 있는 좋은 사례로, CSS 문서에서 색깔을 기술할 때 중복을 피하려는 경우를 들 수 있다. 당신이 운영하는 웹사이트가 있고, 이때 테이블 테두리에 선을 칠하거나 텍스트를 강조할 때 공통적으로 사용할 색깔이 있다고 해보자. 일반적인 CSS라면 매번 계속해서 색깔 코드를 사용해야 한다.

```
div.leftbox { border-bottom-color: #FFB595}
p.head { bgcolor: #FFB595 }
```

이처럼 색깔 코드를 중복해서 사용하게 되면 색깔을 변경하기가 힘들어진다. 게다가 색깔 코드를 그대로 사용하기 때문에 도대체 무슨 색깔인지 알아보기도 어려워진다. 매크로 프로세서를 이용하면 색깔에 맞게 특별한 이름을 정의할 수 있고, 코드 대신 이름을 사용할 수도 있다.

```
div.leftbox { border-bottom-color: MEDIUM_SHADE}
p.head { bgcolor: MEDIUM_SHADE }
```

기본적으로 매크로 프로세서는 CSS 파일을 순차적으로 읽으면서, MEDIUM_SHADE을 색깔 코드로 치환한다. 결과적으로 앞에서 나온 예제와 동일한 텍스트가 만들어진다. 물론 바로 앞의 CSS 파일은 CSS 구문에 맞지 않는다. 하지만 CSS에는 이처럼 심벌로 사용할 상수를 정의할 수 있는 기능이 없다. 따라서 이처럼 매크로 프로세서를 사용하면 CSS 언어를 확장할 수 있다.

이 예제의 경우, 단순히 입력 텍스트를 검색해서 대체하는 방식으로 치환했다. 이 방식은 사실 텍스트 폴리싱(565) 기법이다. 텍스트 치환 기법은 말도 안 되게 간단하지만, C 프로그래밍에서는 이러한 매크로를(특히 심벌 상수로 사용하기 위해) 많이 사용한다. 똑같은 메커니즘을 파일에 공통 요소를 넣을 때도 활용할 수 있다. 예를 들어 header와 footer 같이, 웹 페이지에 공통 요소를 만든다고 생각해 보자. 먼저 입력 HTML 파일에 이들 공통 요소를 위한 표시를 한다. 그런 다음 이 파일에 대해 치환 처리를 수행하면, 실제로 사용할 HTML 파일을 만들 수 있다. 이와 같은 기법은 간단하지만, 조그만 웹사이트에서는 기가 막힐 정도로 효과적이다. header와 footer 같은 공통 요소를 웹 페이지 모두에 중복해서 작성하지 않아도 되기 때문이다.

더 흥미로운 텍스트형 매크로는 파라미터를 사용하는 매크로다. 예를 들어 두 숫자의 최댓값을 구해야 하는 경우가 많다고 해보자. 그래서 a > b ? a : b와 같은 표현식을 C 언어를 사용해 중복해서 작성해야 한다고 해보자. 이러한 경우 표현식을 중복하는 대신, C 전처리기에 매크로를 작성할 수 있다.

```
#define max(x,y) x > y ? x : y

int a = 5, b = 7, c = 0;
c = max(a,b);
```

(이쯤에서 일부 프로그래밍 환경에서는 서브루틴을 '매크로'라고 부른다는 점을 밝혀둬야겠다. 짜증나겠지만, 산다는 게 다 그렇다.)

따라서 함수 호출을 작성하는 대신 매크로를 사용할 수 있다. 덤으로, 함수를 호출하는데 따른 간접비용을 아낄 수 있다(특히 초창기에 C 프로그래머는 이러한 간접비용을 염려하곤 했다). 하지만 매크로를 사용하면 미묘한 문제가 수없이 생겨서 곤경에 빠지기도 한다. 매크로에 파라미터를 사용하면 특히 그렇다. 숫자를 제곱하는 매크로를 생각해보자.

```
#define sqr(x) x * x
```

간단한 이 매크로는 제대로 동작할 듯하다. 하지만 다음과 같이 호출해 보면,

```
int a = 5, b = 1, c = 0;
c = sqr(a + b);
```

c의 값은 11이 되어 버린다. 매크로가 확장되면서 표현식이 a + b * a + b로 만들어지기 때문이다. * 연산자가 + 연산자보다 우선순위가 높으므로, 이 표현식은 (a + b) * (a + b)가 아니라, a + (b * a) + b로 계산된다. 이는 프로그래머가 기대하는 방식과는 다르게 매크로가 확장되는 사례 중 하나로, 나는 이러한 확장을 잘못된 확장(mistaken expansion)이라고 부른다. 대다수의 경우 매크로는 제대로 확장되지만, 이와 같은 특정 상황에서는 잘못 확장되기도 한다. 결국에는 놀랄 정도로 찾기 힘든 버그가 만들어진다.

이 문제를 피하려면, Lisp 개발자가 사용하는 개수보다 더 많은 괄호를 사용해서 아래와 같이 작성해야 한다.

```
#define betterSqr(x) ((x) * (x))
```

구문형 매크로를 사용하면 이러한 문제 중 대부분을 피할 수 있다. 구문형 매크로는 호스트 언어를 인식하도록 만들기 때문이다. 하지만 두 종류의 매크로 모두에서

공유하는 문제점이 있다. 먼저 텍스트형 매크로를 사용해 이들 문제점을 살펴보자.

다시 max 매크로로 돌아가서, 내가 이 매크로를 어떻게 엉망으로 만들었는지 한 번 보자.

```
#define max(x,y) x > y ? x : y

int a = 5, b = 1, c = 0;
c = max(++a, ++b);

printf("%d",c); // => 7
```

이 코드는 중복 평가(multiple evaluation)가 발생하는 예다. 부수 효과가 있는 인자를 매크로에 전달하면, 매크로 몸체에서 이 인자를 한 번 이상 사용할 때 결국 이 인자는 여러 번 평가되게 된다. 이 예제에서 a와 b는 모두 두 번 증가한다. 이 예제 또한 매크로가 잘못 확장되어서 결국에는 찾기 힘든 버그가 생기는 사례다. 이 버그는 특히 당황스러운데, 매크로가 잘못 확장될 수 있는 다양한 경로들을 예측하기가 어렵기 때문이다. 매크로를 사용할 때는 함수를 호출할 때와는 다르게 생각해야 한다. 뿐만 아니라 함수가 호출된 결과보다 매크로가 확장된 결과를 간파하기가 더욱 어렵다. 중첩된 매크로를 사용하기 시작하면 이해하기가 더 힘들어진다.

매크로에 있는 다른 위험 요소에는 무엇이 있는지 다음 매크로를 통해 살펴보자. 이 매크로는 인자를 세 개 받는다. 크기가 5인 정수 배열(input), 한계치(cap), 그리고 결과(result)를 저장할 변수다. 배열에 있는 숫자를 더한 후, 더한 결과와 한계치 중에서 더 작은 숫자를 result에 저장한다.

```
#define cappedTotal(input, cap, result) \
{int i, total = 0; \
for(i=0; i < 5; i ++) \
  total = total + input[i];\
result = (total > cap) ? cap : total;}
```

이 매크로는 다음처럼 호출할 수 있다.

```
int arr1[5] = {1,2,3,4,5};
int amount = 0;
cappedTotal (arr1, 10, amount);
```

이 매크로는 꽤 잘 동작한다(하지만 이 경우라면 매크로보다 함수를 사용하는 게 더 낫다). 이제 다음과 같이 매크로를 조금 다른 방식으로 사용해 보자.

```
int total = 0;
cappedTotal (arr1, 10, total);
```

이 코드가 실행되면, total은 0이 된다. 문제는 인자에 있는 total이 매크로 내로 확장되었지만, 매크로에서 total은 매크로 내부에 정의된 자체 변수로 해석된다. 결과적으로 매크로에 전달된 변수가 무시되는데, 이러한 에러는 변수 점유(variable capture)라고 부른다.

변수 점유와는 반대되는 상황에서 발생하는 문제도 있다. 이 문제는 C 언어에서는 발생하지 않고, 변수를 선언하도록 강제하지 않는 언어에서는 발생한다. 이 문제를 설명하기 위해 루비를 이용해 텍스트형 매크로를 만들려고 한다(이 예제 매크로는 책에 나온 예제들을 기준으로 보더라도 실제로는 거의 쓸모가 없다). 이 예제에서는 매크로 프로세서로 벨로시티(Velocity)를 사용하려고 한다. 벨로시티는 웹 페이지를 생성할 때 폭넓게 쓰인다. 벨로시티는 매크로 기능을 포함하므로, 이 툴을 잠시 사용해 이 문제를 설명하고자 한다.

앞에서 C로 작성했던 cappedTotal를 다시 사용하려고 한다. 다음의 벨로시티 매크로를 보자.

```
#macro(cappedTotal $input $cap $result)
total = 0
${input}.each do |i|
  total += i
end
$result = total > $cap ? $cap : total
#end
```

이처럼 매크로를 사용하는 일은 루비의 관례와는 맞지 않는다. 하지만 C 언어를 사용했던 초보 루비 프로그래머라면 이렇게 매크로를 작성하는 일도 충분히 있을 듯하다. 매크로 몸체에서 사용한 변수 $input, $cap 그리고 $result는 매크로가 호출될 때의 인자들을 참조한다. 상상 속의 이 초보 프로그래머는 루비 프로그램에서 다음과 같이 매크로를 사용할 것이다.

```
array = [1,2,3,4,5]
#cappedTotal('array' 10 'amount')
puts "amount is: #{amount}"
```

이제 벨로시티를 사용해 이 루비 프로그램을 처리한 후 실행해 보면 제대로 동작하는 듯하다. 매크로가 확장되면 아래와 같다.

```
array = [1,2,3,4,5]
total = 0
array.each do |i|
  total += i
end
```

```
amount = total > 10 ? 10 : total
puts "amount is: #{amount}"
```

이제 이 초보 프로그래머가 잠시 자리를 비우고 차 한 잔을 마신 후 돌아와서, 다음과 같이 코드를 작성한다.

```
total = 35
#... lines of code ...
#cappedTotal('array' 10 'amount')
puts "total is #{total}"
```

이 프로그래머는 깜짝 놀라게 된다. 이 코드는 amount를 제대로 설정한다는 점에서 보면 동작한다. 하지만 머지않아 버그를 보게 된다. 매크로가 실행될 때 total 변수가 보이지 않는 곳에서 변경되었기 때문이다. 매크로 몸체에서 total이 사용되었으므로, 매크로가 확장될 때 변수 값이 바뀌기 때문에 이러한 버그가 발생한다.

이 경우 total 변수는 매크로가 점유한다. 변수가 점유되면서 생기는 결과는 다를 수 있지만(사실 앞에서 나온 변수 점유 형식보다 그 결과는 훨씬 심각하다), 둘 다 기본적으로 같은 문제에서 기인한다.

15.1.2 구문형 매크로

앞서 다룬 모든 문제들로 인해, 매크로 처리 기법(특히 텍스트형 매크로)은 대다수의 프로그래밍 환경에서 관심 밖으로 밀려났다. C 프로그램에서는 여전히 볼 수 있겠지만, 최신 언어에서는 매크로를 아예 지원하지 않는다.

예외적으로 구문형 매크로(syntactic macro)를 사용하고 권장하는 언어 중에서 가장 잘 알려진 두 언어는 바로 C++와 Lisp다. C++의 경우 템플릿이 구문형 매크로에 해당한다. 템플릿(templates)은 컴파일 타임에 코드를 생성하는 매력적인 기법들을 많이 만들었다. 여기에서는 C++ 템플릿에 대해 전혀 다루지 않으려고 한다. 나는 템플릿이 범용적으로 쓰이기 이전에 C++를 사용했기 때문에, 템플릿에 그다지 익숙하지 않기 때문이다. 게다가 C++는 내부 DSL로는 썩 맞지 않는다. C/C++ 세계에서 DSL은 외부 DSL일 때가 많다. 무엇보다도 C++는 숙련된 프로그래머조차도 사용하기에 복잡한 툴이어서, 내부 DSL로 사용하도록 권장할 만한 언어가 아니다. (론 제프리스는 "내가 C++를 사용한 이후로 오랜 시간이 흘렀다. 하지만 여전히 충분하지는 않다!"면서 C++의 복잡함을 말한 바 있다.)

하지만 Lisp는 다르다. Lisp 사용자는 Lisp가 등장할 때부터 Lisp로 내부 DSL을 사용하는 일을 이야기 해왔다. Lisp는 가장 오래된 프로그래밍 언어 중 하나고, 아직도 여전히 활발히 사용하고 있다는 점을 감안해 보면, Lisp에서 얼마나 오랫동안 내부 DSL을 이야기 해왔는지 짐작할 수 있다. 이러한 사실이 그리 놀랍지는 않은데, 사실 Lisp를 처리한다는 말은 심벌을 처리한다는 말과 같기 때문이다. 즉 Lisp는 언어를 조작하기 위한 언어다.

매크로는 대다수의 다른 프로그래밍 언어보다도 확실히 Lisp의 핵심에 더 깊이 자리잡고 있다. 실제로 Lisp의 핵심 기능 중 많은 부분이 매크로를 사용해 만들어졌다. 그래서 초급 Lisp 프로그래머조차도 자신이 매크로를 사용한다는 사실을 깨닫지도 못한 채, 매크로를 사용하곤 한다. 결과적으로 사람들이 내부 DSL에 적합한 언어 기능에 대해 이야기 할 때, Lisp 사용자는 항상 매크로가 중요하다고 이야기한다. 심지어는 어느 언어가 나은지 비교하는 논쟁이 수면 위로 떠올라 피할 수 없게 될 때, Lisp 사용자는 매크로가 없는 언어는 완전히 무시할 수 있다고 믿는다.

(이렇게 말하고 나면 내 입장이 약간 곤란해진다. 나는 Lisp를 잠깐씩 손대긴 했지만, 나 자신을 진짜 Lisp 사용자라고 보지 않는다. 게다가 Lisp 커뮤니티에서도 거의 활동하지 않는다.)

구문형 매크로는 정말로 강력한 기능을 가지고 있으며, Lisp 사용자는 이 기능들을 제대로 사용하고 있다. 하지만 Lisp에서 매크로를 사용할 때 많은 부분이(어쩌면 대부분이), 클로저(475)를 처리하는 구문을 다듬기 위해서다. 다음은 간단하지만 엉뚱한 예제로, Execute-Around Method[Beck SBPP]에서 루비를 사용해 클로저를 작성한 코드다.

```
aSafe = Safe.new "secret plans"
aSafe.open do
  puts aSafe.contents
end
```

open 메서드는 다음처럼 구현한다.

```
def open
  self.unlock
  yield
  self.lock
end
```

이때 핵심은 클로저에 담긴 내용이 호출을 받는 객체(수신 객체)인 aSafe에서 yield를 호출하기 전까지 평가되지 않는다는 점이다. 따라서 수신 객체에서 금고가 확실히 열린 후에 전달받은 코드가 실행되도록 보장해준다. 다음 방법과 비교해 보자.

```
puts aSafe.open(aSafe.contents)
```

이 코드는 제대로 동작하지 않는다. 파라미터에 있는 코드가 호출된 후에 open 메서드가 호출되기 때문이다. 이처럼 코드를 클로저에 담아 전달하면 코드에 대한 평가를 지연할 수 있다. 평가를 지연한다는 말은 코드를 언제 실행할지, 아니면 아예 실행하지 않을지를 코드를 파라미터로 받는 메서드에서 선택할 수 있다는 뜻이다.

같은 작업을 Lisp에서도 할 수 있을 듯하다. 위와 동일한 메서드 호출은 다음과 같다.

```
(openf-safe aSafe (read-contents aSafe))
```

이 메서드를 다음과 같은 함수를 호출해 구현할 수 있을 거라고 기대한다.

```
(defun openf-safe (safe func)
  (let ((result nil))
    (unlock-safe safe)
    (setq result (funcall func))
    (lock-safe safe)
result))
```

하지만 이렇게 구현하면 평가를 지연할 수 없다. 지연 평가를 하려면 다음과 같이 호출해야 한다.

```
(openf-safe aSafe (lambda() (read-contents aSafe)))
```

하지만 이 코드는 너무 지저분하다. 결국 제대로 동작하면서도 명료하게 호출할 수 있으려면, 매크로를 사용해야 한다.

```
(defmacro openm-safe (safe func)
 `(let (result)
    (unlock-safe ,safe)
    (princ (list result ,safe))
    (setq result ,func)
    (lock-safe ,safe)
    result))
```

매크로를 사용하면 함수를 lambda로 감싸지 않아도 되므로 더 명료한 구문을 사용해서 호출할 수 있다.

```
(openm-safe aSafe (read-contents aSafe))
```

Lisp에서 매크로를 사용하는 이유 중 많은 부분이(어쩌면 대부분이), 이처럼 평가 지연 메커니즘을 위한 구문을 명료하게 사용하기 위해서다. 클로저 구문을 간결하게 사용할 수 있는 언어라면, 이러한 매크로를 사용할 필요가 없다.

위에서 본 매크로는 거의 모든 경우에 동작한다. 하지만 '거의' 다 동작한다는 뜻이며, 문제는 있다. 예를 들어 다음과 같이 호출해 보자.

```
(let (result)
  (setq result (make-safe "secret"))
  (openm-safe result (read-contents result)))
```

이때 생기는 문제는 변수 점유로, result라는 이름을 가진 심벌을 인자로 사용할 때 에러가 발생한다. 변수 점유는 Lisp 매크로에서 고질적으로 발생하는 문제다. 이로 인해, Lisp 계열의 언어들은 이 문제를 피할 수 있는 방법을 찾기 위해 애써왔다. 스킴(Scheme)과 같은 일부 언어는 hygienic 매크로 시스템을 만들었다. 이들 언어 시스템에서는 심벌을 암묵적으로 재정의해, 변수 점유가 전혀 발생하지 않는다. Common Lisp에서는 이와는 다른 메커니즘을 사용하는데, 바로 gensym이다. gensym은 기본적으로 이들 지역 변수에 대한 심벌들을 생성하는 기능으로, 생성된 심벌이 다른 심벌들과 절대로 충돌하지 않게 보장해 준다. gensym은 사용하기가 더 까다롭긴 하지만, 프로그래머가 의도적으로 변수를 점유할 수 있다. 게다가 변수를 의도적으로 점유하는 게 유용할 때가 더러 있다. 이 부분에 대한 논의는 폴 그레이엄(Paul Graham)에게 맡기려고 한다[Graham].

변수 점유뿐만 아니라, 중복 평가 문제 또한 발생할 여지가 있다. 파라미터인 safe를 매크로 정의에서 여러 군데에 걸쳐 사용하기 때문이다. 중복 평가 문제를 없애려면, 파라미터를 별도의 지역 변수에 저장해야 한다. 이렇게 하려면 gensym을 사용해, 아래와 같이 매크로를 정의할 수 있다.

```
(defmacro openm-safe2 (safe func)
  (let ((s (gensym))
        (result (gensym)))
    `(let ((,s ,safe))
       (unlock-safe ,s)
       (setq ,result ,func)
       (lock-safe ,s)
       ,result)))
```

이처럼 여러 문제를 해결하다 보면, 매크로는 언뜻 생각했던 것보다 작성하기가 훨씬 어려워진다. 그럼에도 평가를 지연하기 위해 이처럼 간편한 구문을 사용하는 기법은 Lisp에서 상당히 많이 사용된다. 제어문을 새롭게 추상화하거나 컴퓨팅 대안 모델을 만들 때 클로저는 중요한 요소이기 때문이다. (실제로 Lisp 사용자는 컴퓨팅 대안 모델을 만드는 일을 중요하게 여긴다.)

Lisp에서 매크로를 사용하는 이유 중 많은 부분이 평가를 지연하기 위해서다. 이처럼 Lisp 매크로를 사용하면 간편한 구문을 통해 클로저를 사용할 수 있을 뿐만 아니라, 다른 여러 가지 유용한 작업을 할 수 있다. 무엇보다도 Lisp 매크로를 사용하면 파스 트리 조작(541) 메커니즘을 활용할 수 있다.

Lisp 구문은 언뜻 보기에 유별나 보이지만, 일단 익숙해지고 나면 Lisp 구문은 프로그램의 파스 트리를 효과적으로 표현한 형식이라는 사실을 알 수 있다. 각 리스트에서 첫 요소는 파스 트리에서 노드의 타입에 해당하고, 나머지 요소들은 자식 노드에 해당한다. Lisp 프로그램은 중첩 함수(429) 기법을 아주 많이 사용하며, 결과적으로 Lisp 프로그램은 파스 트리가 된다. 따라서 Lisp 코드를 평가하기 전에 매크로를 사용해 코드를 조작하는 방식으로, 파스 트리 조작 기법을 적용할 수 있다.

지금 당장은 파스 트리 조작을 지원하는 프로그래밍 환경이 거의 없으므로, Lisp에서 이 기법을 지원한다는 사실은 주목할 만한 점이다. 이처럼 Lisp는 DSL적인 요소를 지원할 뿐만 아니라, 더 나아가 언어를 더욱 기본적인 수준에서 조작할 수 있다. 표준적인 Lisp에서 공통적으로 사용하는 매크로인 setf가 좋은 예다.

Lisp는 함수형 언어로 사용될 때가 많지만(즉 데이터에 부수적인 효과를 미치지 않지만), 사실은 데이터를 변수에 저장할 수 있는 함수를 제공한다. 변수에 데이터를 저장하는 기본 함수는 setq로, 아래와 같이 변수를 설정할 수 있다.

```
(setq var 5)
```

Lisp를 사용하면 중첩된 리스트로 구성된 다양한 데이터 구조를 수없이 만든다. 이때 이들 구조에 저장된 데이터를 갱신하고자 할 수도 있다. 이때 리스트에서 첫 항목은 car를 이용해 접근할 수 있고, rplaca를 사용해 갱신할 수 있다. 하지만 데이터 구조에서 여러 위치에 있는 항목들에 접근하는 방법들은 수없이 많고, 각 위치에 있는 항목에 접근하는 함수와 갱신하는 함수를 일일이 기억하려면 우리의 소중한 뇌세포를 소모해야 한다. 이 문제를 해결하고자 Lisp는 setf 함수를 제공한다. 이 함수는 접근 함수에 따라, 해당하는 위치의 항목을 찾아 자동으로 값을 갱신한다. 따라서 use (car (cdr aList))를 사용하면 리스트에서 두 번째 항목에 접근할 수 있고, (setf (car (cdr aList)) 8)를 사용하면 해당 항목을 갱신할 수 있다.

```
(setq aList '(1 2 3 4 5 6))
(car aList) ; => 1
(car (cdr aList)) ; => 2
(rplaca aList 7)
aList ; => (7 2 3 4 5 6)
(setf (car (cdr aList)) 8)
aList ; => (7 8 3 4 5 6)
```

이 기법은 인상적인데, 마치 마술처럼 보이기도 한다. 하지만 여기에는 제약이 따르고, 이 인상적인 마술의 효과를 감소시킬 수 있다. 이 제약은 바로 이 기법을 모든 표현식에 적용할 수 없다는 점이다. 이 기법은 가역 함수(invertible function)로 구성된 표현식에만 활용할 수 있다. Lisp는 역함수(inverse function)의 목록을 유지한다. 예를 들어 rplaca는 car의 역함수다. 매크로는 전달된 인자에 있는 첫 번째 표현식을 분석해 역함수를 찾은 후, 이 표현식을 역함수로 대체한다. 새로운 함수를 정의할 때 Lisp에 역함수를 알려주기만 하면, setf를 사용해 값을 갱신할 수 있다.

이쯤에서 setf에 대한 논의는 마치겠지만, 사실 setf는 여기에서 간략하게 설명한 내용보다도 훨씬 더 복잡하다. 하지만 여기에서 논의한 내용에서 가장 중요한 사실은 setf를 정의하려면 매크로가 확실히 필요하다는 점이다. setf를 사용하려면 입력 표현식을 파싱할 수 있어야 하기 때문이다. 이처럼 매크로에서 인자를 파싱하는 기능은 Lisp 매크로가 가진 핵심적인 장점이다.

Lisp에서 파스 트리 조작 기법을 적용할 때 매크로를 사용하면 상당히 효과적이다. Lisp의 구문 구조가 파스 트리와 매우 흡사하기 때문이다. 하지만 매크로가 파스 트리 조작 기법을 적용할 수 있는 유일한 방법은 아니다. 언어에서 파스 트리 조작 기법을 제공하는 예로 C#을 들 수 있다. C#에는 표현식에서 파스 트리를 얻을 수 있는 기능이 있으며, 프로그램에서 파스 트리를 조작할 수 있는 라이브러리를 제공한다.

15.2 언제 사용하는가

얼핏 보기에는 텍스트형 매크로가 상당히 끌린다. 텍스트를 사용하는 언어라면 언제든지 사용할 수 있고, 텍스트를 조작하는 일을 모두 컴파일 타임에 수행하기 때문이다. 게다가 호스트 언어에서 할 수 없는 기능들을 구현해서 상당히 인상적인 프로그램 행위들을 추가할 수도 있다.

하지만 텍스트형 매크로를 사용하면 많은 문제점이 뒤따른다. 잘못된 확장, 변수 점유, 중복 평가와 같은 미묘한 버그들이 생길 때가 많고, 찾아내기도 까다롭다. 최근에 등장한 툴이 매크로를 지원하지 않는다는 사실에서, 매크로가 제공하는 추상화 기능에는 마치 망이 없는 체와 같이 구멍이 뚫려 있다는 점을 알 수 있다. 게다가 디버거, 지능형 IDE 등의 툴은 매크로가 확장된 이후의 코드를 사용하므로, 매크로를 작성할 때 이들 툴의 지원을 전혀 받을 수 없다. 뿐만 아니라, 대다수의 사람들은 중첩 함수보다 중첩된 매크로가 어떻게 확장하는지 추론하는데 더 애를 먹는다. 물론 매크로를 많이 다뤄보지 않아서 그럴 수도 있지만, 내가 보기에는 텍스트형 매크로는 본질적으로 문제를 안고 있다고 본다.

정리하자면, 나는 정말 간단한 경우가 아니라면 텍스트형 매크로를 절대 권장하지 않는다. 텍스트형 매크로를 템플릿 기반 생성(637) 기법에서 사용하면 어느 정도는 효과를 볼 수 있다. 하지만 효과를 제대로 얻으려면, 텍스트형 매크로를 너무 기발한 방식으로 사용해서는 안 된다. 특히 표현식을 중첩시키는 일은 피해야 한다. 간단한 경우가 아니라면 텍스트형 매크로를 사용해야 할 이유가 전혀 없다.

이처럼 텍스트형 매크로를 사용해서는 안 된다는 논리가 구문형 매크로에는 어느 정도나 맞을까? 나는 구문형 매크로에도 거의 모두 해당한다고 생각한다. 잘못된 확장으로 인한 문제는 거의 발생하지 않겠지만, 다른 문제들은 여전히 남는다. 결국 구문형 매크로를 사용하는 일도 상당히 꺼려진다.

이 주장에 대한 반례로, Lisp 커뮤니티에서는 구문형 매크로를 상당히 많이 사용한다는 점을 들 수 있다. Lisp 세계에서 아웃사이더인 나로서는, 구문형 매크로를 사용하는 게 옳은지 확실히 결정을 내리기가 그리 쉽지 않다. 대체로 Lisp에서는 구문형 매크로를 사용해야 한다는 논거가 일리가 있다고 보지만, 이 논리가 다른 언어 환경에도 해당할지는 의문이다.

결국 구문형 매크로를 사용할지 결정할 때, 그 선택은 언어마다 다르다는 게 요지다. 대다수의 언어 환경에서는 구문형 매크로를 지원하지 않으므로, 선택을 내리느라 고민하지 않아도 된다. Lisp와 C++처럼 구문형 매크로가 지원된다면 이를 사용해 유용한 일을 할 수 있을 때가 많으므로, 구문형 매크로를 어느 정도는 익혀서 최소한 익숙해져야 한다. 결국 구문형 매크로를 실제로 사용할지 선택하는 기준은 사용하는 언어 환경에 따라 결정된다.

이제 남은 유일한 선택은 언어를 고를 때 구문형 매크로가 그 기준이 될 수 있느냐다. 지금으로서는 매크로가 다른 대안들에 비해 좋지 않은 선택이라고 본다. 따라서 나는 구문형 매크로를 사용하는 언어에 더 낮은 점수를 준다. 하지만 이러한 판단이 옳다고 확신할 수 있을 정도로 이들 언어로 충분히 작업해 본 적이 없다는 단서는 달아야겠다.

16장
DOMAIN-SPECIFIC LANGUAGES

노티피케이션

에러와 메시지를 수집해, 호출자에게 다시 전달한다.

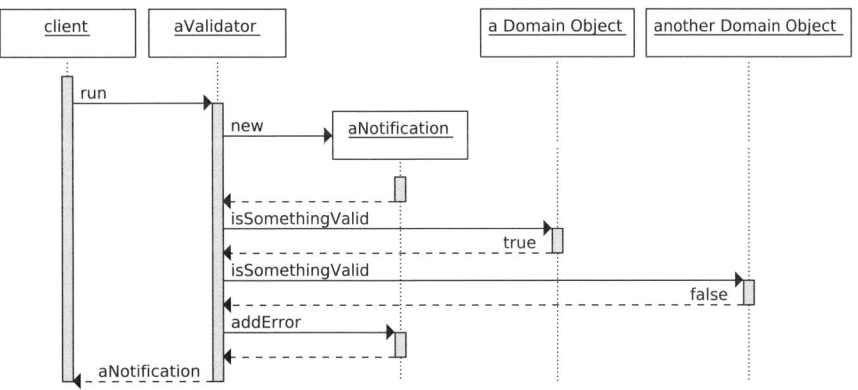

객체 모델을 눈에 띌 정도로 변경했다고 해보자. 변경 작업을 마친 후, 결과 모델이 여전히 유효한지 검사하려고 한다. 이때 유효성을 검증하는 명령어를 실행하는 방식으로 모델의 유효성을 검증할 수 있다. 그리고 이 명령어가 실행되면 간단한 불린 값으로 검증 결과를 보려고 한다. 그리고 오류가 있다면 더 상세한 정보를 볼 수 있었으면 한다. 특히 발생한 오류를 한꺼번에 모두 보기를 원하며, 오류가 처음 발생했을 때 유효성 검증이 중단되는 일은 원하지는 않는다.

이러한 경우 오류를 수집하는 객체인 노티피케이션(Notification)을 사용해 볼 수 있다. 먼저 유효성 검사가 실패하면 오류를 노티피케이션에 추가한다. 그리고 유효성 검사 명령어가 완료되면 노티피케이션을 반환한다. 그러면 모든 게 유효한지 노티피케이션에 질의할 수 있고, 오류가 있다면 노티피케이션을 통해 오류를 좀 더 깊이 조사할 수도 있다.

16.1 어떻게 동작하는가

기본적으로 노티피케이션은 오류를 수집하는 구조를 가진다. 노티피케이션을 사용해 작업하려면, 오류를 노티피케이션에 추가할 수 있는 기능이 필요하다. 이러한 기능은 오류 메시지 문자열을 추가하는 것처럼 단순할 수도 있고, 좀 더 복잡한 구조의 오류 객체가 필요할 수도 있다. 작업이 완료되면 노티피케이션은 호출자에게 반환된다. 호출자는 반환된 노티피케이션 객체에 대해 단순한 불린 값을 반환하는 접근자 메서드를 호출해서 모든 게 정상인지 확인할 수 있다. 오류가 있다면, 노티피케이션에서 더 많은 정보를 얻어서 오류 정보를 표시할 수도 있다.

노티피케이션은 모델의 여러 메서드에서 함께 사용할 수 있어야 할 때가 많다. 따라서 Collecting Parameter[Beck IP]에서처럼 노티피케이션을 메서드의 인자로 전달해야 한다. 또는 Validator 객체와 같이 현재 하려는 작업에 부합하는 객체가 있다면, 이 객체에 필드로 저장할 수도 있다.

노티피케이션을 사용하는 주요 목적은 오류를 수집하기 위함이지만, 경고나 정보성 메시지를 저장해야 할 때도 더러 유용하다. 오류는 요청한 명령이 실패했음을 가리키고, 경고는 실패하지는 않았지만 호출자에게 문제가 될 수도 있는 일이 발생했음을 알린다. 정보성 메시지는 유용할 수도 있는 정보다.

여러모로 노티피케이션은 로그 파일처럼 동작하는 객체다. 따라서 로깅에서 주로 사용하는 많은 기법들은 노티피케이션에서도 효과적이다.

16.2 언제 사용하는가

복잡한 작업으로 오류가 다수 발생하지만, 첫 오류가 발생하더라도 작업이 중단하지 않고 계속 실행되기를 원하는 경우에 노티피케이션이 효과적이다. 오류가 처음 발생할 때 정말로 작업이 실패하기를 원한다면, 단순히 예외를 던지면 그만이다. 반면에 노티피케이션을 사용하면 여러 예외를 노티피케이션에 저장한 후, 마지막에 노티피케이션을 호출자에게 전달하면, 요청된 작업이 수행된 과정에 대해 큰 그림을 보여 줄 수 있다.

사용자 인터페이스가 하부 레이어에 있는 오퍼레이션을 직접 실행해야 할 때 노티피케이션은 특히 효과적이다. 하부 레이어는 사용자 인터페이스와 직접적으로 상호작용해서는 안 되므로, 이때 노티피케이션은 전달자 역할을 효과적으로 수행한다.

16.3 매우 간단한 노티피케이션(C#)

다음은 정말로 간단한 노티피케이션으로, 이 책 예제에서 여러 번 사용했다. 이 노티피케이션이 하는 일은 오류를 문자열로 저장하는 게 전부다.

```
class Notification...
  List<string> errors = new List<string>();
  public void AddError(String s, params object[] args) {
    errors.Add(String.Format(s, args));
  }
```

이처럼 파라미터를 포맷할 문자열과 함께 사용하면, 노티피케이션에 오류를 저장하기가 훨씬 수월해진다. 문자열을 포맷하는 작업을 클라이언트에서 직접 하지 않아도 되기 때문이다.

```
노티피케이션을 호출하는 코드...
  note.AddError("No value for {0}", property);
```

호출자가 오류가 있는지 검사할 수 있도록 불린 값을 반환하는 몇몇 메서드를 추가한다.

```
class Notification...
  public bool IsOK {get{ return 0 == errors.Count;}}
  public bool HasErrors {get { return !IsOK;}}
```

또 오류가 있는지 검사해서, 오류가 있을 때 예외를 던지는 메서드를 추가한다. 불린 값을 반환하는 검사 메서드를 사용할 때보다 이 메서드를 사용하면 더 읽기 쉬울 때가 더러 있다.

```
class Notification...
  public void AssertOK() {
    if (HasErrors) throw new ValidationException(this);
  }
```

16.4 노티피케이션 파싱하기(자바)

다음은 또 다른 노티피케이션으로, 외래 코드(373)에서 사용한 예제다. 이 노티피케이션은 앞에서 C#으로 만든 노티피케이션보다 조금 더 복잡하고, 더 구체적이다. 이 노티피케이션은 특정한 종류의 오류만을 저장한다.

이 노티피케이션은 ANTLR로 파싱할 때 사용하므로, 이 노티피케이션을 생성된 파서의 임베드먼트 헬퍼(647)에 저장한다.

```
class AllocationTranslator...
  private Reader input;
  private AllocationLexer lexer;
  private AllocationParser parser;
  private ParsingNotification notification = new ParsingNotification();
  private LeadAllocator result = new LeadAllocator();
    public AllocationTranslator(Reader input) {
      this.input = input;
  }

  public void run() {
    try {
      lexer = new AllocationLexer(new ANTLRReaderStream(input));
      parser = new AllocationParser(new CommonTokenStream(lexer));
      parser.helper = this;
      parser.allocationList();
    } catch (Exception e) {
      throw new RuntimeException("Unexpected exception in parse", e);
    }
    if (notification.hasErrors())
      throw new RuntimeException("Parse failed: \n" + notification);
  }
```

이 특별한 노티피케이션은 두 가지 유형의 특정한 오류만을 처리한다. 첫 번째 오류는 ANTLR 시스템 자체에서 던지는 예외다. ANTLR에서 이 예외는 RecognitionException이다. ANTLR에는 기본적으로 이 예외를 처리하는 방식이 있지만, 여기에 더해 이 예외를 노티피케이션에 저장하고자 한다. 이렇게 하려면 오류를 보고하는 메서드를 구현해서, 문법 파일의 members 영역에 추가해야 한다.

```
문법파일 'Allocation.g'......
  @members {
    AllocationTranslator helper;

    public void reportError(RecognitionException e) {
      helper.addError(e);
      super.reportError(e);
    }
  }
class AllocationTranslator...
  void addError(RecognitionException e) {
    notification.error(e);
  }
```

또 다른 오류는 파싱하는 동안에 임베디드 변환(361) 코드에서 인식하는 오류다. 예를 들어 문법 파일에서 제품 리스트를 인식하는 경우를 보자.

```
문법파일......
  productClause returns [List<ProductGroup> result]
    : 'handles' p+=ID+ {$result = helper.recognizedProducts($p);}
    ;
```

```
class AllocationTranslator...
  List<ProductGroup> recognizedProducts(List<Token> tokens) {
    List<ProductGroup> result = new ArrayList<ProductGroup>();
    for (Token t : tokens) {
      if (!Registry.productRepository().containsId(t.getText())) {
        notification.error(t, "No product for %s", t.getText());
        continue;
      }
      result.add(Registry.productRepository().findById(t.getText()));
    }
    return result;
  }
```

앞의 첫 번째 오류의 경우, ANTLR에서 발생한 RecognitionException 객체를 노티피케이션에 전달했다. 반면에 두 번째 오류에서는 토큰과 오류 메시지를 전달한다. 이때도 마찬가지로 포맷 문자열을 사용하는 관례를 따랐다.

노티피케이션에는 내부적으로 오류 목록을 저장한다. 이번에는 단순히 문자열을 사용하는 대신에 좀 더 의미 있는 객체를 사용하려고 한다.

```
class ParsingNotification...
private List<ParserMessage> errors = new ArrayList<ParserMessage>();
```

두 가지 유형의 오류에 대해 서로 다른 종류의 객체를 사용하려고 한다. 첫 번째로 ANTLR에서 발생한 RecognitionException의 경우에는 간단한 래퍼(wrapper) 클래스를 사용한다.

```
class ParsingNotification...
  public void error (RecognitionException e) {
     errors.add(new RecognitionParserMessage(e));
  }

class ParserMessage {}

class RecognitionParserMessage extends ParserMessage {
  RecognitionException exception;

  RecognitionParserMessage(RecognitionException exception) {
    this.exception = exception;
  }
  public String toString() {
    return exception.toString();
  }
}
```

보다시피 슈퍼 클래스는 단순히 마커(marker) 클래스로, 제네릭을 사용하기 위한 것이다. 시간이 지나면 이 클래스에 무언가를 추가할 수도 있겠지만, 지금 당장은 마커 클래스용만으로도 충분하다.

두 번째 오류의 경우에는, 전달된 데이터를 RecognitionParserMessage와는 다른 객체에 저장한다.

```
class ParsingNotification...
  public void error(Token token, String message, Object... args) {
    errors.add(new TranslationMessage(token, message, args));
  }
class TranslationMessage extends ParserMessage {
  Token token;
  String message;

  TranslationMessage(Token token, String message, Object... messageArgs) {
    this.token = token;
    this.message = String.format(message, messageArgs);
  }
  public String toString() {
    return String.format("%s (near line %d char %d)",
      message, token.getLine(), token.getCharPositionInLine());
  }
}
```

이 경우 토큰을 전달하므로, 오류를 진단할 때 더욱 의미 있는 정보를 제공할 수 있다. 마지막으로 오류가 있는지 검사하고, 오류가 있을 때 오류에 대해 보고서를 출력하는 일반적인 메서드들을 노티피케이션에 추가한다.

```
class ParsingNotification...
  public boolean isOk() {return errors.isEmpty();}
  public boolean hasErrors() {return !isOk();}

  public String toString() {
    return (isOk()) ? "OK" : "Errors:\n" + report();
  }
  public String report() {
    StringBuffer result = new StringBuffer("Parse errors:\n");
    for (ParserMessage m : errors) result.append(m).append("\n");
    return result.toString();
  }
```

이처럼 노티피케이션을 구현할 때, 되도록 호출자 코드는 단순하고 간결하게 유지하도록 만들어야 한다. 따라서 관련 데이터는 모두 노티피케이션에 전달하고, 이 데이터를 이용해 오류 메시지를 구성하는 일은 노티피케이션에서 처리하도록 구현해야 한다.

3부

외부 DSL 토픽

17장

DOMAIN-SPECIFIC LANGUAGES

구분자 주도 변환

소스 텍스트를 분할한 후(흔히 라인 단위로), 분할된 각 부분을 파싱하는 방식으로
소스 텍스트를 변환한다.

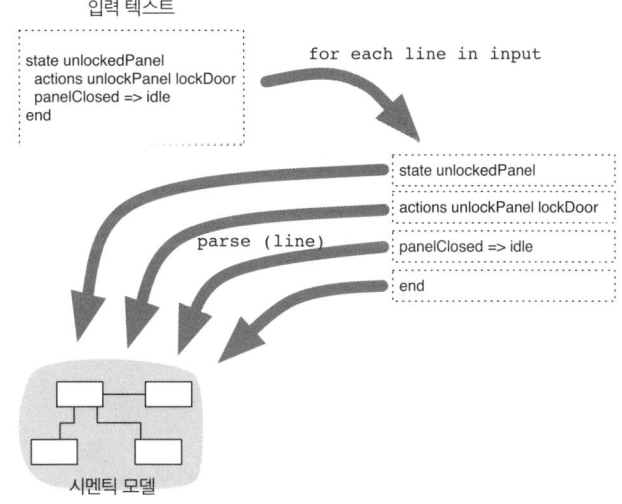

17.1 어떻게 동작하는가

구분자 주도 변환(Delimiter-Directed Translation)은 입력 텍스트를 받아서, 이 텍스트를 특정 구분 문자를 기준으로 더 작은 단위로 나누는 방식으로 동작한다. 구분 문자는 원하는 어떤 문자라도 사용할 수 있다. 입력 텍스트를 분할할 때, 첫 구분 문자[1]로는 주로 줄바꿈 문자를 사용한다. 따라서 이 장에서는 첫 구분 문자로 줄

---

1 (옮긴이) 입력 텍스트는 주로 여러 라인으로 구성된다. 따라서 입력 텍스트를 파싱하려면, 먼저 라인 단위로 분할한 후, 각 라인을 다시 더 작은 단위로 변환해야 한다. 결국 구분자 주도 변환에서는 보통 구분 문자가 두 개 이상 사용된다. 여기서 말하는 첫 구분 문자란 라인 단위로 분할하기 위한 문자다.

바꿈 문자를 사용하고자 한다.

　이처럼 줄바꿈 문자를 구분자로 사용하면, 입력 스크립트를 라인 단위로 분할하는 일은 보통 매우 간단하다. 대부분의 프로그래밍 환경에서 입력 스트림을 한 번에 한 라인씩 읽어 들이는 함수를 라이브러리에서 지원하기 때문이다. 하지만 라인 단위로 분할할 때, 문제가 하나 있다. 편집기에서 입력 텍스트를 작성할 때 특정 라인이 너무 긴 나머지, 라인을 물리적으로 나눈 경우다. 이처럼 한 라인을 편집기에서 물리적으로 나누어야 할 때, 주로 줄바꿈 문자에 인용부호를 다는 방식이 사용된다. 예를 들어 유닉스라면, 백슬래시 문자(\)를 라인에서 마지막 문자로 사용하는 방식으로 줄바꿈 문자에 인용부호를 단다.

　그러나 이처럼 줄바꿈 문자에 인용부호를 다는 방식에는 문제가 있다. 인용부호 뒤에 공백문자가 있는 경우, 인용부호가 라인의 마지막 문자가 아니므로 연속된 라인이 하나의 라인으로 인식되지 않는다. 심지어 이러한 공백문자는 눈에 잘 띄지도 않는다. 이보다는 줄 연속 문자(line continuation character)를 사용하는 편이 더 나을 때가 많다. 즉 특정 문자를 선택해, 이 문자가 라인에서 마지막에 나타나고 공백문자가 아니라면, 다음 라인은 사실 바로 앞의 라인과 같은 라인이라고 인식하는 방식이다. 따라서 입력 텍스트를 읽을 때 줄 연속 문자가 있는지 살펴보고, 있다면 바로 다음에 나오는 라인을 지금 읽은 라인에 붙여야 한다. 그리고 이처럼 줄 연속 문자를 사용할 때는, 하나의 라인으로 인식해야 하는 라인이 하나 이상 연속해서 나올 수도 있다는 점도 기억해야 한다.

　이렇게 라인 단위로 분할하고 나면, 이제 각 라인을 파싱해야 한다. 이때 라인을 파싱하는 방식은 사용 중인 언어 유형에 따라 다르다. 가장 쉽게 파싱할 수 있는 유형은 각 라인이 독립적이고, 형태가 서로 같을 때다. 호텔 단골손님에게 숙박 포인트를 할당하는 규칙으로 구성된 간단한 리스트를 살펴보자.

```
score 300 for 3 nights at Bree
score 200 for 2 nights at Dol Amroth
score 150 for 2 nights at Orthanc
```

　각 라인이 다른 라인에 아무런 영향을 주지 않는다는 점에서 이 라인들은 서로 독립적이다. 따라서 라인의 순서를 바꾸거나 일부 라인을 없애더라도 라인을 해석하는 데는 영향을 전혀 주지 않는다. 또한 각 라인은 같은 종류의 정보를 표현하고 있고, 표현형식도 같다. 따라서 라인을 처리하는 방법은 매우 간단하다. 단순히 각 라인에 대해 동일한 라인 처리 함수를 사용하면 충분히 해석할 수 있다. 이때 라인 처리 함수는 필요한 정보(할당 포인트, 숙박 기간, 호텔 이름)를 추출한 다음, 원하는 표현형식에 맞게 변환한다. 예를 들어 임베디드 변환(361) 기법을 적용한다면, 추출한 정보로부터 시맨틱 모델(197)을 만들 수 있다. 반면 트리 생성(341) 기법을 적용하는 경우라면, 추상 구문 트리를 생성할 수 있다. 하지만 트리 생성 기법을 구분자 주도 변환과 같이 사용하는 일은 매우 드물다. 따라서 이 장에서는 임베디드 변환을 적용해서 결과를 생성한다고 가정한다(임베디드 인터프리테이션(369) 기법도 구분자 주도로 변환할 때 같이 사용하는 편이다).

라인에서 원하는 정보를 추출하는 방법은 사용 중인 언어에서 지원하는 문자열 처리 기능과 처리하려는 라인의 복잡도에 따라 다양하다. 가능하다면 문자열 분할 함수를 사용하여 입력을 분할하는 방법이 가장 쉽다. 대부분의 문자열 라이브러리는 특정 구분자를 기준으로 문자열을 분할할 수 있는 함수를 제공한다. 예를 들어 위 예제에서는 공백문자를 구분문자로 사용해 문자열을 분할하고, 정보를 추출할 수 있다. 이때 두 번째로 추출된 정보가 할당 포인트가 된다.

문자열이 이처럼 깨끗하게 나누어지지 않을 때도 있다. 이럴 때 가장 좋은 방법은 정규 표현식이다. 정규 표현식의 그룹 연산자를 사용하면, 문자열에서 필요한 정보를 추출할 수 있다. 게다가 정규 표현식을 사용하면, 문자열 분할 함수를 사용할 때보다 훨씬 풍부하게 표현할 수 있다. 게다가 정규 표현식은 라인이 구문적으로 올바른지 검사하기에도 좋은 방법이다. 하지만 정규 표현식은 다소 복잡해서, 이해하는데 어려움을 겪는 사람들이 많다. 따라서 정규 표현식을 사용할 때는 정규 표현식을 더 작은 하위 표현식으로 나누고, 각 하위 표현식을 개별적으로 정의한 후 다시 결합하면 이해하기가 쉽다(나는 이 기법을 조립된 정규식(composed regex)이라고 부른다).

이제 다른 유형의 라인들을 살펴보자. 다음은 지역 신문 홈페이지에서 내용 영역을 기술한 DSL이다.

```
border grey
headline "Musical Cambridge"
filter by date in this week
show concerts in Cambridge
```

이 경우 라인이 서로 독립적이지만, 각 라인은 서로 다른 방식으로 처리해야 한다. 이 경우라면 조건식을 이용해 처리할 수 있다. 먼저 조건식을 이용해 라인의 형태를 검사한 후, 각 라인의 형태에 따라 적절한 처리 루틴을 호출한다.

```
if (isBorder()) parseBorder();
else if (isHeadline()) parseHeadline();
else if (isFilter()) parseFilter();
else if (isShow()) parseShow();
else throw new RecognitionException(input);
```

조건 검사는 정규 표현식이나 문자열 함수를 사용해 작성할 수 있다. 조건식에 정규 표현식을 직접 보여줄 수도 있겠지만, 나는 주로 메서드를 사용하는 편이다.

앞에서 본 예제처럼 라인이 완전히 같은 형식을 취하거나, 아니면 아예 다른 형식을 취하는 경우만 있는 것은 아니다. 각 라인이 절 단위로 나누어지는 구조는 전반적으로 동일하지만, 각 절이 서로 다른 형식을 가지는 복합적인 형식도 있다. 아래는 호텔 단골손님에게 포인트를 할당하는 또 다른 예다.

```
300 for stay 3 nights at Bree
150 per day for stay 2 nights at Bree
50 for spa treatment at Dol Amroth
60 for stay 1 night at Orthanc or Helm's Deep or Dunharrow
1 per dollar for dinner at Bree
```

이 경우 라인은 전반적으로 동일한 구조를 가진다. 모든 라인은 보상과 관련된 절이 먼저 나온 후 for가 나온다. 그 다음에 숙박과 관련된 행위 절이 나오고 at이 뒤따라 나온 후, 호텔 위치에 관한 절이 나온다. 이 경우 최상위 레벨의 처리 루틴을 하나 만들어 라인들을 파싱할 수 있다. 즉, 최상위 루틴에서 세 유형의 절을 먼저 인식한 후, 각 절을 처리하는 하위 루틴을 호출하는 방식이다. 각 절을 처리하는 루틴은 앞에서 본 다양한 형태를 처리하는 패턴을 그대로 따른다. 즉, 조건식을 이용해 먼저 절의 형태를 검사하고, 절의 형태에 따라 적절한 처리 루틴을 호출한다.

이러한 처리 방식은 구문 주도 변환(267)에서 사용하는 문법에 연관지어 생각해 볼 수 있다. 라인이 다양한 형태를 가지거나 또는 다양한 형태를 가지는 절로 구성될 때, 문법에서는 얼터너티브(alternative) 연산자를 사용해 처리한다. 반면에 라인이 모두 같은 형태를 취할 때는, 문법에서 얼터너티브 연산자가 없는 생성 규칙으로 처리할 수 있다. 라인을 분할할 때 메서드를 사용하는 일은, 문법에서 규칙을 분해할 때 하위 규칙을 사용하는 일과 유사하다.

마지막으로 각 라인이 서로 독립적이지 않은 경우도 있다. 이때 구분자 주도 변환으로 처리하게 되면 구문 주도 변환을 사용할 때보다 더 복잡해진다. 파싱하는 상태 정보를 유지해야 하기 때문이다. 도입부에서 본 상태 머신이 그 예다. 이 예제에서 이벤트, 커맨드, 상태를 영역별로 라인을 분리했다. 따라서 unlockPanel PNUL과 같은 라인이 동일한 구문 형식으로 이벤트 영역과 커맨드 영역에서 동시에 나타나더라도, 각 영역별로 서로 다르게 처리해야 한다. 또한 상태를 정의하는 영역에서 이 라인이 있다면, 이는 에러로 간주해야 한다.

이처럼 라인이 서로 독립적이지 않을 때는, 파싱하는 상태에 따라 서로 다른 파서를 만들어 처리하는 게 좋다. 상태 머신을 예로 들면 최상위 레벨의 라인 파서를 만들고, 커맨드 영역, 이벤트 영역, 리셋 이벤트 영역, 상태 영역별로 파서를 추가적으로 만든다. 그리고 나서 최상위 레벨의 라인 파서가 events 키워드를 인식하고 나면, 라인 파서를 이벤트 라인 파서로 변경한다. 알다시피 이 방법은 디자인 패턴 중에서 상태(State) 패턴[GoF]을 활용한 방식이다.

구분자 주도 변환을 적용할 때 처리하기 가장 어려운 요소는 공백문자다. 연산자 주위에 있는 공백은 특히 처리하기 힘들다. property = value와 같은 형태의 라인이 있을 때, = 연산자 주위의 공백문자가 선택적인지 아닌지 판단해야 한다. 공백문자를 선택적인 요소로 봐야 하는 상황이라면, 라인을 처리하기가 더 복잡해진다. 반면에 필수 요소로 보게 되면(또는 공백문자를 전혀 허용하지 않는다면), DSL을 작성할 때 공백문자를 임의로 쓸 수 없다는 불편함이 있다. 공백문자가 하나 있을 때와 여러 개 있을 때를 구분해야 하거나, 탭과 스페이스처럼 다양한 공백문자를 서로 구별해야 한다면, 공백문자를 처리하는 일은 더욱 어려워진다.

지금까지 본 라인 파싱 방식은 예전부터 사용해왔던 기법이다. 즉, 문자열이 특정 패턴에 매칭되는지 검사하고, 매칭이 되면 해당 패턴에 맞는 처리 규칙을 호출하려는 발상은 프로그래밍 세계에서 계속해서 사용되어 왔다. 이처럼 공통점이 보이므로, 프레임워크를 만들어서 처리할 수 있겠다는 생각이 자연스럽게 든다. 먼저 처리하려는 형태의 라인에 맞는 정규식과, 실제 처리하는 코드를 포함하는 객체를 여럿 만든다. 그리고 나서 이들 객체를 모두 차례대로 실행한다. 또한 일부 코드를 추가해, 파서의 전반적인 상태를 보여주는 기능을 추가할 수도 있다. 프레임워크 상위 레이어에 DSL을 추가하면, 프레임워크를 좀 더 쉽게 설정할 수 있을 듯하다.

물론 이러한 방법을 생각한 사람이 내가 처음은 아니다. 실제로 이러한 처리 방법은 Lex의 영향을 받은 렉서 생성기(lexer generator)에서 그대로 사용되었다. 이들 툴을 사용하는 방법을 좀 더 설명할 수도 있겠지만, 그 전에 고려해야 할 사항들이 더 있다. 그리고 이후에 프레임워크를 사용하는 방식으로 넘어가고자 할 때, 먼저 구분자 주도 변환 기법을 충분히 익히고 나면, 구문 주도 변환으로 전환하는 일은 그리 힘들지 않다. 또한 구문 주도 변환으로 전환하고 나면, 더 다양하고 강력한 도구를 사용해서 작업할 수 있다.

17.2 언제 사용하는가

구분자 주도 변환 기법의 강점은 쉽게 사용할 수 있다는 점이다. 반면, 구분자 주도 변환 대신에 주로 사용하는 기법인 구문 주도 변환(267)은 일정 시간의 학습 곡선을 넘어서야만, 문법을 이해하고 사용할 수 있다. 구분자 주도 변환은 대부분의 프로그래머가 익숙하고, 쉽게 접근할 수 있는 기법만을 사용한다.

간단한 기법은 늘 그렇듯이, 구분자 주도 변환 기법으로는 복잡한 언어를 처리하기 어렵다는 단점이 있다. 언어가 간단할 때는 구분자 주도 변환 기법도 상당히 효과적이다. 특히 언어에 중첩된 문맥이 별로 없을 때 효과적이다. 하지만 언어의 복잡도가 증가하면 구분자 주도 변환을 활용하기가 상당히 어려워진다. 무엇보다도 구분자 주도 변환 기법으로 파서를 간결하게 설계하려면 더 오랜 시간을 고민해야 한다.

결과적으로 언어가 간단하고 독립적인 문장들로 이루어져 있거나, 중첩된 문맥이 한 단계 정도일 때만 구분자 주도 변환을 선호하는 편이다. 이 외의 경우에는 모두 구문 주도 변환을 사용한다. 물론 내가 함께 일하는 팀이 구문 주도 변환 기법을 배울 준비가 된 경우라면 말이다.

17.3 단골 고객 포인트(C#)

나처럼 전 세계를 돌아다니는 비운의 컨설턴트라면, 여행을 자주 하는 사람에게 더 많이 여행할 기회를 주기 위해 여행사에서 지급하는 다양한 보상제도에 익숙할 것이다. 다음은 호텔 체인점의 보상 규칙을 표현한 DSL이다.

```
300 for stay 3 nights at Bree
150 per day for stay 2 nights at Bree
50 for spa treatment at Dol Amroth
60 for stay 1 night at Orthanc or Helm's Deep or Dunharrow
1 per dollar for dinner at Bree
```

17.3.1 시맨틱 모델

스크립트의 각 라인은 하나의 Offer(제안)를 정의한다. Offer는 단골 고객의 Activity(행위)에 대해 포인트를 부여하는 책임을 맡는다. Activity는 간단한 데이터 구조를 가진다.

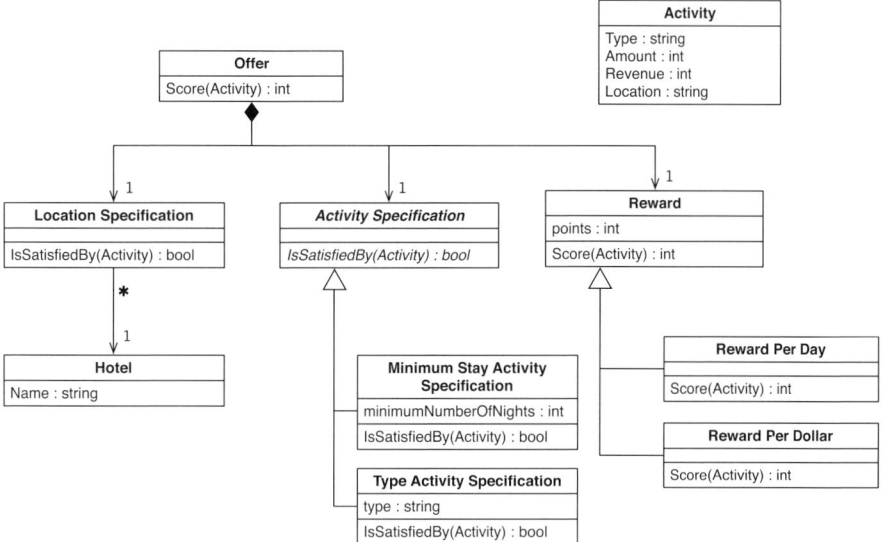

그림 17.1 시맨틱 모델에 대한 클래스 다이어그램

```
class Activity...
  public string Type { get; set; }
  public int Amount { get; set; }
  public int Revenue { get; set; }
  public string Location { get; set; }
```

Offer는 세 개의 컴포넌트를 가진다. Location Specification[Evans DDD]은 Activity가 이루어진 장소가 포인트를 부여하기에 적합한지 검사한다. Activity Specification은 해당 Activity가 포인트를 받을 수 있는지 검사한다. 그리고 이 두 Specification이 모두 만족되면, Reward가 포인트를 계산한다.

세 컴포넌트 중에서 Location Specification이 가장 간단하다. 이 클래스는 저장된 호텔 리스트에 대해서 단순히 호텔 이름만을 검사한다.

```
class LocationSpecification...
  private readonly IList<Hotel> hotels = new List<Hotel>();

  public LocationSpecification(params String[] names) {
    foreach (string n in names)
      hotels.Add(Repository.HotelNamed(n));
  }

  public bool IsSatisfiedBy(Activity a) {
    Hotel hotel = Repository.HotelNamed(a.Location);
    return hotels.Contains(hotel);
  }
```

여기에서는 두 종류의 Activity Specification이 필요하다. 이 중 하나는 정해진 숙박일수 이상을 묵었는지 확인하는 Activity다.

```
abstract class ActivitySpecification {
  public abstract bool isSatisfiedBy(Activity a);
}

class MinimumNightStayActivitySpec : ActivitySpecification {
  private readonly int minimumNumberOfNights;

  public MinimumNightStayActivitySpec(int numberOfNights) {
    this.minimumNumberOfNights = numberOfNights;
  }

  public override bool isSatisfiedBy(Activity a) {
    return a.Type == "stay"
      ? a.Amount >= minimumNumberOfNights
      : false ;
  }
}
```

두 번째 Activity Specification은 액티비티가 올바른 타입인지 확인한다.

```
class TypeActivitySpec : ActivitySpecification {
  private readonly string type;

  public TypeActivitySpec(string type) {
    this.type = type;
  }

  public override bool isSatisfiedBy(Activity a) {
    return a.Type == type;
  }
}
```

보상(Reward)과 관련된 클래스들은 자신만의 기준에 따라 보상을 계산한다.

```
class Reward {
  protected int points;

  public Reward(int points) { this.points = points; }
  virtual public int Score (Activity activity) {
    return points;
  }
}

class RewardPerDay : Reward {
  public RewardPerDay(int points) : base(points) {}

  public override int Score(Activity activity) {
    if (activity.Type != "stay")
      throw new ArgumentException("can only use per day scores on stays");
    return activity.Amount * points;
  }
}

class RewardPerDollar : Reward {
  public RewardPerDollar(int points) : base(points) {}
```

```
public override int Score(Activity activity) {
    return activity.Revenue * points;
}
}
```

17.3.2 파서

기본적으로 파서는 입력으로부터 각 라인을 읽어서 처리하는 구조를 따른다.

```
class OfferScriptParser...
  readonly TextReader input;
  readonly List<Offer> result = new List<Offer>();
  public OfferScriptParser(TextReader input) {
    this.input = input;
  }
  public List<Offer> Run() {
    string line;
    while ((line = input.ReadLine()) != null) {
      line = appendContinuingLine(line);
      parseLine(line);
    }
    return result;
  }
```

이 예제에서는 줄 연속 문자로 '&'를 사용하려고 한다. 간단한 재귀 함수를 사용하면, 줄 연속 문자를 처리할 수 있다.

```
class OfferScriptParser...
  private string appendContinuingLine(string line) {
    if (IsContinuingLine(line)) {
      var first = Regex.Replace(line, @"&\s*$", "");
      var next = input.ReadLine();
      if (null == next) throw new RecognitionException(line);
      return first.Trim() + " " + appendContinuingLine(next);
    }
    else return line.Trim();
  }
  private bool IsContinuingLine(string line) {
    return Regex.IsMatch(line, @"&\s*$");
  }
```

이를 통해 연속된 라인을 하나의 라인으로 묶을 수 있다.

라인을 파싱하기 전에, 먼저 주석과 무시해도 되는 빈 줄을 제거한다. 이 작업이 끝나면 라인을 새로운 객체에 위임해 엄밀한 의미의 파싱을 시작한다.

```
class OfferScriptParser...
  private void parseLine(string line) {
    line = removeComment(line);
    if (IsEmpty(line)) return;
    result.Add(new OfferLineParser().Parse(line.Trim()));
  }
```

```
    private bool IsEmpty(string line) {
      return Regex.IsMatch(line, @"^\s*$");
    }
    private string removeComment(string line) {
      return Regex.Replace(line, @"#.*", "");
    }
```

여기에서는 각 라인을 파싱하기 위해, 메서드 객체(Method Object)[Kent Beck, IP]를 사용했다. 이후의 파싱 작업이 상당히 복잡하므로, 작업을 나누는 게 좋다고 판단했기 때문이다. 한번 만든 인스턴스를 재사용할 수도 있었지만, 메서드 객체는 상태가 없으므로 인스턴스를 재사용하지 않았다. 꼭 재사용해야 하는 이유가 특별히 있지 않는 한, 새로운 인스턴스를 매번 생성하는 게 낫다.

최상위에 있는 파싱 메서드(Parse)는 라인을 절로 나누고, 각 절에 맞게 개별적인 파싱 메서드를 호출한다. (커다란 정규 표현식 하나로 이 모든 작업을 처리할 수도 있지만, 결과로 나올 코드를 생각해 보면 현기증이 난다.)

```
class OfferLineParser...
  public Offer Parse(string line) {
    var result = new Offer();

    const string rewardRegexp = @"(?<reward>.*)";
    const string activityRegexp = @"(?<activity>.*)";
    const string locationRegexp = @"(?<location>.*)";

    var source = rewardRegexp + keywordToken("for") +
      activityRegexp + keywordToken("at") + locationRegexp;

    var m = new Regex(source).Match(line);
    if (!m.Success) throw new RecognitionException(line);

    result.Reward = parseReward(m.Groups["reward"].Value);
    result.Location = parseLocation(m.Groups["location"].Value);
    result.Activity = parseActivity(m.Groups["activity"].Value);
    return result;
  }
  private String keywordToken(String keyword) {
    return @"\s+" + keyword + @"\s+";
  }
```

내 기준으로 보면 이 메서드는 다소 길다. 이 메서드를 나누어 볼까도 생각했다. 하지만 이 메서드는 정규 표현식을 그룹으로 분할한 후, 각 그룹을 파싱한 결과를 result에 매핑하는 역할이 그 핵심이다. 따라서 이들 그룹을 정의하고, 사용하는 일은 의미적으로 서로 강하게 연관되어 있다. 따라서 메서드를 애써 나누기보다는, 이처럼 조금 긴 메서드로 그대로 두는 편이 낫다고 생각했다. 이 메서드에서 정규 표현식이 핵심이므로, 각 정규 표현식을 조립하는 코드는 별도의 라인에 두어 시선

이 흐트러지지 않도록 했다.

이처럼 정규 표현식(rewardRegexp, activityRegexp, locationRegexp)들을 개별적으로 사용하는 대신에, 정규 표현식 하나를 이용해도 모든 작업을 처리할 수 있었다. 하지만 정규 표현식이 복잡해질 때는 이처럼 정규식을 좀 더 단순한 정규식으로 분할하고, 나중에 조립하는 방법을 자주 사용한다. 나는 이 방법을 조립된 정규식(composed regex)[Fowler-regex]이라고 부른다. 이 방법을 사용하면, 일이 어떻게 벌어지고 있는지 더 쉽게 이해할 수 있다.

라인을 적절히 분할하고 나면, 이제 각 부분을 차례대로 파싱할 수 있다. 가장 쉬운 Location Specification부터 먼저 시작해보자. 이때 가장 어려운 점은 위치가 하나일 수도 있고, 'or'로 분리된, 여러 개의 위치가 있을 수도 있다는 점이다.

```
class OfferLineParser...
  private LocationSpecification parseLocation(string input) {
    if (Regex.IsMatch(input, @"\bor\b"))
      return parseMultipleHotels(input);
    else
      return new LocationSpecification(input);
  }
  private LocationSpecification parseMultipleHotels(string input) {
    String[] hotelNames = Regex.Split(input, @"\s+or\s+");
    return new LocationSpecification(hotelNames);
  }
```

액티비티와 관련된 절에서는 두 종류의 액티비티를 처리해야 한다. 가장 간단한 액티비티는 타입 액티비티로 단순히 액티비티의 타입을 추출하면 된다.

```
class OfferLineParser...
  private ActivitySpecification parseActivity(string input) {
    if (input.StartsWith("stay"))
      return parseStayActivity(input);
    else return new TypeActivitySpec(input);
  }
```

액티비티 절이 호텔 숙박과 관련되었다면, 최소 숙박일수를 추출한 후 타입 액티비티와는 다른 Activity Specification을 사용해야 한다.

```
class OfferLineParser...
  private ActivitySpecification parseStayActivity(string input) {
    const string stayKeyword = @"^stay\s+";
    const string nightsKeyword = @"\s+nights?$";
    const string amount = @"(?<amount>\d+)";
    const string source = stayKeyword + amount + nightsKeyword;

    var m = Regex.Match(input, source);
    if (!m.Success) throw new RecognitionException(input);
    return new MinimumNightStayActivitySpec(
              Int32.Parse(m.Groups["amount"].Value));
  }
```

마지막 절은 보상에 관한 절이다. 이 절에서는 보상 기준을 식별한 후, 식별된 보상 기준에 따라 Reward 클래스의 하위 클래스를 생성해서 반환한다.

```
class OfferLineParser...
  private Reward parseReward(string input) {
    if (Regex.IsMatch(input, @"^\d+$"))
      return new Reward(Int32.Parse(input));
    else if (Regex.IsMatch(input, @"^\d+ per day$"))
      return new RewardPerDay(Int32.Parse(extractDigits(input)));
    else if (Regex.IsMatch(input, @"^\d+ per dollar$"))
      return new RewardPerDollar(Int32.Parse(extractDigits(input)));
    else throw new RecognitionException(input);
  }
  private string extractDigits(string input) {
    return Regex.Match(input, @"^\d+").Value;
  }
```

17.4 그랜트 양의 컨트롤러: 독립적이지 않은 문장을 파싱하기(자바)

이미 익숙한, 상태 머신을 예로 들어 보자.

```
events
  doorClosed D1CL
  drawerOpened D2OP
  lightOn L1ON
  doorOpened D1OP
  panelClosed PNCL
end

resetEvents
  doorOpened
end

commands
  unlockPanel PNUL
  lockPanel PNLK
  lockDoor D1LK
  unlockDoor D1UL
end

state idle
  actions unlockDoor lockPanel
  doorClosed => active
end

state active
  drawerOpened => waitingForLight
  lightOn => waitingForDrawer
end

state waitingForLight
  lightOn => unlockedPanel
end

state waitingForDrawer
```

```
    drawerOpened => unlockedPanel
end

state unlockedPanel
  actions unlockPanel lockDoor
  panelClosed => idle
end
```

이 언어는 서로 다른 여러 영역으로 나뉘어 있음을 볼 수 있다. 이들 영역에는 커맨드 리스트 영역, 이벤트 리스트 영역, 리셋 이벤트 리스트 영역, 그리고 상태 영역이 있다. 각 영역은 자신의 영역에 맞는 문장 구문을 가진다. 따라서 파서가 각 영역을 읽을 때마다, 파서는 각 영역을 서로 달리 처리할 수 있는 상태에 있어야 함을 쉽게 알 수 있다. 즉 파서는 현재 상태에 따라, 다른 형태의 입력을 인식해야 한다. 그래서 나는 상태(State) 패턴[GoF]을 사용하기로 마음먹었다. 즉 최상위에 있는 상태 머신 파서가 각 영역에 맞게 여러 라인 파서를 사용하고, 각 라인 파서는 현재 영역의 라인 형태에 맞게 라인을 파싱한다. (이 패턴은 전략(Strategy) 패턴[GoF]으로도 볼 수 있다. 두 패턴의 차이점은 설명하기 힘든 경우가 많다.)

먼저, 정적 메서드인 loadFile을 호출해서 입력 파일을 읽는다.

```java
class StateMachineParser...
  public static StateMachine loadFile(String fileName) {
    try {
      StateMachineParser loader = new StateMachineParser(
                                      new FileReader(fileName));
      loader.run();
      return loader.machine;
    } catch (FileNotFoundException e) {
      throw new RuntimeException(e);
    }
  }

  public StateMachineParser(Reader reader) {
    input = new BufferedReader(reader);
  }

  private final BufferedReader input;
```

run 메서드는 입력을 라인 단위로 나눈 후, 현재 사용 중인 라인 파서로 각 라인을 전달한다. 이때 라인 파서는 최상위 레벨 파서(TopLevelLineParser)부터 시작한다.

```java
class StateMachineParser...
  void run() {
    String line;
    setLineParser(new TopLevelLineParser(this));
    try {
      while ((line = input.readLine()) != null)
        lineParser.parse(line);
      input.close();
```

```
      } catch (IOException e) {
        throw new RuntimeException(e);
      }
      finishMachine();
    }

    private LineParser lineParser;
    void setLineParser(LineParser lineParser) {
      this.lineParser = lineParser;
    }
```

라인 파서들은 간단한 계층구조를 이룬다.

```
  abstract class LineParser {
    protected final StateMachineParser context;

    protected LineParser(StateMachineParser context) {
      this.context = context;
    }
  }
  class TopLevelLineParser extends LineParser {
    TopLevelLineParser(StateMachineParser parser) {
      super(parser);
    }
  }
```

슈퍼 클래스인 LineParser는 파싱하기 전에 먼저 주석을 제거하고, 공백을 없앤다. 이 작업이 끝나면 서브 클래스로 제어권을 넘긴다(doParse).

```
  class LineParser...
    void parse(String s) {
      line = s;
      line = removeComment(line);
      line = line.trim();
      if (isBlankLine()) return;
      doParse();
    }

    protected String line;

    private boolean isBlankLine() {
      return line.matches("^\\s*$");
    }
    private String removeComment(String line) {
      return line.replaceFirst("#.*", "");
    }

    abstract void doParse();
```

LineParser가 전달받은 라인의 유형에 관계없이 기본적으로 동일한 절차를 따라서 파싱하도록 만든다. 먼저 훅 메서드(hook method)인 doParse를 조건식 문장으로 구성한다. 각 조건식은 전달받은 라인이 해당 라인 파서에서 처리하려는 패턴에 일치하는지 검사한다. 패턴이 일치하면, 해당 라인을 처리할 수 있는 라인 파서를 설정한다.

아래는 TopLevelLineParser의 훅 메서드에 있는 조건문이다.

```
class TopLevelLineParser...
  void doParse() {
    if (hasOnlyWord("commands"))
      context.setLineParser(new CommandLineParser(context));

    else if (hasOnlyWord("events"))
      context.setLineParser(new EventLineParser(context));

    else if (hasOnlyWord("resetEvents"))
      context.setLineParser(new ResetEventLineParser(context));

    else if (hasKeyword("state"))
      processState();

    else failToRecognizeLine();
  }
```

공통적으로 사용하는 조건식이 있으므로, 이 조건식을 슈퍼 클래스에 정의한다.

```
class LineParser...
  protected boolean hasOnlyWord(String word) {
    if (words(0).equals(word)) {
      if (words().length != 1) failToRecognizeLine();
      return true;
    }
    else return false;
  }

  protected boolean hasKeyword(String keyword) {
    return keyword.equals(words(0));
  }
  protected String[] words() {
    return line.split("\\s+");
  }

  protected String words(int index) {
    return words()[index];
  }

  protected void failToRecognizeLine() {
    throw new RecognitionException(line);
  }
```

TopLevelLineParser는 영역의 시작부에 있는 명령어를 검사한 후, 해당 영역에 맞게 라인 파서를 새로 생성한다. 그리고 현재 사용 중인 라인 파서를 새로 생성한 파서로 변경한다. 다른 영역과 달리 상태 영역의 경우는 좀 더 복잡한데, 이 부분에 대해서는 조금 뒤에 살펴보도록 하자.

이때 조건식에서 메서드를 호출하는 대신, 정규 표현식을 바로 사용할 수도 있다. 다시 말해 hasOnlyWord("commands")를 쓰는 대신 line.matches("commands\\s*")라고도 작성할 수 있다. 정규 표현식이 강력한 도구이긴 하지만, 여기에서 메서드를 사용한 데는 다른 이유가 있다. 무엇보다도 이해하기가 쉽다. 즉, hasKeyword가 정규 표현식보다 이해하기가 좀 더 쉽다. 여느 코드와 마찬가지로 정규 표현식도 메서드로 감싸야 한다. 이때 감싸는 메서드의 이름을 잘 지으면, 코드를 이해하는데 도움이 될 때가 많다. 마찬가지로 hasKeyword 메서드를 구현할 때도, 정규 표현식을 바로 사용할 수도 있었다. 하지만 대신에 words 메서드를 사용해 입력 라인을 단어로 분할한 후, 첫 번째 단어를 검사하는 방식으로 구현했다. 이 예제의 경우 파싱할 때 사용하는 많은 조건식에서 단어들로 분할하는 작업을 포함하기 때문에, 가능하면 단어로 분할하는 방법을 사용하는 편이 더 쉬웠기 때문이다.

또한 메서드를 사용하면 더 많은 일을 할 수 있다. 예를 들어 라인에 'commands'가 있을 때, 이 라인에 다른 텍스트가 있지는 않은지 검사하는 기능도 추가했다. 반면에 조건식에 메서드가 아니라 정규 표현식을 그대로 사용했더라면, 정규 표현식을 더 추가해야 했을 것이다.

이제 다음 단계로 넘어가서, 커맨드 영역에 있는 라인을 살펴보자. 커맨드 영역에서는 라인이 커맨드 정의인지 아니면 end 키워드인지, 두 가지 경우를 검사해야 한다.

```
class CommandLineParser...
  void doParse() {
    if (hasOnlyWord("end")) returnToTopLevel();
    else if (words().length == 2)
      context.registerCommand(new Command(words(0), words(1)));
    else failToRecognizeLine();
  }

 class LineParser...
  protected void returnToTopLevel() {
    context.setLineParser(new TopLevelLineParser(context));
  }

 class StateMachineParser...
   void registerCommand(Command c) {
     commands.put(c.getName(), c);
   }
   private Map<String, Command> commands = new HashMap<String, Command>();
   Command getCommand(String word) {
     return commands.get(word);
   }
```

StateMachineParser는 파싱을 전체적으로 제어할 뿐만 아니라 심벌 테이블(205)

의 역할도 한다.

이벤트 영역과 리셋 이벤트 영역을 처리하는 코드는 커맨드 영역을 처리하는 코드와 비슷하다. 이제 상태 영역을 처리하는 부분으로 바로 넘어가자. 상태 영역은 다른 영역과 달리 TopLevelLineParser의 코드가 좀 더 복잡하다. 그래서 이 부분은 메서드를 사용했다.

```
class TopLevelLineParser...
  private void processState() {
    State state = context.obtainState(words(1));
    context.primeMachine(state);
    context.setLineParser(new StateLineParser(context, state));
  }

class StateMachineParser...
  State obtainState(String name) {
    if (!states.containsKey(name)) states.put(name, new State(name));
    return states.get(name);
  }
  void primeMachine(State state) {
    if (machine == null) machine = new StateMachine(state);
  }
  private StateMachine machine;
```

맨 처음 인식되는 상태가 시작 상태가 된다. 그래서 이 메서드에 primeMachine이라는 이름을 붙였다. 각 상태는 처음으로 사용될 때, 즉시 심벌 테이블에 저장한다. 그래서 obtain이라는 이름으로 메서드를 사용했다(obtain은 "객체가 이미 있으면 그 객체를 얻고, 아니라면 새로 생성해라"인 경우에 내가 사용하는 명명 규칙이다).

상태 영역을 처리하는 라인 파서는 조금 더 복잡하다. 매칭될 수 있는 라인 형태가 더 다양하기 때문이다.

```
class StateLineParser...
  void doParse() {
    if (hasOnlyWord("end")) returnToTopLevel();
    else if (isTransition()) processTransition();
    else if (hasKeyword("actions")) processActions();
    else failToRecognizeLine();
  }
```

액션 절의 경우, 단순히 액션을 모두 상태에 추가하는 방식으로 처리한다.

```
class StateLineParser...
  private void processActions() {
    for (String s : wordsStartingWith(1))
      state.addAction(context.getCommand(s));
  }

class LineParser...
  protected String[] wordsStartingWith(int start) {
```

```
      return Arrays.copyOfRange(words(), start, words().length);
   }
```

이 경우에, 아래와 같이 루프를 사용해 간단히 처리할 수도 있다.

```
for (int i = 1; i < words().length; i++)
  state.addAction(context.getCommand(words(i)));
```

하지만 루프에서 흔히 사용하는 0 대신 1로 초기화하는 일은 변경 부분이 너무 작고 알아채기 힘들다. 결국, 말하려는 의도를 효과적으로 전달할 수 없다.

전이에 해당하는 절의 경우 매칭되는지 검사하는 조건식이 복잡할 뿐만 아니라 처리 코드 또한 상당히 복잡하다.

```
class StateLineParser...
  private boolean isTransition() {
    return line.matches(".*=>.*");
  }
  private void processTransition() {
    String[] tokens = line.split("=>");
    Event trigger = context.getEvent(tokens[0].trim());
    State target = context.obtainState(tokens[1].trim());
    state.addTransition(trigger, target);
  }
```

이 경우에는 앞에서 사용했던 단어 단위로 분할했던 방법을 적용하지 않았다. drawerOpened=>waitingForLight와 같이 연산자 앞뒤에 공백이 없는 문장도 사용할 수 있기 때문이다.

입력 파일에 대해 여기까지 작업을 처리하고 나면, 유일하게 남은 작업은 리셋 이벤트를 머신에 확실히 추가하는 일이다. 이 작업을 맨 마지막에 하는 이유는, 입력 언어에서 첫 상태가 선언되기도 전에 리셋 이벤트 영역이 나타날 수 있기 때문이다.[2]

```
class StateMachineParser...
  private void finishMachine() {
    machine.addResetEvents(resetEvents.toArray(
                                   new Event[resetEvents.size()]));
  }
```

이 예제에서 볼 수 있는 일반적인 이슈는 상태 머신 파서와 여러 가지 라인 파서 간에 책임을 분할하는 문제다. 이 이슈는 상태 패턴을 사용할 때도 나타나는 고전적인 문제다(전반적인 조율 작업을 하는 컨텍스트 객체에는 행위를 얼마나 담아야

---

2 (옮긴이) 따라서 상태 머신이 초기화되기 전이다.

하며, 여러 상태 객체에는 행위를 어느 정도 담아야 하는가?). 이 예제에서는 책임을 분산하는 접근법을 따랐다. 즉, 여러 라인 파서에서 되도록이면 많은 작업을 처리하도록 만들었다. 이 대신에 행위를 상태 머신에 담고, 라인 파서는 단지 텍스트에서 필요한 정보를 추출하도록 만들 수도 있다.

커맨드 영역에 대해 두 가지 방법을 모두 사용해, 두 방법의 차이점을 비교해서 설명하고자 한다. 다음은 앞에서 만들었던, 책임을 분산시킨 접근법을 따라 작성한 코드다.

```
class CommandLineParser...
  void doParse() {
    if (hasOnlyWord("end")) returnToTopLevel();
    else if (words().length == 2)
      context.registerCommand(new Command(words(0), words(1)));
    else failToRecognizeLine();
  }

class LineParser...
  protected void returnToTopLevel() {
    context.setLineParser(new TopLevelLineParser(context));
  }

class StateMachineParser...
  void registerCommand(Command c) {
    commands.put(c.getName(), c);
  }
  private Map<String, Command> commands = new HashMap<String, Command>();
    Command getCommand(String word) {
      return commands.get(word);
  }
```

아래는 행위를 상태 머신 파서에 담는, 중앙 집중 방식을 따라 작성한 코드다.

```
class CommandLineParser...
  void doParse() {
    if (hasOnlyWord("end"))
      context.handleEndCommand();
    else if (words().length == 2)
      context.handleCommand(words(0), words(1));
    else failToRecognizeLine();
  }

class StateMachineParser...
  void handleCommand(String name, String code) {
    Command command = new Command(name, code);
    commands.put(command.getName(), command);
  }
  public void handleEndCommand() {
    lineParser = new TopLevelLineParser(this);
  }
```

책임을 분산시키는 경우, 상태 머신이 심벌 테이블로 쓰이므로 라인 파서가 데이터에 접근하기 위해 상태 머신을 계속해서 호출한다는 단점이 있다. 이처럼 다른 객체로부터 데이터를 계속해서 가져오는 코드는 냄새가 나는(bad smell) 코드일 때가 많다. 반면 행위를 집중시키면, 심벌 테이블에 접근하는 객체가 상태 머신 자신 이외에는 전혀 없으므로, 상태 머신을 공개하지 않아도 된다. 하지만 상태 머신 파서에 너무 많은 로직이 들어가기 때문에, 파서가 지나치게 복잡해질 수 있다는 단점이 있다. 언어가 커지면 커질수록 이 문제는 더 악화될 수 있다.

따라서 두 방식 모두 장단점이 있다. 솔직히 말해, 두 방식 중 어느 한쪽이 절대적으로 낫다고 보기는 어렵다.

18장

DOMAIN-SPECIFIC LANGUAGES

구문 주도 변환

구조를 변환하기 위한 문법을 정의하고, 이 문법을 사용해 소스 텍스트를 변환한다.

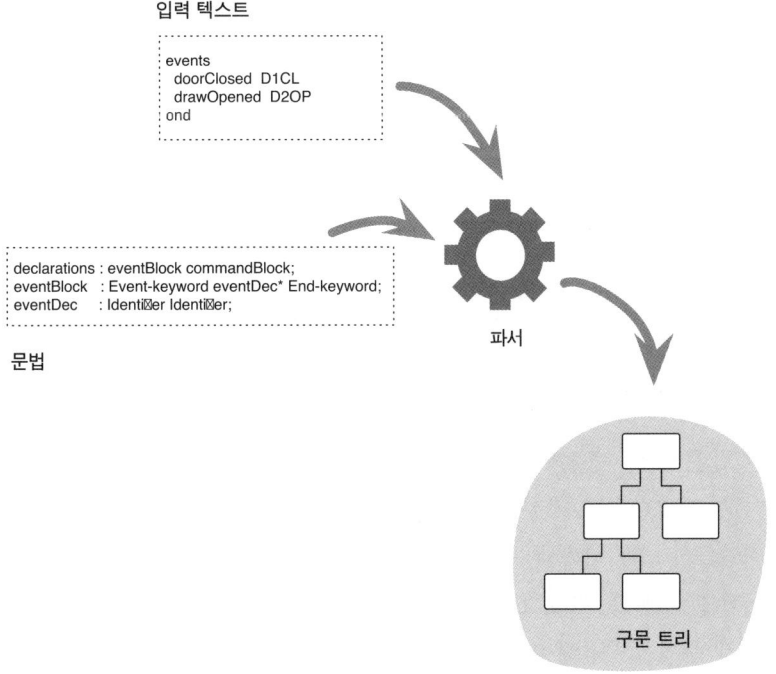

본질적으로 컴퓨터 언어는 문맥들이 다양한 깊이로 서로 계층 구조를 이루는 경향이 있다. 이처럼 언어가 계층 구조를 이룰 때, 문법을 사용해서 유효한 구문을 정의하면 효과적이다. 이때 문법에는 언어의 구성 요소들을 하위 요소로 분해하는 방법을 기술한다.

구문 주도 변환(Syntax-Directed Translation) 기법은 문법을 사용해서 생성할 파서를 정의한다. 이렇게 생성된 파서는 입력 텍스트를 파스 트리로 변환할 수 있다. 이때 변환된 파스 트리는 문법 규칙의 구조와 거의 같은 구조를 가진다.

18.1 어떻게 동작하는가

프로그래밍과 관련된 책을 읽을 때면 항상 볼 수 있는 개념이 바로 문법이다. 문법은 프로그래밍 언어에서 유효한 구문을 정의하는 방법이다. 도입부에서 봤던 상태 머신 예제에서, 이벤트와 커맨드를 선언하는 부분을 생각해 보자.

```
events
  doorClosed D1CL
  drawerOpened D2OP
# ...
end

commands
  unlockPanel PNUL
  lockPanel PNLK
# ...
end
```

이들 선언문은 아래의 문법을 사용해서 구문 형태를 정의할 수 있다.

```
declarations : eventBlock commandBlock;
eventBlock   : Event-keyword eventDec* End-keyword;
eventDec     : Identifier Identifier;
commandBlock : Command-keyword commandDec* End-keyword;
commandDec   : Identifier Identifier;
```

이처럼 문법을 사용하면, 언어를 사람이 읽을 수 있는 형태로 정의할 수 있다. 문법은 주로 BNF(279)로 작성한다. 문법을 사용하면 언어에서 유효한 구문이 무엇인지, 사람들이 쉽게 이해할 수 있게 된다. 구문 주도 변환에서는 여기에서 더 나아가, 언어를 처리하는 프로그램을 설계할 때 문법을 기반 요소로 활용한다.

이처럼 문법을 사용해 언어 처리 프로그램을 만드는 데는 두 가지 방법이 있다. 그중 하나는 파서를 직접 작성할 때 문법을 명세서 또는 개발 가이드로 활용하는 방법이다. 재귀 하향식 파서(297)와 파서 결합기(309)에서 이 방식을 사용한다. 다른 방법으로는 문법을 DSL로 보고, 파서 생성기(327)를 사용해 문법 파일 자체에서 파서를 자동으로 만들어내는 방식이 있다. 이 경우에 핵심이 되는 파서 코드는 모두 문법으로부터 생성하며, 이들 코드를 직접 작성하는 일은 전혀 없다.

이처럼 문법이 유용하긴 하지만, 문법으로는 문제의 일부분만을 처리할 수 있을 뿐이다. 즉 문법은 입력 텍스트를 파스 트리 데이터 구조로 변환하는 방법만을 말해줄 수 있다. 하지만 거의 모든 경우에 입력 텍스트에서 파스 트리를 만드는 일 이상의 작업을 해야 한다. 그래서 파서 생성기에서는 파서에 행위를 추가적으로 삽입할 수 있는 방법을 제공하며, 이를 통해 시맨틱 모델(197)을 생성하는 등의 작업을 할 수 있다. 따라서 파서 생성기가 많은 작업을 대신해 주더라도, 정말로 쓸모 있는 무언가를 만들기 위해서는 여전히 꽤 많은 양의 작업을 직접 프로그래밍해야 한다. 이런 관점에서 볼 때, 파서 생성기는 다른 많은 기법과 마찬가지로 DSL을 활용하는 훌륭한 예다. 파서 생성기를 사용한다고 문제를 모두 해결할 수는 없지만, 문제의 중요한 부분을 훨씬 쉽게 처리할 수 있다. 게다가 파서 생성기는 오랜 역사를 가진 DSL이기도 하다.

18.1.1 렉서

구문 주도 변환 기법을 사용할 때면 거의 모든 경우에 렉서(lexer)와 파서(parser)를 분리한다. 토크나이저(tokenizer) 또는 스캐너(scanner)라고도 불리는 렉서는 입력 텍스트를 처리하는 첫 번째 단계다. 렉서는 입력 텍스트를 토큰(token)이라고 부르는, 의미 있는 덩어리들로 분할한다.

일반적으로 토큰은 정규 표현식을 이용해 정의한다. 다음은 위의 커맨드와 이벤트 예제에 대한 렉싱 규칙(lexing rule)이다.

```
event-keyword: 'events';
command-keyword: 'commands';
end-keyword: 'end';
identifier: [a-zA-Z0-9]*;
```

입력 텍스트가 다음과 같을 때,

```
events
  doorClosed D1CL
  drawOpened D2OP
end
```

렉서 규칙을 사용하면, 입력을 아래와 같은 일련의 토큰으로 분할한다.

```
[Event-keyword: "events"]
[Identifier: "doorClosed"]
[Identifier: "D1CL"]
[Identifier: "drawOpened"]
[Identifier:"D2OP"]
[End-keyword: "end"]
```

기본적으로 토큰은 타입(type)과 페이로드(payload), 두 가지 속성을 가지는 객체다. 타입은 토큰의 종류를 가리키며, 앞의 경우 Event-keyword나 Identifier가 타입에 해당한다. 페이로드는 렉서에 의해 매칭된 입력 텍스트의 일부로, events나 doorClosed가 페이로드다. 토큰의 타입이 키워드일 때는 페이로드는 거의 쓸모가 없고, 타입이 중요하다. 반대로 토큰 타입이 식별자(identifier)일 때는, 페이로드가 중요해진다. 페이로드는 렉싱 이후의 파싱 과정에서 중요하게 사용되는 데이터이기 때문이다.

파싱으로부터 렉싱을 분리한 데는 여러 가지 이유가 있다. 첫 번째로, 렉싱을 분리하면 파서를 단순하게 만들 수 있다. 렉서를 분리해서 만들어 두면, 파서를 만들 때 가공되지 않은 문자가 아니라 토큰을 사용할 수 있기 때문이다. 두 번째는 효율성이다. 문자들을 토큰으로 분할할 때 사용하는 구현 방법과, 파서를 구현할 때 사용하는 방법은 서로 다르다. (일반적으로 오토마타 이론에서 렉서는 상태 머신이고, 반면에 파서는 푸시다운 스택 머신이다.) 따라서 전통적으로 렉서와 파서를 분리하는 방식을 따른다. 최근에는 이 전통에 도전하려는 개발이 일부 이루어지고 있다. (ANTLR은 렉서에 푸시다운 머신을 사용한다. 그리고 최근에는 렉싱과 파싱을 결합해서, 스캐너가 없는 파서도 만들어졌다.)

렉서 규칙은 매칭이 순서대로 시도되고, 맨 처음 매칭된 규칙이 적용된다. 예를 들어 앞의 예제에서 입력 문자열이 events일 때, 렉서는 이 문자열을 항상 키워드로만 인식하며, 식별자로는 인식할 수 없다. 이러한 제약은 좋은 점인데, 제약을 통해 혼란을 줄일 수 있기 때문이다. 예를 들어 PL/1[1]에서 나타나는 if if = then then then = if와 같은, 악명 높은 구문을 없앨 수 있다. 하지만 얼터너티브 토크나이제이션(385)과 같은 기법을 사용해서 이러한 렉싱 방식을 우회해야 할 때도 더러 있다.

입력 텍스트와 토큰을 충분히 주의해서 비교해 봤다면, 토큰 목록에서 무언가가 빠져 있음을 알 수 있다. 바로 '아무것도 아닌 것'이 빠졌다. 여기서 말하는 '아무것도 아닌 것'은 스페이스, 탭, 줄바꿈 문자와 같은 공백문자다. 많은 언어에서 렉서는 공백문자를 제거하므로, 파서에서는 공백문자를 처리하지 않는다. 바로 이 점이 구문 주도 변환이 구분자 주도 변환과 크게 다른 부분이다. 구분자 주도 변환(247)에서는 입력 언어를 파싱할 때 공백문자가 핵심적인 역할을 할 때가 많다.

---

1 (옮긴이) PL/1: 어셈블리 언어와 코볼 및 포트란의 대안으로 개발된 3세대 프로그래밍 언어로, 1995년에 IBM에서 발표했다. 키워드와 동일한 이름을 변수로 쓸 수 있다.

하지만 공백문자가 구문적으로 중요한 경우도 더러 있다. 예를 들어 줄바꿈 문자가 문장 분리 기호로 사용되거나, 들여쓰기가 블록 구조를 나타내는 경우다. 이처럼 공백문자가 구문적으로 중요한 경우라면, 렉서에서 공백문자를 단순히 무시해 버릴 수는 없다. 대신에 렉서는 공백문자가 나타날 수 있는 경우를 나타내는 토큰을 만들어야 한다. 이러한 토큰으로는 줄바꿈 분리 기호(401)에서 사용하는 줄바꿈 토큰이 있다. 반면에 구문 주도 변환 기법으로 처리하려고 만든 언어들은 공백을 무시할 때가 많다. 실제로 많은 DSL에서 문장 분리 기호를 전혀 사용하지 않아도 된다. 도입부에서 봤던 상태 머신 DSL도 렉서가 공백을 완전히 제거하더라도 파싱하는데 전혀 문제가 없다.

렉서에서 흔히 제거하는 또 다른 요소는 주석문이다. DSL이 아무리 간단하더라도, 주석문은 항상 유용하다. 게다가 DSL에 주석문이 있더라도, 렉서에서 쉽게 제거할 수 있다. 물론 주석문을 그대로 유지하고 싶을 때도 있다. 특히 생성된 코드에서 디버깅을 할 목적으로 작성한 주석이라면, 유용하게 쓰이기 때문이다. 따라서 렉서에서 주석문을 제거하지 않고 그대로 유지하려면, 시맨틱 모델에 주석문을 어떻게 삽입할지 고민해야 한다.

앞에서 토큰은 타입과 페이로드, 두 가지 속성을 가진다고 말한 바 있다. 실제로는 이보다 더 많은 속성을 가질 수도 있다. 예를 들어 라인 번호나 문자 위치와 같은 속성을 토큰에 추가하면, 에러를 진단할 때 도움이 된다.

토큰을 정의할 때, 토큰을 매칭하는 과정을 좀 더 세밀하게 조정하고 싶은 유혹을 받곤 한다. 예를 들어, 상태 컨트롤러 예제에서 이벤트 코드는 네 자리의 대문자와 숫자로 구성했다. 따라서 다음과 같이 이벤트 코드에 대한 토큰으로 좀 더 구체적인 타입을 사용하면 어떨지 생각해볼 수 있다.

```
code: [A-Z0-9]{4}
```

하지만 아래와 같은 입력이 들어왔을 때, 잘못된 토큰을 만들 수 있다.

```
events
  FAIL FZ17
end
```

위와 같은 입력이 들어오면, FAIL은 identifier 규칙이 아니라 code 규칙에 의해 매칭된다. 렉서는 입력을 표현식의 전체 문맥이 아니라, 문자 그 자체만을 보기 때문이다. 이처럼 문맥에 따라 구분하는 일은 파서에 맡기는 게 가장 효과적이다. 파서는 이벤트 이름인지 아니면 코드인지 구별할 수 있는 정보를 가지고 있기 때문이다. 즉 코드가 4글자로 구성되는지 매칭하는 검사는 렉서가 아니라, 렉싱 이후의 파서에서 처리해야 한다는 뜻이다. 일반적으로 렉싱은 가능한 한 단순하게 유지하는 게 가장 좋다.

대체로 나는 렉서에서 세 가지 종류의 토큰을 처리하도록 만든다.

- 구두점(Punctuation) : 키워드, 연산자 등 여러 조직 구조(괄호, 문장 구분 기호). 토큰이 구두점이라면 토큰 타입이 중요하며, 페이로드는 중요치 않다. 구두점은 언어마다 고정된 요소다.
- 도메인 텍스트(Domain Text) : 대상의 이름, 리터럴 값. 이 경우 토큰 타입은 대개 '숫자'나 '식별자'처럼 매우 포괄적이다. 도메인 텍스트는 가변적이며, DSL 스크립트마다 서로 다른 도메인 텍스트를 가진다.
- 무시할 수 있는 것(Ignorable) : 공백문자나 주석과 같이 토크나이저에서 흔히 제거하는 대상.

대부분의 파서 생성기(327)는 렉서 생성기를 제공하며, 렉서 생성기는 앞에서 본 정규 표현식 규칙을 이용할 때가 많다. 그러나 필요한 렉서를 직접 만들려는 사람도 많다. 렉서를 직접 만들 때, 정규식 테이블 렉서(291)를 사용하면 꽤 직관적으로 만들 수 있다. 이처럼 렉서를 직접 만들면, 파서와 렉서 간의 복잡한 상호작용을 더욱 유연하게 다룰 수 있다. 이러한 유연성은 유용할 때가 많다.

이처럼 파서와 렉서 간의 상호작용을 유연하게 다룰 수 있을 때, 유용하게 활용할 수 있는 경우는 다음과 같다. 렉서가 다양한 모드를 가지도록 만들고, 파서에서 사용할 렉서의 모드를 지정하면 렉서가 해당 모드로 전환하도록 만드는 것이다. 이렇게 하면 언어를 렉싱할 때, 각 영역별로 사용할 토큰화 방식을 변경할 수 있다. 이 방식은 얼터너티브 토크나이제이션(385) 기법을 사용할 때 도움이 된다.

18.1.2 구문 분석기

토큰 스트림을 만들고 나면, 구문 주도 변환에서 처리해야 할 다음 단계는 파싱이다. 파서가 하는 일은 주로 두 가지 부분으로 나눌 수 있다. 나는 이 두 작업을 각각 구문 분석(syntactic analysis), 액션(action)이라고 부른다. 구문 분석 과정에서는 토큰 스트림을 받고, 토큰을 파스 트리로 배치한다. 이 작업은 전적으로 문법을 통해 구성할 수 있고, 이렇게 구성된 작업은 파서 생성기(327)에서 만들어진다. 즉, 구문을 분석하는 코드는 파서 생성기 툴에서 자동으로 생성한다. 액션 작업에서는 구문 분석 작업의 결과인 파스 트리를 받아서, 시맨틱 모델(197)을 생성하는 등의 추가적인 작업을 수행한다.[2]

액션은 문법 자체만으로 생성할 수 없다. 그리고 액션은 주로 파스 트리가 만들어지는 동안에 실행된다. 이런 이유로, 파서 생성기 문법 파일에는 문법 정의뿐만 아니라 액션을 기술하는 코드가 추가적으로 결합된다. 액션은 범용 프로그래밍 언어로 작성될 때가 많고, 별도의 DSL을 사용해 작성할 때도 있다.

이 절에서는 액션은 무시한 채, 구문 분석만을 살펴보고자 한다. 오직 문법을 사용해 파서를 만들고, 따라서 구문 분석 과정만을 수행했다면, 파싱한 결과는 성공이거나 실패, 둘 중 하나다. 즉, 구문 분석의 결과는 입력 텍스트가 문법에 매칭되느냐, 아니냐다. 입력 텍스트가 문법에 매칭된다는 말은 "파서가 입력을 인식할 수 있다(recognize)"라고 일컫기도 한다.

이 장에서 사용한 입력 텍스트의 경우, 다음과 같이 문법을 작성할 수 있다.

```
declarations: eventBlock commandBlock;
eventBlock : Event-keyword eventDec* End-keyword;
eventDec : Identifier Identifier;
commandBlock : Command-keyword commandDec* End-keyword;
commandDec : Identifier Identifier;
```

입력은 다음과 같다.

```
events
  doorClosed D1CL
  drawOpened D2OP
end
```

앞에서 봤듯이, 토크나이저는 이 입력을 다음과 같은 토큰 스트림으로 쪼갠다.

```
[Event-keyword: "events"]
[Identifier: "doorClosed"]
[Identifier: "D1CL"]
[Identifier: "drawOpened"]
[Identifier:"D2OP"]
[End-keyword: "end"]
```

그러면 구문 분석에서는 토큰과 문법을 받아서, 토큰을 그림 18.1과 같은 트리 구조로 만든다.

---

2 (옮긴이) 구문 분석에서 사용하는 문법은 앞에서 사용한 렉싱 문법과는 다르다. 렉싱 문법은 입력이 구문적으로 유효한지와는 관계없이, 일련의 토큰으로 나누는 규칙이다. 반면에 구문 분석에서는 입력, 즉 일련의 토큰을 구문적인 의미에 따라 구조화할 때 문법을 사용한다. 이러한 문법은 렉싱 문법과 구분하기 위해 파싱 문법이라고도 부른다.

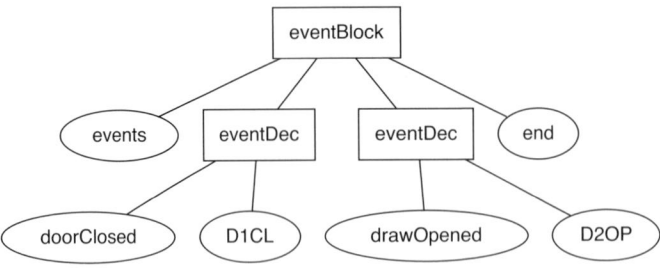

그림 18.1 이벤트 정의에 대한 파스 트리

보다시피 구문 분석을 수행하면, 별도의 노드(직사각형으로 나타낸 노드)가 추가된 파스 트리를 만들어낸다. 파스 트리의 각 노드는 문법에 정의되어 있다.

언어는 다양한 문법으로 매칭할 수 있다는 점을 이해하는 게 중요하다. 예를 들어 다음과 같은 문법도 사용할 수 있다.

```
eventBlock : Event-keyword eventList End-keyword;
eventList : eventDec*
eventDec : Identifier Identifier;
```

이전의 문법으로 매칭했던 입력에 대해, 이 문법을 사용해도 모두 매칭할 수 있다. 하지만 그림 18.2와 같이 다른 형태의 파스 트리를 생성한다.

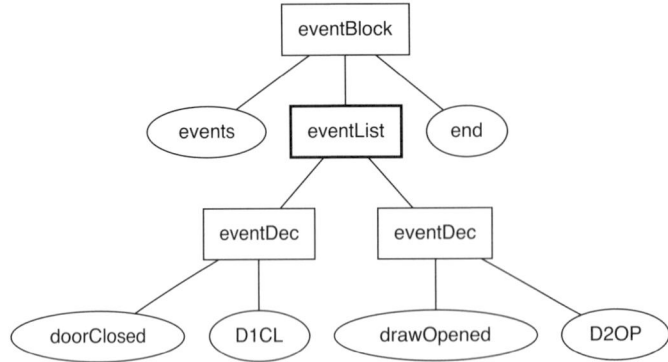

그림 18.2 이벤트 정의에 대한 또 다른 파스 트리

따라서 구문 주도 변환에서 문법은 입력 텍스트를 파스 트리로 변환하는 방법을 정의한다. 그리고 파싱하려는 방식에 따라, 다양한 문법을 선택할 수도 있다. 뿐만 아니라, 사용 중인 파서 생성기 툴이 바뀌면, 다른 문법을 사용해야 할 수도 있다.

지금까지 파서가 파싱을 하면, 그 결과로 파스 트리가 명시적으로 생성되는 것마냥 설명해 왔다. 그러나 그렇지 않은 경우가 더 많다. 심지어는 대부분의 경우 파스 트리에 직접 접근하지도 않는다. 파서는 파싱하는 도중에 파스 트리의 일부만을 생성한 후, 액션을 실행한다. 파스 트리에서 액션이 완료되고 나면, 이 부분은 버려진다(역사적으로 볼 때, 이 같은 방식은 메모리 소비를 줄일 수 있다는 점에서 중요한 일이었다). 반면에, 트리 생성 기법을 사용할 때는 전체 구문 트리를 만들어 낸다. 그러나 이 경우에도 전체 파스 트리를 생성하지는 않는다. 대신에 추상 구문 트리라고 불리는 단순한 형태를 생성한다.

지금쯤이면 사용되는 용어에 혼란을 느낄지도 모르겠다. 이 분야와 관련된 학술 서적에서는 '파싱'을 구문 분석(syntactic analysis)과 동의어로 사용하는 경우가 많다. 즉, 변환(translation), 인터프리테이션(interpretation) 또는 컴파일(compilation) 과 같은 전반적인 처리과정을 일컬을 때 파싱이라는 용어를 사용한다. 이 책에서는 현장에서 주로 사용하는 용법을 반영하여, '파싱'을 조금 더 넓은 범주의 뜻으로 사용한다. 반면에 시중에 나와 있는 파서 생성기 툴의 경우, 토큰을 소비하는 주체를 파서라고 부른다. 다시 말해, 렉서와 파서를 분리해서 생각한다. 이처럼 렉싱과 파싱을 구분하는 일이 너무나 일반적이므로, 외부 DSL과 관련된 장에서는 파싱을 렉싱과 구분해서 사용하도록 하겠다. 물론 책의 다른 부분과 일관성을 유지하려면, 파싱이 렉싱을 포함해야 한다는 말도 틀린 말은 아니다.

혼란을 줄 수 있는 또 다른 용어는 '파스 트리', '구문 트리', '추상 구문 트리'다. 주어진 문법과 토큰을 모두 사용해서 파싱한 후, 그 결과를 그대로 반영하는 트리를 파스 트리(parse tree)라고 한다. 다시 말해 가공되지 않은 트리다. 추상 구문 트리(abstract syntax tree, AST)는 간소화한 트리로, 불필요한 토큰을 버려서, 이후의 처리 과정에 맞게 재구성한 트리다. 구문 트리(syntax tree)는 AST와 파스 트리 모두를 가리킬 때, 두 트리의 상위 타입을 가리키는 용어로 사용한다. 다른 책에서도 대체로 이와 비슷하게 정의하는 편이지만, 꼭 같지는 않다. 소프트웨어 용어는 늘 우리의 기대를 저버린 채, 다양한 의미로 사용되곤 한다.

18.1.3 결과 생성

문법은 구문 분석 과정을 기술하는 데는 효과적이다. 하지만 문법은 파서가 특정 입력을 인식할 수 있는지를 말해줄 뿐이며, 대개의 경우 입력을 인식하는 작업만으로는 충분하지 않다. 여기서 더 나아가, 인식한 입력에 맞게 결과를 생성할 수 있어야 한다. 나는 결과를 생성하는 방법을 대체로 세 종류로 분류한다. 바로 임베디드 변환(361), 트리 생성(341), 임베디드 인터프리테이션(369)이다. 세 방법 모두에서 문법뿐만 아니라 동작 방식을 기술한 요소가 추가로 필요하다. 따라서 대개의 경우 코드를 추가로 직접 작성해야만, 결과를 생성할 수 있다.

이렇게 작성한 코드를 파서에 결합하는 방식은 파서를 작성하는 기법에 따라 달라진다. 재귀 하향식 파서(297) 기법을 사용할 때는 직접 작성한 코드에 액션을 추가한다. 파서 결합기(309)의 경우에는, 사용 중인 언어의 기능을 활용해서 액션 객체를 결합기 객체에 전달한다. 파서 생성기(327)를 사용할 때는, 외래 코드(373)를 사용해, 문법 파일 텍스트에 코드 액션을 추가한다.

18.1.4 시맨틱 서술식

구문 분석기를 직접 작성했든 아니면 생성했든 관계 없이 모든 경우에 구문 분석기는 문법에 기반하여 입력을 인식하는 핵심 알고리즘을 가진다. 하지만 문법으로 표현하기에 어려운 인식 규칙도 있다. 이러한 규칙은 파서 생성기(327)를 사용할 때 가장 많이 나타난다.

이 문제를 해결하고자, 일부 파서 생성기에서는 시맨틱 서술식을 지원한다. 시맨틱 서술식(semantic predicate)이란 범용 언어로 작성된 코드로, 문법의 생성 규칙을 허용할지, 허용하지 않을지를 나타내는 불린 값을 반환한다. 이를 통해 문법에 표현된 규칙을 효과적으로 재정의할 수 있다. 따라서 시맨틱 서술식을 사용하면, 문법으로는 표현할 수 없는 작업을 할 수 있다.

시맨틱 서술식이 필요한 고전적인 예로, C++ 코드를 파싱할 때 T(6)을 인식하는 경우를 들 수 있다. 문맥에 따라 T(6)는 함수 호출일 수도 있고 생성자 형태의 타입 캐스팅일 수도 있다. 이 둘을 구분하려면 T가 어떻게 정의되었는지 알아야 한다. 문맥 자유 문법으로 기술해서는 어느 쪽인지 구분할 수 없다. 이러한 모호함을 해결하려면 시맨틱 서술식을 사용해야 한다.

하지만 DSL에서는 시맨틱 서술식이 필요해지는 경우가 있어서는 안 된다. DSL을 만드는 경우라면, 시맨틱 서술식이 필요 없도록 어떻게든 언어를 정의할 수 있기 때문이다. 정말로 DSL에서 시맨틱이 필요하다면, [parr-LIP]를 참고하면 더 많은 정보를 얻을 수 있다.

18.2 언제 사용하는가

구문 주도 변환은 구분자 주도 변환(247) 대신 사용할 수 있는 기법이다. 구문 주도 변환을 사용할 때 가장 어려운 점은 문법을 이용해 파싱 작업을 하는데 익숙해져야 한다는 점이다. 반면에 구분자를 기준으로 입력을 분할하는 방식은 이미 익숙한 경우가 많다. 그러나 문법에 익숙해지는데 그리 오랜 시간이 걸리지 않는다. 그리고 제대로 익혀두면 나중에 DSL이 복잡해질 때 구분자 주도 변환에 비해 훨씬 쉽게 처리할 수 있다.

특히 문법 파일은 DSL의 구문 구조를 설명하는 명확한 문서가 된다(문법 파일 자체도 DSL이다). 따라서 DSL 구문을 계속해서 발전시키기가 훨씬 쉽다.

18.3 추가적인 참고 자료

구문 주도 변환은 학문적으로 주요한 분야로 수십 년 동안 연구가 진행되어 왔다. 처음 배울 때는 유명한 공룡책(Dragon Book)[Dragon]이 교재로 제격이다. 구문 주도 변환을 전통적인 접근법에서 벗어나 설명하는 교재로는 [parr-LIP]가 있다.

19장

DOMAIN-SPECIFIC LANGUAGES

BNF

프로그래밍 언어의 구문을 형식적으로 정의한다.

```
grammarDef : rule+;
rule       : id ':' altList ';';
altList    : element+ ( '|' element+ )*;
element    : id ebnfSuffix?
           | '(' altList ')'
           ;
ebnfSuffix : '?' | '*' | '+' ;
id         : 'a'..'z' ('a'..'z'|'A'..'Z'|'_'|'0'..'9')* ;
```

19.1 어떻게 동작하는가

BNF(그리고 EBNF)는 언어에 맞는 구문을 정의할 때, 문법을 작성하는 방법이다. BNF(Backus-Naur Form)는 60년대에 알골(Algol) 언어를 기술하고자 발명되었다. 이후로 BNF 문법은 구문 주도 변환(267)을 설명하고, 적용하기 위해 폭넓게 사용되었다.

새로운 언어를 배울 때면 거의 모든 경우에 BNF를, 좀 더 정확히 말하면 BNF 류의 문법을 보게 된다. BNF가 구문을 정의하는 언어임에도 불구하고, 그 자체는 표준 구문을 가지지 않는다는 사실은 상당히 역설적이다. 실제로 BNF 문법을 볼 때마다 거의 모든 경우에, 이전에 봤던 문법과는 뚜렷하면서도 미묘한 차이가 있음을 볼 수 있다. 따라서 "BNF가 언어다"라고 말하면 사실 올바른 말은 아니다. 대신 나는 BNF를 언어군(family of languages)이라고 생각한다. 사람들이 패턴을 이야기할 때 특정한 패턴으로 이야기 하지만, 말하는 패턴은 매번 바뀐다. BNF는 마치 이들 패턴과도 같다.

BNF의 구문과 의미가 매우 다양해질 수 있다는 사실에도 불구하고, 여기에는 공통적인 요소가 있다. 주된 공통점은 일련의 생성 규칙(production rule)을 통해 언어를 기술한다는 사실이다. 예를 들어 다음과 같은 연락처를 생각해 보자.

```
contact mfowler {
  email: fowler@acm.org
}
```

이를 위한 문법은 다음과 같이 기술할 수 있다.

```
contact        : 'contact' Identifier '{' 'email:' emailAddress '}' ;
emailAddress   : localPart '@' domain ;
```

이 문법은 두 개의 생성 규칙으로 구성된다. 각 생성 규칙은 이름(name)과 몸체(body)로 구성된다. 규칙의 몸체에는 규칙을 일련의 요소들로 분해하는 방법을 기술한다. 이들 요소는 또 다른 규칙이거나 또는 단말이다. 단말(terminal)은 리터럴인 contact나 }와 같이, 또 다른 규칙이 아닌 요소다. 구문 주도 변환에서 BNF를 사용한다면, 단말은 렉서에서 만들어지는 토큰 타입일 때가 많다. (나는 규칙을 여기에서 더 이상 분해하지 않았다. 특히, 이메일 주소는 놀랄 정도로 복잡해질 수 있다 [RFC 5322].)

앞에서 언급한 바와 같이, BNF는 다양한 구문 형식으로 작성할 수 있다. 위의 예제는 ANTR 파서 생성기(327)에서 사용하는 형식이다. 다음은 같은 문법을 알골 BNF의 본래 형식에 매우 가깝게 기술한 문법이다.

```
<contact>        ::= contact <Identifier> { email: <emailAddress> }
<emailAddress>   ::= <localPart> @ <domain>
```

이 경우에 규칙은 꺾쇠괄호로 묶이고, 리터럴 텍스트에는 인용부호를 달지 않는다. 그리고 규칙은 세미콜론이 아니라 줄바꿈 문자로 끝나고, 규칙에서 이름과 몸체를 구분하기 위해 구분 기호로 '::='를 사용한다. BNF마다 이들 요소가 다양하게 변하므로, 구문에 얽매일 필요는 없다. 파서 생성기와 관련된 예제에서는 모두 ANTLR을 활용하므로, 이 책에서는 대부분 ANTLR에서 사용하는 BNF 구문을 쓴다. 실제로 파서 생성기에서는 알골 형식보다 ANTLR 형식을 주로 사용한다.

이제 예제를 확장해서, 연락처가 이메일 주소나 전화번호를 가질 수 있다고 가정해 보자. 따라서 앞의 예제에 나온 연락처뿐만 아니라, 아래와 같은 연락처가 있을 수 있다.

```
contact rparsons {
  tel: 312-373-1000
}
```

얼터너티브(alternative) 연산자를 사용해서 문법을 확장하면, 이 연락처도 인식하도록 만들 수 있다.

```
contact    : 'contact' Identifier '{' line '}' ;
line       : email | tel ;
email      : 'email:' emailAddress ;
tel        : 'tel:' TelephoneNumber ;
```

여기에서 얼터너티브 연산자는 line 규칙에 있는 | 문자다. line을 email 또는 tel로 분해할 수 있다는 뜻이다.

한 가지 더 해야 할 일은 Identifier를 username 규칙으로 뽑아내는 일이다.

```
contact    : 'contact' username '{' line '}' ;
username   : Identifier;
line       : email | tel ;
email      : 'email:' emailAddress ;
tel        : 'tel:' TelephoneNumber ;
```

이때 username 규칙은 오직 하나의 Identifier로 해석된다. 하지만 이렇게 하면 문법에서 말하려는 의도들 더욱 명확히 보여줄 수 있으므로 의미 있는 일이다(이 작업은 명령형 코드에서 코드가 간단할 때도 메서드를 추출하려는 일과 비슷하다).

예제에서 가정한 맥락에서 보면, 얼터너티브 연산자는 상당히 제한적이다. 이메일 하나 또는 전화번호 하나만을 허용한다. 곧 알게 되겠지만, 얼터너티브 연산자를 사용하면 표현력을 강력하게 부풀릴 수 있다. 하지만 이 같은 표현력을 설명하기 전에 먼저 다수성 심벌(multiplicity symbol)을 다뤄보자.

19.1.1 다수성 심벌(Kleene 연산자)

연락처 관리 애플리케이션을 제대로 만들었다면, 이메일 하나 또는 전화번호 하나만을 연락처로 기재하지는 않을 것이다. 실제 연락처 관리 애플리케이션이 제공하는 기능에 완전히 가까울 정도로 만들지는 않겠지만, 조금은 흡사하게 만들려고 한다. 연락처에는 연락할 이름이 반드시 하나만 있어야 하고, 이메일 주소는 최소한 하나가 있어야 하며, 전화번호는 없어도 되지만 여러 개를 등록할 수도 있다. 이 규칙에 맞는 문법은 다음과 같다.

```
contact     : 'contact' username '{' fullname? email+ tel* '}';
username    : Identifier;
fullname    : QuotedString;
email       : 'email:' emailAddress ;
tel         : 'tel:' TelephoneNumber ;
```

여기에서 사용한 다수성 심벌은 정규 표현식에서 사용하는 심벌과 같다는 사실을 알 수 있다(이러한 심벌은 Kleene 연산자로 불리기도 한다). 이처럼 다수성 심벌을 사용하면 문법을 더욱 쉽게 이해할 수 있다.

다수성 심벌이 문법에 사용될 때, 그룹 구조체(grouping construct)가 함께 사용되는 경우를 자주 볼 수 있다. 그룹 구조체를 사용하면 여러 요소들을 그룹으로 조합한 후, 요소 그룹에 다수성 규칙을 적용할 수 있다. 예를 들어 위의 문법의 하위 규칙들을 규칙 내부로 옮겨서 다음과 같이 작성할 수도 있다.

```
contact : 'contact' Identifier '{'
  QuotedString?
  ('email:' emailAddress)+
  ('tel:' TelephoneNumber)*
  '}'
  ;
```

나는 이러한 방식을 추천하지 않는다. 하위 규칙을 사용하는 편이 문법을 쉽게 읽을 수 있고, 규칙을 사용하는 의도도 잘 전달하기 때문이다. 하지만 하위 규칙을 사용하면 오히려 더 복잡해져서 그룹 연산자가 더 효과적일 때도 있다.

이 예제를 통해 BNF 규칙이 길어질 때, 규칙을 어떻게 배치할 수 있는지도 알 수 있다. 대다수의 BNF에서는 줄바꿈을 무시한다. 따라서 규칙에서 논리적인 부분을 각각 한 라인에 두면, 규칙이 복잡하더라도 좀 더 명료하게 배치할 수 있다. 이처럼 배치하는 경우에는 세미콜론을 별도의 라인에 둬서, 라인의 끝을 보다 명확하게 표시하곤 한다. 문법은 주로 이러한 형식을 따라 배치된다. 문법이 너무 복잡해져서 하나의 규칙을 하나의 줄에 배치하기가 쉽지 않을 때, 나도 마찬가지로 이 형식을 주로 사용하는 편이다.

다수성 심벌을 사용했는지 아닌지에 따라, BNF를 'EBNF(extend BNF)'와 '기본 BNF(basic BNF)'로 구분한다. 하지만 이들 용어는 헷갈릴 때가 많다. 사람들이 'BNF'라고 말할 때, 기본 BNF를 가리킬 때도 있고(즉 EBNF가 아닌 경우), 또는 더 넓은 의미로 BNF 계열을(EBNF를 포함해서) 의미할 때도 있다. 이 책에서는 BNF에서 다수성 심벌을 사용하지 않는다면, '기본 BNF'라고 부를 것이다. 그냥 'BNF'라고 말할 때는, BNF 계열의 언어를 모두 포함해서(EBNF 계열의 언어도 포함해서) 말하는 것이다.

여기에서는 다수성 심벌을 가장 흔히 사용하는 형태로 기술했다. 특히 파서 생성기(327)에서는 거의 모두 이 형태를 사용한다. 하지만 이와는 다른 형태의 다수성 심벌을 사용할 수도 있다. 예를 들어 아래 예제에서는 괄호를 사용한다.

```
contact    : 'contact' username '{' [fullname] email {email} {tel} '}';
username   : Identifier;
fullname   : QuotedString;
email      : 'email:' emailAddress ;
tel        : 'tel:' TelephoneNumber ;
```

이 예제에서는 ?를 [..]로 *를 {..}로 대체해서 사용한다. +에 해당하는 대체 문자는 없으나, foo+는 foo {foo}로 대체할 수 있다. 괄호를 사용한 이 형식은 사람이 읽을 목적으로 작성된 문법에서는 상당히 일반적이며, EBNF에 대한 ISO 표준(ISO/IEC 14977)에서도 이 형식을 사용했다. 하지만 파서 생성기는 정규식에서 사용하는 형식을 선호하는 편이다. 이 책의 예제에서도 정규식 형식을 사용하려고 한다.

19.1.2 그밖에 유용한 연산자들

다수성 심벌 이외의 연산자도 설명하고자 한다. 이 책의 예제에서 이 연산자들을 사용하고 있고, 언젠가는 이들 연산자를 볼 기회가 있기 때문이다.

이 책에서는 문법을 작성할 때 ANTLR 문법을 상당히 많이 활용한다. 이 경우 ANTLR의 ~ 연산자를 가끔 볼 수 있다. 나는 이 연산자를 up-to 연산자라고 부른다. up-to 연산자는 ~ 뒤에 있는 원소까지 나오는 모든 대상들을 매칭한다. 따라서 중괄호를 제외하고, 중괄호까지 나오는 문자들 모두와 매칭하려면 ~'}' 패턴을 사용할 수 있다. 이 연산자가 없다면, [^}]*와 같은 정규 표현식을 사용하면 이 연산자와 동일한 효과를 낼 수 있다.

구문 주도 변환(267)으로 처리하는 방법은 대부분 렉시컬 분석과 구문 분석을 서로 분리한다. 렉시컬 분석도 구문 분석의 생성 규칙 형식으로 정의할 수 있지만, 사용할 수 있는 연산자의 종류와 이들 연산자를 조합할 수 있는 방법에는 미묘하지만 중요한 차이점이 있다. 렉시컬 규칙은 정규 표현식에 더 가깝다. 정규 표현식은 파서와 같은 푸시다운 머신이라기보다는 유한 상태 머신이므로, 렉시컬 분석에서는 주로 정규 표현식을 사용하기 때문이다(116쪽의 '정규 문법, 문맥 자유 문법, 문맥 의존 문법'을 살펴보라).

렉시컬 분석에서 중요한 연산자는 범위 연산자(range operator)인 '..'로, 문자들의 범위를 표현할 때 사용한다. 예를 들어 소문자는 'a'..'z'로 표현할 수 있다. 일반적으로 Identifier는 다음과 같은 규칙을 가진다.

```
Identifier:
  ('a'..'z' | 'A'..'Z')
  ('a'..'z' | 'A'..'Z' | '0'..'9' | '_')*
  ;
```

이 규칙에서 Identifier는 소문자나 대문자로 시작하고, 그 뒤에 문자, 숫자 또는 밑줄 표시가 나올 수 있다. 범위 연산자는 렉시컬 규칙에만 사용해야 하며, 구문 규칙에는 의미가 없다. 또한 전통적으로 범위 연산자는 다분히 ASCII 코드를 기반으로 하기 때문에, 영어가 아닌 다른 언어에서는 Identifier 규칙에 범위 연산자를 사용하기가 어렵다.

19.1.3 파싱 표현식 문법

앞으로 보게 될 BNF 문법들은 대부분 문맥 자유 문법(context-free grammar, CFG)이다. 하지만, 파싱 표현식 문법(parsing expression grammar, PEG)이라고 불리는 새로운 문법 스타일도 있다. PEG와 CFG의 가장 큰 차이점은, PEG가 순서가 있는 얼터너티브(ordered alternative) 연산자를 지원한다는 점이다. CFG에서 다음과 같이 작성하면

```
contact : email | tel;
```

이 규칙은 contact가 이메일이나 전화번호가 될 수 있다는 뜻이다. 이 두 요소를 작성하는 순서가 해석에는 전혀 영향을 미치지 않는다. 대다수의 경우에는 이 정도로도 충분하지만, 얼터너티브 연산자의 요소가 순서가 없을 때 해석이 모호해지는 경우가 더러 있다.

예를 들어 10개의 숫자가 적절히 연속하는 경우에는 US 전화번호로 인식하고, 이 외의 경우에는 체계가 잡히지 않은 전화번호로 인식하기를 원한다고 해보자. 이 경우 다음과 같은 문법을 작성해볼 수 있다.

```
tel : us_number | raw_number ;

raw_number
  : (DIGIT | SEP)+;
us_number
  : (us_area_code | '(' us_area_code ')') SEP? us_local;

us_area_code
  : DIGIT DIGIT DIGIT;
```

```
us_local
  : DIGIT DIGIT DIGIT SEP? DIGIT DIGIT DIGIT DIGIT;

DIGIT : '0'..'9';
SEP : ( '-' | ' ' );
```

하지만 입력으로 '312-373 1000'이 들어온 경우 모호한 문법이 되고 만다. us_number 규칙과 raw_number 규칙 모두에서 이 입력과 매칭되기 때문이다. 순서가 있는 얼터너티브 연산자를 사용하면 규칙들이 차례대로 시도되고, 맨 처음으로 매칭된 규칙이 사용된다. 일반적으로 '/'를 순서가 있는 얼터너티브 연산자로 사용한다. 이 연산자를 사용하면 tel 규칙을 다음처럼 작성할 수 있다.

```
tel: us_number / raw_number ;
```

(ANTLR에서는 순서가 없는 얼터너티브 연산자를 사용하지만, 마치 순서가 있는 얼터너티브를 사용한 것처럼 동작한다. 위의 예제처럼 문법이 모호해지면 ANTLR에서 경고는 하겠지만, 처음에 매칭되는 규칙을 사용해 분석을 계속 진행시킨다.)

심벌	의미	예제
|	얼터너티브	email | tel
*	0 이상 (Kleene star)	tel*
+	1 이상 (Kleene plus)	email+
?	선택적	fullname?
~	up-to	~'}'
..	범위	'0'..'9'
/	순서가 있는 얼터너티브	us_tel / raw_tel

19.1.4 EBNF를 기본 BNF로 전환하기

다수성 심벌을 사용하면 BNF를 이해하기가 훨씬 쉬워진다. 하지만 다수성 심벌을 사용하더라도 BNF의 표현력이 향상되지는 않는다. 사실, 다수성 심벌을 사용한 EBNF 문법은 기본 BNF 문법을 사용해서 완전히 대체할 수 있다. 이러한 변환 작업이 중요할 때가 더러 있는데, 일부 파서 생성기(327)에서는 기본 BNF를 사용해 문법을 작성해야 하기 때문이다.

연락처에 대한 문법을 예제로 사용하려고 한다. 이 문법을 다시 한 번 보자.

```
contact    : 'contact' username '{' fullname? email+ tel* '}';
username   : Identifier;
```

```
fullname    : QuotedString;
email       : 'email:' emailAddress ;
tel         : 'tel:' TelephoneNumber ;
```

전환 작업을 할 때 핵심은 바로 얼터너티브 연산자다. 먼저 선택적 연산자부터 시작해 보면, foo? ;를 foo | ;로(즉 foo가 하나도 없거나, 아니면 하나만 있는 경우로) 대체할 수 있다.

```
contact     : 'contact' username '{' fullname email+ tel* '}';
username    : Identifier;
fullname    : /* optional */ | QuotedString ;
email       : 'email:' emailAddress ;
tel         : 'tel:' TelephoneNumber ;
```

주석을 추가해서 내가 하려는 일을 보다 명확하게 표현했음을 알 수 있다. 물론 사용하는 툴이 다르면 주석 구문도 달라지지만, 여기에서는 C 언어의 주석 관례를 따른다. 사용하는 언어에서 주석을 대체할 수 있는 무언가가 있다면, 나는 주석을 사용하지 않는 편이다. 하지만 이 경우처럼 그럴 수 없다면, 나는 망설이지 않고 주석을 사용한다.

이때 상위 절이 단순하면 얼터너티브 연산자를 상위 절에 포함시킬 수 있다. 즉, a : b? c가 있으면, a : c | b c로 전환할 수 있다. 하지만 선택적인 요소가 많아지면, 이 같이 조합되는 요소들이 폭발적으로 증가하게 된다. 무언가가 폭발적으로 증가되는 상황에 빠지는 일은 그리 반길 만한 상황은 아니다.

반복되는 요소들을 전환할 때도 마찬가지로 얼터너티브 연산자를 사용한다. 다만, 이 경우에는 재귀를 함께 사용해야 한다. 규칙에서 재귀를 사용하는 일은, 즉 규칙의 몸체에서 자신을 다시 사용하는 일은 상당히 흔하다. 재귀를 사용하면 x : y*;를 x : y x | ;로 전환할 수 있다. 전화번호 문법에 이 방법을 사용하면 다음과 같다.

```
contact     : 'contact' username '{' fullname email+ tel '}';
username    : Identifier;
fullname    : /* optional */ | QuotedString ;
email       : 'email:' emailAddress ;
tel         : /* multiple */ | 'tel:' TelephoneNumber tel;
```

재귀는 기본적으로 위와 같이 처리한다. 재귀 알고리즘을 사용하려면 두 가지 사건을 고려해야 한다. 바로 종료 사건(terminal case)과 다음 사건(next case)으로, 다음 사건에서 재귀 호출이 일어난다. 이 예제에서는 얼터너티브 연산자를 사용해서 각 사건에 해당하는 요소를 작성한다. 종료 사건은 전화번호가 하나도 없는 경우이며, 다음 사건에서는 전화번호 하나를 더한다.

이처럼 재귀를 사용할 때, 왼쪽에서 재귀를 사용할지, 아니면 오른쪽에서 사용할지 선택해야 한다. 즉, x : y*;를 대체하려면, x : y x | ; 또는 x : x y | ; 중에서 하나를 선택해야 한다. 일반적으로는 파서에서 사용하는 알고리즘에 따라 선택하게 된다. 예를 들어, 하향식 파서에서는 좌측 재귀(left recursion)를 사용할 수 없고, Yacc는 양쪽 모두 사용할 수 있지만 우측 재귀(right recursion)를 더 많이 활용한다.

마지막 남은 다수성 기호는 +다. +는 *와 비슷하지만, 종료 사건이 아무 요소도 없는 경우가 아니라 하나의 요소를 가지는 경우다. 따라서 x : y+는 x : y | x y로 대체할 수 있다(또는 좌측 재귀를 피하려면, x : y | y x로 대체할 수 있다). 연락처 예제에 적용하면 다음과 같다.

```
contact     : 'contact' username '{' fullname email tel '}';
username    : Identifier;
fullname    : /* optional */ | QuotedString ;
email       : singleEmail | email singleEmail;
singleEmail : 'email:' emailAddress ;
tel         : /* multiple */ | 'tel:' TelephoneNumber tel;
```

이메일 하나에 대한 표현식이 email 규칙에서 두 번 사용되므로, 이 표현식을 singleEmail 규칙으로 따로 도출했다. 기본 BNF로 전환할 때, 이처럼 중간 단계의 규칙을 만들어야 할 때가 많다. 그룹 연산자가 있을 때도 마찬가지다.

이제 연락처 문법을 기본 BNF로 변환하는 일이 끝났다. 이 문법은 제대로 동작하지만, 이해하기는 더 어려워졌다. 다수성 심벌이 사라졌을 뿐 아니라, 재귀가 제대로 동작하도록 만들기 위해 하위 규칙들을 더 추가했다. 같은 조건이라면, 나는 늘 EBNF를 사용한다. 하지만 EBNF를 기본 BNF로 변환하는 기법을 익혀둬야만, 기본 BNF가 필요해질 때를 대비할 수 있다.

EBNF	x : y?	x: y*	x: y+
기본 BNF	x: /* optional */	y	x: /* multiple */	y x	x: y	y x

19.1.5 코드 액션

BNF를 사용하면 언어의 구문 구조를 정의할 수 있다. 그리고 파서 생성기(327)는 주로 BNF를 사용해서 파서가 동작하는 방식을 구현한다. 하지만 파서를 만들 때, BNF만으로는 충분하지 않다. BNF는 파스 트리를 생성하는 데는 충분한 정보를 제공하지만, 이 정보만으로는 파스 트리보다 더 유용한 추상 구문 트리를 만들 수 없다. 그리고 BNF만으로는 임베디드 변환(361)이나 임베디드 인터프리테이션(369)과 같은 작업을 추가적으로 하기도 힘들다. 따라서 BNF를 사용할 때는 주로 BNF에 코드 액션(code action)을 추가하며, 문법이 인식될 때 코드 액션이 실행되도록 만든다.

모든 파서 생성기에서 코드 액션을 사용하는 것은 아니다. 트리 생성(341)과 같이 별도의 DSL을 사용하는 방법도 있다.

코드 액션의 밑바탕에 깔린 아이디어는 문법의 특정 위치에 외래 코드(373)를 추가하려는데 있다. 그러면 파서가 문법을 인식하는 순간에 외래 코드를 실행한다. 다음 문법을 보자.

```
contact   : 'contact' username '{' email? tel? '}';
username  : ID;
email     : 'email:' EmailAddress {log("got email");};
tel       : 'tel:' TelephoneNumber;
```

이 경우 파싱하면서 email절이 인식되면 메시지가 로깅된다. 이와 같은 메커니즘을 사용하면, 이메일이 어느 시점에 인식되었는지 기록할 수 있다. 코드 액션에 있는 코드에서는 원한다면 어떤 작업이라도 할 수 있다. 예를 들어, 데이터 구조에 정보를 추가하는 일도 가능하다.

파싱할 때 인식되는 요소를 코드 액션에서 참조해야 할 때도 많다. 예를 들어 연락처에 이메일이 있다는 정보를 로깅하는 일도 훌륭하지만, 여기에 더해서 이메일 주소 자체를 로깅하고 싶을 때도 있다. 이렇게 하려면 파싱할 때 EmailAddress 토큰을 참조할 수 있어야 한다. 토큰을 참조하는 방법은 파서 생성기마다 다르다. 전통적으로 사용하는 Yacc 파서의 경우, 요소의 위치를 인덱스로 사용하는 방식을 통해 토큰을 참조한다. 따라서 EmailAddress 토큰을 참조하려면 $2를 사용해야 한다($1은 email: 토큰을 가리킨다). 이처럼 위치를 기반으로 참조하면, 문법이 변경될 때 문제가 생기기 쉽다. 따라서 최근의 파서 생성기에서는 요소에 라벨을 붙이는 방법을 주로 사용한다. 다음은 ANTLR에서 사용하는 방식이다.

```
contact   : 'contact' username '{' email? tel? '}';
username  : ID;
email     : 'email:' e=EmailAddress {log("got email " + $e.text);};
tel       : 'tel:' TelephoneNumber;
```

ANTLR에서 $e가 참조하는 대상은 문법에서 e=라는 라벨이 붙은 요소다. 이 요소는 토큰이므로, text 어트리뷰트를 사용하면 매칭된 텍스트를 얻을 수 있다. (토큰 타입, 라인 번호 등과 같은 정보 또한 얻을 수 있다.)

이들 참조를 해석하기 위해, 파서 생성기는 코드 액션을 템플릿 생성 시스템을 이용해 실행한다. 이 과정을 통해 $2와 같은 표현식을 적절한 값으로 대체한다. 실제로 ANTLR에선 여기에서 더 나아가, text와 같은 속성들을 참조할 때 필드나 메서드를 직접적으로 호출하지 않는다. ANTLR에서는 치환 작업을 추가적으로 수행해서, 알맞은 정보를 찾는다.

토큰을 참조할 수 있듯이, 마찬가지 방식으로 규칙도 참조할 수 있다.

```
contact    : 'contact' username '{' e=email? tel? '}'
    {log("email " + $e.text);}
    ;
username   : ID;
email      : 'email:' EmailAddress ;
tel        : 'tel:' TelephoneNumber;
```

이 경우, email 규칙에 매칭된 전체 텍스트("email: fowler@acm.org")가 로깅된다. 하지만 이처럼 규칙 객체를 직접 반환하는 방식은 그리 큰 도움이 되지 않을 때가 많다. 규칙에서 매칭된 결과가 긴 경우 특히 그렇다. 따라서 일반적으로 파서 생성기는 규칙이 매칭될 때, 규칙에서 반환할 정보를 정의할 수 있는 기능을 제공한다. ANTLR에서는 규칙에서 반환할 타입과 변수를 정의한 후, 이 변수를 반환한다.

```
contact    : 'contact' username '{' e=email? tel? '}'
    {log("email " + $e.result);}
    ;
username   : ID;
email returns [EmailAddress result]
    : 'email:' e=EmailAddress
        {$result = new EmailAddress($e.text);}
    ;
tel        : 'tel:' TelephoneNumber;
```

이 기능을 사용하면 필요한 모든 정보를 규칙에서 반환할 수 있고, 상위 규칙에서는 반환된 결과를 참조할 수 있다. (ANTLR을 이용하면 반환 값을 여러 개를 정의할 수도 있다.) 이 기능을 코드 액션과 결합해 사용하면 매우 효과적이다. 규칙은 입력 데이터에 대해 최적의 정보를 제공해주지만, 해당 규칙 자체에서는 이 정보로 무엇을 할지 결정 못할 수도 있다. 하지만 규칙에서 값을 반환할 수 있으면, 데이터를 규칙 스택에서 상위로 전달할 수 있다. 따라서 파싱 과정에서 하위에 있는 정보를 담아서 상위 레벨에 전달하고, 상위 레벨 규칙에서 이 정보를 처리할 수 있게 된다. 이 기능이 없다면 컨텍스트 변수(217)를 수없이 사용해야 하고, 문법은 순식간에 복잡해진다.

코드 액션은 임베디드 인터프리테이션, 임베디드 변환 그리고 트리 생성, 세 기법에서 모두 활용할 수 있다. 하지만 트리 생성의 경우, 사용하는 코드 형식이 특별하다. 따라서 결과 구문 트리를 어떻게 구성할지 기술하는 별도의 DSL을 사용하는 게 더 적합하다(345쪽, 'ANTLR의 트리 생성 구문 사용하기(자바와 ANTLR)').

코드 액션이 실행되는 시점은 문법에서 해당 코드 액션이 나타나는 위치에 의해 결정된다. 따라서 parent : first {log("hello");} second의 경우, log 메서드는 하위 규칙인 first가 인식된 후, 그리고 second가 인식되기 전에 호출된다. 대부분의 경우에는 코드 액션을 규칙의 맨 마지막에 두는 게 가장 쉽지만, 규칙 중간에 코드 액션을 두어야 할 때도 더러 있다. 가끔씩은 코드 액션이 실행되는 순서를 이해하기 어려울 때도 있는데, 파서의 알고리즘에 따라 실행 순서가 다르기 때문이다. 예를 들어 재귀 하향식 파서는 실행 순서를 쉽게 이해할 수 있지만, 상향식 파서를 사용할 때는 혼란스러울 때가 많다. 파서 시스템의 구현부를 세부적으로 살펴봐야만, 코드 액션이 실행되는 시점을 정확히 파악할 수 있을 때도 있다.

코드 액션을 사용할 때 위험 요인 중 하나는 너무 많은 코드를 문법에 추가할 수 있다는 점이다. 코드 액션이 많아지면 문법은 읽기가 힘들어지고, 문법이 문서로서 제공하는 대부분의 장점을 잃게 된다. 따라서 코드 액션을 사용하고자 한다면, 임베드먼트 헬퍼(647)를 적용하기를 강력히 추천한다.

19.2 언제 사용하는가

파서 생성기(327)로 작업하는 경우라면, 반드시 BNF를 사용해야 한다. 파서 생성기 툴은 BNF 문법을 사용해서 파싱 방법을 정의하기 때문이다. 뿐만 아니라 BNF는 사고 기법으로도 유용하다. 예를 들어 BNF를 사용하면 DSL의 구조를 시각화 하는데 도움이 될 뿐만 아니라, 언어의 구문 규칙을 사람들에게 쉽게 전달할 수 있다.

20장

DOMAIN-SPECIFIC LANGUAGES

정규식 테이블 렉서

(레베카 파슨스(Rebecca Parsons)의 글)

정규 표현식 리스트를 사용하여 렉시컬 분석기를 구현한다.

패턴	토큰 타입
^events	K_EVENT
^end	K_END
^(\\w)+	IDENTIFIER
^(\\s)+	WHITESPACE

파서는 주로 언어의 구조, 특히 언어의 구성요소가 어떻게 서로 결합될 수 있는지를 처리한다. 물론 언어에서 가장 기초적인 요소(키워드, 숫자, 이름과 같은)도 파서를 사용하면 분명히 인식할 수 있다. 그러나 일반적으로 이 단계는 파서로부터 분리해서, 렉시컬 분석기가 처리하도록 만든다. 단말(terminal) 심벌을 인식하는 단계를 렉서로 분리하면, 파서를 보다 쉽게 만들 수 있기 때문이다.

렉서(lexer)라고도 불리는 렉시컬 분석기를 직접 구현하는 일은 비교적 직관적이다. 렉시컬 분석기는 정규 언어의 틀을 그대로 따른다. 다시 말해, 표준 정규 표현식 API를 사용하면 렉시컬 분석기를 구현할 수 있다. 정규식 테이블 렉서(Regex Table Lexer)의 경우, 특정 단말 심벌에 연관된 정규 표현식의 리스트를 사용해서 만든다. 먼저 입력을 스캔한 후, 각 정규 표현식이 입력에 매칭되는지 검사한다. 특정 정규식이 입력에 매칭되면, 해당 정규식에 연관된 단말 심벌의 이름이 붙은 토큰의 스트림을 생성한다. 그러면 파서에서는 이 토큰 스트림을 입력으로 전달받는다.

20.1 어떻게 동작하는가

구문 주도 변환(267) 기법을 사용할 때, 흔히 렉싱을 별도의 단계로 분리한다. 렉싱을 왜 분리하는지, 렉싱과 관련된 개념적인 이슈에는 무엇이 있는지, 그리고 넓은 범주에서 렉싱과 파싱을 어떻게 결합하는지에 대한 자세한 내용은 구문 주도 변환 기법을 설명한 장에서 찾아볼 수 있다. 이 장에서는 간단한 렉서를 구현하는 방법을 집중적으로 설명하겠다.

기본 알고리즘은 매우 간단하다. 렉서가 입력 문자열을 처음부터 끝까지 스캔하면서 토큰들을 매칭하고, 이때 매칭된 문자들을 소비하는 방식이다. 우선 터무니없을 정도로 간단한 예제부터 시작해보자. 인식하려는 심벌 두 개가 있는데 Hello와 Goodbye 문자열이다. 이들 심벌에 대한 정규 표현식은 각각 ^Hello와 ^Goodbye다. ^ 연산자는 정규 표현식을 문자열의 시작 부분부터 매칭하도록 가리킬 때 사용한다. 토큰은 정규식과 구분할 수만 있을 정도로, 간단히 HOWDY와 BYEBYE라고 이름 짓자. 이제 아래와 같은 입력 문자열에 대해서, 렉서를 구현하는 기본 알고리즘이 어떻게 동작하는지 살펴보자.

```
HelloGoodbyeHelloHelloGoodbye
```

문자열의 시작 부분에 있는 Hello에 정규 표현식이 매칭되므로, HOWDY 토큰이 만들어진다. 그리고 문자열의 포인터는 첫 번째 G 문자로 전진한다. 어느 정규 표현식을 먼저 사용하느냐에 따라 그 결과가 달라지므로, 이 알고리즘에서는 정규 표현식 리스트에서 첫 부분으로 되돌아간다. 따라서 G로 시작하는 문자열에 대해, Hello에 대한 정규 표현식으로 다시 한 번 검사한다. 물론 이 시도는 실패한다. 그러면 정규식 리스트에서 그 다음에 있는 Goodbye에 대한 정규 표현식으로 시도하며, 매칭이 성공하게 된다. 그러면 이제 BYEBYE 토큰을 결과 토큰 스트림에 추가한다. 그리고 문자열 포인터를 두 번째 H 문자로 이동한 후, 매칭 작업을 계속 진행한다. 따라서 입력 문자열에 대해 매칭이 모두 끝나면, HOWDY, BYEBYE, HOWDY, HOWDY, BYEBYE가 결과 스트림으로 만들어진다.

토큰 중에서 키워드 타입을 제대로 처리하려면, 정규 표현식을 매칭하는 순서가 중요하다. 예를 들어 상태 머신 문법에서 키워드에 매칭되는 텍스트는 Identifier 규칙에도 매칭될 수 있다. 따라서 키워드 규칙을 먼저 검사하도록 순서를 정해두면, 키워드에 해당하는 입력이 들어왔을 때 이에 맞게 키워드 토큰이 만들어진다. 무엇을 토큰으로 사용할지 결정하는 일은, 렉시컬 분석기를 설계할 때 결정해야 할 이슈다. 예를 들어 상태 머신 문법에서는 코드와 이름을 구분해서 매칭하도록 만들지 않는다. 대신에 코드와 이름 모두에 대해 Identifier 토큰 하나만을 사용한다. 이러한 선택은 필연적이다. 예를 들어 4자로 구성된 글자가 입력으로 들어 온 경우, 이 글자를 이름으로 매칭해야 한다고 해보자. 지금 처리하는 문맥에서는 코드가 나타나서는 안 되는 위치이므로, 이 문자열을 이름으로 매칭해야 한다고 판단할 수 있을 만큼 충분한 정보를 렉서는 알지 못한다. 따라서 코드 토큰과 이름 토큰을 분리할 수 있을 정도로 렉서를 만들 수 없다. 그렇긴 하지만 키워드, 이름, 숫자, 구두점, 연산자 등은 토큰에 포함되는 편이다.

이처럼 인식기(recognizer)를 기술해서 특정한 렉시컬 분석기를 만들 수 있다. 그리고 테이블이나 리스트를 사용해서, 인식기간의 순서를 정한다. 각 인식기는 토큰 타입, 해당 토큰을 인식하기 위한 정규 표현식, 인식된 토큰을 결과 스트림에 보낼지를 나타내는 불린 값으로 구성된다. 토큰 타입은 단순히 파서에서 토큰 클래스(token class)를 식별할 목적으로 사용한다. 불린 값은 의미적으로 쓸모없는 공백이나, 주석을 처리할 때 사용한다. 공백이나 주석은 입력 스트림에 포함되므로 렉서에서는 반드시 처리해야 하지만, 이에 대응하는 토큰은 파서에 전달할 필요가 없기 때문이다. 테이블을 순서대로, 반복해서 스캔하기 때문에, 정규식이 매칭되는 순서도 자동적으로 부여된다. 뿐만 아니라 테이블 형식을 사용해 인식기를 기술하면, 토큰 타입이 새로 생겼을 때 추가하기가 쉬워진다.

토큰을 매칭하는 일은 인식기로 구성된 테이블의 각 행을 차례대로 시도하는 작업이다. 매칭되면, 입력 문자열에서 매칭된 부분이 소비된다. 그리고 불린 결과 값이 true로 설정되어 있다면, 해당 토큰을 결과 스트림으로 보낸다. 이때 결과 토큰의 tokenValue 필드가 필요하든 그렇지 않든 상관없이, 값을 채워 놓는다. 일반적으로 토큰의 값(tokenValue)은 토큰이 식별자이거나, 숫자, 또는 연산자인 경우에만 필요하다. 하지만 경우를 따지지 않고 토큰의 값을 모두 채우는 방식을 사용하면, 또 다른 불린 변수를 사용하지 않아도 되며, 코드가 단순해진다. 스캐너는 입력을 매칭하는 메서드를 호출하고, 해당 입력을 인식할 수 있는지 확인하는 과정을 계속해서 반복한다. 입력 문자열을 모두 소비하고 매칭이 성공적으로 끝나면, 토큰 버퍼를 파서가 처리하도록 전달한다.

토큰이 문자열 스트림에서 어느 위치에 있었는지에 대한 정보를 토큰에 추가하면, 에러를 진단할 때 도움이 된다. 이러한 위치 정보에는 라인 번호나 열의 위치 등이 있다.

20.2 언제 사용하는가

Lex와 같이 렉시컬 분석기를 생성할 수 있는 툴이 이미 만들어져 있다. 하지만 지금은 정규 표현식 API가 널리 사용되므로, 이러한 생성기를 사용할 필요가 거의 없다. 하지만 파서 생성기(327)로 ANTLR을 사용하는 경우는 예외다. ANTLR 툴에서는 렉싱이 파싱과 상당히 깊게 통합되었기 때문이다.

여기에서 설명한 내용은 렉시컬 분석기를 구현할 수 있는 가장 확실한 방법이다. 성능은 정규 표현식 API를 어떻게 활용했는지에 따라 전적으로 좌우된다. 정규식 테이블 렉서를 사용하지 말아야 하는 유일한 경우는, 그런대로 쓸만한 정규 표현식 API가 없을 때 뿐이다.

대개 DSL은 구문이 단순하다는 사실로 미루어 보면, 언어 전체를 정규식 테이블 렉서를 사용해 인식하는 일도 가능할 듯하다. 그리고 정규 언어를 사용해 DSL을 작성했다면, 이 방법을 그대로 적용해서 파서도 구현할 수 있다.

20.3 그랜트 양의 컨트롤러 렉싱하기(자바)

상태 머신 문법에 대한 렉시컬 분석기는 가장 흔한 유형이다. 이 렉시컬 분석기는 키워드, 구두점, 식별자에 대한 토큰을 생성한다. 주석과 공백에 대한 토큰도 있으며, 이들 토큰은 렉서에서 바로 소비한다. java.util.regex API를 사용해서 패턴을 기술하고, 매칭을 수행하도록 만든다. 렉서는 입력으로 DSL 스크립트를 받아 분석한 후, 그 결과로 토큰 버퍼를 만들어 낸다. 토큰 버퍼에 포함되는 토큰은 토큰 타입과 매칭된 값을 가진다. 이 토큰 버퍼는 파서의 입력으로 전달된다.

렉시컬 분석기는 인식하려는 토큰에 대한 명세와 렉시컬 분석 알고리즘으로 나누어 구현한다. 이렇게 구현하면 렉서에 새로운 토큰 타입을 추가하기가 쉬워진다. 토큰 타입은 열거형 타입을 사용해 기술한다. 이때 토큰 타입은 속성으로 정규 표현식과 매칭된 토큰을 토큰 버퍼에 추가할지 결정하는 불린 값을 가진다. 자바를 사용한다면 확실히 이 방식으로 구현할 수 있다. 하지만 열거형이 아니라 보다 일반적인 객체를 사용해도 똑같이 구현할 수 있다. 어느 방식을 사용하든, 토큰 타입은 파서에서 직접 사용해야 하므로, 쉽게 사용할 수 있도록 구현해야 한다.

```
class ScannerPatterns...
  public enum TokenTypes {
    TT_EVENT("^events", true),
```

```
    TT_RESET("^resetEvents", true),
    TT_COMMANDS("^commands", true),
    TT_END("^end", true),
    TT_STATE("^state", true),
    TT_ACTIONS("^actions", true),
    TT_LEFT("^\\{", true),
    TT_RIGHT("^\\}", true),
    TT_TRANSITION("^=>", true),
    TT_IDENTIFIER("^(\\w)+", true),
    TT_WHITESPACE("^(\\s)+", false),
    TT_COMMENT("^\\\\(.)*$", false),
    TT_EOF("^EOF", false);

    private final String regExPattern;
    private final Boolean outputToken;

    TokenTypes(String regexPattern, Boolean output) {
        this.regExPattern = regexPattern;
        this.outputToken = output;
    }
}
```

렉시컬 분석기에서 인식 객체(recognition object)로 구성된 테이블을 생성한다. 이 인식 객체는 컴파일 된 인식기, 토큰 타입, 불린 값을 가진다.[1]

```
class ScannerPatterns...
  public static ArrayList<ScanRecognizer> LoadPatterns(){
    Pattern pattern;
    for (TokenTypes t : TokenTypes.values()) {
      pattern = Pattern.compile(t.regExPattern) ;
      patternMatchers.add(new ScanRecognizer(t, pattern,t.outputToken)) ;
    }
    return(patternMatchers);
  }
```

렉서에 대한 클래스를 정의한다. 렉서의 인스턴스 변수로는 인식 객체에 대한 리스트, 입력 문자열, 그리고 결과 토큰 리스트를 선언한다.

```
class StateMachineTokenizer...
  private String scannerBuffer;
  private ArrayList<Token> tokenList;
  private ArrayList<ScanRecognizer> recognizerPatterns;
```

렉서에서 가장 중요한 처리 코드는 do-while 루프다.

```
class StateMachineTokenizer...
  while (parseInProgress) {
    Iterator<ScanRecognizer> patternIterator = recognizerPatterns.iterator();
    parseInProgress = matchToken(patternIterator);
  }
```

---

1 (옮긴이) 이 코드에서 인식 객체는 ScanRecognizer 객체, 컴파일된 인식기는 pattern이다.

이 루프는 입력 버퍼가 모두 소비 되었거나, 남아 있는 입력 버퍼에 더 이상 매칭할 수 없을 때까지, 토큰을 매칭하는 메서드(matchToken)를 계속해서 호출한다.

matchToken 메서드는 단일 토큰을 매칭하기 위해, 다양한 인식기를 차례대로 시도한다.

```
private boolean matchToken(Iterator<ScanRecognizer> patternIterator) {
  boolean tokenMatch;
  ScanRecognizer recognizer;
  Pattern pattern;
  Matcher matcher;
  boolean result;
  tokenMatch = false;
  result = true;

  do {
    recognizer = patternIterator.next();
    pattern = recognizer.tokenPattern;
    matcher = pattern.matcher(scannerBuffer);
    if (matcher.find()) {
      if (recognizer.outputToken) {
        tokenList.add(new Token(recognizer.token, matcher.group()));
      }
      tokenMatch = true;
      scannerBuffer = scannerBuffer.substring(matcher.end());
    }
  } while (patternIterator.hasNext() && (!tokenMatch));

  if ((!tokenMatch) || (matcher.end() == scannerBuffer.length())) {
    result = false;
  }
  return result;
}
```

매칭이 성공하면, 방금 매칭된 위치 바로 다음으로 입력 버퍼의 위치를 옮긴다. 이 예제에서는 matcher.end()를 사용해 버퍼의 마지막 위치를 얻는다. 매칭된 인식기에서 불린 값을 검사해 참이라면, 적절한 토큰을 만들어낸다. 매칭되지 않았다면, 실패로 간주한다. 정규식 API의 find 메서드는 문자열을 끝까지 스캔해서 매칭되는 부분을 찾는다. 입력 버퍼에는 문자열이 남아있지만, 모든 인식기를 사용해서 스캔을 해도 매칭이 실패한다면 렉시컬 분석의 전체 결과는 실패로 본다.

안쪽 루프에서 토큰을 성공적으로 매칭하면 바깥쪽 루프는 입력 버퍼에 문자열이 남아 있지 않을 때까지 계속 진행된다. 안쪽 루프가 새로 시작할 때마다 바깥쪽 루프에서 이터레이터(patternIterator)를 초기화하기 때문에, 안쪽 루프에서 매칭할 때는 모든 토큰 패턴이 확실히 사용되게 된다. 렉싱이 끝나면 그 결과로 토큰 버퍼가 만들어진다. 각 토큰은 토큰 타입과 값을 가지며, 값에는 렉시컬 분석기에서 매칭한 실제 문자열이 저장된다.

21장

DOMAIN-SPECIFIC LANGUAGES

재귀 하향식 파서

(레베카 파슨스(Rebecca Parsons)의 글)

문법 연산자에 대해서는 제어 흐름을,
비단말 인식기에 대해서는 재귀 함수를 사용하는 하향식 파서를 만든다.

```
boolean eventBlock() {
  boolean parseSuccess = false;
  Token t = tokenBuffer.nextToken();
  if (t.isTokenType(ScannerPatterns.TokenTypes.TT_EVENT)) {
    tokenBuffer.popToken();
    parseSuccess = eventDecList();
  }
  if (parseSuccess) {
    t = tokenBuffer.nextToken();
    if (t.isTokenType(ScannerPatterns.TokenTypes.TT_END)) {
      tokenBuffer.popToken();
    }
    else {
      parseSuccess = false;
    }
  }
  return parseSuccess;
}
```

언어적인 측면에서 보면, DSL은 매우 간단한 편이다. 그리고 외부 DSL을 사용하면 유연성을 얻을 수는 있다. 하지만 파서 생성기(327)를 사용해 파서를 만들려면 프로젝트에 새로운 툴과 언어를 도입해야 할 뿐만 아니라, 빌드 과정도 복잡해진다.

반면에 재귀 하향식 파서를 사용하면, 파서 생성기를 사용하지 않더라도 외부 DSL이 가진 유연성을 유지할 수 있다. 또한 범용 언어의 종류와 상관없이, 재귀 하향식 파서는 언제라도 구현할 수 있다. 재귀 하향식 파서를 구현하는 방법은 다음과 같다. 먼저 문법 연산자들에 대해서는 제어 흐름 구조체를 사용해 구현한다. 그리고 문법의 비단말 심벌에 대해서는 메서드나 함수를 사용해 파싱 규칙을 구현한다.

21.1 어떻게 동작하는가

파서를 구현하는 나머지 패턴과 마찬가지로, 재귀 하향식 파서를 만들 때도 렉시컬 분석을 파싱과 분리한다. 재귀 하향식 파서의 경우, 정규식 테이블 렉서(291)와 같은 렉시컬 분석기로부터 토큰 스트림을 입력 받는다.

재귀 하향식 파서의 기본 구조는 매우 단순하다. 재귀 하향식 파서는 문법의 비단말 심벌마다 대응하는 메서드를 가진다. 각 메서드는 해당 비단말 심벌과 관련된 다양한 생성 규칙을 구현한다. 그리고 토큰이 매칭되었는지를 가리키는 불린 값을 반환한다. 만약 입력을 매칭하는 일이 실패하면, 에러는 호출 스택을 따라서 거꾸로 전달된다. 각 메서드는 토큰 버퍼에 대해 동작하고, 토큰이 매칭되면 해당 토큰만큼 토큰 버퍼의 포인터를 증가시킨다.

문법에서 사용하는 연산자들(시퀀스, 얼터너티브, 그리고 반복)의 수는 적으므로, 이들 연산자를 메서드로 구현하는 패턴의 개수도 몇 개 되지 않는다. 먼저 얼터너티브 연산자부터 시작해보자. 얼터너티브 연산자는 조건문을 사용해 구현할 수 있다. 문법이 다음과 같다면,

```
문법파일...
  C : A | B
```

이에 대응하는 함수는 다음과 같이 단순하다.

```
boolean C ()
  if (A())
    then true
  else if (B())
        then true
        else false
```

이 함수는 얼터너티브의 두 경우 중에서 하나를 먼저 검사한 후, 나머지 경우를 검사한다. 따라서 이 함수는 마치 순서가 있는 얼터너티브 연산자(284쪽)가 동작하는 방식과 비슷하다. 이와는 달리 순서가 없는 얼터너티브 연산자가 가진 모호함을 정말로 허용하고 싶다면, 재귀 하향식 파서보다는 파서 생성기(327)를 사용해야 한다.

A를 호출해서 매칭이 성공하면, A에 매칭된 부분 다음에 있는 첫 번째 토큰을 가리키도록 토큰 버퍼의 포인터가 증가하게 된다. 반대로 A를 호출해서 매칭이 실패하면, 토큰 버퍼의 포인터는 변하지 않는다.

시퀀스 연산자는 if 문을 중첩해서 구현해야 한다. 중첩된 메서드 중 하나라도 실

패하면, 더 이상 처리를 진행해서는 안 되기 때문이다. 따라서 문법이 다음과 같다면,

```
문법파일...
  C : A B
```

아래와 같이 간단히 구현할 수 있다.

```
boolean C ()
  if (A())
    then if (B())
          then true
          else false
    else false
```

선택적 연산자는 조금 다르다.

```
문법파일...
  C: A?
```

이 경우 비단말인 A에 매칭하는 토큰을 인식해야 하지만, 인식되지 않더라도 실패가 아니다. 따라서 A에 매칭하면 true를 반환하고, 매칭되지 않아도 여전히 true를 반환한다. A는 선택적이기 때문이다. 따라서 이 문법은 다음과 같이 구현할 수 있다.

```
boolean C ()
  A()
  true
```

A에 대한 매칭이 실패하면, 토큰 버퍼는 C를 시작할 때의 상태 그대로 유지된다. 반대로 A에 대한 매칭이 성공하면, 버퍼 포인터는 증가한다. 어느 쪽이든, C에 대한 호출 결과는 모두 성공이다.

반복 연산자에는 주요한 형식이 두 가지 있다. 0개 이상의 인스턴스에 매칭하는 연산자("*")와, 1개 이상의 인스턴스에 매칭하는 연산자("+")다. 다음과 같이 한 개 이상의 인스턴스에 매칭하는 연산자를 구현하려면

```
문법파일...
  C: A+
```

다음과 같은 메서드 패턴을 사용할 수 있다.

```
boolean C ()
  if (A())
```

```
        then while (A())
            {}
        true
    else
        false
```

이 메서드는 먼저 A가 적어도 1개 있는지 검사한다. 1개가 있다면, 그 이상의 A를 계속해서 찾는다. 이 경우에는 항상 true를 반환한다. 최소한 하나의 A에 매칭했으므로, 유일한 필요조건을 만족했기 때문이다. 0개 이상의 인스턴스에 매칭하는 연산자의 경우에는, 단순히 이 메서드에서 외부의 if 문을 제거하고, 항상 true를 반환하도록 구현하면 된다.

이처럼 문법 연산자마다 구현할 수 있는 패턴은 서로 다르다. 아래는 지금까지

문법규칙	구현

A | B	```if (A())
	    then true
	    else if (B())
	        then true
	        else false```

A B	```if (A())
	    then if (B())
	        then true
	        else false
	    else false```

A?	```A(); true```
A*	```while A(); true```

A+	```if (A())
	    then
	      while (A());
	    else false```

설명한 의사 코드(pseudo code)를 정리한 표다.

다른 패턴과 마찬가지로 재귀 하향식 파서를 구현할 때도 결과를 생성하는 헬퍼 함수를 사용해서 액션과 파싱을 분리한다. 재귀 하향식 파서를 만드는 경우, 트리 생성(341), 또는 임베디드 변환(361)을 사용해 결과를 생성할 수 있다.

지금까지 설명한 방법을 최대한 효과적으로 활용할 수 있으려면, 생성 규칙을 구현한 메서드가 일관된 원칙을 따라 동작해야 한다. 이때 가장 중요한 원칙은 입력 토큰 버퍼를 관리하는 방식과 관련 있다. 입력 토큰 버퍼가 메서드에서 찾고자 하

는 토큰과 일치하면, 입력 토큰 버퍼의 현재 위치는 매칭된 토큰의 바로 다음 위치로 증가한다. 예를 들어 이벤트 키워드 토큰이 매칭되면, 토큰 버퍼의 포인터는 토큰 하나만큼 증가한다. 반면에 매칭이 실패하면, 토큰 버퍼의 위치는 메서드가 호출된 시점과 같아야 한다. 이처럼 토큰 버퍼를 관리하는 방식은 시퀀스 연산자를 처리할 때 특히 주의해야 한다. 시퀀스 연산자를 구현한 함수의 경우, 전달받은 버퍼의 위치를 함수의 시작 부분에 저장해야 한다. 시퀀스의 첫 번째 요소에서는 매칭되었지만(위 표에서 A가 성공한 경우), B에서 매칭이 실패될 수도 있기 때문이다. 토큰 버퍼를 이와 같은 방식으로 관리하면, 얼터너티브 연산자에 대해서도 적절히 처리할 수 있다.

입력 토큰 버퍼를 관리하는 원칙 이외에도, 시맨틱 모델이나 구문 트리를 생성하는 작업과 관련된 원칙도 있다. 되도록이면 매칭된 부분을 각 메서드에서 직접 처리해야 한다는 원칙이다. 즉 결과가 모델이라면 매칭된 부분을 모델에서 직접 관리해야 하고, 구문 트리라면 매칭된 요소를 트리에 직접 추가해야 한다. 물론 이러한 액션은 매칭이 모두 성공적으로 완료되었을 때만 수행되어야 한다. 예를 들어 시퀀스의 경우 토큰 버퍼를 관리하는 방식과 마찬가지로, 전체 시퀀스가 완료된 후에 액션을 수행해야 한다.

파서 생성기를 사용하는 방식에 불만이 하나 있다면, 개발자가 언어의 문법에 익숙해져야 한다는 점이다. 반면에 재귀 하향식 알고리즘을 사용해 파서를 구현하면, 문법 연산자와 관련된 구문이 파서에서 사라진다. 하지만, 여전히 문법은 메서드 안에 틀림없이 존재한다. 따라서 메서드를 변경하는 일은 문법을 바꾸는 일과 같다. 결국 파서 생성기와 재귀 하향식 파서의 차이점은 문법이 있고 없고가 아니라, 문법이 표현되는 방식이다.

21.2 언제 사용하는가

재귀 하향식 파서가 가진 최대 장점은 바로 단순함이다. 기본 알고리즘과 여러 문법 연산자를 처리하는 방식을 이해하고 나면, 매우 간단한 프로그래밍만으로도 재귀 하향식 파서를 만들 수 있다. 그리고 이렇게 만들어진 파서는 시스템에서 흔히 볼 수 있는 일반적인 클래스에 불과하다. 따라서 테스트할 때 흔히 사용하던 방식을 그대로 따라서 파서를 테스트할 수 있다. 특히 파서를 단위 테스트하고자 한다면, 클래스를 단위 테스트할 때와 마찬가지로 메서드 단위로 테스트하는 게 좋다.

뿐만 아니라 재귀 하향식 파서는 단순히 프로그램이므로, 파서의 행위를 쉽게 추론할 수 있고 디버깅도 수월해진다. 게다가 파싱 알고리즘을 직접 구현하므로, 파싱이 수행되는 흐름을 추적해서 파악하기가 훨씬 쉽다.

재귀 하향식 파서의 가장 심각한 단점은 문법이 명시적으로 표현되지 않는다는 점이다. 문법을 재귀 하향식 알고리즘을 적용해서 코드로 작성하므로, 문법에서 드러났던 명확한 모습이 사라져 버린다. 결국 문법은 문서나 주석으로만 남게 된다. 반면에 파서 결합기(309)나 파서 생성기(327)를 사용하면, 파서에 문법이 명시적으로 표현된다. 따라서 파서 결합기나 파서 생성기를 사용해서 파서를 만들면, 파서가 동작하는 방식을 이해하기가 쉬울뿐만 아니라, 파서를 효과적으로 개선할 수 있게 된다.

재귀 하향식 파서의 또 다른 문제점은 하향식 알고리즘을 사용하므로, 좌측 재귀(left-recursion)를 처리할 수 없다는 점이다. 따라서 중첩 연산자 표현식(395)을 처리하는 일이 상당히 까다로워진다. 또한 성능도 파서 생성기에 비해 떨어지는 편이다. 하지만 범용 언어가 아니라 DSL을 처리하는 경우에는, 이러한 단점이 실제로 그리 큰 문제가 되지 않는다.

문법이 적당히 단순하다면, 재귀 하향식 파서는 직관적으로 구현할 수 있다. 주어진 문법을 쉽게 처리할 수 있는지 알 수 있는 한 가지 방법은 파서가 몇 개의 룩어헤드(look ahead)를 사용해야 하느냐다. 다시 말해, 파서에서 다음에 할 일을 결정할 때 현재 토큰 다음에 있는 토큰을 얼마나 앞서서 살펴봐야 하는지 보는 것이다. 일반적으로 문법에서 하나 이상의 룩어헤드를 필요로 한다면, 재귀 하향식 파서를 사용하지 않는 편이다. 이 경우에 파서 생성기를 사용하면 문법을 더 효과적으로 처리할 수 있다.

21.3 추가적인 참고 자료

전통적인 방식에서 약간 벗어나서 프로그래밍 언어를 설명하는 교재로는 [parrLIP]가 훌륭하다. 그리고 공룡책(Dragon Book)[Dragon]은 프로그래밍 언어 커뮤니티에서 여전히 표준 교재로 자리 잡고 있다.

21.4 그랜트 양의 컨트롤러에 대한 재귀 하향식 파서(자바)

먼저 파서 클래스부터 살펴보자. 파서는 입력 토큰 버퍼, 파싱 결과인 상태 머신, 다양한 파싱 데이터를 가진다. 이때 입력 문자열에 대해 정규식 테이블 렉서(291)를 사용해서 입력 토큰 버퍼가 이미 생성되었다고 가정한다.

```
class StateMachineParser...
  private TokenBuffer tokenBuffer;
  private StateMachine machineResult;
  private ArrayList<Event> machineEvents;
  private ArrayList<Command> machineCommands;
  private ArrayList<Event> resetEvents;
  private Map<String, State> machineStates;
  private State partialState;
```

생성자는 입력 토큰 버퍼를 인자로 받아, 데이터 구조로 만들어낸다. 파서 클래스에는 파서를 실행하는 간단한 메서드(startParser)가 있다. 이 메서드에서 전체 상태 머신을 가리키는 함수(stateMachine)를 호출한다.

```
class StateMachineParser...
  public StateMachine startParser() {
    if (stateMachine()) {/* main level production */
      loadResetEvents();
    }
    return machineResult;
  }
```

또한 startParser 메서드는 파싱이 성공한 경우, 최종적으로 상태 머신을 생성하는 역할을 담당한다. stateMachine 메서드에서 리셋 이벤트를 생성하는 액션은 처리하지 않는다.[1]

상태 머신에 대한 규칙은 다양한 블록으로 구성된 간단한 시퀀스다.

```
문법파일...
stateMachine: eventBlock optionalResetBlock optionalCommandBlock stateList
```

따라서 최상위 레벨의 함수는 단순히 상태 머신을 구성하는 다양한 컴포넌트들의 시퀀스로 구현한다.

```
class StateMachineParser...
  private boolean stateMachine() {
    boolean parseSuccess = false;
    if (eventBlock()) {
      if (optionalResetBlock()) {
        if (optionalCommandBlock()) {
          if (stateList()) {
            parseSuccess = true;
          }
```

---

1 (옮긴이) 따라서 stateMachine이 성공적으로 끝난 경우, loadResetEvents를 따로 호출해서 리셋 이벤트 부분을 생성한다.

```
          }
        }
      }
      return parseSuccess;
    }
```

이 예제에서는 우선 이벤트 선언을 처리하는 함수를 설명하고자 한다. 나머지 함수도 이 함수와 매우 유사하게 동작한다. 이벤트 선언과 관련된 첫 번째 생성 규칙은 eventBlock으로, 이 규칙은 시퀀스로 구성된다.

문법파일...
eventBlock: eventKeyword eventDecList endKeyword

이 시퀀스에 대한 코드는 앞에서 설명한 패턴을 따라 구현할 수 있다. 전체 시퀀스가 인식되지 못할 경우를 대비해서, 버퍼의 초기 위치를 저장하는 방식에 주목하기 바란다.

```
class StateMachineParser...
  private boolean eventBlock() {
    Token t;
    boolean parseSuccess = false;
    int save = tokenBuffer.getCurrentPosition();
    t = tokenBuffer.nextToken();
    if (t.isTokenType(ScannerPatterns.TokenTypes.TT_EVENT)) {
      tokenBuffer.popToken();
      parseSuccess = eventDecList();
    }
    if (parseSuccess) {
      t = tokenBuffer.nextToken();
      if (t.isTokenType(ScannerPatterns.TokenTypes.TT_END)) {
        tokenBuffer.popToken();
      }
      else {
        parseSuccess=false;
      }
    }
    if (!parseSuccess) {
      tokenBuffer.resetCurrentPosition(save);
    }
    return parseSuccess;
  }
```

이벤트 리스트에 대한 문법 규칙은 직관적이다.

문법파일...
eventDecList: eventDec+

eventDecList에 대한 함수도 앞에서 본 패턴을 따라 구현한다. 액션은 모두

eventDec 함수에서 수행된다.

```
class StateMachineParser...
  private boolean eventDecList() {
    int save = tokenBuffer.getCurrentPosition();
    boolean parseSuccess = false;

    if (eventDec()) {
      parseSuccess = true;
      while (parseSuccess) {
        parseSuccess = eventDec();
      }
      parseSuccess = true;
    }
    else {
      tokenBuffer.resetCurrentPosition(save);
    }
    return parseSuccess;
  }
```

이벤트 선언 자체가 매칭되었을 때만 실질적인 작업이 수행된다. 이벤트 선언에 대한 문법도 직관적이다.

```
문법파일...
eventDec: identifier identifier
```

이 시퀀스를 구현한 코드에서도 토큰의 초기 위치를 저장한다. 그리고 매칭이 성공하면 상태 머신에서 해당 부분을 파퓰레이트한다.

```
class StateMachineParser...
  private boolean eventDec() {
    Token t;
    boolean parseSuccess = false;
    int save = tokenBuffer.getCurrentPosition();
    t = tokenBuffer.nextToken();
    String elementLeft = "";
    String elementRight = "";

    if (t.isTokenType(ScannerPatterns.TokenTypes.TT_IDENTIFIER)) {
      elementLeft = consumeIdentifier(t);
      t = tokenBuffer.nextToken();
      if (t.isTokenType(ScannerPatterns.TokenTypes.TT_IDENTIFIER)) {
        elementRight = consumeIdentifier(t);
        parseSuccess = true;
      }
    }

    if (parseSuccess) {
      makeEventDec(elementLeft, elementRight);
    } else {
      tokenBuffer.resetCurrentPosition(save);
    }
    return parseSuccess;
  }
```

이 코드에서는 두 개의 헬퍼 함수를 호출했다. 먼저 consumeIdentifier는 토큰 버퍼의 포인터를 증가시키고, identifier에 해당하는 토큰 값을 반환한다. 반환된 값은 이벤트 선언부를 파퓰레이트하는데 사용된다.

```
class StateMachineParser...
  private String consumeIdentifier(Token t) {
    String identName = t.tokenValue;
    tokenBuffer.popToken();
    return identName;
  }
```

헬퍼 함수인 makeEventDec는 이벤트 이름과 코드를 사용해서, 이벤트 객체를 실제로 파퓰레이트한다.

```
class StateMachineParser...
  private void makeEventDec(String left, String right) {
    machineEvents.add(new Event(left, right));
  }
```

액션의 관점에서 볼 때 유일하게 어려운 부분은 상태를 파싱하는 부분이다. 전이를 생성할 때 아직 생성되지도 않은 상태 객체를 참조할 수 있으므로, 헬퍼 함수를 만들 때 아직 정의되지 않은 상태 객체를 참조할 수 있게 해야 한다. 이러한 어려움은 트리 생성(341) 기법을 사용하지 않고 파서를 구현한다면 늘 마주치게 된다.

마지막으로 리셋 이벤트를 처리하는 함수인 optionalResetBlock에 대해 설명을 덧붙여야겠다. 이 함수는 아래에 있는 문법 규칙을 구현한다.

```
문법파일...
optionalResetBlock: (resetBlock)?
resetBlock: resetKeyword (resetEvent)* endKeyword
resetEvent: identifier
```

이 규칙은 그 자체로도 매우 단순하므로, 규칙에 포함된 문법 연산자에 대해 처리 패턴을 한꺼번에 적용해서 구현하겠다.

```
class StateMachineParser...
  private boolean optionalResetBlock() {
    int save = tokenBuffer.getCurrentPosition();
    boolean parseSuccess = true;
    Token t = tokenBuffer.nextToken();

    if (t.isTokenType(ScannerPatterns.TokenTypes.TT_RESET)) {
      tokenBuffer.popToken();
      t = tokenBuffer.nextToken();
      parseSuccess = true;
      while (((!(t.isTokenType(ScannerPatterns.TokenTypes.TT_END))) &
```

```
      (parseSuccess)) {
      parseSuccess = resetEvent();
      t = tokenBuffer.nextToken();
    }
    if (parseSuccess) {
      tokenBuffer.popToken();
    } else {
      tokenBuffer.resetCurrentPosition(save);
    }
  }
  return parseSuccess;
}

private boolean resetEvent() {
  Token t;
  boolean parseSuccess = false;
  t = tokenBuffer.nextToken();

  if (t.isTokenType(ScannerPatterns.TokenTypes.TT_IDENTIFIER)) {
    resetEvents.add(findEventFromName(t.tokenValue));
    parseSuccess = true;
    tokenBuffer.popToken();
  }
  return parseSuccess;
}
```

블록 전체가 선택적인 요소이므로, 입력 토큰 버퍼에 resetKeyword가 아예 없는 경우에도 true를 반환해야 한다. 반대로 resetKeyword가 있다면, 리셋 이벤트 선언이 0개 이상 나온 후에 endKeyword가 뒤따라 나와야 한다. 그렇지 않으면, 리셋 이벤트 블록에 대한 매칭은 실패로 돌아가고, false를 반환한다.

22장

DOMAIN-SPECIFIC LANGUAGES

파서 결합기

(레베카 파슨스의 글)

파서 객체들을 결합해서 하향식 파서를 만든다

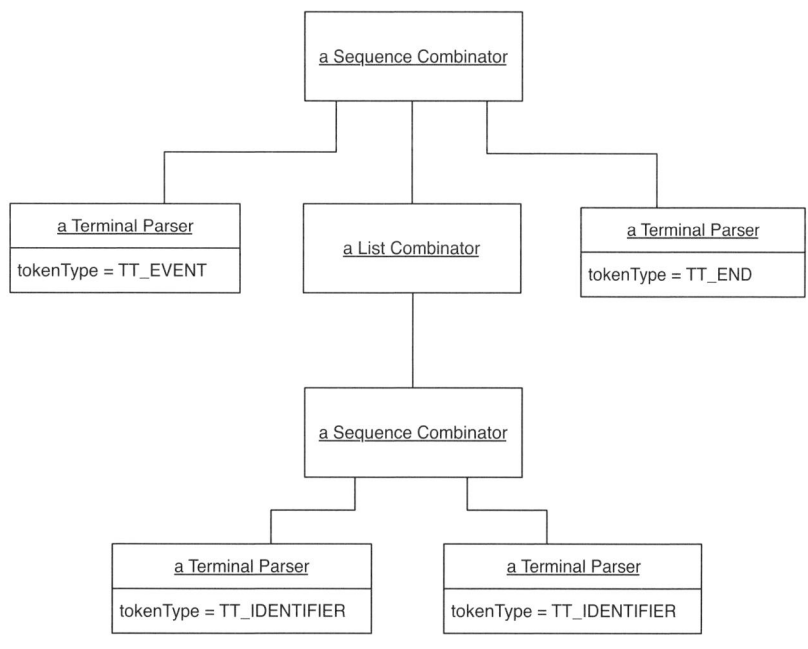

파서 생성기(327)를 사용해야 한다는 주장은 파서 생성기로 사용해서 작업하는 일이 생각보다 그리 어렵지 않다는 사실을 바탕으로 한다. 하지만 가급적이면 파서 생성기를 사용하지 말아야 한다는 주장에도 일리가 있다. 파서 생성기를 사용할 때 가장 명백한 문제는 파서를 생성한 후 빌드하려면, 전체 시스템을 빌드하는 과정에 파서를 빌드하는 단계를 추가해야 한다는 점이다. 물론 문법이 상당히 복잡한 문맥 자유 문법이라면, 파서 생성기를 사용하는 게 맞다. 하지만 문법이 모호하거나 성능이 중요하다면, 차라리 범용 언어를 사용해서 파서를 직접 구현하는 방식도 선택해 볼 수 있다.

파서를 직접 구현하는 방식으로는 파서 결합기(Parser Combinator) 기법이 있다. 파서 결합기는 파서 객체(parser object)로 구성된 구조를 통해 문법을 구현한다. 생성 규칙의 심벌에 대한 인식기는 컴포지트(Composite) 패턴[GoF]을 사용해서 결합한다. 이렇게 결합하는 객체를 결합기(combinator)라고 부른다. 결과적으로 파서 결합기는 문법에 대한 시맨틱 모델(197)로 볼 수 있다.

22.1 어떻게 사용하는가

재귀 하향식 파서(297)와 마찬가지로 파서 결합기도 정규식 테이블 렉서(291) 등의 렉서를 사용해서, 입력 문자열에 대해 렉시컬 분석을 수행한다. 따라서 파서 결합기는 렉서에서 만들어진 토큰 문자열을 바탕으로 동작하게 된다.

파서 결합기의 밑바탕에 깔린 아이디어는 간단하다. '결합기'라는 용어는 함수형 언어에서 나왔다. 결합기는 자신과 동일한 타입을 가지는 결합기를 서로 결합해서 더 복잡한 처리를 수행할 수 있도록 만든다, 따라서 파서 결합기를 서로 결합하면, 좀 더 복잡한 처리를 하는 파서 결합기를 만들 수 있다. 함수형 언어의 경우, 이러한 결합기는 일급 함수(first-class function)[1]에 해당한다. 반면에 객체 지향 환경이라도 객체를 사용하면 똑같은 효과를 낼 수 있다. 먼저 기본적인 경우, 즉 문법의 단말 심벌에 대한 인식기에 대해 결합기를 구현한다. 그리고 나서 다양한 문법 연산자(시퀀스, 리스트 등)를 구현한 결합기를 사용해서, 문법의 생성 규칙을 구현한다. 결과적으로 문법의 비단말 심벌마다 대응하는 결합기가 만들어진다. 이는 재귀 하향식 파서에서 비단말 심벌마다 재귀 함수를 구현하는 일에 해당한다.

이렇게 구현된 각 결합기는 언어의 일부분을 인식한다. 결합기는 입력에 매칭될 수 있는지 검사한 후, 매칭되면 입력 버퍼에서 해당 토큰을 소비하고, 정해진 액션을 수행하는 역할을 한다. 이러한 처리 과정은 재귀 하향식 파서에서 각 재귀 함수가 수행했던 작업과 똑같다. 조금 후에 설명하겠지만, 다양한 문법 연산자에 대해

---

[1] (옮긴이) 함수형 언어에서 함수를 일급 객체(first-class object)로 다룰 수 있을 때, 이러한 함수를 일급 함수라고 부른다. 일급 객체는 다음과 같은 조건을 충족해야 한다.
- 변수나 자료 구조에 저장하고, 사용할 수 있다.
- 함수의 입력/반환 값으로 사용할 수 있다.
- 실행 시간에 생성할 수 있다.

결합기를 구현하는 경우, 인식기에 대한 부분은 재귀 하향식 알고리즘을 구현할 때 사용했던 로직을 똑같이 적용한다. 따라서 파서 결합기를 구현할 때 실제로 해야 할 일은 문법 연산자를 처리하는 부분과 관련된 로직을 하향식 파싱에 맞게 추상화하고, 결합기를 생성한 후, 해당 로직을 결합기에 저장하는 일이다. 재귀 하향식 파서에서는 코드 내부에서 함수를 호출해서 로직을 결합한다. 반면에 파서 결합기의 경우, 적응형 모델에 해당하는 객체를 서로 연결해서 로직을 결합한다.

각 파서 결합기는 지금까지 매칭한 상태, 토큰 버퍼를 입력으로 받는다. 때에 따라 지금까지 액션을 수행해서 누적된 결과를 추가적으로 전달받는다. 결합기에서 처리가 끝나면 매칭 상태, 토큰 버퍼(입력으로 받은 토큰 버퍼를 변경했을 수도 있다), 액션을 수행한 결과를 반환한다. 좀 더 쉽게 설명하기 위해, 지금 당장은 토큰 버퍼와 액션을 수행한 결과가 어디엔가 상태 정보로 유지한다고 가정하자. 나중에 이 같은 가정을 풀겠지만, 이처럼 가정하면 결합기의 로직을 훨씬 쉽게 이해할 수 있다. 또한 토큰을 인식하는 로직을 설명하는데 먼저 집중한 후, 액션을 처리하는 방식을 설명하고자 한다.

먼저 가장 기본적인 경우인 단말 심벌에 대한 인식기부터 살펴보자. 실제로 단말 심벌을 인식하는 작업은 간단하다. 단순히 입력 토큰 버퍼에서 현재 위치에 있는 토큰과, 인식기에서 토큰으로 표현되는 단말 심벌을 비교한다. 이때 토큰이 매칭하면 토큰 버퍼의 현재 위치를 증가시킨다.

이제 다양한 문법 연산자에 대해 결합기를 구현하는 기본적인 방법을 살펴보자. 먼저 얼터너티브 연산자부터 보자.

```
문법파일...
C : A | B
```

C에 대한 얼터너티브 결합기는 결합기 하나를 먼저 시도해본다. 예를 들어 B부터 시도한다고 해보자. B에 대한 결합기로 시도한 후, 매칭 상태로 true가 반환되면, 결합기 C의 반환 값은 B의 반환 값과 같다. 이 같은 방식으로 얼터너티브에 있는 각 결합기를 차례차례 시도한다. 얼터너티브에 있는 결합기가 모두 실패하면, 매칭 상태로 false를 반환하고 입력 토큰 버퍼는 변하지 않는다. 따라서 얼터너티브 결합기를 의사 코드(pseudo code)로 작성해 보면 다음과 같다.

```
CombinatorResult C ()
  if (A())
    then return true
```

```
    else
      if (B())
        then true
        else return false
```

보다시피 이 로직은 재귀 하향식 알고리즘에서 사용한 로직과 똑같다.

시퀀스 연산자는 조금 더 복잡하다.

문법파일...
C : A B

시퀀스 연산자를 구현하려면 시퀀스에 있는 컴포넌트를 순서대로 거쳐야 한다. 그리고 이 중에서 하나라도 실패하면 토큰 버퍼를 입력으로 받은 상태로 되돌려야 한다. 따라서 문법 규칙이 위와 같다면 결합기를 아래와 같이 만들 수 있다.

```
CombinatorResult C ()

  saveTokenBuffer()
  if (A())
    then
      if (B())
        then
          return true
        else
          restoreTokenBuffer
          return false
    else return false
```

시퀀스 연산자뿐만 아니라 다음에 설명할 연산자를 구현하는 방식도 결합기 특유의 행위에 따라 달라진다. 시퀀스 연산자의 경우 매칭이 성공하면 해당 토큰은 토큰 버퍼에서 소비된다. 매칭이 실패하면 결합기는 토큰 버퍼를 변경하지 않고 그대로 반환한다.

선택적 연산자는 직관적으로 구현할 수 있다.

문법파일...
C: A?

이 연산자에 대한 결합기는 A가 매칭되면 토큰 버퍼를 변경해서 반환한다. 반대로 매칭되지 않으면 입력으로 받은 토큰을 그대로 반환한다. 이 문법 규칙에 대한 결합기는 아래와 같이 작성할 수 있다.

```
CombinatorResult C ()

  A()
  return true
```

이제 한 개 이상의 리스트에 대한 반복 연산자를 살펴보자.

문법파일...
C: A+

이 경우 결합기는 먼저 A가 최소한 하나는 매칭되는지 검사한다. 하나라도 있다면 A에 대한 매칭을 반복해서 수행하고, 매칭이 실패하면 지금까지 변경된 토큰 버퍼를 반환한다. 하나도 없다면 매칭 상태로 false를 반환하고, 입력 토큰은 변경되지 않는다.

```
CombinatorResult C ()

  if (A())
    then
      while (A())
      return true
    else
      return false
```

물론 선택적 반복 연산자(A*)라면, 매칭 상태로 항상 true를 반환하고 매칭된 결과에 따라 토큰 버퍼를 적절히 처리한다. 이 연산자에 대한 결합기를 작성해 보면 다음과 같다.

```
CombinatorResult C ()

  while (A())
    return true
```

여기에서는 정해진 규칙에 따라 결합기를 직접적으로 구현했다. 파서 결합기의 힘은 이러한 컴포넌트 결합기(component combinator)로부터 컴포지트 결합기(composite combinator)[2]를 만들 수 있다는 사실에서 비롯된다. 따라서 아래와 같은 시퀀스 연산이 있을 때

문법파일...
  C : A B

이 연산을 코드로 기술해보면, 아래와 같이 선언문에 가까워진다.

```
C = new SequenceCombinator (A,B)
```

---

2 (옮긴이) 여기에서 말하는 컴포넌트와 컴포지트는, GoF의 『디자인 패턴』 중에서 컴포지트 패턴에서 나오는 용어다.

이처럼 시퀀스 연산자에 대해 결합기를 한 번 만들어 두면, 시퀀스 연산자를 사용한 규칙에서 얼마든지 공유해서 쓸 수 있다.

22.1.1 액션 처리하기

지금까지 토큰을 인식하는 부분을 충분히 설명했으니, 이제 액션을 처리하는 부분으로 넘어가보자. 여기에서도 마찬가지로, 지금 당장은 액션을 조작할 수 있는 상태 정보를 어딘가에 저장해 두었다고 가정하자. 액션은 다양한 형태를 가질 수 있다. 트리 생성(341) 기법을 사용하는 경우에는, 파싱이 수행될 때 액션은 추상 구문 트리를 생성한다. 반면에 임베디드 변환(361) 기법을 사용할 때는, 액션에서 시맨틱 모델을 파퓰레이트한다. 따라서 매칭 값(match value)[3]의 타입은 어떤 유형의 액션을 사용하느냐에 따라 확실히 달라지기 마련이다.

이번에도 먼저 기본적인 경우인, 단말 심벌에 대한 결합기부터 살펴보자. 매칭이 성공하면, 매칭된 결과에 맞게 매칭 값을 생성하고, 해당 매칭 값에 대해 액션을 호출한다. 매칭 값이 식별자에 대한 인식기라면, 인식기를 심벌 테이블(205)에 저장하는 편이다. 그리고 매칭 값이 식별자나 숫자와 같이 단말 심벌인 경우에는, 이후에 사용할 수 있도록 특정한 토큰 값을 저장할 때가 많다.

시퀀스 연산의 경우 액션과 관련해서 살펴보면 더 흥미롭다. 개념적으로 생각해 보면 이렇다. 먼저 시퀀스에서 컴포넌트를 모두 인식하고 나면, 액션을 호출해야 한다. 이때 각 컴포넌트의 매칭 값으로 구성된 리스트에 대해 액션이 호출된다. 이 방식을 사용해 결합기에서 액션을 호출하도록 수정하면 다음과 같다.

```
CombinatorResult C ()

  saveTokenBuffer()
  saveActions()
  if (A())
    then
      if (B())
        then
          executeActions (aResult, bResult)
          return true
        else
          restoreTokenBuffer()
          restoreActions()
          return false
    else return false
```

---

3 (옮긴이) 입력 버퍼의 토큰이 매칭된 후, 매칭된 결과를 사용할 액션에 맞게 생성해야 한다. 이때 생성되는 값을 매칭 값이라고 부른다.

executeActions 메서드에는 많은 부분이 숨어 있다. 그리고 A와 B가 매칭되어 생성된 매칭 값(aResult와 bResult)은 어딘가에 저장해 두어야만 액션에서 사용할 수 있다. 다른 연산자도 마찬가지 방식으로 액션을 결합할 수 있다. 예를 들어 얼터너티브 연산자의 경우에는, 얼터너티브 중에서 매칭된 요소 하나에 대해서만 액션을 수행하면 된다. 반면에 반복 연산자는 시퀀스 연산자와 마찬가지로, 매칭 값 모두에 대해 동작해야 한다. 선택적 연산자의 경우 당연히 매칭이 되어야만 액션이 수행된다.

보다시피 액션을 호출하는 일은 비교적 직관적이다. 어려운 점은 결합기에 맞게 액션 메서드를 적절하게 만드는 일이다. 클로저를 지원하거나 또는 클로저가 없더라도 함수를 파라미터로 전달할 수 있는 언어에서는, 단순히 액션 메서드의 구현부를 함수로 만들어 생성자에 전달할 수 있다. 반면에 자바와 같이 클로저가 없는 언어를 사용한다면, 좀 더 기발한 방식을 사용해야 한다. 한 가지 방법으로, 문법 연산자에 대한 결합기 클래스를 확장해서 특정 생성 규칙에 특화된 클래스를 만들고, 액션을 처리하는 메서드를 오버라이딩해서 해당 규칙에 맞게 행위를 적절하게 만드는 방식을 생각해 볼 수 있다.

앞에서 말했다시피, 액션을 사용해서 추상 구문 트리를 만들 수도 있다. 이 경우 액션 함수에 전달되는 매칭 값은 각 규칙의 컴포넌트에 맞게 만들어진 트리에 해당한다. 그러면 액션에서는 해당 문법 규칙에 따라 이들 파스 트리를 서로 결합한다. 예를 들어 반복 연산자가 있을 때, 구문 트리에는 흔히 리스트를 나타내는 노드 타입이 만들어진다. 그러면 반복 연산자에 대한 액션에서는 이 리스트 노드를 루트 노드로 가지는 하위 트리를 새로 만든다. 그리고 컴포넌트의 매칭 값으로부터 하위 트리들을 만들고, 앞에서 만든 하위 노드가 루트 노드가 되도록 만든다.

22.1.2 함수형 결합기

앞에서 토큰 버퍼와 액션을 수행한 결과가 어딘가에 상태 정보로 저장되었다고 가정했다. 이제 이 가정을 풀 때가 되었다. 함수 관점에서 결합기를 생각해 보면, 결합기는 입력 결합기의 결과 값을 결과 결합기의 결과 값으로 매핑하는 함수다. 이때 결합기의 결과 값은 토큰 버퍼의 현재 상태, 현재까지 매칭된 상태, 지금까지 액션을 수행해서 누적된 결과로 구성된다. 이처럼 결합기를 함수로 생각해 볼 때, 시퀀스 연산자에 대한 결합기는 액션을 다음과 같이 구현할 수 있다.

```
CombinatorResult C (in)

  aResult = A(in)
  if (aResult.matchSuccess)
    then
      bResult = B(aResult)
      if (bResult.matchSuccess)
        then
          cResult.value = executeActions (aResult.value, bResult.value)
          return (true, bResult.tokens, cResult.value)
        else
          return (false, in.tokens, in.value)
    else return (false, in.tokens, in.value)
```

이 형식에서는 입력 파라미터의 값이 변경되지 않으므로 굳이 따로 저장하지 않아도 된다. 뿐만 아니라 입력 버퍼가 어떻게 처리되고, 액션 값을 어디에서 얻는지 더 명확하게 알 수 있다.

22.2 언제 사용하는가

파서 결합기는 재귀 하향식 파서(297)와 파서 생성기(327) 사이에 있는, 효과적인 절충안이다. 파서 생성기의 가장 중요한 장점은 문법이 언어에 대한 명세서가 된다는 점이다. 물론 재귀 하향식 파서에도 함수 안에 문법이 함축되어 있지만, 문법 자체를 알아보기는 어렵다. 파서 결합기를 사용하는 경우, 앞에서 본 예제와 같이 결합기를 선언적으로 정의할 수 있다. 물론 BNF(279) 구문을 사용하지는 않지만, 컴포넌트 결합기와 연산자 결합기(operator combinator)[4]의 관점에서 문법이 명확하게 기술된다. 따라서 파서 결합기를 사용하면 문법을 어느 정도는 명시적으로 정의할 수 있을 뿐만 아니라, 파서 생성기를 사용할 때 흔히 복잡해지는 빌드 문제도 피할 수 있게 된다.

많은 언어에서 다양한 문법 연산자를 이미 구현해서 라이브러리 형태로 제공한다. 파서 결합기를 구현하고자 한다면, 이러한 언어 중에서 당연히 함수형 언어를 선택해야 한다. 대개의 경우 함수형 언어는 함수를 일급 객체(first-class object)로 다룰 수 있는 기능을 지원하기 때문이다. 이처럼 함수를 일급 객체로 다룰 수 있게 되면, 액션 함수를 결합기 클래스의 생성자에 파라미터로 전달할 수 있다. 하지만 함수형 언어가 아닌 다른 언어를 사용하더라도, 파서 결합기를 충분히 구현할 수 있다.

---

4 (옮긴이) 문법 연산자에 맞게 컴포넌트 결합기를 서로 결합할 수 있는 결합기로, 컴포지트 결합기에 해당한다.

재귀 하향식 파서와 마찬가지로 파서 결합기를 사용하면 결국 하향식 파서가 만들어지므로, 동일한 제약이 따른다. 재귀 하향식 파서의 장점들 또한 대부분 그대로 적용된다. 무엇보다도 액션이 수행되는 방식을 추론하기 쉽다는 장점이 있다. 파서 결합기는 파서를 구현하는 방식 중에서 매우 독특하다. 하지만 프로그램을 디버깅할 때 주로 사용하는 도구를 그대로 사용해서 파싱 알고리즘을 추적할 수 있다. 뿐만 아니라 연산자 라이브러리나 이미 검증된 연산자 구현체를 같이 활용하면, 언어를 구현해야 하는 사람은 파싱이 아니라 액션을 구현하는 데 더 집중할 수 있게 된다.

파서 결합기의 최대 단점은 여전히 파서를 직접 만들어야 한다는 점이다. 게다가 제대로 만들어진 파서 생성기를 사용한다면 정교한 파싱 기능과 에러 처리 기능이 지원되지만, 파서 결합기를 직접 구현하는 경우라면 활용할 수 없다.

22.3 그랜트 양의 컨트롤러에 대한 파서 결합기(자바)

상태 머신 파서를 자바를 사용해서 파서 결합기로 구현하려면, 설계와 관련된 몇 가지 결정을 내려야 한다. 이 예제에서는 결합기의 결과 값을 활용하는 함수형 접근법을 따르고자 한다. 그리고 임베디드 변환(361) 기법을 사용해서, 파싱이 진행될 때 바로 상태 머신 객체를 파퓰레이트하려고 한다.

먼저 상태 머신에 대한 전체 문법을 다시 보자. 여기에서는 현재 사용 중인 구현 전략에 일치하도록, 생성 규칙들을 역순으로 나열했다.

```
문법파일...
  eventDec : IDENTIFIER IDENTIFIER
  eventDecList : (eventDec)*
  eventBlock : EVENTS eventDecList END
  eventList : (IDENTIFIER)*
  resetBlock : (RESET eventList END)?
  commandDec : IDENTIFIER IDENTIFIER
  commandDecList : (commandDec)*
  commandBlock : (COMMAND commandDecList END)?
  transition : IDENTIFIER TRANSITION IDENTIFIER
  transitionList : (transition) *
  actionDec : IDENTIFIER
  actionList : (actionDec)*
  actionBlock : (ACTIONS LEFT actionList RIGHT)?
  stateDec : STATE IDENTIFIER actionBlock transitionList END
  stateList : (stateDec)*
  stateMachine : eventBlock resetBlock commandBlock stateList
```

전체 상태 머신에 대한 파서 결합기를 만들려면, 문법의 단말 컴포넌트와 비단말 컴포넌트에 대해 파서 결합기를 모두 만들어야 한다. 자바를 사용해서 이 문법에 맞게 결합기를 모두 작성해 보면 다음과 같다.

```
문법파일...
  //단말 심벌
  private Combinator matchEndKeyword
    = new TerminalParser(ScannerPatterns.TokenTypes.TT_END);
  private Combinator matchCommandKeyword
    = new TerminalParser(ScannerPatterns.TokenTypes.TT_COMMANDS);
  private Combinator matchEventsKeyword
    = new TerminalParser(ScannerPatterns.TokenTypes.TT_EVENT);
  private Combinator matchResetKeyword
    = new TerminalParser(ScannerPatterns.TokenTypes.TT_RESET);
  private Combinator matchStateKeyword
    = new TerminalParser(ScannerPatterns.TokenTypes.TT_STATE);
  private Combinator matchActionsKeyword
    = new TerminalParser(ScannerPatterns.TokenTypes.TT_ACTIONS);
  private Combinator matchTransitionOperator
    = new TerminalParser(ScannerPatterns.TokenTypes.TT_TRANSITION);
  private Combinator matchLeftOperator
    = new TerminalParser(ScannerPatterns.TokenTypes.TT_LEFT);
  private Combinator matchRightOperator
    = new TerminalParser(ScannerPatterns.TokenTypes.TT_RIGHT);
  private Combinator matchIdentifier
    = new TerminalParser(ScannerPatterns.TokenTypes.TT_IDENTIFIER);

  //비단말 심벌
  private Combinator matchEventDec = new EventDec(matchIdentifier,
    matchIdentifier);
  private Combinator matchEventDecList = new ListCombinator(matchEventDec);
  private Combinator matchEventBlock = new SequenceCombinator(
    matchEventsKeyword, matchEventDecList, matchEndKeyword
  );
  private Combinator matchEventList = new ResetEventsList(matchIdentifier);
  private Combinator matchResetBlock = new OptionalSequenceCombinator (
    matchResetKeyword, matchEventList, matchEndKeyword
  );
  private Combinator matchCommandDec = new CommandDec(matchIdentifier,
    matchIdentifier);
  private Combinator matchCommandList = new ListCombinator(matchCommandDec);
  private Combinator matchCommandBlock = new OptionalSequenceCombinator(
    matchCommandKeyword, matchCommandList, matchEndKeyword
  );
  private Combinator matchTransition = new TransitionDec(
    matchIdentifier, matchTransitionOperator, matchIdentifier);
  private Combinator matchTransitionList = new ListCombinator(matchTransition);
  private Combinator matchActionDec = new ActionDec(
    ScannerPatterns.TokenTypes.TT_IDENTIFIER
  ) ;
  private Combinator matchActionList = new ListCombinator(matchActionDec);
  private Combinator matchActionBlock = new OptionalSequenceCombinator(
    matchActionsKeyword, matchLeftOperator, matchActionList,
    matchRightOperator);
  private Combinator matchStateName = new StateName(
    ScannerPatterns.TokenTypes.TT_IDENTIFIER
  );
  private Combinator matchStateDec = new StateDec(
    matchStateKeyword, matchStateName, matchActionBlock,
    matchTransitionList, matchEndKeyword
  ) ;
  private Combinator matchStateList = new ListCombinator(matchStateDec);
  private Combinator matchStateMachine = new StateMachineDec(
```

```
    matchEventBlock, matchResetBlock, matchCommandBlock, matchStateList
  );
```

단말 심벌에 대한 결합기는 문법 파일과 직접적인 관계가 없다. 단말 심벌의 경우 렉시컬 분석기를 사용해서 찾기 때문이다. 하지만 단말 심벌에 대한 결합기를 모두 선언하고 나면, 이전에 정의한 결합기와 다양한 문법 연산자를 구현한 결합기를 사용해서 컴포지트 결합기를 만든다. 이들 결합기를 차례대로 살펴보자.

파서 결합기를 구현하는 방법부터 보자. 먼저 간단한 경우부터 시작하고 이를 바탕으로 마지막에는 상태 머신에 대한 인식기를 만들려고 한다. 다른 결합기에서 모두 상속하는 가장 기본이 되는 Combinator 클래스부터 시작하자.

```
class Combinator...
  public Combinator() {}
  public abstract CombinatorResult recognizer(CombinatorResult inbound);
  public void action(StateMachineMatchValue... results) { /* hook */}
```

결합기는 모두 두 가지 함수를 가진다. recognizer 함수는 입력으로 들어온 CombinatorResult 객체를 같은 타입을 가지는 결과 값으로 매핑한다.

```
class CombinatorResult...
  private TokenBuffer tokens;
  private Boolean matchStatus;
  private StateMachineMatchValue matchValue;
```

결합기의 결과 값인 CombinatorResult는 세 가지 컴포넌트로 구성된다. 토큰 버퍼의 상태, 매칭 성공 여부, 토큰 버퍼를 바탕으로 매칭해서 결과적으로 만들어진 매칭 값을 나타내는 객체다. 이 예제에서는 단말 심벌이 매칭되었을 때, 단순히 매칭된 토큰의 값에 해당하는 문자열을 matchValue에 저장한다.

```
class StateMachineMatchValue...
  private String matchString;
  public StateMachineMatchValue (String value) {
    matchString = value;
  }
  public String getMatchString () {
    return matchString;
  }
}
```

결합기의 두 번째 메서드인 action에서는 매칭과 관련된 액션을 수행한다. 이 함수는 여러 개의 매칭 값 객체를 입력으로 받는다. 이러한 매칭 값 객체는 컴포넌트 결합기마다 하나씩 존재한다. 예를 들어 아래의 규칙을 구현한 시퀀스 결합기라면,

```
문법규칙...
C : A B
```

두 개의 매칭 값 객체가 action 메서드에 전달된다.

먼저 단말 심벌에 대한 인식기부터 살펴보자. 단말 심벌 중에서, 식별자에 대한 인식기는 아래와 같이 선언할 수 있다.

```
class StateMachineCombinatorParser...
  private Combinator matchIdentifier = new TerminalParser(
    ScannerPatterns.TokenTypes.TT_IDENTIFIER
);
```

단말 심벌에 대한 결합기 클래스에는 매칭할 토큰 심벌을 가리키는 인스턴스 변수가 하나 있다.

```
class TerminalParser...
  public class TerminalParser extends Combinator {
    private ScannerPatterns.TokenTypes tokenMatch;
    public TerminalParser(ScannerPatterns.TokenTypes match) {
      this.tokenMatch = match;
    }
```

단말 심벌을 인식하는 함수는 매우 간단하다.

```
class TerminalParser...
  public CombinatorResult recognizer(CombinatorResult inbound) {
    if (!inbound.matchSuccess()) return inbound;
    CombinatorResult result;
    TokenBuffer tokens = inbound.getTokenBuffer();
    Token t = tokens.nextToken();

    if (t.isTokenType(tokenMatch)) {
      TokenBuffer outTokens = new TokenBuffer(tokens.makePoppedTokenList());
      result = new CombinatorResult(outTokens, true, new
                StateMachineMatchValue(t.tokenValue));
      action(result.getMatchValue());
    } else {
      result = new CombinatorResult(tokens, false, new
                StateMachineMatchValue(""));
    }
    return result;
  }
```

먼저 inbound의 매칭 상태가 true인지 확인한다. 그러고 나서 토큰 버퍼의 현재 위치에 있는 토큰의 타입이 클래스의 인스턴스 변수 값과 매칭하는지 검사한다. 매칭하면, 매칭 결과로 true를 가지는 CombinatorResult 객체를 생성한다. 이때 변경된 토큰 버퍼, 매칭된 토큰을 바탕으로 생성한 매칭 값 객체를 함께 포함한다. 그리고 매칭 값 객체에 대해 action 메서드가 호출된다. 이 경우에는 action 메서드에서 아무런 처리도 하지 않는다.

이제 이보다 좀 더 흥미로운 결합기를 살펴보자. 이벤트 블록을 선언한 문법 규칙은 다음과 같다.

```
문법파일...
eventBlock: eventKeyword eventDecList endKeyword
```

이 규칙의 경우, SequenceCombinator를 사용해서 결합기를 선언한다.

```
class StateMachineCombinatorParser...
  private Combinator matchEventBlock = new SequenceCombinator(
    matchEventsKeyword, matchEventDecList, matchEndKeyword
  );
```

이 경우에도 마찬가지로 action 메서드에서 아무런 처리를 하지 않는다. 실질적인 작업은 나머지 다른 결합기에서 수행한다. SequenceCombinator 생성자는 문법 규칙의 각 심벌에 대응하는 결합기 객체로 구성된 리스트를 인자로 받는다.

```
class SequenceCombinator...
  public class SequenceCombinator extends AbstractSequenceCombinator {
    public SequenceCombinator (Combinator ... productions) {
      super(false, productions);
    }
  }
```

이 예제에서는 선택적 시퀀스와 필수 시퀀스를 분리해서 별도의 클래스를 만들고, 공통 구현부는 공유하는 방식으로 구현하기로 결정했다. 이렇게 하지 않으려면 선택적 연산자를 사용해야 하고, 결국 문법의 생성 규칙을 한 단계 더 중첩해야 하기 때문이다.[5] 먼저 부모 클래스로 AbstractSequenceCombinator를 만들고, 이 클래스를 확장해서 SequenceCombinator와 OptionalSequenceCombinator 클래스를 만든다. 이때 부모 클래스는 시퀀스에 있는 결합기 객체의 리스트를 나타내는 인스턴스 변수와, 합성 규칙이 선택적인지 아닌지를 나타내는 불린 값을 가진다.

```
class AbstractSequenceCombinator...
  public abstract class AbstractSequenceCombinator extends Combinator {
    private Combinator[] productions;
    private Boolean isOptional;
```

---

5 (옮긴이) 예를 들어 resetBlock : (RESET eventList END)? 규칙을 보자. 이 경우 '선택적 연산자(시퀀스 연산자(키워드...))' 와 같이 3단계로 중첩된다. 선택적 연산자에 대해 이 문법대로 결합기를 만들려면, OptionalCombinator(SequenceCombinator(matchResetKeyword, matchEventDecList, matchEndKeyword));와 같이 선언해야 한다.

```
public AbstractSequenceCombinator(Boolean optional,
                                  Combinator... productions) {
    this.productions = productions;
    this.isOptional = optional;
}
```

recognizer 함수에서는 불린 값인 isOptional을 사용해, 매칭이 실패했을 때 어떻게 처리할지 결정한다.

```
class AbstractSequenceCombinator...
  public CombinatorResult recognizer(CombinatorResult inbound) {
    if (!inbound.matchSuccess()) return inbound;
    StateMachineMatchValue[] componentResults =
        new StateMachineMatchValue[productions.length];
    CombinatorResult latestResult = inbound;
    int productionIndex = 0;

    while (latestResult.matchSuccess()
           && productionIndex < productions.length) {
      Combinator p = productions[productionIndex];
      latestResult = p.recognizer(latestResult);
      componentResults[productionIndex] = latestResult.getMatchValue();
      productionIndex++;
    }
    if (latestResult.matchSuccess()) {
      action(componentResults);
    } else if (isOptional) {
      latestResult = new CombinatorResult(inbound.getTokenBuffer(),
          true, new StateMachineMatchValue(""));
    } else {
      latestResult = new CombinatorResult(inbound.getTokenBuffer(),
          false, new StateMachineMatchValue(""));
    }
    return (latestResult);
  }
```

여기에서도 마찬가지로 보호 절을 사용해, inbound의 매칭 상태가 false라면 즉시 반환한다. recognizer 함수에서는 while 루프를 사용해, 시퀀스를 정의하는 여러 결합기에 대해 차례대로 매칭을 시도한다. 이때 결합기 중 하나에서 매칭이 실패하거나, 또는 결합기에 대해 매칭이 모두 성공해야만 while 루프는 끝난다. 루프가 끝났을 때 가장 최근의 매칭이 성공했다면 이는 시퀀스에 있는 결합기가 모두 매칭이 성공했다는 뜻이다. 따라서 componentResults 배열에 대해 액션 메서드를 호출한다. 반면에 inbound의 매칭 상태가 true이고 루프가 끝났을 때 매칭이 실패했다면 isOptional 값을 확인해야 한다. isOptional이 true, 즉 선택적 시퀀스라면 매칭 결과는 성공이며, 입력 토큰은 recognizer 함수가 시작될 때의 상태로 되돌아간다. 이때 당연히 매칭이 전혀 되지 않았으므로 action 메서드는 호출되지 않는다. 이와는 반대로 필수적 시퀀스라면 이 결합기에서 매칭 상태로 false를 반환하고, 입력 토큰을 시작 상태로 되돌린다.

아래는 선택적 시퀀스의 예인 resetBlock에 대한 결합기 선언이다.

```
class StateMachineCombinatorParser...
  private Combinator matchResetBlock =
    new OptionalSequenceCombinator (matchResetKeyword, matchEventList,
                                    matchEndKeyword);
```

이 결합기에 대한 문법 규칙은 다음과 같다.[6]

```
문법파일...
optionalResetBlock: (resetBlock)?
resetBlock: resetKeyword (resetEvent)* endKeyword
resetEvent: identifier
```

action 메서드를 오버라이딩하는 부분을 설명하기에 앞서, 반복 연산자에 대한 결합기를 설명한 후 문법 연산자에 대한 설명을 마무리 짓고자 한다. 반복 연산자를 사용하는 생성 규칙으로 eventDecList를 보자. 문법 규칙은 다음과 같다.

```
문법파일...
eventDecList: eventDec*
```

이 규칙에 대한 결합기는 다음과 같이 선언할 수 있다.

```
class StateMachineCombinatorParser...
  private Combinator matchEventDecList = new ListCombinator(matchEventDec);
```

여기에서는 선택적 반복 연산자에 대해서 구현하고자 한다. 또한 반복 연산자가 단말 심벌 하나에 대해서만 적용된다고 가정한 채 구현한다. 물론 이러한 제약은 쉽게 풀 수 있다. 하지만 이렇게 가정하면 구현하기가 쉽다. 결합기의 생성자에서 결합기 하나만을 인자로 받고, 이 결합기에 대한 인스턴스 변수를 클래스에 하나만 선언하면 되기 때문이다.

```
class ListCombinator...
  public class ListCombinator extends Combinator {
    private Combinator production;
    public ListCombinator(Combinator production) {
      this.production = production;
    }
```

recognizer 함수는 직관적이다.

---

6 (옮긴이) 이 예제를 시작할 때 나왔던 문법 규칙에서, resetBlock 규칙이 선택적 시퀀스를 사용하도록 optionalResetBlock으로 수정되었음을 볼 수 있다.

```
class ListCombinator...
  public CombinatorResult recognizer(CombinatorResult inbound) {
    if (!inbound.matchSuccess()) return inbound;
    CombinatorResult latestResult = inbound;
    StateMachineMatchValue returnValues[];
    ArrayList<StateMachineMatchValue> results
      = new ArrayList<StateMachineMatchValue>();

    while (latestResult.matchSuccess()) {
      latestResult = production.recognizer(latestResult);
      if (latestResult.matchSuccess()) {
        results.add(latestResult.getMatchValue());
      }
    }
    if (results.size() > 0) { //matched something
      returnValues = results.toArray(
                  new StateMachineMatchValue[results.size()]);
      action(returnValues);
      latestResult = new CombinatorResult(latestResult.getTokenBuffer(),
          true, new StateMachineMatchValue(""));
    }
    return (latestResult);
  }
```

반복 연산자의 경우, 매칭이 몇 개까지 성공할지 미리 알 수 없으므로, ArrayList를 사용해서 매칭 값을 저장한다. action 메서드의 경우 가변 인자를 받도록 선언했다. 따라서 자바 타입 시스템에서 제대로 동작하게 하려면, ArrayList 객체를 같은 타입을 가지는 배열로 변환해야 한다.

앞에서 말한 바와 같이 위에서 설명한 결합기는 모두 액션에서 아무런 처리도 하지 않는다. 상태 머신의 다양한 컴포넌트를 실제로 파퓰레이트하는 일은 비단말 심벌과 관련된 결합기의 액션에서 일어난다. 여기에서는 비단말 심벌에 대한 결합기를 자바 내부 클래스를 사용해서 구현한다. 이때 문법 연산자에 대한 결합기 클래스를 확장해서 action 메서드를 오버라이딩한다. 예를 들어 이벤트 선언에 대한 생성 규칙을 보자.

```
문법파일...
eventDec: IDENTIFIER IDENTIFIER
```

이에 대한 결합기는 파서에 다음과 같이 선언할 수 있다.

```
class StateMachineCombinatorParser...
private Combinator matchEventDec = new EventDec(matchIdentifier,
                                                matchIdentifier);
```

EventDec 클래스 정의는 다음과 같다.

```
class StateMachineCombinatorParser...
  private class EventDec extends SequenceCombinator {
    public EventDec(Combinator... productions) {
      super(productions);
    }
    public void action(StateMachineMatchValue... results) {
      assert results.length == 2;
      addMachineEvent(new Event(results[0].getMatchString(),
                                results[1].getMatchString()));
    }
  }
```

이 클래스는 SequenceCombinator 클래스를 확장하고, action 메서드를 오버라이딩한다. 다른 결합기에 있는 action 메서드와 마찬가지로, 단순히 매칭 값의 리스트를 입력으로 받는다. 이 경우 매칭 값은 이벤트 선언이므로, 매칭 값은 식별자가 나타내는 텍스트다. 재귀 하향식 파서를 구현할 때와 마찬가지로, 헬퍼 함수(addMachineEvent)를 사용해서 이벤트 객체를 상태 머신에 추가한다. 이때 매칭 값에서 이벤트와 관련된 텍스트를 적절히 추출해서, 헬퍼 함수에 인자로 전달한다. 나머지 생성 규칙에 대한 결합기도 이와 동일한 패턴을 따라 구현할 수 있다.

23장

DOMAIN-SPECIFIC LANGUAGES

파서 생성기

문법 파일을 DSL로 사용해서 파서를 만든다.

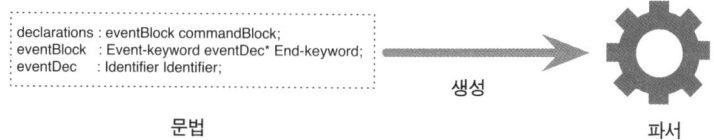

문법 파일을 사용하면, DSL의 구문 구조를 자연스러운 방식으로 기술할 수 있다. 그리고 문법 파일을 만들어 두면, 문법 파일을 바탕으로 파서를 직접 만드는 일은 따분할 정도로 쉬운 작업이다. 이처럼 따분한 작업은 당연히 컴퓨터에게 맡겨야 한다.

파서 생성기(Parser Generator)는 문법 파일을 사용해 파서를 생성한다. 파서를 수정하려면 단순히 문법을 수정한 후, 파서를 새로 생성하면 된다. 이처럼 파서를 생성하는 방식을 사용하면, 파서를 직접 만들고 유지할 때는 사용하기 어려웠던 기법을 효과적으로 사용할 수 있다.

23.1 어떻게 동작하는가

파서 생성기를 직접 만들기는 쉽지 않다. 그리고 파서 생성기를 직접 만들 수 있는 사람이라면, 이 책을 읽더라도 새로운 내용은 전혀 배울 수 없다. 따라서 여기에서는 파서 생성기 사용법만을 설명하려고 한다. 다행히도 파서 생성기는 흔한 툴이므로, 대다수의 프로그래밍 플랫폼에 맞는 버전을 구할 수 있다. 게다가 파서 생성기 툴은 흔히 오픈 소스로 제공된다.

파서 생성기를 활용하는 경우, 일반적으로 문법 파일을 사용한다. 이때 문법 파일은 파서 생성기에 따라 사용하는 BNF(279) 형식이 서로 다르다. 사실 문법 형식이 표준화되는 일은 결코 기대할 수 없다. 결국 사용하려는 파서 생성기 툴이 바뀌면, 문법을 새로 작성해야 한다. 결과를 생성할 때 대부분의 파서 생성기는 외래 코드(373)를 사용해 코드 액션을 삽입하는 방식을 따른다.

문법 파일을 이미 작성해 둔 상황이라면, 파서를 만드는 일반적인 방법은 파서 생성기를 사용해 파서를 생성하는 것이다. 이처럼 파서를 생성하는 경우, 대다수의 파서 생성기는 코드 생성 기법을 사용한다. 이때 사용 중인 호스트 언어에 맞게, 다양한 언어로 작성된 파서를 생성할 수 있다. 물론 파서 생성기가 런타임에 문법 파일을 읽은 후, 바로 해석하는 방식을 사용하지 말라는 뜻은 아니다. 어쩌면 파서 생성기가 런타임에 문법을 읽어서, 파서 결합기(309)를 만들 수도 있다. 그렇긴 해도 전통적으로 코드 생성 기법을 사용해왔고, 성능을 고려해야 한다는 복합적인 이유 때문에, 파서 생성기 툴은 흔히 코드 생성 기법을 사용한다. 특히 대다수의 파서 생성기가 범용 언어를 대상으로 만들어졌기 때문에, 주로 코드 생성 기법이 사용되는 편이다.

대부분의 경우 파서 생성기로 생성된 파서 코드는 블랙박스처럼 다루며, 코드 내부를 깊이 살펴보지는 않는다. 하지만 파서가 처리하는 방식을 이해해두면 도움이 되기도 한다. 특히 문법을 디버깅하려고 할 때, 큰 도움이 된다. 따라서 파서가 처리하는 방식을 이해해야 할 때, 파서 생성기 툴을 사용하면 이해하기 쉬운 알고리즘을 사용하는 파서를 생성할 수 있다는 장점이 있다. 예를 들면 재귀 하향식 파서(297)를 생성하는 파서 생성기를 사용해볼 수 있다.

이 책의 많은 패턴에서 ANTLR 파서 생성기를 사용해서 설명한다. ANTLR 파서 생성기는 쉽게 구할 수 있고, 오랫동안 검증되어 왔으며, 문서화도 잘 되어 있다. 그래서 파서 생성기를 처음 접하는 사람이라면, 주로 ANTLR을 추천하곤 한다. 뿐만 아니라 ANTLR은 훌륭한 IDE 스타일의 툴(ANTLRWorks)을 제공한다. 이 툴은 문법을 제대로 개발할 수 있게끔 유도하는 유용한 UI를 지원한다.

23.1.1 액션 삽입하기

구문 분석을 수행하면, 그 결과로 파스 트리가 만들어진다. 그리고 이 트리로 무언가를 하려면 코드를 추가적으로 삽입해야만 한다. 이때 외래 코드(373)를 사용하면 문법에 코드를 추가할 수 있다. 삽입된 코드가 실행되는 시점은 코드가 문법에 삽입되는 위치에 따라 정해진다. 삽입된 코드는 규칙 표현식 안에 위치하며, 해당 규칙이 매칭되어야만 실행된다.

이벤트 선언이 인식될 때, 인식된 이벤트를 객체로 등록하는 예제를 살펴보자.

```
eventBlock : Event-keyword eventDec* End-keyword;
eventDec   : Identifier Identifier {registerEvent($1, $2);}
           ;
```

이 규칙의 경우 파서가 eventDec 규칙에서 두 번째 Identifier를 식별하자마자 registerEvent 메서드가 호출된다. 파스 트리의 데이터를 registerEvent 메서드로 전달하려면, 규칙에 언급된 토큰을 참조할 수 있는 방법이 있어야 한다. 이 예제에서는 $1, $2와 같이 Identifier를 위치에 따라 참조한다. 사실 이 방식은 Yacc 파서 생성기에서 사용하는 방식이다.

액션은 파서가 생성되는 과정에서 생성될 파서 내부에 결합될 때가 많다. 따라서 코드 액션은 생성될 파서에서 사용할 언어와 같은 언어로 주로 작성된다.

이처럼 코드를 삽입하고, 액션과 문법을 연결하는 방식은 파서 생성기 툴마다 서로 다르다. 여기에서 파서 생성기 툴에서 제공하는 다양한 방식을 모두 살펴보지는 않겠다. 그래도 이 중에서 두 가지 점은 강조해 두어야겠다. 우선 삽입된 코드와 Identifier를 연결하는 방법에 대해서는 이미 살펴봤다. 본질적으로 파서는 파스 트리를 만드는 일을 한다. 이때 파스 트리 안에서 데이터를 이동할 수 있으면 유용할 때가 많다. 실제로 하위 규칙에서 상위 규칙으로 데이터를 반환하는 기능은 가장 많이 쓰일뿐더러 상당히 유용하다. 예를 들어 ANTLR 파서 생성기를 사용하면 아래와 같이 작성할 수 있다.

```
eventBlock
  : K_EVENT (e = eventDec {registerEvent($e.result);})* K_END
  ;
eventDec returns [Event result]
  : name = ID code = ID {$result = createEvent($name, $code);}
  ;
```

이 경우 eventDec 규칙에서 값을 반환하도록 설정한다. 그러면 상위 규칙은 반환 값에 접근해서 사용할 수 있다. (ANTLR에서는 문법 요소를 이름을 기반으로 참조한다. 일반적으로 이름을 기반으로 참조하는 방식이 위치를 기반으로 참조하는 방식보다 더 낫다.) 이처럼 규칙에서 값을 반환하는 기능을 사용하면, 파서를 훨씬 쉽게 만들 수 있다. 무엇보다도 수많은 컨텍스트 변수(217)를 없앨 수 있다. ANTLR뿐만 아니라 일부 파서 생성기에서는 데이터를 하위 규칙의 인자로 전달할 수 있는 기능도 제공한다. 이 기능을 사용하면 하위 규칙에 컨텍스트 정보를 제공할 수 있으므로, 유연성이 증대된다.

또한 이 예제에서 문법 안에 액션이 삽입된 위치가 액션이 호출되는 시점을 결정한다는 사실을 알 수 있다. 보다시피 eventBlock 규칙에 있는 액션은 규칙 오른편의 중간에 위치하므로, 각 eventDec 하위 규칙이 인식된 후 호출되게 된다. 이처럼 파서 생성기에서는 액션이 삽입된 위치를 바탕으로 호출하는 방식을 주로 사용한다.

내가 보기에 구문 추도 변환(267) 기법을 사용하는 경우, 문법에 호스트 코드가 너무 많이 추가된다는 문제점이 있다. 문법에 호스트 코드가 너무 많이 추가되면, 문법의 구조를 알아보기 힘들어진다. 뿐만 아니라 호스트 코드를 수정하기도 힘들어진다. 게다가 수정한 후, 테스트하고 디버깅하기 위해서는 파서를 새로 컴파일해야만 한다. 임베드먼트 헬퍼(647) 패턴을 사용하면 이 문제를 효과적으로 해결할 수 있다. 임베드먼트 헬퍼는 가급적이면 코드를 모두 헬퍼 객체로 옮겨서, 문법에는 단일 메서드 호출만이 유일하게 남도록 만드는 기법이다.

액션은 입력 DSL로 원래 하려고 했던 일이 무엇이었는지를 정의하는 코드다. 따라서 액션을 작성하는 방식은 전반적인 DSL 파싱 전략에 따라 달라진다. 이러한 액션을 작성하는 방식에는 트리 생성(341), 임베디드 인터프리테이션(369), 임베디드 변환(361)이 있다. 사실 파서 생성기는 이들 전략과 함께 사용하지 않으면 그리 흥미로울 것이 없다. 따라서 이 장에서는 파서 생성기와 관련해서 예제를 담지 않았다. 관련 예제를 보려면 위의 각 결과 생성 패턴을 다룬 장에서, 예제를 살펴보기 바란다.

액션과 비슷한 또 다른 부류로는 시맨틱 서술식(semantic predicate)이 있다. 시맨틱 서술식은 액션과 마찬가지로 외래 코드에 해당하지만, 액션과는 달리 해당 규칙에 대한 파싱이 성공했는지 여부를 나타내는 불린 값을 반환한다. 그리고 액션은 파싱에 영향을 미치지 않지만, 시맨틱 서술식은 파싱에 영향을 준다. 문법 언어 자체만으로는 제대로 담아내기 힘든 영역을 다룰 때 시맨틱 서술식이 주로 사용된다. 시맨틱 서술식은 DSL보다 복잡한 언어에서 주로 나타나므로, 범용 언어에서 더 많이 사용되는 편이다. 그러나 DSL로 사용할 문법을 만드는데 어려움을 겪고 있는 경우라면, 시맨틱 서술식을 사용하면 좀 더 복잡한 처리를 할 수 있다.

23.2 언제 사용하는가

내가 보기에 파서 생성기를 사용할 때 얻는 가장 큰 장점은 처리하려는 언어의 구문 구조를 정의하는 문법을 명시적으로 제공한다는 점이다. 물론 이 장점은 DSL을 사용할 때 얻을 수 있는 핵심적인 장점이다. 뿐만 아니라 파서 생성기는 복잡한 언어를 처리하는데 중점을 두고 만들어졌기 때문에, 직접 만든 파서보다 훨씬 많은 기능을 제공하며 처리할 수 있는 범위도 넓다. 물론, 관련된 기능을 배우려면 노력을 들여야 한다. 하지만 먼저 단순한 기능부터 사용하고, 필요할 때 차근차근 배워 나가도 충분하다. 또한 파서 생성기는 효과적인 에러 처리와 진단 기능을 제공한다. 문법이 생각한 대로 동작하지 않아서 이를 바로 잡으려 할 때, 에러 처리와 진단 기능이 있다면 큰 도움을 얻을 수 있다(이 책에서는 에러 처리와 진단에 대해서는 설명하지 않겠다).

물론 단점도 있다. 예를 들어 사용하는 언어 환경에 맞는 파서 생성기가 없을 수 있다. 게다가 파서 생성기를 직접 만들기도 쉽지 않다. 설령 파서 생성기가 있다고 해도, 프로젝트에 새로운 툴을 도입하기가 망설여질 수도 있다. 뿐만 아니라 대다수의 파서 생성기는 코드 생성 기법을 사용하므로, 빌드 과정이 복잡해지며, 결국 파서 생성기를 도입하는데 큰 걸림돌이 되기도 한다.

23.3 Hello World(자바와 ANTLR)

새로운 프로그래밍 언어를 시작할 때는 전통적으로 'Hello World' 프로그램부터 작성한다. 이는 좋은 습관이다. 새로운 프로그래밍 환경에 익숙하지 않을 때, 대부분의 경우 아주 간단한 프로그램이라도 처음 실행하려면 어느 정도는 골머리를 앓아야 하기 때문이다.

ANTLR과 같은 파서 생성기를 새로 배울 때도 마찬가지다. 아주 간단한 예제부터 시작하면, 작동하는 부분이 무엇인지, 그리고 각 구성요소가 어떻게 결합하는지 효과적으로 이해할 수 있다. 이 책의 많은 예제에서 ANTLR을 사용하므로, ANTLR을 이용해 연습해 보는 일도 충분히 의미 있다. 여기에서는 ANTLR을 사용하는 기본적인 단계를 알아보고자 한다. 이처럼 ANTLR을 연습해두면, ANTLR 이외의 파서 생성기를 사용할 때도 도움이 되리라고 본다.

기본적으로 파서 생성기는 다음의 단계를 따라 동작한다. 먼저 문법 파일을 작성하고, 이 문법에 대해 파서 생성기 툴을 실행해서 파서에 대한 소스 코드를 생성한 후, 생성된 파서를 컴파일한다. 이때 파서에서 사용할 다른 코드가 있다면, 같이 컴파일한다. 이 작업이 끝나면, 생성된 파서를 사용해서 입력 파일을 파싱한다.

23.3.1 기본 문법 작성하기

파서를 생성해서 텍스트를 파싱해야 하므로, 아주 간단한 텍스트를 이용하자. 예를 들어 다음 파일을 보자.

```
greetings.txt...
  hello Rebecca
  hello Neal
  hello Ola
```

이 파일은 인사말 목록이다. 각 인사말에는 키워드(hello)가 있고, 이어서 이름이 나온다. 다음은 이 파일을 인식하는 간단한 문법이다.

```
Greetings.g...
  grammar Greetings;

@header {
  package helloAntlr;
}

@lexer::header {
  package helloAntlr;
}

script : greeting* EOF;
greeting : 'hello' Name;

Name : ('a'..'z' | 'A'..'Z')+;

WS : (' ' |'\t' | '\r' | '\n')+ {skip();} ;
COMMENT : '#'(~'\n')* {skip();} ;
ILLEGAL : .;
```

이 문법 파일은 간단해 보이지만 생각만큼 간단하지는 않다. 먼저 첫 번째 라인에 문법의 이름을 선언한다.

```
grammar Greetings;
```

생성된 소스 코드를 모두 기본 패키지에 넣으려는 게(패키지가 없이 생성하려는 게) 아니라면, 생성될 파서가 적절한 패키지 안에 들어가도록 명시해야 한다. 이 예제의 경우 사용할 패키지는 helloAntlr이다. @hearder 속성을 문법에 사용해서 패키지를 명시할 수 있다. 즉 @header 속성을 사용하면 생성될 파서의 헤더 부분에 자바 코드를 일부 포함할 수 있다. 따라서 이 속성을 사용해 패키지 선언문을 포함한다. import 구문을 추가할 때도 마찬가지로 @header 속성을 사용할 수 있다.

```
@header {
  package helloAntlr;
}
```

렉서에 대한 코드에도 똑같이 적용한다.

```
@lexer::header {
  package helloAntlr;
}
```

이제 문법 파일에서 가장 중요한 요소인 규칙을 만들 차례다. 대부분의 파서 생성기와 마찬가지로 ANTLR도 렉서와 파서를 분리해서 사용한다. 하지만 다른 파서 생성기와는 달리 ANTLR은 하나의 문법 파일에서 렉서와 파서를 모두 생성한다. 위 규칙의 첫 두 라인은 입력 스크립트에 다수의 greeting이 있고, 이어서 EOF가 나온다는 뜻이다. 그리고 각 greeting 규칙에는 키워드 토큰인 hello와 이어서 Name 토큰이 나온다는 점을 알 수 있다.

```
script : greeting* EOF;
greeting : 'hello' Name;
```

ANTLR의 경우 토큰을 대문자로 시작하도록 작성해서, 토큰을 구분한다. Name 은 단순히 낱말로 구성된 문자열이다.

```
Name : ('a'..'z' | 'A'..'Z')+;
```

흔히 공백과 주석문은 제거하는 편이 낫다. 물론 상황이 절망적이라면, 디버깅할 때 주석은 조잡하긴 하지만 믿을만한 도움을 주기도 한다.

```
WS : (' ' |'\t' | '\r' | '\n')+ {skip();} ;
COMMENT : '#'(~'\n')* {skip();} ;
ILLEGAL : .;
```

마지막 토큰 규칙(ILLEGAL)은 어느 규칙에도 매핑되지 않는 토큰이 있을 때, 렉서가 에러를 보고하도록 만든다(ILLEGAL 규칙을 사용하지 않으면, 매핑되지 않은 토큰은 조용히 무시된다).

ANTLRWorks IDE를 사용하고 있다면, 이쯤에서 ANTLR 인터프리터를 실행해서 입력 텍스트를 읽을 수 있는지 검증할 수 있다. 다음 단계는 기본 파서를 생성한 후, 실행하는 일이다.

(이 예제를 작성하면서 사소하지만 여러 번 속을 썩였던 부분이 있다. 최상의 규칙의 끝에 EOF를 넣지 않아도 ANTLR은 에러를 내지 않았다. 대신 파싱하면서 문제가 발생했을 때 파싱이 중단되었으므로 전혀 문제가 없는 듯이 보였다. 이 점이

특히 곤혹스러웠다. 왜냐하면 ANTLRWorks IDE를 사용하는 경우에 EOF를 넣지 않았더니, ANTLR 인터프리터에서 에러를 보여주었기 때문이다. 이러한 문제는 혼란스럽고, 불만으로 가득 차게 되며, 모니터에 화풀이라도 하고 싶어지게 만든다.)

23.3.2 구문 분석기 빌드하기

다음 단계는 ANTLR 코드 생성기를 실행해서 파서에 대한 소스 코드를 생성하는 일이다. 드디어 빌드 시스템을 만지작거릴 시간이 왔다. 자바 프로젝트에서 기본 빌드 시스템으로 앤트를 사용하므로, 이 예제에서도 앤트를 사용하려고 한다(사실 개인적으로는 Rake를 더 즐겨 사용하는 편이다).

소스 파일을 생성하려면, ANTLR 툴을 실행해야 한다. 이 툴은 라이브러리 JAR 파일에 포함되어 있다.

```
build.xml...
<property name="dir.src" value="src"/>
<property name="dir.gen" value="gen"/>
<property name="dir.lib" value="lib"/>
<path id="path.antlr">
  <fileset dir="${dir.lib}">
    <include name="antlr*.jar"/>
    <include name="stringtemplate*.jar"/>
  </fileset>
</path>

<target name="gen">
  <mkdir dir="${dir.gen}/helloAntlr"/>
  <java classname="org.antlr.Tool" classpathref="path.antlr" fork="true"
        failonerror="true">
    <arg value="-fo"/>
    <arg value="${dir.gen}/helloAntlr"/>
    <arg value="${dir.src}/helloAntlr/Greetings.g"/>
  </java>
</target>
```

이 스크립트로 빌드하면 여러 가지 ANTLR 소스가 생성되고, 생성된 소스는 gen 디렉터리에 저장된다. gen 디렉터리는 나머지 주요 소스들과는 분리했다. gen 디렉터리에는 생성된 파일이 저장되므로, 소스 코드 관리 시스템에서 gen 디렉터리를 무시하도록 설정하기 위해서다.

코드 생성기는 여러 개의 소스 파일을 만들어 낸다. 여기에서 가장 중요한 파일은 렉서에 대한 자바 소스 파일(GreetingsLexer.java)과 파서에 대한 자바 소스 파일(GreetingsParser.java)이다.

이들 파일은 자동으로 생성된다. 다음 단계에서 이들 파일을 활용한다. 이들 파일을 활용하는 클래스는 직접 만들고자 하며, GreetingsLoader라고 이름짓자. 클래스 이름을 'Parser'가 아니라 'Loader'라고 부른 이유는, 'Parser'는 이미 ANTLR에서 사용하고 있기 때문이다. 이 클래스는 생성자 인자로 Reader 객체를 받아 초기화한다.

```
class GreetingsLoader...
  private Reader input;
  public GreetingsLoader(Reader input) {
    this.input = input;
  }
```

다음으로 run 메서드를 작성한다. 이 메서드는 ANTLR에서 생성한 파일을 사용해서 실제 작업을 하도록 구현한다.

```
class GreetingsLoader...
  public List<String> run() {
    try {
      GreetingsLexer lexer = new GreetingsLexer(new ANTLRReaderStream(input));
      GreetingsParser parser = new GreetingsParser(
                                   new CommonTokenStream(lexer));
      parser.script();
      return guests;
    } catch (IOException e) {
      throw new RuntimeException(e);
    } catch (RecognitionException e) {
      throw new RuntimeException(e);
    }
  }

  private List<String> guests = new ArrayList<String>();
```

이 메서드를 구현할 때 밑바탕에 깔린 생각은, 먼저 input을 기반으로 lexer 객체를 생성하고, 이어서 lexer 객체를 바탕으로 parser 객체를 생성하는데 있다. parser 객체가 만들어지면, 문법의 최상위 규칙과 같은 이름을 가진 메서드(script)를 호출한다. 이 메서드가 호출되면, input 텍스트에 대해 parser가 실행된다.

간단한 테스트를 통해 로더 클래스를 실행해 볼 수 있다.

```
@Test
public void readsValidFile() throws Exception {
  Reader input = new FileReader("src/helloAntlr/greetings.txt");
  GreetingsLoader loader = new GreetingsLoader(input);
  loader.run();
}
```

이 클래스는 확실히 실행되기는 하지만 그리 유용하지는 않다. 여기서 실행된다는 말은 ANTLR 파서가 파일을 읽을 때 이상이 없었다는 점만 가리킬 뿐이다. 게다가 아무런 문제없이 파일을 읽었는지 알 수도 없다. 따라서 잘못된 입력을 파서에 전달해서 실행해 보는 일도 의미가 있다.

```
invalid.txt...
  hello Rebecca
  XXhello Neal
  hello Ola

test...
  @Test
  public void errorWhenKeywordIsMangled() throws Exception {
    Reader input = new FileReader("src/helloAntlr/invalid.txt");
    GreetingsLoader loader = new GreetingsLoader(input);
    try {
      loader.run();
      fail();
    } catch (Exception expected) {}
  }
```

앞에서 설명한 대로 코드를 작성했다면 이 테스트는 실패하게 된다. 그리고 ANTLR은 문제가 있다고 알리는 경고 메시지를 출력한다. 하지만 파싱은 중단되지 않은 채 ANTLR은 단호히 파싱을 계속하면서, 가급적이면 에러를 복구하려고 시도한다. 일반적으로 이러한 방식이 효과적이다. 하지만 ANTLR을 처음 접하는 경우라면, ANTLR이 문제를 너무 용인한 채 파싱을 단호히 지속한다는 점이 불만스러울 수도 있다.

이제 여러 가지 문제가 보인다. 첫째, 파서는 파일을 읽을 뿐이며, 의미 있는 결과를 전혀 생성하지 않는다. 둘째, 문제가 언제 발생했는지 알기 힘들다. 문법 파일에 일부 코드를 추가하면, 이 두 문제를 모두 바로잡을 수 있다.

23.3.3 문법에 코드 액션 추가하기

구문 주도 변환(267) 기법을 사용한다면, 결과를 생성할 때 사용할 수 있는 전략에는 세 가지가 있다. 트리 생성(341), 임베디드 인터프리테이션(369), 임베디드 변환(361) 전략이다. 파서 생성기와 같은 툴을 처음 접할 때는, 임베디드 변환 기법을 사용하는 편이다. 이 기법을 사용하면, 파싱하면서 무슨 일이 일어나고 있는지 쉽게 볼 수 있기 때문이다.

또한 코드 액션을 삽입할 때, 나는 임베드먼트 헬퍼(647)를 즐겨 사용한다. ANTLR에서 임베드먼트 헬퍼를 사용하려면, 이미 만들어 둔 로더 클래스를 문법 파일에 헬퍼로 추가하는 방식이 가장 간단하다. 뿐만 아니라 헬퍼를 사용하면, 사용자에게 에러를 효과적으로 알려줄 수 있는 기능을 추가할 수도 있다.

이 단계에서는 먼저 생성될 파서에 자바 코드를 추가적으로 삽입할 수 있도록, 문법 파일을 수정한다. ANTLR의 경우 members 속성을 사용해 임베드먼트 헬퍼로 사용할 객체를 선언할 수 있다. 그리고 에러를 출력하는 기본 에러 처리 함수를 오 버라이딩할 수도 있다.

```
Greetings.g...
  @members {
    GreetingsLoader helper;
    public void reportError(RecognitionException e) {
      helper.reportError(e);
    }
  }
```

이제 로더에서는 에러 처리 함수가 에러를 기록하고 출력하도록 간단히 구현한다.

```
class GreetingsLoader...
  private List errors = new ArrayList();
  void reportError(RecognitionException e) {
    errors.add(e);
  }
  public boolean hasErrors() {return !isOk();}
  public boolean isOk() {return errors.isEmpty();}
  private String errorReport() {
    if (isOk()) return "OK";
    StringBuffer result = new StringBuffer("");
    for (Object e : errors) result.append(e.toString()).append("\n");
    return result.toString();
  }
```

이제 로더를 파서에 헬퍼 객체로 등록한다. 그리고 파서가 에러를 보고하면 에러를 던지는 코드 몇 줄을 run 메서드에 추가하기만 하면 된다.

```
class GreetingsLoader...
  public void run() {
    try {
      GreetingsLexer lexer = new GreetingsLexer(new ANTLRReaderStream(input));
      GreetingsParser parser = new GreetingsParser(
                                    new CommonTokenStream(lexer));
      parser.helper = this;
      parser.script();
      if (hasErrors())
        throw new RuntimeException("it all went pear-shaped\n" + errorReport());
    } catch (IOException e) {
      throw new RuntimeException(e);
    } catch (RecognitionException e) {
      throw new RuntimeException(e);
    }
  }
```

이처럼 헬퍼 객체가 있으면, 일부 코드 액션을 추가해서 인사를 나눈 사람의 이름을 쉽게 저장할 수 있다.

```
Greetings.g...
  greeting : 'hello' n=Name {helper.recordGuest($n);};

class GreetingsLoader...
  void recordGuest(Token t) {guests.add(t.getText());}
  List<String> getGuests() {return guests;}
  private List<String> guests = new ArrayList<String>();

test...
  @Test
  public void greetedCorrectPeople() throws Exception {
    Reader input = new FileReader("src/helloAntlr/greetings.txt");
    GreetingsLoader loader = new GreetingsLoader(input);
    loader.run();
    List<String> expectedPeople = Arrays.asList("Rebecca", "Neal", "Ola");
    assertEquals(expectedPeople, loader.getGuests());
  }
```

지금까지 작성한 코드는 조잡하기 짝이 없다. 하지만 파일을 파싱하고, 에러를 찾을 수 있으며, 결과를 만들어내는 무언가와 상호작용할 수 있는 파일들을 파서 생성기에서 확실히 생성한다는 점을 보여주기에는 충분하다. 이처럼 장난감 같은 예제가 한번 동작하기만 하면, 이보다 유용한 기능을 추가할 수 있게 된다.

23.3.4 제너레이션 갭 패턴 적용하기

앞에서 본 것처럼 헬퍼와 에러 처리 메서드를 파서에 결합하는 대신에, 제너레이션 갭(675) 패턴을 이용해도 똑같은 작업을 할 수 있다. 이 패턴을 적용하려면, ANTLR에서 생성할 파서의 슈퍼 클래스를 직접 만들어야 한다. 그러면 생성된 파서에서는 헬퍼 객체의 메서드를 객체에 대한 참조가 없이 호출해서 사용할 수 있다.[1]

이렇게 하려면 문법 파일에 options를 사용한다. 이제 전체 문법 파일은 다음과 같다.

```
Greetings.g...
  grammar Greetings;
  options {superClass = BaseGreetingsParser;}

  @header {
    package subclass;
  }

  @lexer::header {
    package subclass;
  }

  script : greeting * EOF;
  greeting : 'hello' n=Name {recordGuest($n);};
```

---

1 (옮긴이) 이전 예제에서 만들었던 메서드를 파서의 슈퍼 클래스에 작성한다. 그리고 이 슈퍼 클래스를 임베드먼트 헬퍼 객체로 등록한다.

```
Name : ('a'..'z' | 'A'..'Z')+;
WS : (' ' |'\t' | '\r' | '\n')+ {skip();} ;
COMMENT : '#'(~'\n')* {skip();} ;
ILLEGAL : .;
```

이제 reportError 메서드를 더 이상 오버라이딩하지 않는다. 대신에 직접 작성한 슈퍼 클래스에서 직접 구현한다. 따라서 슈퍼 클래스는 다음과 같이 작성할 수 있다.

```
abstract public class BaseGreetingsParser extends Parser {
  public BaseGreetingsParser(TokenStream input) {
    super(input);
  }

  //---- helper methods
  void recordGuest(Token t) {guests.add(t.getText());}
  List<String> getGuests() { return guests; }
  private List<String> guests = new ArrayList<String>();

  //-------- Error Handling ----------------------------private
  List errors = new ArrayList();

  public void reportError(RecognitionException e) {
    errors.add(e);
  }

  public boolean hasErrors() {return !isOk();}

  public boolean isOk() {return errors.isEmpty();}
```

직접 작성한 슈퍼 클래스는 ANTLR 파서 클래스(Parser)의 하위 클래스이므로, 생성될 파서보다 파서 간의 계층 구조에서 위에 위치한다. 이 클래스에는 앞에서 헬퍼에 있었던 메서드와 별도의 로더 클래스에 있었던 에러 처리 코드를 포함한다. 이처럼 슈퍼 클래스를 직접 작성하더라도 래퍼 클래스를 만들어 파서가 실행되는 과정을 운영하는 일은 여전히 의미가 있다.

```
class GreetingsLoader...
  private Reader input;
  private GreetingsParser parser;

  public GreetingsLoader(Reader input) {
    this.input = input;
  }

  public void run() {
    try {
      GreetingsLexer lexer = new GreetingsLexer(new ANTLRReaderStream(input));
      parser = new GreetingsParser(new CommonTokenStream(lexer));
      parser.script();
      if (parser.hasErrors())
        throw new RuntimeException("it all went pear-shaped");
    } catch (IOException e) {
      throw new RuntimeException(e);
    } catch (RecognitionException e) {
      throw new RuntimeException(e);
```

```
        }
    }
    public List<String> getGuests() { return parser.getGuests();}
```

이처럼 임베드먼트 헬퍼를 사용할 때, 상속 관계를 사용하거나 위임 관계를 이용해 구현할 수 있다. 각 방식은 자신만의 장단점이 있다. 어느 한쪽이 더 효과적이라고 확실히 말하기는 힘들다. 그래서 이 책의 예제에서는 두 방식을 모두 이용한다.[2]

실무에서 파서를 만들려면 이보다 훨씬 많은 작업을 처리해야 하겠지만, 출발점으로서는 이처럼 간단한 예제가 효과적이다. 3부에 있는 나머지 패턴에서 파서 생성기를 사용하는 더 많은 예제를(고딕 양식의 보안에 대한 상태 머신 등을 포함해서) 찾아볼 수 있다.

---

2 (옮긴이) 제너레이션 갭 패턴을 사용하는 경우가 상속 관계를 이용한 예제다. 앞에서 본 헬퍼 객체를 파서의 생성자에 전달하는 방식이 위임 관계를 사용한 예다.

24장

DOMAIN-SPECIFIC LANGUAGES

트리 생성

파서가 소스 텍스트를 구문 트리 형식으로 생성해서 반환한다.
이후 단계에서 트리 탐색 코드를 이용해 반환된 구문 트리를 조작한다.

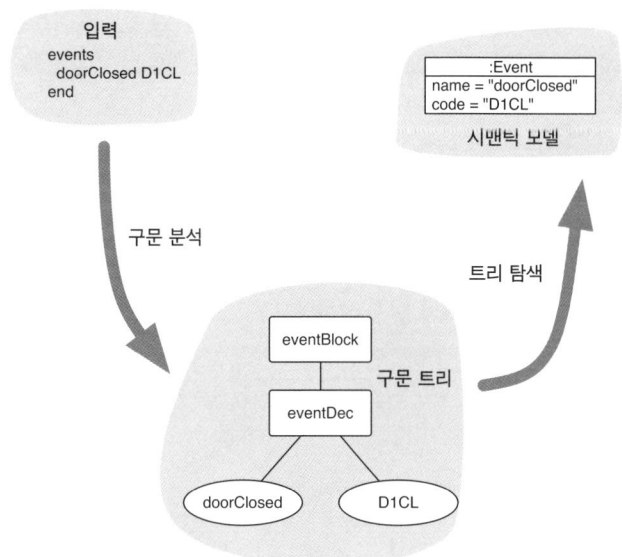

24.1 어떻게 동작하는가

구문 주도 변환(267) 기법을 사용하는 파서라면 파싱하면서 항상 구문 트리를 생성한다. 이때 파서는 트리를 스택에 생성하고, 트리에서 작업이 끝난 가지를 쳐낸다. 트리 생성(Tree Construction) 기법의 경우 파서 액션(parser action)을 만들어, 파싱하면서 구문 트리를 메모리에 생성하게 된다. 파싱이 완료되면 DSL 스크립트에 대한 구문 트리가 생성된다. 그러면 이 구문 트리를 바탕으로 추가적으로 조작할 수 있다. 예를 들어 시맨틱 모델(197)을 적용하는 경우라면, 트리 탐색 코드를 사용해서 구문 트리를 탐색한 후 시맨틱 모델을 파퓰레이트한다.

이처럼 메모리에 생성하는 구문 트리는 파서가 파싱하면서 실제로 만드는 파스 트리와는 완전히 일치할 필요가 없고, 실제로 일치하지 않을 때가 많다. 트리 생성 기법을 사용할 때는 파스 트리가 아닌 추상 구문 트리(abstract syntax tree)라고 불리는 트리를 생성한다. 추상 구문 트리(AST)는 단순화된 파스 트리로, 입력 언어를 트리 형식으로 표현할 때 더 효과적인 표현형식이다.

작은 예제를 통해 파스 트리와 추상 구문 트리 간의 차이점을 살펴보자. 도입부에서 봤던 상태 머신의 이벤트 선언을 예제로 사용하자.

```
events
  doorClosed D1CL
  drawOpened D2OP
end
```

아래의 문법을 사용해 파싱하면,

```
declarations: eventBlock commandBlock;
eventBlock : Event-keyword eventDec* End-keyword;
eventDec : Identifier Identifier;
commandBlock : Command-keyword commandDec* End-keyword;
commandDec : Identifier Identifier;
```

그림 24.1과 같은 파스 트리가 만들어진다.

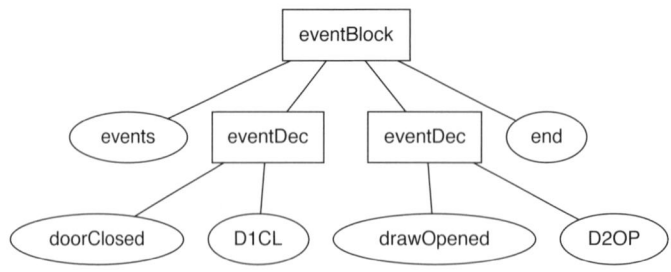

그림 24.1 이벤트 선언에 대한 파스 트리

이 트리를 보면 events와 end 노드는 불필요하다는 점을 알 수 있다. 이들 단어는 입력 텍스트에서 이벤트 선언의 경계를 표시하기 위해 사용했을 뿐이다. 따라서 입력 텍스트를 파싱해서 트리 구조가 만들어졌다면, 이들 노드는 더 이상 필요가 없다. 오히려 데이터 구조를 어지럽힐 뿐이다. 대신에 입력 텍스트를 그림 24.2와 같은 구문 트리로 표현할 수도 있다.

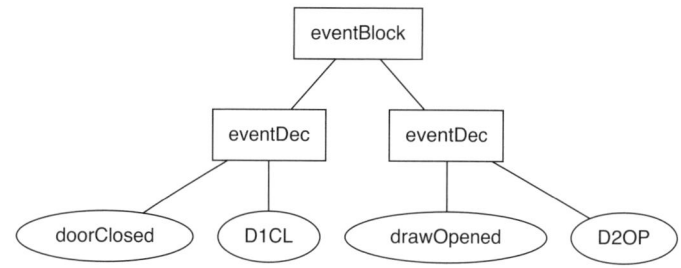

그림 24.2 이벤트 선언에 대한 AST

이 트리는 입력 텍스트를 있는 그대로 표현하지는 않는다. 하지만 이벤트를 처리할 때 필요한 트리는 바로 이 형태다. 이 트리는 처리하려는 목적에 더 알맞도록 입력을 추상화했다. 따라서 목적이 달라지면, 당연히 다른 형태의 AST를 만들어야 한다. 예를 들어 이벤트 코드만을 나열하고자 한다면, 이벤트 이름과 eventDec는 버리고 이벤트 코드만을 유지할 수도 있다. 이렇게 만들어진 AST는 사용 목적도 다르며, 그 형태도 다르다.

이쯤에서 내가 구분해서 사용하는 용어를 분류해야겠다. 구문 트리(syntax tree)는 입력을 파싱해서 만들어진, 계층적인 데이터 구조를 가리킬 때 사용하는 용어다. 구문 트리는 포괄적인 뜻으로 사용한다. 파스 트리(parse tree)와 AST는 특별한 형태의 구문 트리다. 파스 트리는 입력 텍스트에 완전히 일치하는 구문 트리인데 반해서, AST는 사용하려는 목적에 따라서 입력 텍스트를 간소화한 트리다.

이처럼 구문 트리를 생성할 때, BNF(279) 문법에 코드 액션을 사용할 수 있다. 코드 액션을 사용하면 노드에서 값을 반환할 수 있으므로, 코드 액션은 트리 생성 기법에서 매우 효과적이다. 즉, 해당 노드가 나타내는 표현형식을 각 코드 액션에서 결과 구문 트리에 더하는 방식으로 사용할 수 있다.

여기에서 더 나아가, 구문 트리를 기술할 수 있는 DSL을 제공하는 파서 생성기(327)도 있다. 예를 들어 ANTLR에서는 위의 AST를 다음과 같은 규칙을 사용해 생성할 수 있다.

```
eventDec : name=ID code=ID -> ^(EVENT_DEC $name $code);
```

-> 연산자는 트리 생성 규칙이 시작됨을 가리킨다. 트리 생성 규칙은 노드 타입을 첫 번째 요소로, 그리고 자식 노드를 나머지 요소로 가지는 리스트다. 이 경우 자식 노드는 이벤트 이름과 코드에 대한 토큰이다.

트리 생성 기법을 적용할 때 이러한 DSL을 사용하면, AST를 매우 쉽게 생성할 수 있다. 하지만 사용 중인 파서 생성기에서 구문 트리 DSL을 지원하더라도 문법에서 트리 생성 규칙을 전혀 사용하지 않는다면, 대체로 파서 생성기는 AST가 아니라 파스 트리를 만들어 낸다. 그러나 파스 트리가 필요한 경우는 거의 없다. 대체로 트리 생성 규칙을 사용해서, 파스 트리를 AST로 간소화하는 편이 더 낫다.

이렇게 만들어진 AST는 트리에 대한 데이터를 담고 있는 제네릭 객체(generic object)로 구성된다. 앞 예제의 경우 eventDec는 이벤트 이름과 코드를 가지는 제네릭 노드다. 이때 이름과 코드는 둘 다 제네릭 토큰(generic token)이다. 반면에 코드 액션을 이용해 트리를 직접 만드는 경우에는, 객체를 직접 만든다. 예를 들어 name과 code를 필드로 가지는 이벤트 객체를 실제로 만들게 된다. 나는 제네릭 AST를 만든 후, 두 번째 처리 단계에서 이 AST를 시맨틱 모델로 변환하는 방식을 선호한다. 복잡한 변환 과정을 한꺼번에 처리하기보다는, 단순한 두 개의 변환 과정을 거치는 편이 낫기 때문이다.

24.2 언제 사용하는가

트리 생성과 임베디드 변환(361) 기법은 둘 다 파싱하면서 시맨틱 모델을 생성하는 효과적인 방법이다. 임베디드 변환은 단계를 한 번만 거쳐서 변환하는 반면에, 트리 생성은 AST를 중간 단계의 모델로 사용해서 변환하는 두 단계를 거친다. 트리 생성 기법을 지지하는 이유 중 하나는 트리 생성을 사용하면 하나의 변환 과정을 더 간단한 두 개의 변환 과정으로 분리할 수 있다는 점이다. 이처럼 중간 단계의 모델을 만드는 게 가치가 있는지는 변환 과정이 얼마나 복잡하냐에 따라 다르다. 변환 과정이 복잡할수록 중간 단계의 모델은 더 유용해진다.

실제로 변환 과정을 더욱 복잡하게 만드는 특별한 요소가 있다. 이처럼 복잡성을 추가하는 요소들 때문에 DSL 스크립트를 처리하는 과정을 여러 단계로 분리하기도 한다. 예를 들어 전방 참조(forward reference)와 같은 요소는 DSL을 한 단계로만 모두 처리해야 한다면 사용하기가 더욱 곤란해진다. 반면에 트리 생성 기법을 사용하면, 처리 과정 후반부에서 트리를 여러 차례 탐색할 수 있으므로 전방 참조를 처리하기가 쉽다.

또한 사용 중인 파서 생성기에서 AST를 정말 쉽게 만들 수 있는 툴을 제공하면, 트리 생성 기법을 사용하는 편이 낫다. 심지어는 선택할 여지도 없이 무조건 트리 생성 기법을 사용해야 하는 파서 생성기도 일부 있다. 물론 대부분의 파서 생성기는 임베디드 변환 기법을 사용할 수 있는 옵션도 제공해 준다. 하지만 사용 중인 파서 생성기를 사용해서 AST를 정말 쉽게 만들 수 있다면, 트리 생성 기법을 선택하는 편이 훨씬 낫다.

트리 생성 기법을 사용할 때는 AST를 저장해야 하므로, 다른 방법을 사용할 때보다 메모리를 더 많이 차지하기 쉽다. 하지만 대다수의 경우 그리 큰 차이는 나지 않는다(물론 예전에는 메모리 사용량이 확실히 중요한 요소였다).

하나의 AST를 목적에 따라 다양한 방법으로 처리해서 서로 다른 시맨틱 모델로 파퓰레이트할 수 있고, 파서를 재사용할 수도 있다. 이 방법은 간편하다. 하지만 AST를 쉽게 생성할 수 있다면, 차라리 목적에 맞게 여러 개의 AST를 생성하는 편이 더 간단할 수도 있다. 또는 단일 시맨틱 모델을 파퓰레이트한 후, 모델을 기반으로 여러 표현형식으로 변환하는 게 더 나을 수도 있다.

24.3 ANTLR의 트리 생성 구문 사용하기(자바와 ANTLR)

도입부의 상태 머신 DSL 중에서 그랜트 양의 컨트롤러에 대한 DSL 중 하나를 예제로 사용하고자 한다. 다음 DSL 스크립트를 보자.

```
events
  doorClosed D1CL
  drawerOpened D2OP
  lightOn L1ON
  doorOpened D1OP
  panelClosed PNCL
end

resetEvents
  doorOpened
end

commands
  unlockPanel PNUL
  lockPanel PNLK
  lockDoor D1LK
  unlockDoor D1UL
end

state idle
  actions {unlockDoor lockPanel}
doorClosed => active
end

state active
  drawerOpened => waitingForLight
  lightOn => waitingForDrawer
end
```

```
state waitingForLight
  lightOn => unlockedPanel
end

state waitingForDrawer
  drawerOpened => unlockedPanel
end

state unlockedPanel
  actions {unlockPanel lockDoor}
  panelClosed => idle
end
```

24.3.1 토큰화하기

이 입력 텍스트를 토큰화 하는 일은 매우 간단하다. 이 텍스트에는 몇 가지 키워드 (events, end 등)와 여러 식별자가 포함되어 있다. ANTLR을 사용하는 경우 키워드는 파서 문법에 리터럴 텍스트를 사용해 작성할 수 있고, 이렇게 하면 문법을 읽기에도 훨씬 쉽다. 따라서 렉서 문법에는 식별자에 대한 규칙만 작성한다.

```
fragment LETTER : ('a'..'z' | 'A'..'Z' | '_');
fragment DIGIT : ('0'..'9');

ID : LETTER (LETTER | DIGIT)* ;
```

엄밀히 말하면 이벤트 이름과 코드에 대한 렉싱 규칙은 서로 다르다. 이름은 길이에 제한이 없지만, 코드는 반드시 4개의 대문자여야 한다. 따라서 이벤트 이름과 코드에 대해 서로 다른 렉서 규칙을 정의할 수도 있다. 하지만 이 경우에는 그렇게 하기가 약간 까다롭다. 예를 들어 문자열 ABC1은 이벤트 코드로 볼 수도 있고, 이름으로 인식할 수도 있다. 따라서 DSL 프로그램에서 문자열 ABC1이 인식될 때, 이 문자열이 둘 중 무엇을 의미하는지 결정하려면 문맥을 파악하고 있어야 한다. 예를 들어 state ABC1과 event unlockDoor ABC1는 서로 다른 토큰으로 렉싱해야 한다. 파서는 문맥 정보를 이용해 이 둘을 구분할 수 있지만 렉서는 그럴 수 없다. 따라서 입력 텍스트를 토큰화 할 때는 둘 모두에 대해 같은 토큰을 사용하고, 파서에서 둘을 구분하도록 하는 게 가장 좋다. 하지만 이렇게 처리하게 되면 코드가 다섯 자리더라도 파서에서는 에러를 발생하지 않는다. 이처럼 의미를 기준으로 처리하는 작업은 직접 수행해야 한다.

그리고 공백을 제거하는 렉서 규칙도 필요하다.

```
WHITE_SPACE : (' ' |'\t' | '\r' | '\n')+ {skip();} ;
COMMENT : '#' ~'\n'* '\n' {skip();};
```

이 경우에는 공백에 줄바꿈 문자를 포함한다. 예제 DSL에서는 문장을 종료하는 줄바꿈 문자가 마치 특별한 의미가 있는 것처럼 DSL 스크립트를 배치했다. 하지만 이 규칙에서 보듯이 줄바꿈 문자에는 별다른 의미가 없다. 이 규칙을 사용해서 줄바꿈 문자를 포함한 공백문자를 모두 제거한다. 이처럼 렉싱할 때 줄바꿈 문자를 모두 제거할 수 있다는 말은 DSL 코드를 배치하는 방식에 제약이 없다는 뜻이다. 바로 이 점이 구분자 주도 변환(247)과 뚜렷하게 차이나는 점이다. 사실 대부분의 범용 언어는 문장을 종료하기 위해 줄바꿈 문자나 세미콜론 등을 사용한다. 이와는 달리 DSL에서 문장 분리 기호가 전혀 없다는 사실은 주목할 만한 점이다. DSL은 문장이 매우 한정적이기 때문에 문장 분리 기호를 사용하지 않고도 작성할 수 있는 경우가 많다. 중위 표현식(infix expression)을 사용하려면 문장 분리 기호가 반드시 필요하지만, 많은 DSL의 경우 문장 분리 기호가 없이도 중위 표현식을 사용할 수 있다. 늘 그렇듯이 진짜로 필요한 경우가 아니라면 사용하지 말아야 한다.

이 예제에서는 렉싱하면서 공백을 바로 제거한다. 다시 말해, 파서에서는 공백이 아예 볼 수 없다는 뜻이다. 대다수의 경우 파서에서는 공백이 필요 없기 때문에 이러한 처리 방식도 일리가 있다. 실제로 파서에서 필요한 것은 의미 있는 토큰들이다. 그러나 파싱하다가 오류가 발생하는 경우와 같이 파서에서 공백이 필요해지는 경우가 생기기도 한다. 에러를 제대로 보고하려면 라인 번호와 열 번호가 필요하기 때문이다. 따라서 이러한 정보를 에러에 제공하려면 공백을 유지해야 한다. ANTLR에서는 WS : ('\r' | '\n' | ' ' | '\t')+ {$channel=HIDDEN}와 같이 공백 토큰을 다른 채널로 전달하는 방식을 사용해서 공백을 유지할 수 있다. 이러한 구문을 사용하면 공백을 HIDDEN 채널로 전달하므로 파싱 규칙에 영향을 주지 않을 뿐만 아니라, 에러를 처리할 때와 같이 공백이 필요해지는 경우 다시 활용할 수도 있다.

24.3.2 파싱하기

ANTLR의 경우 렉싱 규칙을 작성하는 방식은 트리 생성 기법 사용 여부에 관계없이 동일하게 작성한다. 트리 생성 기법을 적용할 때 다르게 작성해야 하는 문법은 바로 파서 규칙이다. 먼저 트리 생성을 사용하려면 ANTLR이 AST를 생성하도록 설정해야 한다.

```
options {
  output=AST;
  ASTLabelType = MfTree;
}
```

먼저 ANTLR이 AST을 생성하도록 설정하고, 동시에 AST가 특정 타입(MfTree)의 노드를 가지도록 설정한다. MfTree는 ANTLR의 제네릭 클래스인 CommonTree의 서브 클래스로, 원하는 행위를 이 노드에 추가한다. 여기에서 사용하는 명명법이 조금 혼란스러울 수 있다. MfTree 클래스는 노드뿐만 아니라, 노드의 자식을 가리킬 때도 사용한다. 따라서 이 클래스는 노드로 볼 수도 있고, 노드의 하위 트리로 볼 수도 있다. ANTLR에서는 이러한 클래스에 Tree라는 이름을 사용하므로, 예제 코드에서도 ANTLR 명명 규칙을 그대로 따른다. 그렇긴 하지만 이 클래스는 트리에서 노드에 해당한다.

이제 문법 규칙으로 넘어가보자. 먼저, 전체 DSL 파일의 구조를 정의하는 최상위 규칙부터 시작하자.

```
machine : eventList resetEventList? commandList? state*;
```

이 규칙에서는 주절을 차례대로 나열한다. 만약 ANTLR에 트리 생성 규칙을 조금도 제공하지 않는다면, 이 규칙은 단순히 오른편의 각 항목에 대한 노드를 차례대로 반환한다. 일반적으로는 이런 결과를 바라지 않지만, 이 경우에는 규칙을 이렇게 작성하는 게 맞다.

각 항목을 순서대로 처리해보자. 첫 번째는 이벤트 리스트에 대한 규칙이다.

```
eventList
  : 'events' event* 'end' -> ^(EVENT_LIST event*);

event : n=ID c=ID -> ^(EVENT $n $c);
```

이 두 규칙에 사용한 새로운 요소들 몇 가지를 설명해야겠다. 먼저 ANTLR의 트리 생성 구문이다. 각 규칙에서 '->' 다음에 나오는 코드가 트리 생성 구문이다.

eventList 규칙에는 두 개의 문자열 상수를 사용했다. 즉, 이들 키워드를 별도의 렉서 규칙으로 만드는 대신에 이러한 키워드 토큰을 파서 규칙에서 직접 사용했다.

트리 생성 규칙을 사용하면 AST에 무엇을 추가할지 직접 기술할 수 있다. 위의 규칙에서는 둘 다 ^(list...) 구문을 사용해 새로운 노드를 생성한 후, 생성된 노드를 AST에 반환한다. 괄호로 감싼 리스트에서 첫 번째 항목은 노드의 토큰 타입이다. 여기에서는 새로운 토큰 타입을 만들었다. 토큰 타입 다음에 나오는 항목은 모두 트리의 또 다른 노드들이다. eventList 규칙에서는 인식된 이벤트를 모두 형제 노드로 담는다. 그리고 event 규칙에서 BNF 형식으로 토큰에 이름을 부여한 후, 트리 생성 규칙에서는 이 이름을 참조해서 트리에 어떻게 배치할지 지정한다.

EVENT_LIST와 EVENT 토큰들은 파싱 과정의 일부로 만들어진 특별한 토큰들로, 렉서가 만든 토큰이 아니다. 이와 같은 토큰을 만들려면, 문법 파일에 미리 선언해야 한다.

```
tokens { EVENT_LIST; EVENT; COMMAND_LIST; COMMAND;
  STATE; TRANSITION_LIST; TRANSITION; ACTION_LIST;
  RESET_EVENT_LIST;
}
```

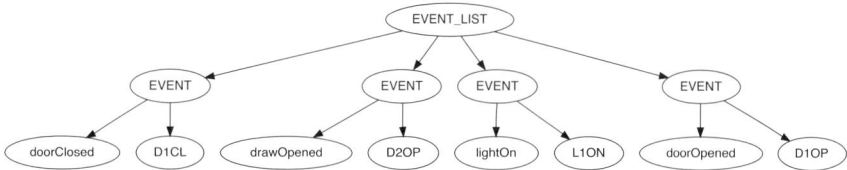

그림 24.3 그랜트 양의 이벤트 리스트에 대한 AST

커맨드는 이벤트를 처리하는 방법을 그대로 사용할 수 있다. 그리고 리셋 이벤트는 간단히 리스트로 처리한다.

```
commandList : 'commands' command* 'end' -> ^(COMMAND_LIST command*);
command : ID ID -> ^(COMMAND ID+);

resetEventList : 'resetEvents' ID* 'end' -> ^(RESET_EVENT_LIST ID*);
```

상태는 좀 더 복잡하지만, 기본적인 접근 방법은 동일하다.

```
state
  : 'state' ID actionList? transition* 'end'
    -> ^(STATE ID ^(ACTION_LIST actionList?) ^(TRANSITION_LIST transition*) )
  ;
transition : ID '=>' ID -> ^(TRANSITION ID+);
actionList : 'actions' '{' ID* '}' -> ID*;
```

지금까지 한 작업을 종합해보면 다음과 같다. 먼저 DSL을 영역별로 적절히 구분한다. 그리고 각 영역이 가리키는 내용에 맞게 노드를 만들고, 각 영역을 해당 노드 아래에 배치한다. 작업이 완료되면 그 결과로 AST가 만들어진다. AST는 파스 트리와 매우 비슷하지만 똑같지는 않다. 이처럼 파싱 단계에서는 되도록이면 트리 생성 규칙을 매우 간단하게 작성하고, 생성된 구문 트리를 쉽게 탐색할 수 있도록 하는 데 그 목표가 있다.

24.3.3 시맨틱 모델 파퓰레이트하기

파서가 트리를 만들고 나면 다음 단계에서는 트리를 탐색해서 시맨틱 모델(197)을 파퓰레이트한다. 시맨틱 모델은 도입부에서 사용했던 상태 머신과 동일하다. 시맨틱 모델을 파퓰레이트하는 인터페이스는 매우 단순하므로 여기에서는 따로 설명하지 않겠다.

시맨틱 모델을 파퓰레이트하기 위한 로더 클래스를 만든다.

```
class StateMachineLoader...
  private Reader input;
  private MfTree ast;
  private StateMachine machine;
  public StateMachineLoader(Reader input) {
    this.input = input;
  }
```

로더 클래스에는 커맨드 패턴을 적용한다. 다음은 로더 클래스의 run 메서드로, 변환을 수행하는 작업들을 차례대로 호출한다.

```
class StateMachineLoader...
  public void run() {
    loadAST();
    loadSymbols();
    createMachine();
  }
```

말로 설명해보면, 먼저 ANTLR에서 생성한 파서를 사용하여 입력 스트림을 파싱해서 AST를 생성한다. 그러고 나서 AST를 탐색한 후, 심벌 테이블(205)을 생성한다. 마지막으로, 이들 객체를 조립해 상태 머신을 만든다.

첫 단계에서는 ANTLR이 AST을 생성하도록 그저 주문을 외우면 된다.

```
class StateMachineLoader...
  private void loadAST() {
    try {
      StateMachineLexer lexer = new StateMachineLexer(
                                    new ANTLRReaderStream(input));
      StateMachineParser parser = new StateMachineParser(
                                    new CommonTokenStream(lexer));
      parser.helper = this;
      parser.setTreeAdaptor(new MyNodeAdaptor());
      ast = (MfTree) parser.machine().getTree();
    } catch (IOException e) {
      throw new RuntimeException(e);
    } catch (RecognitionException e) {
      throw new RuntimeException(e);
    }
  }

class MyNodeAdaptor extends CommonTreeAdaptor {
```

```
    public Object create(Token token) {
      return new MfTree(token);
    }
  }
```

MyNodeAdaptor()는 CommonTree가 아니라, MfTree를 이용해 AST를 만들라고 AST에게 비는 두 번째 주문이다.

다음은 심벌 테이블을 만드는 단계다. 이 단계에는 AST를 탐색해서 이벤트, 커맨드 그리고 상태를 모두 찾아 맵에 로드하는 과정이 포함된다. 이후에 객체를 연결해서 상태 머신을 생성할 때, 이 맵을 탐색하면 쉽게 연결할 수 있다.

```
class StateMachineLoader...
  private void loadSymbols() {
    loadEvents();
    loadCommands();
    loadStateNames();
  }
```

다음은 이벤트를 로드하는 코드다.

```
class StateMachineLoader...
  private Map<String, Event> events = new HashMap<String, Event>();

  private void loadEvents() {
    MfTree eventList = ast.getSoleChild(EVENT_LIST);
    for (MfTree eventNode : eventList.getChildren()) {
      String name = eventNode.getText(0);
      String code = eventNode.getText(1);
      events.put(name, new Event(name, code));
    }
  }

class MfTree...
  List<MfTree> getChildren() {
    List<MfTree> result = new ArrayList<MfTree>();
    for (int i = 0; i < getChildCount(); i++)
      result.add((MfTree) getChild(i));
    return result;
  }

  MfTree getSoleChild(int nodeType) {
    List<MfTree> matchingChildren = getChildren(nodeType);
    assert 1 == matchingChildren.size();
    return matchingChildren.get(0);
  }

  List<MfTree> getChildren(int nodeType) {
    List<MfTree> result = new ArrayList<MfTree>();
    for (int i = 0; i < getChildCount(); i++)
      if (getChild(i).getType() == nodeType)
        result.add((MfTree) getChild(i));
    return result;
  }
```

```
String getText(int i) {
  return getChild(i).getText();
}
```

노드 타입은 생성된 파서 코드 내부에 정의되어 있다. 로더에서는 노드 타입을 사용할 때 참조하기 쉽도록 static 임포트를 사용했다.

커맨드도 비슷한 방법으로 로드한다. 커맨드를 로드하는 코드는 쉽게 추측할 수 있으리라 믿는다. 상태도 비슷한 방법으로 로드하지만, 이 단계에서는 상태 이름만을 상태 객체에 저장한다.

```
class StateMachineLoader...
  private void loadStateNames() {
    for (MfTree node : ast.getChildren(STATE))
      states.put(stateName(node), new State(stateName(node)));
  }
```

상태는 전방 참조를 통해 사용될 수 있으므로 반드시 이러한 방식으로 처리해야 한다. 예를 들어 예제 DSL에서는 아직 선언되지 않은 상태를 전이에서 참조할 수 있다.

이 예제는 트리 생성 기법을 사용할 때 큰 효과를 볼 수 있는 경우다. 객체들을 서로 연결할 때 AST를 여러 번 탐색하더라도 문제가 전혀 발생하지 않기 때문이다.

마지막 단계에서 상태 머신을 실제로 생성한다.

```
class StateMachineLoader...
  private void createMachine() {
    machine = new StateMachine(getStartState());
    for (MfTree node : ast.getChildren(StateMachineParser.STATE))
      loadState(node);
    loadResetEvents();
  }
```

시작 상태는 맨 처음 선언된 상태다.

```
class StateMachineLoader...
  private State getStartState() {
    return states.get(getStartStateName());
  }

  private String getStartStateName() {
    return stateName((MfTree) ast.getFirstChildWithType(STATE));
  }
```

이제 모든 상태에 트랜지션과 액션을 결합할 수 있다.

```
class StateMachineLoader...
  private void loadState(MfTree stateNode) {
    for (MfTree t : stateNode.getSoleChild(TRANSITION_LIST).getChildren()) {
      getState(stateNode).addTransition(events.get(t.getText(0)),
                                        states.get(t.getText(1)));
    }
    for (MfTree t : stateNode.getSoleChild(ACTION_LIST).getChildren())
      getState(stateNode).addAction(commands.get(t.getText()));
  }
  private State getState(MfTree stateNode) {
    return states.get(stateName(stateNode));
  }
```

마지막으로 리셋 이벤트를 추가한다. 상태 머신 API 중에서 이 메서드를 제일 나중에 호출해야 한다.

```
class StateMachineLoader...
  private void loadResetEvents() {
    if (!ast.hasChild(RESET_EVENT_LIST)) return;
    MfTree resetEvents = ast.getSoleChild(RESET_EVENT_LIST);
    for (MfTree e : resetEvents.getChildren())
      machine.addResetEvents(events.get(e.getText()));
  }
class MfTree...
  boolean hasChild(int nodeType) {
    List<MfTree> matchingChildren = getChildren(nodeType);
    return matchingChildren.size() != 0;
  }
```

24.4 코드 액션을 사용한 트리 생성(자바와 ANTLR)

트리 생성 기법을 적용할 때, ANTLR의 트리 생성 구문을 사용하는 편이 가장 쉽다. 하지만 트리 생성 구문을 지원하지 않는 파서 생성기(327)가 많다. 이러한 경우에도 코드 액션을 사용해서 트리를 직접 구성하면, 트리 생성 기법을 적용할 수 있다. 이번 예제에서는 코드 액션을 사용해서 트리를 직접 생성하는 방법을 설명하고자 한다. 다른 파서 생성기를 설명하려면 시간이 걸리므로, 이 예제에서도 ANTLR을 사용하려고 한다. 하지만 ANTLR이 자체적으로 가진 트리 생성 구문은 사용하지 않는다. 물론 트리 생성 기법에 특화된 이 구문을 사용하면, 트리를 훨씬 쉽게 생성할 수 있다.

첫 번째로 결정해야 할 사항은 무엇을 사용해 트리를 표현하느냐다. 여기에서는 간단한 Node 클래스를 만들겠다.

```
class Node...
  private Token content;
```

```
  private Enum type;
  private List<Node> children = new ArrayList<Node>();

  public Node(Enum type, Token content) {
    this.content = content;
    this.type = type;
  }
  public Node(Enum type) {
    this(type, null);
  }
```

이 예제에서는 각 노드마다 서로 다른 타입을 사용하지 않는다. 즉, 이벤트 노드나 상태 노드에 대해 동일한 Node 클래스를 사용한다. 대신에 서로 다른 종류의 노드에 대해 다른 클래스를 사용할 수도 있다.

TreeConstructor 클래스를 간단히 만들어 생성된 ANTLR 파서를 감싼다. 이 파서에서 AST를 생성한다.

```
class TreeConstructor...
  private Reader input;
  public TreeConstructor(Reader input) {
    this.input = input;
  }
  public Node run() {
    try {
      StateMachineLexer lexer = new StateMachineLexer(
                          new ANTLRReaderStream(input));
      StateMachineParser parser = new StateMachineParser(
                          new CommonTokenStream(lexer));
      parser.helper = this;
      return parser.machine();
    } catch (IOException e) {
      throw new RuntimeException(e);
    } catch (RecognitionException e) {
      throw new RuntimeException(e);
    }
  }
```

노드 타입으로 사용할 열거형이 필요하다. 따라서 TreeConstructor 클래스에 NodeType을 열거형으로 선언한다. 다른 클래스에서는 static 임포트를 사용해서 열거형을 사용할 수 있다.

```
class TreeConstructor...
  public enum NodeType {STATE_MACHINE,
    EVENT_LIST, EVENT, RESET_EVENT_LIST,
    COMMAND_LIST, COMMAND,
    NAME, CODE,
    STATE, TRANSITION, TRIGGER, TARGET,
    ACTION_LIST, ACTION
  }
```

파서의 문법 규칙은 모두 동일한 기본 구조를 따른다. 아래의 이벤트에 대한 규칙이 이 기본 구조를 잘 보여준다.

```
문법파일...
  event returns [Node result]
    : {$result = new Node(EVENT);}
      name=ID {$result.add(NAME, $name);}
      code=ID {$result.add(CODE, $code);}
    ;
```

각 규칙에서 Node를 반환 타입으로 선언하고, 첫 라인에서 해당 결과 노드를 생성한다. 규칙의 각 항목에 맞는 토큰이 인식되면 토큰을 결과 노드의 자식으로 추가한다.

상위 레벨 규칙에서도 이 패턴을 그대로 따른다.

```
문법파일...
  eventList returns [Node result]
    : {$result = new Node(EVENT_LIST);}
      'events'
      (e=event {$result.add($e.result);} )* //add event
      'end'
    ;
```

유일한 차이점은 하위 규칙에서 반환된 노드를 $e.result를 사용해 추가한다는 점이다. 이때 하위 규칙의 반환 타입은 ANTLR이 알아서 적절하게 선택한다.

'add event'라고 주석으로 작성된 라인은 흔히 사용하는 방식이 아니다. 그리고 event 절과 코드 액션을 괄호 안에 넣고, 이렇게 괄호로 묶은 그룹에 대해 Kleene star 연산자를 적용했다는 점을 주의해야 한다. 이렇게 해야만 이벤트마다 코드 액션이 매번 수행되도록 보장할 수 있다.

Node 클래스에는 자식 노드를 쉽게 추가할 수 있는 메서드를 간단히 추가한다.

```
class Node...
  public void add(Node child) {
    children.add(child);
  }
  public void add(Enum nodeType, Token t) {
    add(new Node(nodeType, t));
  }
```

대개의 경우 코드 액션을 삽입할 때 문법 파일에 임베드먼트 헬퍼(647)를 사용하는 편이다. 이 경우는 예외인데, AST를 만드는 코드가 너무 간단하기 때문이다. 따라서 헬퍼를 사용해서 호출하더라도 이 코드를 더 이상 간단히 만들기는 어려울 것이다.

최상위 레벨의 machine 규칙 또한 기본 구조를 그대로 따른다.

```
문법파일...
  machine returns [Node result]
    : {$result = new Node(STATE_MACHINE);}
      e=eventList {$result.add($e.result);}
      (r=resetEventList {$result.add($r.result);} )?
      (c=commandList {$result.add($c.result);}) ?
      (s=state {$result.add($s.result);} )*
    ;
```

커맨드와 리셋 이벤트도 이벤트와 같은 방식으로 작성한다.

```
문법파일...
  commandList returns [Node result]
    : {$result = new Node(COMMAND_LIST);}
      'commands'
      (c=command {$result.add($c.result);})*
      'end'
    ;

  command returns [Node result]
    : {$result = new Node(COMMAND);}
      name=ID {$result.add(NAME, $name);}
      code=ID {$result.add(CODE, $code);}
    ;

  resetEventList returns [Node result]
    : {$result = new Node(RESET_EVENT_LIST);}
      'resetEvents'
      (e=ID {$result.add(NAME, $e);} )*
      'end'
    ;
```

ANTLR의 트리 생성 구문을 사용할 때와 또 다른 차이점은 이름과 코드를 서로 분리해서 별도의 노드 타입을 만들었다는 점이다. 이렇게 하면 나중에 트리를 탐색하는 코드를 더 명확하게 작성할 수 있다.

마지막으로, 상태를 파싱하는 문법 규칙은 다음과 같다.

```
문법파일...
  state returns [Node result]
    : {$result = new Node(STATE);}
      'state' name = ID {$result.add(NAME, $name);}
      (a=actionList {$result.add($a.result);} )?
      (t=transition {$result.add($t.result);} )*
      'end'
    ;

  transition returns [Node result]
    : {$result = new Node(TRANSITION);}
      trigger=ID {$result.add(TRIGGER, $trigger);}
      '=>'
      target=ID {$result.add(TARGET, $target);}
    ;
```

```
actionList returns [Node result]
  : {$result = new Node(ACTION_LIST);}
    'actions' '{'
    (action=ID {$result.add(ACTION, $action);}) *
    '}'
  ;
```

문법 파일의 코드는 매우 규칙적이어서 지루하기까지 하다. 이처럼 코드가 지루해진다면, 흔히 추상화를 입히곤 한다. 실제로 ANTLR의 특별한 트리 생성 구문이 바로 이 추상화에 해당한다.

직접 작성해야 할 두 번째 코드는 트리를 탐색해서 상태 머신을 생성하는 부분이다. 이 코드는 ANTLR의 트리 생성 구문을 사용한 예제와 거의 같다. 유일한 차이점은 이 예제에서 사용한 노드 클래스가 앞의 예제의 노드 클래스와 약간 다르다는 사실 뿐이다.

```
class StateMachineLoader...
  private Node ast;
  private StateMachine machine;

  public StateMachineLoader(Node ast) {
    this.ast = ast;
  }
  public StateMachine run() {
    loadSymbolTables();
    createMachine();
    return machine;
  }
```

먼저, 심벌 테이블을 로드한다.

```
class StateMachineLoader...
  private void loadSymbolTables() {
    loadStateNames();
    loadCommands();
    loadEvents();
  }
  private void loadEvents() {
    for (Node n : ast.getDescendents(EVENT)) {
      String name = n.getText(NAME);
      String code = n.getText(CODE);
      events.put(name, new Event(name, code));
    }
  }

class Node...
  public List<Node> getDescendents(Enum requiredType) {
    List<Node> result = new ArrayList<Node>();
    collectDescendents(result, requiredType);
    return result;
  }
```

```
private void collectDescendents(List<Node> result, Enum requiredType) {
  if (this.type == requiredType) result.add(this);
  for (Node n : children) n.collectDescendents(result, requiredType);
}
```

여기까지가 이벤트를 로드하는 코드다. 나머지 영역도 이벤트를 로드하는 코드와 비슷하게 로드할 수 있다.

```
class StateMachineLoader...
  private void loadCommands() {
    for (Node n : ast.getDescendents(COMMAND)) {
      String name = n.getText(NAME);
      String code = n.getText(CODE);
      commands.put(name, new Command(name, code));
    }
  }
  private void loadStateNames() {
    for (Node n : ast.getDescendents(STATE)) {
      String name = n.getText(NAME);
      states.put(name, new State(name));
    }
  }
```

특정한 노드 타입의 자식을 하나만 가지는 노드에서 텍스트를 얻는 메서드를 Node 클래스에 추가했다. 이 메서드는 마치 사전 검색처럼 보이지만, 사실은 트리 데이터 구조를 그대로 사용한다.

```
class Node...
  public String getText(Enum nodeType) {
    return getSoleChild(nodeType).getText();
  }
  public String getText() {
    return content.getText();
  }
  public Node getSoleChild(Enum requiredType) {
    List<Node> children = getChildren(requiredType);
    assert children.size() == 1;
    return children.get(0);
  }
  public List<Node> getChildren(Enum requiredType) {
    List<Node> result = new ArrayList<Node>();
    for (Node n : children)
      if (n.getType() == requiredType) result.add(n);
    return result;
  }
```

이처럼 심벌을 모두 준비하고 나면 이제 상태 머신을 만들 수 있다.

```
class StateMachineLoader...
  private void loadState(Node stateNode) {
    loadActions(stateNode);
    loadTransitions(stateNode);
  }
```

```
    private void loadActions(Node stateNode) {
      for (Node action : stateNode.getDescendents(ACTION))
        states.get(stateNode.getText(NAME))
              .addAction(commands.get(action.getText()));
    }
    private void loadTransitions(Node stateNode) {
      for (Node transition : stateNode.getDescendents(TRANSITION)) {
        State source = states.get(stateNode.getText(NAME));
        Event trigger = events.get(transition.getText(TRIGGER));
        State target = states.get(transition.getText(TARGET));
        source.addTransition(trigger, target);
      }
    }
```

마지막 단계로, 리셋 이벤트를 로드한다.

```
class StateMachineLoader...
    private void loadResetEvents() {
      if (! ast.hasChild(RESET_EVENT_LIST)) return;
      for (Node n : ast.getSoleDescendent(RESET_EVENT_LIST).getChildren(NAME))
        machine.addResetEvents(events.get(n.getText()));
    }

class Node...
    public boolean hasChild(Enum nodeType) {
      return ! getChildren(nodeType).isEmpty();
    }
```

25장

DOMAIN-SPECIFIC LANGUAGES

임베디드 변환

결과 생성 코드를 파서에 직접 삽입한다.
따라서 파서가 입력을 처리하면서 결과를 점진적으로 생성한다.

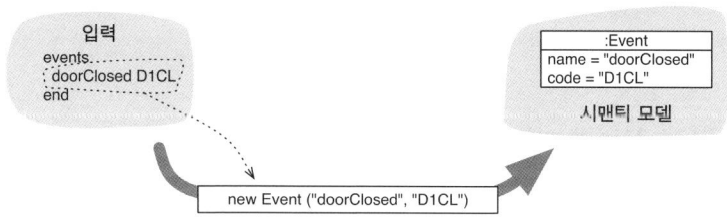

구문 주도 변환(267) 기법을 사용하는 경우 순수한 의미의 파서라면 파스 트리를 내부적으로 생성할 뿐이다. 따라서 파싱이 끝난 후 그 결과로 시맨틱 모델(197)를 파퓰레이트하려면, 파서에 이보다 더 많은 작업을 추가해야 한다.

임베디드 변환(Embedded Translation)은 파서에 코드를 삽입해서 시맨틱 모델을 파퓰레이트하는 기법이다. 이 기법을 사용하면 파싱이 진행될 때 적절한 시점에 삽입된 코드에서 시맨틱 모델을 파퓰레이트한다.

25.1 어떻게 작동하는가

구문 분석기는 구문 구조를 인식하는 일을 처리할 뿐이다. 여기에 임베디드 변환 기법을 적용하면 시맨틱 모델(197)을 파퓰레이트하는 코드를 파서에 삽입할 수 있다. 그러면 삽입된 코드가 파싱이 진행될 때 시맨틱 모델을 점진적으로 파퓰레이트한다. 일반적으로 이처럼 모델을 파퓰레이트하는 코드는 입력 언어에서 해당 모델에 대한 텍스트가 인식되는 문법 위치에 배치한다. 하지만 실제로는 여러 위치에 배치할 수도 있다.

임베디드 변환을 파서 생성기(327)와 같이 사용하는 경우, 모델을 파퓰레이트 하는 코드를 외래 코드(373)로 포함할 때가 많다. 게다가 대다수의 파서 생성기에서 외래 코드를 사용할 수 있다. 실제로 내가 사용해 본 파서 생성기 중에서 외래 코드를 유일하게 사용할 수 없었던 파서 생성기는 트리 생성(341)을 기반으로 동작하도록 만들어진 경우 뿐이었다.

임베디드 변환 기법을 사용할 때 생길 수 있는 문제점이 하나 있다. 사용하는 파싱 알고리즘에서 규칙을 어떻게 인식하는지에 따라, 부수 효과를 가진 액션이 예기치 못한 위치에서 실행될 수도 있다는 점이다. 트리 생성 기법을 사용할 때는 규칙에서 값으로 하위 트리만을 반환하기 때문에 이 같은 문제가 발생하지 않는다. 따라서 임베디드 변환을 사용할 때 이러한 부수 효과에 꼼짝 없이 말려들었다는 생각이 든다면, 트리 생성 기법으로 전환해야 한다는 신호다.

25.2 언제 사용하는가

임베디드 변환에서 가장 매력적인 특징은 구문을 분석하는 일과 모델을 파퓰레이트하는 일을 한꺼번에 처리할 수 있는 간단한 방법을 제공한다는 점이다. 트리 생성(341) 기법을 사용할 때는 AST를 생성하는 코드와, 생성된 트리를 탐색해서 파퓰레이트하는 코드를 모두 작성해야 한다. 간단한 경우라면 이처럼 두 단계를 거치는 처리 과정은 그 가치에 비해 너무 수고스러운 일이다(실제로 대부분의 DSL은 간단하다).

임베디드 변환과 트리 생성 중에서 어느 기법을 사용하느냐는 사용 중인 파서 생성기(327)에서 지원하는 기능에 따라 달라진다. 사용 중인 파서 생성기에서 트리를 아주 쉽게 생성할 수 있다면 트리 생성 기법이 더 끌리게 된다.

임베디드 변환을 사용할 때 가장 큰 문제점 중 하나는 문법 파일이 복잡해질 수 있다는 점이다. 대개는 문법 파일에 외래 코드(373)를 제대로 활용하지 못했기 때문에 이러한 문제가 생긴다. 따라서 외래 코드를 제대로 사용하는 규칙을 확실히 습득하고 나면, 문법 파일이 복잡해지는 문제가 생길 소지는 줄어든다. 반면에 트리 생성 기법을 사용한다면 문법을 작성할 때 이러한 규칙이 자연스레 지켜지도록 지원한다는 장점이 있다.

임베디드 변환 기법을 사용하면 모든 작업을 구문 분석 단계에서 처리한다. 따라서 임베디드 변환은 파싱이 한 단계로만 이루어지는 경우에 효과적이다. 결국 전방 참조와 같이 한 번에 처리하기 까다로운 요소는 임베디드 변환을 사용할 때도 마찬가지로 다루기가 힘들다. 이러한 요소를 처리하려면 컨텍스트 변수(217)를 사용해야 할 때가 많고, 이로 인해 파싱 작업이 더 복잡해질 수 있다.

결론적으로 언어와 파서가 간단한 경우에만 임베디드 변환 기법이 더 효과적이다.

25.3 그랜트 양의 컨트롤러(자바와 ANTLR)

이 예제에서는 트리 생성(341)에서 사용했던 예제를 그대로 사용한다. 마찬가지로 같은 툴(자바와 ANTLR)을 사용하려고 한다. 하지만 이번에는 트리 생성 기법이 아니라 임베디드 변환 기법을 사용해 파싱한다. 임베디드 변환 기법을 사용하더라도 구문 분석 단계만 달라지며 토큰화를 하는 단계는 동일하다. 따라서 이 예제에서 토큰화하는 부분을 되풀이하지는 않겠다. 기억이 잘 나지 않는다면, 해당 절(346쪽, 24.3.1 '토큰화하기')을 찾아보기 바란다.

두 예제 사이에 비슷한 점은 또 있다. 바로 핵심이 되는 BNF 문법이다. 대부분의 경우 서로 다른 파싱 패턴을 사용하더라도 BNF 규칙은 크게 달라지지 않는다. 실제로 파싱 패턴이 달라질 때 변경되는 부분은 BNF 규칙을 뒷받침하는 코드들이다. 트리 생성 기법에서는 ANTLR의 기능을 사용해 AST를 생성한다. 반면에 임베디드 변환 기법에서는 시맨틱 모델(197)을 직접 파퓰레이트하는 자바 코드를 외래 코드(373) 패턴을 사용해서 문법에 삽입한다.

따라서 임베디드 변환을 사용하는 경우 범용 코드를 문법 파일에 삽입해야 한다. 이처럼 한 언어를 다른 언어에 삽입해야 할 때, 대부분의 경우 임베드먼트 헬퍼(647)를 사용하는 편이다. 나는 문법 파일을 많이 읽었고, 이 경험을 통해 임베드먼트 헬퍼를 사용하면 문법을 명료하게 유지할 수 있다는 점을 알 수 있었다. 다시 말해, 임베드먼트 헬퍼를 사용하면 문법이 변환 코드에 묻히지 않는다. 임베드먼트 헬퍼를 사용하려면 사용할 헬퍼를 문법에 선언해야 한다.

```
@members {
  StateMachineLoader helper;
  //...
```

문법의 최상위에는 상태 머신을 정의한다.

```
machine : eventList resetEventList commandList state*;
```

최상위 규칙은 트리 생성에서 사용한 예제와 동일한 요소로 구성됨을 볼 수 있다. 먼저 이벤트 리스트를 처리해서, 실제로 변환이 어떻게 이루어지는지 살펴보자.

```
eventList : 'events' event* 'end';
event : name=ID code=ID {helper.addEvent($name, $code);};
```

임베디드 변환 기법을 사용할 때 드러나는 전형적인 특성을 여기에서 볼 수 있다. 문법 파일에서 많은 부분이 여전히 평이하지만, 변환을 수행할 범용 코드가 적절한 위치에 추가된다. 여기에서는 임베드먼트 헬퍼를 사용하므로, 하나의 헬퍼 메서드를 호출하면 변환할 수 있다.

```
class StateMachineLoader...
    void addEvent(Token name, Token code) {
      events.put(name.getText(), new Event(name.getText(), code.getText()));
    }
    private Map<String, Event> events = new HashMap<String, Event>();
    private Map<String, Command> commands = new HashMap<String, Command>();
    private Map<String, State> states = new HashMap<String, State>();
    private List<Event> resetEvents = new ArrayList<Event>();
```

addEvent 메서드를 호출하면 이벤트 객체가 새로 생성되고, 생성된 객체를 심벌 테이블에 저장한다. 이 경우 심벌 테이블은 로더에 있는 맵에 해당한다. 그리고 헬퍼 메서드를 호출하면서, 이름과 코드에 대한 토큰을 전달한다. ANTLR의 경우, 할당 구문을 사용해서 문법의 요소에 이름을 부여할 수 있다. 따라서 삽입된 코드에서는 이름을 사용해 요소를 참조할 수 있다. 삽입된 코드가 실행되는 시점은 코드가 삽입된 위치에 따라 결정된다. 따라서 이 경우에는 자식 노드 두 개가 모두 인식된 후, 코드가 실행된다.

커맨드는 이벤트와 똑같은 방식으로 처리한다. 그러나 상태를 처리할 때는 흥미로운 문제가 두 가지 있다. 바로 계층적 문맥과 전방 참조다.

먼저 계층적 문맥부터 살펴보자. 이 문제는 상태의 다양한 구성 요소(액션, 전이)가 상태 정의 내부에서 나타나므로, 액션을 처리해야 할 때 해당 액션이 어느 상태에 정의되어 있는지 알 수 있어야 한다는 점이다.

앞에서 임베디드 변환 기법이 SAX를 이용해 XML을 처리하는 방식과 같다고 비유한 바 있다. 삽입된 코드가 한 번에 하나의 규칙에서만 처리된다는 점에서 이 비유는 어느 정도 사실이다. 하지만 이러한 비유는 오해를 불러일으킬 소지도 있다.

파서 생성기(327)를 사용하면 코드를 실행하는 동안에 훨씬 많은 문맥 정보를 얻을 수 있으므로, SAX와 달리 임베디드 변환에서는 문맥 정보를 직접 관리할 필요가 없기 때문이다.

ANTLR 파서 생성기에서는 규칙에 파라미터를 전달하는 방식으로 문맥 정보를 하위 규칙에 전달할 수 있다.

```
state : 'state' name=ID {helper.addState($name);}
        actionList[$name]?
        transition[$name]*
        'end';

actionList [Token state]
  : 'actions' '{' actions+=ID* '}' {helper.addAction($state, $actions);}
  ;
```

보다시피 액션을 인식하는 규칙에 state 토큰이 전달된다. 이로써 임베디드 변환을 처리하는 코드에 state 토큰과 actions 토큰을 모두 전달할 수 있게 된다("*"는 리스트를 나타낸다). 이를 통해 헬퍼에 알맞은 문맥 정보를 제공할 수 있다.

```
class StateMachineLoader...
  public void addAction(Token state, List actions) {
    for (Token action : (Iterable<Token>) actions)
      getState(state).addAction(getCommand(action));
  }
  private State getState(Token token) {
    return states.get(token.getText());
  }
```

두 번째 문제는 전이를 선언할 때, 아직 선언되지 않은 상태를 전이에서 전방 참조할 수 있다는 점이다. DSL을 작성할 때, 다른데서 아직 선언되지 않은 식별자를 참조하지 못하도록 DSL 요소를 쉽게 배치할 수 있다. 하지만 예제의 상태 모델에서는 그러기 힘들며, 결국 전방 참조가 생기기 마련이다. 트리 생성 기법에서는 이 문제를 해결하기 위해 AST를 여러 단계를 거쳐 처리할 수 있도록 만든다. 예를 들어 첫 단계에서는 상태 선언을 모두 찾고, 다음 단계에서 상태를 파퓰레이트하도록 구성한다. 따라서 트리 생성과 같이 여러 단계를 통해 처리하는 방식에서는 전방 참조를 실제로 후반 단계에서 해석하므로, 전방 참조가 있더라도 문제가 되지 않는다. 하지만 임베디드 변환을 사용할 때는 이러한 선택권이 없다.

이 경우에 해결책으로, 참조와 선언에 모두 'obtain'(메서드에 이름을 붙일 때, '찾아보고 없다면 새로 생성해라'라는 뜻으로 내가 사용하는 용어) 메서드를 사용해 볼 수 있다. 본질적으로 이 메서드는 상태가 참조될 때마다 상태가 아직 생성되지 않았다면 암묵적으로 상태를 생성한다.

```
stateMachine.g...
  transition [Token sourceState]
    : trigger = ID '=>' target = ID {helper.addTransition($sourceState,
$trigger, $target);};

class StateMachineLoader...
  public void addTransition(Token state, Token trigger, Token target) {
    getState(state).addTransition(getEvent(trigger), obtainState(target));
  }
  private State obtainState(Token token) {
    String name = token.getText();
    if (!states.containsKey(name))
      states.put(name, new State(name));
    return states.get(name);
  }
```

이 방법을 사용할 때 전이를 선언하면서 목표 상태의 철자를 잘못 쓰는 경우, 전이의 목표 상태가 비어 있는 객체로 만들어지게 된다. 이 정도로도 만족한다면, 이대로 둘 수 있다. 하지만 일반적으로는 사용하는 객체가 제대로 선언되었는지 검사해야 한다. 즉 이 경우에는 사용하기 위해 생성된 상태 객체를 모두 저장해 두었다가, 이들 객체가 확실히 모두 선언되었는지 검사해야 한다.

예제 DSL에서는 프로그램에서 제일 먼저 참조된 상태를 시작 상태로 본다. 하지만 이러한 문맥 정보는 파서 생성기로는 알기가 정말 어렵다. 따라서 사실상 컨텍스트 변수에 해당하는 변수(machine)를 사용할 수밖에 없다.

```
class StateMachineLoader...
  public void addState(Token n) {
    obtainState(n);
    if (null == machine)
      machine = new StateMachine(getState(n));
  }
```

리셋 이벤트에 대한 처리는 매우 간단하다. 별도의 리스트에 리셋 이벤트를 추가하기만 하면 된다.

```
stateMachine.g...
  resetEventList : 'resetEvents' resetEvent* 'end' ;
  resetEvent : name=ID {helper.addResetEvent($name);};

class StateMachineLoader...
  public void addResetEvent(Token name) {
    resetEvents.add(getEvent(name));
  }
```

이 예제처럼 파서가 한 단계만을 거쳐 파싱하는 경우, 리셋 이벤트를 처리하는 일이 복잡해진다. 첫 번째 상태 객체가 생성되기도 전에 리셋 이벤트가 정의될 수도 있기 때문이다. 다시 말해, 리셋 이벤트를 저장할 machine 객체가 생성되기도 전이다. 따라서 리셋 이벤트는 로더에 필드로 저장한 후, machine에 마지막으로 추가해야 한다.

로더의 run 메서드에서 파싱이 전체적으로 진행되는 과정을 볼 수 있다. 즉 렉싱을 하고, 생성된 파서를 실행한 후 리셋 이벤트를 추가해서, 모델을 파퓰레이트 하는 작업을 마무리 짓는다.

```
class StateMachineLoader...
  public StateMachine run() {
    try {
      StateMachineLexer lexer = new StateMachineLexer(
                                  new ANTLRReaderStream(input));
      StateMachineParser parser = new StateMachineParser(
                                    new CommonTokenStream(lexer));
      parser.helper = this;
      parser.machine();
      machine.addResetEvents(resetEvents.toArray(new Event[0]));
      return machine;
    } catch (IOException e) {
      throw new RuntimeException(e);
    } catch (RecognitionException e) {
      throw new RuntimeException(e);
    }
  }
```

구문 분석을 하는 경우에 흔히 이러한 단계를 따라 코드가 만든다. 또한 DSL의 의미도 이 클래스에서 분석한다.

26장

DOMAIN-SPECIFIC LANGUAGES

임베디드 인터프리테이션

파서가 실행되면 텍스트를 즉시 해석해서 그 결과를 만들어 내도록,
문법에 인터프리터 액션(interpreter action)을 삽입한다.

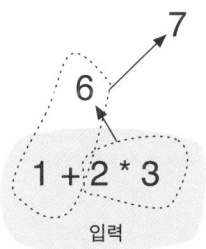

DSL 스크립트를 실행하면 그 결과를 즉각적으로 얻고 싶은 경우가 많이 있다. 예를 들어 계산을 하거나 쿼리를 실행하는 경우다. 임베디드 인터프리테이션(Embedded Interpretation) 기법을 사용하면 DSL 스크립트를 파싱하면서 바로 해석할 수 있다. 따라서 스크립트 자체의 결과 값이 파싱의 결과가 된다.

26.1 어떻게 동작하는가

임베디드 인터프리테이션 기법은 DSL 표현식을 가능하면 빨리 평가한 후 그 결과를 모두 수집하고, 이들 결과를 종합해서 결과 값을 반환하는 방식이다. 임베디드 인터프리테이션 기법에서는 시맨틱 모델(197)을 사용하지 않는다. 대신에 입력 DSL을 직접 해석한다. 파서가 DSL 스크립트의 각 부분을 인식하고, 이 부분을 해석할 수 있다면 바로 해석한다.

26.2 언제 사용하는가

나는 시맨틱 모델(197)의 열렬한 지지자다. 그래서 임베디드 인터프리테이션 기법을 썩 즐기지는 않는다. 이 기법은 표현식이 다소 간단하고, 표현식을 단순히 평가해서 실행하고자 하는 경우에만 효과적이다. 물론, 시맨틱 모델을 애써 만드는 게 의미가 없을 때도 가끔 있다. 하지만 시맨틱 모델이 필요 없는 경우는 흔치 않다. 심지어 DSL이 다소 간단한 경우에도 파서에서 한꺼번에 처리하기보다는, 시맨틱 모델을 만들어서 모델을 해석하는 편이 더 쉬울 때가 많다. 뿐만 아니라 시맨틱 모델은 언어가 성장할 수 있는 강력한 기반을 제공한다.

26.3 계산기(ANTLR과 자바)

임베디드 인터프리테이션 기법을 적용하기에 최적의 사례는 계산기일 듯하다. 계산기는 각 표현식을 해석하고, 그 결과를 모아서 조립하기에 알맞은 사례다. 또한 산술식에 대한 구문 트리는 더할 나위 없이 훌륭한 시맨틱 모델이 되는 경우다. 따라서 계산기의 경우에는 내가 선호하는 형식인 시맨틱 모델(197)을 애써 만들더라도 얻을 수 있는 이득이 전혀 없다.

ANTLR을 이용해서 계산기를 만들기는 다소 복잡하다. 산술식은 중첩 연산자 표현식(395)인데 반해 ANTLR은 하향식 파서이기 때문이다. 따라서 ANTLR을 이용해 작성한 문법은 좀 더 복잡해지기 마련이다.

먼저 최상위 규칙부터 시작하자. 산술식은 재귀적이므로 최상위 규칙을 작성해야만 ANTLR이 어디서부터 파싱을 시작할지 알 수 있게 된다.

```
grammar "Arith.g" ......
prog returns [double result] : e=expression {$result = $e.result;};
```

ANTLR 문법 파일을 감싸는 간단한 자바 클래스에서 최상위 규칙을 호출한다.

```
class Calculator...
  public static double evaluate(String expression) {
    try {
      Lexer lexer = new ArithLexer(new ANTLRReaderStream(
                            new StringReader(expression)));
      ArithParser parser = new ArithParser(new CommonTokenStream(lexer));
      return parser.prog();
    } catch (IOException e) {
      throw new RuntimeException(e);
```

```
        } catch (RecognitionException e) {
            throw new RuntimeException(e);
        }
    }
```

중첩 연산자 표현식을 사용하려면, 우선순위가 가장 낮은 연산자부터 시작해야 한다. 이 경우에는 덧셈과 뺄셈이다.

```
grammar "Arith.g" ......
  expression returns [double result]
    : a=mult_exp {$result = $a.result;}
      ( '+' b=mult_exp {$result += $b.result;}
      | '-' b=mult_exp {$result -= $b.result;}
      )*
    ;
```

이 규칙에서 계산기를 만드는 기본 패턴을 볼 수 있다. 각 문법 규칙에서 하나의 연산자를 인식하고 삽입된 자바 코드에서는 해당 연산자에 맞게 계산을 수행한다. 나머지 문법도 이 패턴을 따른다.

```
grammar "Arith.g" ......
  power_exp returns [double result]
    : a=unary_exp {$result = $a.result;}
      ( '**' b=power_exp {$result = Math.pow($result,$b.result);}
      | '//' b=power_exp {$result = Math.pow($result, (1.0 / $b.result));}
      )?
    ;

  unary_exp returns [double result]
    : '-' a= unary_exp {$result = -$a.result;}
    | a=factor_exp {$result = $a.result;}
    ;

  factor_exp returns [double result]
    : n=NUMBER {$result = Double.parseDouble($n.text);}
    | a=par_exp {$result = $a.result;}
    ;

  par_exp returns [double result]
    : '(' a=expression ')' {$result = $a.result;}
    ;
```

사실 이 계산기는 너무 간단하고 구문 트리 구조와도 잘 어울리므로, 임베드먼트 헬퍼(647)를 사용할 이유도 전혀 없다.

파서 사용법을 설명할 때 산술식이 예제로 주로 쓰인다. 실제로 계산기 형태를 예제를 사용해서 설명하는 글과 논문이 많다. 하지만 나는 DSL을 설명할 때는 계산기가 훌륭한 예제라고 보지 않는다. DSL을 대표하는 예제로 산술식을 사용하는 경우 가장 큰 문제점은 DSL에서는 거의 생기지 않는 문제(중첩 연산자 표현식)를 다루는데 급급하고, DSL과 관련된 공통적인 문제(시맨틱 모델과 임베드먼트 헬퍼를 사용하는 이유)는 다루지 않기 때문이다.

27장

DOMAIN-SPECIFIC LANGUAGES

외래 코드

외부 DSL에 외래 코드를 삽입한다.
이를 통해 DSL로 기술할 수 있는 행위보다 더 정교한 행위를 DSL에 제공할 수 있다.

```
DSL
scott handles floor_wax in MA RI CT when {/^Baker/.test(lead.name)};
```
자바스크립트

DSL은 그 정의상 제한된 작업만을 처리하는 표현성이 한정된 언어다. 하지만 DSL로 기술할 수 있는 범위를 넘어서는 요소를 DSL에 기술해야 할 때가 더러 있다. 한 가지 해결책으로, 해당 요소까지 다룰 수 있게 DSL을 확장하는 방법이 있다. 하지만 DSL을 확장해버리면 DSL이 굉장히 복잡해진다. 그리고 결국에는 DSL의 매력인 단순성을 많은 부분 잃게 된다.

외래 코드(Foreign Code) 기법은 DSL의 특정 위치에 DSL 이외의 언어(주로 범용 언어)를 삽입하는 방식이다.

27.1 어떻게 동작하는가

DSL에 다른 언어로 된 코드를 작성해서 삽입할 때, 두 가지 의문이 생긴다. 첫 번째 질문은 구문 분석 단계에서 외래 코드를 어떻게 인식하며, 또 문법에서는 어떻게 처리해야 하느냐다. 두 번째는 외래 코드가 제 기능을 수행하려면 어떻게 실행해야 하느냐다.

외래 코드는 DSL에서 특정 영역에만 나타나므로, 외래 코드가 나타날 수 있는 위치를 DSL 문법에 나타낼 수 있다. 하지만 외래 코드를 처리할 때 골치 아픈 사실 하나는 외래 코드의 내부 구조는 문법에서 인식할 수 없다는 점이다. 따라서 외래 코드를 사용할 때는 흔히 얼터너티브 토크나이제이션(385) 기법을 함께 적용해서, 외래 코드를 하나의 긴 문자열로 읽어 들여 파서에 전달한다. 그러면 파서에서는 외래 코드 문자열을 가공하지 않고 시맨틱 모델에 바로 삽입하거나, 또는 문자열을 별도의 외래 코드용 파서에 전달해서 시맨틱 모델(197)에 더욱 긴밀하게 결합할 수 있다. 두 번째 방식은 처리하기가 좀 더 복잡하며, 오로지 외래 코드가 범용 언어가 아닌 또 다른 DSL인 경우에 고려해야 한다. 대개의 경우 외래 코드는 범용 언어로 작성하므로, 외래 코드를 순수한 문자열로 읽어 들여도 충분하다.

이렇게 외래 코드를 시맨틱 모델에 삽입하고 나면, 이제 이 외래 코드로 무엇을 할지 결정해야 한다. 이때 가장 큰 쟁점은 외래 코드를 인터프리터로 바로 해석할 수 있느냐, 아니면 컴파일해야 하느냐다.

호스트 언어와 인터프리터를 상호 운용할 수 있는 메커니즘이 있는 경우라면, 인터프리터형 언어를 사용해서 외래 코드를 작성하는 게 가장 쉽다. 또한 시스템의 호스트 언어 자체가 인터프리터형 언어라면, 호스트 언어를 사용해서 외래 코드를 쉽게 작성할 수도 있다. 반면에 호스트 언어가 컴파일형 언어라면, 호스트 언어에서 호출할 수 있고, 서로 데이터를 전달할 수 있는 인터프리터형 언어를 사용해야 한다. 최근에는 정적 언어 환경에서 인터프리터형 언어와 상호 운용할 수 있도록 지원하는 추세를 볼 수 있다. 그렇지만 정적 언어와 인터프리터형 언어를 상호 운용하기가 성가실 때가 많고, 특히 두 언어 간에 데이터를 전달해야 할 때 상당히 번거롭다. 뿐만 아니라 프로젝트에 호스트 언어 이외의 언어를 도입해야 하는데, 새로운 언어는 상황에 따라 도입하기가 어려울 수도 있다.

따라서 호스트 언어가 컴파일형 언어인 경우에 인터프리터형 언어를 사용해 외래 코드를 작성하는 대신, 호스트 언어 자체를 외래 코드로 사용해 시맨틱 모델에 삽입할 수도 있다. 하지만 이 방식은 코드 생성 기법을 사용할 때와 마찬가지로 빌드 과정에 별도의 컴파일 단계를 추가한다는 단점이 있다. 물론 코드 생성 기법을 이미 적용하고 있다면, 어쨌든 생성된 코드를 컴파일 하는 단계를 별도로 거쳐야 한다. 따라서 코드 생성 기법이 이미 적용된 경우라면, 컴파일형 언어를 사용해서 외래 코드를 작성하더라도 일이 더 복잡해지지는 않는다. 하지만 시맨틱 모델을 해석하는 동안에 삽입된 외래 코드를 컴파일해야 하는 경우라면, 이처럼 복잡도가 올라가는 방식은 문제가 된다.

범용 언어를 사용해서 외래 코드를 작성할 때는 임베드먼트 헬퍼(647) 사용을 항상 진지하게 고려해야만 한다. 임베드먼트 헬퍼 패턴을 적용하면, 외래 코드의 양을 DSL 내부 문맥에서 필요한 정도로 최소화할 수 있다. 그리고 좀 더 범용적인 작업은 호출된 외래 코드 내에서 처리하도록 맡겨둔다. 외래 코드를 사용할 때 가장 큰 문제점 중 하나는 대량의 외래 코드가 DSL 스크립트를 뒤덮어서, 결국 가독성 향상이라는 DSL의 장점을 거의 모두 잃게 된다는 점이다. 따라서 임베드먼트 헬퍼 기법은 사용하기도 쉬우므로, 정말 간단한 경우가 아니라면 충분히 사용할만한 가치가 있다.

외래 코드에서 DSL 스크립트 자체에 정의된 심벌을 참조해야 할 때도 더러 있다. 이러한 요구는 DSL 스크립트에서 변수를 포함하거나, 또는 구조체를 간접적으로 생성할 수 있는 방법을 지원할 때에만 생긴다. 범용 언어에서는 이러한 표현식이 어디에서나 필요하다. 하지만 DSL에서는 이 같은 수준의 표현력이 필요치 않으므로, DSL에서는 흔하게 나타나는 편은 아니다. 실제로 DSL에서는 이러한 표현식이 드물게 사용된다. 하지만 문법에서는 이러한 표현식이 매우 자주 나타나므로 흔히 볼 수 있다. 그리고 외래 코드가 가장 많이 사용되는 곳도 바로 문법이다. 외래 코드를 사용한 아래의 문법을 한번 보자

```
allocationRule
  : salesman=ID pc=productClause lc=locationClause ('when' predicate=ACTION)?
    SEP
      {helper.recognizedAllocationRule(salesman, pc, lc, predicate);}
  ;
```

이 경우 외래 코드는 자바다. 자바 코드에서는 salesman, pc, lc, predicate를 참조하며, 이들 참조는 모두 문법에 정의된 심벌이다. 따라서 문법 파일에 있는 외래 코드를 파싱하려면, 파서 생성기에서 이들 참조를 해석할 수 있어야 한다.

27.2 언제 사용하는가

외래 코드를 사용할지 고민 중이라면, 외래 코드 대신에 주로 사용하는 대안이 있다. 외래 코드를 통해 처리하려는 일을 하도록 DSL을 확장하는 방법이다. 확실히

외래 코드를 도입하면 문제가 뒤따른다. 외래 코드를 DSL에 사용하면, DSL이 제공하는 추상화를 깨뜨리게 된다. 그리고 DSL을 읽어야 하는 사람은 DSL뿐만 아니라 외래 코드도 이해해야 한다(적어도 부분적으로는). 게다가 외래 코드를 사용하면 파싱 과정이 복잡해질뿐더러, 시맨틱 모델(197)도 복잡해질 수 있다.

하지만 이처럼 외래 코드를 도입할 때 증가되는 복잡성은, 필요한 기능을 지원하도록 DSL을 확장해서 만들 때 더해지는 복잡성과 비교해야 한다. 실제로 DSL이 확장되어 기능이 강력해질수록, 이해하고 사용하기는 더욱 어려워진다.

그러면 어느 경우에 외래 코드 사용해야 하는가? 정말로 범용 언어가 필요한 경우라면, 당연히 외래 코드를 사용해야 한다. DSL이 범용 언어가 되는 일은 절대로 바라지 않기 때문이다. 따라서 이 경우에는 반드시 외래 코드를 사용해야 한다.

DSL 스크립트에서 필요로 하는 기능이 매우 드물게 사용된다면, 이때도 외래 코드를 사용할 수 있다. 흔치 않게 사용되는 기능을 지원하려고 DSL을 확장해서는 안 된다.

DSL을 사용하는 대상도 외래 코드를 사용할지 결정짓는 요인이 된다. 프로그래머만이 DSL을 사용한다면, 외래 코드를 DSL에 추가해도 문제가 되지 않는다. 프로그래머는 DSL 못지않게 외래 코드도 쉽게 이해할 수 있기 때문이다. 반면에 프로그래머가 아닌 사람이 DSL을 읽어야 한다면, 이들은 외래 코드를 이해할 수 없고, 결국 외래 코드를 활용할 수 없으므로 외래 코드를 사용하는 일을 피해야 한다. 그렇긴 해도 외래 코드로 처리하는 경우가 드물게 발생한다면, 외래 코드를 사용할지 결정할 때 DSL을 사용하는 대상은 별로 중요한 기준이 되지 않는다.

27.3 동적 코드 삽입하기(ANTLR, 자바, 자바스크립트)

제품을 팔려면 판매원이 필요하다. 그리고 판매원의 수가 많다면, 판매원별로 어떻게 가망 고객(sales lead)[1]을 할당할지를 결정하는 방법이 있어야 한다. 이때 주로 사용하는 개념은 '영업 영역(sales territoy)'으로, 사실상 영업 영역은 판매원에게 가망 고객을 분배할 수 있는 일련의 규칙이다. 이러한 영역은 다양한 요인에 기반한다. 예를 들어 다음 스크립트는 이러한 요인으로 미국의 주와 상품을 사용해서 가망 고객을 할당한다.

---

1 (옮긴이) 가망 고객이란 구매를 이끌어 낼 수 있는 고객 정보나 접촉 기회를 뜻한다.

```
scott handles floor_wax in WA;
helen handles floor_wax desert_topping in AZ NM;
brian handles desert_topping in WA OR ID MT;2
otherwise scott
```

이 할당 스크립트는 간단한 DSL이다. 이때 각 할당 규칙을 차례로 검사하고, 거래 조건이 일치하면 가망 고객을 해당 판매원에게 할당한다.

이제 스콧(Scott)이 베이커 사(Baker Industries)에서 뉴잉글랜드[3] 남부 지방을 경영하는 간부와 매우 친한 사이가 되었다고 생각해 보자. 둘은 골프장에서 많은 시간을 같이 보낼만큼 친분이 있으므로, 바닥용 왁스(floor wax)를 구매할 베이커 사의 가망 고객은 모두 스콧에게 할당한다고 가정해 보자. 여기에다가 베이커 사는 베이커 생산 공장, 베이커 바닥재 등 다양한 회사명을 가진다고 해보자. 따라서 뉴잉글랜드에 위치한 회사 중에서 이름이 'Baker'로 시작하는 가망 고객은 스콧에게 할당되도록 해야 한다.

이 요구사항을 처리하기 위해 DSL을 확장할 수도 있다. 하지만 이러한 요구는 특정한 상황에서만 필요하므로, 이러한 요구를 수용하기 위해 DSL을 확장하게 되면 결국 언어가 복잡해질 뿐이다. 따라서 이 대신에 외래 코드를 사용하고자 한다. 즉 다음과 같이 작성할 수 있다.

```
scott handles floor_wax in MA RI CT when {/^Baker/.test(lead.name)};
```

여기에서는 외래 코드로 자바스크립트를 사용한다. 자바스크립트를 선택한 이유는 자바와 쉽게 통합할 수 있을 뿐만 아니라, 런타임에 평가할 수 있으므로 할당 규칙이 바뀌어도 코드를 다시 컴파일하지 않아도 되기 때문이다. 삽입된 자바스크립트 코드는 그다지 쩍 쉽게 읽히지는 않지만(어쩌면 판매 관리자에게 "한번 믿어봐요"라고 말해야 하는 것은 아닐지 염려스럽다), 필요한 일을 처리한다. 그리고 외래 코드로 작성한 서술식이 매우 작기 때문에 임베드먼트 헬퍼(647)를 적용하지 않았다.

---

2 (옮긴이) WA(워싱턴), AZ(아리조나), NM(뉴멕시코), OR(오레곤), ID(아이다호), MT(몬타나)

3 (옮긴이) 뉴잉글랜드는 메인(ME), 뉴햄프셔(NH), 매사추세츠(MA), 로드아일랜드(RI), 코네티컷(CT) 6주에 걸친 지역으로, 이 중에서 뉴잉글랜드 남부는 매사추세츠, 로드아일랜드, 그리고 코네티컷이다.

27.3.1 시맨틱 모델

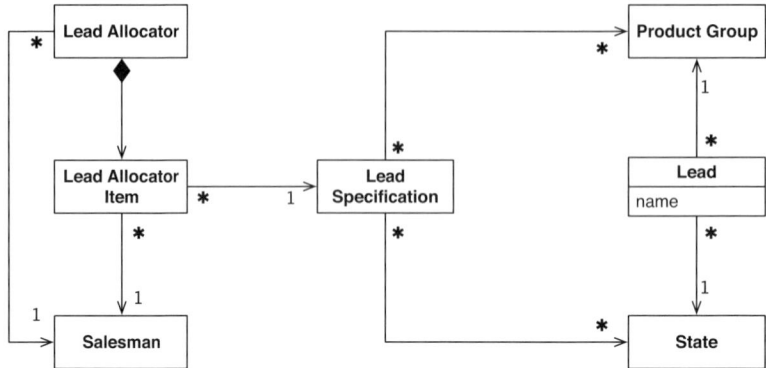

그림 27.1 가망 고객 할당 모델

이 간단한 모델에는 가망 고객(Lead)이 있으며, 각 가망 고객은 상품 그룹(Product Group)과 주(State)를 가진다.

```
class Lead...
  private String name;
  private State state;
  private ProductGroup product;

  public Lead(String name, State state, ProductGroup product) {
    this.name = name;
    this.state = state;
    this.product = product;
  }

  public State getState() {return state;}
  public ProductGroup getProduct() {return product;}
  public String getName() {return name;}
```

가망 고객을 판매원(Salesman)에게 할당하는 일은 LeadAllocator가 담당한다. LeadAllocator는 LeadAllocatorItem에 대한 리스트를 가지며, LeadAllocatorItem은 Salesman과 LeadSpecification을 서로 매핑한다.

```
class LeadAllocator...
  private List<LeadAllocatorItem> allocationList
                        = new ArrayList<LeadAllocatorItem>();
  private Salesman defaultSalesman;

  public void appendAllocation(Salesman salesman, LeadSpecification spec) {
    allocationList.add(new LeadAllocatorItem(salesman, spec));
  }

  public void setDefaultSalesman(Salesman defaultSalesman) {
    this.defaultSalesman = defaultSalesman;
```

```
  }
  private class LeadAllocatorItem {
    Salesman salesman;
    LeadSpecification spec;

    private LeadAllocatorItem(Salesman salesman, LeadSpecification spec) {
      this.salesman = salesman;
      this.spec = spec;
    }
  }
```

LeadSpecification은 Specification[Evans DDD] 패턴을 따른다. LeadSpecification은 Lead의 속성이 자신이 가지는 리스트에 포함되는지 매칭하는 역할을 한다.

```
class LeadSpecification...
  private List<State> states = new ArrayList<State>();
  private List<ProductGroup> products = new ArrayList<ProductGroup>();
  private String predicate;

  public void addStates(State... args) {states.addAll(Arrays.asList(args));}
  public void addProducts(ProductGroup... args) {products.addAll(
                                                Arrays.asList(args));}
  public void setPredicate(String code) {predicate = code;}

  public boolean isSatisfiedBy(Lead candidate) {
    return statesMatch(candidate)
        && productsMatch(candidate)
        && predicateMatches(candidate)
    ;
  }
  private boolean productsMatch(Lead candidate) {
    return products.isEmpty() || products.contains(candidate.getProduct());
  }
  private boolean statesMatch(Lead candidate) {
    return states.isEmpty() || states.contains(candidate.getState());
  }
  private boolean predicateMatches(Lead candidate) {
    if (null == predicate) return true;
    return evaluatePredicate(candidate);
  }
```

또한 LeadSpecification은 서술식인 predicate을 가지며, 이 속성에 자바스크립트 코드가 저장된다. 자바의 자바스크립트 엔진인 Rhino를 사용해서 LeadSpecification의 서술식을 평가한다.

```
class LeadSpecification...
  boolean evaluatePredicate(Lead candidate) {
    try {
      ScriptContext newContext = new SimpleScriptContext();
      Bindings engineScope = newContext.getBindings(
                                      ScriptContext.ENGINE_SCOPE);
      engineScope.put("lead", candidate);
      return (Boolean) javascriptEngine().eval(predicate, engineScope);
    } catch (ScriptException e) {
```

```
      throw new RuntimeException(e);
    }
  }
  private ScriptEngine javascriptEngine() {
    ScriptEngineManager factory = new ScriptEngineManager();
    ScriptEngine result = factory.getEngineByName("JavaScript");
    assert result != null : "Unable to find javascript engine";
    return result;
  }
```

삽입된 자바스크립트 코드에서 Lead 객체의 프로퍼티에 접근할 수 있도록 만들기 위해, 평가하려는 Lead 객체를 자바스크립트가 평가되는 유효범위에 추가했다.

LeadAllocator는 LeadAllocatorItem의 리스트에 대해 반복문을 통해 처리한다. 이때 Lead 객체가 LeadSpecification에 처음 매칭되면, 해당 Salesman을 반환한다.

```
class LeadAllocator...
  public Salesman determineSalesman(Lead lead) {
    for (LeadAllocatorItem i : allocationList)
      if (i.spec.isSatisfiedBy(lead)) return i.salesman;
    return defaultSalesman;
  }
```

27.3.2 파서

AllocationTranslator 클래스에서 핵심적인 변환과정을 처리하며, 그 결과로 LeadAllocator 객체를 만든다.

```
class AllocationTranslator...
  private Reader input;
  private AllocationLexer lexer;
  private AllocationParser parser;
  private ParsingNotification notification = new ParsingNotification();
  private LeadAllocator result = new LeadAllocator();

  public AllocationTranslator(Reader input) {
    this.input = input;
  }

  public void run() {
    try {
      lexer = new AllocationLexer(new ANTLRReaderStream(input));
      parser = new AllocationParser(new CommonTokenStream(lexer));
      parser.helper = this;
      parser.allocationList();
    } catch (Exception e) {
      throw new RuntimeException("Unexpected exception in parse", e);
    }
    if (notification.hasErrors())
      throw new RuntimeException("Parse failed: \n" + notification);
  }
```

또한 AllocationTranslator는 문법 파일에서 임베드먼트 헬퍼(647)로도 사용된다.

```
grammar...
  @members {
    AllocationTranslator helper;

    public void reportError(RecognitionException e) {
      helper.addError(e);
      super.reportError(e);
    }
  }
```

여기에서는 문법 파일을 하향식으로 탐색하고자 한다. 그리고 임베디드 변환(361) 기법을 사용한다.

가장 중요한 토큰은 다음과 같다.

```
문법...
  ID : ('a'..'z' | 'A'..'Z' | '0'..'9' | '_' )+;
  WS : (' ' |'\t' | '\r' | '\n')+ {skip();} ;
  SEP : ';';
```

여기에서는 일반적으로 쓰이는 공백에 대한 토큰, 식별자 토큰을 정의한다. 그리고 명시적인 문장 분리 기호로 세미콜론을 사용한다.

다음은 문법의 최상위 규칙이다.

```
문법...
  allocationList
    : allocationRule* | 'otherwise' ID {helper.recognizedDefault($ID);}
    ;

class AllocationTranslator...
  void recognizedDefault(Token token) {
    if (!Registry.salesmenRepository().containsId(token.getText())) {
      notification.error(token, "Unknown salesman: %s", token.getText());
      return;
    }
    Salesman salesman = Registry.salesmenRepository().findById(token.getText());
    result.setDefaultSalesman(salesman);
  }
```

할당 규칙을 해석하기 전에 판매원, 상품, 주에 대한 정보를 모두 어디엔가(아마도 데이터베이스에) 미리 저장해 두었다고 가정할 것이다. 이 예제에서는 레파지토리(Repository)[Fowler PoEAA] 패턴을 사용해서 이들 데이터에 접근한다.

이 문법에서도 외래 코드가 사용된다는 사실을 볼 수 있다. 실제로 문법에 작성되어 있는 코드 액션은 외래 코드가 활용되는 훌륭한 예다. ANTLR의 경우, 이처럼 코드 액션으로 사용한 외래 코드는 생성된 파서에 결합된다. 이처럼 코드 액션을 외래 코드로 처리하는 방식은 자바스크립트로 작성한 할당 규칙을 처리하는 방식과는 다르다. 그러나 외래 코드의 기본 패턴은 그대로 적용된다. 그리고 마찬가지로 이 문법에서도 임베드먼트 헬퍼를 사용해서, 외래 코드의 양을 최소한으로 유지했다.

이제 다시 본론으로 돌아가서 할당 규칙을 살펴보자.

```
문법...
  allocationRule
    : salesman=ID pc=productClause lc=locationClause ('when' predicate=ACTION)?
      SEP
      {helper.recognizedAllocationRule(salesman, pc, lc, predicate);}
    ;
```

규칙은 매우 직관적이다. 이 규칙에는 판매원의 이름, 상품 절과 위치 절(하위 규칙에 해당하는), 그리고 선택적인 predicate 토큰과 문장 분리 기호가 나온다. 이 경우 predicate이 하위 규칙이 아니라 토큰이라는 사실이 중요하다. 즉 predicate에 해당하는 자바스크립트 코드는 모두 하나의 문자열에 담고, 그 이상은 파싱하지 않는다.

인식된 정보를 저장하기 위해 헬퍼 메서드를 호출한다. 이 메서드를 살펴보기 전에 먼저 productClause와 locationClause의 반환 값을 살펴보자. 판매원과 서술식의 경우 반환 값에 대해 단어를 축약하지 않고 모두 사용하는 관례를 그대로 따라서 각각 salesman, predicate로 이름 지었다. 단어를 축약해서 쓰게 되면, 토큰이 의미하는 바가 명확하지 않기 때문이다. 반면에 하위 규칙에 대해서는 라벨에 약어를 사용했다. 이는 하위 규칙 이름 자체가 명확할 뿐더러, 만약 라벨을 축약하지 않고 쓰게 되면 결국 하위 규칙의 이름과 중복되게 되고 더 혼란스러워지기 때문이다.

하위 규칙 중 먼저 productClause에 대해 살펴보자.

```
문법...
  productClause returns [List<ProductGroup> result]
    : 'handles' p+=ID+ {$result = helper.recognizedProducts($p);}
    ;
```

이 절에서는 자체적으로 ProductGroup의 리스트를 반환한다. 따라서 이 절에서는 시맨틱 모델(197)을 직접 파퓰레이트하지 않는다. 대신에 객체를 부모 절에 반환하고, 부모 절에서 시맨틱 모델을 파퓰레이트한다. productClause 절에서 시맨틱 모델을 직접 파퓰레이트하려면 코드 액션 내부에서 현재 처리 중인 할당 규칙에 접근할 수 있어야 한다. 이렇게 하려면 컨텍스트 변수(217)를 사용해야 한다. 나는 컨텍스트 변수가 사용되는 경우를 피하는 편이므로, 부모 절에서 시맨틱 모델을 파퓰레이트 하도록 만들었다. 물론 ANTLR에서는 객체를 규칙의 인자로 전달할 수 있는 기능을 제공하므로, 컨텍스트 변수 대신에 이 기능을 사용할 수도 있었다. 하지만 나는 시맨틱 모델과 관련된 처리는 모두 한 곳에서 처리하는 방식을 선호한다.

그렇긴 해도 productClause 절에서 상품 토큰을 실제 상품 객체로 변환하는 액션은 필요하다. 이 작업은 단순히 레파지토리에서 상품 객체를 검색해서 처리하도록 만든다.

```
class AllocationTranslator...
  List<ProductGroup> recognizedProducts(List<Token> tokens) {
    List<ProductGroup> result = new ArrayList<ProductGroup>();
    for (Token t : tokens) {
      if (!Registry.productRepository().containsId(t.getText())) {
        notification.error(t, "No product for %s", t.getText());
        continue;
      }
      result.add(Registry.productRepository().findById(t.getText()));
    }
    return result;
  }
```

locationClause는 거의 같은 방식으로 처리할 수 있으므로, 이 예제의 핵심인 자바스크립트를 추출하는 부분으로 바로 넘어가고자 한다. 앞에서 말했다시피 자바스크립트 코드는 렉서에서 처리한다. 어쨌든 자바스크립트 코드의 내용은 중요하지 않으므로, 단순히 전체 문자열을 LeadSpecification에 담고자 한다. 파싱하는 동안에 자바스크립트 코드가 의미적으로 유효한지 검사하려는 목적이 아니라면, 자바스크립트 파서를 만들거나 사용할 이유가 전혀 없다. 파싱 작업에서는 의미적 오류가 아니라 구문 오류만을 찾을 수 있으므로, 굳이 파서를 만들어 사용하는 수고를 들일 필요는 없다고 본다.

텍스트를 추출하기 위해 얼터너티브 토크나이제이션(385) 기법을 사용한다. 토큰화하는 가장 간단한 방법은 어디에서도 쓰이지 않는 구분자 한 쌍을 사용해서, 토큰 규칙을 다음과 같이 작성하는 것이다.

```
ACTION : '{' .* '}' ;
```

이 규칙은 유효하며, 많은 경우에 효과적이다. 하지만 이 규칙에는 문제가 잠재되어 있다. 바로 자바스크립트 코드 자체에 중괄호가 있다면 규칙이 어긋난다는 점이다. 따라서 문자 하나보다는 다음과 같이 거의 사용되지 않는 문자들을 합쳐서 하나의 구분자로 사용하면 이 문제를 피할 수 있다.

```
ACTION : '{:' .* ':}' ;
```

또는 ANTLR을 사용하고 있다면 중첩된 토큰을 처리하는 ANTLR의 자체 기능을 사용할 수도 있다.

문법...
```
  ACTION : NESTED_ACTION;

  fragment NESTED_ACTION
    : '{' (ACTION_CHAR | NESTED_ACTION)* '}'
    ;
  fragment ACTION_CHAR
    : ~('{'|'}')
    ;
```

이 규칙이 완벽하다고 볼 수는 없다. badThing = "}";와 같은 자바스크립트 코드를 액션에서 사용하면 이 문법도 제대로 동작하지 않는다. 하지만 대다수의 경우에는 잘 동작하는 편이다.

하위 규칙에서 반환된 리스트와, 자바스크립트로 작성된 predicate을 사용해서 시맨틱 모델을 갱신한다.

```java
class AllocationTranslator...
  void recognizedAllocationRule(Token salesmanName,
                                List<ProductGroup> products,
                                List<State> states, Token predicate)
{
  if (!Registry.salesmenRepository().containsId(salesmanName.getText())) {
    notification.error(salesmanName, "Unknown salesman: %s",
                  salesmanName.
                  getText());
    return;
  }
  Salesman salesman = Registry.salesmenRepository().findById(salesmanName.
                                                             getText());
  LeadSpecification spec = new LeadSpecification();
  spec.addStates((State[]) states.toArray(new State[states.size()]));
  spec.addProducts((ProductGroup[]) products.toArray(new
              ProductGroup[products.size()]));
  if (null != predicate) spec.setPredicate(predicate.getText());
  result.appendAllocation(salesman, spec);
}
```

28장

DOMAIN-SPECIFIC LANGUAGES

얼터너티브 토크나이제이션[1]

렉싱 행위를 파서 내부에서 변경한다.

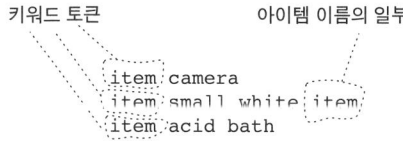

28.1 어떻게 동작하는가

파서 생성기(327)의 동작 원리를 간단히 살펴보면서, 렉서는 파서에 토큰 스트림을 전달하고, 파서는 이 토큰을 모아서 파스 트리로 만든다고 말한 바 있다. 이 말에는 이러한 상호작용이 단방향이라는 뜻이 함축되어 있다. 즉, 렉서는 파서가 소비하는 원료를 만들어낸다. 곧 알게 될 테지만 항상 단방향으로만 동작하지 않는다. 실제로 파스 트리의 어느 부분을 만들어내느냐에 따라 렉서가 토큰화하는 방식이 달라져야 할 때도 있다. 다시 말해 렉서가 토큰화하는 방식을 파서에서 조작해야 한다는 뜻이다.

이 문제에 대한 간단한 예제로 판매 카탈로그에 흔히 포함되는 아이템을 나열한다고 생각해보자.

```
item camera;
item small_power_plant;
item acid_bath;
```

---

[1] (옮긴이) 얼터너티브 토크나이제이션(Alternative Tokenization)이란 토큰화할 때 흔히 사용하는 방식과는 다른 방식들을 가리킨다.

우리 같은 괴짜한테나 밑줄 표시나 낙타 표기법(camelCase)이 친숙하고 평범해 보이지, 보통 사람이라면 공백이 더 익숙하다. 따라서 대개 사람들은 다음과 같은 형식으로 읽기를 원한다.

```
item camera;
item small power plant;
item acid bath;
```

이렇게 작성하면 분석하기가 과연 얼마나 어려울까? 곧 알게 될 테지만, 문법 기반의 파서를 사용한다면 사실 이 작업은 의외로 까다롭다. 여기에 장을 새롭게 할애해서 이 내용을 설명하려고 하는 이유도 바로 그 때문이다. (이 예제에서 아이템 선언문을 세미콜론을 이용해 분리했다는 사실을 볼 수 있다. 그러나 세미콜론이 아니라 줄바꿈 문자를 사용할 수도 있었다. 실제로도 세미콜론보다 줄바꿈 문자를 더 선호할지 모른다. 나도 마찬가지로 줄바꿈을 선호한다. 하지만 줄바꿈 문자를 사용하게 되면 처리하기 어려운 또 다른 문제, 즉 줄바꿈 분리 기호(401) 처리와 관련된 문제가 생긴다. 어려운 문제는 한 번에 하나씩 처리해야 마땅하다. 따라서 여기에서는 줄바꿈 분리 기호로 세미콜론을 사용하려고 한다.)

item 키워드를 인식한 후, 이어서 나오는 여러 단어를 인식하도록 다음과 같이 간단한 문법을 작성해 볼 수 있다.

```
catalog : item*;
item : 'item' ID* ';';
```

하지만 여기에는 문제가 있다. item small white item처럼 'item'이 상품 이름에 포함되는 경우, 문법 규칙이 어긋나게 된다.

다시 말해서 렉서는 item을 식별자가 아니라 키워드로만 인식하므로, 결국 ID 토큰이 아닌 키워드 토큰을 반환하게 된다. 그러나 실제로는 item 키워드와 세미콜론 사이의 모든 입력을 ID로 인식하기를 원한다. 결국 이 작업은 파싱하면서 특정 시점에 토큰화 규칙을 변경하려는 일에 해당한다.

이와 비슷한 상황이 주로 벌어지는 경우는 외래 코드(373)를 사용할 때다. 외래 코드를 사용하면 의미 있는 토큰을 얼마든지 DSL에 포함할 수 있다. 하지만 렉싱하는 시점에는 외래 코드의 의미는 완전히 무시한 채 커다란 하나의 문자열에 담고, 이 문자열을 시맨틱 모델(197)에 삽입하기를 원한다.

이처럼 토큰화 규칙을 변경하고자 할 때 사용할 수 있는 방법에는 여러 가지가 있다. 이 중에서 어느 방법을 사용할 수 있는지는 사용 중인 파서 생성기에 따라 다르다.

28.1.1 인용부호 붙이기

이 문제를 해결할 수 있는 가장 간단한 방법은 텍스트에 인용부호를 달아서, 렉서에서 이 텍스트를 특별하게 인식하도록 하는 것이다. 예를 들어 아이템 이름의 경우 이름에 item을 포함해야 한다면, 아이템 이름을 특정한 인용부호 안에 담는 방법이다. 즉 다음과 같이 작성할 수 있다.

```
item camera
item small power plant;
item "small white item";
```

그러면 이 텍스트는 다음과 같은 문법을 사용해서 파싱할 수 있다.

```
catalog : item*;
item : 'item' item_name ';';

item_name : (ID | QUOTED_STRING)* ;
QUOTED_STRING : '"' (options{greedy = false;}² | .)* '"';
```

인용부호 안의 텍스트는 모두 하나의 문자열로 처리되므로, 이 텍스트는 다른 렉서 규칙의 영향을 전혀 받지 않는다. 이처럼 인용부호를 붙인 텍스트는 이후에 얼마든지 원하는 대로 처리할 수 있다.

이처럼 인용부호를 붙이는 방식은 파서와는 무관하므로, 이 방식은 언어의 어느 영역에서도 활용할 수 있다. 물론 "언어에서 이러저런 요소는 인용부호를 붙여야 한다"는 등의 구체적인 규칙을 만들 수는 없다. 하지만 이 방식은 많은 경우에 도움이 된다.

이 방식을 사용할 때 처리하기 까다로운 부분은 인용부호를 붙인 텍스트 내부에 인용부호를 사용한 경우다. 예를 들어 Active "Marauders" Map처럼, 인용처리 할 문자열 내부에 인용부호가 있을 수 있다. 이 경우를 처리하는 방법에는 여러 가지가 있다. 정규 프로그래밍을 해본 독자라면 이미 익숙한 기법이다.

첫 번째 방법은 이스케이프(escape) 메커니즘이다. 이 메커니즘으로는 유닉스에서 애용하는 역 슬래시나, 구분자를 두 번 연속해서 사용하는 방식 등이 있다. 따라서 Active "Marauders" Map을 처리하려면, 다음과 같은 규칙을 사용해 볼 수 있다.

```
QUOTED_STRING : STRING_DELIM (STRING_ESCAPE | ~(STRING_DELIM))* STRING_DELIM;
```

---

2 (옮긴이) options{greedy = false;} : 이 옵션을 사용하지 않고 '"' (| .)* '"';와 같이 규칙을 작성하면, '"' 이후의 모든 단일 문자 또는 공백과 매칭이 일어난다. 즉, 마지막 인용부호인 '"'까지도 매칭된다. 이처럼 ANTLR은 greedy 매칭을 기본으로 한다. 따라서 이처럼 greedy = false 옵션을 사용해 nongreedy 매칭이 되도록 설정해야 한다.

```
fragment STRING_ESCAPE: STRING_DELIM STRING_DELIM;
fragment STRING_DELIM : '"';
```

기본 요령은 구분자를 사용해 반복 그룹을 감싸는 것이다. 이때 반복 그룹의 한 요소에는 사용할 이스케이프 문자 조합을, 나머지 요소에는 구분자에 대한 부정(앞에서 본 nongreedy 매칭과 같다)을 사용한다.

이 문법을 아래와 같이 좀 더 간결한 형식으로 작성하고 싶을 수도 있다.

```
QUOTED_STRING : '"' ('""' | ~('"'))* '"';
```

나는 장황하게 풀어서 쓴, 하지만 명료한 문법 형식을 선호하는 편이다. 하지만 이처럼 정규 표현식을 사용하게 되면 이러한 명료성은 거의 얻기 힘들다.

이스케이프 메커니즘은 효과적이긴 하지만 다소 혼란스럽다. 특히 프로그래머가 아닌 사람이라면 어렵게 느낄 수 있다.

이스케이프 대신에 인용처리 할 텍스트에서 나타날 것 같지 않은 심벌을 조합해서 구분자로 사용하는 기법도 있다. 파서 생성기(327)인 자바 CUP이 좋은 예다. 대부분의 파서 생성기는 중괄호를 사용해 코드 액션을 가리킨다. 이 방식은 익숙하긴 하지만, 중괄호는 C 기반의 언어에서 흔하게 사용된다는 문제점을 안고 있다. 그래서 CUP은 '{:'와 ':}'를 구분자로 사용한다. 이 조합은 자바를 포함한 대다수의 언어에서 사용하지 않기 때문이다.

이처럼 희귀한 문자 조합을 구분자로 사용하는 방법은 이 구분자가 확실히 잘 쓰이지 않아야만 효과적이다. DSL의 경우에는 이 방법을 사용해 꽤 효과를 얻을 수 있다. DSL에서는 인용 처리한 텍스트 안에서 사용될 수 있는 구분자의 종류가 몇 안 되기 때문이다.

세 번째 전략은 여러 종류의 인용부호를 사용하는 것이다. 그래서 특정 인용부호를 텍스트에 삽입해야 한다면, 해당 인용부호 대신에 다른 인용부호를 구분자로 사용하도록 바꾼다. 예를 들어 많은 스크립트 언어에서 인용부호로 작은따옴표와 큰따옴표를 모두 쓸 수 있다. 이처럼 인용부호로 작은따옴표와 큰따옴표를 모두 쓰게 되면 또 다른 장점이 있다. 따옴표 중에서 하나만을 인용부호로 사용해야 하는 일부 언어에서 야기되는 혼란이 줄어든다는 점이다. (인용부호로 하나만을 사용하는 언어에서는 흔히 인용부호별로 서로 다른 이스케이프 규칙을 사용하기 때문이다.) 예제에 큰따옴표와 작은따옴표를 모두 사용하게 되면, 문법은 아래와 같이 간단해진다.

```
catalog : item*;
item : 'item' item_name ';';

item_name : (ID | QUOTED_STRING)* ;
QUOTED_STRING : DOUBLE_QUOTED_STRING | SINGLE_QUOTED_STRING ;
fragment DOUBLE_QUOTED_STRING : '"' (options{greedy = false;} : .)* '"';
fragment SINGLE_QUOTED_STRING : '\'' (options{greedy = false;} : .)* '\'';
```

흔히 사용하지는 않지만, 가끔은 도움이 되기도 하는 또 다른 방식도 있다. ANTLR을 포함한 일부 파서 생성기는 렉싱할 때 상태 머신이 아니라 푸시다운 머신을 사용하기도 한다. 따라서 인용 문자를 쌍으로 매칭해야 하는 경우(예를 들어 '{...}'와 같이), 이러한 파서 생성기를 이용하면 다른 방식을 활용해 볼 수도 있다. 이 방식을 설명하려면 예제를 조금 변경해야 한다. 이제 아이템 리스트에 자바스크립트 코드를 삽입해서, 이 코드로 해당 아이템이 판매 카탈로그에 나타날 수 있는지 검사하는 경우를 생각해 보자. 예를 들면 다음과 같다.

```
item lyncanthropic gerbil {!isFullMoon()};
```

이와 같은 코드를 삽입할 때 자바스크립트 코드 자체에도 중괄호가 포함될 수 있다는 문제가 있다. 하지만 다음과 같이 인용문자가 쌍으로 있는 경우에만 매칭하도록 규칙을 작성하면 자바스크립트 코드 안에도 중괄호를 허용하도록 만들 수 있다.

```
catalog : item*;
item : 'item' item_name CONDITION?';';

CONDITION : NESTED_CONDITION;
fragment NESTED_CONDITION : '{' (CONDITION_CHAR | NESTED_CONDITION)* '}';
fragment CONDITION_CHAR : ~('{'|'}') ;
```

삽입된 코드의 중괄호를 이 규칙만으로 모두 처리할 수는 없다. 예를 들어 {System.out.print("tokenize this: }}}");}과 같은 코드가 삽입되면 규칙은 어긋나게 된다. 이 같은 문제를 해결하려면 렉서 규칙을 추가로 작성해서, 삽입되는 조건식에서 중괄호를 포함할 수 있는 요소를 모두 처리해야만 한다. 하지만 예제의 경우에는 앞에서 본 간단한 해결책 정도로도 보통 충분하다. 이 기법의 가장 큰 단점은 렉서가 푸시다운 머신일 때만 사용할 수 있다는 점으로, 푸시다운 머신으로 만들어진 렉서는 흔치 않다.

28.1.2 렉시컬 상태 사용하기

이 문제를 고려하는 경우라면, 또는 최소한 예제에서 item을 아이템 이름으로 인식해야 하는 경우라면, item 키워드를 인식한 후 이름을 인식할 때 렉서를 완전히 교체하는 방식이 가장 합리적이다. 즉 item 키워드를 인식하고 나면, 사용 중인 렉서를 다른 렉서로 교체해서 사용하다가, 세미콜론이 인식되면 원래 사용하던 렉서로 다시 교체하는 방식이다.

lex의 오픈 소스 버전인 Flex는 시작 조건(start condition, 렉시컬 상태(lexical state)라고도 부르는)이라는 이름으로 이 기능을 지원한다. Flex의 경우 하나의 렉서를 사용하지만 렉서를 다른 모드로 전환할 수 있는 문법을 제공한다. 이처럼 모드를 전환하는 일은 사실 렉서를 교체하는 일과 거의 같고, 예제 문제를 해결하는 데는 이 정도로도 충분하다.

여기에서는 ANTLR 대신에 자바 CUP을 사용해서 코드를 작성하고자 한다. 현재 ANTLR에서는 렉시컬 상태를 변경할 수 있는 기능을 지원하지 않기 때문이다 (ANTLR은 입력 스트림을 렉서에서 전부 토큰화한 후, 이 토큰 스트림을 가지고 파서가 작업을 시작한다. 따라서 ANTLR에서는 렉시컬 상태를 바꿀 수 없다). 다음은 아이템을 처리하는 CUP 문법이다.

```
<YYINITIAL> "item" {return symbol(K_ITEM);}
<YYINITIAL> {Word} {return symbol(WORD);}

<gettingName> {Word} {return symbol(WORD);}

";" {return symbol(SEMI);}
{WS} {/* ignore */}
{Comment} { /* ignore */}
```

이 문법에서는 YYINITIAL과 gettingName, 두 개의 렉시컬 상태를 사용한다. YYINITIAL은 렉서가 시작할 때 기본이 되는 렉시컬 상태다. 이들 렉시컬 상태를 사용해서 렉서 규칙에 주석을 달 수 있다. 이 문법을 보면, item 키워드는 렉서가 YYINITIAL 상태일 때만 키워드 토큰으로 인식된다는 점을 알 수 있다. 상태가 없는 렉서 규칙은(";"와 같이) 상태에 관계없이 적용된다. (엄밀히 말하면 {Word} 경우 두 규칙이 서로 같으므로, 두 상태별로 규칙을 따로 작성할 필요는 없다. 여기에서는 구문을 보여주려는 목적으로 두 규칙을 모두 작성했다.)

이처럼 렉시컬 상태를 정의하고 나면, 문법에서는 이들 렉시컬 상태 간에 전환할 수 있게 된다. CUP의 규칙 구문은 ANTLR의 구문과 비슷하지만, ANTLR과는 다른 버전의 BNF를 사용하므로 약간의 차이는 있다. 먼저 렉시컬 상태 전환과는 관련이 없는 두 가지 규칙을 살펴보자. 첫 번째는 최상위 규칙인 catalog로 ANTLR의 최상위 규칙을 기본 BNF 형식에 맞게 작성한다.

```
catalog ::= item | catalog item ;
```

두 번째는 아이템 이름을 모으는 규칙이다.

```
item_name ::=
  WORD:w {: RESULT = w; :}
  | item_name:n WORD:w {: RESULT = n + " " + w; :}
  ;
```

아이템을 인식하는 규칙에서 렉시컬 상태를 전환한다.

```
item ::= K_ITEM
  {: parser.helper.startingItemName(); :}
  item_name:n
  {: parser.helper.recognizedItem(n); :}
  SEMI
  ;

class ParsingHelper...
  void recognizedItem(String name) {
    items.add(name);
    setLexicalState(Lexer.YYINITIAL);
  }
  public void startingItemName() {
    setLexicalState(Lexer.gettingName);
  }
  private void setLexicalState(int newState) {
    getLexer().yybegin(newState);
  }
```

기본 메커니즘은 매우 직관적이다. 파서가 입력에서 item 키워드를 인식하고 나면, 뒤이어서 나오는 단어를 아이템 이름으로 인식하도록 렉시컬 상태를 전환한다. 단어를 모두 인식하고 나면 원래 상태로 다시 전환한다.

보다시피 코드는 매우 간단하지만 주의해야 할 점이 하나 있다. 파서가 규칙을 해석할 수 있으려면, 토큰 스트림에서 룩어헤드(look ahead)를 살펴봐야 한다. ANTLR의 경우 살펴봐야 하는 룩헤드의 개수가 임의적이다. 이는 입력 전체를 토큰화한 후에 파서가 처리하는 방식을 ANTLR에서 따르는 이유 중 하나다. 반면에 CUP은 Yacc와 같이 룩어헤드 토큰을 하나만 필요로 한다. 그러나 이처럼 토큰 하나만을 룩어헤드로 사용한다면 item item the troublesome과 같이 아이템을 선언한 경우, 문제가 생길 소지가 다분하다. 이 경우 렉시컬 상태가 바뀌기도 전에 아이템 이름의 첫 단어가 파싱된다는 문제가 있다. 따라서 아이템 이름에 포함된 item이 키워드로 파싱되게 되고, 결국 파싱에서 오류가 난다.

뿐만 아니라 이보다 훨씬 심각한 문제가 생길 수도 있다. 앞의 규칙에서 렉시컬 상태를 다시 되돌리는 호출(recognizedItem 메서드)을 문장 분리 기호를 인식하기 전에 두었음을 볼 수 있다. 이 호출을 문장 분리 기호가 인식된 후에 호출했다면, 파서는 초기상태로 되돌아가기도 전에 룩어헤드의 item 키워드를 인식하게 된다.

이처럼 렉시컬 상태 기법을 사용해야 할 때는 주의를 기울여야 한다. 입력을 구분하기 위해 주로 사용하는 토큰(예를 들어 인용부호)을 사용한다면, 룩어헤드로 토큰 하나만을 사용하더라도 문제를 피할 수 있다. 이러한 토큰을 사용하는 게 아니라면, 파서가 살펴보는 룩어헤드와 렉서의 렉시컬 상태가 어떻게 상호작용하는지 주의해야 한다. 그렇지 않고 파싱과 렉시컬 상태를 결합하는 방식을 사용하면 엉망이 되기 쉽다.

28.1.3 토큰 타입 변환하기

파서 규칙은 토큰에 포함되는 전체 내용에는 반응하지 않지만, 토큰 타입에는 반응을 보인다. 따라서 토큰이 파서에 전달되기 전에 토큰 타입을 바꿀 수 있다면, item을 키워드가 아니라 단어로 인식하도록 바꿀 수 있다.

이 방식은 렉시컬 상태를 전환하는 방식과는 정반대다. 렉시컬 상태를 전환하는 경우, 렉서는 파서에 토큰을 전달할 때 한 번에 하나씩 전달한다. 반면에 토큰 타입을 변환할 때는, 파서가 토큰 스트림에서 임의의 룩어헤드를 살펴볼 수 있어야 한다. 결국 이 방식이 Yacc보다는 ANTLR에서 더 효과적이라는 사실은 그리 놀라울 것도 없다. 따라서 여기에서는 다시 ANTLR 문법을 사용하고자 한다.

```
catalog : item*;
item :
'item' {helper.adjustItemNameTokens();}
ID*
SEP
;

SEP : ';';
```

문법만 봐서는 어떻게 처리되는지 전혀 알 수 없다. 처리되는 작업은 모두 헬퍼에서 이루어진다.

```
void adjustItemNameTokens() {
  for (int i = 1; !isEndOfItemName(parser.getTokenStream().LA(i)); i++) {
    assert i < 100 : "This many tokens must mean something's wrong";
    parser.getTokenStream().LT(i).setType(parser.ID);
  }
}
```

```
private boolean isEndOfItemName(int arg) {
  return (arg == parser.SEP);
}
```

이 코드에서는 토큰 스트림을 전방 탐색하고, 분리 기호에 해당하는 토큰이 나올 때까지 토큰의 타입을 모두 ID로 변환한다. (분리 기호에 대한 토큰 타입을 파서에 선언해서, 헬퍼에서 사용할 수 있도록 했다.)

이 기법으로는 원본 텍스트에 어떤 내용이 있었는지 제대로 담아낼 수 없다. 이는 렉서에서 무시하고 버리는 내용은 파서에 조금도 전달되지 않기 때문이다. 예를 들어 이 메서드에서 공백은 보존되지 않는다. 따라서 공백을 보존하지 않으면 문제가 되는 상황에서는 이 기법을 사용해서는 안 된다.

예제 문제보다 규모가 더 큰 상황에서 이 기법을 사용한 예로는 하이버네이트의 HQL에 대한 파서를 들 수 있다. 입력 HQL에 'order'라는 단어가 있을 때, 이 단어는 키워드일 수도 있고('order by'절), 또는 컬럼과 테이블의 이름일 수도 있다. 따라서 HQL 파서는 이 둘을 구분해서 처리해야 한다. 이 경우 렉서는 기본적으로 'order'를 키워드로 반환한다. 하지만 파서 액션에서 룩어헤드를 살펴서 바로 뒤에 'by'가 있는지 확인하고, 'by'가 없다면 이 토큰을 식별자 타입으로 변환한다.

28.1.4 토큰 타입 무시하기

토큰들이 의미가 없어서 텍스트 전체를 얻고자 한다면, 토큰 타입은 완전히 무시한 채 센티넬[3] 토큰(sentinel token)이 나올 때까지(이 경우에는 분리 기호가 나올 때까지) 토큰을 모두 모아서 처리할 수도 있다.

```
catalog : item*;
item : 'item' item_name SEP;
item_name : ~SEP* ;
SEP : ';';
```

기본적인 아이디어는 토큰이 분리 기호가 아니라면 전부 받아들이도록 아이템 이름에 대한 규칙을 작성하는 것이다. ANTLR에서는 부정 연산자를 사용할 수 있으므로 간단히 처리할 수 있다. 하지만 일부 파서 생성기(327)에서는 부정 연산자를 지원하지 않으므로, 다음과 같이 처리해야 한다.

---

[3] (옮긴이) 컴파일러 이론에서 센티넬은 버퍼의 끝을 가리키기 위해 사용되는 특별한 문자 또는 문자들이다. 센티넬은 소스 언어에 포함되지 않으며, 버퍼의 끝을 검사하기 위해 사용한다. 예를 들어 파일의 끝을 가리키는 'EOF'가 바로 센티넬이다.

```
item : (ID | 'item')* SEP;
```

이때 규칙에 키워드를 모두 나열해야 하므로, 단순히 부정 연산자를 사용하는 방식에 비해 훨씬 불편하다.

이렇게 처리하더라도 여전히 토큰은 알맞은 타입을 가진다. 하지만 이 기법을 사용할 때는 토큰 타입을 활용하지 않는다. 위 문법에 액션을 추가해서 다음과 같이 작성할 수 있다.

```
catalog returns [Catalog catalog = new Catalog()]:
  (i=item {$catalog.addItem(i.itemName);})*
  ;

item returns [String itemName] :
  'item' name=item_name SEP
  {$itemName = $name.result;}
  ;

item_name returns [String result = ""] :
  (n=~SEP {$result += $n.text + " ";})*
  {$result = $result.trim();}
  ;

SEP : ';';
```

이 경우 item_name에 해당하는 모든 토큰에서 텍스트를 가져오며 토큰 타입은 무시한다. 트리 생성 기법을 사용해도 이와 비슷하게 처리할 수 있다. 즉 item_name에 해당하는 토큰들을 하나의 리스트로 만들고, 이후에 토큰 타입은 무시한 채 트리를 처리하면 된다.

28.2 언제 사용하는가

얼터너티브 토크나이제이션 기법은 구문 분석 작업에서 토큰화 작업을 분리해서 구문 주도 변환(267) 기법을 사용하는 경우에 적합하다. 그리고 이처럼 분리해서 작업하는 경우가 흔하다. 입력 텍스트에 일반적인 토큰화 방식으로 토큰화해서는 안 되는 특별한 영역이 있을 때, 이 기법을 사용할지 고려해볼 수 있다.

얼터너티브 토크나이제이션 기법이 주로 사용되는 사례는 세 가지다. 특정 문맥에 따라 키워드에 해당하는 텍스트를 키워드 토큰으로 인식하지 말아야 하는 경우나, 입력 텍스트의 형식을 제한하지 않는 경우(대개 산문 형식으로 기술해야 하는 경우), 또는 외래 코드를 사용하는 경우다.

Domain-Specific Languages —

29장

DOMAIN-SPECIFIC LANGUAGES

중첩 연산자 표현식

동일한 형태의 표현식(산술식, 불린 표현식 등)을 재귀적으로 포함할 수 있는 연산자 표현식

2 * (4 + 5)

중첩 연산자 표현식(Nested Operator Expression)을 패턴으로 보기에는 패턴의 정의를 다소 확대 해석한 감이 있다. 중첩 연산자 표현식은 해결책이라기보다 파싱할 때 흔히 발생하는 문제점이기 때문이다. 특히 좌측 재귀를 사용할 수 없는 하향식 파서를 사용할 때 문제가 된다.

29.1 어떻게 동작하는가

중첩 연산자 표현식을 처리할 때 까다로운 특성이 두 가지 있다. 중첩 연산자 표현식이 본질적으로 재귀적이라는 점(규칙의 몸체에서 자신이 다시 사용된다)과, 우선순위를 분류해야 한다는 점이다. 이들 특성을 처리하는 방식은 사용 중인 파서 생성기에 따라 어느 정도는 확실히 달라진다. 하지만 모든 파서 생성기에 적용해서 효과를 얻을 수 있는, 일반적인 원칙도 몇 가지 있다. 무엇보다도 중첩 연산자 표현식을 처리하는 방식은 상향식 파서를 사용하느냐, 아니면 하향식 파서를 사용하느냐에 따라 가장 크게 달라진다.

이 장에서 예제로 사용할 문제는 계산기다. 이 계산기는 일반적인 산술 연산자 4개(+ - * /)와, 괄호로 묶이는 그룹, 거듭제곱('**'를 사용), 그리고 루트('//'를 사용)를 처리할 수 있다. 그리고 단항 마이너스도 처리할 수 있다. 즉, 마이너스 기호를 사용해 음수를 표현할 수 있다.

이러한 연산자를 사용할 수 있으려면, 다양한 수준의 우선순위가 필요하다. 단항 마이너스가 우선순위가 가장 높고, 그 다음이 거듭제곱과 루트, 그리고 곱셈과 나눗셈, 마지막이 덧셈과 뺄셈이다. 예제 문제에 거듭제곱과 루트를 추가한 이유는, 나머지 이항 연산자들이 좌측 결합 연산자(left-associative operator)인데 반해, 거듭제곱과 루트는 우측 결합 연산자(right-associative operator)이기 때문이다.[1]

29.1.1 상향식 파서에서 사용하기

먼저, 설명하기 쉬운 상향식 파서부터 시작해보자. 표현식에서 사칙 연산과 괄호를 사용한 경우 이를 처리하는 문법은 기본적으로 다음과 같다.

```
expr ::=
  NUMBER:n {: RESULT = new Double(n); :}
  | expr:a PLUS expr:b {: RESULT = a + b; :}
  | expr:a MINUS expr:b {: RESULT = a - b; :}
  | expr:a TIMES expr:b {: RESULT = a * b; :}
  | expr:a DIVIDE expr:b {: RESULT = a / b; :}
  | expr:a POWER expr:b {: RESULT = Math.pow(a,b); :}
  | expr:a ROOT expr:b {: RESULT = Math.pow(a,(1.0/b)); :}
  | MINUS expr:e {: RESULT = - e; :} %prec UMINUS
  | LPAREN expr:e RPAREN {: RESULT = e; :}
  ;
```

여기에서는 파서 생성기(327)인 자바 CUP에서 이용하는 문법을 사용했다. CUP은 고전적인 Yacc 시스템의 자바 버전이다. 이 문법에서는 표현식 구문의 구조를 생성 규칙 하나에 모두 담는다. 이때 처리하려는 각 사칙 연산자마다 얼터너티브 연산자를 이용한다. 그리고 가장 기본적인 숫자만 있는 경우도 포함한다.

이 책의 예제에서 주로 사용했던 ANTLR과는 달리 CUP에서는 문법 파일에 리터럴 토큰을 사용할 수 없다. 그래서 여기에서는 +가 아니라 PLUS와 같은 이름이 붙은 토큰을 사용했다. 파서와 분리된 별도의 렉서에서 이들 연산자와 숫자를 파서에서 필요한 형식에 맞게 변환한다.

이 경우 임베디드 인터프리테이션(369)을 사용해 계산을 수행한다. 따라서 각 얼터너티브 마지막에 결과를 계산하는 코드 액션이 있음을 볼 수 있다. (코드 액션을 감싸는 중괄호를 좀 더 쉽게 처리하기 위해, 코드 액션에 {:와 :}를 구분자로 사용한

---

1 (옮긴이) 연산자 결합(operator associativity) : 연산자 결합이란 괄호가 없을 때 동일한 우선순위를 갖는 연산자들이 그룹으로 묶이는 방법으로, 좌측 결합(left-associative)과 우측 결합(right-associative)이 있다. 연산자가 왼쪽에서부터 그룹으로 묶인다면, 즉 a * b * c의 결과 값과 (a * b) * c의 결과가 같다면, 이 연산자는 좌측 결합 연산자라고 부른다. 반대로, 연산자가 오른쪽에서부터 그룹으로 묶인다면, 즉 a ** b ** c의 결과 값과 a ** (b ** c)의 결과와 같다면, 이 연산자는 우측 결합 연산자라고 부른다. 그리고 연산자에서 우측결합과 좌측 결합의 결과가 같다면, 결합 법칙(associative law)이 성립한다고 말한다.

다.) 특별한 변수인 RESULT는 반환 값을 담기 위해 사용된다. 규칙 요소는 모두 뒤에 :label이 붙는다.

이렇게 작성된 기본 문법 규칙은 재귀 구조를 완전히 직접적으로 처리하지만, 우선순위를 다루지는 않는다. 하지만 1 + 2 * 3과 같은 표현식은 1 + (2 * 3)으로 해석되어야 한다. 이처럼 우선순위를 처리하려면 일련의 선행(precedence) 선언문을 사용해야 한다.

```
precedence left PLUS, MINUS;
precedence left TIMES, DIVIDE;
precedence right POWER, ROOT;
precedence left UMINUS;
```

우선순위를 선언하는 각 문장에는 우선순위가 같은 연산자들을 나열하고, 이들 연산자의 결합 방향(좌측, 우측)을 기술한다. 이때 우선순위가 낮은 연산자부터 위에서 아래로 작성한다.

단항 마이너스 규칙에 있는 %prec UMINUS처럼, 문법 규칙 안에도 우선순위를 기술할 수 있다. UMINUS는 토큰에 대한 참조로, 진짜 토큰이 아니다. UMINUS는 오로지 해당 규칙의 우선순위를 조정하기 위해 사용한다. 이처럼 문맥에 의존적인 우선순위를 사용하는 이유는 해당 규칙에서 '-' 연산자에 대해 디폴트 우선순위를 사용하지 말고, 대신에 UMINUS 연산자에 선언된 우선순위를 사용하도록 파서 생성기에 지시하기 위해서다.

프로그래밍 언어의 용어로는 우선순위가 모호성(ambiguity) 문제를 해결한다고 말한다. 예를 들어 이 문법에서 우선순위 규칙을 사용하지 않으면, 파서는 1 + 2 * 3을 (1 + 2) * 3 또는 1 + (2 * 3), 어느 쪽으로도 파싱할 수 있다. 결국 우선순위가 없다면 모호함이 생긴다. 1 + 2 + 3의 경우에도 마찬가지다. 물론 우리(사람)는 이 경우에 어느 쪽으로 파싱하더라도 문제가 없다는 사실을 알고 있지만 컴퓨터는 아니다. 따라서 우선순위에서 연산자가 결합되는 방향을 기술해야 한다. 물론 연산자가 '+'와 '*'인 경우에는 결합 방향이 문제가 되지는 않는다.

상향식 파서의 경우, 간단한 재귀 문법과 우선순위 선언문을 조합해서 사용하면 중첩된 표현식을 매우 쉽게 처리할 수 있다.

29.1.2 하향식 파서에서 사용하기

하향식 파서의 경우 중첩 연산자 표현식을 처리하는 일이 좀 더 복잡해진다. 재귀 문법을 사용하면 좌측 재귀가 발생하므로, 단순히 재귀 문법을 사용해서는 처리할 수 없다. 따라서 상향식 파서에서 사용했던 문법 규칙과는 다른 규칙을 사용해서 좌측 재귀 문제를 해결해야 하고, 동시에 우선순위도 처리할 수 있어야 한다. 하지만 이렇게 만든 문법은 상향식 파서 문법에 비해 훨씬 덜 명료하다. 실제로 하향식 파서를 사용하면 문법의 명료성이 떨어지기 때문에, 많은 사람들이 상향식 파서를 선호한다.

ANTLR을 사용해서 이들 규칙을 작성해보자. 먼저, 최상위 규칙 2개를 작성한다. 이때 각 규칙은 우선순위가 가장 낮은 두 연산자를 처리한다. 순전히 파싱만을 다룬다면, 이들 규칙은 다음과 같다.

```
expression : mult_exp ( ('+' | '-') mult_exp )* ;
mult_exp : power_exp ( ('*' | '/') power_exp )* ;
```

여기에서 좌측 결합 연산자를 처리하는 패턴을 볼 수 있다. 규칙의 몸체는 자신보다 바로 다음으로 우선순위가 높은 규칙으로 시작한다. 그리고 연산자들과 다음 규칙을 괄호로 묶은 반복 그룹이 뒤따른다. 이처럼 좌측 결합 연산자를 처리할 때는 규칙 자신이 아니라, 그 다음으로 우선순위가 높은 규칙을 항상 사용해야 한다.

거듭제곱과 루트 연산자에서는 우측 결합 연산자를 처리하는 패턴을 볼 수 있다.

```
power_exp : unary_exp ( ('**' | '//') power_exp )? ;
```

여기에서 우측 결합을 처리할 때, 좌측 결합 연산자를 처리할 때와는 다른 점을 몇 가지 볼 수 있다. 첫째, 그룹에서 오른편에 있는 규칙이 다음으로 우선순위가 높은 규칙이 아니라, 규칙 자신에 대한 재귀 참조다. 둘째, 반복적 그룹이 아니라 선택적 그룹이 사용된다. 이처럼 선택적 그룹을 사용하더라도 재귀를 사용하므로, 거듭제곱 표현식은 여러 개 결합될 수 있다. 그리고 이처럼 우측 재귀를 사용하게 되면, 그 특성상 우측 결합이 일어나게 된다.

단항 표현식은 선택적인 마이너스 기호를 지원한다.

```
unary_exp
  : '-' unary_exp
  | factor_exp
  ;
```

마이너스 기호가 있을 때는 재귀를 사용하고(표현식에서 마이너스 기호를 여러 번 사용할 수 있도록 하기 위해), 없을 때는 그 다음으로 우선순위가 높은 규칙을 사용했음을(좌측 재귀를 피하기 위해) 볼 수 있다. 이제 우선순위가 가장 높은 언어 요소(이 예제에서는 숫자)와 괄호를 처리하자.

```
factor_exp : NUMBER | par_exp ;
par_exp : '(' expression ')' ;
```

괄호에 대한 규칙에서는 최상위 레벨의 규칙을 다시 참조하며, 결국 깊은 재귀(deep recursion)가 이루어진다.

(지금까지 작성한 문법에는 다른 규칙에서 호출되지 않는 규칙, 즉 최상위 레벨 규칙이 없다. 따라서 ANTLR에서 이 문법을 사용하게 되면, 문제가 생길 수 있다(실제로 ANTLR은 'no start rule' 에러 메시지를 보여준다). 따라서 prog: expression; 과 같은 최상위 레벨 규칙을 추가해야 한다.)

보다시피 하향식 파서에서 중첩 연산자 표현식을 처리하는 일은 훨씬 복잡하다. 결국 의도를 표현하는 일보다 파서 생성기(327)를 조작하는 데 더 많은 시간을 들여야 한다. 그리고 결과적으로 만들어진 문법도 심하게 훼손된다. 이런 이유로 많은 사람이 하향식 파서 생성기보다 상향식 파서 생성기를 선호한다. 반면에 하향식 파서 지지자들은 문법이 훼손되는 경우는 중첩된 표현식이 있을 때뿐이므로, 상향식 파서의 다른 문제점을 생각해 볼 때, 이러한 거래는 충분히 일리가 있다고 주장한다.

그리고 이처럼 문법이 훼손되면 결과적으로 파스 트리도 더 복잡해진다. 예를 들어 표현식이 1 + 2일 때, 다음과 같은 파스 트리가 만들어지리라고 기대한다.

```
+
  1
  2
```

그러나 실제로는 다음과 같은 파스 트리가 만들어진다.

```
+
 mult_exp
   power_exp
     unary_exp
       factor_exp
         1
 mult_exp
   power_exp
     unary_exp
       factor_exp
         2
```

보다시피 우선순위와 관련된 문법 규칙들이 파스 트리에 온갖 잡동사니 같은 노드들을 추가한다. 이러한 파스 트리가 실제로 그리 큰 문제는 아니다. 그리고 이러한 노드가 유용한 경우도 있고, 따라서 이들 노드를 처리하는 코드를 직접 작성할 수도 있다. 하지만 때로는 이같은 노드는 그저 성가실 뿐이다.

앞에서 본 문법은 순전히 파싱만 수행하는 문법으로, 결과 생성과 관련된 코드는 전혀 없다. 파싱을 할 때 결과를 생성하도록 추가적인 작업을 하게 되면, 문법이 더 훼손되곤 한다. 예를 들어 임베디드 인터프리테이션(369)에서 예제로 사용한 계산기 문법을 다시 한번 보자. 최상위 레벨 규칙은 아래와 같다.

```
expression returns [double result]
    : a=mult_exp {$result = $a.result;}
    ( '+' b=mult_exp {$result += $b.result;}
    | '-' b=mult_exp {$result -= $b.result;}
    )*
    ;
```

이 경우 코드 액션과 문법은 기대 이상으로 복잡하게 서로 영향을 미친다. 이 규칙을 보면, 규칙의 요소가 얼마든지 반복될 수 있다(1 + 2 + 3 + 4와 같이). 따라서 규칙의 시작 부분에 누적 변수를 선언하고, 반복 그룹 안에서 이 변수에 값을 누적해야만 한다. 게다가 뺄셈인지 아니면 덧셈인지에 따라 서로 다른 코드 액션을 사용해야 하므로, 얼터너티브를 확장해야 한다. 즉, ('+'|'-') mult_exp를 ('+' mult_exp | '-' mult_exp)로 변환해야 한다. 결국 중복이 발생한다. 하지만 이 같은 중복은 문법으로 무언가 실질적인 작업을 하려면 흔히 생기는 문제다. 트리 생성(341) 기법을 사용하면, 이러한 중복을 줄일 수 있다. 그렇긴 해도 덧셈과 뺄셈에 따라 서로 다른 노드 타입을 반환하고자 한다면, 마찬가지로 얼터너티브를 확장해야만 한다.

여기에서는 ANTLR을 사용해 예제를 모두 작성했다. ANTLR이 하향식 파서 중에서 가장 자주 보게 되는 파서이기 때문이다. ANTLR 이외의 하향식 파서를 사용한다면, 그에 따라 생기는 문제점도 약간씩 다르고 해결책도 조금 다르다. 일반적으로 하향식 파서는 좌측 재귀를 처리하는 방법을 문서로 제공한다.

29.2 언제 사용하는가

앞에서 말했듯이, 중첩 연산자 표현식은 이 책의 일반적인 패턴 기술 방식에 잘 들어맞지 않는다. 실제로 중첩 연산자 표현식을 이처럼 패턴으로 추가하는 대신에 다른 방법으로 설명하면 더 효과적이었을 수도 있다. 하지만 그렇게 하기에는 작가로서의 내 자질이 다소 부족하기도 했다. 결국 이 장에 '언제 사용하는가' 절을 추가한 이유는 고집스럽게 일관성을 지키려는 내 성향(잘 알려지지 않았지만)을 과시하기 위해서일 뿐이다.

30장

DOMAIN-SPECIFIC LANGUAGES

줄바꿈 분리 기호

줄바꿈을 문장 분리 기호로 사용한다.

first statement
second statement
third statement

30.1 어떻게 동작하는가

줄바꿈을 사용해 문장의 끝을 표시하는 일은 프로그래밍 언어에서 나타나는 일반적인 특징이다. 이 방식은 구분자 주도 변환(247)에서 특히 효과적인데, 입력 텍스트를 분할할 때 첫 번째 구분자로 줄바꿈을 사용하기 때문이다. 따라서 구분자 주도 변환과 관련해서는 더 설명할 내용이 없다.

반면에 구문 주도 변환(267)에서 줄바꿈을 사용해 문장을 분리하면, 처리하기가 훨씬 까다로워진다. 게다가 실수를 유도하는 함정들이 도처에 도사리고 있다. 이 장에서는 이들 함정 중 몇 가지를 짚어 보고자 한다.

(물론 구문적으로 문장을 분리하려는 이외의 목적으로 줄바꿈을 사용할 수도 있다. 하지만 아직 이러한 경우는 보지 못했다.)

구문 주도 변환에서 줄바꿈 분리 기호(Newline Seperator)가 잘 어울리지 않는 이유는 줄바꿈이 분리 기호로 사용될 때, 두 가지 역할을 하기 때문이다. 문장을 분리한다는 구문적인 역할 이외에도, 입력 텍스트에서 수직 여백을 만들어 내는 포맷팅 역할도 하기 때문이다. 결과적으로 줄바꿈 분리 기호가 나타나리라 예상치 못했던 위치에서 줄바꿈이 갑자기 나타날 수 있다.

줄바꿈 문자를 분리 기호로 사용할 때, 문법은 아래와 같이 작성할 수 있다.

```
catalog : statement*;
statement : 'item' ID EOL;

EOL : '\r'? '\n';
ID : ('a'..'z' | 'A'..'Z' | '0'..'9' | '_' )+;
WS : (' ' |'\t' )+ {$channel = HIDDEN;} ;
```

이 문법은 특정 아이템으로 구성된 간단한 리스트를 나타낸다. 이때 각 라인은 item 키워드와, 아이템에 대한 식별자로 구성된다. 이 문법은 굉장히 간단하기 때문에, 나는 파싱을 설명할 때 습관적으로 이 예제를 문법의 'Hello World' 버전으로 사용하곤 한다. 하지만 이 문법은 이해하기가 매우 쉽더라도(키워드, 식별자, 줄바꿈이 전부다) 실수를 흔히 저지르는 문제가 몇 가지 있다.

- 문장들 사이에 있는 빈 줄이 있는 경우
- 첫 문장 전에 빈 줄이 나오는 경우
- 마지막 문장 뒤에 빈 줄이 있는 경우
- 마지막 라인에 있는 문장에 줄바꿈이 없는 경우

이 중에서 처음에 나오는 세 가지 사례는 모두 빈 줄이 있는 경우다. 하지만 문법에서는 각 사례를 서로 다른 방식으로 처리해야 하므로, 세 사례를 모두 테스트해야 한다. 따라서 가장 중요하게 해야 할 일은 각 사례에 맞게 테스트를 확실히 만드는 일이다. 이 장에서 이들 문제에 맞는 해결책은 제시하겠지만, 적용한 해결책이 문제 상황을 제대로 다루는지 확신하려면 무엇보다도 효과적인 테스트를 만드는 일이 가장 중요하다.

빈 줄을 효과적으로 처리하는 한 가지 방법은 여러 개의 줄바꿈 문자와 매칭하는 end-of-statement 규칙을 사용하는 것이다. 이 규칙은 정규 규칙이므로, 논리적으로 볼 때 이 규칙은 렉서 문법에 작성해야 한다(여기에서 말하는 '정규'는 말 그대로 언어론의 관점에서 정규라는 뜻이다. 즉 매칭할 때 정규식을 사용할 수 있다는 의미다). 하지만 마지막 사례를 처리하려면 상황이 다소 복잡해진다. 이 사례에서는 파일의 마지막 문장에 줄바꿈이 없기 때문이다. 따라서 이 경우를 해결하려면 렉서에서 end-of-file(EOF) 문자를 매칭할 수 있어야 한다. 하지만 사용하는 파서 생성기(327)에 따라 EOF 문자를 매칭할 수 없을 수도 있다. ANTLR의 경우, 파서 문법에 end-of-statement 규칙을 아래와 같이 작성하면 문제를 해결할 수 있다.

```
catalog : verticalSpace statement*;
statement : 'item' ID eos;
```

```
verticalSpace : EOL*;
eos : EOL+ | EOF;
```

마지막 줄에 줄바꿈이 없을 때 처리하기 어려울 때가 많다. 어려운 정도는 파서 생성기가 EOF 문자를 처리하는 방식에 따라 다르다. ANTLR의 경우 파서에서 EOF 문자를 토큰으로 사용할 수 있다. 따라서 위의 문법처럼 파서 규칙에서(렉서 규칙이 아니라) EOF 문자를 매칭할 수 있다. EOF 문자를 매칭하기가 힘들거나, 아예 불가능한 파서 생성기도 있다. 이때 고려해 볼 수 있는 방법은 마지막 줄에서 무조건 줄바꿈을 하도록 강제하는 것이다. 이때 렉서로 강제하거나(가능하다면), 또는 렉서가 작업하기 전에 강제해야 한다. 이처럼 마지막 줄에서 줄바꿈을 하도록 강제하면, 처치 곤란한 극단적인 상황을 벗어날 수 있다.

문장 종료 기호를 처리하는 다른 방법(마지막 줄에 종료 기호가 흔히 누락되어 발생하는 문제를 피할 수 있는 방법)은 문장 종료 기호를 종료 기호가 아니라 분리 기호로 보는 것이다. 이렇게 보면, 문법 규칙을 아래와 같은 형식으로 작성할 수 있다.

```
catalog : verticalSpace statement (separator statement)* verticalSpace;
statement : 'item' ID;
separator : EOL+;
verticalSpace : EOL*;
```

나는 이 형식을 선호한다. 이때 verticalSpace 규칙을 별도로 정의하지 않고, separator?를 사용할 수도 있다.

문장 분리 기호를 다루는 세 번째 방법은 카탈로그의 각 라인에 대한 규칙에서, 규칙의 몸체에 있는 문장 자체를 선택적인 요소로 보는 방식이다.

```
catalog : line* ;
line : EOL | statement EOF | statement EOL;
statement : 'item' ID;
```

이 경우에 EOF 문자를 명시적으로 매칭해야만 마지막 줄에 줄바꿈이 없는 사례를 처리할 수 있다. EOF 문자를 매칭할 수 없다면, 규칙을 아래와 같이 작성해야 한다.

```
catalog : line* statement?;
line : statement? EOL;
statement : 'item' ID;
```

이 문법은 읽기에는 그리 명료하지는 않지만 EOF 문자를 매칭하지 않아도 된다. 줄바꿈을 분리 기호로 사용할 때 문제가 되는 또 다른 요소는 바로 주석이다. 주석문을 줄바꿈을 포함해서 매칭할 수 있다면 꽤 쓸만하다. 주석문을 매칭할 때 줄바꿈까지 포함해서 매칭할 수 있다면, 파싱할 때 주석문을 모두 무시할 수 있기 때문이다(물론 마지막 라인에 있는 주석문에 줄바꿈이 없다면 실수를 빚을 수는 있다). 하지만 줄바꿈을 분리 기호로 사용하면서, 동시에 줄바꿈을 주석문에 포함해서 매칭하게 되면, 사실 문제가 될 수도 있다. 아래에서 보듯이, 주석문을 문장의 끝에 사용할 수 있기 때문이다.

```
item laser # explain something
```

따라서 주석문을 매칭할 때 줄바꿈을 포함해 버리면, 문장 종료 기호가 없어져 버린다.

이 문제는 다음과 같은 표현식을 사용하면 쉽게 피할 수 있다.

```
COMMENT : '#' ~'\n'* {skip();};
```

전통적인 정규식으로는 아래와 같이 작성할 수 있다.

```
Comment = #[^\n]*
```

마지막으로, 라인이 너무 길어진 경우에 줄 연속 문자가 사용될 수도 있다는 사실을 기억해야 한다. 줄 연속 문자가 있을 때, 렉서 규칙을 아래와 같이 사용하면 쉽게 처리할 수 있다.

```
CONTINUATION : '&' WS* EOL {skip();};
```

30.2 언제 사용하는가

줄바꿈 분리 기호를 사용할지 결정할 때는 사실 두 가지 결정을 내려야 한다. 먼저 문장 분리 기호를 사용할지 결정해야 하고, 그런 다음 줄바꿈을 문장 분리 기호로 사용할지 결정하는 일이다.

DSL은 구조가 제한적이다. 따라서 DSL은 문장 분리 기호가 없어도 쉽게 작성할 수 있는 경우가 많다. 또한 문장 분리 기호가 없더라도, 파서는 여러 가지 키워드를 통해 파싱하는 문맥을 유추할 수 있을 때가 많다. 예를 들어 도입부에 있는 그랜트 양의 컨트롤러에서는 문법에 문장 분리 기호를 전혀 사용하지 않았지만, 상당히 쉽게 파싱할 수 있었다.

 반면에 문장 분리 기호를 사용하면 에러가 발생한 위치를 찾기가 쉽고, 결국 에러도 쉽게 찾을 수 있다. 파서가 에러의 위치를 찾으려면 어디까지 파싱했는지 알려주는 체크포인트와 같은 표시가 있어야 한다. 이러한 체크포인트가 없다면 스크립트에서 에러가 발생하더라도 파서가 여러 라인을 처리한 후에야 에러가 확연히 드러나게 된다. 결국 파서가 만드는 에러 메시지가 정확하지 않게 된다. 문장 분리 기호를 사용하면 이 역할을 수행할 수 있다. (물론 이러한 체크포인트 역할을 문장 분리 기호만 할 수 있는 것은 아니다. 키워드도 이 역할을 수행할 수 있을 때가 많다.)

 문장 분리 기호를 사용하기로 결정했다면, 가시적인 문자(세미콜론과 같은)나 줄바꿈 문자 중에서 하나를 선택해야 한다. 줄바꿈을 사용할 때 좋은 점은, 어쨌든 DSL 스크립트에는 한 줄에 문장이 하나만 있을 때가 많으므로, 줄바꿈을 사용하더라도 DSL 구문에 군더더기가 조금도 더해지지 않는다는 점이다. 뿐만 아니라 많은 프로그래머가(나를 포함해서) 줄바꿈 문자를 더 선호하며, 줄바꿈 문자는 프로그래머가 아닌 사람과 함께 일할 때 특히 효과적이다. 줄바꿈 분리 기호가 가진 단점은 구문 주도 변환(267)을 사용할 때는 세심한 주의를 기울여야 하며, 이 장에서 설명한 기법을 적용해야 한다는 점이다. 또한 흔히 발생하는 문제 사례를 모두 처리할 수 있는 테스트를 확실히 만들어야 한다. 그래도 나는 가시적인 문자보다는 줄바꿈을 문장 분리 기호로 훨씬 선호하는 편이다.

31장

DOMAIN-SPECIFIC LANGUAGES

온갖 외부 DSL 모음집

이 장을 쓸 때쯤, 이 책을 쓰는데 얼마나 많은 시간을 들였는지 상당히 신경이 쓰였다. 소프트웨어를 만들 때 소프트웨어를 출시하려면 어느 시점에서는 기능 범위를 잘라내야 하듯이, 비록 그 범위를 결정하는 기준은 다소 다르지만 책을 쓸 때도 마찬가지로 범위를 줄여야만 한다.

특히 외부 DSL에 대해 쓸 때 분명히 타협을 해야 했다. 추가로 조사하면 글로 정리할 만한 주제가 수없이 많았다. 이들 주제는 모두 흥미로웠고, 책에 포함한다면 독자에게 도움이 될 수도 있었다. 하지만 새로운 주제를 조사하려면 시간을 쏟아야 하고, 결국 책이 나오는 시기가 늦춰지게 된다. 따라서 이들 주제는 조사하지 않은 채로 그대로 두는 편이 낫겠다고 판단했다. 그러나 조사를 충분히 못했기 때문에 완벽하게 설명할 수는 없지만, 내가 보기에 잘하면 도움이 될 수도 있는 기법이 몇 가지 있었다. 그리고 이 장을 할애하면 충분히 설명할 수 있으리라는 생각이 들었다. (온갖 모음집이라는 제목은 결국 이러한 자질구레한 이야기를 듣기 좋게 이름 붙인 것에 불과하다.)

이 장의 내용은 다른 장의 자료보다 훨씬 기초적인 내용이라는 점을 명심해야 한다. 다시 말하면, 이들 주제에 대해서는 논의를 제대로 할 정도로 충분히 조사하지 못했다.

31.1 구문적 들여쓰기

대다수의 언어에서 언어 요소가 강력한 계층 구조를 이룬다. 예를 들어 유럽의 구조는 아래와 같은 구문을 사용해 기술할 수 있다.

```
Europe {
  Denmark
  France
  Great Britain {
    England
    Scotland
    #...
  }
  #...
}
```

이 예제는 온갖 종류의 프로그래머[1]가 프로그램의 계층 구조를 표시할 때 따르는 공통적인 방식을 보여준다. 즉, 구분자를 사용해서 구조에 대한 구문적인 정보를 표현한다. 이 예제에서는 중괄호를 구분자로 사용한다. 하지만 구조를 읽을 때는 포맷팅에 주의를 더 많이 기울인다. 따라서 사람이 읽게 되는 구조의 주된 형식은 구분자가 아니라 들여쓰기로부터 얻는다. 순수한 혈통의 영국인인 나라면, 위의 유럽 구조를 다음과 같이 포맷팅하려고 할 수도 있다.

```
Europe {
  Denmark
  France
Great Britain {
  England
  Scotland
  }
}
```

이처럼 들여쓰기를 하면 오해의 소지가 있는데, 중괄호가 나타내는 실제 구조와 들여쓰기가 일치하지 않기 때문이다. (영국인이 세계를 보는 공통적인 관점을 보여준다는 점에서 이 포맷은 여전히 유용한 정보를 준다.)

사람들이 구조의 의미를 들여쓰기를 통해서 대부분 읽어 들이므로, 구조를 실제로 표현할 때 들여쓰기를 사용해야 한다는 주장도 있다. 이러한 주장을 따르면 유럽의 구조를 아래와 같이 작성할 수도 있다.

```
Europe
  Denmark
  France
  Great Britain
    England
    Scotland
```

---

1 (옮긴이) 온갖 종류의(stripe) 프로그래머 : 중의적인 의미로 쓰였다. stripe가 '종류'를 뜻할 때도 있지만, '줄무늬'라는 뜻으로 가장 흔히 쓰인다. 예제 코드에서 나오는 국가는 모두 국기에 줄무늬를 사용한다. 따라서 '국기에 줄무늬를 사용하는 국가에 속한 프로그래머'라고 볼 수도 있다.

이 경우 들여쓰기는 구조를 정의할 뿐만 아니라, 구조를 있는 그대로 눈에 전달한다. 이 방식을 사용하는 프로그래밍 언어 중 가장 유명한 언어는 파이썬이다. 그리고 데이터 구조를 기술하는 언어인 YAML에서도 이 방식을 사용한다.

이처럼 구문적 들여쓰기(Syntactic Indentation) 방식을 사용할 때 사용성의 관점에서 가장 큰 장점은, 실제로 정의된 구조와 눈으로 보는 내용이 항상 일치한다는 점이다. 따라서 실제 구조는 변경하지 않은 채 포맷팅만 바꾸어서 오해를 불러일으킬 소지가 없다. (텍스트를 자동으로 포맷팅하는 텍스트 편집기를 사용하면 이 장점들 대부분을 잃을 수 있다. 하지만 DSL에서는 이러한 자동 포맷팅 기능이 지원될 가능성이 거의 없다.)

구문적 들여쓰기를 사용한다면, 탭과 스페이스가 서로 영향을 미칠 수 있다는 사실에 주의해야 한다. 탭의 너비는 편집기에서 설정한 값에 따라 달라진다. 따라서 한 파일에 탭과 스페이스를 섞어 쓰게 되면 계속해서 혼동할 수 있다. 따라서 YAML이 사용하는 방식을 따르기를 추천한다. YAML의 경우 구문적 들여쓰기를 사용하는 언어에서는 절대로 탭을 사용하지 못하도록 금지한다. 탭을 금지해서 혼동을 피할 수 있다면, 탭을 사용하지 못해서 생기는 불편함은 충분히 감수할 만하다.

구문적 들여쓰기는 사용할 때는 편리하지만, 파싱할 때는 현실적인 어려움이 따른다. 조금 시간을 내서 파이썬과 YAML 파서를 살펴 본 적이 있는데, 구문적 들여쓰기로 인해 복잡해진 부분을 많이 찾을 수 있었다.

이들 파서는 구문적 들여쓰기를 렉서에서 처리했다. 해당 렉서가 문자를 처리하는 구문 주도 변환(267) 시스템의 일부분이었기 때문이다. (구분자 주도 변환(247)은 구문적 들여쓰기와 같이 쓰기에 그리 좋지 않다. 구문적 들여쓰기는 블록 구조를 다루는 방식인 반면에, 구분자 주도 변환으로 이러한 블록 구조를 처리하기는 어렵기 때문이다.)

일반적으로 사용할 수 있고 내가 보기에 효과를 거둘 수도 있는 전략은 들여쓰기가 바뀌었을 때 특별한 토큰인 'indent'와 'dedent' 토큰을 파서에 전달하는 방식이다. 이러한 가상의 토큰을 사용하면 블록을 처리할 때 주로 사용하는 기법을 이용해서 파서를 만들 수 있다. 즉, {와 } 대신에 'indent'와 'dedent'를 사용하면 그만이다. 그러나 전통적인 렉서에서는 이 전략을 사용하기가 어렵거나, 아예 불가능하다. 이들 렉서는 들여쓰기가 변했다는 사실을 감지할 수 있도록 만들어지지 않았을 뿐더러, 입력 텍스트의 특정 문자들에 대응하지 않는 가상의 토큰을 만들어내도록 만들어지지도 않았다. 이 전략을 구사하려면 결국 렉서를 직접 만들어야 할지도 모른다. (ANTLR을 사용하면 이러한 렉서를 만들 수 있다. 파이썬에서 처리하는 방식이 궁금하다면, Parr의 조언을 살펴보라[parr-antlr].)

그럴듯해 보이는 다른 전략은(그리고 내가 확실히 시도해보고 싶은 방법은) 입력 텍스트가 렉서로 전달되기 전에 전처리 과정을 거치는 방식이다. 이 전처리 과정에서는 들여쓰기의 변화만을 인식하는 작업에 집중하고, 변화가 발견되면 입력 텍스트에 특별한 지시어 문자를 삽입한다. 이렇게 삽입된 지시어는 이후에 렉서가 일반적인 방식으로 인식할 수 있게 된다. 물론 지시어는 언어의 다른 요소와 조금도 충돌하지 않도록 골라야 한다. 또한 이러한 지시어가 삽입되더라도, 진단 작업에서 라인 번호와 열 번호를 알려 주는데 영향을 미치지 않아야 한다. 그렇긴 해도 이 전략을 사용하면 구문적 들여쓰기를 렉싱하는 작업을 훨씬 간단하게 만들 수 있다.

31.2 모듈식 문법

DSL은 제약이 많을수록 더 효과적이다. 표현성이 제한되면 DSL을 쉽게 이해할 수 있고, 사용하기 편하며, 처리도 간단해진다. DSL을 위협하는 가장 큰 요소 중 하나는 이러한 표현력을 높이려는 욕구다. 이 욕구를 충족시키려고 표현성의 제약을 풀면, 결국 DSL이 범용 언어가 되어버리는 함정에 빠지게 된다.

독립적인 DSL들을 서로 결합할 수 있으면, 이러한 함정을 피해가는 데 도움이 된다. 이처럼 DSL을 결합하려면, 각 DSL을 독립적으로 파싱할 수 있어야 한다. 즉 구문 주도 변환(267)을 사용하는 경우라면, 서로 다른 DSL에 맞게 별도의 문법을 사용하지만, 이들 문법을 결합해서 단일 파서를 만들 수 있어야 한다는 뜻이다. 그리고 한 문법에서 다른 문법을 참조할 수 있어야 하고, 참조되는 문법이 변하더라도 참조하는 문법은 변경되지 않아야 한다. 이러한 모듈식 문법(Modular Grammar)을 사용하면, 문법을 재사용할 수 있게 된다. 실제로 이 기법은 현재 라이브러리를 재사용하는 방식과 같다.

이처럼 모듈식 문법을 사용하면 DSL을 만들 때 도움이 되지만, 모듈식 문법은 아직 언어 세계에서 그리 잘 알려진 분야가 아니다. 모듈식 문법을 주제로 연구하는 사람도 일부 있지만, 이 책을 쓰는 현재로서는 이 분야는 아직 조금도 성숙되지 않았다.

대부분의 파서 생성기(327)는 렉서를 분리해서 사용하므로, 모듈식 문법을 사용하기가 훨씬 복잡해진다. 문법이 서로 다르면, 결국 상위 문법에서 사용하는 렉서와 하위 문법에서 사용하는 렉서가 서로 다르기 때문이다. 얼터너티브 토크나이제이션(385)을 사용하면 이 문제를 피해갈 수는 있다. 하지만 이렇게 하려면 하위 문법과 상위 문법이 결합하는 방식에 제약을 가해야만 한다. 현재로서는 스캐너를 사용하지 않는 파서(따라서 어휘 분석과 구문 분석을 분리하지 않는 파서)가 모듈식 문법에 더 효과적이라는 생각이 늘고 있는 추세다.

지금 당장은 서로 다른 언어들은 외래 코드(373)로 다루는 게 가장 간단한 방법이다. 즉 하위 언어로 작성한 텍스트를 토큰 버퍼에 담고, 이후에 이 버퍼를 개별적으로 파싱한다.

4부
내부 DSL 토픽

32장

DOMAIN-SPECIFIC LANGUAGES

표현식 빌더

*일반적인 커맨드-쿼리 API 상위 레이어에서
플루언트 인터페이스를 제공하는 객체 또는 객체군.*

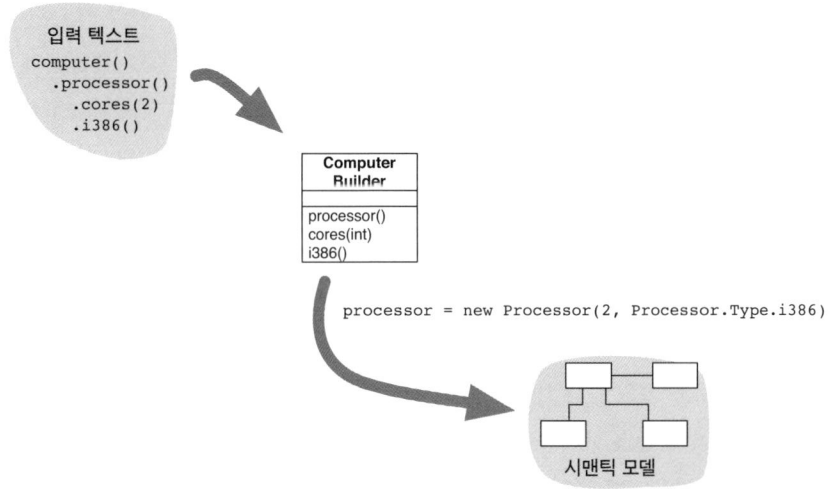

API를 만들 때 흔히 메서드가 객체에서 독립적인 의미를 갖도록 만든다. 따라서 원칙적으로 보자면 이들 메서드를 개별적으로 이해할 수 있어야 한다. 나는 이러한 API 형식을 커맨드-쿼리 API(command-query API)라고 부른다. 이 형식이 너무 흔하게 사용된 나머지, 이 형식을 가리킬 때 부를 수 있는 일반적인 이름조차 없다. 반면에 DSL에는 커맨드-쿼리 API와는 다른 종류의 API가 필요하며, 나는 이 API를 플루언트 인터페이스(fluent interface)라고 부른다. 플루언트 인터페이스는 표현식 전체의 가독성을 목표로 한다. 또한 메서드 단독으로는 별 의미가 없을 뿐만 아니라, 커맨드-쿼리 API를 만들 때 따르는 규칙을 어길 때가 많다.

표현식 빌더(Expression Builder)는 정규 API의 상위에서 플루언트 인터페이스를 제공하는 별도의 레이어다. 표현식 빌더를 사용하면, 두 가지 형태의 인터페이스를 모두 활용할 수 있다. 뿐만 아니라 플루언트 인터페이스를 커맨드-쿼리 API로부터 명확히 분리하므로, 플루언트 인터페이스를 훨씬 쉽게 이해할 수 있다.

32.1 어떻게 동작하는가

표현식 빌더는 플루언트 인터페이스를 제공하는 객체로, 플루언트 인터페이스를 기반 모델의 커맨드-쿼리 API로 변환해서 호출하는 역할을 한다. 따라서 표현식 빌더는 플루언트 인터페이스를 커맨드-쿼리 API로 변환하는 변환 레이어라고 볼 수 있다. 표현식 빌더는 컴포지트(Composite) 패턴[GoF]일 때가 많으며, 전체 절 내에서 하위 표현식을 구성하는 하위 표현식 빌더를 만들 수도 있다.

표현식 빌더 객체들을 배치하는 방법은 처리하려는 절의 종류에 따라 확실히 달라진다. 예를 들어 메서드 체이닝(447)은 일련의 메서드 호출로 구성되며, 각 메서드가 호출되면 표현식 빌더를 반환한다. 반면에 중첩 함수(429)의 경우, 슈퍼 클래스나 전역 함수로 구성된 집합 형태의 표현식 빌더를 사용하기도 한다. 따라서 이 장에서 표현식 빌더의 일반적인 형태에 대한 규칙을 제시하기는 사실 어렵다. 대신에 내부 DSL 패턴을 설명한 다른 장에서 표현식 빌더가 어떻게 달리 사용되는지 살펴봐야 한다. 따라서 이 장에서는 표현식 빌더를 만들 때, 레이어를 명확히 분리할 수 있도록 만드는 방안에 대해서만 조금 설명하고자 한다.

표현식 빌더를 적용할 때 가장 중요한 질문은 DSL 전체에 대해 표현식 빌더 객체를 하나만 사용하느냐, 아니면 DSL의 서로 다른 영역에 따라 여러 개의 표현식 빌더 객체들을 사용하느냐다. 표현식 빌더를 여러 개 사용해야 하는 경우 주로 트리 구조로 나타난다. 실제로 이 구조는 DSL에 대한 구문 트리와 일치한다. 따라서 DSL이 복잡해질수록 표현식 빌더를 여러 개 사용해서 트리 구조로 만들면 큰 도움이 된다.

한 가지 덧붙이자면, 표현식 빌더를 명확히 분리하려고 할 때 되도록이면 시맨틱 모델을 제대로 정의해서 확실히 만들어야 한다. 이때 시맨틱 모델은 반드시 커맨드-쿼리 인터페이스를 가진 객체들로 구성해야 하며, 이들 객체는 플루언트 API를 가진 구조체가 없더라도 조작할 수 있어야 한다. 이때 DSL을 전혀 사용하지 않은 채 시맨틱 모델에 대해 테스트를 작성할 수 있는지 검사해보면, 시맨틱 모델이 구성되어 있는지를 알 수 있다. 물론 이 잣대를 너무 엄중히 적용하는 일은 현명하지 못하다. 어쨌든 내부 DSL을 사용하는 이유는 주로 시맨틱 모델 객체를 좀 더 쉽게 조작하기 위해서인데, 커맨드-쿼리 인터페이스로 객체를 조작해서 테스트하기보다 DSL을 사용해 테스트하기가 훨씬 쉽기 때문이다. 그렇긴 해도 나는 되도록이면 커맨드-쿼리 인터페이스만을 사용하는 테스트도 조금 만들어 두는 편이다.

이처럼 시맨틱 모델을 제대로 정의해서 만들고 나면, 비로소 표현식 빌더를 모델 객체 상위에서 동작하도록 만들 수 있다. 이처럼 표현식 빌더를 만들 때, 표현식 빌더를 반드시 테스트할 수 있어야 한다. 이때 표현식 빌더로 조작한 시맨틱 모델 객체와 시맨틱 모델의 커맨드-쿼리 API를 직접 호출해서 만든 시맨틱 모델 객체와 비교하는 방식으로 표현식 빌더를 테스트할 수 있다.

32.2 언제 사용하는가

나는 표현식 빌더를 기본 패턴으로 본다. 즉 적용하지 말아야 할 마땅한 이유가 없다면 거의 모든 경우에 이 패턴을 적용한다.

그러면 언제 표현식 빌더를 사용하지 않아야 할지 의문이 드는 게 당연하다.

표현식 빌더를 사용하지 않고, 플루언트 메서드를 시맨틱 모델(197) 자체에 두는 방법도 생각해볼 수 있다. 내가 보기에 이 방법은 좋지 않은데, 무엇보다도 이 방법을 사용하면 시맨틱 모델을 빌드하는 API와 모델을 실행하는 메서드가 서로 섞이기 때문이다. 시맨틱 모델을 빌드하고 실행하는 작업은 그 자체로도 상당히 복잡하다. 우선 시맨틱 모델을 실행하는 로직을 이해하려면 수고를 들여야 하고, 특히 시맨틱 모델로 컴퓨팅 대안 모델을 표현했다면 더 많은 노력을 들여야 한다. 뿐만 아니라 플루언트 인터페이스에는 언어적 흐름을 유지하기 위해 자체적인 로직을 포함한다. 따라서 표현식 빌더를 사용해서 반드시 관심을 분리해야 한다. 이처럼 표현식 빌더를 사용해서 모델을 빌드하는 로직을 실행 로직에서 분리하면 이해하기가 훨씬 쉬워진다.

플루언트 인터페이스를 분리해야 하는 또 다른 이유는 플루언트 인터페이스가 평범하지 않다는 점이다. 같은 클래스에 플루언트 메서드와 커맨드-쿼리 메서드를 혼용하면 API를 표현하는 서로 다른 두 방식이 뒤섞이게 된다. 플루언트 인터페이스는 흔히 사용되는 방식이 아니며, 따라서 개발자가 익숙하지 않으므로 상황은 더욱 악화된다.

내가 보기에 표현식 빌더를 사용하지 않아도 되는 경우는, 시맨틱 모델의 실행 로직이 너무 간단해서 실행 로직과 빌드 로직을 시맨틱 모델에 혼용해도 복잡도가 전혀 높아지지 않을 때 뿐이다.

하지만 실행 로직과 빌드 로직을 섞어서 쓰는 경우가 상당히 흔하다. 대부분의 사람이 표현식 빌더 패턴을 잘 알지 못하기도 하거니와, 알고 있더라도 표현식 빌더를 사용하려고 클래스를 추가로 만드는 일이 번거롭다고 보기 때문이다. 하지만 설계에 대한 나의 근본 원칙은 적은 수의 커다란 클래스보다는 작은 클래스를 많이 사용하자는 것이다. 따라서 나는 설계 원칙에 따라서 표현식 빌더를 사용하려고 노력하는 편이다.

32.3 플루언트 API를 가진 달력 만들기(자바)

이 예제에서는 표현식 빌더가 어떻게 동작하는지 살펴보고자 한다. 이를 위해 표현식 빌더를 사용해서 기념일 달력을 만들어 보고, 반대로 빌더를 사용하지 않은 채 만들어 보고자 한다. 어느 경우든 달력에 기념일을 추가할 때 아래와 같은 DSL을 사용하고자 한다.

```
cal = new Calendar();
cal.add("DSL tutorial")
  .on(2009, 11, 8)
  .from("09:00")
  .to("16:00")
  .at ("Aarhus Music Hall")
  ;

cal.add("Making use of Patterns")
  .on(2009, 10, 5)
  .from("14:15")
  .to("15:45")
  .at("Aarhus Music Hall")
  ;
```

이렇게 작성할 수 있으려면 Calendar와 Event 클래스에 플루언트 인터페이스를 만들어야 한다.

```
class Calendar...
  private List<Event> events = new ArrayList<Event>();
  public Event add(String name) {
    Event newEvent = new Event(name);
    events.add(newEvent);
    return newEvent;
  }

class Event...
  private String name, location;
  private LocalDate date;
  private LocalTime startTime, endTime;

  public Event(String name) {
```

```
      this.name = name;
    }
    public Event on(int year, int month, int day) {
      this.date = new LocalDate(year, month, day);
      return this;
    }
    public Event from(String startTime) {
      this.startTime =parseTime(startTime);
      return this;
    }
    public Event to(String endTime) {
      this.endTime = parseTime(endTime);
      return this;
    }
    private LocalTime parseTime(String time) {
      final DateTimeFormatter fmt = ISODateTimeFormat.hourMinute();
      return new LocalTime(fmt.parseDateTime(time));
    }
    public Event at(String location) {
      this.location = location;
      return this;
    }
```

(자바에 내장된 날짜와 시간 클래스는 끔찍할 정도로 좋지 않기 때문에, 여기에서는 꽤 쓸만한 JodaTime을 사용한다.)

이 인터페이스는 객체를 구성하기에는 좋지만, 사람들 대다수가 객체에서 기대하는 인터페이스 스타일과는 사뭇 다르다. 이 메서드는 조금 후에 만들 getStartTime()이나 contains(LocalDateTIme)과 같은 메서드에 비교해 보면 약간 이상하기까지 하다. DSL 문맥이 아닌 곳에서도 사람들이 이 메서드를 사용해서 기념일을 갱신할 수 있기를 바란다면, 이 메서드는 이상하기 짝이 없다. 따라서 setStartTime 메서드처럼 일반적인 커맨드-쿼리 스타일의 변경자 메서드를 함께 만들어야 한다. (플루언트 인터페이스를 DSL 문맥 밖에서 사용하게 되면 코드가 읽기 어려워지기 때문이다.)

표현식 빌더 패턴의 밑바탕에 깔린 생각은 이러한 플루언트 메서드를 별도의 빌더 클래스로 옮기고, 도메인 클래스의 정규 커맨드-쿼리 메서드는 빌더 클래스에서만 사용하려는 데 있다.

```
    class CalendarBuilder...
      private Calendar content = new Calendar();

      public CalendarBuilder add(String name) {
        content.addEvent(new Event());
        getCurrentEvent().setName(name);
        return this;
      }
      private Event getCurrentEvent() {
        return content.getEvents().get(content.getEvents().size() - 1);
      }
```

```
    public CalendarBuilder on(int year, int month, int day) {
      getCurrentEvent().setDate(new LocalDate(year, month, day));
      return this;
    }
    public CalendarBuilder from(String startTime) {
      getCurrentEvent().setStartTime(parseTime(startTime));
      return this;
    }
    public CalendarBuilder to(String startTime) {
      getCurrentEvent().setEndTime(parseTime(startTime));
      return this;
    }
    private LocalTime parseTime(String startTime) {
      final DateTimeFormatter fmt = ISODateTimeFormat.hourMinute();
      return new LocalTime(fmt.parseDateTime(startTime));
    }
    public CalendarBuilder at(String location) {
      getCurrentEvent().setLocation(location);
      return this;
    }
```

이 빌더를 사용하려면 DSL을 조금 달리 작성해야 한다.

```
CalendarBuilder builder = new CalendarBuilder();
builder
  .add("DSL tutorial")
    .on (2009, 11, 8)
    .from("09:00")
    .to ("16:00")
    .at ("Aarhus Music Hall")
  .add("Making use of Patterns")
    .on (2009, 10, 5)
    .from("14:15")
    .to ("15:45")
    .at ("Aarhus Music Hall")
;
calendar = builder.getContent();

class CalendarBuilder...
  public Calendar getContent() {
    return content;
  }
```

32.4 달력에 여러 개의 빌더 사용하기(자바)

이 예제에서는 앞의 예제와 같은 달력을 만들면서 여러 개의 빌더를 사용하는 매우 간단한 형태를 보여주려고 한다. 여러 개의 빌더를 만들어야만 하는 상황을 만들기 위해, Event 객체가 불변 객체고 객체의 데이터는 모두 생성자에서 만들어야 한다고 가정하자. 상황을 왜곡하긴 했지만, 다른 예제를 생각해내야 하는 시간을 벌어준다.

이렇게 가정했다면, 플루언트 인터페이스로 표현식을 구성할 때 이벤트에 대한 데이터를 어디엔가 저장해야 한다. CalendarBuilder의 필드에 저장할 수도 있겠지만(예를 들면 currentEventStartTime처럼), EventBuilder의 필드에 저장하는 편이 더 나아 보인다(본질적으로 EventBuilder는 생성 빌더(221)에 해당한다.)

DSL 스크립트는 앞에서 빌더 객체를 하나만 사용한 경우와 똑같다.

```
CalendarBuilder builder = new CalendarBuilder();
builder
  .add("DSL tutorial")
    .on (2009, 11, 8)
    .from("09:00")
    .to ("16:00")
    .at ("Aarhus Music Hall")
  .add("Making use of Patterns")
    .on (2009, 10, 5)
    .from("14:15")
    .to ("15:45")
    .at ("Aarhus Music Hall")
;
calendar = builder.getContent();
```

CalendarBuilder에는 EventBuilder 객체들의 리스트를 저장하도록 만든다. add 메서드는 EventBuilder 객체를 반환하도록 변경한다.

```
class CalendarBuilder...
  private List<EventBuilder> events = new ArrayList<EventBuilder>();

  public EventBuilder add(String name) {
    EventBuilder child = new EventBuilder(this);
    events.add(child);
    child.setName(name);
    return child;
  }
```

EventBuilder는 기념일과 관련된 데이터를 플루언트 인터페이스를 사용해서 자신의 필드에 저장한다.

```
class EventBuilder...
  private CalendarBuilder parent;

  private String name, location;
  private LocalDate date;
  private LocalTime startTime, endTime;

  public EventBuilder(CalendarBuilder parent) {
    this.parent = parent;
  }
  public void setName(String arg) {
    name = arg;
  }
  public EventBuilder on(int year, int month, int day) {
    date = new LocalDate(year, month, day);
    return this;
  }
  public EventBuilder from(String startTime) {
```

```
      this.startTime = parseTime(startTime);
      return this;
    }
    public EventBuilder to(String endTime) {
      this.endTime = parseTime(endTime);
      return this;
    }
    private LocalTime parseTime(String startTime) {
      final DateTimeFormatter fmt = ISODateTimeFormat.hourMinute();
      return new LocalTime(fmt.parseDateTime(startTime));
    }
    public EventBuilder at(String location) {
      this.location = location;
      return this;
    }
```

add 메서드는 새로운 기념일에 대한 구두점에 해당한다. 그리고 EventBuilder에서 add 호출을 받으므로 EventBuilder에 add 메서드를 추가해야 한다. 그리고 EventBuilder의 add 메서드는 parent로 호출을 위임하고, parent에서 새로운 EventBuilder 객체를 생성하도록 만든다.

```
class EventBuilder...
  public EventBuilder add(String name) {
    return parent.add(name);
  }
```

CalendarBuilder가 content에 대한 호출을 받을 때 시맨틱 모델(197) 객체 구조를 한꺼번에 생성하도록 구현한다.

```
class CalendarBuilder...
  public Calendar getContent() {
    Calendar result = new Calendar();
    for (EventBuilder e : events)
      result.addEvent(e.getContent());
    return result;
  }
class EventBuilder...
  public Event getContent() {
    return new Event(name, location, date, startTime, endTime);
  }
```

자바를 사용한다면, 자식 빌더를 부모 빌더의 내부 클래스로 만드는 방식으로 예제를 조금 바꿀 수 있다. 이 방법을 사용하면 parent 필드가 없어도 된다. (이 책의 예제에서는 내부 클래스를 사용하지 않았다. 이 책은 특정 언어를 위한 책이 아니므로, 자바의 독특한 구문을 사용하는 게 맞지 않다고 생각했기 때문이다.)

33장

DOMAIN-SPECIFIC LANGUAGES

함수 시퀀스

함수 호출을 일련의 문장으로 조합한다.

```
computer();
  processor();
    cores(2);
    speed(2500);
    i386();
  disk();
    size(150);
  disk();
    size(75);
    speed(7200);
    sata();
```

33.1 어떻게 동작하는가

함수 시퀀스(Function Sequence)는 일련의 함수 호출로 구성된다. 각 호출은 순서대로 나열된다는 점만 빼면 서로 관계가 없다. 무엇보다 중요한 점은 함수 사이에 데이터 관계가 전혀 없다는 점이다. 함수 간에는 파싱 데이터를 사용해서 어떻게든 관계를 맺어야 한다. 결국 함수 시퀀스를 많이 사용한다는 말은 컨텍스트 변수(217)를 많이 사용해야 한다는 뜻이다.

또한 함수 시퀀스를 읽기 쉽게 사용하려면 함수를 참조가 없이 호출할 수 있어야 한다. 참조 없이 함수를 호출할 수 있는 가장 확실한 방법은 함수를 전역 함수로 만드는 것이다(물론 사용 중인 언어에서 전역 함수 호출을 지원해야 한다). 하지만 이처럼 전역 함수를 사용하게 되면, 심각한 단점이 두 가지 있다. 파싱 데이터가 정적 데이터가 되고, 함수는 전역 함수가 된다는 점이다.

전역 함수의 문제점은 전역 함수는 어디에서나 볼 수 있다는 점이다. 사용하는 언어에서 네임스페이스를 한정할 수 있는 구조체를 지원한다면, 함수 호출의 유효범위를 표현식 빌더(415)로 좁히기 위해, 이 구조체를 사용할 수 있다(그리고 반드시 그래야 한다). 자바에서는 네임스페이스를 위한 특별한 메커니즘으로, static 임포트 구문을 제공한다. 사용하는 언어가 전역 함수 메커니즘을 전혀 지원하지 않는다면(C#과 1.5 이전 버전의 자바와 같이), 클래스 메서드와 같이 함수를 호출할 때 참조를 명시적으로 사용해야 한다. 이처럼 클래스 메서드를 사용하게 되면 DSL에 군더더기가 더해질 때가 많다.

이러한 전역 가시성은 분명 전역 함수의 단점이다. 이보다 더 성가신 문제는 정적인 데이터를 사용하도록 강제한다는 점이다. 정적 데이터는 누가 사용하는지 확실히 알기가 힘들며, 멀티 스레드 환경이라면 문제가 더 심각해진다. 특히 함수 시퀀스를 사용한다면 이 문제는 치명적이다. 함수 시퀀스가 동작하게 하려면 많은 수의 컨텍스트 변수를 사용해야 하기 때문이다.

이처럼 전역 함수를 사용할 때 정적 파싱 데이터로 인한 문제를 해결하는 방법으로는 객체 스코핑(461)이 효과적이다. 객체 스코핑을 사용하면 일반적인 객체 지향 방식을 사용해서 함수를 클래스에 담을 수 있을 뿐만 아니라, 파싱 데이터를 담을 수 있는 객체를 얻게 된다. 따라서 매우 단순한 경우를 제외하면, 함수 시퀀스를 사용하는 모든 경우에 객체 스코핑을 사용하기를 추천한다.

33.2 언제 사용하는가

DSL을 작성할 때, 함수 호출을 조합해서 사용하는 방법 중에서 함수 시퀀스는 대체로 가장 덜 유용한 편이다. 파싱하는 동안에 어느 지점에 있는지 컨텍스트 변수(217)를 사용해서 추적하는 일은 늘 위험을 수반하고, 결국에는 이해하기도 힘들고 잘못되기 쉬운 코드가 만들어지기 때문이다.

이처럼 함수 시퀀스에는 문제가 있지만, 사용해야 할 때도 더러 있다. DSL은 주로 여러 개의 상위 레벨 문장들로 작성된다. 이러한 상위 레벨 문장은 주로 함수 시퀀스를 이용해 작성하는 편이 낫다. 이 경우에는 함수 시퀀스를 사용하더라도 결과를 저장할 리스트 하나와, 추적 정보를 담기 위한 컨텍스트 변수 하나면 충분하기 때문이다. 따라서 언어의 최상위 레벨에서, 또는 중첩 클로저(483) 내부의 최상위 레벨에서는 함수 시퀀스가 합리적인 선택이다. 하지만 최상위 레벨 문장의 하위 레벨이라면, 중첩 함수(429)나 메서드 체이닝(447)을 사용해서 표현식을 구성해야 한다.

함수 시퀀스를 사용할 수밖에 없는 가장 큰 이유는 DSL을 작성하려면 시작점이 되는 무언가가 늘 필요한데, 함수 시퀀스가 아닌 다른 함수 호출 기법을 사용하려면 특정한 문맥 정보가 꼭 필요하기 때문이다. 따라서 비록 DSL의 시작부는 함수가 하나밖에 없더라도 함수 시퀀스로부터 시작해야만 한다. 물론 이처럼 함수가 하나뿐인 시퀀스는 실제 시퀀스라고 보기 어렵지 않냐고 말할 수도 있다. 하지만 함수가 하나밖에 없더라도 함수 시퀀스로 분류하면, 이 책에서 사용하는 개념적인 프레임워크에 딱 들어맞는다.

단순한 함수 시퀀스는 요소들로 구성된 리스트다. 따라서 함수 시퀀스 대신에 리터럴 리스트(499)를 사용하는 방법도 분명히 생각해 볼 수 있다.

33.3 간단한 컴퓨터 구성 예제(자바)

다음은 컴퓨터를 구성하는 일을 DSL로 작성하는 예제로, 여기에서는 함수 시퀀스를 사용해 작성했다.

```
computer();
  processor();
    cores(2);
    speed(2500);
    i386();
  disk();
    size(150);
  disk();
    size(75);
    speed(7200);
    sata();
```

예제에서는 코드가 마치 구조를 가진 듯이 들여쓰기를 사용했다. 하지만 그저 공백을 임의적으로 사용했을 뿐이다. 이 스크립트는 단순히 함수 호출들의 시퀀스로, 함수 간에는 관계가 거의 없다. 함수 간의 관계는 컨텍스트 변수(217)를 사용해야만 맺을 수 있다.

함수 시퀀스에서는 최상위 레벨의 함수를 호출하므로, 이 함수들을 어떻게든 해석해야 한다. static 메서드나 전역 상태를 사용하면 함수를 해석할 수 있다. 하지만 이 해결책은 독자의 설계 취향에 상당히 위배되리라 생각한다. 따라서 이보다는 객체 스코핑(461)을 사용하려고 한다. 즉 컴퓨터 빌더의 서브 클래스를 만들고, 여기에 DSL 스크립트를 담고자 한다. 서브 클래스를 만들어야 하지만, 전역성을 피할 수 있으므로 그만한 가치는 있다고 본다.

컴퓨터 빌더는 두 가지 형태의 데이터를 포함한다. 만들려는 프로세서와 디스크에 대한 데이터와, 현재 처리중인 데이터를 알려 줄 컨텍스트 변수다.

```
class ComputerBuilder...
  private ProcessorBuilder processor;
  private List<DiskBuilder> disks = new ArrayList<DiskBuilder>();

  private ProcessorBuilder currentProcessor;
  private DiskBuilder currentDisk;
```

이 경우 생성 빌더(221)를 사용해서 시맨틱 모델(값이 변하지 않는) 객체에 대한 데이터를 저장한다.

computer()를 호출하면 컨텍스트 변수가 초기화된다.

```
class ComputerBuilder...
  void computer() {
    currentDisk = null;
    currentProcessor = null;
  }
```

processor()와 disk()를 호출하면 데이터를 수집하는 하위 빌더를 생성한다. 그리고 컨텍스트 변수를 현재 처리 중인 빌더로 설정한다.

```
class ComputerBuilder...
  void processor() {
    currentProcessor = new ProcessorBuilder();
    processor = currentProcessor;
    currentDisk = null;
  }
  void disk() {
    currentDisk = new DiskBuilder();
    disks.add(currentDisk);
    currentProcessor = null;
  }
```

그러고 나서 데이터를 알맞은 변수에 저장한다.

```
class ComputerBuilder...
  void cores(int arg) {
    currentProcessor.cores = arg;
  }
  void i386() {
    currentProcessor.type = Processor.Type.i386;
  }
  void size(int arg) {
    currentDisk.size = arg;
  }
  void sata() {
    currentDisk.iface = Disk.Interface.SATA;
  }
```

speed를 구현하는 일은 좀 더 복잡하다. speed는 컨텍스트에 따라 프로세서 스피드를 가리킬 수도 있고, 디스크 스피드를 가리킬 수도 있기 때문이다.

```
class ComputerBuilder...
  void speed(int arg) {
    if (currentProcessor != null)
      currentProcessor.speed = arg;
    else if (currentDisk != null)
      currentDisk.speed = arg;
    else throw new IllegalStateException();
  }
```

컴퓨터 빌더가 구성 작업을 마치면 시맨틱 모델을 반환할 수 있다.

```
class ComputerBuilder...
  Computer getValue() {
    return new Computer(processor.getValue(), getDiskValues());
  }
  private Disk[] getDiskValues() {
    Disk[] result = new Disk[disks.size()];
    for(int i = 0; i < disks.size(); i++)
      result[i] = disks.get(i).getValue();
    return result;
  }
```

이렇게 만든 요소들을 스크립트에서 결합하려면, 컴퓨터 빌더의 서브 클래스를 만들고 여기에 스크립트를 작성해야 한다.

```
class ComputerBuilder...
  public Computer run() {
    build();
    return getValue();
  }
  abstract protected void build();

public class Script extends ComputerBuilder {
  protected void build() {
    computer();
      processor();
        cores(2);
        speed(2500);
        i386();
    disk();
      size(150);
    disk();
      size(75);
      speed(7200);
      sata();
  }
}
```

34장

DOMAIN-SPECIFIC LANGUAGES

중첩 함수

함수 호출의 인자에 함수 호출을 중첩하는 방식으로 함수를 조합한다.

```
computer(
  processor(
    cores(2),
    speed(2500),
    i386
  ),
  disk(
    size(150)
  ),
  disk(
    size(75),
    speed(7200),
    SATA
  )
);
```

34.1 어떻게 동작하는가

DSL 문장절을 중첩 함수(Nested Function)로 표현하면, 언어의 계층적인 본질을 호스트 언어의 구조를 사용해서 어느 정도는 DSL에 반영할 수 있다. 다시 말해 중첩 함수에서는 단순히 포맷팅 관례를 통해 계층 구조를 표현하는 게 아니다.

중첩 함수에서 주목할 만한 특징은 함수 인자가 평가되는 순서가 달라진다는 점이다. 함수 시퀀스(423)나 메서드 체이닝(447)은 모두 함수를 왼쪽에서 오른쪽으로 평가한다. 반면에 중첩 함수에서는 함수 자체를 평가하기 전에 함수의 인자를 먼저 평가한다. "Old MacDonald" 동요를 예로 들어 보면 매우 쉽게 이해할 수 있다. 중첩 함수를 사용해서 이 동요의 후렴을 부르려면, o(i(e(i(e( ))))로 작성해야 한다. 이처럼 평가 순서가 뒤바뀐다는 사실은 중첩 함수를 사용하는 방법에 영향을 줄 뿐만 아니라, 함수를 조합하는 방법 중에서 중첩 함수를 선택할 때 고려해야 할 요인이 기도 하다.

중첩 함수와 같이 외부 함수를 마지막에 평가하게 되면 상당히 유용하다. 외부 함수를 인자들이 서로 상호작용하는 컨텍스트 공간으로 활용할 수 있기 때문이다. 컴퓨터 프로세서를 구성하는 예제를 생각해 보자.

```
processor(cores(2), speed(2500), i386())
```

이 방법의 장점은 인자에 있는 함수에서 값을 완전히 구성해서 반환할 수 있고, 이후에 processor 함수에서 이 값을 모아 반환 값을 만들 수 있다는 점이다. processor 함수는 마지막에 평가되므로 메서드 체이닝의 끝맺음 문제를 걱정하지 않아도 된다. 뿐만 아니라 함수 시퀀스를 적용할 때 사용해야 하는 컨텍스트 변수(217)가 필요 없다.

문법에 필수 요소가 있을 때, 즉 문법이 parent::= first second와 같을 때 중첩 함수를 사용하면 특히 효과적이다. 중첩 함수를 사용하면 부모 함수에서 반드시 사용해야 하는 자식 함수를 정확히 정의할 수 있기 때문이다. 게다가 정적 타입 언어를 사용한다면 반환 타입을 정의할 수 있으므로, 이를 통해 IDE의 자동완성 기능을 사용할 수도 있다.

함수를 인자로 사용할 때의 이슈는 이들 인자를 읽기 쉽게 하려면 어떻게 표시해야 하느냐다. 예를 들어 디스크의 사이즈와 스피드를 나타내는 경우를 생각해 보자. 프로그래머라면 당연히 disk(150, 7200)라고 대답하기 마련이다. 하지만 사용 중인 언어가 키워드 인자를 지원하지 않는다면, 이 코드에서 숫자가 의미하는 바를 알 수 없으므로 코드를 읽는 데는 큰 무리가 따른다. 이 문제는 래핑 함수(wrapping function)를 사용하면 해결할 수 있다. 이때 래핑 함수는 단순히 이름을 제공하는 역할만 한다. 예를 들어 disk(size(150), speed(7200))처럼 쓸 수 있다. 이처럼 형식이 매우 단순하다면 래핑 함수는 그저 인자 값을 반환할 뿐이며, 따라서 순수한 syntactic sugar에 해당한다. 하지만 이는 결국 함수의 의미를 강제할 수 없다는 뜻이기도 하다. 즉 disk(speed(7200), size(150))와 같이 호출할 수 있고, 결국에는 매우 느린 디스크를 만들게 된다.[1] 중첩 함수에서 빌더나 토큰과 같이 중간 단계의 데

---

[1] (옮긴이) size 함수와 speed 함수는 단순히 읽는 데 도움이 되게 함수의 인자에 이름을 붙인 함수에 지나지 않는다. 따라서 disk(speed(7200), size(150))와 같이 함수를 호출하여 두 번째 인자 값이 size라고 의도했더라도, 실제로는 size(150) 함수는 150을 반환한다. 결국 150은 disk 함수에서 두 번째 인자인 스피드로 해석되므로, 150의 속도를 가진 매우 느린 디스크를 얻게 된다는 뜻이다.

이터를 반환하도록 만들면 이 문제를 피할 수는 있겠지만, 더 많은 노력을 들여야 한다.

선택적 인자가 있다면 또 다른 문제가 생긴다. 호스트 언어에서 함수 인자에 대해 기본 인자 값을 설정하는 기능을 지원하는 경우라면, 선택적 인자를 쉽게 다룰 수 있다. 하지만 이 기능이 없다면 다른 방법을 생각해야 한다. 예를 들어 선택적 인자들의 조합마다 서로 다른 함수를 정의해 볼 수 있다. 이 방법은 따분한 작업이긴 하지만, 선택적 인자가 몇 개 안 된다면 쓸 만한 방법이다. 하지만 선택적 인자가 많아지면 따분한 작업량도 늘어나게 된다(게다가 시도해볼 엄두가 나지 않을 정도로). 이보다는 중간 단계의 데이터를 사용하는 방법을 사용하는 게 낫다. 그중에서도 토큰을 사용하는 방식이 특히 효과적일 수 있다.

사용 중인 언어에서 리터럴 맵(501)을 지원한다면 선택적 인자로 인한 곤경에서 빠져나가는 가장 좋은 방법은 리터럴 맵이다. 리터럴 맵은 이 문제를 다루기에 가장 적절한 데이터 구조다. 다만 C 계열의 언어에서는 리터럴 맵을 거의 지원하지 않는다는 문제가 있다.

함수를 호출하면서 여러 인자를 전달해야 한다면, 가장 좋은 방법은 가변인자 파라미터(varargs parameter)다(물론 호스트 언어에서 지원하는 경우에). 가변인자 파라미터는 중첩된 리터럴 리스트(499)로 볼 수 있다. 그러나 전달해야 하는 인자의 타입이 서로 다르다면, 결국 선택적 인자를 사용하는 인자를 사용하는 경우와 같고, 동일한 문제점을 갖는다.

최악의 경우는 중첩 함수가 parent::= (this | that)*와 같은 문법으로 표현될 때다. 이때 문제점은 키워드 인자가 지원되지 않는다면, 인자들의 위치와 타입을 통해서만 인자들을 구별할 수 있다는 사실이다. 따라서 인자들을 서로 구별하기가 힘들어지고, this와 that의 타입이 같다면 아예 구별하지 못할 수도 있다. 이 같은 문제가 생기면 중간 단계의 결과를 반환하거나, 컨텍스트 변수를 사용해야 한다. 그러나 컨텍스트 변수는 중첩 함수에서 사용하기가 특히 어렵다. 부모 함수는 마지막이 되어서야 평가되므로, 컨텍스트 변수를 제대로 설정하려면 언어에서 더 넓은 범위에 걸친 컨텍스트를 사용해야 하기 때문이다.

DSL을 쉽게 읽을 수 있도록 만들려면, 중첩 함수를 참조가 없이 호출할 수 있도록 만들어야 한다. 따라서 함수를 전역 함수로 만들거나 객체 스코핑(461)을 사용해야 한다. 전역 함수를 사용하면 문제가 많으므로, 나는 가급적이면 객체 스코핑을 사용하는 편이다. 하지만 중첩 함수에서 전역 함수를 사용하더라도 문제가 되지 않을 때가 많다. 알다시피 전역 함수는 전역 파싱 상태와 함께 사용할 때 문제가 커진다. 따라서 전역 함수가 단순히 값을 반환한다면(DayOfWeek.MONDAY와 같은 정적 메서드처럼) 전역 함수가 좋은 방법이 되기도 한다.

34.2 언제 사용하는가

중첩 함수에서 평가 순서는 가장 강력한 장점인 동시에 약점이기도 하다. 중첩 함수의 경우 함수 인자는 부모 함수가 평가되기 전에 모두 평가된다(클로저(475)를 인자로 사용하지 않는다면). 계층 구조를 가지는 값을 만들어야 할 때, 중첩 함수와 같은 순서대로 평가하게 되면 큰 도움이 된다. 인자 함수에서는 완전히 구성된 모델 객체를 만들어서 반환하고, 부모 함수에서는 이 객체를 모아 조립할 수 있기 때문이다. 따라서 함수 시퀀스(423)나 메서드 체이닝(447)과 같이 중간 단계의 데이터를 사용하거나, 컨텍스트 변수를 계속해서 갱신하는 등의 불필요한 일을 상당 부분 피할 수 있다.

반면에 평가 순서 때문에 명령어를 실행하는 순서에 문제가 생기고, 결국에는 o(i(e(i(e()))))와 같은 "Old MacDonald" 문제에 봉착한다. 따라서 명령어를 왼쪽에서 오른쪽으로 읽고자 한다면, 함수 시퀀스나 메서드 체이닝이 더 나은 선택이 될 때가 많다. 또는 인자를 평가하는 시점을 정확히 제어하고자 한다면 중첩 클로저(483)를 사용해야 한다.

뿐만 아니라 선택적 인자가 있거나 가변인자의 타입이 서로 다를 때 중첩 함수를 사용하면 고전을 면치 못하기도 한다. 중첩 함수를 사용하려면 필요한 인자를 정확한 순서대로 기술해야 하기 때문이다. 따라서 보다 유연한 설계를 원한다면 메서드 체이닝이나 리터럴 맵(501)을 고려해야 한다. 리터럴 맵을 사용하면 부모 함수를 호출하기 전에 인자를 구분할 수 있으므로, 효과적인 방법이 될 때가 많다. 게다가 리터럴 맵을 사용하면 인자의 순서에 큰 영향을 받지 않을 뿐더러, 선택적인 인자도 수월하게 처리할 수 있다. 특히 해시(hash) 인자를 사용하면 큰 효과를 볼 수 있다.

중첩 함수의 다른 단점으로는 구두법을 들 수 있다. 중첩 함수를 사용할 때는 괄호를 쌍으로 일치시켜야 하고, 콤마를 정확한 위치에 두어야 한다. 최악의 경우 중첩 함수를 사용한 코드는 잘못 작성한 Lisp 코드처럼 보일 수도 있다. 괄호를 여기저기 사용하고, 사마귀 혹(wart)[2]과 같이 쓸데없는 기능이 더해진 그런 Lisp 코드 말

---

2 (옮긴이) 사마귀 혹이란 사용하지 않았더라면 명료하고 깔끔한 설계나 코드가 되었을 프로그램을 망쳐버리는, 눈에 잘 띄는 작고 쓸모없는 기능을 뜻한다.

이다. 물론 프로그래머는 이러한 사마귀 혹에 충분히 익숙하므로, DSL이 프로그래머를 대상으로 한다면 큰 문제가 되지 않는다.

부모 함수가 중첩 함수 호출을 해석할 수 있는 컨텍스트를 제공하므로, 함수 시퀀스를 사용할 때처럼 이름이 충돌하는 문제는 그리 잘 생기지 않는다. 따라서 프로세서 스피드나 디스크 스피드를 가리킬 때, 두 함수 모두에 대해 'speed'라는 이름을 같이 사용할 수 있다. 심지어 타입이 서로 호환된다면, 같은 함수를 사용할 수도 있다.

34.3 간단한 컴퓨터 구성 예제(자바)

다음은 간단한 컴퓨터 구성 예제를 중첩 함수를 적용해 작성한 DSL이다.

```
computer(
  processor(
    cores(2),
    speed(2500),
    i386
  ),
  disk(
    size(150)
  ),
  disk(
    size(75),
    speed(7200),
    SATA
  )
);
```

이 경우 스크립트의 각 절은 시맨틱 모델(197) 객체를 반환한다. 이처럼 평가 순서를 중첩해서 사용하면 컨텍스트 변수(217)를 사용하지 않고도 전체 표현식을 구성할 수 있다. 중첩 함수 내부부터 시작하려고 한다. 먼저 processor 절을 살펴보자.

```
class Builder...
  static Processor processor(int cores, int speed, Processor.Type type) {
    return new Processor(cores, speed, type);
  }
  static int cores(int value) {
    return value;
  }
  static final Processor.Type i386 = Processor.Type.i386;
```

빌더 요소를 빌더 클래스에 정적 메서드와 상수로 정의했다. 자바의 static 임포트 기능을 사용하면, 이들 메서드와 상수를 스크립트에서 참조 없이 호출할 수 있다.

(이 기능을 사용하려면 사실 import static으로 선언해야 하는데도 불구하고, static import 구문이라고 부르는 게 혼란스러운 건 나뿐인가?)

cores와 speed 메서드는 순수한 syntactic sugar로, 순전히 가독성을 돕기 위한 메서드다(디저트를 먹지 않았다면, 이 같은 당분 섭취는 정말로 필수적이다). 나는 이처럼 순수한 syntactic sugar를 'sucratic' 함수라고 부르면 어떨까하고 생각해봤다. 하지만 새로운 단어를 만드는 일을 즐기는 내 성향에도 불구하고, 너무 앞서 나갔다는 생각이 든다. 이 syntactic sugar는 disk절에서 speed 메서드를 사용할 때도 유용하다. processor 절과 disk절에서 사용한 speed 메서드가 서로 다른 타입을 반환해야 한다면 문제가 될 수 있지만, 이 경우에는 그렇지 않다.

disk 절에는 선택적 인자가 두 개 있다. 인자가 두 개뿐이므로, 인자의 조합별로 함수를 모두 작성한 후 잠깐 낮잠을 잘 생각이다.[3]

```
class Builder...
  static Disk disk(int size, int speed, Disk.Interface iface) {
    return new Disk(size, speed, iface);
  }
  static Disk disk(int size) {
    return disk(size, Disk.UNKNOWN_SPEED, null);
  }
  static Disk disk(int size, int speed) {
    return disk(size, speed, null);
  }
  static Disk disk(int size, Disk.Interface iface) {
    return disk(size, Disk.UNKNOWN_SPEED, iface);
  }
```

최상위 레벨의 computer 절에서는 다수의 디스크를 처리할 수 있도록 가변인자 파라미터를 사용한다.

```
class Builder...
  static Computer computer(Processor p, Disk... d) {
    return new Computer(p, d);
  }
```

나는 객체 스코핑(461) 사용을 광적으로 지지하는 편이다. 객체 스코핑을 사용하면 전역 함수나 컨텍스트 변수를 사용해서 코드를 어지럽히는 일을 피할 수 있기 때문이다. 하지만 이처럼 static 임포트와 중첩 함수를 적용하는 경우에는 정적 요소를 사용하더라도 전역성을 가지는 쓰레기가 만들어지지 않는다.

---

3 (옮긴이) 선택적 인자가 많아지면 이처럼 선택적 인자의 각 조합에 대해 함수를 모두 만드는 일은 합리적인 방법이 아니다. 하지만 선택적 인자가 두 개뿐이므로, 단순히 이들 함수를 만드는 게 더 쉽다는 뜻이다.

34.4 다른 종류의 인자가 여러 개일 때 토큰을 사용해 처리하기(C#)

여러 개의 인자가 서로 다른 종류일 때는 중첩 함수를 사용하기가 쉽지 않다. 스크린 박스의 프로퍼티를 정의하는 언어를 생각해 보자.

```
box(
  topBorder(2),
  bottomBorder(2),
  leftMargin(3),
  transparent
);
box(
  leftMargin(2),
  rightMargin(5)
);
```

이 경우 설정할 수 있는 프로퍼티의 종류에는 제한이 없다. 게다가 프로퍼티를 순서대로 선언해야 한다고 강제할 만한 근거도 전혀 없다. 따라서 C#에서 인자를 식별하는 일반적인 방식(위치를 기반으로 인자를 식별하는 방식)은 사용할 수가 없다. 이 예제에서는 인자를 식별해서 구조화할 수 있는 방법 중에서, 토큰을 이용하는 방식을 적용하고자 한다.

목표로 하는 모델 객체는 다음과 같다.

```
class Box {
  public bool IsTransparent = false;
  public int[] Borders = { 1, 1, 1, 1 }; // TRouBLe - top right bottom left
  public int[] Margins = { 0, 0, 0, 0 }; // TRouBLe - top right bottom left
```

box 내부에서 사용된 다양한 함수는 모두 BoxToken 타입을 반환하며, 다음과 같다.

```
class BoxToken {
  public enum Types { TopBorder, BottomBorder, LeftMargin, RightMargin,
                      Transparent }
  public readonly Types Type;
  public readonly Object Value;
  public BoxToken(Types type, Object value) {
    Type = type;
    Value = value;
  }
```

그리고 객체 스코핑(461)을 적용한다. 우선 슈퍼 클래스인 빌더에 DSL에 사용된 절들을 함수로 정의한다.

```
class Builder...
```

```
  protected BoxToken topBorder(int arg) {
    return new BoxToken(BoxToken.Types.TopBorder, arg);
  }
  protected BoxToken transparent {
    get {
      return new BoxToken(BoxToken.Types.Transparent, true);
    }
  }
```

일부 함수만을 보여주었지만, 나머지 함수는 쉽게 유추할 수 있으리라 믿는다.

부모 함수에서는 모든 인자들에 대해 루프를 돌면서 박스 객체에 그 값을 모은다.

```
class Builder...
  protected void box(params BoxToken[] args) {
    Box newBox = new Box();
    foreach (BoxToken t in args) updateAttribute(newBox, t);
    boxes.Add(newBox);
  }

  List<Box> boxes = new List<Box>();

  private void updateAttribute(Box box, BoxToken token) {
    switch (token.Type) {
      case BoxToken.Types.TopBorder:
        box.Borders[0] = (int)token.Value;
        break;
      case BoxToken.Types.BottomBorder:
        box.Borders[2] = (int)token.Value;
        break;
      case BoxToken.Types.LeftMargin:
        box.Margins[3] = (int)token.Value;
        break;
      case BoxToken.Types.RightMargin:
        box.Margins[1] = (int)token.Value;
        break;
      case BoxToken.Types.Transparent:
        box.IsTransparent = (bool)token.Value;
        break;
      default:
        throw new InvalidOperationException("Unreachable");
    }
  }
}
```

34.5 서브 타입 토큰을 사용해 IDE 지원받기(자바)

대다수의 언어는 함수의 인자를 위치를 기반으로 구분한다. 따라서 앞의 예제의 경우 디스크의 사이즈와 스피드를 disk(150, 7200)와 같은 함수를 사용해도 설정할 수 있다. 그러나 함수를 이렇게 사용하면 읽기가 매우 어려우므로, 앞의 예제에서는 이 숫자들을 간단한 함수로 감싸서 disk(size(150), speed(7200))와 같이 사용했다. 앞의 예제 코드에서 이들 함수는 단순히 인자 값을 반환했다. 이 방식을 사용하면 가독성은 높아지지만, 사람들이 disk(speed(7200), size(150))처럼 잘못 작성하는 일을 막을 수는 없다.

이때 박스 예제에서처럼 단순한 토큰을 사용하면 에러 검사를 위한 메커니즘을 제공할 수 있다. 예를 들어 [size, 150]와 같은 토큰을 반환하면, 이 토큰을 사용해 정확한 인자가 올바른 위치에 있는지 검사할 수 있다. 뿐만 아니라 인자를 순서에 상관없이 동작하도록 만들 수도 있다.

이 방식으로 검사하는 일은 매우 그럴듯해 보이지만, 정적 타입 언어와 최신의 IDE를 사용한다면 이보다 더 나은 기능을 원할 때가 많다. 예를 들어 disk를 입력하고 나면, 자동완성 기능을 통해 speed보다 size를 먼저 입력할 수 있도록 메뉴가 표시되기를 원할 수 있다. 이러한 자동완성 기능을 사용할 수 있는 한 방법으로, 서브 클래스를 이용한 기법이 있다.

앞의 예제에서는 토큰 타입을 토큰의 프로퍼티로 선언했다. 이 대신에 각 토큰마다 서로 다른 서브 타입을 만들어 볼 수 있다. 그러면 부모 함수 정의에서는 이 서브 타입을 사용한다.

다음은 목표로 하는 스크립트의 일부분이다.

```
disk(
  size(150),
  speed(7200)
);
```

다음은 목표로 하는 모델 객체다.

```
public class Disk {
  private int size, speed;
  public Disk(int size, int speed) {
    this.size = size;
    this.speed = speed;
  }
  public int getSize() {
    return size;
  }
  public int getSpeed() {
    return speed;
  }
}
```

size와 speed를 처리하기 위해 정수 토큰에 대한 범용 클래스를 만들고, 해당 절에 맞게 서브 클래스를 만든다.

```
public class IntegerToken {
  private final int value;
  public IntegerToken(int value) {
```

```
      this.value = value;
    }
    public int getValue() {
      return value;
    }
  }
  public class SpeedToken extends IntegerToken {
    public SpeedToken(int value) {
      super(value);
    }
  }
  public class SizeToken extends IntegerToken {
    public SizeToken(int value) {
      super(value);
    }
  }
```

이렇게 토큰 클래스를 만들고 나면, 빌더에는 적절한 인자를 가지는 정적 함수를 정의한다.

```
class Builder...
  public static Disk disk(SizeToken size, SpeedToken speed){
    return new Disk(size.getValue(), speed.getValue());
  }
  public static SizeToken size (int arg) {
    return new SizeToken(arg);
  }
  public static SpeedToken speed (int arg) {
    return new SpeedToken(arg);
  }
```

이렇게 구성하고 나면 IDE는 현재 위치에 알맞은 함수를 제시할 수 있게 된다. 그리고 DSL을 작성하면서 실수를 하면, 눈에 익은 빨간 표시도 볼 수 있게 된다.

(이 방법뿐만 아니라 제네릭을 사용해도 정적 타입 기능을 추가할 수 있다. 이 부분은 독자에게 연습문제로 남겨두도록 하겠다.)

34.6 객체 초기자 구문 사용하기(C#)

C#을 사용 중이라면, 데이터가 계층 구조를 가지도록 처리할 때 주로 사용하는 방법은 객체 초기자(Object Initializer) 구문이다.

```
new Computer() {
  Processor = new Processor() {
    Cores = 2,
    Speed = 2500,
    Type = ProcessorType.i386
  },
  Disks = new List<Disk>() {
```

```
      new Disk() {
        Size = 150
      },
      new Disk() {
        Size = 75,
        Speed = 7200,
        Type = DiskType.SATA
      }
    }
  };
```

이 구문을 사용하려면 아래와 같은 모델 클래스 집합이 필요하다.

```
class Computer {
  public Processor Processor { get; set; }
  public List<Disk> Disks { get; set; }
}
class Processor {
  public int Cores { get; set; }
  public int Speed { get; set; }
  public ProcessorType Type { get; set; }
}
public enum ProcessorType {i386, amd64}

class Disk {
  public int Speed { get; set; }
  public int Size { get; set; }
  public DiskType Type { get; set; }
}
public enum DiskType {SATA, IDE}
```

객체 초기자 구문은 키워드 인자(리터럴 맵(501)과 같은)를 받는 중첩 함수로 볼 수 있다. 단 객체를 생성할 때만 사용할 수 있다. 객체 초기자 구문이 모든 경우에 사용할 수 있는 방법은 아니지만, 지금과 같은 상황이라면 꽤 유용하다.

34.7 반복적인 이벤트(C#)

나는 한때 보스턴의 남쪽 끝에 살았던 적이 있다. 이 지역에서는 도심의 생활 방식을 그대로 누릴 수 있었다. 식당들이 가까이에 위치했고, 다양한 활동으로 시간을 때우고 돈을 쓸 수 있었다. 하지만 짜증나는 점도 일부 있었는데 거리 청소가 그중 하나였다. 4월에서 9월까지는 첫 주와 셋째 주 월요일이 되면 아파트 근처의 길거리를 청소했는데, 이 기간에는 거리에 주차할 수가 없었다. 나는 이 사실을 잊어버릴 때가 많아 딱지를 떼이곤 했다.

즉 이 거리는 "4월에서 9월 사이의 첫 주와 셋째 주 월요일에 청소를 한다"는 규칙이 있었다. 이 규칙은 다음과 같은 DSL로 표현할 수 있다.

```
Schedule.First(DayOfWeek.Monday)
  .And(Schedule.Third(DayOfWeek.Monday))
  .From(Month.April)
  .Till(Month.October);
```

이 예제는 메서드 체이닝(447)과 중첩 함수를 함께 사용한다. 나는 중첩 함수를 사용하는 경우라면, 객체 스코핑(461)을 같이 적용하는 편이다. 하지만 이 예제에서는 중첩 함수가 단순히 값을 반환할 뿐이므로, 딱히 객체 스코핑을 사용할 만한 이유가 없다.

34.7.1 시맨틱 모델

반복적으로 이벤트가 발생하는 문제는 시스템을 만들 때 반복적으로 마주치게 된다. 예를 들어 날짜가 특정하게 조합된 날에 일정을 잡고자 할 때가 자주 있다. 근래에 나는 이처럼 조합된 날이 날짜에 대한 Specification[Evans DDD]이라는 데까지 생각이 미쳤다. 이 예제의 경우, 주어진 날짜가 일정에 포함되는지 알려줄 수 있는 코드를 만들고자 한다. 범용적인 Specification 인터페이스를 정의하면 이 코드를 만들 수 있다. 이렇게 만든 Specification 인터페이스는 상황에 관계없이 사용할 수 있으므로 제네릭으로 만들고자 한다.

```
internal interface Specification<T> {
  bool Includes(T arg);
}
```

Specification 모델을 특정 타입에 맞게 만들 때, 나는 조그만 구성 요소를 식별해서 서로 조합하는 편이다. 이 예제의 경우 이 같은 작은 구성 요소로는 '4월과 10월 사이'처럼 한 해의 특정 기간을 생각해 볼 수 있다.

```
internal class PeriodInYear : Specification<DateTime>
{
  private readonly int startMonth;
  private readonly int endMonth;

  public PeriodInYear(int startMonth, int endMonth) {
    this.startMonth = startMonth;
    this.endMonth = endMonth;
  }
  public bool Includes(DateTime arg) {
    return arg.Month >= startMonth && arg.Month <= endMonth;
  }
}
```

이 밖에 '달의 첫 번째 월요일'도 구성 요소가 될 수 있다. 이 클래스를 만들기는 조금 어려운데, 주어진 달에서 첫 번째 월요일이 언제인지 찾으려면 달에서 날짜를 모두 탐색해야 하기 때문이다.

```
internal class DayInMonth : Specification<DateTime> {
  private readonly int index;
  private readonly DayOfWeek dayOfWeek;

  public DayInMonth(int index, DayOfWeek dayOfWeek) {
    this.index = index;
    this.dayOfWeek = dayOfWeek;
    if (index <= 0) throw new NotSupportedException("index must be positive");
  }

  public bool Includes(DateTime arg) {
    int currentMatch = 0;
    foreach (DateTime d in new MonthEnumerator(arg.Month, arg.Year)) {
      if (d > arg) return false;
      if (d.DayOfWeek == dayOfWeek) {
        currentMatch++;
        if (currentMatch == index) return (d == arg);
      }
    }
    return false;
  }
}
```

이 Specification 클래스는 날에서 날짜를 모두 탐색하기 위해 특별한 Enumerator 클래스를 사용한다. 이 Enumerator 클래스는 특정 달과 년도로 초기화한다.

```
internal class MonthEnumerator : IEnumerator<DateTime>, IEnumerable<DateTime> {
  private int year;
  private Month month;

  public MonthEnumerator(int month, int year) {
    this.month = new Month(month);
    this.year = year;
    Reset();
  }
```

그리고 IEnumerator 인터페이스에 있는 메서드를 구현한다.

```
class MonthEnumerator...
  private DateTime current;
  DateTime IEnumerator<DateTime>.Current { get { return current; } }
  public object Current { get { return current; } }

  public void Reset() {
    current = new DateTime(year, month.Number, 1).AddDays(-1);
  }

  public void Dispose() {}

  public bool MoveNext() {
    current = current.AddDays(1);
    return month.Includes(current);
  }
```

또한 for-each 루프에서 사용할 수 있도록 IEnumerable 인터페이스를 구현한다.

```
class MonthEnumerator...
  IEnumerator<DateTime> IEnumerable<DateTime>.GetEnumerator() {
    return this;
  }
  public IEnumerator GetEnumerator() {
    return this;
  }
```

마지막으로, Specification으로 사용되는 매우 간단한 Month 클래스를 만든다.

```
class Month...
  private readonly int number;
  public int Number { get { return number; } }
  public Month(int number) {
    this.number = number;
  }
  public bool Includes(DateTime arg) {
    return number == arg.Month;
  }
```

이들 Specification 클래스는 유용한 구성 요소지만, 이 자체로는 그다지 많은 일을 할 수 없다 이들 클래스가 제대로 동작하게 하려면, 이들을 결합해 논리적인 표현식으로 만들 수 있어야 한다. 이를 위해 몇몇 Specification 클래스를 추가로 만든다.

```
abstract class CompositeSpecification<T> : Specification<T> {
  protected IList<Specification<T>> elements = new List<Specification<T>>();
  public CompositeSpecification(params Specification<T>[] elements) {
    this.elements = elements;
  }
  public abstract bool Includes(T arg);
}

internal class AndSpecification<T> : CompositeSpecification<T> {
  public AndSpecification(params Specification<T>[] elements)
    : base(elements) {}
  public override bool Includes(T arg) {
    foreach (Specification<T> s in elements)
      if (! s.Includes(arg)) return false;
    return true;
  }
}

internal class OrSpecification<T> : CompositeSpecification<T> {
  public OrSpecification(params Specification<T>[] elements)
    : base(elements) {}
  public override bool Includes(T arg) {
    foreach (Specification<T> s in elements)
      if (s.Includes(arg)) return true;
    return false;
  }
}
```

NotSpecfication을 구현하는 일은 쉽게 생각할 수 있으리라 믿는다.

이렇게 모델을 만들면서 DateTime 클래스를 사용했는데, 이 부분은 썩 마음에 들지 않는다. DateTime은 초 단위 이하의 정확도를 가지는 반면에, 이 예제에서는 날짜 단위의 정확도면 충분하기 때문이다. 이처럼 일시에 대한 데이터 타입을 사용할 때 과도하게 정확한 타입을 사용하는 일이 흔하다. 대개 라이브러리는 데이터 타입이 매우 높은 정확도를 가지도록 만들어지므로, 이러한 라이브러리를 사용하게 되면 어쩔 수 없기 때문이다. 하지만 실제 비교하려는 정확도보다 더 낮은 단위의 정확도에서 두 DateTime 객체가 서로 다를 경우, 두 객체를 비교하면 해결하기 힘든 버그가 만들어지기 쉽다. 따라서 실제 프로젝트라면, 나는 올바른 정확도를 가지는 Date 클래스를 직접 만들어 쓰는 편이다.

34.7.2 DSL

다음은 내가 한때 거주했던 도시의 길거리를 청소하는 일정에 대해 작성한 DSL 스크립트다.

```
Schedule.First(DayOfWeek.Monday)
  .And(Schedule.Third(DayOfWeek.Monday))
  .From(Month.April)
  .Till(Month.October);
```

실제로 사용할 목적으로 만들어진 DSL과 마찬가지로, 여기에서도 여러 내부 DSL 기법을 조합해서 작성했다. 예를 들어 이 DSL에서는 메서드 체이닝(447)과 중첩 함수를 혼용했다. 이 장에서는 메서드 체이닝에 대해서 너무 많이 신경 쓰지 않으려 하며, 이보다는 중첩 함수를 사용하는 방식에 집중하려고 한다. 중첩된 각 함수는 단순히 값을 반환할 뿐이며 컨텍스트 변수(217)를 갱신하지 않으므로 굳이 객체 스코핑(461)을 사용할 이유가 없다. 따라서 여기에서는 객체 스코핑 대신에 정적 메서드를 사용하고자 한다. 이 예제에서는 C#을 사용 중이므로 정적 메서드는 모두 클래스 이름을 앞에 붙여야 한다. 물론 객체 스코핑을 하지 않고 정적 메서드만 사용해도 읽기는 쉽지만, 객체 스코핑을 적용한 방식에 비해 군더더기가 더해지게 된다.

중첩 함수 중에서 두 종류의 함수는 단순히 값을 반환하기 위해 호출한다. 사실 이 중에서 DayOfWeek.Monday은 .NET 라이브러리에 내장된 함수다. 이밖의 Month.April과 나머지 달에 대한 메서드는 직접 추가했다.

```
class Month...
  public static readonly Month January = new Month(1);
```

```
public static readonly Month February = new Month(2);
// 이 같은 방식으로 선언한 두 다른 월들은?
```

반면 Schedule에 대한 호출은 약간 다르다. 보다시피 메서드 체이닝 앞부분에서 Schedule.First와 같이 참조 객체가 없이 메서드를 직접 호출했다. 이는 체이닝을 시작하기 위한 시작 객체를 생성하는 작업으로, 메서드 체이닝 기법을 적용하는 언어에서 공통적으로 나타나는 특징이다. 이때 Schedule은 표현식 빌더(415)에 해당한다. 이 클래스를 'builder'라고 이름 붙이지 않았는데, 'schedule'이라는 이름이 더 적합했기 때문이다.

```
class Schedule...
  public static Schedule First(DayOfWeek dayOfWeek) {
    return new Schedule(new DayInMonth(1, dayOfWeek));
  }
```

대다수의 표현식 빌더와 마찬가지로 Schedule에서 콘텐츠(content)를 빌드한다. 이 경우 콘텐츠는 Specification 객체다.

```
class Schedule...
  private Specification<DateTime> content;
  public Specification<DateTime> Content { get { return content; } }
  public Schedule(Specification<DateTime> content) {
    this.content = content;
  }
```

Schedule이 처음 호출될 때(즉 First 메서드가 호출될 때), Specification 중에서 첫 번째 월요일에 해당하는 요소가 어떻게 반환되는지 주목해야 한다. Schedule에 대한 이후의 호출인 Third도 이와 동일하다(파라미터를 제외하면). 나는 파라미터를 사용해 더 잘 처리할 수 있는 상황이라면, 이처럼 서로 다른 메서드를 만들어서 처리하는 방식에 반대하는 편이다. 하지만 이 경우는 표현식 빌더를 사용할 때 훌륭한 프로그래밍에 대한 규칙이 달라지게 되는 또 다른 사례다.[4]

Specification 객체를 서로 조합하는 일은 메서드 체이닝에서 일어난다. 다음은 흥미로운 이름을 가진 And 메서드다.

```
class Schedule...
  public Schedule And(Schedule arg) {
    content = new OrSpecification<DateTime>(content, arg.content);
    return this;
  }
```

---

4 (옮긴이) First 메서드 구현부에서 Schedule 객체를 생성할 때 첫 번째 인자로 '1' 대신에 '3'을 넘기는 방식으로 바꾸면, Third 메서드를 구현할 수 있다.

자연어로는 '첫 번째 그리고 세 번째 월요일'이라고 말하지만, Specification 관점에서는 불린 조건에 일치하는 '첫 번째 또는 세 번째 월요일'이다. 이 예제는 DSL과 모델이 서로 반대의 의미를 가져야만 둘 다 자연스럽게 읽히는 흥미로운 경우다.

마지막으로, 기간도 메서드 체이닝 호출을 사용해서 비슷하게 빌드한다.

```
class Schedule...
  public Schedule From(Month m) {
    Debug.Assert(null == periodStart);
    periodStart = m;
    return this;
  }
  public Schedule Till(Month m) {
    Debug.Assert(null != periodStart);
    PeriodInYear period = new PeriodInYear(periodStart.Number, m.Number);
    content = new AndSpecification<DateTime>(content, period);
    return this;
  }
  private Month periodStart;
```

이때 기간을 제대로 빌드하려면 컨텍스트 변수를 사용해야 한다.

이 예제에서는 간단히 정적 메서드를 사용해서 중첩 함수를 만든다. 정적 메서드에서 클래스 이름을 없애면 이득이 있을까? 내가 보기에 DayOfWeek.Monday보다는 Monday라고 쓴다면 더 쉽게 읽을 수 있을 듯하다. 즉 객체 스코핑을 적용하면 상속 관계라는 비용을 감수하겠지만, 클래스 이름을 없앨 수 있다. 자바였다면 static 임포트를 사용할 수도 있다. 이득이 그리 크지는 않겠지만 해볼 만한 일이다.

35장

DOMAIN-SPECIFIC LANGUAGES

메서드 체이닝

변경자 메서드에서 호스트 객체를 반환하도록 만든다.
이를 통해 여러 개의 변경자 메서드를 하나의 표현식에서 호출할 수 있게 된다.

```
computer()
  .processor()
    .cores(2)
    .speed(2500)
    .i386()
  .disk()
    .size(150)
  .disk()
    .size(75)
    .speed(7200)
    .sata()
  .end();
```

35.1 어떻게 동작하는가

메서드 체이닝(Method Chaining)은 내부 DSL이 무엇인지 보여주려는 예제로 사람들 사이에서 빠르게 인기를 끌었다. 이 패턴이 너무 인기를 끈 나머지 사람들은 메서드 체이닝을 플루언트 인터페이스나 내부 DSL과 동의어로 여기기 시작했다. 내가 보기에 메서드 체이닝은 내부 DSL을 작성하기 위한 수많은 기법들 중 하나일 뿐이다. 그렇긴 해도 이 패턴은 여전히 가치 있고, 주목할 만하다.

메서드 체이닝은 주로 표현식 빌더(415)를 이용해 만든다. 스케치 부분에 있는 하드 드라이브를 생각해보자. 정규 커맨드-쿼리 API를 사용하면, 하드 드라이브를 다음과 같이 구성할 수 있다.

```
//자바...
HardDrive hd = new HardDrive();
hd.setCapacity(150);
hd.setExternal(true);
hd.setSpeed(7200);
```

객체를 생성해서 변수에 담은 후 세터를 사용해 객체의 프로퍼티를 조작한다. 조작할 항목이 이처럼 세 개뿐이라면 나는 생성자를 사용하는 편이다. 하지만 항목들이 더 많다고 생각해 보자. DSL은 주로 객체들을 서로 설정할 때 사용한다. 하지만 생성자로만 객체를 설정하기 까다로울 때가 많다. 뿐만 아니라 생성자를 사용하면 읽기도 쉽지 않은데, 생성자에는 주로 위치 기반의 파라미터만을 사용할 수 있기 때문이다.

메서드 체이닝을 사용하면 앞의 예제를 다음과 같이 작성할 수 있다.

```
new HardDrive().capacity(150).external().speed(7200);
```

체인에서 사용하려는 메서드는 세터를 구현할 때 주로 적용하는 관례를 따르지 않아야 한다. 예를 들어 자바에서는 흔히 세터 메서드를 다음과 같이 구현한다.

```
public void setSpeed(int arg) {
  this.speed = arg;
}
```

하지만 체인에서 사용하려는 메서드는 객체를 반환해야만 체인을 이어나갈 수 있다. 이 예제의 경우 자신을 반환해야 한다.

```
private HardDrive speed(int arg) {
  speed = arg;
  return this;
}
```

이처럼 변경자 메서드에서 값을 반환하는 방식은 커맨드-쿼리 분리 원칙(82쪽)을 어기는 일이다. 대다수의 경우 나는 커맨드-쿼리 원칙을 따르고, 이를 통해 도움을 얻는다. 플루언트 인터페이스는 이 원칙을 어겨야 하는 경우 중 하나다.

메서드 체이닝을 사용할 때 일반적인 관례를 어기게 되는 두 번째는 메서드 이름이다. 일반적인 명명법을 따르면, sata()와 같은 메서드는 변경자 메서드가 아니라 마치 접근자 메서드처럼 보인다. 이러한 명명법은 문제가 많다. 커맨드-쿼리 API를 기대하는 사람이 있다면 심각한 혼란을 느낄 수 있기 때문이다. 종합해 보자면, 메서드 체이닝은 일반적인 API (커맨드-쿼리 API) 설계의 공통 규칙을 상당수 위반한다.

메서드 체이닝을 사용하면 이처럼 API 설계 기법을 바꿀 뿐만 아니라 포맷팅 관례도 바꿔야 한다. 대개의 경우 다수의 메서드 호출을 라인 하나에서 작성하려고 한다. 반면에 메서드 체이닝의 경우 라인이 길어지면 이런 방식으로는 효과적으로 작성하기 힘들 때가 많다. 계층 구조를 표현해야 한다면 특히 그렇다. 따라서 메서드 체이닝을 사용할 때는 각 호출을 라인 하나에 작성하는 게 낫다.

```
new HardDrive()
  .capacity(150)
  .external()
  .speed(7200);
```

자바와 C#은 대부분의 줄바꿈 문자를 무시하므로 포맷팅 관점에서 더욱 유연하다. 점으로 라인을 시작하는 방법을 주로 쓰는데, 이러면 점이 더 눈에 띄고 따라서 체이닝을 사용한다는 사실이 뚜렷해지기 때문이다. 따라서 줄바꿈을 문장 분리 기호로 사용하는 언어는 이 부분에서 유연성이 떨어진다. 예를 들어 루비에서 체이닝을 사용하려면 점을 라인의 시작 부분이 아닌 끝에 두어야 한다. 메서드를 라인 단위로 분리하여 작성하면 디버깅 또한 쉬워진다. 에러 메시지와 디버거 처리기는 주로 라인 단위로 동작하기 때문이다. 따라서 하나의 라인에서 최소한의 작업을 하는 게 현명하다.

35.1.1 빌더 vs. 값 객체

위의 예제에서는 메서드 체이닝을 표현식 빌더(415)에서 작성했다. 나는 메서드 체이닝과 같은 플루언트 API를 주로 표현식 빌더에 둔다. 이렇게 하면 플루언트 API를 쓰는 관례와 커맨드-쿼리 API를 사용하는 관례 간의 혼동이 줄어들기 때문이다.

반면에 표현식 빌더 밖에서 메서드 체이닝을 사용하면 유용할 때도 더러 있다. 42.grams.flour와 같은 표현식이 그 예다. 이 경우 일련의 값 객체(Value Object) [Fowler PoEAA]를 사용해 표현식을 구성한다. grams 메서드는 정수 타입에 정의되며, 수량 객체(Quantity Object)를 반환한다. 반환된 객체에는 flour 메서드가 정의되고, 이 메서드는 요리성분 객체를 반환한다. 따라서 하나의 표현식 빌더를 만드는 대신에, 일련의 정규 객체를 만들게 된다. 이 같은 표현식에서 객체는 주로 값 객체에 해당한다.

이 경우 표현식의 각 단계마다 객체가 새로운 타입으로 변함을 알 수 있다.[1] 직장 동료인 닐 포드(Neal Ford)는 이러한 변화를 타입 변형(type transmogrification)이라고 불렀다. (이 용어를 이 책에서 언급할 수밖에 없었다. 책에서 이 용어를 쓰지 않았다면, 닐이 속상한 나머지 맛있는 차를 더 이상 내놓지 않을 게 뻔하기 때문이다.)

---

1 (옮긴이) 42는 정수 타입의 객체를, grams는 수량 타입의 객체를, 그리고 flour는 요리 성분 객체를 반환한다. 즉 표현식 하나를 거치면서 타입이 변한다.

많은 훌륭한 개발자는 이처럼 도메인 타입에 대해 메서드 체이닝을 사용하는 방식에 익숙하다. 그래서 이 방식에 반하는 주장을 하는 게 조심스럽다. 하지만 나는 되도록이면 표현식 빌더를 사용하는 방식을 선호한다. 표현식 빌더를 사용하면 커맨드-쿼리 API 스타일과 플루언트 API 스타일을 명확히 분리할 수 있기 때문이다.

35.1.2 끝막음 문제

메서드 체이닝을 사용할 때 생기는 일반적인 이슈는 끝막음 문제(finishing problem)다. 이 이슈의 핵심은 메서드 체인에서 끝이 명확하지 않다는 점이다. 다음과 같은 표현식을 사용하여 약속을 잡는 빌더를 만든다고 해보자.

```
//C#...
  var dentist = new AppointmentBuilder()
    .From(1300)
    .To(1400)
    .For("dentist")
    ;
  var dinner = new AppointmentBuilder()
    .From(1900)
    .To(2100)
    .For("dinner")
    .At("Turners")
    ;
```

체인이 끝나면 Appointment 객체가 반환되기를 원하는데, 이 같은 표현식이라면 Appointment 객체가 가장 자연스러운 결과물이기 때문이다. 하지만 메서드 체인을 계속 이어가려면 각 메서드는 AppointmentBuilder 객체를 반환해야만 한다. 게다가 체인에는 체인이 완료되었음을 알려주는 표시가 전혀 없으므로, 마지막에 AppointmentBuilder 객체가 아니라 Appointment 객체를 반환하려면, 체인의 끝을 나타내는 마커 메서드(marker method) 등을 추가해야만 한다.

```
Appointment dentist = new AppointmentBuilder()
  .From(1300)
  .To(1400)
  .For("dentist")
  .End
  ;
```

End 메서드와 같은 끝막음 메서드를 사용하는 방법이 그다지 나쁜 편은 아니지만, 구문에 군더더기가 더해지게 된다. 이 대신에 중첩 함수(429)나 중첩 클로저(483)를 사용해도 끝막음 문제를 해결할 수 있다. C#을 사용하고 있다면 암묵적인 변환 연산자를 사용해도 이 문제를 피할 수 있다. 하지만 이렇게 하려면 명시적인 타입을 사용해야 하므로 var을 사용할 수가 없게 된다.

35.1.3 계층 구조

끝막음 문제와 관련된 또 다른 문제는 계층 구조가 있을 때 메서드 체이닝이 그리 효과적이지 않는다는 점이다. 계층 구조는 언어에서 흔히 나타나므로, 이 같은 계층 구조에 대해 생각할 때 구문 트리가 상당히 도움이 된다. 스케치 부분에 있는 예제를 다시 한 번 살펴보자.

```
computer()
  .processor()
    .cores(2)
    .speed(2500)
    .i386()
  .disk()
    .size(150)
  .disk()
    .size(75)
    .speed(7200)
    .sata()
  .end();
```

이 코드에서는 계층 구조가 명확하게 드러나지만, 코드 구조 자체에 계층 구조가 있다기보다는 들여쓰기를 통해 표현했을 뿐이다. 따라서 계층 구조는 직접 관리해야 한다. 함수 시퀀스(423)를 사용할 때도 똑같은 문제가 발생한다.

이처럼 계층 구조를 직접 관리해야 하는 예로 size와 같은 메서드가 있을 때 올바른 디스크에 대해 작업하고 있는지 검사하는 경우를 들 수 있다. 이때 두 가지 방법을 사용할 수 있다. 하나는 currentDisk와 같은 컨텍스트 변수(217)를 사용하는 방법이다. 즉 disk 메서드가 나타날 때마다 컨텍스트 변수를 갱신하는 방식이다. 디스크 목록을 기록해 두고, 목록의 마지막 디스크를 컨텍스트 변수에 할당한다.

도움이 되는 다른 방법으로 디스크에 대해서 새로운 하위 빌더를 만들 수도 있다. 이처럼 빌더를 분리하면, 디스크에 필요한 정보를 제공하는 메서드만 사용할 수 있도록 제한하거나 끝막음 메서드를 사용할 수 있는 위치를 제한할 수 있다.

35.1.4 프로그레시브 인터페이스

지금까지는 기본적인 메서드 체이닝 활용법을 살펴봤다. 메서드 체이닝을 조금 변형할 수도 있는데, 이렇게 변형하면 때때로 도움이 된다. 예를 들어, 여러 개의 인터페이스를 사용해서 메서드 체이닝의 호출 순서를 정할 수 있다. 이메일 메시지를 만드는 경우를 생각해 보자. 먼저 프로그래머는 받을 사람의 주소(to)를 쓰고, 참조인이 있다면 참조인들(cc)을 기술하고, 제목(subject)을 쓴 후에, 내용(body)을 작성해야 한다. 이를 위해서 표현식 빌더에 일련의 인터페이스를 만들 수 있다. 첫 번째 인터페이스는 오직 to 메서드만을 가진다. to 메서드는 다음 단계에서만 유효한 메서드를 가진 인터페이스를 반환하는데, 바로 to, cc, subject 메서드다. cc 메서드는 cc와 subject 메서드만을 가진 인터페이스를 반환한다. subject 메서드는 오로지 body 메서드를 가진 인터페이스를 반환한다.

이 방법은 정적 타입 언어에서 IDE가 지원이 될 때 매우 효과적이다. IDE의 자동 완성 기능을 사용하면 체인의 현재 지점에서 유효한 메서드만을 볼 수 있고, 이를 통해 DSL에서 각 절을 차근차근 작성할 수 있게 된다.

이러한 프로그레시브 인터페이스(progressive interface)를 사용하면 유효한 메서드의 기준을 문맥에 따라 제어할 수 있게 된다. 물론 하위 빌더를 사용해도 비슷한 효과를 얻을 수 있다. 실제로 하위 빌더를 사용하면 프로그레시브 인터페이스가 하는 일을 똑같이 할 수 있다. 하지만 하위 빌더를 만들어야 할 별다른 이유가 없다면, 프로그레시브 인터페이스가 더 사용하기 쉽다.

뿐만 아니라 프로그레시브 인터페이스를 사용하면, 체인에서 필수 요소를 강제할 수 있다. 예를 들어 특정 요소 하나만을 호출할 수 있는 인터페이스를 정의해서 필수 요소를 지정할 수 있다.

35.2 언제 사용하는가

메서드 체이닝을 사용하면 내부 DSL의 가독성이 상당히 향상되기 때문에, 메서드 체이닝을 내부 DSL과 거의 같은 뜻으로 이해하는 사람도 있다. 하지만 메서드 체이닝은 함수를 조합하는 다른 기법과 함께 사용할 때 최고의 효과를 낸다.

메서드 체이닝은 언어의 절이 선택적일 때 가장 효과적이다. 하지만 메서드 체이닝을 사용하면 DSL 스크립트 작성자가 특정 상황에 맞게 절을 까다롭게 고르게 되는 상황이 벌어지기 쉽다. 뿐만 아니라 특정 절이 언어에 반드시 있어야 한다는 점을 명시하기도 어렵다. 프로그레시브 인터페이스를 사용하면 절에 순서를 부여할 수 있지만, 어쨌든 절이 누락될 수도 있다는 점은 변하지 않는다. 따라서 필수 절이 있다면 중첩 함수(429)를 사용하는 편이 낫다.

끝막음 문제는 이따금씩 불쑥 나타나곤 한다. 물론 해결책은 있다. 하지만 끝막음 문제가 생긴다면 메서드 체이닝보다는 중첩 함수나 중첩 클로저(483)를 사용하는 편이 오히려 낫다. 또한 메서드 체이닝을 사용하면서 컨텍스트 변수(217) 때문에 곤란해지는 경우가 생긴다면, 마찬가지로 중첩 함수나 중첩 클로저를 사용하는 편이 더 효과적이다.

35.3 간단한 컴퓨터 구성 예제(자바)

다음은 컴퓨터 구성 예제에 대해 기본적인 메서드 체이닝 형식을 사용해서 작성한 DSL이다.

```
computer()
  .processor()
    .cores(2)
    .speed(2500)
    .i386()
  .disk()
    .size(150)
  .disk()
    .size(75)
    .speed(7200)
    .sata()
  .end();
```

메서드 체이닝을 사용해 표현식을 시작하려면 체인을 시작할 수 있는 메서드 호출이 있어야 한다. 이 예제에서는 DSL 스크립트에서 참조하는 정적 메서드에 대해 static import를 사용한다.

```
public static ComputerBuilder computer() {
  return new ComputerBuilder();
}
```

ComputerBuilder에 체이닝에 필요한 여러 메서드를 정의한다. 파싱 데이터도 ComputerBuilder에 저장한다.

processor 메서드의 경우 생성 빌더(221)인 ProcessorBuilder 객체를 컨텍스트 변수(217)인 currentProcessor에 저장한다.

```
class ComputerBuilder...
  public ComputerBuilder processor() {
    currentProcessor = new ProcessorBuilder();
    return this;
  }
  private ProcessorBuilder currentProcessor;

  public ComputerBuilder cores(int arg) {
```

```
        currentProcessor.cores = arg;
        return this;
      }
      public ComputerBuilder i386() {
        currentProcessor.type = Processor.Type.i386;
        return this;
      }
    }
    class ProcessorBuilder {
      private static final int DEFAULT_CORES = 1;
      private static final int DEFAULT_SPEED = -1;
      int cores = DEFAULT_CORES;
      int speed = DEFAULT_SPEED;
      Processor.Type type;
      Processor getValue() {
        return new Processor(cores, speed, type);
      }
    }
```

빌더는 매 호출에서 자신을 반환하여 체인을 이어갈 수 있게 한다. 바로 이 점이 메서드 체이닝이 가진 특징이다.

disk 메서드의 경우 각 디스크마다 자신만의 데이터가 있으므로 디스크를 기술하는 일은 좀 더 복잡하다. 프로세서와 마찬가지로 ComputerBuilder에 여러 개의 컨텍스트 변수를 추가할 수도 있지만, 그렇게 하지는 않는다. 그래서 디스크의 특성을 저장하는 별도의 빌더를 사용하고자 한다.

```
    class DiskBuilder...
      public DiskBuilder size(int arg) {
        size = arg;
        return this;
      }
      public DiskBuilder speed(int arg) {
        speed = arg;
        return this;
      }
      public DiskBuilder sata() {
        iface = Disk.Interface.SATA;
        return this;
      }
```

이때 까다로운 문제는 컴퓨터 빌더와 디스크 빌더를 서로 바꿔 가면서 컨텍스트 변수가 보조를 맞추도록 하는 일이다. disk 절은 새로운 디스크를 추가하므로 컴퓨터 빌더는 새로운 디스크 빌더를 컨텍스트 변수에 담고 이후의 호출을 디스크 빌더로 넘긴다.

```
    class ComputerBuilder...
      public DiskBuilder disk() {
        if (currentDisk != null) loadedDisks.add(currentDisk.getValue());
        currentDisk = new DiskBuilder(this);
        return currentDisk;
      }
```

```
  private DiskBuilder currentDisk;
  private List<Disk> loadedDisks = new ArrayList<Disk>();

class DiskBuilder...
  public DiskBuilder(ComputerBuilder parent) {
    this.parent = parent;
  }
  private int size = Disk.UNKNOWN_SIZE;
  private int speed = Disk.UNKNOWN_SPEED;
  private Disk.Interface iface;
  private ComputerBuilder parent;
```

disk 절은 disk 절 사이에서도 사용된다. 따라서 새로운 디스크 빌더를 만들기 전에 currentDisk를 loadedDisks 리스트에 추가해야 한다. 이처럼 디스크 빌더는 디스크를 만드는 도중에 disk 호출을 받으므로, 이 호출은 컴퓨터 빌더로 단순히 포워드 한다.

```
class DiskBuilder...
  public DiskBuilder disk() {
    return parent.disk();
  }
```

이제 끝맺음 문제를 해결해야 한다. 여기에서는 가장 단순한 해결책인, 끝맺음 메서드(end)를 사용했다. Disk 메서드와 마찬가지로 end 메서드는 디스크 빌더에서도 호출될 수 있으므로, 호출을 컴퓨터 빌더로 포워드한다.

```
class DiskBuilder...
  public Computer end() {
    return parent.end();
  }
```

컴퓨터 빌더에서는 end 메서드가 호출되면 Computer 객체를 생성한 후 반환한다.

```
class ComputerBuilder...
  public Computer end() {
    return getValue();
  }

  public Computer getValue() {
    return new Computer(currentProcessor.getValue(), disks());
  }

  private Disk[] disks() {
    List<Disk> result = new ArrayList<Disk>();
    result.addAll(loadedDisks);
    if (currentDisk != null) result.add(currentDisk.getValue());
    return result.toArray(new Disk[result.size()]);
  }

  public ComputerBuilder speed(int arg) {
    currentProcessor.speed = arg;
    return this;
  }
```

이제 다음과 같은 형태로 빌더를 사용할 수 있다.

```
Computer c = ComputerBuilder
  .computer()
    .processor()
      .cores(2)
      .speed(2500)
      .i386()
    .disk()
      .size(150)
    .disk()
      .size(75)
      .speed(7200)
      .sata()
  .end();
```

end 메서드를 사용하지 않았다면, 다음처럼 작성해야 한다.

```
ComputerBuilder builder = new ComputerBuilder();
builder
  .processor()
    .cores(2)
    .speed(2500)
    .i386()
  .disk()
    .size(150)
  .disk()
    .size(75)
    .speed(7200)
    .sata();
Computer c = builder.getValue();
```

이 예제에서는 프로세서와 디스크에 대한 부수적인 빌더를 일관성이 없이 사용했다. 프로세서 빌더는 간단한 생성 빌더로, 단순히 중간 단계의 값을 저장하기 위해 사용했다. 반면에 디스크 빌더의 경우에는 플루언트 메서드를 이 빌더에 위임했다. 간단한 생성 빌더는 단순한 경우에 효과적이고, 복잡한 경우에는 완전히 위임하는 편이 낫다. 이 장에서는 교육적인 이유로 두 형식을 모두 보여주었지만, 나는 완전히 위임하는 방법을 선호한다.

특히 중첩 함수(429)와 비교해 보면, 이 예제는 메서드 체이닝을 사용할 때 발생하는 많은 이슈를 잘 보여준다. 메서드 체이닝을 사용하면 매우 쉽게 읽을 수 있고, 중첩 함수를 사용할 때와는 달리 구문에 군더더기가 많지 않다. 하지만 메서드 체이닝을 적용하려면 수많은 컨텍스트 변수를 다뤄야 하고, 끝맺음 문제를 해결해야 한다.

35.4 프로퍼티를 이용한 체이닝(C#)

C#은 자바와 매우 유사한 언어로, 자바에 적용되는 많은 내용은 C#에도 그대로 적용된다. 가장 큰 차이점은 C#에서는 자바의 조금 어설픈 게터와 세터 대신에 특별한 프로퍼티 구문을 지원한다는 점이다. 예를 들어 하드 드라이브 예제에 프로퍼티 구문을 사용하면 다음과 같이 작성할 수 있다.

```
HardDrive hd = new HardDrive() {
  Size = 150,
  Type = HardDriveType.SATA,
  Speed = 7200
};
```

프로퍼티 구문을 사용해 체이닝을 구현하면 앞에서 자바로 작성한 코드와 거의 같다.

```
new HardDriveBuilder()
  .Size(150)
  .SATA
  .Speed(7200);
```

이 경우 체이닝에서 속도와 용량을 설정하기 위해 사용한 변경자 메서드는 앞 장의 예제와 똑같이 구현할 수 있다(첫 단어를 대문자로 사용하는 관례만 다를 뿐이다). 반면에 외부 프로퍼티를 처리하는 부분에 흥미로운 차이점이 있다. 외부 프로퍼티에 대해 프로퍼티 게터를 사용해서 불필요하고 거슬리는 괄호를 없앴다. 이 프로퍼티 게터는 다음과 같이 구현했다.

```
private HardDriveBuilder SATA {
  get {
    type = HardDriveType.SATA;
    return this;
  }
}
```

이 코드를 보면 확실히 불쾌감이 든다. 프로퍼티 게터를 구현한 코드지만 실제로는 세터로 동작하며, 프로퍼티의 값이 아닌 객체 자신을 반환한다. 이 코드는 프로퍼티 게터가 동작하리라고 기대되는 방식에서 완전히 어긋난다. 거의 대부분의 경우 나는 이런 코드를 지독하게 나쁜 코드라고 본다. 확실히 이러한 코드는 플루언트 API를 사용해야 하는 경우에만 허용된다. 이 경우에도 마찬가지로 이처럼 혐오스러운 코드는 표현식 빌더에 국한해 작성하도록 하며, 나머지 코드는 안전하게 보호해야 한다.

35.5 프로그레시브 인터페이스(C#)

자동완성 기능은 최신의 IDE가 주는 즐거움 중 하나다. 이제는 특정 클래스에서 호출할 수 있는 메서드가 무엇인지 더 이상 기억하지 않아도 된다. 특정 키를 조합해서 입력하면, 바로 그 위치에서 메뉴를 볼 수 있다. 내 머리는 이미 15년 전에 가득 차버렸기 때문에, 기억할 게 적다는 사실에 감사할 따름이다.

정해진 순서대로 작성해야 하는 DSL이 많다. 프로그레시브 인터페이스를 사용하면 자동완성 기능을 사용해서 순서대로 작성하는데 도움을 받을 수 있다. 이메일 메시지를 구성하는 경우를 다시 보자.

```
message = MessageBuilder.Build()
  .To("fowler@acm.org")
  .Cc("editor@publisher.com")
  .Subject("error in book")
  .Body("Sally Shipton should read Sally Sparrow");
```

메시지의 구성요소를 특정한 순서에 맞게 구성해야 한다고 하자. 먼저 수신인의 주소를 작성하고, 참조인을 추가한 후에 제목을 쓰고, 마지막으로 내용을 작성한다. 싱거운 맛이 나는 평범한 메서드 체이닝으로는 이처럼 특정 순서대로 작성하도록 강제할 수 없다.

여기에 첨가할 수 있는 알맞은 조미료는 표현식 빌더(415)에 대해 여러 개의 인터페이스를 사용하는 것이다. Build 메서드부터 시작해 보자.

```
public static IMessageBuilderPostBuild Build() {
  return new MessageBuilder();
}
interface IMessageBuilderPostBuild {
  IMessageBuilderPostTo To(String arg);
}
```

이번에도 마찬가지로 표현식 빌더를 반환한다. 하지만 다른 점은 정해진 순서에서 다음 단계에서만 유효한 메서드를 가지는, 특별한 인터페이스가 반환된다는 점이다. 표현식 빌더는 이 인터페이스를 구현하고, 다음 단계에서는 오직 이 인터페이스에 있는 메서드만을 호출할 수 있다. 뿐만 아니라 자동 완성 메뉴를 사용하면, 다음 단계에서만 유효한 메서드를 보여준다는 추가적인 장점이 있다(물론 자동완성 기능이 완벽하지는 않은데, Object에서 상속받은 메서드도 나타나기 때문이다). 따라서 자동완성 기능을 사용해서 순서대로 작성하는데 도움을 얻을 수 있다.

나머지 단계들도 마찬가지로 구현할 수 있다.

```
public IMessageBuilderPostTo To(String arg) {
  Content.To.Add(new Email(arg));
  return this;
}
interface IMessageBuilderPostTo : IMessageBuilderPostBuild {
  IMessageBuilderPostCc Cc(String arg);
  IMessageBuilderPostSubject Subject(String arg);
}
```

Build 메서드와 차이나는 부분도 있다. Build 이후에 유효한 단계는 To 이후에 유효한 단계에 포함된다는 점이다. 이 경우 IMessageBuilderPostBuild의 코드를 중복하는 게 아니라, 인터페이스를 상속해서 Build 이후의 단계를 자동완성 메뉴에 함께 표시할 수 있다. 이 예제에서는 이 방식을 적용해도 큰 의미는 없지만 이 기법은 유용할 때가 많다.

나머지 단계들은 생각하는 그대로다.

```
public IMessageBuilderPostCc Cc(String arg) {
  Content.Cc.Add(new Email(arg));
  return this;
}
public IMessageBuilderPostSubject Subject(String arg) {
  Content.Subject = arg;
  return this;
}
public Message Body(String arg) {
  Content.Body = arg;
  return Content;
}

interface IMessageBuilderPostCc
{
  IMessageBuilderPostCc Cc(String arg);
  IMessageBuilderPostSubject Subject(String arg);
}
interface IMessageBuilderPostSubject {
  Message Body(String arg);
}
```

당연히 Body 메서드가 끝막음 메서드가 된다. 따라서 이 메서드에서 메시지를 반환하도록 구현한다.

36장

DOMAIN-SPECIFIC LANGUAGES

객체 스코핑

참조 객체가 없이 사용된 호출이 모두 특정 객체의 메서드로 해석되도록
DSL 스크립트를 위치시킨다.

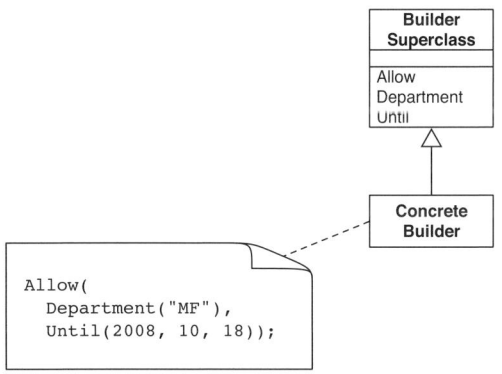

중첩 함수(429)나 함수 시퀀스(423)를 사용하면, DSL 구문을 꽤 괜찮게(어느 정도는) 만들 수 있다. 하지만 이들 패턴의 기본 형식을 그대로 사용하면 심각한 비용을 감수해야 한다. 전역 함수를 사용해야 할 뿐만 아니라, 심지어 전역 상태와 같이 더 심각한 문제가 발생하게 된다.

객체 스코핑(Object Scoping)을 사용하면 이러한 문제를 줄일 수 있다. 참조 객체가 없이 사용된 호출을 모두 특정한 단일 객체로 해석되도록 만들 수 있기 때문이다. 따라서 객체 스코핑을 사용하면 전역 네임스페이스가 전역 함수로 지저분해지는 일을 피할 수 있고, 또한 파싱 데이터는 모두 해당 호스트 객체에 저장할 수 있다. DSL 스크립트에서 사용할 함수가 정의된 빌더의 서브 클래스에 DSL을 작성하는 방식으로 객체 스코핑을 주로 사용한다. 이를 통해 파싱 데이터를 단일 객체에 저장할 수 있게 된다.

36.1 어떻게 동작하는가

객체가 가진 많은 유용한 특징 중 하나는 객체가 함수와 데이터를 담을 수 있는 유효범위를 제공한다는 점이다. 또한 상속을 이용하면 함수나 데이터가 정의된 유효범위를 벗어난 영역에서도 해당 함수와 데이터를 사용할 수 있다. DSL을 만들 때도 이러한 객체의 특성을 활용할 수 있다. 먼저 DSL에서 사용할 함수를 기반 클래스에 정의한다. 그리고 개발자는 기반 클래스의 하위 클래스에 DSL 프로그램을 작성토록 하는 것이다. 뿐만 아니라 기반 클래스에 필드를 정의해서 필요한 파싱 데이터를 모두 저장할 수도 있다.

이와 같은 방식으로 기반 클래스를 사용하는 경우라면 표현식 빌더(415)를 기반 클래스로 사용하고, 개발자는 표현식 빌더의 서브 클래스에 DSL 프로그램을 작성하도록 하면 상당히 효과적이다. 상속을 이용하면 DSL에서 사용할 함수를 서브 클래스에 추가적으로 더할 수 있을 뿐더러, 심지어 필요하다면 DSL 객체에서 기반 클래스의 함수를 오버라이딩할 수도 있다.

객체 스코핑을 적용하는 경우 이처럼 상속을 주로 사용한다. 하지만 상속 이외의 기법을 제공하는 언어도 있다. 예를 들어 루비에서는 인스턴스 평가(instance evaluation) 구문을 사용할 수 있다. 이 기능을 사용하면 프로그램 코드를 어느 객체의 문맥에서도 실행할 수 있다(인스턴스 평가는 instance_eval 메서드를 사용한다). 따라서 인스턴스 평가 구문을 사용하면 DSL 언어가 정의된 기반 클래스와 전혀 무관한 위치에서 DSL 스크립트를 작성할 수 있다. .

또 다른 예로 자바의 인스턴스 초기자(instance initializer) 구문이 있다. 이 구문은 잘 알려져 있지도 않고 자주 사용되는 편도 아니지만, 객체 스코핑 패턴에서 활용하면 꽤 효과적이다.

36.2 언제 사용하는가

객체 스코핑을 사용하면 중첩 함수(429)나 함수 시퀀스(423)를 사용할 때 생기는 까다로운 전역성 문제를 해결할 수 있다. 이처럼 전역성 문제를 해결할 수 있는 기법이라면 고려할 만한 가치가 늘 있다. 객체 스코핑을 사용하면 DSL에서 함수 호출을 객체 참조 없이 사용하고, 이러한 함수를 단일 객체의 인스턴스 메서드로 해석되도록 만들 수 있다. 이를 통해 전역 네임스페이스가 어지럽혀지는 일을 피할 수 있을 뿐만 아니라, 파싱 데이터는 표현식 빌더(415)에 저장할 수 있다. 나는 이러한 장점이 상당히 강력하다고 본다. 따라서 되도록이면 객체 스코핑을 항상 사용하기를 바란다.

하지만 사용하기 힘든 경우도 있을 수 있다. 우선, 객체 스코핑을 사용하려면 객체 지향 언어를 사용해야 한다. 내 경우 객체 지향 언어를 선호하기 때문에 이 점은 문제가 되지 않는다.

좀 더 일반적인 문제는 객체 스코핑을 적용하면 DSL 스크립트를 개선할 수 있는 방향에 제약이 가해진다는 점이다. 객체 스코핑 메커니즘으로 주로 상속을 이용한다. 따라서 표현식 빌더의 서브 클래스를 만들고, 반드시 서브 클래스의 메서드 내에 DSL 스크립트를 작성해야 한다. DSL이 독립형 DSL이라면 큰 문제가 아니다. 독립형 DSL 스크립트는 주로 별도의 파일에 저장되고, 다른 코드와 잘 분리되어 있기 때문이다. 물론 상속 구조를 설정하려면 구문에 군더더기가 약간 더해지지만, 그렇게 많이 두드러지는 편은 아니다. (루비의 instance_eval 등의 기법을 이용하면, 이러한 군더더기 구문까지도 없앨 수 있다.)

실질적인 문제는 부분형 DSL에서 발생한다. 객체 스코핑을 적용하려면 반드시 상속 관계를 사용해야 하지만, 부분형 DSL에서는 상속을 사용하기 곤란하거나 심지어는 아예 불가능하다.

객체 스코핑을 사용하는 주된 이유는 전역 함수를 없애기 위해서다. 이때 전역 함수의 가장 큰 문제는 전역성 문제, 즉 전역 함수가 전역 데이터를 수정하기 때문이라는 점을 상기할 필요가 있다. 하지만 전역 함수를 사용하더라도 이러한 전역성 문제가 생기지 않는 경우도 있다. 예를 들어 Date.today()와 같이 전역함수에서 객체를 새롭게 생성하고 반환하는 경우 전역성 문제는 거의 생기지 않는다. 이러한 정적 메서드는 사실상 전역 메서드이지만, 새로운 객체(정규 객체나 표현식 빌더)를 매우 효과적으로 생성한 후 반환한다. 따라서 객체 참조 없이 전역 함수를 사용해서 사용하더라도, 이처럼 새로운 객체를 반환하는 방식으로 전역 함수를 배치할 수 있다면 굳이 객체 스코핑을 사용할 이유가 없다.

DSL 프레임워크를 만들 때, 객체 스코핑 클래스의 서브 클래스를 DSL 사용자가 직접 만든 서브 클래스로 대체할 수 있도록 만들면 DSL을 더 유연하게 확장할 수 있다. 예를 들어 DSL에 새로운 언어가 필요한 경우 사용자가 직접 만든 서브 클래스에 메서드를 추가해서 DSL을 확장할 수 있다. 뿐만 아니라 특별한 메서드가 특정한 스크립트에서만 필요하다면, 해당 스크립트를 담고 있는 서브 클래스에만 메서드를 직접 정의할 수 있다.

36.3 보안 코드(C#)

온갖 종류의 비밀 프로젝트가 진행 중인 빌딩이 있다고 생각해보자. 비밀 프로젝트이므로, 빌딩을 보안 구역으로 나누고 각 구역에는 해당 구역에 들어갈 수 있는지를 직원 유형별로 통제하는 보안 정책이 있어야 한다. 따라서 직원이 구역 내 출입문으로 접근하면, 시스템은 구역의 보안 정책에 따라 직원을 검사한 후 입장 여부를 결정한다.

이러한 규칙을 지원하도록 다음과 같이 DSL을 작성하려고 한다.

```
class MyZone : ZoneBuilder {
  protected override void doBuild() {
    Allow(
      Department("MF"),
      Until(2008, 10, 18));
    Refuse(Department("Finance"));
    Refuse(Department("Audit"));
    Allow(
      GradeAtLeast(Grade.Director),
      During(1100, 1500),
      Until(2008, 5, 1));
  }
}
```

36.3.1 시맨틱 모델

시맨틱 모델(197)에는 여러 입장 규칙을 가진 Zone 클래스가 있다. 각 입장 규칙(AdmissionRule)은 허가 규칙(입장 가능한 조건을 기술한)이거나, 거부 규칙(입장을 거부하는 조건을 기술한)이다. 입장 규칙은 body 필드와(여기에 대해서는 조금 있다 살펴보고자 한다), 직원이 입장 가능한지 검사할 메서드를 가진다.

```
abstract class AdmissionRule {
  protected RuleElement body;
  protected AdmissionRule(RuleElement body) {
    this.body = body;
  }
  public abstract AdmissionRuleResult CanAdmit(Employee e);
}
enum AdmissionRuleResult {ADMIT, REFUSE, NO_OPINION};
```

AdmissionRule을 상속해서 두 종류의 입장 규칙을 만든다. 각 규칙에서는 CanAdmit 메서드를 구현한다.

```
class AllowRule : AdmissionRule {
  public AllowRule(RuleElement body) : base(body) {}
  public override AdmissionRuleResult CanAdmit(Employee e) {
    if (body.eval(e)) return AdmissionRuleResult.ADMIT;
    else return AdmissionRuleResult.NO_OPINION;
  }
}
class RefusalRule : AdmissionRule {
  public RefusalRule(RuleElement body) : base(body) {}
  public override AdmissionRuleResult CanAdmit(Employee e) {
    if (body.eval(e)) return AdmissionRuleResult.REFUSE;
    else return AdmissionRuleResult.NO_OPINION;
  }
}
```

Zone 클래스는 직원이 입장할 수 있는지 요청을 받으면, 입장 규칙을 차례대로 실행한 후, 각 규칙의 결과를 확인한다.

```
class Zone...
  private IList<AdmissionRule> rules = new List<AdmissionRule>();
  public void AddRule(AdmissionRule arg) {
    rules.Add(arg);
  }
  public bool WillAdmit(Employee e) {
    foreach (AdmissionRule rule in rules) {
      switch(rule.CanAdmit(e)) {
        case AdmissionRuleResult.ADMIT:
          return true;
        case AdmissionRuleResult.NO_OPINION:
          break;
        case AdmissionRuleResult.REFUSE:
          return false;
        default:
          throw new InvalidOperationException();
      }
      return false;
  }
```

만약 어느 규칙도 의견을 내지 않으면 메서드는 거부(false)를 기본값으로 한다.[1]

입장 규칙의 body는 규칙 요소로 구성된 복합적인 구조로, 본질적으로는 Specification[Evans DDD]에 해당한다. 규칙 요소(RuleElement)는 인터페이스 타입으로 선언한다.

```
internal interface RuleElement {
  bool eval(Employee emp);
}
```

규칙 요소를 구현한 클래스는 모두 직원의 특성을 검사한다. 예를 들어 다음은 직급과 부서를 검사하는 규칙이다.

---

1 (옮긴이) 즉 규칙이 모두 NO_OPINION을 반환하는 경우다.

```csharp
internal class MinimumGradeExpr : RuleElement {
  private readonly Grade minimum;
  public MinimumGradeExpr(Grade minimum) {
    this.minimum = minimum;
  }
  public bool eval(Employee emp) {
    if (null == emp.Grade) return false;
    return emp.Grade.IsHigherOrEqualTo(minimum);
  }
}
internal class DepartmentExpr : RuleElement {
  private readonly string dept;
  public DepartmentExpr(string dept) {
    this.dept = dept;
  }
  public bool eval(Employee emp) {
    return emp.Department == dept;
  }
}
```

규칙 요소는 복합적인 요소이므로 각 규칙을 논리적으로 결합해서 복합 구조로 만들 수 있어야 한다.

```csharp
class AndExpr : RuleElement {
  private readonly List<RuleElement> elements;
  public AndExpr(params RuleElement[] elements) {
    this.elements = new List<RuleElement>(elements);
  }
  public bool eval(Employee emp) {
    return elements.TrueForAll(element => element.eval(emp));
  }
}
```

예를 들어 직원이 K9 부서에 속하고 선임 프로그래머일 때 입장을 허가하고자 한다면, 구역을 다음과 같이 설정할 수 있다.

```csharp
zone.AddRule(new AllowRule(
             new AndExpr(
               new MinimumGradeExpr(Grade.SeniorProgrammer),
               new DepartmentExpr("K9"))));
```

36.3.2 DSL

객체 스코핑을 사용하려면 슈퍼 클래스인 빌더 클래스를 만들고, 이 클래스를 상속해서 DSL을 작성해야 한다. 예를 들어 다음은 앞에서 설명했던 DSL을 서브 클래스에 작성한 것이다.

```csharp
class MyZone : ZoneBuilder {
  protected override void doBuild() {
    Allow(
      Department("MF"),
```

```
        Until(2008, 10, 18));
    Refuse(Department("Finance"));
    Refuse(Department("Audit"));
    Allow(
        GradeAtLeast(Grade.Director),
        During(1100, 1500),
        Until(2008, 5, 1));
}
```

첫 번째 규칙은 MF 부서의 직원이라면, 내년도 마감일까지 누구라도 허가한다. 그리고 Finance 부서이거나 Audit 부서 사람이라면 입장을 거부한다(Refuse 절을 각각 사용해서). 마지막으로 Director 직급을 가진 사람은 특정한 시간 동안에 또 다른 마감일까지 허가한다.

기반 모델에서는 임의의 불린 표현식을 사용해서 규칙을 작성했지만, DSL의 경우는 좀 더 간단히 표현할 수 있다. 예를 들어 각 입장 규칙은 각 절의 결합(AND 연산)이다.[2] 따라서 Finance 부서와 Audit 부서에 대한 거부 문장을 분리해서 작성했다. 이 두 문장을 규칙 하나로 작성했다면, 해당 규칙은 두 부서에 모두 소속된 사람이라야 거부하게 된다.

물론 임의의 불린 표현식을 DSL에서 사용할 수 있도록 만들면 강력하지만, 컴퓨터 괴짜가 아닌 평범한 사람이라면 이해하기가 어려울 때가 많다. 따라서 DSL을 만들 때, 구조가 단순한 형식을 따르도록 해야 효과적이다.

이 경우 DSL을 작성할 때, 기반 빌더 클래스에 정의된 메서드를 이용한다. 서브 클래스에서는 참조를 사용하지 않고도 기반 클래스에 있는 메서드를 호출할 수 있다. 먼저 구역에 허가 규칙을 새롭게 추가하는 Allow 메서드를 구현한다. 이 허가 규칙의 body는 Allow 메서드에 전달된 인자를 결합해서 만든다.

```
class ZoneBuilder...
    private Zone zone;
    public ZoneBuilder Allow(params RuleElement[] rules) {
        var expr = new AndExpr(rules);
        zone.AddRule(new AllowRule(expr));
        return this;
    }
```

여기에서는 리터럴 리스트(499)를 활용하는 방식 중에서 가변인자 메서드를 사용하는 방식을 택했다. (물론 하위 표현식이 하나뿐이라면 이처럼 AndExpr로 감쌀 필요가 없다. 따라서 하위 표현식이 하나인 경우를 따로 처리하도록 고칠 수도 있

---

2 (옮긴이) 기반 모델에서는 규칙을 결합하기 위해 AndExpr을 사용한 반면에, DSL에서는 단순히 하나의 Allow 메서드에서 규칙을 콤마(,)로 분리해서 작성하면 충분하다.

겠지만, 하위 표현식이 하나인 경우도 처리할 수 있도록 AndExpr을 만들어 두었으니 신경 쓰지 않기로 했다.)

Allow 메서드의 각 인자를 생성할 수 있는 메서드를 기반 빌더 클래스에 추가한다.

```
class ZoneBuilder...
  internal RuleElement GradeAtLeast(Grade grade) {
    return new MinimumGradeExpr(grade);
  }
  internal RuleElement Department(String name) {
    return new DepartmentExpr(name);
  }
```

만약 언어에 새로운 규칙 요소를 추가해야 한다면 모델에 새로운 규칙 요소 클래스를 추가하고, 빌더에는 각 규칙 요소에 대응하는 메서드를 정의한다.

```
class ZoneBuilder...
  internal RuleElement Until(int year, int month, int day) {
    return new EndDateExpr(year, month, day);
  }

  internal class EndDateExpr : RuleElement {
    private readonly DateTime date;
    public EndDateExpr(int year, int month, int day) {
      date = new DateTime(year, month, day);
    }
    public bool eval(Employee emp) {
      return Clock.Date < date;
    }
  }
```

이처럼 모든 사용자가 사용할 규칙을 추가할 수 있을 뿐 아니라, 규칙을 추가할 때 특정 DSL 프로그램에서만 사용되는 방식으로도 DSL을 확장할 수도 있다. 예를 들어 내가 일하는 부서는 특정 시간에 접근을 제한해야 한다고 해보자. 이처럼 특정 규칙에 대한 코드는 서브 클래스에 직접 추가한다.

```
class MyZone...
  private RuleElement During(int begin, int end) {
    return new TimeOfDayExpr(begin, end);
  }

  private class TimeOfDayExpr : RuleElement {
    private readonly int begin, end;
    public TimeOfDayExpr(int begin, int end) {
      this.begin = begin;
      this.end = end;
    }
    public bool eval(Employee emp) {
      return (Clock.Time >= begin) && (Clock.Time <= end);
    }
  }
```

이 기능을 나머지 스크립트 클래스에서도 사용하길 원하지만 라이브러리를 수정할 수 없다고 해보자. 이때는 ZoneBuilder를 상속 받아 하위 빌더 클래스 A를 직접 만든 후, 나머지 스크립트 클래스 B에는 직접 만든 빌더 클래스 A를 상속받도록 만든다. 그러고 나서 직접 만든 빌더 클래스 A에 필요한 메서드를 모두 추가하면, 나머지 스크립트 클래스 B에서도 추가된 메서드를 사용할 수 있게 된다.

보다시피 객체 스코핑을 사용하면, DSL에서 군더더기를 줄이는데 상당히 도움이 된다. 하지만 DSL 클래스를 선언하는 코드에 군더더기가 더해진다는 문제점이 있다. 즉 DSL 클래스의 첫 두 줄에 있는 클래스 선언문(그리고 마지막 줄에 있는 중괄호)은 군더더기 구문이다. 더 심각한 문제도 있다. 나는 ZoneBuilder 클래스와 같은 스코핑 클래스를 사용할 때, 빌더의 생성자에 Zone 객체를 주로 넘겨준다. 하지만 이렇게 해버리면, 서브 클래스에서도 생성자 선언을 추가해야만 한다. 이 문제를 피하려고 Zone 객체를 전달할 수 있는 별도의 메서드를 만들었다.

```
class ZoneBuilder...
  internal void Build(Zone zone) {
    this.zone = zone;
    doBuild();
  }
  protected abstract void doBuild();
```

이 메서드는 다음과 같이 호출할 수 있다.

```
class DslTest...
  new MyZone().Build(zone);
```

물론 이처럼 수정하는 일은 사소해 보이지만, DSL 텍스트에서 군더더기를 조금이나마 없앨 수 있다. 티끌을 모아야 태산이 될 수 있다.

36.4 인스턴스 평가 구문 사용하기(루비)

객체 스코핑 패턴을 사용하면 이름 공간을 효과적으로 제공하므로, 이를 통해 전역적인 요소를 피할 수 있다는 점에서 매우 유용하다. 하지만 상속을 사용해야 하므로 제약이 따른다. 우선 독립형 DSL의 경우라면, 컨텍스트를 설정할 때 스크립트 파일의 시작 부분과 끝 부분에 군더더기가 더해진다. 그리고 부분형 DSL의 경우에는 DSL 빌더 클래스의 서브 클래스 안에 DSL 표현식을 작성해야 한다.

루비에서는 이 문제를 우회할 수 있는 매우 효과적인 메커니즘인 인스턴스 평가

(instance evaluation) 구문을 제공한다. 인스턴스 평가 기능의 밑바탕에 깔린 생각은 텍스트를 일부 선택한 후, 특정한 루비 인스턴스의 문맥 안에서 해당 텍스트를 평가하려는 데 있다. 따라서 인스턴스 평가 구문을 사용하면, 스크립트에서 참조가 없이 사용한 메서드 호출은 모두 해당 인스턴스의 메서드로 해석되게 된다. 즉 스크립트에 참조가 없는 메서드가 마치 해당 인스턴스의 클래스에 선언된 인스턴스 메서드처럼 해석된다. 따라서 상속을 통해서 객체 스코핑을 적용하려고 골머리 썩지 않고도 DSL을 작성할 수 있게 된다.

인스턴스 평가 구문을 사용하면 앞에서 본 보안 구역 예제를 아래와 같은 스크립트로 작성할 수 있다.

```
allow {
  department :mf
  ends 2008, 10, 18
}
refuse department :finance
refuse department :audit
allow {
  gradeAtLeast :director
  during 1100, 1500
  ends 2008, 5, 1
}
```

빌더에서는 간단한 메서드를 호출해서 이 스크립트를 실행한다.

```
class Builder...
  def load_file aFilename
    self.load(File.readlines(aFilename).join("\n"))
  end
```

이때 스크립트에서 참조가 없이 사용된 함수 호출은 모두 빌더의 메서드로 해석되게 된다.

```
class Builder...
  def allow anExpr = nil, &block
    @zone << AllowRule.new(form_expression(anExpr, &block))
  end
```

바로 이 부분이 인스턴스 평가 구문을 사용해서 객체 스코핑을 적용하는 기법의 핵심이다. 그런데 여기에는 흥미로운 요소가 몇 가지 더 있다. 이 예제를 만들면서 이들 요소를 깊게 파헤치고 싶은 욕심이 생겼다. 물론 이들 요소는 루비 언어에 특화된 기법이므로, 이 책에서는 주로 피하려고 하는 기법에 속한다. 하지만 오늘은 정말 지루한 날이니 이 요소를 파헤칠 수 있게 허락해 주기를 바란다.

이 예제 코드에서는 앞서 본 C# 예제의 구조를 그대로 따랐다. 하지만 다수의 절로 구성된 조건을 중첩 함수(429)가 아니라 중첩 클로저(483)를 사용하면, DSL을 더 읽기 쉽게 만들 수 있을듯 보였다. 그런데 막상 해보니 코드가 오히려 더 복잡해졌다.[3] allow나 refuse 문장에 절이 하나만 있을 때는 해당 절의 값을 반환해야 했고, 반면에 블록이 중첩된 경우에는 각 절의 값을 AndExpr로 결합해서 반환해야 했다.

```
class Builder...
  def form_expression anExpr = nil, &block
    if block_given?
      AndExprBuilder.interpret(&block)
    else
      anExpr
    end
  end
end
```

보다시피 절이 간단한 경우에는 단순히 규칙 요소 객체를 반환하는 메서드를 빌더에 만든다. 그리고 이렇게 반환된 규칙 요소는 자신이 포함된 허가 규칙 객체에 추가된다.

```
class Builder...
  def gradeAtLeast gradeSymbol
    return RuleElementBuilder.new.gradeAtLeast gradeSymbol
  end

class RuleElementBuilder
  def gradeAtLeast gradeSymbol
    return MinimumGradeExpr.new gradeSymbol
  end
```

반면에 중첩 클로저가 표현식 인자로 넘어왔다면, 해당 표현식에 대한 자식 빌더를 만들고, 인스턴스 평가를 다시 적용한다. 따라서 이 경우에는 DSL의 표현식이 부모 빌더가 아니라 자식 빌더에 바인딩된다.

```
class AndExprBuilder...
  def initialize &block
    @rules = []
    @block = block
  end
  def self.interpret &block
    return self.new(&block).value
  end
  def value
    instance_eval(&@block)
    return AndExpr.new(*@rules)
  end
```

---

3 (옮긴이) C# 예제에서는 중첩 함수를 사용해서 DSL을 작성했다. 반면에 이 예제에서는 중첩 클로저를 적용해서, DSL을 더 깔끔하게 만들었다. 하지만 이렇게 하려면 기반 코드가 더 복잡해진다.

```
def gradeAtLeast gradeSymbol
  @rules << RuleElementBuilder.new.gradeAtLeast(gradeSymbol)
end
```

보다시피 이 메커니즘을 사용하면 중첩 클로저 내부에 사용된 gradeAtLeast와 같은 메서드 호출을, DSL의 나머지 부분과는 달리 처리할 수 있게 된다. 루비를 사용하는 경우에 중첩 클로저 내부에 함수 시퀀스(423)를 사용하면 효과적인데, 문장들의 묶음을 쉼표가 아니라 줄바꿈 문자로 분리할 수 있기 때문이다.

36.5 객체 초기자 구문 사용하기(자바)

자바의 경우 루비의 인스턴스 평가 기능보다는 덜 직접적인, 인라인 형식으로 객체 스코핑을 할 수도 있다. 객체 초기자(Object Initializer) 구문을 사용하는 기법으로, 이 기법은 JMock을 통해 널리 알려졌다. 솔직히 말해, 나는 이 기법이 이처럼 사용되는 일을 보기 전까지는 이 기능을 까맣게 잊고 있었다. 이 기능을 사용해 DSL 스크립트를 작성하면 다음과 같다.

```
ZoneBuilder builder = new ZoneBuilder() {{
  allow(department(MF));
  refuse(department(FINANCE));
  refuse(department(AUDIT));
  allow(
    gradeAtLeast(DIRECTOR),
    department(K9));
}};
zone = builder.getValue();
```

이 경우에도 빌더는 C# 예제에서 봤던 빌더와 매우 유사하다.

```
class ZoneBuilder...
  private Zone value = new Zone();
  public Zone getValue() {
    return value;
  }
  public ZoneBuilder refuse(RuleElement... rules) {
    value.addRule(new RefusalRule(new AndExpr(rules)));
    return this;
  }
  public ZoneBuilder allow(RuleElement... rules) {
    value.addRule(new AllowRule(new AndExpr(rules)));
    return this;
  }
  public RuleElement gradeAtLeast(Grade g) {
    return new MinimumGradeExpr(g);
  }
  public RuleElement department(Department d) {
    return new DepartmentExpr(d);
  }
```

DSL 스크립트에서 중괄호를 두 번 사용하는 방식이 객체 초기자의 비결이다. 이렇게 하면 ZoneBuilder 클래스의 인스턴스가 생성되는 게 아니라 ZoneBuilder 클래스의 서브 클래스가 내부 클래스로 만들어지고, 이 내부 클래스의 인스턴스가 생성된다. 이러한 서브 클래스는 일회용으로, 이중으로 된 중괄호 사이에 있는 코드가 서브 클래스의 생성자에 전달된다. 자바에서는 이 기법을 언제라도 사용할 수 있지만 이 기법이 폭넓게 사용되는 일을 거의 본 적이 없다. 이처럼 객체 초기자 구문을 사용하면 이중 중괄호 사이에 있는 코드가 ZoneBuilder의 서브 클래스에 들어가므로, 객체 스코핑을 적용했다고 볼 수 있다.

37장

DOMAIN-SPECIFIC LANGUAGES

클로저

객체(또는 일급 데이터 구조)로 표현할 수 있는 코드 블록이다.
이러한 코드 블록은 자신의 어휘적 유효범위(lexical scope)[1]를 참조할 수 있으므로,
임의의 코드 흐름에 연속적으로 위치할 수 있다.

```
var threshold = ComputeThreshold();
var heavyTravellers = employeeList.FindAll(e => e.MilesOfCommute > threshold);
```

별칭 : 람다(lambda), 블록(block), 익명 함수(anonymous function)

객체로 구성된 컬렉션이 있고, 이 컬렉션을 다양한 방법으로 필터링하려는 경우를 생각해보자. 필터링하려는 각 방법마다 메서드를 작성하면, 필터를 초기화하고 실행하는 코드가 중복되게 된다.

클로저(Closure)를 사용하면, 필터를 초기화하고 실행하는 부분을 공통 코드를 도출할 수 있다. 그리고 나서 각 필터링 조건에 맞는 임의의 코드 블록을 공통 코드에 전달하면 된다.

37.1 어떻게 동작하는가

클로저는 언어적인 특징으로, 오래 전부터 있었던 개념이지만 최근에 들어서야 많은 소프트웨어 개발자의 시야에 겨우 포착되기 시작했다. 이제야 관심을 끈 이유는 아마도 몇몇 언어에서(Lisp나 스몰토크와 같이) 클로저를 지원해왔고 또 사용할 수

---

1 (옮긴이) 실행 시간에 코드 블록에서 자신이 정의될 당시의 유효범위를 참조할 수 있을 때, 코드 블록은 어휘적 유효범위를 갖는다고 말한다. 어휘적 유효범위는 정적 유효범위(static scope)라고도 부른다.

도 있었지만, 주류 언어였던 C 문화권에서는 클로저를 지원하지 않았기 때문일 것이다.

이 책에서는 이러한 언어적 특성을 클로저라고 부른다. 하지만 현재 이 같은 언어 요소를 가리키는 표준 용어는 없다. 실제로 클로저 외에도 람다, 익명 함수 또는 블록이라고 부르는 경우를 볼 수 있다. 클로저를 지원하는 각 언어마다 자신만의 용어를 붙였다. 예를 들면 Lisp 개발자는 '람다'로, 스몰토크 개발자와 루비 개발자는 '블록'이라고 부른다. 스몰토크와 루비에서 클로저를 블록이라고 부르지만, C 기반 언어에서 말하는 블록은 아니다.

이제 용어 때문에 횡설수설하는 일은 끝내고, 클로저가 무엇인지 정확히 살펴보자. 먼저 다음처럼 정의하려고 한다. 클로저는 "객체처럼 다룰 수 있는 코드 조각"이다. 이 정의를 제대로 다루려면 예제가 있어야겠다.

컬렉션에 있는 데이터에서 일부를 고르는 문제를 생각해 보자. 직원 리스트가 있고, 이 중에서 여행을 자주 하는 직원을 찾아야 한다고 가정해 보자.

```
int threshold = ComputeThreshold();
var heavyTravellers = new List<Employee>();
foreach (Employee e in employeeList)
  if (e.MilesOfCommute > threshold) heavyTravellers.Add(e);
```

어쩌다 보니 직원 중에서 관리자를 찾는 코드도 필요해졌다.

```
var managerList = new List<Employee>();
foreach (Employee e in employeeList)
  if (e.IsManager) managerList.Add(e);
```

이들 두 코드에는 코드가 너무 많이 중복된다. 두 경우 모두 원본 리스트에서 조건에 맞는 구성원을 저장할 새로운 리스트를 만든다. 그리고 불린 함수를 원본 리스트의 각 요소에 대해 실행한 후, 함수가 참을 반환하는 요소를 모은다. 이러한 형태의 중복을 없애는 일이 보기에는 쉬워 보이지만, 사실 많은 언어에서 이 같은 중복을 없애기란 쉽지 않다. 두 코드에서 달라지는 부분은 행위이며, 행위를 파라미터로 만들기는 쉽지 않기 때문이다.

이처럼 행위가 중복될 때, 행위를 파라미터로 만드는 가장 확실한 방법은 객체다. 먼저 리스트 클래스에 메서드(Select)를 만든다. 이때 메서드 내에서 원본 리스트(contents) 중 조건에 맞는 데이터를 선택할 때, 메서드가 파라미터로 받은 별도의 객체를 사용하도록 만든다.

```
class MyList<T> {
  private List<T> contents;
  public MyList(List<T> contents) {
    this.contents = contents;
  }
  public List<T> Select(FilterFunction<T> p) {
    var result = new List<T>();
    foreach (T candidate in contents)
      if (p.Passes(candidate)) result.Add(candidate);
    return result;
  }
}

interface FilterFunction<T> {
  Boolean Passes(T arg);
}
```

이제 이 리스트를 이용하면 관리자를 다음과 같이 골라낼 수 있다.

```
var managers = new MyList<Employee>(employeeList)
    .Select(new ManagersPredicate());

class ManagersPredicate : FilterFunction<Employee> {
  public Boolean Passes(Employee e) {
    return e.IsManager;
  }
}
```

이렇게 프로그래밍하면 어느 정도는 만족스럽지만, Predicate 객체를 설정하기 위해 너무 많은 코드를 만들어야 한다. 결국 해결한 게 아니라 오히려 더 악화되었다. 여행을 자주 하는 직원을 고르는 경우까지 고려하면 문제는 더 심각해진다. 이때는 Predicate 객체에 파라미터를 전달해야 하므로, Predicate 클래스에 생성자를 만들어야 한다.

```
var threshold = ComputeThreshold();
var heavyTravellers = new MyList<Employee>(employeeList)
    .Select(new HeavyTravellerPredicate(threshold));

class HeavyTravellerPredicate : FilterFunction<Employee> {
  private int threshold;
  public HeavyTravellerPredicate(int threshold) {
    this.threshold = threshold;
  }
  public Boolean Passes(Employee e) {
    return e.MilesOfCommute > threshold;
  }
}
```

반면에 클로저를 사용하면 이 문제를 더 우아하게 해결할 수 있다. 즉 행위를 코드 덩어리를 만든 후, 코드를 마치 객체처럼 쉽게 전달할 수 있다.

이 예제가 C#으로 작성되었음을 눈치챘을 것이다. C#을 사용한 이유는 지난 수

년 동안 클로저를 더욱 편하게 사용할 수 있는 방향으로 C#이 꾸준히 발전해왔기 때문이다. C# 2.0에 이르러서는 익명 delegate 개념이 소개되었는데, 이는 클로저를 향한 큰 발전이었다. 다음은 익명 delegate를 사용해서 여행을 자주 하는 직원을 고르는 예제를 다시 작성한 것이다.

```
var threshold = ComputeThreshold();
var heavyTravellers = employeeList.FindAll(
  delegate(Employee e) { return e.MilesOfCommute > threshold; });
```

여기에서 눈에 띄는 특징은 클로저와 관련된 코드가 많지 않다는 점이다. 관리자를 고르는 표현식을 비슷하게 작성해보면, 앞에서는 중복되었던 코드가 상당량 줄어든다. 이 예제를 만들면서 C# 리스트 클래스에 있는 라이브러리 함수(FindAll)를 사용했는데, 이 함수는 직접 구현한 Predicate 클래스의 객체를 인자로 받는 Select 함수와 역할이 비슷하다. C# 2.0에 이르러서는 실제로 라이브러리 자체에서도 delegate를 사용하도록 많이 변경했다. 이 점이 중요한데, 언어에서 정말 유용하게 클로저를 사용할 수 있으려면, 라이브러리가 클로저를 고려해서 만들어져야 하기 때문이다.

이 코드에서 알 수 있는 또 다른 점은 파라미터인 threshold를 정말 쉽게 사용할 수 있다는 점이다. 보다시피 threshold 파라미터를 불린 표현식에 바로 사용했다. 유효범위 안에 있는 지역 변수라면 이 불린 표현식에서 얼마든지 사용할 수 있다. 이를 통해 Predicate 객체에 파라미터를 전달하느라 낭비했던 수고를 덜 수 있다.

클로저가 되려면 그 정의상 유효범위에 있는 변수를 참조해야 하므로, 이 표현식은 클로저의 정의에 부합한다. 이때 delegate는 자신이 정의된 어휘적 유효범위를 감싸고 있다라고 말한다. 심지어 delegate로 정의된 구문을 나중에 실행하려고 어딘가에 저장하더라도, 이들 변수를 여전히 참조할 수 있다. 이렇게 되려면 시스템은 내부적으로 스택 프레임(stack frame)의 복사본을 만들어야 한다. 클로저에서 참조해야 하는 모든 변수를 변수가 정의된 이후에도 여전히 접근할 수 있어야 하기 때문이다. 이러한 내부 구조에 대한 이론은 상당히 복잡하고 구현하기도 매우 어렵다. 하지만 구현된 결과물은 사용하기가 매우 간단하다.

(인스턴스로 생성된 코드 블록이 어휘적 유효범위에 일부 변수를 감싸고 있을 때만 코드 블록을 '클로저'라고 정의하는 사람도 있다. 프로그래밍 용어에서 흔히 벌어지는 상황인데, '클로저'라는 용어도 정의하는 기준에 그다지 일관성이 없다.)

C#은 3.0 버전에서 클로저를 더 발전시켰다. C# 3.0을 사용하면, 여행을 자주 하는 직원을 선택하는 예제를 다음과 같이 작성할 수 있다.

```
var threshold = ComputeThreshold();
var heavyTravellers = employeeList.FindAll(e => e.MilesOfCommute > threshold);
```

사실 이 예제는 2.0 버전에 비해 많이 바뀐 편은 아니다. 다만 구문이 상당히 많이 간편해졌다는 사실이 가장 눈에 띈다. 사소해 보일 수도 있지만, 바로 이 점이 중요하다. 클로저가 유용한 수준은 간편하게 사용할 수 있는 정도에 직접적으로 비례한다. 이처럼 구문을 간단히 작성할 수 있게 되면, 코드를 훨씬 쉽게 읽을 수 있다.

이 밖에 다른 차이점은 구문을 간결하게 만들 수 있는 요소가 있다는 점이다. delegate를 사용한 예제에서는 파라미터 타입을 Employee e와 같이 직접 기술해야 했다. 반면에 C# 3.0에서는 타입 유추(type inference) 기능이 지원되므로, 클로저에서 타입을 명시하지 않아도 된다. 즉 C# 3.0에서는 할당문에서 오른편에 있는 수식이 실행된 결과 타입을 유추할 수 있으므로, 왼쪽편에 타입을 명시하지 않아도 된다.

결과적으로 클로저를 만들어 마치 객체를 다루듯이 사용할 수 있다. 클로저는 변수에 저장할 수 있고, 원하면 언제든지 실행할 수 있다. 이 점을 설명하려고 아래와 같이 selector 필드를 가진 Club 클래스를 만들었다.

```
class Club...
  Predicate<Employee> selector;
  internal Club(Predicate<Employee> selector) {
    this.selector = selector;
  }
  internal Boolean IsEligable(Employee arg) {
    return selector(arg);
  }
```

이 클래스는 다음처럼 사용할 수 있다.

```
public void clubRecognizesMember() {
  var rebecca = new Employee { MilesOfCommute = 5000 };
  var club = createHeavyTravellersClub(1000);
  Assert.IsTrue(club.IsEligable(rebecca));
}
private Club createHeavyTravellersClub(int threshold) {
  return new Club(e => e.MilesOfCommute > threshold);
}
```

이 코드는 단일 함수에서 Club 객체를 생성하고, 이때 파라미터를 전달해서 threshold를 설정한다. Club 객체에 클로저를 저장하므로, Club 객체에는 유효범위를 벗어난 파라미터에 대한 연결이 포함된다. 그러면 나중에 이 Club 객체를 사용해서, 클로저를 언제라도 실행할 수 있다.

이 경우에 클로저인 selector는 사실 생성될 때 평가되지 않는다. 바로 평가하는 게 아니라, 생성한 후 저장하고, 이후에 평가한다(여러 번 평가할 수도 있다). 이처럼 클로저를 사용하면 지연 평가가 가능한 코드 블록을 생성할 수 있으므로, 클로저는 적응형 모델(577)을 만들 때 매우 유용하다.

이 책에서 다루는 언어 중 클로저를 아주 많이 활용하는 또 다른 언어는 바로 루비다. 루비는 초창기부터 클로저를 이용해 만들어졌고, 결국 대부분의 루비 프로그램과 라이브러리는 클로저를 광범위하게 사용한다. 루비를 사용하면 Club 클래스를 다음과 같이 정의할 수 있다.

```
class Club...
  def initialize &selector
    @selector = selector
  end
  def eligible? anEmployee
    @selector.call anEmployee
  end
```

Club 클래스는 다음과 같이 사용할 수 있다.

```
def test_club
  rebecca = Employee.new(5000)
  club = create_heavy_travellers_club
  assert club.eligible?(rebecca)
end
def create_heavy_travellers_club
  threshold = 1000
  return Club.new {|e| e.miles_of_commute > threshold}
end
```

루비에서는 앞의 코드처럼 중괄호를 이용해 클로저를 정의할 수도 있지만, do...end 쌍을 사용해서도 정의할 수 있다.

```
threshold = 1000
return Club.new do |e|
  e.miles_of_commute > threshold
end
```

두 구문은 거의 같다. 실제로 코드 블록이 한 라인일 때는 중괄호 형식을 사용하고, 여러 라인일 때는 do...end를 사용한다.

이처럼 멋진 루비 구문에도 아쉬운 점이 있는데, 이처럼 간편한 클로저 구문은 함수에 하나의 클로저 만을 전달할 때 사용할 수 있다는 점이다. 클로저를 여러 개 전달하려면 이보다 덜 우아한 구문을 사용해야 한다.

37.2 언제 사용하는가

클로저가 제대로 지원되는 언어를 사용해 본 적이 있는 다른 프로그래머와 마찬가지로, 나 역시도 클로저가 지원되지 않는 언어를 사용해야만 할 때 클로저가 없어 무척이나 아쉬울 때가 많다. 일련의 로직을 중복하지 않고, 제어 구조를 입맛에 맞게 배치하려고 할 때, 클로저는 유용한 도구다.

클로저는 DSL에서 중요한 역할을 일부 맡는다. 그중에서도 클로저는 중첩 클로저(483) 패턴의 핵심 요소다. 뿐만 아니라 클로저를 사용하면 적응형 모델(577)을 더욱 쉽게 정의할 수 있다.

38장

DOMAIN-SPECIFIC LANGUAGES

중첩 클로저

함수 호출 문장의 하위 요소인 함수 인자를 클로저에 두는 방식으로 표현한다.

```
computer do
  processor do
    cores 2
    i386
    speed 2.2
  end
  disk do
    size 150
  end
  disk do
    size 75
    speed 7200
    sata
  end
end
```

38.1 어떻게 동작하는가

중첩 클로저(Nested Closure)의 밑바탕에 깔린 생각은 중첩 함수(429)와 비슷하지만, 함수 호출의 하위 표현식이 클로저로 감싸진다는 점이 다르다. 이 차이점을 보여주기 위해, 먼저 중첩 함수를 사용해서 새로운 프로세서를 만드는 호출을 아래와 같이 루비로 작성했다.

```
processor(
  cores 2,
  i386
)
```

반면에 중첩 클로저를 사용하면 다음과 같다.

```
processor do
  cores 2
  i386
end
```

이 경우 인자로 두 개의 중첩 함수를 전달하는 대신에, 두 개의 중첩 함수를 포함하는 중첩 클로저 하나를 전달했다. (여기에서 루비를 사용한 까닭은, 루비에서 제공하는 클로저 구문이 중첩 클로저를 설명하기에 가장 적합하기 때문이다.)

이처럼 하위 요소를 중첩 클로저에 두는 기법은 구현 방식에도 직접적인 영향을 미친다. 무엇보다도 클로저를 평가하는 코드를 추가해야 한다. 중첩 함수에서는 이러한 평가 코드가 없어도 되는데, processor 함수를 호출하기 전에 언어 자체에서 자동으로 cores 함수와 i386 함수를 평가하기 때문이다. 반면에 클로저를 인자로 사용하는 경우, processor 함수가 cores 함수나 i386 함수보다 먼저 호출된다. 따라서 클로저를 평가하려면, 클로저를 평가하는 구문을 명시적으로 프로그래밍해야 한다. 대개의 경우 processor 함수 몸체에서 클로저를 평가하도록 프로그래밍한다. 뿐만 아니라 processor 함수 내에서 클로저를 평가하기 전후 단계에 컨텍스트 변수(217)를 설정하는 등의 다른 작업을 할 수도 있다.

위의 예제에서 클로저의 몸체는 함수 시퀀스(423)로 구성된다. 함수 시퀀스의 문제점 중 하나는 여러 함수가 숨겨진 컨텍스트 변수를 사용해 서로 호출한다는 점이다. 중첩 클로저를 사용할 때도 마찬가지로 숨겨진 변수를 사용해야 한다. 하지만 클로저를 사용하는 경우에는 클로저를 평가하기 전에 processor 함수에서 컨텍스트 변수를 먼저 만들고, 클로저를 평가한 다음 없앨 수 있다. 이를 통해 컨텍스트 변수가 온 사방에 나타나는 문제를 상당 부분 줄일 수 있다.

중첩 클로저에서 하위 요소로 사용할 수 있는 다른 방법에는 메서드 체이닝(447)이 있다. 중첩 클로저 안에서 메서드 체이닝을 사용할 경우, 체인의 시작 부분을 부모 함수에서 설정해 클로저에 인자로 전달할 수 있다는 추가적인 이점이 있다.

```
processor do |p|
  p.cores(2).i386
end
```

또는 아래와 같이 컨텍스트 변수를 인자로 전달하는 경우도 많다.

```
processor do |p|
  p.cores 2
  p.i386
end
```

이 경우 함수 시퀀스를 사용하지만, 컨텍스트 변수가 명시적으로 사용된다. 이를 통해 코드를 더욱 쉽게 이해할 수 있을 뿐더러, 코드도 그리 많이 복잡해지지 않는다.

중첩 클로저 내부에서 참조가 없이 사용된 함수는 함수가 정의된 유효범위에서 평가된다. 따라서 이 경우에도 객체 스코핑(461)을 사용하는 게 현명하다. 반면에 중첩 클로저 내부에서 컨텍스트 변수를 명시적으로 전달하거나 메서드 체이닝을 사용하면, 객체 스코핑을 사용하지 않아도 된다. 게다가 별도의 빌더 클래스에서 DSL 스크립트를 작성할 수 있다.[1]

클로저가 실행되는 컨텍스트를 조작할 수 있는 언어도 있다. 이러한 언어를 사용하면 함수를 참조 없이 사용하면서도, 여러 개의 빌더를 이용할 수 있게 된다. 루비의 instance_eval을 사용한 예제(493쪽의 '인스턴스 평가 사용하기(루비)')에서 이 방식을 설명한다.

앞에서 살펴본 예제에서는 부모 함수의 하위 요소를 단일 클로저 내부에 모두 담았다. 이와는 달리 클로저를 여러 개 사용할 수도 있다. 여러 개의 클로저를 사용하면 각 하위 클로저를 독립적으로 평가할 수 있다는 장점이 있다. 조건식이 있을 때, 이처럼 여러 개의 클로저를 사용하면 유용하다. 아래는 스몰토크로 작성한 예다.

```
aRoom
    ifDark: [aLight on]
    ifLight: [aLight off]
```

38.2 언제 사용하는가

중첩 클로저를 사용하면 중첩 함수(429)를 사용할 때와 마찬가지로 계층 구조를 명시적으로 나타낼 수 있다. 심지어 인자가 평가되는 시점을 제어할 수 있다는 점에서 매우 유용하다. 이처럼 평가 시점을 제어하게 되면 유연성을 많이 확보할 수 있으며, 이를 통해 중첩 함수가 가진 많은 제약사항을 피할 수 있다.

중첩 클로저는 호스트 언어에서 클로저를 지원하는 방식에 따라 그 한계가 정해진다. 일단 클로저를 아예 지원하지 않는 언어가 많다. 심지어 지원하더라도 사용하기에 불편한 키워드를 주로 적용해야 하는 등, DSL을 작성하기에 그리 효과적이지 않은 구문 형식을 제공한다.

---

1 (옮긴이) 함수 시퀀스와 객체 스코핑을 함께 사용하는 경우, 대개 표현식 빌더 클래스를 스코핑 클래스로 사용한다. 그리고 빌더 코드, 즉 DSL은 빌더 클래스의 서브 클래스에 작성해야 한다. 반면에 컨텍스트 변수를 명시적으로 전달하거나 메서드 체이닝을 사용하면, 표현식 빌더를 상속하지 않은 클래스에도 DSL을 작성할 수 있다.

중첩 클로저는 중첩 함수, 함수 시퀀스(423), 메서드 체이닝(447)과 함께 사용되며, 이를 통해 각 기법을 개선하는 형식으로 주로 사용된다. 그리고 중첩 클로저를 사용하면 평가 시점을 명시적으로 제어할 수 있으므로, 나머지 기법에서는 제공하지 못했던 장점을 추가적으로 얻는다. 물론 이들 장점은 클로저를 호출하기 전에는 특수한 초기화 작업을, 호출한 후에는 종료 작업을 할 수 있기 때문에 얻을 수 있다. 예를 들어 함수 시퀀스와 함께 사용할 때, 클로저에서 사용할 컨텍스트 변수(217)를 미리 준비할 수 있다. 그리고 메서드 체이닝과 함께 사용하는 경우에는 체인의 시작 부분을 설정한 후, 클로저를 호출할 수 있게 된다.

38.3 함수 시퀀스를 중첩 클로저로 감싸기(루비)

첫 예제로는 가장 직관적인 경우부터 시작하려고 한다. 즉 중첩 클로저를 함수 시퀀스와 결합해 보자. DSL 스크립트는 다음과 같다.

```ruby
class BasicComputerBuilder < ComputerBuilder
  def doBuild
    computer do
      processor do
        cores 2
        i386
        processorSpeed 2.2
      end
      disk do
        size 150
      end
      disk do
        size 75
        diskSpeed 7200
        sata
      end
    end
  end
end
```

중첩 클로저와 함수 시퀀스를 결합한 방식의 장단점을 따져보려면, 함수 시퀀스만 사용한 스크립트와 비교해 봐야 한다. 아래 DSL 스크립트는 함수 시퀀스만 사용해서 작성했다.

```ruby
class BasicComputerBuilder < ComputerBuilder
  def doBuild
    computer
      processor
        cores 2
        i386
        processorSpeed 2.2
```

```
      disk
        size 150
      disk
        size 75
        diskSpeed 7200
        sata
    end
  end
end
```

순전히 스크립트 관점에서 보면 중첩 클로저를 사용한 예에서 달라진 점은 클로저 구분자로 'do...end'를 추가했다는 점이다. 하지만 이처럼 구분자를 추가하면 계층 구조를 명시적으로 표현할 수 있다. 클로저 구문을 사용하지 않았다면 일련의 함수를 포맷팅 관례를 따라 선형적으로 표현한 것에 지나지 않는다. 그리고 이처럼 클로저 지시어 구문이 추가되더라도 큰 문제가 되지는 않는다. 이들 지시어는 읽는 사람의 관점에 맞게, 그리고 이들에게 의미가 통하는 형식으로 구조를 표현하기 때문이다.

이제 실제로 구현해보자. 늘 그렇듯 객체 스코핑(461)을 적용해서 참조 없이 사용한 함수가 표현식 빌더(415)의 메서드로 해석되도록 만든다. (루비 사용자를 위한 주석 : 여기에서는 교육적인 이유로 서브 클래스를 사용한다. 하지만 나는 주로 instance_eval을 사용하는 편이다.) 먼저 computer 절을 살펴보자. 이 절을 구현하고 나면 중첩 클로저를 사용하는 기본 구조를 이해할 수 있다.

```
class ComputerBuilder...
  def computer &block
    @result = Computer.new
    block.call
  end
```

보다시피 메서드 인자로 클로저를 전달하고(루비는 클로저를 '블록(block)'이라고 부른다), 컨텍스트 변수를 설정한 후에 클로저를 호출한다. 그러면 processor 함수에서 이 컨텍스트 변수를 사용한다. processor 하위 요소에서도 이 과정을 똑같이 따른다.

```
class ComputerBuilder...
  def processor &block
    @result.processor = Processor.new
    block.call
  end
  def cores arg
    @result.processor.cores = arg
  end
  def i386
    @result.processor.type = :i386
```

```ruby
    end
    def processorSpeed arg
      @result.processor.speed = arg
    end
```

disk 함수도 똑같이 작업한다. 차이점은 이번에는 좀 더 관용적인 yield 키워드를 사용해 암묵적으로 전달된 블록을 호출한다는 점뿐이다. (인자로 블록이 하나만 전달될 때 루비에서는 간단히 작업하기 위해 yield를 사용한다.)

```ruby
class ComputerBuilder...
  def disk
    @result.disks << Disk.new
    yield
  end
  def size arg
    @result.disks.last.size = arg
  end
  def sata
    @result.disks.last.interface = :sata
  end
  def diskSpeed arg
    @result.disks.last.speed = arg
  end
```

38.4 간단한 C# 예제(C#)

비교 차원에서 같은 예제를 C#을 사용해서 아래와 같이 작성해 봤다.

```csharp
class Script : Builder {
  protected override void doBuild() {
    computer(() => {
      processor(() => {
        cores(2);
        i386();
        processorSpeed(2.2);
      });
      disk(() => {
        size(150);
      });
      disk(() => {
        size(75);
        diskSpeed(7200);
        sata();
      });
    });
  }
}
```

보다시피 구조는 루비 예제와 똑같다. 하지만 스크립트에 구두점이 더 많다는 점에서 큰 차이가 있다. 빌더 또한 매우 비슷하다.

```
class Builder...
  protected void computer(BuilderElement child) {
    result = new Computer();
    child.Invoke();
  }
  public delegate void BuilderElement();
  private Computer result;
```

computer 함수는 루비 예제와 똑같은 패턴을 따른다. 클로저를 인자로 넘기고 초기화 작업을 한 후 클로저를 호출한다. 때에 따라 마지막에 종료 작업을 하기도 한다. C#을 사용할 때 가장 중요한 차이점은 전달할 클로저의 타입을 delegate 절을 사용해 정의해야 한다는 점이다. 물론 이 예제에는 클로저에 인자와 반환 타입이 없지만, 좀 더 복잡한 경우에는 여러 개의 서로 다른 타입을 필요로 한다.

코드의 나머지 부분은 루비 예제와 매우 비슷하다. 그런 의미에서 잉크를 아끼도록 하겠다.

내가 보기에 C#으로 중첩 클로저를 사용하면 루비를 사용할 때보다 덜 효과적이다. 루비의 'do...end' 클로저 구분자는 C#의 ( ) => {...} 구문보다 좀더 자연스럽게 읽힌다. 뿐만 아니라 중괄호를 함께 사용하면 더 읽기 쉬워진다. (루비에서는 {...} 또한 클로저 구분자로 사용할 수 있다.) 하지만 C# 표기법을 자주 사용해서 익숙해지면, 불편한 느낌도 점차 사라진다. 그리고 이 예제에서는 클로저에 인자를 전달하지 않는다. 인자를 전달해야 하는 경우라면, 루비의 경우 예제보다 구두점을 더 많이 사용해야 한다. 반면에 C#을 사용할 때는 앞에서 본 예제보다 훨씬 읽기가 쉬워진다. 이 예제에서는 괄호가 비어 있지만, 전달할 인자가 있을 때는 이들 인자가 괄호를 채우기 때문이다.

38.5 메서드 체이닝 사용하기(루비)

중첩 클로저는 다양한 형식으로 사용할 수 있다. 다음은 메서드 체이닝(447)을 사용한 예다.

```
ComputerBuilder.build do |c|
  c.
    processor do |p|
      p.cores(2).
        i386.
        speed(2.2)
    end.
    disk do |d|
      d.size 150
    end.
```

```
      disk do |d|
        d.size(75).
          speed(7200).
          sata
      end
end
```

이때 차이점은 각 호출에서 체인의 시작 부분으로 사용할 객체를 클로저에 인자로 전달한다는 점이다. 이처럼 클로저에 인자를 사용하게 되면, DSL 스크립트에 군더더기가 더해진다(예를 들어 이제 메서드에서 인자를 괄호로 감싸야 한다). 반면에 객체 스코핑을 더 이상 사용하지 않아도 되므로, 부분형 DSL 형식에서도 쉽게 이용할 수 있다는 장점도 있다.

build 메서드를 호출해 컴퓨터 빌더 인스턴스를 만들고, 이 인스턴스를 클로저에 인자로 전달한다.

```
class ComputerBuilder...
  attr_reader :content
  def initialize
    @content = Computer.new
  end
  def self.build &block
    builder = self.new
    block.call(builder)
    return builder.content
  end
```

이 방법을 사용하면 또 다른 장점이 있다. 이전 예제에서 여러 개의 빌더 메서드를 사용했지만, 이 경우에는 메서드 대신에 작고 응집력 있는 표현식 빌더(415)를 구성할 수 있다는 점이다. 예를 들어 processor 절에서는 새로운 프로세서 빌더를 (좀 더 간편한 yield 키워드를 사용해) 만든다.

```
class ComputerBuilder...
  def processor
    p = ProcessorBuilder.new
    yield p
    @content.processor = p.content
    return self
  end

class ProcessorBuilder
  attr_reader :content
  def initialize
    @content = Processor.new
  end
  def cores arg
    @content.cores = arg
    self
  end
  def i386
```

```
    @content.type = :i386
    self
  end
  def speed arg
    @content.speed = arg
    self
  end
end
```

disk 절에서도 마찬가지로 디스크 빌더를 사용해 처리한다.

```
class ComputerBuilder...
  def disk
    currentDisk = DiskBuilder.new
    yield currentDisk
    @content.disks << currentDisk.content
    return self
  end

class DiskBuilder
  attr_reader :content
  def initialize
    @content = Disk.new
  end
  def size arg
    @content.size = arg
    self
  end
  def sata
    @content.interface = :sata
    self
  end
  def speed arg
    @content.speed = arg
    self
  end
end
```

이처럼 빌더 메서드를 빌더 클래스로 효과적으로 요소화할 수 있을 뿐만 아니라, 프로세서와 디스크에서 speed 메서드를 참조 없이 사용하더라도 모호해지지 않는다.[2]

38.6 함수 시퀀스와 명시적인 클로저 인자 사용하기(루비)

언어의 레이어를 여러 개의 표현식 빌더(415)로 분할하면 많은 장점이 있음을 앞에서 살펴봤다. 이 방법을 사용하면 각 빌더는 더 작아지고, 응집력은 커진다. 또

---

[2] (옮긴이) 반면에 함수 시퀀스를 사용한 예제에서는 모호함을 피하기 위해, processorSpeed와 diskSpeed와 같이 메서드를 따로 사용했다.

한 언어의 서로 다른 부분에 있는 절에서 같은 이름을 사용할 수 있다(예를 들어 processor와 disk에서 스피드를 나타내기 위해 같은 이름인 speed를 사용했다). 게다가 클로저 인자를 명시적으로 사용하면 DSL을 부분형 문맥에서도 쉽게 사용할 수 있다.

이처럼 메서드 체이닝을 중첩 클로저와 같이 사용하면 많은 장점을 얻지만, 반면 결과적으로 만들어진 DSL 스크립트는 읽기에 다소 불편하다. 따라서 중첩 클로저와 메서드 체이닝을 함께 사용하면 그리 큰 효과를 보기 힘들다. 실제로 내가 본 대다수의 루비 DSL에서는 중첩 클로저를 메서드 체이닝과 함께 사용하는 일이 거의 없었다.

루비의 경우 이보다는 각 클로저 안에는 함수 시퀀스를 사용하고, 클로저 인자를 명시적으로 전달해서 빌더를 여러 개 사용하는 방식을 사용하는 편이다. 이 방법을 적용해서 컴퓨터를 구성하는 스크립트를 작성하면 다음과 같다.

```
ComputerBuilder.build do |c|
  c.processor do |p|
    p.cores 2
    p.i386
    p.speed 2.2
  end
  c.disk do |d|
    d.size 150
  end
  c.disk do |d|
    d.size 75
    d.speed 7200
    d.sata
  end
end
```

이 DSL 스크립트에서 가장 큰 차이점은 각 절을 문장 단위로 분리해서 DSL을 작성했다는 점이다. 각 문장에서는 메서드를 호출할 참조 객체로 전달 받은 객체를 앞에 명시해야 한다. 물론 이 방식을 사용하면 DSL 문장을 쓸 때 더 많은 텍스트를 써야 한다. 하지만 결과적으로 만들어진 DSL 스크립트는 루비 개발자가 작업하기에 더욱 익숙한, 그리고 좀 더 일반적인 형식을 따른다.

구현 방법은 메서드 체이닝을 사용할 때와 비슷하다. 이번에도 컴퓨터 빌더를 최상위에 두고, 클래스 메서드에서 인스턴스를 생성한 후, 인자로 받은 클로저에 인스턴스를 전달한다.

```
class ComputerBuilder...
  attr_reader :content
  def initialize
```

```
      @content = Computer.new
    end
    def self.build
      builder = self.new
      yield builder
      return builder.content
    end
```

processor 절에서도 새로운 빌더를 만든다.

```
class ComputerBuilder...
  def processor &block
    p = ProcessorBuilder.new
    yield p
    @content.processor = p.content
  end

class ProcessorBuilder
  attr_reader :content
  def initialize
    @content = Processor.new
  end
  def cores arg
    @content.cores = arg
  end
  def i386
    @content.type = :i386
  end
  def speed arg
    @content.speed = arg
  end
end
```

시시할 수도 있지만, disk절은 어떻게 구현할지 알아내는 일은 독자에게 남기도록 하겠다.

38.7 인스턴스 평가 사용하기(루비)

이처럼 클로저 인자를 명시적으로 전달하면 많은 장점을 얻을 수 있지만, 인자의 이름을 계속해서 참조해야 하는 수고를 해야 한다. 루비에서는 이 수고를 덜 수 있는 꽤 훌륭한 기법을 제공하는데, 바로 인스턴스 평가(instance_eval 메서드를 사용한) 기법이다.

루비 블록을 호출하면, 블록은 자신이 정의된 문맥 내에서 평가된다. 특히 참조가 없이 사용된 함수(또는 필드)는 자신이 정의된 객체에 대해서 해석된다. 하지만 'instance_eval'을 사용하면, 실행 문맥을 바꿀 수 있다. 즉 다른 객체에게 자신의 객체 문맥에서 블록을 실행하도록 지시하는 방식이다. 결국 참조가 없이 사용한 메서드는 이러한 지시를 받은 객체에 대해 해석되게 된다. 다음 코드를 보면 이 차이점을 알 수 있다.

```ruby
class StaticContext < Test::Unit::TestCase
  def identify
    return "in static context"
  end
  def test_demo
    o = OtherObject.new
    assert_equal "in static context", o.use_call {identify}
    assert_equal "in other object", o.use_instance_eval {identify}
  end
end

class OtherObject
  def identify
    return "in other object"
  end
  def use_call &arg
    arg.call
  end
  def use_instance_eval &arg
    instance_eval &arg
  end
end
```

instance_eval을 사용하면, 사실상 인자로 전달된 블록 내부의 self가 가리키는 객체가 바뀌게 된다.

이 기능을 사용하면 빌더를 여러 개 사용하면서도, DSL 스크립트에서 메서드 호출할 때 객체 참조가 필요 없게 만들 수 있다.

```ruby
ComputerBuilder.build do
  processor do
    cores 2
    i386
    speed 2.2
  end
  disk do
    size 150
  end
  disk do
    size 75
    speed 7200
    sata
  end
end
```

이전의 예제와 마찬가지로 빌더는 블록을 인자로 받지만, 블록을 호출하는 대신에 instance_eval을 사용한다.

```
class ComputerBuilder...
  def self.build &block
    builder = self.new
    builder.instance_eval &block
    return builder.content
  end
  def initialize
    @content = Computer.new
  end
```

processor 절 또한 instance_eval을 사용해 처리한다.

```
class ComputerBuilder...
  def processor &block
    @content.processor = ProcessorBuilder.new.build(block)
  end

class ProcessorBuilder
  def build block
    @content = Processor.new
    instance_eval(&block)
    return @content
  end
  def cores arg
    @content.cores = arg
  end
  def i386
    @content.type = :i386
  end
  def speed arg
    @content.speed = arg
  end
end
```

disk 절도 마찬가지다.

```
class ComputerBuilder...
  def disk &block
    @content.disks << DiskBuilder.new.build(block)
  end

class DiskBuilder
  def build block
    @content = Disk.new
    instance_eval(&block)
    return @content
  end
  def size arg
    @content.size = arg
  end
  def sata
    @content.interface = :sata
  end
  def speed arg
    @content.speed = arg
  end
```

지금처럼 DSL 스크립트에서 instance_eval을 사용하는 방식은 DSL의 일부분을 정규 루비 프로그램 내에 삽입해야 하는 부분형 문맥에서 전형적으로 사용하는 방식이다. 독립형 문맥이라면, DSL 스크립트를 별도의 파일에 저장할 수 있다. 따라서 instance_eval을 사용하면 객체 스코핑을 적용할 때 코드 첫 부분과 마지막 부분에 더해지는 군더더기를 제거할 수 있다. 결국 전체 스크립트 파일을 다음과 같이 작성할 수 있다.

```
computer do
  processor do
    cores 2
    i386
    speed 2.2
  end
  disk do
    size 150
  end
  disk do
    size 75
    speed 7200
    sata
  end
end
```

그러면 빌더에서는 instance_eval을 파일 전체에 적용해 처리할 수 있다.

```
class ComputerBuilder...
  def load_file aFileName
    load(File.readlines(aFileName).join("\n"))
  end
  def load aStream
    instance_eval aStream
  end
  def computer
    yield
  end
```

이와 같이 instance_eval을 사용해 보면, 과연 클로저 인자를 명시적으로 전달하는 방식이 좋은지 의문이 들 정도로 상당히 훌륭한 방식처럼 보인다. 그렇더라도 현실적인 문제를 최대한 고려해서 선택해야 한다. 나는 짐 바이리히(Jim Weirich)가 빌더 라이브러리를 작성할 때 얻은 경험을 통해, 어느 방식을 택할지에 대한 기준을 정립할 수 있었다. 짐이 만든 빌더 라이브러리는 중첩 클로저와 동적 리셉션(509)을 사용해서 XML 문서를 생성하는 라이브러리로, 꽤 잘 만들어졌다. 짐은 라이브러리의 첫 번째 버전을 만들 때 instance_eval을 사용했다가, 이후 버전에서는 파라미터를 명시적으로 사용하는 방법으로 바꾸었다. 프로그래머가 클로저를 직접 호출하는 방식에 익숙했기 때문이었다. 즉 첫 번째 버전에서 self를 재정의하는 방식을 사용하니 오히려 더많은 혼란을 가져왔고, 결국 정적 문맥에서 필요한 요소를 참조하기가 매우 어려워졌다.

나는 이 선택이 DSL 스크립트를 독립형 방식이나 부분형 방식 중 어느 방식을 사용하느냐에 달려 있다고 본다. 부분형 문맥이라면 클로저를 일반적인 관례에 따라 사용해야 하며, instance_eval를 사용해서 self를 재정의하는 일은 좋은 선택이 아니다. 독립형 DSL 스크립트에서는 정규 루비 코드와는 다른 스타일로 작성하기 마련이다. 따라서 self를 재정의하더라도 혼란이 생기지 않는다. 또한 함수를 호출할 때마다 사용해야 하는 참조와 같은 군더더기를 제거할 수 있으므로, instance_eval을 사용할 만한 가치가 있다.

39장

DOMAIN-SPECIFIC LANGUAGES

리터럴 리스트

언어 표현식을 리터럴 리스트로 표현한다.

martin.follows("WardCunningham", "bigballofmud", "KentBeck", "neal4d");

39.1 어떻게 동작하는가

리터럴 리스트(Literal List)는 리스트 형식의 데이터 구조를 구성할 때 사용하는 언어 구조체다. 많은 언어에서 리터럴 리스트 구문을 제공한다. 누가 봐도 확실한 리터럴 리스트의 예로는 Lisp의 (first second third) 구문을 들 수 있다. 루비의 [first, second, third] 구문도 이와 유사하지만, Lisp 만큼 우아하지는 않다. 리터럴 리스트는 주로 중첩해서 사용한다. 실제로 Lisp 프로그램 전체를 하나의 중첩된 리스트로 볼 수도 있다.

리터럴 리스트는 주로 함수를 호출할 때 사용한다. 함수에서 리터럴 리스트를 인자로 받은 경우, 함수는 리스트에서 각 요소를 꺼내서 알맞게 처리한다.

이처럼 리터럴 리스트 구문은 유용하지만, C 언어를 기반으로 한 주류 언어에서는 리터럴 리스트를 지원하지 않는다. {1, 2, 3}과 같은 리터럴 배열 구문은 있지만, 배열 요소로는 상수나 리터럴만을 사용할 수 있다. 이러한 리터럴 배열 구문은 심벌이나 표현식을 사용할 수 있는 일반적인 리터럴 리스트 구문과는 차이가 있다.

이 문제를 우회하는 방법으로, companions(jo, saraJane, leela)과 같이 가변인자 함수를 사용해 볼 수 있다. 물론 타입을 엄격하게 검사하는 언어를 사용한다면, 이들 요소가 모두 같은 타입일 때만 가변인자 함수를 사용할 수 있다.

39.2 언제 사용하는가

리터럴 리스트를 다른 요소 안에 중첩하면 상당히 효과적이다 대개의 경우 함수를 호출할 때 리터럴 리스트를 중첩한다. 이 경우는 논리적으로 (parent ::= child*) 문법에 해당한다. 리스트의 요소 자체가 함수 호출일 수도 있으므로, 리터럴 리스트는 주로 중첩 함수(429)를 구현하는 기법이기도 하다. 중첩 함수에 나온 예제를 보면 리터럴 리스트가 주로 가변인자 함수로 나타남을 볼 수 있다. (또한 이 예제에서는 서로 다른 종류의 인자를 조합하거나 타입을 엄격하게 검사하는 언어를 사용할 때 생기는 문제에 대해서도 설명한다.)

비록 사용 중인 호스트 언어가 리터럴 리스트를 위한 내장 구문을 지원하더라도, 리스트를 함수 호출에 사용해야 한다면 가변인자 함수를 사용하는 편이 나을 때가 많다. 예를 들어 나는 companions([jo, saraJane, leela])보다는 companions(jo, saraJane, leela)을 선호하는 편이다.

Lisp를 흉내 내면, 오직 리터럴 리스트를 사용해서 거의 모든 DSL을 작성할 수도 있다. 이 방식은 Lisp에서는 확실히 일반적이다. 하지만 리터럴 리스트를 다른 형태의 표현형식과 주로 결합해서 사용하는 언어라면, 오직 리터럴 리스트만 사용하려는 시도는 흥미로운 연습에 지나지 않는다.

40장

DOMAIN-SPECIFIC LANGUAGES

리터럴 맵

표현식을 리터럴 맵으로 표현한다.

```
computer(processor(:cores => 2, :type => :i386),
         disk(:size => 150),
         disk(:size => 75, :speed => 7200, :interface => :sata))
```

40.1 어떻게 동작하는가

리터럴 맵(Literal Map)은 언어 구조체로, 많은 언어에서 지원한다. 리터럴 맵을 사용하면 맵 데이터 구조를 만들 수 있다(맵 데이터 구조는 사전(dictionary), 해시 맵(hash map), 해시, 연관 배열(associative array)로도 불린다). 리터럴 맵은 주로 함수를 호출하면서 맵을 전달하는 경우에 사용된다.

동적 타입 언어에서 리터럴 맵을 사용할 때 가장 큰 문제는, 유효한 키 이름을 서로 알려주거나 강제할 방법이 없다는 점이다. 따라서 잘못된 키가 사용되었을 때를 대비해서 오류를 처리하는 코드를 직접 작성해야 한다. 뿐만 아니라 유효한 키가 무엇인지를 DSL 스크립트 작성자에게 알려줄 수 있는 방법이 전혀 없다. 반면에 정적 언어를 사용하는 경우라면, 키에 대해 별도의 열거형을 정의하면 이 문제를 해결할 수 있다.

동적 타입 언어에서는 리터럴 맵의 키로 주로 심벌 데이터 타입(심벌 데이터 타입이 없는 경우에는 문자열)을 사용한다. 이 경우 심벌은 자연스러운 선택이고 처리하기도 쉽다. 심벌이 흔하게 사용되므로, 심벌 키를 쉽게 사용할 수 있게 해주고자 단축 구문을 제공하는 언어도 있다. 예를 들어 루비에서는 1.9 버전 이후로 {:cores => 2} 대신 {cores: 2}와 같이 작성할 수 있다.

가변인자 함수 호출을 리터럴 리스트의 한 유형으로 보듯이, 마찬가지로 나는 키워드 인자를 가진 함수 호출을 리터럴 맵의 한 유형으로 간주한다. 실제로는 키워드 인자를 가진 함수가 리터럴 맵보다는 더 유용하다. 키워드 인자를 사용하면, 유효한 키워드를 정의할 수 있기 때문이다. 안타깝게도 키워드 인자를 지원하는 언어는 리터럴 맵 구문을 지원하는 언어보다도 드물다.

사용 중인 언어가 리터럴 리스트는 지원하지만 리터럴 맵을 지원하지 않는다면, 리터럴 리스트를 사용해 맵을 표현할 수 있다. 예를 들어 Lisp의 (processor (cores 2) (type i386))과 같은 표현식이 이에 해당한다. 다른 언어에서도 processor ("cores", 2, "type", "i386")와 같이, 인자에서 키와 값이 교차해서 나타나도록 구조화하면 같은 효과를 낼 수 있다.

특정 문맥에서 하나의 리터럴 맵을 사용한다면, 리터럴 맵의 구분자를 생략할 수 있는 언어도 있다. 예를 들어 루비에서는 processor({:cores => 2, :type => :i386})처럼 작성하는 대신에 processor(:cores => 2, :type => :i386)로 줄여서 작성할 수 있다.

40.2 언제 사용하는가

타입이 다른 요소로 구성된 리스트가 있고, 각 요소가 반드시 하나 이하로만 나타나야 하는 경우, 리터럴 맵은 훌륭한 선택이다. 키에 대한 유효성을 검증하는 기능이 없다는 점이 짜증나지만, 이 경우에 리터럴 맵 구문은 최고의 선택일 때가 많다. 리터럴 맵을 사용하면 각 하위 요소가 최대 한 번만 사용된다는 의미가 확실히 전달될 뿐만 아니라, 호출된 함수에서 처리하기에 맵은 이상적인 데이터 구조다.

리터럴 맵을 사용할 수 없다면 리터럴 리스트(499)를 사용해도 같은 일을 할 수 있다. 또는 중첩 함수(429)나 메서드 체이닝(447)을 사용할 수도 있다.

40.3 리스트와 맵을 사용해 컴퓨터 구성하기(루비)

전통적인 스크립트 언어와 마찬가지로 루비는 리스트와 맵에 대해 효과적인 리터럴 구문을 제공한다. 다음은 이 구문을 사용해 컴퓨터 구성 예제를 작성한 코드다.

```
computer(processor(:cores => 2, :type => :i386),
         disk(:size => 150),
         disk(:size => 75, :speed => 7200, :interface => :sata))
```

이 예제에서 리터럴 맵만 사용하는 건 아니다. 다른 패턴을 사용할 때와 마찬가지로, 리터럴 맵을 사용할 때도 다른 기법과 함께 사용하는 게 좋다. 이 예제에는 computer, processor, disk 함수 세 개가 있다. 각 함수는 컬렉션을 인자로 받는다. computer는 리터럴 리스트(499)를, 나머지 함수는 리터럴 맵을 인자로 받는다. 이 경우 빌더 클래스를 사용해 이들 함수를 구현하고, 이 빌더 클래스를 사용해 객체 스코핑(461)을 적용하려고 한다. 이 예제는 루비를 사용하므로, instance_eval을 활용해서 빌더 인스턴스 문맥 내에서 DSL 스크립트를 평가할 수 있다. 따라서 서브 클래스를 만들지 않아도 되며 시간을 벌 수 있다.

먼저 processor부터 시작해보자.

```
class MixedLiteralBuilder...
  def processor map
    check_keys map, [:cores, :type]
    return Processor.new(map[:cores], map[:type])
  end
```

리터럴 맵은 사용하기는 쉽다. 그저 키를 이용해 맵에서 필요한 항목을 고르면 된다. 반면에 리터럴 맵을 사용하면 위험이 따르기도 한다. 메서드를 호출하면서 실수로 잘못된 키를 전달하기 쉽기 때문이다. 따라서 간단한 검증 작업을 하면 도움이 된다.

```
class MixedLiteralBuilder...
  def check_keys map, validKeys
    bad_keys = map.keys - validKeys
    raise IncorrectKeyException.new(bad_keys) unless bad_keys.empty?
  end

class IncorrectKeyException < Exception
  def initialize bad_keys
    @bad_keys = bad_keys
  end
  def to_s
    "unrecognized keys: #{@bad_keys.join(', ')}"
  end
end
```

disk 함수도 같은 방식으로 구현한다.

```
class MixedLiteralBuilder...
  def disk map
    check_keys map, [:size, :speed, :interface]
    return Disk.new(map[:size], map[:speed], map[:interface])
  end
```

computer 함수의 각 인자는 모두 간단한 값이므로, 각 중첩 함수(429)에서 도메인 객체를 만들어 반환하도록 만든다. 그러면 computer 함수에서 Computer 객체를 생성한다. 이때 여러 개의 디스크가 있으므로, 가변인자 함수를 사용한다.

```
class MixedLiteralBuilder...
  def computer proc, *disks
    @result = Computer.new(proc, *disks)
  end
```

(루비에서는 "*"를 인자 목록에 사용하면, 인자를 가변인자로 만들 수 있다. 따라서 인자 목록에서 *disks는 가변인자를 나타낸다. 그러면 *disks를 인자로 전달받은 함수에서는 disks라는 이름을 가진 배열로 참조할 수 있다. 반면에 *disks를 인자로 또 다른 함수를 호출하면, disks 배열의 요소는 개별적인 인자로 전달된다.)

빌더에서는 instance_eval을 사용해서 스크립트를 평가하는 방식으로 DSL 스크립트를 처리한다.

```
class MixedLiteralBuilder...
  def load aStream
    instance_eval aStream
  end
```

40.4 그린스펀 형식으로 개선하기(루비)

내부 DSL의 다른 기법과 마찬가지로 DSL를 제대로 작성하려면 다양한 기법을 함께 사용해야 한다. 앞의 예제에서는 중첩 함수(429)와 리터럴 리스트(499)를 리터럴 맵과 함께 사용했다. 그렇긴 해도 때로는 한 기법이 가진 능력을 짐작해 보고자, 해당 기법만을 최대한 사용해 보는 일도 흥미롭다. 예를 들어 상당히 복잡한 DSL 표현식을 리터럴 리스트와 리터럴 맵만을 사용해 작성하는 일도 꽤 그럴싸해 보인다. 그러면 과연 어떨지 한번 살펴보도록 하자.

```
[:computer,
  [:processor, {:cores => 2, :type => :i386}],
  [:disk, {:size => 150}],
  [:disk, {:size => 75, :speed => 7200, :interface => :sata}]
]
```

이 형식에서는 함수 호출을 모두 리터럴 리스트로 대체했다. 리스트의 첫 번째 원소에는 처리할 항목의 이름을, 리스트의 나머지 원소에는 인자를 포함하도록 구성했다. 이 배열을 처리하려면 먼저 이 루비 코드를 평가해서 해석할 수 있는 메서드에 전달해야 한다.

```
class LiteralOnlyBuilder...
  def load aStream
    @result = handle_computer(eval(aStream))
  end
```

배열에서 첫 원소를 검사한 후 나머지 원소를 처리하는 방식으로 각 표현식을 해석한다.

```
class LiteralOnlyBuilder...
  def handle_computer anArray
    check_head :computer, anArray
    processor = handle_processor(anArray[1])
    disks = anArray[2..-1].map{|e| handle_disk e}
    return Computer.new(processor, *disks)
  end
  def check_head expected, array
    raise "error: expected #{expected}, got #{array.first}" unless
      array.first == expected
  end
```

이 코드는 본질적으로 재귀 하향식 파서(297) 방식을 따른다. 즉 computer 절에는 processor와 다수의 disk가 있다고 가정하고, 이들을 처리하는 메서드를 호출한다. 그리고 나서 Computer 객체를 새로 만들어서 반환한다.

프로세서를 처리하는 함수는 직관적이다. 단순히 전달된 맵에서 인자를 골라낸다.

```
class LiteralOnlyBuilder...
  def handle_processor anArray
    check_head :processor, anArray
    check_arg_keys anArray, [:cores, :type]
    args = anArray[1]
    return Processor.new(args[:cores], args[:type])
  end
  def check_arg_keys array, validKeys
    bad_keys = array[1].keys - validKeys
    raise IncorrectKeyException.new(bad_keys) unless bad_keys.empty?
  end
```

디스크 또한 같은 방식으로 처리할 수 있다.

```
class LiteralOnlyBuilder...
  def handle_disk anArray
    check_head :disk, anArray
    check_arg_keys anArray, [:size, :speed, :interface]
    args = anArray[1]
    return Disk.new(args[:size], args[:speed], args[:interface])
  end
```

이 방법을 사용할 때 주목할 점 하나는 언어 요소의 평가 순서를 완전히 제어할 수 있다는 점이다. 이 예제에서는 processor와 disk 표현식을 먼저 평가한 후 Computer 객체를 생성했다. 하지만 원한다면 얼마든지 다른 순서로도 할 수 있다. 여러모로 이 DSL 스크립트는 문자열 대신에 언어 내부의 리터럴 컬렉션 구문을 이용해 코드화한 외부 DSL로 볼 수 있다.

이 형식에서는 리스트와 맵을 혼용하지만, 리터럴 리스트만 사용해도 충분히 작성할 수 있다. 이렇게 작성된 형식을 그린스펀 형식(Greenspun form)이라고 적당히 이름을 짓자.

```
[:computer,
  [:processor,
    [:cores, 2],
    [:type, :i386]],
  [:disk,
    [:size, 150]],
  [:disk,
    [:size, 75],
    [:speed, 7200],
    [:interface, :sata]]]
```

(이처럼 엉뚱한 프로그래밍 형식을 내가 왜 '그린스펀 형식'이라고 부르는지 밝혀내는 일은 독자에게 숙제로 남겨두겠다.)[1]

이러한 형식으로 작성할 때 변경한 부분은 사실 각 맵을, 두 개의 원소를 가진 하위 리스트로 구성된 리스트로 대체했을 뿐이다. 그리고 하위 리스트의 두 원소는 키와 값에 해당한다.

DSL 스크립트를 로드하는 핵심 코드는 동일하다. 즉 computer에 대한 심벌 표현식(sexp)을 processor와 다수의 disk로 분해한다.

```
class ListOnlyBuilder...
  def load aStream
    @result = handle_computer(eval(aStream))
  end
  def handle_computer sexp
    check_head :computer, sexp
    processor = handle_processor(sexp[1])
    disks = sexp[2..-1].map{|e| handle_disk e}
    return Computer.new(processor, *disks)
  end
```

차이는 하위 절에서 나타나는데, 하위 절을 처리하려면 맵에서 원소를 검색할 때

---

1 (옮긴이) 그린스펀은 앨런 그린스펀을 가리키는 듯하다. 이 퀴즈를 풀 수 있는 몇 가지 정보를 찾았지만, 옮긴이 역시 독자들이 찾아보는 재미를 뺏고 싶은 마음은 없다.

와 마찬가지로 코드를 추가적으로 작성해야 한다.

```
class ListOnlyBuilder...
  def handle_processor sexp
    check_head :processor, sexp
    check_arg_keys sexp, [:cores, :type]
    return Processor.new(select_arg(:cores, sexp),
                         select_arg(:type, sexp))
  end
  def handle_disk sexp
    check_head :disk, sexp
    check_arg_keys sexp, [:size, :speed, :interface]
    return Disk.new(select_arg(:size, sexp),
                    select_arg(:speed, sexp),
                    select_arg(:interface, sexp))
  end
  def select_arg key, list
    assoc = list.tail.assoc(key)
    return assoc ? assoc[1] : nil
  end
```

이처럼 리스트만을 사용하면 결국 좀 더 정규적인 DSL 스크립트를 만들 수 있다. 하지만 한 쌍의 원소로 구성된 리스트를 맵으로 사용하는 이 형식은 루비의 스타일과는 썩 잘 맞지 않는다. 여기에서 본 두 방법은 모두 리터럴 컬렉션과 함수 호출을 함께 사용했던 앞의 예제보다는 좋지 않다.

그래도 이처럼 중첩된 리스트를 사용해 보면, 이러한 형식이 당연하게 사용되는 다른 분야로 시선을 돌려볼 여지를 준다. 이미 눈치챈 독자가 많겠지만, 실제로 Lisp에서는 이처럼 중첩된 형식을 사용한다. Lisp를 사용하면, 앞에서 본 DSL 스크립트를 다음과 같이 작성할 수 있다.

```
(computer
  (processor
    (cores 2)
    (type i386))
  (disk
    (size 150))
  (disk
    (size 75)
    (speed 7200)
    (interface sata)))
```

Lisp에서는 리스트 구조를 훨씬 명확하게 표현할 수 있다. 이때 단순한 단어는 기본적으로 심벌로 해석된다. 그리고 표현식은 아톰(atom)이거나 리스트 중 하나이므로, 콤마를 사용할 필요가 없다.

41장

DOMAIN-SPECIFIC LANGUAGES

동적 리셉션

메시지를 수신하는 객체에 메시지를 정의하지 않고도,
해당 메시지를 처리할 수 있도록 만든다.

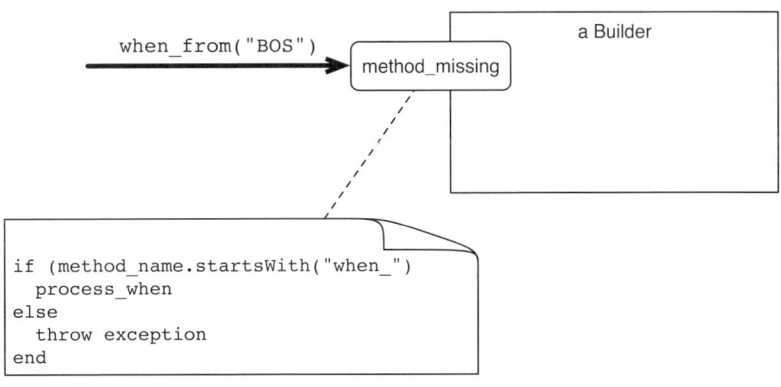

별칭 : *method_missing* 또는 *doesNotUnderstand* 오버라이딩

객체에는 제한된 개수의 메서드만이 정의되기 마련이다. 반면에 객체를 사용하는 쪽에서는 메서드를 수신할 객체에 정의되지 않은 메서드를 호출할 수도 있다. 이때 정적 타입 언어라면 컴파일 타임에 에러를 찾고 컴파일 에러를 알려준다. 결국 정적 타입 언어에서는 이러한 종류의 에러가 런타임에는 발생하지 않는다(타입 시스템을 우회하기 위해 조작하지 않는 한). 반면에 동적 타입 언어에서는 존재하지 않는 메서드를 런타임에 호출할 수 있으며, 주로 런타임 에러가 발생한다.

동적 리셉션(Dynamic Reception)을 이용하면 이 행위를 조작할 수 있다. 다시 말해 알려지지 않은 메시지가 수신되었을 때, 에러가 발생하는 대신에 이와는 달리 반응하도록 만들 수 있다.

41.1 어떻게 동작하는가

많은 동적 언어는 알려지지 않은 메서드 호출을 받았을 때, 객체의 계층 구조 최상위에 있는 특별한 에러 처리 메서드를 호출한다. 이 메서드에는 표준화된 이름이 아직 없다. 스몰토크에서는 doesNotUnderstand로, 루비에서는 method_missing이라고 부른다. 클래스를 만들 때 이 메서드를 오버라이딩하면 알려지지 않은 메서드를 처리하는 로직을 직접 추가할 수 있다. 다시 말해 메서드 호출을 받아들이는 규칙, 즉 리셉션(reception) 규칙을 동적으로(dynamic) 바꾸는 일이다.

범용 프로그래밍에서 동적 리셉션이 유용한 데는 여러 가지 이유가 있다. 동적 리셉션을 사용해 탁월한 효과를 얻을 수 있는 예로, 메서드를 다른 객체에 자동으로 위임하는 경우를 들 수 있다. 이렇게 하려면 객체에서 직접 처리하려는 메서드는 객체에 정의하고, 알려지지 않은 메서드는 동적 리셉션을 활용해 위임 객체로 전달하도록 구현해야 한다.

DSL을 만드는 과정에서 동적 리셉션은 여러 가지 주요한 역할을 할 수 있다. 가장 흔하게는 동적 리셉션을 사용하지 않았다면 메서드 파라미터로 처리했어야 할 요소를, 동적 리셉션을 사용하면 메서드 이름으로 변환할 수 있다. 이 사용법의 훌륭한 사례로 레일스의 액티브 레코드(Active Record)에서 사용하는 동적 파인더(dynamic finder)를 들 수 있다. 예를 들어 Person 클래스가 있고, 이 클래스에 프로퍼티로 firstname과 lastname이 있다고 해보자. 레일스에서는 클래스를 정의하고 나면, find_by_firstname("martin") 또는 find_by_firstname_and_lastname("martin", "fowler") 메서드를 Person 클래스에 정의하지 않더라도 호출할 수 있다. 처리 방식은 다음과 같다. 일단 슈퍼 클래스인 액티브 레코드 클래스의 코드에는 method_missing 메서드를 오버라이딩 해서, 메서드 호출이 find_by로 시작하는지 검사하도록 구현되어 있다. 그리고 메서드가 find_by로 시작하면, 오버라이딩 된 코드에서는 메서드 이름을 파싱해서 프로퍼티 이름을 찾은 후, 이 이름을 사용해 쿼리를 구성한다. 물론 find_by("firstname", "martin", "lastname", "fowler")처럼 여러 개의 인자를 전달해도 같은 처리를 할 수는 있다. 하지만 프로퍼티 이름을 인자보다는 메서드 이름에 두면 가독성이 향상된다. 이처럼 동적으로 처리되는 메서드는 정적인 메서드를 직접 정의할 때 실제로 사용했을 이름을 그대로 흉내 내기 때문이다.

find_by_name과 같은 메서드는 하나의 메서드 이름을 받아서 파싱하는 방식으로 동작한다. 이 방식은 본질적으로 외부 DSL을 메서드 이름에 삽입하는 일과 같다. 이와는 달리 find_by.firstname("martin").and.lastname("fowler")나 find_by.firstname. martin.and.lastname처럼 동적 리셉션을 연속적으로 활용할 수도 있다. 이렇게 하려면 메서드 체이닝(447)과 동적 리셉션을 사용해서 쿼리를 구성하는 일을 하는 표현식 빌더(415)를 반환하도록 find_by 메서드를 만든다.

이 방식이 가진 장점 중 하나는 다양한 파라미터에 대해 인용부호를 붙이지 않아도 된다는 점이다. 즉 "martin"이 아니라 martin을 사용해서 군더더기를 줄일 수 있다. 또한 객체 스코핑(461)을 적용하고 있다면, 인자로 사용할 심벌을 이름만으로 사용할 수도 있다. 예를 들어 state :idle이 아니라 state idle로 사용할 수 있다. 이렇게 하려면 객체에서 state가 한 번 호출되고 난 후 다음번에 호출된 메서드가 알려지지 않았을 때, 해당 메서드에서 상태의 이름을 얻을 수 있도록 오버라이딩하는 방식으로 상위 클래스에 동적 리셉션을 구현한다. 여기에서 더 나아가 텍스트 폴리싱(565)을 사용하면 군더더기가 되는 다양한 구두점을 없앨 수도 있다.

41.2 언제 사용하는가

동적 리셉션을 사용해 메서드의 파라미터를 메서드 이름으로 옮기는 일이 매력적인 데는 여러 가지 이유가 있다. 일단 큰 노력을 들이지 않고도 메서드를 실제로 만들 때 수행하는 작업을 그대로 흉내 낼 수 있다. 예를 들어 사람들은 Person 클래스에 당연히 find_by_firstname_and_lastname 메서드가 있으리라고 기대한다. 동적 리셉션을 사용하면 이 메서드를 실제로 프로그래밍하지 않고도 메서드를 호출할 수 있다. 따라서 개발 시간을 상당히 아낄 수 있다. 특히 클래스의 프로퍼티에 대해 메서드 조합을 수없이 만들어야 하는 경우라면 동적 리셉션이 특히 효과적이다. 물론 다른 방법을 사용해도 같은 일을 할 수는 있다. 예를 들어 find(:firstname, "martin", :lastname, "fowler")처럼 어트리뷰트 이름을 파라미터로 사용하거나, find {|p| p.firstname == "martin" and p.lastname == "fowler"}와 같이 클로저를 활용할 수도 있다. 또는 find("firstname == martin lastname == fowler")처럼 부분형 외부 DSL을 삽입해도 된다. 이처럼 다양한 방법이 있지만, 필드 이름을 메서드 이름에 삽입하는 방식이 메서드 호출을 가장 유창하게 표현하는 방법이라고 여기는 사람들이 훨씬 많다.

파라미터를 메서드 이름으로 치환할 때 얻는 또 다른 장점은 구두점을 더욱 일관성 있게 사용할 수 있다는 점이다. find.by.firstname.martin.and.lastname.fowler과 같은 표현식을 보면, 구두점은 점(.)뿐이다. 이처럼 구두점을 일관성 있게 사용하면, 점을 사용해야 할 때와 괄호 또는 인용부호를 쌍으로 사용해야 하는 때를 구별하느라 헷갈리지 않아도 된다. 하지만 이러한 일관성을 장점으로 보지 않는 사람도 많다. 예를 들어 내 경우에도 메서드를 만들 때 스키마와 데이터를 구별하는 편이다. 그래서 find_by.firstname("martin").and.lastname("fowler")와 같이, 필드 이름은 메서드 호출에 두고 데이터는 파라미터에 넣는 방식을 선호한다.

데이터를 메서드 이름으로 사용할 때 생기는 문제점 중 하나는, 프로그래밍 언어에서 프로그램 텍스트와 문자열 데이터에 대해 서로 다른 인코딩을 주로 사용한다는 점이다. 많은 언어가 프로그램 텍스트에는 ASCII 인코딩만을 지원한다. 결국 ASCII 인코딩에 맞지 않는 사람 이름이 있다면 이 방법을 사용할 수 없다. 마찬가지로 데이터가 사람 이름으로는 유효하지만, 메서드 이름에 대한 언어 문법 규칙에는 어긋날 수도 있다.

무엇보다도 중요한 점은 특별한 경우를 처리할 필요가 없이, 이들 구조를 범용적으로 구성할 수 있을 때만 동적 리셉션이 제 몫을 할 수 있다는 점이다. 즉 동적 메서드를 목적에 부합하는 메서드로 명확하게 변환할 수 있을 때만 동적 리셉션이 가치가 있다. 동적 리셉션을 사용하면 효과적인 예로 조건식을 들 수 있다. 조건식의 경우, 도메인 모델 객체에서 어트리뷰트를 주로 호출하기 때문이다. 예를 들어 find_by_firstname_and_lastname 메서드는 Person 클래스가 firstname과 lastname 어트리뷰트를 가지므로 유효한 메서드가 된다. 하지만 동적 리셉션을 적용할 때 특수한 경우를 처리하려고 특별한 메서드를 작성해야 한다면, 이는 동적 리셉션을 사용하지 말아야 한다는 신호다.

동적 리셉션은 많은 문제점과 제약사항을 수반한다. 당연히 가장 큰 문제점은 정적 언어에서는 결코 사용할 수 없다는 점이다. 그리고 동적 언어라 할지라도 동적 리셉션을 사용할 때 주의를 기울여야 한다. 알려지지 않은 메서드 호출을 처리하려고 method_missing 메서드 등을 한번 오버라이딩하고 나면, 실수가 사소하더라도 디버깅하면서 깊은 수렁으로 빠질 수 있다. 뿐만 아니라 스택 트레이스도 이해하기가 어려워지곤 한다.

표현성에도 제약이 따른다. 예를 들어 메서드를 find_by.age.greater_than.2와 같이 작성할 수 없을 때가 많은데, 대다수의 동적 언어에서 메서드 이름으로 '2'를 허용하지 않기 때문이다. 물론 find_by.age.greater_than.n2처럼 작성하면 이 문제를 우회할 수 있지만, 동적 리셉션을 사용하려는 목적인 유창함이 크게 훼손된다.

이제 불린 표현식을 중점적으로 살펴보자. 불린 표현식의 관점에서 볼 때, 불린 표현식이 복잡해질 때는 메서드 호출을 조합하는 방식이 좋은 방식이 아니라는 점을 밝혀둔다. 이 접근법은 find_by.firstname("martin").and.lastname("fowler")과 같이 간단한 형식에는 효과적이다. 하지만 find_by.firstname.like("m*").and.age.greater_than(40).and.not.employer.like("thought*")와 같은 문장이 있다면 상황이 달라진다. 이처럼 문장이 복잡하다면 이 문장을 처리하기에는 적합하지 않은 환경에서, 복잡하게 뒤엉킨 파서를 구현해야 하는 상황에 빠지게 된다.

동적 리셉션을 사용한 표현식이 조건식이 복잡해질 때 효과적이지 않다고 해서, 간단한 경우에도 동적 리셉션을 사용하지 말아야 한다는 말은 아니다. 예를 들어 액티브 레코드의 경우 동적 리셉션을 사용해서 간단한 경우에 대한 동적 파인더를 제공한다. 하지만 좀 더 복잡한 표현식에 대해서는 동적 파인더를 의도적으로 지원하지 않으면서, 대신 다른 메커니즘을 사용하도록 권장한다. 이러한 권장 사항을 받아들이지 않고 단 하나의 메커니즘을 선호하는 사람도 있다. 하지만 나는 복잡도에 따라 최적의 해결책이 서로 다르다는 사실을 깨닫는 게 중요하다고 본다. 따라서 복잡도에 맞게 하나 이상의 메커니즘을 제공해야 한다.

41.3 메서드 이름 파싱을 통한 프로모션 포인트(루비)

이 장에서 다룰 예제로, 여행 일정에 포인트를 할당하는 정책을 생각해 보자. 도메인 모델은 여행 일정이며, 항공편, 호텔 숙박, 자동차 대여 등의 항목으로 구성된다. 자주 여행을 하는 사람이 포인트를 얻도록 유연한 정책을 수립하려고 한다. 예를 들면 보스턴에서 출발하는 항공편을 이용한 경우 300 포인트를 부여하는 정책이 있을 수 있다.

동적 리셉션을 사용해 아래의 사례를 지원하는 방법을 설명하려고 한다. 먼저 프로모션 규칙이 하나밖에 없는 간단한 경우를 살펴보자.

```
@builder = PromotionBuilder.new
@builder.score(300).when_from("BOS")
```

이 밖에도 항공편 이외의 항목과 매칭하는 여러 개의 프로모션 규칙이 있을 수 있다. 다음은 특정 공항을 출발하는 항공편을 이용하고, 특정 호텔 브랜드에서 숙박하는 여행 일정에 포인트를 부여하는 예다.

```
@builder = PromotionBuilder.new
@builder.score(350).when_from("BOS")
@builder.score(100).when_brand("hyatt")
```

마지막으로 항공편 규칙이 복합적인 경우도 있을 수 있다. 예를 들어 보스턴에서 출발하는 특정 항공사를 이용한 경우에 포인트를 부여할 수도 있다. (당신이 이 책을 읽을 때는 이 항공사가 더 이상 운행하지 않을지도 모르겠다)

```
@builder = PromotionBuilder.new
@builder.score(140).when_from_and_airline("BOS","NW")
```

41.3.1 모델

이 예에서 모델은 두 부분으로 구성된다. 바로 여행 일정(Itinerary)과 프로모션(Promotion)이다. 여행 일정은 단순히 항목들의 컬렉션으로, 이 항목에는 제한이 없다. 예제를 간단히 하기 위해 여기에서는 항목으로 항공편과 호텔만을 사용하려고 한다.

```
class Itinerary
  def initialize
    @items = []
  end
  def << arg
    @items << arg
  end
  def items
    return @items.dup
  end
end

class Flight
  attr_reader :from, :to, :airline
  def initialize airline, from, to
    @from, @to, @airline = from, to, airline
  end
end

class Hotel
  attr_accessor :nights, :brand
  def initialize brand, nights
    @nights, @brand = nights, brand
  end
end
```

프로모션은 규칙들의 집합이며 각 규칙은 스코어와 조건 리스트를 가진다.

```
class Promotion...
  def initialize rules
    @rules = rules
  end
```

```
class PromotionRule...
  def initialize anInteger
    @score = anInteger
    @conditions = []
  end
  def add_condition aPromotionCondition
    @conditions << aPromotionCondition
  end
```

이 경우 프로모션에 대해 여행 일정을 매칭한 후, 여행 일정에 스코어를 부여하는 방식을 따른다. 이를 위해 프로모션에 저장된 각 규칙에 대해 여행 일정을 매칭해서 스코어를 부여한 후, 각 스코어를 합산해서 결과 값을 구한다.

```
class Promotion...
  def score_of anItinerary
    return @rules.inject(0) {|sum, r| sum += r.score_of(anItinerary)}
  end
```

각 규칙에서는 여행 일정이 모든 조건에 일치하는지 검사한 후, 일치할 때 규칙의 스코어를 반환하는 방식으로 여행 일정에 스코어를 부여한다.

```
class PromotionRule...
  def score_of anItinerary
    return (@conditions.all?{|c| c.match(anItinerary)}) ? @score : 0
  end
```

DSL에서 각 score 라인은 개별적인 규칙이다. 따라서

```
@builder = PromotionBuilder.new
@builder.score(350).when_from("BOS")
@builder.score(100).when_brand("hyatt")
```

는 두 개의 규칙을 가지는 단일 프로모션이다. 주어진 여행 일정에서, 규칙 중 하나 또는 둘 다 일치할 수도 있다. 이와는 대조적으로

```
@builder = PromotionBuilder.new
@builder.score(140).when_from_and_airline("BOS","NW")
```

는 두 개의 조건을 가지는 단일 규칙이다. 스코어를 부여하기 위해서는 조건들이 둘 다 일치해야 한다.

이를 처리하려면 이름과 값으로 적절히 설정할 수 있는 EqualityCondition 객체가 필요하다.

```
class EqualityCondition
  def initialize aSymbol, value
```

```
      @attribute, @value = aSymbol, value
    end
    def match anItinerary
      return anItinerary.items.any?{|i| match_item i}
    end
    def match_item anItem
      return false unless anItem.respond_to?(@attribute)
      return @value == anItem.send(@attribute)
    end
  end
```

보다시피 메서드 이름에 동등 조건(equality condition)을 사용하는 데는 한계가 있다. 하지만 기반 모델이 여행 일정과 일치하는 방법을 알고 있다면, 기반 모델을 사용해서 다양한 조건식을 얼마든지 만들 수 있다. 이러한 조건을 DSL에 직접 더하거나, 클로저 등 다른 방법을 사용해서 더할 수도 있다.

```
예제.....
  rule = PromotionRule.newWithBlock(520) do |itinerary|
    flights = itinerary.items.select{|i| i.kind_of? Flight}
    flights.any? {|f| f.from == "LAX"} and
      flights.any? {|f| f.to == "LAX"} and
      flights.all? {|f| %w[NW CO DL].include?(f.airline)}
  end
  promotion = Promotion.new([rule])

class BlockCondition
  def initialize aBlock
    @block = aBlock
  end
  def match anItinerary
    @block.call(anItinerary)
  end
end
```

이러한 종류의 유연성을 확보하면 큰 도움이 되기도 한다. 단순한 경우라면 DSL을 사용해 간단히 처리할 수 있고, 이보다 복잡한 경우라면 다른 메커니즘을 제공해서 처리할 수 있기 때문이다.

41.3.2 빌더

기본 빌더는 만들려는 프로모션 규칙들의 컬렉션을 감싼다. 그리고 Promotion 객체를 요청 받으면 객체를 새로 생성해서 반환한다.

```
class PromotionBuilder...
  def initialize
    @rules = []
  end
  def content
    return Promotion.new(@rules)
  end
```

score 메서드는 이들 규칙 중 하나를 생성한 후, 컨텍스트 변수(217)에 저장한다. 그리고 나서 조건식을 위한 빌더(PromotionConditionBuilder)를 생성한다.

```ruby
class PromotionBuilder...
  def score anInteger
    @rules << PromotionRule.new(anInteger)
    return PromotionConditionBuilder.new(self)
  end
```

PromotionConditionBuilder 클래스에서 동적 리셉션을 활용한다. 루비에서는 method_missing을 오버라이딩해서 동적 리셉션을 적용할 수 있다.

```ruby
class PromotionConditionBuilder...
  def initialize parent
    @parent = parent
  end
  def method_missing(method_id, *args)
    if match = /^when_(\w*)/.match(method_id.to_s)
      process_when match.captures.last, *args
    else
      super
    end
  end
```

method_missing 훅 메서드에서는 먼저 호출된 메서드가 when_으로 시작하는지 검사한다. when_으로 시작하지 않으면 슈퍼 클래스로 포워드하고, 슈퍼 클래스는 예외를 던지게 된다. 반면에 메서드 명이 when_으로 시작한다면, 메서드 호출에서 어트리뷰트 이름을 추출한 후, 이 이름이 인자와 일치하는지 검사하고, 이 정보를 바탕으로 적절한 규칙을 생성한다.

```ruby
class PromotionConditionBuilder...
  def process_when method_tail, *args
    attribute_names = method_tail.split('_and_')
    check_number_of_attributes(attribute_names, args)
    populate_rules(attribute_names, args)
  end
  def check_number_of_attributes(names, values)
    unless names.size == values.size
      throw "There are %d attribute names but %d arguments" %
        [names.size, values.size]
    end
  end
  def populate_rules names, args
    names.zip(args).each do |name, value|
      @parent.add_condition(EqualityCondition.new(name, value))
    end
  end

class PromotionBuilder...
  def add_condition
    @rules.last.add_condition arg
  end
```

이 접근법은 아니나 다를까 액티브 레코드의 동적 파인더와 유사하다. 동적 파인더가 궁금하다면 제이미스 벅(Jamis Buck)의 설명을 살펴보기 바란다(http://weblog.jamisbuck.org/2006/12/1/under-the-hood-activerecord-base-find-part-3).

41.4 체이닝을 통한 프로모션 포인트(루비)

이제는 같은 예제를 체이닝을 사용해 구현해 보려고 한다. 같은 모델을 사용하고 같은 예제 조건을(거의 대부분을) 사용하도록 하겠다. 하지만 DSL은 서로 다르므로 조건은 앞의 예제와는 달리 구성한다. 예를 들어 다음은 보스턴에서 출발하는 항공편에 대한 간단한 예제다.

```
@builder.score(300).when.from.equals.BOS
```

이 경우에는 조건에 대한 인자를 파라미터가 아니라 메서드로 모두 전달하고 있다(하지만 스코어는 파라미터로 계속 사용하고 있는데, 값은 자주 바뀌기 때문이다). 또한 조건식의 연산자를 메서드에 직접 표현한다.

다음은 개별적인 두 스코어에 대한 경우다.

```
@builder.score(350).when.from.equals.BOS
@builder.score(100).when.brand.equals.hyatt
```

마지막으로, 복합 조건에 대한 경우다.

```
@builder.score(170).when.from.equals.BOS.and.nights.at.least._3
```

복합 조건은 이전 예제에서 사용했던 예제보다는 더욱 복잡하다. 이 예제에서는 equals 연산자뿐만 아니라 다른 연산자도 사용한다. 또한 숫자 파라미터를 메서드 이름으로 전달할 때 사용할 수 있는 표현법을 잘 보여준다.

41.4.1 모델

모델은 이전 예제에서 사용했던 모델과 거의 동일하다. 유일한 차이점은 새로운 조건(AtLeastCondition)을 추가했다는 점이다.

```
class AtLeastCondition...
    def initialize aSymbol, value
```

```
    @attribute, @value = aSymbol, value
  end
  def match anItinerary
    return anItinerary.items.any?{|i| match_item i}
  end
  def match_item anItem
    return false unless anItem.respond_to?(@attribute)
    return @value <= anItem.send(@attribute)
  end
```

41.4.2 빌더

이전 예제와 차이가 나는 부분은 바로 빌더다. 앞의 예제와 마찬가지로 프로모션 빌더 객체를 만들고, 이 객체에 규칙을 저장하며, 필요할 때 Promotion 객체를 생성한다.

```
class PromotionBuilder...
  def initialize
    @rules = []
  end
  def content
    return Promotion.new(@rules)
  end
```

socre 메서드는 규칙 리스트에 규칙을 추가한다.

```
class PromotionBuilder...
  def score anInteger
    @rules << PromotionRule.new(anInteger)
    return self
  end
```

when 메서드에서는 어트리뷰트 명을 담을 수 있는 좀 더 구체적인 빌더를 반환한다.

```
class PromotionBuilder...
  def when
    return ConditionAtributeNameBuilder.new(self)
  end

class ConditionAtributeNameBuilder < Builder
  def initialize parent
    @parent = PromotionConditionBuilder.new(parent)
    @parent.name = self
  end

class Builder
  attr_accessor :content, :parent
  def initialize parentBuilder = nil
    @parent = parentBuilder
  end
end
```

```
class PromotionConditionBuilder < Builder
  attr_accessor :name, :operator, :value
```

조건식을 구성하려면 조그만 파스 트리를 생성해야 한다. 표현식에서 각 조건식은 세 부분으로 구성된다. 이름(name), 연산자(operator), 값(value)이다. 따라서 각 부분에 대해 빌더를 만든다. 또한 조건을 서로 결합하기 위한 부모 빌더를 만든다. 따라서 ConditionAtributeNameBuilder 객체를 생성할 때 트리를 만들 준비를 하도록, 부모 빌더인 PromotionConditionBuilder 객체를 같이 생성한다.

ConditionAtributeNameBuilder에서는 검사하려는 어트리뷰트에 맞는 적절한 이름을 찾는데, 이 이름은 모델 클래스의 어트리뷰트에 따라 달라지기 때문이다. 여기에서 동적 리셉션을 사용한다.

```
class ConditionAtributeNameBuilder...
  def method_missing method_id, *args
    @content = method_id.to_s
    return ConditionOperatorBuilder.new(@parent)
  end
```

이때 이름을 저장한 후, ConditionOperatorBuilder 객체를 반환해 연산자를 담는다. 연산자 빌더에 저장하는 연산자의 종류는 정해져 있으므로, 여기에서는 동적 리셉션을 사용하지 않는다.

```
class ConditionOperatorBuilder < Builder
  def initialize parent
    super
    @parent.operator = self
  end
  def equals
    @content = EqualityCondition
    return next_builder
  end
  def at
    return self
  end
  def least
    @content = AtLeastCondition
    return next_builder
  end
  def next_builder
    return ConditionValueBuilder.new(@parent)
  end
```

ConditionOperatorBuilder는 기본적으로 ConditionAtributeNameBuilder와 유사하게 동작한다. 즉, 연산자를 저장한 후, 마지막 부분(값)을 처리하는 새로운 빌더를 반환한다. 여기에는 몇 가지 흥미를 끄는 점이 있다. 첫 번째는 이 빌더의

content가 모델의 조건 클래스에 해당한다는 점이다. 두 번째로 at 메서드는 단순히 자신을 반환하는데, at 메서드는 순수한 syntactic sugar이기 때문이다. 즉 at 메서드는 표현식에서 가독성을 높이기 위해서 만들어졌을 뿐이다.

마지막으로 다룰 빌더는 ConditionValueBuilder로, 마찬가지로 동적 리셉션을 이용해 값을 담는다.

```
class ConditionValueBuilder < Builder
  def initialize parent
    super
    @parent.value = self
  end
  def method_missing method_id, *args
    @content = method_id.to_s
    @content = @content.to_i if @content =~ /^_\d+$/
    @parent.end_condition
  end
end
```

값이 숫자라면 속임수를 사용해야 한다. 예를 들어 앞의 DSL 스크립트에서 "3"을 표현할 때, 앞부분에 밑줄 표시를 사용해 "_3"으로 작성했다. (루비에서 "_3".to_i를 작성하면, 먼저 문자열이 정수로 파싱되고, 밑줄 표시는 무시된 채 3이 반환된다.)

또한 method_missing 메서드에서 표현식의 끝막음 메서드(end_condition)를 호출하여, 부모 빌더가 모델을 생성하도록 한다.

```
class PromotionConditionBuilder...
  def end_condition
    content = @operator.build_content(@name.content, @value.content)
    @parent.add_condition content
    return @parent
  end

class ConditionOperatorBuilder...
  def build_content name, value
    return @content.new(name, value)
  end

class PromotionBuilder...
  def add_condition cond
    current_rule.add_condition cond
  end
  def current_rule
    @rules.last
  end
```

이 예제에서는 작은 파스 트리를 사용해 모델에서 조건 객체를 생성했다. 복합 조건이 있다면, 이 과정을 반복한다.

```
class PromotionBuilder...
  def and
    return ConditionAtributeNameBuilder.new(self)
  end
```

이처럼 작은 파스 트리를 만들어서 사용하는 일은 DSL을 만들 때 주로 쓰는 방식은 아니다. 대개의 경우 DSL을 읽어서 모델을 바로 생성하는 게 더 쉽기 때문이다. 하지만 조건식이 예제와 같은 경우라면 파스 트리를 만드는 방법도 일리가 있다.

하지만 나는 대체로 파스 트리를 만드는 방법을 사용해 표현식을 작성하고 싶은 생각은 없다. 이처럼 일련의 메서드 호출을 파싱해야 한다면, 이보다는 외부 DSL로 전환해 더 많은 유연성을 얻는 편이 더 낫다고 보기 때문이다. 파스 트리를 구성하려는 생각은 내부 DSL로 너무 많은 일을 하고 있다는 냄새다.

41.5 비밀 벽을 위한 컨트롤러에서 인용부호 없애기(JRuby)

도입부에서 루비를 사용해 비밀 벽을 위한 컨트롤러를 작성하는 예제를 보여 주었다. 코드는 다음과 같다.

```
event :doorClosed, "D1CL"
event :drawerOpened, "D2OP"
event :lightOn, "L1ON"
event :doorOpened, "D1OP"
event :panelClosed, "PNCL"

command :unlockPanel, "PNUL"
command :lockPanel, "PNLK"
command :lockDoor, "D1LK"
command :unlockDoor, "D1UL"

resetEvents :doorOpened

state :idle do
  actions :unlockDoor, :lockPanel
  transitions :doorClosed => :active
end

state :active do
  transitions :drawerOpened => :waitingForLight,
    :lightOn => :waitingForDrawer
end

state :waitingForLight do
  transitions :lightOn => :unlockedPanel
end

state :waitingForDrawer do
  transitions :drawerOpened => :unlockedPanel
end
```

```
state :unlockedPanel do
  actions :unlockPanel, :lockDoor
  transitions :panelClosed => :idle
end
```

이 예제 코드에서는 동적 리셉션을 사용하지 않고 단순한 함수 호출에 의존한다. 이 스크립트에서 나타나는 단점 중 하나는 인용부호를 너무 많이 사용한다는 점이다. 특히 식별자를 가리키는 참조는 모두 루비의 심벌 표시자(이름 앞부분의 ':')를 사용해야 한다. 외부 DSL에 비교해 보면 이러한 표시는 군더더기처럼 보인다. 동적 리셉션을 이용하면 심벌에서 인용부호를 모두 없앨 수 있고, 스크립트를 다음과 같이 작성할 수 있다.

```
events do
  doorClosed "D1CL"
  drawerOpened "D2OP"
  lightOn "L1ON"
  doorOpened "D1OP"
  panelClosed "PNCL"
end

commands do
  unlockPanel "PNUL"
  lockPanel "PNLK"
  lockDoor "D1LK"
  unlockDoor "D1UL"
end

reset_events do
  doorOpened
end

state.idle do
  actions.unlockDoor.lockPanel
  doorClosed.to.active
end

state.active do
  drawerOpened.to.waitingForLight
  lightOn.to.waitingForDrawer
end

state.waitingForLight do
  lightOn.to.unlockedPanel
end

state.waitingForDrawer do
  drawerOpened.to.unlockedPanel
end

state.unlockedPanel do
  panelClosed.to.idle
  actions.unlockPanel.lockDoor
end
```

이처럼 구현하려면 먼저 StateMachineBuilder 클래스에서 시작해야 한다. 이 클래스는 instance_eval을 이용한 객체 스코핑(461)을 사용한다. 빌드 과정은 두 단계로 구성되는데, 첫 단계에서 스크립트를 평가한 후, 후처리 과정을 밟는다.

```
class StateMachineBuilder...
  attr_reader :machine
  def initialize
    @states = {}
    @events = {}
    @commands = {}
    @state_blocks = {}
    @reset_events = []
  end
  def load aString
    instance_eval aString
    build_machine
    return self
  end
```

스크립트를 평가하려면 DSL 스크립트에서 주절에 해당하는 메서드가 빌더에 있어야 한다. 시맨틱 모델로는 도입부에서 사용했던 모델을 그대로 사용하려고 한다. 이때 JRuby를 사용하면 빌더에서 자바 객체를 생성할 수 있다.

첫 번째로 다룰 절은 이벤트 선언이다. 이벤트 선언은 상태 머신 빌더에 있는 events 메서드를 호출해서 만들며, 각 이벤트 선언을 포함하는 블록을 인자로 전달한다.

```
class StateMachineBuilder...
  def events &block
    EventBuilder.new(self).instance_eval(&block)
    self
  end

  def add_event name, code
    @events[name] = Event.new(name.to_s, code)
  end

class EventBuilder < Builder
  def method_missing name, *args
    @parent.add_event(name, args[0])
  end
end

class Builder
  def initialize parent
    @parent = parent
  end
end
```

events 메서드에서 블록을 바로 평가한다. 이때 블록에 포함된 메서드 호출을 모두 이벤트 선언으로 처리할 수 있도록 동적 리셉션을 사용한다. 이렇게 하려면 동적 리셉션을 사용하는 별도의 빌더를 만들고, 이 빌더의 컨텍스트 내에서 이 블록을 평가해야 한다. 블록을 평가하면서 이벤트 선언마다 시맨틱 모델의 Event 객체를 만들고, 이 객체를 심벌 테이블(205)에 추가한다.

커맨드와 리셋 이벤트 선언에도 기본적으로 동일한 기법을 적용한다. 이때 각 유형별로 별도의 빌더를 사용하면, 각 빌더를 단순하게 유지할 수 있을 뿐만 아니라 각 빌더에서 인식하는 유효범위를 명확하게 한정할 수 있다.

상태 선언을 평가하는 부분은 좀 더 흥미롭다. 이번에도 선언부의 몸체를 담기 위해 클로저를 사용하지만 여기에는 차이점이 몇 가지 있다. 무엇보다 명백한 차이점은 스크립트에 있다. 보다시피 상태를 참조할 때 상태 이름을 사용한다(이 부분에서 바로 동적 리셉션을 활용한다).

```
class StateMachineBuilder...
  def state
    return StateNameBuilder.new(self)
  end

  def addState name, block
    @states[name] = State.new(name.to_s)
    @state_blocks[name] = block
    @start_state ||= @states[name]
  end

class StateNameBuilder < Builder
  def method_missing name, *args, &block
    @parent.addState(name, block)
    return @parent
  end
end
end
```

두 번째 차이점은 구현에 있다. 중첩 클로저(483)를 바로 평가하는 대신에, 나중을 위해 맵에 저장한다. 이처럼 블록이 나중에 평가되도록 지연하면, 상태 간에 전방 참조가 발생하는 일을 걱정하지 않아도 된다. 상태가 모두 선언되고, 이들 상태에 대해 심벌 테이블을 완전히 생성할 때까지 기다린 후에 상태의 몸체 부분을 처리하기 때문이다.

마지막으로, 처음에 나오는 상태를 시작 상태로 처리한다는 점에서 차이가 있다. 즉 시작 상태에 대해 추가적인 변수를 사용해서, 이 변수가 nil일 때만 시작 상태를 초기화한다. 즉 첫 상태가 시작 상태가 된다.

끝으로 모델 데이터를 파퓰레이트하면 스크립트를 평가하는 작업이 마무리된다. 그러면 이 두 번째 단계인 후처리를 살펴보자.

```ruby
class StateMachineBuilder...
  def build_machine
    @state_blocks.each do |key, value|
      if value
        sb = StateBodyBuilder.new(self, @states[key])
        sb.instance_eval(&value)
      end
    end
    @machine = StateMachine.new(@start_state)
    @machine.addResetEvents(
              @reset_events.
              collect{|e| @events[e]}.
              to_java("gothic.model.Event"))
  end

class StateBodyBuilder < Builder
  def initialize parent, state
    super parent
    @state = state
  end
```

후처리 과정의 첫 단계는 상태 선언에서 몸체 부분을 평가하는 작업이다. 상태의 몸체 부분에 대해서도 특별한 빌더를 생성한 후, 이 빌더에 대해 instance_eval을 사용해 블록을 평가한다. 몸체 부분에는 두 종류의 문장이 포함되는데, 바로 액션을 선언하는 문장과 전이를 선언하는 문장이다. 액션 문장은 actions 메서드로 처리한다.

```ruby
class StateBodyBuilder...
  def actions
    return ActionListBuilder.new(self)
  end
  def add_action name
    @state.addAction(@parent.command_at(name))
  end

class ActionListBuilder < Builder
  def method_missing name, *args
    @parent.add_action name
    return self
  end
end

class StateMachineBuilder...
  def command_at name
    return @commands[name]
  end
```

actions에서도 새로운 타입의 빌더를 생성한다. 이 빌더는 메서드 호출을 모두 커맨드 이름으로 받아들이도록 구현한다. 이렇게 구현하면, 스크립트의 라인 하나에 체이닝을 사용해서 여러 액션을 기술할 수 있다. 이처럼 액션 문장을 처리할 때는 특정 메서드를(외부 DSL에서 키워드에 해당하는) 사용하는 반면에, 전이 문장을 처리할 때는 동적 리셉션을 사용한다.

```
class StateBodyBuilder...
  def method_missing name, *args
    return TransitionBuilder.new(self, name)
  end
  def add_transition event, target
    @state.addTransition(@parent.event_at(event), @parent.state_at(target))
  end

class TransitionBuilder < Builder
  def initialize parent, event
    super parent
    @event = event
  end
  def to
    return self
  end
  def method_missing name, *args
    @target = name
    @parent.add_transition @event, @target
    return @parent
  end
end

class StateMachineBuilder...
  def event_at name
    return @events[name]
  end
  def state_at name
    return @states[name]
  end
```

이 경우 알려지지 않은 메서드를 처리할 때, 새로운 타입의 빌더를 생성한다. 이 빌더에도 동적 리셉션을 추가적으로 적용해서, 목표 상태를 담는다. 또한 이 빌더에도 syntactic sugar를 사용한다.

이 방법을 전부 적용하면, 심벌에서 ':'를 모두 없앨 수 있다. 이러한 노력이 과연 가치 있는 일인지 의문이 드는 게 당연하다. 내가 보기에 이벤트와 커맨드 리스트에는 ':'가 없는 편이 좋지만, 상태에서는 그리 마음에 차지 않는다. 물론 방법을 혼용해서 원하는 요소에만 동적 리셉션을 적용하고, 동적 리셉션이 효과적이지 않은 요소에는 심벌 참조를 그대로 사용할 수도 있다. 실제로 기법을 혼용하는 방식이 최선일 때가 많다.

':'는 심벌에서 효과적으로 제거되었지만, 커맨드와 이벤트 코드명에는 인용부호 (""…"")가 여전히 사용되고 있다. 유사한 기법을 사용하면 이 인용부호마저도 없앨 수 있다.

42장

DOMAIN-SPECIFIC LANGUAGES

어노테이션

클래스나 메서드 등 프로그램 요소에 대한 데이터로,
컴파일할 때 뿐 아니라 실행할 때도 처리할 수 있다.

```
@ValidRange(lower = 1, upper = 1000, units = Units.LB)
private Quantity weight;
@ValidRange(lower = 1, upper = 120, units = Units.IN)
private Quantity height;
```

프로그램을 만들 때 데이터를 분류하거나, 데이터가 동작하는 방법에 대한 규칙을 만들곤 한다. 예를 들어 지역을 기준으로 고객을 분류하고, 이에 따라 납입 규칙을 정의할 수 있다. 이러한 종류의 규칙을 프로그램 요소 자체에 추가하면 유용할 때가 많다. 대부분의 언어는 이러한 작업을 할 수 있는 내장 메커니즘을 제공한다. 접근 지시자가 그 예로, 클래스와 메서드를 public이나 private으로 표시할 수 있다.

언어라면 당연히 지원해야 함에도 불구하고, 그렇지 못한 기능들이 있다. 따라서 이러한 기능이 필요할 때 언어에서 지원하는 범위를 넘어서야 한다. 예를 들어 정수 필드가 가질 수 있는 범위를 제한하거나, 특정 메서드가 테스트 메서드라고 표시하고 싶을 때가 있다. 또는 클래스가 안전하게 직렬화될 수 있다는 점을 나타낼 수 있기를 바란다.

어노테이션(Annotation)은 프로그램 요소에 대한 정보다. 이 정보를 받아서 실행할 때 조작할 수도 있고, 언어 환경에서 지원한다면 컴파일할 때도 조작할 수 있다. 따라서 어노테이션은 프로그래밍 언어를 확장하는 메커니즘이다.

이 책에서는 어노테이션이라는 용어를 사용하는데, 자바 프로그래밍 언어에서 이 기능에 대해 어노테이션이라고 부르기 때문이다. 이와 유사한 구문은 사실 .NET에서 먼저 등장했으며, .NET에서는 '어트리뷰트(attribute)'라고 부른다. 하지만 '어트리뷰트'는 이보다는 다른 개념을 가리킬 때 폭넓게 사용되는 편이다. 따라서 여기에서는 자바 용어 체계를 따른다. 하지만 이 개념은 구문 자체가 가리키는 것보다 의미가 더 광범위하며, 어노테이션에 특화된 구문을 사용하지 않더라도 같은 이점을 얻을 수 있다.

42.1 어떻게 동작하는가

어노테이션을 사용하려면 두 가지 작업을 해야 하는데, 바로 '어노테이션 정의하기'와 '어노테이션 처리하기'다. 어노테이션을 정의하고 처리하는 방법은 언어마다 서로 다르지만, 두 작업은 비교적 서로 독립적이다. 따라서 다른 방법으로 정의한 어노테이션에 대해 동일한 처리 기법을 사용할 수 있다.

이 책에서 말하는 DSL 처리 아키텍처 범주에 맞추어 볼 때, 어노테이션을 정의하는 구문은 어노테이션을 내부 DSL로 어떻게 활용할지에 따라 달라진다. 하지만 어노테이션을 정의하는 구문의 유형에 관계없이, 어노테이션은 결국 프로그램의 런타임 모델에 데이터를 덧붙여서 시맨틱 모델을 구성하는 일을 한다. 이처럼 시맨틱 모델이 구성되고 나면, 어노테이션을 처리하는 단계에서 시맨틱 모델을 실행한다. 이때 여타 DSL과 마찬가지로, 모델을 직접 실행하거나 또는 코드 생성 기법을 사용할 수도 있다.

42.1.1 어노테이션 정의하기

어노테이션을 정의하는 가장 확실한 방법은 언어에서 지원하는 특수한 어노테이션 구문을 사용하는 것이다. 예를 들어 자바에서는 테스트 메서드를 다음과 같이 표시할 수 있다.

```
@test public void softwareAlwaysWorks()
```

반면에 C#에서는 다음과 같이 표시한다.

```
[Test] public void SoftwareAlwaysWorks()
```

이들 언어에서는 모두 어노테이션에 파라미터를 사용할 수 있으므로, 다음과 같은 일도 할 수 있다.

```
class PatientVisit...
  @ValidRange(lower = 1, upper = 1000, units = Units.LB)
  private Quantity weight;
  @ValidRange(lower = 1, upper = 120, units = Units.IN)
  private Quantity height;
```

어노테이션을 추가하는 가장 확실하고 쉬운 방법은 이처럼 특수한 구문을 사용하는 것이다. 물론 이러한 구문 이외의 기법을 사용해도 어노테이션을 정의할 수 있다.

어노테이션을 정의하는 가장 자연스러운 방법 중 하나로 클래스 메서드를 사용할 수 있다. 필드가 특정한 유효 범위를 가지도록 지시하는 어노테이션을 추가하는 경우를 생각해 보자. 예를 들어 키가 1(인치)와 120(인치) 사이고, 몸무게는 1(파운드)과 100(파운드) 사이에 있는 환자만 입원할 수 있다고 해보자. (보통은 수량 객체를 사용하지만, 이 경우에는 예제를 간단히 하기 위해 정수를 사용하려고 한다.) 루비를 사용하면 변수의 범위를 다음과 같이 기술할 수 있다.

```
valid_range :height, 1..120
valid_range :weight, 1..1000
```

이 방법이 동작하려면 valid_range라는 이름을 가진 클래스 메서드를 정의해야 한다. 이 메서드는 두 개의 인자를 받는데, 필드의 이름과 필드를 제한할 범위다. 클래스 메서드에서는 이 데이터를 활용해 원하는 작업을 처리하도록 구현한다. 예를 들어 인자로 받은 기본형 데이터 구조를 특정 구조로 바꾸거나, 내장 구문이 동작하는 방식을 그대로 따르거나, 또는 직접 Validator 객체를 만들어 저장할 수도 있다.

이처럼 클래스 메서드를 사용하는 방법은 어노테이션 전용 구문을 사용하는 방법만큼이나 간단하다. 하지만 문제점도 있다. 무엇보다도 클래스 메서드를 호출할 때 어노테이션을 적용하려는 프로그램 요소 이름을 인자로 전달해야 한다는 점이다. 결국 이로 인해 문장이 장황해진다. 하지만 프로그래머 입장에서 보면 어노테이션이 추가되는 요소와 어노테이션 자체를 분리할 수 있는 자유를 얻는다. 이 방법을 쉽게 사용할 수 있는 언어라면 이러한 자유는 커다란 이득이다. 따라서 클래스 메서드를 사용해 어노테이션을 쉽게 정의할 수 있는 언어에서는 특수한 어노테이션 구문을 제공할 뚜렷한 이유가 없다.

하지만 클래스 메서드를 사용할 때는 몇 가지 사항을 주의해야 한다. 일단 어노테이션을 실행해야만 어노테이션이 저장된다는 점이다. 위의 루비 예제의 경우 코드가 로딩되어야만 어노테이션이 실행된다. 일부 언어에서는 어노테이션이 확실히 실행되도록 보장하기 위해 추가적인 메커니즘을 사용하기도 한다. 어노테이션을 저장하는 가장 간단한 방법은 클래스 변수를 사용하는 것이다. 하지만 많은 언어에서 클래스 변수는 해당 클래스뿐만 아니라 경계를 넘어서 하위 클래스까지 공유된다. 이처럼 클래스 변수가 공유되는 일은 이 예제에서는 문제가 되지 않지만, 다른 상황에서는 결국 문제를 일으킬 수 있다.

지금까지는 어노테이션 기법을 객체 지향 용어를 사용해 설명했다. 하지만 객체 지향 언어가 아니더라도 언어 요소를 쉽게 표현할 수 있는 언어를 사용한다면, 기본적으로 동일한 작업을 얼마든지 할 수 있다. 예를 들어 Lisp에서는 함수 이름을 데이터로 사용해 구조를 정의할 수 있다. 이후의 처리 단계에서 이 구조를 인식할 수 있다면, 코드의 어느 곳에나 이 구조를 사용할 수 있다.

정적 타입 언어의 경우 마커 인터페이스(marker interface)[1] 기법을 흔히 사용한다. 이 기법은 우선 메서드가 없는 인터페이스를 정의한 후, 이 인터페이스를 구현하는 방식이다. 이때 클래스가 마커 인터페이스를 구현한다는 말은, 이후의 처리 단계에서 해당 클래스를 처리하겠다는 의도를 표시하는 일이다. 이 기법은 클래스에만 적용할 수 있고, 메서드나 필드에는 사용할 수 없다.

명명 규칙도 간단한 형태의 어노테이션으로 볼 수 있다. 실제로 이 방법은 xUnit을 구현할 때 많이 사용했다. 예를 들어 테스트 메서드는 이름이 test로 시작한다는 관례를 따라야 한다. 어노테이션이 간단하다면 이 방법도 꽤 효과적이지만, 사용할 수 있는 범위는 한정된다. 예를 들어 한 번에 여러 개의 어노테이션을 사용하기가 어렵고, 파라미터를 사용할 수도 없다.

어느 방법을 사용하더라도 결국 어노테이션은 언어의 내장 구조체를 통해 처리되어 시맨틱 모델(197)을 만들 때 사용된다. 따라서 어노테이션을 사용하는 경우 내부 DSL이 가지는 일반적인 한계를 그대로 가진다(즉 내부 DSL에서 사용할 수 있는 구문은 호스트 언어 구문으로 제한된다). 뿐만 아니라 또 다른 제약사항이 있다. 어노테이션을 사용하려면 프로그램 자체에 있는 기본적인 표현형식을 바탕으로 시맨틱 모델을 만들어야 한다. 객체 지향 프로그램이라면 이 기본적인 표현형식은 바로 클래스, 필드, 메서드다. 어노테이션의 시맨틱 모델이란 바로 이 구조에 추가적인 정보를 덧붙인 것이다. 따라서 어노테이션을 사용하는 경우 시맨틱 모델을 완전히 분리해서 독립적으로 만들기란 사실상 불가능하다.

---

[1] (옮긴이) 예를 들어 java.io.Serializable이 마커 인터페이스에 해당한다. 클래스가 Serializable 인터페이스를 구현한다는 말은, 해당 클래스는 안전하게 직렬화가 가능하다는 사실을 JVM에게 알려주는 일종의 표시다.

42.1.2 어노테이션 처리하기

어노테이션은 소스 코드에 정의된 후, 이후의 처리 단계에서 사용이 가능하도록 만들어진다. 어노테이션은 컴파일할 때, 프로그램을 로딩할 때, 또는 실행하는 동안에 사용할 수 있다.

어노테이션은 주로 실행하는 동안에 처리된다. 이 경우 어노테이션을 사용해 객체가 행동하는 여러 측면을 제어한다. 런타임에 어노테이션을 사용하는 간단한 예로, xUnit 계열의 테스트 프레임워크에서 테스트 메서드를 실행하는 경우를 들 수 있다. 이 툴을 사용하면 테스트 클래스의 테스트를 메서드 단위로 정의할 수 있다. 테스트 클래스에 정의된 메서드가 모두 테스트 메서드는 아니므로, 특정한 어노테이션 규칙을 사용해 테스트 메서드를 구별한다. 그러면 테스트를 실행하는 프로그램에서 이들 테스트 메서드를 찾아서 실행한다.

데이터베이스 매핑 프로그램도 유사한 방식으로 동작한다. 데이터베이스 매핑 프로그램은 속성 정보를 이용해, 프로그램의 필드가 영속적인 저장 구조와 어떻게 서로 매핑되는지 찾는다. 데이터베이스 매핑 프로그램은 이 정보를 이용해서 데이터를 매핑한다.

이처럼 어노테이션을 런타임에 처리하는 방법은 프로그램이 로딩될 때, 또는 어노테이션이 처리될 때 모두 사용할 수 있다. 앞에서 살펴본 유효성 검증 어노테이션은 프로그램이 시작될 때 처리해서, Validator 객체를 만든 후, 클래스에 추가한다. 또한 이후에 프로그램이 실행되는 동안에 이들 Validator 객체를 사용해서 객체를 검증한다.

이처럼 어노테이션을 런타임에 사용하는 방법은 DSL에서 모델을 직접 실행하는 방식에 해당한다. 여느 DSL과 마찬가지로 모델을 직접 실행하는 대신 코드 생성 기법을 사용할 수도 있다. 동적 언어를 사용한다면 런타임에(주로 프로그램이 로딩될 때) 코드를 생성할 수 있다. 코드를 생성하는 경우 클래스를 새로 만들거나, 또는 기존 클래스에 메서드를 추가할 수도 있다.

컴파일형 언어의 경우 동적 언어에 비해 런타임에 코드를 생성하기가 더 힘들다. 물론 컴파일러를 런타임에 실행하면 모듈을 동적으로 링크할 수 있지만, 이렇게 설정하기가 어려울 때도 있다. 대신에 컴파일러가 어노테이션을 처리할 수 있도록 훅(hook)을 제공하는 언어도 있다. 현재 자바에서는 이러한 훅을 사용한다.

물론 컴파일하기 전에 코드를 생성할 수도 있다. 유효성 검증을 예로 들면, 호스트 클래스에 검증 메서드 코드를 생성해서 추가하거나, 별도의 객체에 대한 코드를 생성할 수 있다. 이 코드는 프로그램이 컴파일될 때 프로그램의 일부가 된다. 하지만 이처럼 직접 작성한 코드와 생성된 코드를 결합해서 혼용하게 되면 머리가 혼란스러워진다.

컴파일형 언어에서 사용할 수 있는 또 다른 방법으로 바이트코드 후처리(bytecode postprocessing) 기법이 있다. 이 경우 컴파일러가 프로그램을 컴파일하며, 컴파일이 완료되면 바이트 코드를 조작해서 생성된 코드를 추가한다.

어노테이션은 여러 위치에서 다양한 방식으로 정의되고, 또 처리된다. 예를 들어 웹 애플리케이션을 구축하면서 필드 유효성을 정의하려고 할 때, 유효성 검증을 다양한 위치에서 실행하게 된다. 예를 들어 응답 속도를 높이려면 자바스크립트를 이용해야 하며, 이 경우 필드 유효성을 브라우저에서 검증해야 한다. 하지만 이 방법은 신뢰할 수 없는데, 사용자는 언제라도 자바스크립트 코드를 우회할 수 있기 때문이다. 따라서 유효성 검증은 서버에서도 실행해야 한다. 어노테이션을 사용하면 서버에서 런타임에 검증할 수 있는 데이터를 추가할 수 있고, 이 데이터를 이용해 자바스크립트 코드를 생성하면 코드도 중복되지 않는다. 그리고 나서 생성된 코드를 이용해 브라우저에서 유효성을 검증한다. 따라서 서버와 브라우저에서 실행하는 검증 코드는 모두 하나의 어노테이션으로부터 완전히 만들어지게 된다.

42.2 언제 사용하는가

어노테이션을 대규모로 적용하는 일은 주류 프로그래밍 언어에서는 여전히 상당히 새로운 방법이다. 아직 우리는 어노테이션을 언제 사용하는 게 좋을지 배우는 과정에 있다.

어노테이션의 핵심적인 특징은 어노테이션을 정의하는 코드와 처리하는 코드를 분리할 수 있다는 점이다. 유효성 검증 예제는 이 점을 잘 보여준다. 필드가 유효한 범위의 값을 가지도록 보장하려고 한다면, 세터 메서드 안에서 로직을 구현하는 방법이 가장 확실하다. 이때 문제점은 제약사항을 정의하는 코드와, 이 제약사항이 언제 실행될지 결정하는 코드가 결합된다는 점이다. 이 경우에는 필드에서 값이 바뀔 때 유효성 검증이 실행된다.

이러한 제약사항을 검증하는 일이 유용해지는 다른 시점도 있다. 예를 들어 사용자가 폼(form)을 다 입력한 후, 폼을 전송할 때 유효성을 검증하는 경우를 들 수 있다. 이처럼 폼을 전송할 때 유효성 검증을 실행하려면, 전송할 객체에 대해 전체적으로 검증하는 메서드를 만들면 된다. 하지만 이번에도 제약사항을 정의하는 코드와 실행 시점을 결정하는 코드가 동시에 정의된다.

반면에 제약사항을 정의하는 코드와 실행하는 코드를 분리하면, 제약사항을 다양한 시점에서 검증할 수 있고, 심지어 시점별로 서로 다른 제약사항을 적용할 수도 있다. 또한 코드 자체도 명료해진다. 즉 제약사항을 정의하는 코드를 독립적으로 정의할 수 있으므로 제약사항에 대한 정의와 검증을 실행하는 메커니즘이 서로 결합되지 않게 되고, 결국 프로그래머는 제약사항에 대한 정의를 쉽게 알아볼 수 있게 된다.

결국 어노테이션의 힘은 어노테이션을 정의하는 코드와 처리하는 코드를 분리할 수 있다는 데서 나온다. 이렇게 분리하는 이유가 어노테이션 처리 과정을 어노테이션 정의와 독립적으로 변경하기 위해서일 수도 있고, 어노테이션을 별도로 정의해 좀 더 쉽게 이해하기 위함일 수도 있다.

어노테이션을 사용할 때 단점이라면, 어노테이션 정의와 처리를 한꺼번에 이해하기가 더욱 힘들다는 점이다. 한꺼번에 이 두 부분을 이해하려면 서로 떨어져서 위치한 코드를 들여다 봐야 한다. 처리 코드는 generic으로 만들 수도 있는데, 이 경우에는 이해하기가 더욱 힘들다.

따라서 어노테이션은 선언적으로 정의해야 하며, 논리적인 흐름을 절대로 포함해서는 안 된다. 뿐만 아니라 어노테이션 정의에 처리 로직을 실행하는 시점과 관련된 내용을 조금도 암시해서는 안 된다. 그리고 같은 프로그램 요소나 서로 다른 요소에 적용된 어노테이션의 처리 순서도 어노테이션 정의에 포함되어서는 안 된다.

42.3 커스텀 구문을 사용해 런타임에 처리하기(자바)

어노테이션을 적용하는 첫 코드 예제로 가장 쉬운 방법을 사용하고자 한다. 즉, 언어에서 어노테이션을 위한 커스텀 구문을 지원하는 경우다. 이 예제에서는 자바를 활용하려고 하며, 1.5 버전부터 어노테이션을 위한 커스텀 구문이 추가되었다.

다음은 정수 값이 가질 수 있는 유효범위를 기술하는 방법이다.

```
class PatientVisit...
  @ValidRange(lower = 1, upper = 1000, units = Units.LB)
  private Quantity weight;
  @ValidRange(lower = 1, upper = 120, units = Units.IN)
  private Quantity height;
```

이 어노테이션이 동작하려면, 어노테이션 타입을 다음과 같이 정의해야 한다.

```java
@Target(ElementType.FIELD)
@Retention(RetentionPolicy.RUNTIME)
public @interface ValidRange {
  int lower() default Integer.MIN_VALUE;
  int upper() default Integer.MAX_VALUE;
  Units units() default Units.MISSING;
}
```

자바 어노테이션 시스템에서 어노테이션 타입 자체는 사실 필드만을 가지는 객체로, 이 필드는 반드시 리터럴이거나 또 다른 어노테이션이어야 한다.

결과적으로 어노테이션을 처리하는 일은 모두 다른 곳에서 이루어진다. 여기에서는 객체가 자신을 직접 검증하는 방식으로 어노테이션을 처리하려고 한다.

(현재 주제에서 벗어난 내용이긴 하지만, 객체가 이처럼 자신을 검증하도록 하는 전략이 항상 맞는 것은 아니다. 객체가 유효한지 검증을 하는 일은, 해당 객체가 특정 문맥에 맞는지 확인하기 위해서다. 그리고 이 문맥은 해당 객체와 관련된 액션일 때가 많다. 이 장에서 사용하는 검증 방법에서는 아래의 유효성 검증 코드를 어느 문맥에서 사용하더라도, 검증 결과가 항상 같다는 가정이 내포되어 있다. 이 가정은 맞을 때도 있지만, 틀릴 때가 더 많다.)

```java
class DomainObject...
  boolean isValid() {
    return new ValidationProcessor().isValid(this);
  }

public class PatientVisit extends DomainObject
```

DomainObject의 isValid 메서드는 단순히 ValidationProcessor 클래스에 위임한다.

```java
class ValidationProcessor...
  public boolean isValid(Object arg) {
    for (Field f : arg.getClass().getDeclaredFields())
      for (Annotation a : f.getAnnotations())
        if (doesAnnotationValidationFail(arg, f, a)) return false;
    return true;
  }
  public boolean doesAnnotationValidationFail(Object obj, Field f, Annotation a)
  {
    FieldValidator validator = validatorMap().get(a.annotationType());
    if (null == validator) return false;
    return !validator.isValid(obj, f);
  }
  private Map<Class, FieldValidator> validatorMap() {
    Map<Class, FieldValidator> result = new HashMap<Class, FieldValidator>();
    result.put(ValidRange.class, new ValidRangeFieldValidator());
    return result;
  }
```

ValidationProcessor에서는 검증하려는 객체의 클래스를 검색해 어노테이션을 찾고, 이 중에서 유효성과 관련된 어노테이션을 찾는다. 각 어노테이션에 대해 루프를 돌면서 해당 어노테이션 타입에 맞는 FieldValidator 객체에 대한 참조를 저장한 다음, 인자로 넘어온 객체에 대해 FieldValidator 객체로 유효성을 검증한다.

이 코드 대부분은 한 번만 실행되면 충분하다. 어노테이션이 런타임 때 변경되지 않기 때문이다. 이러한 초기화 코드를 좀 더 효과적으로 실행하는 방법을 찾는 일은 독자의 몫으로 남겨두겠다. 하지만 이 코드로 인해 성능상에 병목 현상이 일어났을 때만 더 효과적인 방법을 찾겠다고 약속해주기 바란다.

어노테이션과 어노테이션을 처리하는 클래스 사이의 관계는 validatorMap( )에서 반환된 맵을 이용해 만들어진다. 만약 어노테이션을 정의할 때 어노테이션에 코드를 추가하도록 허용한다면, isValid를 어노테이션에 직접 구현할 수도 있었다. 또는 Validator 클래스 명을 어노테이션에 하나의 필드로 포함할 수 있었다. 하지만 이렇게 하지 않았는데, 일반적으로(최소한 자바에서) 나는 어노테이션과 어노테이션을 처리하는 메커니즘을 독립적으로 만드는 편을 선호하기 때문이다.

이제 Validator 객체에 유효 범위를 검사하는 코드를 구현한다.

```
class ValidRangeFieldValidator implements FieldValidator...
  public boolean isValid(Object obj, Field field) {
    ValidRange r = field.getAnnotation(ValidRange.class);
    field.setAccessible(true);
    Quantity value;
    try {
      value = (Quantity)field.get(obj);
    } catch (IllegalAccessException e) {
      throw new RuntimeException(e);
    }
    return (r.units() == value.getUnits())
      && (r.lower() <= value.getAmount())
      && (value.getAmount() <= r.upper());
  }
```

42.4 클래스 메서드 사용하기(루비)

루비에는 어노테이션을 정의하는 커스텀 구문이 없음에도 불구하고, 어노테이션이 폭넓게 사용되는 언어 중 하나다. 루비에서는 클래스 메서드로 어노테이션을 정의하고, 클래스 몸체에서 이 메서드를 직접 호출한다.

```
class PatientVisit < Domain Object...
  valid_range :height, 1..120
  valid_range :weight, 1..1000
```

(루비를 사용한 예제에서는 수량 객체가 아니라, 정수를 사용해 예제를 좀 더 간단하게 만들 것이다. 실제 제품에 사용할 코드에 내가 정수를 사용하는 걸 보게 되면, 부담 갖지 말고 나를 비난해도 된다.)

이처럼 클래스 몸체에 직접 어노테이션을 사용한 코드는 클래스가 로드될 때 실행된다.

```
class DomainObject...
  @@validations = {}

  def self.valid_range name, range
    @@validations[self] ||= []
    v = lambda do |obj|
      range.include?(obj.instance_variable_get("@" + name.to_s))
    end
    @@validations[self] << v
  end
```

이때 구현은 매우 직관적이다. 검증을 수행하는 객체를 클래스 변수를 사용해 저장한다. 이때 클래스 변수는 실제로 검증할 대상 클래스를 키로 가지는 해시로 만들어야 하는데, 클래스 변수에 저장된 값은 하위 클래스들 모두에서 공유되기 때문이다.

먼저 valid_range는 호출될 때마다 해시 값이 비어있다면 빈 배열로 초기화한다. 그리고 나서 인자를 하나 받아 유효성을 검증하는 클로저를 하나 만든다. 그리고 이 클로저를 배열에 저장한다.

검증할 대상 객체에는 메서드를 추가해 자신을 검증하도록 만든다.

```
class DomainObject...
  def valid?
    return @@validations[self.class].all? {|v| v.call(self)}
  end
```

이처럼 해시를 클래스 변수로 사용해 클래스마다 다른 값을 저장하는 방법은 사실 클래스 인스턴스 변수를 구현하는 방법이다. 루비에서는 아래와 같이 바로 처리할 수도 있다.

```
class DomainObject...
  class << self; attr_accessor :validations; end

  def self.valid_range name, range
    @validations ||= []
    v = lambda do |obj|
      range.include?(obj.instance_variable_get(name))
    end
```

```
    @validations << v
  end

class DomainObject...
  def valid?
    return self.class.validations.all? {|v| v.call(self)}
  end
```

42.5 동적 코드 생성(루비)

동적 언어로 작업할 때 좋은 점 하나는 런타임에 코드를 추가할 수 있다는 것이다. 이 기능을 사용하면, 어노테이션을 처리하는 부분을 좀 더 개선할 수 있다. 이번에는 단순히 객체를 전체적으로 검증하는 메서드를 제공할 뿐 아니라, 개별 필드를 검증하는 메서드도 제공하려고 한다. 따라서 앞에서 사용한 환자 입원 예제에서 PatientVisit 클래스에 valid? 메서드 뿐만 아니라, 특정 필드별로 valid_height? 와 valid_weight? 메서드도 추가하려고 한다. 이들 메서드는 모두 동적으로 코드를 생성하려고 한다. 따라서 유효성 검증 어노테이션을 가진 필드는 모두 해당 필드에 맞는 검증 메서드를 동적으로 가지게 된다.

이 방법의 좋은 점은 PatientVisit에서 어노테이션 호출을 수정하지 않아도 된다는 점이다. 따라서 앞에서 본 간단한 경우를 그대로 사용할 수 있다.

```
class PatientVisit...
  not_nil :height, :weight
  valid_range :height, 1..120
  valid_range :weight, 1..1000
```

여기에서도 클래스 인스턴스 변수를 이용해서, 검증을 수행하는 객체를 저장하는 접근법을 그대로 사용한다. 앞의 예제와 다른 점은 유효성을 검증하는 객체로 단순히 클로저를 저장하는 게 아니라, FieldValidator 클래스를 만들어 필드 명과 클로저를 인자로 받게 만든다는 점이다.

```
class DomainObject...
  class << self; attr_accessor :validations; end

  def valid?
    return self.class.validations.all? {|v| v.call(self)}
  end

class FieldValidator
  attr_reader :field_name
  def initialize field_name, &code
    @field_name = field_name
```

```
    @code = code
  end
  def call target
    @code.call target
  end
```

객체 전체를 검증하는 valid? 메서드의 경우, 유효성을 검증하는 객체는 모두 앞의 예제와 동일하게 수행된다.

추가해야 할 메서드는 다음과 같다.

```
class DomainObject...
  def self.define_field_validation_method field_name
    method_name = "valid_#{field_name}?"
    return if self.respond_to? method_name
    self.class_eval do
      define_method(method_name) do
        return self.class.validations.
          select{|v| v.field_name == field_name}.
          all? {|v| v.call(self)}
      end
    end
  end
```

먼저 정의하려는 메서드가 이미 있는지 검사한다. 정의되지 않았다면 define_method를 사용해 새로운 메서드를 PatientVisit 클래스에 추가한다. 그리고 validations에서 주어진 필드에 해당하는 클로저만 선택한 후 실행한다. (define_method를 호출할 때 class_eval로 내부로 감싸야 하는데, define_method는 사실 private 메서드이기 때문이다. class_eval에 문자열을 사용하면 이렇게 하지 않아도 된다.)

43장

DOMAIN-SPECIFIC LANGUAGES

파스 트리 조작

코드 일부에서 파스 트리를 만들어, DSL 처리 코드에서 이 트리를 조작한다.

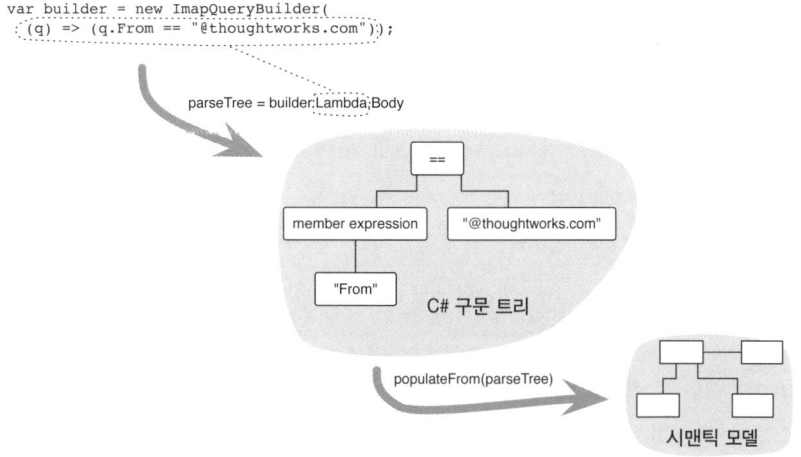

코드를 클로저에 작성하면, 이 코드는 이후에 어떤 시점에서도 실행이 가능하다. 파스 트리 조작(Parse Tree Manipulation)을 활용하면, 이 코드를 실행할 수 있을 뿐 아니라, 코드의 파스 트리를 검사해서 수정할 수도 있다.

43.1 어떻게 동작하는가

파스 트리 조작을 사용하려면, 코드 일부를 받아 파스 트리로 변환하고 이 파스 트리로 작업할 수 있게 지원하는 프로그래밍 환경이 필요하다. 이는 프로그래밍 언어에서 다소 흔치 않은 기능으로, 이 기능을 지원하는 언어가 거의 없다. 심지어 지원하더라도 거의 사용되지 않는다. 이 기능을 지원하는 툴에 대해서 상세히 조사해 본 적은 없지만, 내가 아는 몇몇 언어를 사용하면 각 언어에서 이러한 종류의 기능을 어떻게 활용하는지 개략적인 모습을 보여줄 수 있을 듯하다. 내가 이야기하려고 하는 세 가지 사례는 C#(3.0 이후 버전), 루비의 ParseTree 라이브러리, 그리고 Lisp다.

C#과 ParseTree는 비슷한 방식으로 동작한다. 소스 코드 일부에 대해 라이브러리를 호출하면, 라이브러리는 코드에 대한 파스 트리를 데이터 구조로 반환한다. C#에서는 람다 내의 표현식에 대해서만 이 기능을 적용할 수 있다. 파스 트리 기법을 적용할 수 있는 표현식에 이 같은 제약이 있다는 말은 여러 개의 문장으로 된 코드를 받을 수 없다는 뜻이다. 반면에 루비의 ParseTree를 사용하면 클래스, 메서드 또는 문자열로 된 루비 코드까지도 입력으로 받을 수 있다.

C#의 경우 표현식 객체들이 계층 구조를 이루는 데이터 구조를 반환한다. 이들 객체가 파스 트리를 표현하며, 서로 다른 종류의 연산자가 상속 계층을 가지도록 특별하게 구성된다. ParseTree에서는 중첩된 루비 배열이 반환되며, 이때 심벌이나 문자열과 같은 단순한 내장 타입을 단말 노드로 가진다.

이렇게 파스 트리가 반환되고 나면, C#과 루비에서는 모두 파스 트리를 탐색하고, 검사할 수 있는 트리 탐색기를 작성할 수 있다. C#에서 파스 트리는 불변이지만 파스 트리를 복사해서 수정하는 방식으로 변경이 가능하다. 이들 라이브러리는 모두 하위 트리를 받아서 실행 가능한 코드로 다시 되돌릴 수 있는 메커니즘을 제공한다.

Lisp가 취하는 접근법은 약간 다르다. Lisp 코드는 본질적으로 그 자체가 중첩된 리스트가 직렬화된 파스 트리(serialized parse tree)다. Lisp는 어떤 표현식이라도 검사해서 조작할 수 있는 구문형 매크로를 제공한다. 이처럼 Lisp는 매크로를 사용하므로 프로그래밍 스타일에서도 차이가 난다. 하지만 거의 같은 효과를 달성할 수 있다.

파스 트리 조작을 활용하면 호스트 언어를 사용해서 목표로 하는 필요한 표현식을 만들 수 있다. 하지만 목표로 하는 표현식을 모두 만들 수 있는 것은 아니다. 일반적으로 만들 수 있는 목표 표현식에는 한계가 있다. 이러한 상황이라면, 즉 처리할 수 없는 표현식이 있다면 되도록 빨리 실패하는 게 중요하다. 대개 파스 트리를 탐색할 때는 트리의 노드가 기대하는 바와 일치하기 마련이다. 하지만 파스 트리 조작을 사용할 때는 호스트 언어에서 유효한 구조라면 얼마든지 파스 트리에 포함될 수 있으므로, 트리를 탐색하면서 직접 노드를 검사해야 한다.

대개의 경우 표현식이 나타내는 파스 트리 전체를 탐색할 필요가 없고, 탐색하기를 원치도 않는다. 트리에서 일부분만을 탐색하고, 하위 트리에서 상당 부분은 평가될 때까지 남겨두는 때가 많다. 따라서 트리 전체를 파싱하는 파서를 개발할 필요는 없으며, 시맨틱 모델(197)을 생성할 수 있는 정도로만 파싱하면 충분하다. 다시 말해 필요한 시맨틱 모델을 만들 수 있을 정도로 탐색이 충분히 이루어지고 나면, 나머지 하위 트리에 대한 탐색을 그만두고 탐색된 하위 트리를 바로 평가한다.

43.2 언제 사용하는가

파스 트리 조작을 활용하면 호스트 프로그래밍 언어를 사용해서 목표로 하는 로직을 표현할 수 있다. 이를 통해 다른 기법으로 사용할 때보다 더 유연하게 표현식을 조작할 수 있다. 결국 DSL에서 파스 트리 조작을 적용하려는 강력한 이유는, 일반적으로 사용하는 내부 DSL 구조체로 이루어진 피진어(pidgin)[1]가 아니라, 호스트 언어가 가진 기능을 폭넓게 사용할 수 있기를 간절히 바라기 때문이다.

DSL이 아니라 호스트 언어를 활용하려는 게 파스 트리 조작을 사용하는 유일한 이유는 아니다. 어쨌든 외부 DSL 대신 내부 DSL을 사용하는 이유도 호스트 언어 전체를 DSL 구조체와 얼마든지 혼용할 수 있다는 장점이 있기 때문이다. 핵심적인 차이점은 따로 있다. 파스 트리 조작을 사용하지 않을 때는 단지 호스트 언어에서 실행 가능한 결과만을 조작할 수 있다. 따라서 호스트 언어로 작성된 표현식에 끼어들어 표현식이 가진 구조 자체를 조작할 수는 없다.

그렇긴 해도 DSL에서 파스 트리 조작을 활용해야 하는 사례는 많지 않다. (대다수 패턴과 마찬가지로 파스 트리 조작은 DSL 이외의 맥락에서도 많이 사용된다. 이 책에서는 이러한 사례는 다루지 않겠다.) 살펴볼 만한 최적의 사례로는 .NET에서 파스 트리 조작 기법을 지원하는 견인차인 Linq를 들 수 있다.

Linq는 쿼리 조건을 표현하는데 사용할 수 있다. 이때 쿼리 조건은 사실 표준 .NET 언어를 사용해서 작성한 불린 표현식이다. 이렇게 작성한 조건은 .NET 데이터 구조에 대해 평가할 수 있으며, 이 작업 대부분은 단순하다. 흥미로운 점은 C# 조건을 받아 SQL 문으로 변환할 수 있다는 점이다. 이를 통해 SQL을 모르더라도 데이터베이스 쿼리문을 작성할 수 있으며, 다양한 데이터베이스에 대해 실행되는

---

[1] (옮긴이) 특정 언어(특히 영어, 포르투갈어, 네덜란드어)의 제한된 어휘가 토착 언어 어휘와 결합되어 만들어진, 단순한 형태의 합성어다. 서로 다른 언어를 쓰는 사람들이 의사소통하기 위해 만들어졌다.

쿼리문을 작성할 수 있다. 이 같은 작업을 하려면, C# 조건을 받아 파스 트리로 변환하여 파스 트리를 탐색한 후, C# 조건에 대응하는 SQL 문 코드를 생성해야 한다. 결국 이 작업은 C# 코드를 SQL(또는 목표로 하는 다른 코드)로, 즉 소스에서 소스로 변환하는 작업이다. 이처럼 소스 코드를 변환할 때 파스 트리 조작이 효과적이다. 목표 언어가 결정되지 않았거나 여러 목표 환경에 맞는 코드를 생성해야 할 때, 파스 트리 조작을 활용하면 익숙한 구문을 사용해 조건을 작성할 수 있다.

파스 트리 조작 기법을 활용할 수 있는 또 다른 방법은 파스 트리에서 유용한 작업을 처리할 수 있게 파스 트리를 수정하는 방식이다. 예를 들어, 특정 객체에 대한 호출을 모두 다른 객체로 리다이렉트하도록 만들 수 있다. 하지만 이처럼 변형해 사용하면 DSL 문맥(이 책에서 다루는 내용)에서 얼마나 유용할지는 알 수 없다.

기법을 적용하기가 복잡하기 때문에 많은 프로그래머에게 매력적으로 다가오는 경우도 있는데, 파스 트리가 이런 기법이 되진 않을지 조금 염려스럽다. 이런 매력은 사람의 눈을 가리고, 결국 같은 목표를 이룰 수 있는 더 간단한 방법을 생각하지 못하게 만든다.

43.3 C# 조건으로 IMAP 쿼리 생성하기(C#)

일부 독자는 이메일 서버와 통신할 때 사용하는 IMAP 프로토콜이 익숙할 수도 있다. IMAP을 사용할 때 이메일은 서버에 유지되고, 이메일을 읽거나 캐싱을 하는 경우에만 이메일이 클라이언트로 다운로드된다. 결국 이메일을 검색하려면 서버에서 검색해야 한다.

IMAP을 이용해 검색할 때, 이메일 클라이언트는 검색 요청을 보낸다. 검색 요청은 IMAP 명령어이므로 문자열로 구성된다. 그리고 IMAP 검색 조건을 기술할 때 DSL을 사용한다. 이 책에서는 이 DSL을 상세히 다루지는 않고(내용을 상세히 보고 싶다면 [RFC 3501]를 살펴보라), 단순한 사례만을 설명할 것이다. 예를 들어, 이메일을 검색하는 경우를 생각해 보자. 이때 이메일에 'entity framework' 절이 포함되고, 보낸 사람의 도메인이 thoughtworks.com이 아니며, 보낸 날짜가 2008년 6월 23일 이후여야 한다. 이 쿼리는 검색 명령어에 SEARCH subject "entity framework" sentsince 23-jun-2008 not from "@thoughtworks.com"와 같이 코드화할 수 있다.

IMAP용 검색 명령어를 작성하는 DSL은 이메일용 쿼리 언어를 작성할 수 있는 훌륭한 DSL이다. 하지만 이 예제에서는 이 쿼리를 C#을 사용해 다음과 같이 표현하려고 한다.

```
var threshold = new DateTime(2008, 06, 23);
var builder = new ImapQueryBuilder((q) =>
  (q.Subject == "entity framework")
&& (q.Date >= threshold)
&& ("@thoughtworks.com" != q.From));
```

43.3.1 시맨틱 모델

첫 단계로 IMAP 쿼리를 만들 수 있는 시맨틱 모델(197)을 만들어 보자. 이 모델은 간단한 ImapQuery 객체로, IMAP 쿼리의 각 절에 대응하는 요소를 저장한다. 그리고 이들 요소를 서로 결합해서, 전체 쿼리문을 만들어 낸다.

```
class ImapQuery...
  internal List<ImapQueryElement> elements = new List<ImapQueryElement>();
  public void AddElement(ImapQueryElement element) {
    elements.Add(element);
  }

interface ImapQueryElement {
  string ToImap();
}
```

이때 쿼리 요소에 해당하는 인터페이스(ImapQueryElement)를 선언한다. 그리고 인터페이스를 구현하는 두 개의 클래스를 정의한다. 하나는 기본적인 쿼리 절(from "@thoughtworks.com")을 처리하는 클래스고, 다른 하나는 부정 쿼리 절(not)을 처리하는 클래스다.

```
class BasicElement : ImapQueryElement {
  private readonly string name;
  private readonly object value;
  public BasicElement(string name, object value) {
    this.name = name.ToLower();
    this.value = value;
    validate().AssertOK();
  }

class NegationElement : ImapQueryElement {
  private readonly BasicElement child;
  public NegationElement(BasicElement child) {
    this.child = child;
  }
```

예제 쿼리문에서 간단한 접속사만을 사용하지만, IMAP의 경우 사실 일반적인 불린 표현식을 모두 사용할 수 있다. 불린 표현식을 모두 처리할 수 있도록 쿼리 요소를 만들기란 쉽지 않지만, 만들어 두면 대응하는 접속사를 사용해서 이메일 쿼리 대다수를 효과적으로 처리할 수 있다. 따라서 IMAP을 사용할 때, 공통적인 경우는 간단하게 처리하고, 불린 조건식을 사용해야 하는 흔치 않은 상황에서는 대응하는 접속사를 사용해서 더욱 표현력 있게 작성할 수 있게 된다. 이 장에서는 파스 트리 조작 패턴을 설명하는 게 목적이므로, 이처럼 단순한 접속사만을 사용해도 충분하다.

각 BasicElement 객체는 키워드와 값을 가지는데, 이는 IMAP에서 검색 언어를 구성하는 방식을 반영한다. 이때 객체마다 일부 에러를 검사하는 로직을 추가했으며, 따라서 에러가 발생하게 되면 예외를 던지게 된다.

```
class BasicElement...
  private Notification validate() {
    var result = new Notification();
    if (null == Name)
      result.AddError("Name is null");
    if (null == Value)
      result.AddError("Value is null");
    if (!stringCriteria.Contains(Name) && !dateCriteria.Contains(Name))
      result.AddError("Unknown criteria: {0}", Name);
    if (stringCriteria.Contains(Name) && !(Value is string))
      result.AddError("{0} needs a string argument, got {1}",
                      Name, Value.GetType());
    if (dateCriteria.Contains(Name) && !(Value is DateTime))
      result.AddError("{0} needs a DateTime argument, got {1}",
                      Name, Value.GetType());
    return result;
  }
  private readonly static string[] stringCriteria =
    { "subject", "to", "from", "cc" };
  private readonly static string[] dateCriteria =
    { "since", "before", "on", "sentbefore", "sentsince", "senton"};

class Notification...
  public void AssertOK() {
    if (HasErrors) throw new ValidationException(this);
  }
```

커맨드-쿼리 인터페이스를 사용하면, 작성하려는 쿼리에 해당하는 모델을 다음처럼 만들 수 있다.

```
var expected = new ImapQuery();
expected.AddElement(new BasicElement("subject", "entity framework"));
expected.AddElement(new BasicElement("since", new DateTime(2008, 6, 23)));
expected.AddElement(new NegationElement(
  new BasicElement("from", "@thoughtworks.com")));
```

시맨틱 모델이 준비되었으므로 이제 IMAP 검색 명령어에 해당하는 코드를 생성할 수 있다. 이 작업은 매우 단순한 코드 생성 작업에 불과하다. 단순히 각 ImapQueryElement 객체의 검색 명령어를 result에 더한다.

```
class ImapQuery...
  public string ToImap() {
    var result = "";
    foreach (var e in elements) result += e.ToImap();
    return result.Trim();
  }

class BasicElement...
  public string ToImap() {
    return String.Format("{0} {1} ", name, imapValue);
  }
  private string imapValue {
    get {
      if (value is string) return "\"" + value + "\"";
      if (value is DateTime) return imapDate((DateTime)value);
      return "";
    }
  }
  private string imapDate(DateTime d) {
    return d.ToString("dd-MMM-yyyy");
  }

class NegationElement...
  public string ToImap() {
    return String.Format("not {0}", child.ToImap());
  }
```

43.3.2 C#으로 시맨틱 모델 생성하기

지금까지 만든 시맨틱 모델을 사용하면 IMAP 쿼리용 검색 명령어를(또는 최소한 여기에서 사용하는 IMAP 쿼리 일부를) 표현하거나 생성할 수 있다. 이제 C#으로 이 시맨틱 모델을 생성하는 빌더를 살펴보자.

우선 빌더의 생성자에서 람다를 인자로 받는다.

```
class ImapQueryBuilder...
  private readonly Expression<Func<ImapQueryCriteria, bool>> lambda;
  public ImapQueryBuilder(Expression<Func<ImapQueryCriteria, bool>> func) {
    lambda = func;
  }
```

클로저에 표현식을 작성할 수 있으려면, 쿼리의 키워드(subject, sent, from)에 대해 수신자로 동작하는 객체가 필요하다. 이 객체는 런타임 때 전혀 관여하지 않는다. 오직 쿼리를 작성하는 일을 돕는 메서드를 제공하기 위해 필요하다. 결과적으로 이들 메서드가 반환하는 값은 중요하지 않은데, 이들 메서드는 사실 전혀 호출되지 않기 때문이다.

```
class ImapQueryBuilder...
  internal class ImapQueryCriteria {
    public string Subject {get { return ""; }}
    public string To {get { return ""; }}
```

```
public DateTime Sent {get { return DateTime.Now; }}
public string From {get { return ""; }}
```

쿼리를 빌드한 후 프로퍼티에 담는데, 이때 지연 평가를 활용한다.

```
class ImapQueryBuilder...
  public ImapQuery Content {
    get {
      if (null == content) {
        content = new ImapQuery();
        populateFrom(lambda.Body);
      }
      return content;
    }
  }
  private ImapQuery content;
```

핵심 작업은 populateFrom 메서드가 처리하는데, 이 메서드는 트리를 재귀적으로 탐색한다.

```
class ImapQueryBuilder...
  private void populateFrom(Expression e) {
    var node = e as BinaryExpression;
    if (null == node)
      throw new BuilderException("Wrong node class", node);
    if (e.NodeType == ExpressionType.AndAlso) {
      populateFrom(node.Left);
      populateFrom(node.Right);
    }
    else
      content.AddElement(new ElementBuilder(node).Content);
  }
```

사용자가 C#을 이용해 IMAP 쿼리를 작성할 수 있게 만들고자 했지만, 이제 와서 보니 이 빌더만으로는 C#을 제대로 활용하지 못하게 되었다. 실제로 앞에서 만든 시맨틱 모델은 C#에서 사용 가능한 표현식 중에서 일부만을 처리할 수 있을 뿐이다. 그리고 이 표현식은 하나 이상의 하위 표현식으로 구성되며, && 연산자로 연결되어 있어야 한다. 각 하위 요소 노드는 반드시 특정한 이항 연산자를 사용해야 하는데, 이때 연산자의 한쪽은 키워드여야 한다. 이 키워드는 ImapQueryCriteria 객체에 대한 호출에 해당한다. 연산자의 나머지 한쪽은 키워드별로 적용할 수 있는 연산자를 사용한 규칙이다. 문자열 중심의 키워드(from, subject, to)에서는 오직 == 과 !=을 사용할 수 있다. 날짜 중심의 키워드(sent, date)에는 동등 또는 비교 연산자를 모두 사용할 수 있다.

결국 탐색해야 하는 유일한 요소는 이항 표현식이므로, populateFrom에서는 이항 연산자가 아니라면 예외를 던진다. 표현식에서 연산자가 && 노드라면, 하위 노드에 재귀 호출을 수행한다. 흥미로운 경우는 노드가 요소 노드일 때로, 여기에는 로직이 충분히 많으므로 별도의 클래스에 이 로직을 담는다.

```
class ElementBuilder...
  private BinaryExpression node;
  public ElementBuilder(BinaryExpression node) {
    this.node = node;
    assertValidNode();
  }
```

이들 요소 노드에는 두 개의 자식 노드가 있다. 하나는 키워드 노드이고(To와 같이), 다른 하나는 쿼리에서 비교할 값을 반환하는 임의의 C# 코드다. 키워드와 값을 순서에 상관없이 작성할 수 있게 했는데, 호스트 언어에서도 교환 법칙이 성립하기 때문이다.

자식 노드가 키워드 노드가 되려면 ImapQueryCriteria 객체에 대한 메서드 호출을 포함해야 한다. 자식 노드가 키워드 노드라면, 자식 노드에서 키워드를 추출하는 메서드를 만든다. 이 메서드는 노드를 받아, 키워드 표현식에 해당하면 키워드를 반환하고, 아니라면 null을 반환한다.

```
class ElementBuilder...
  private string keywordOfChild(Expression node) {
    var call = node as MemberExpression;
    if (null == call) return null;
    if (call.Member.DeclaringType !=
      typeof(ImapQueryBuilder.ImapQueryCriteria))
      return null;
    return call.Member.Name.ToLower();
  }
```

이 유틸리티 메서드는 매우 유용하다. 무엇보다도 요소 노드가 작업하기에 실제로 유효한지 검사할 때 이 유틸리티 메서드를 사용할 수 있다. 즉 자식 노드 중 하나는 반드시 키워드 노드라는 점을 보장할 때 이 메서드를 사용한다.

```
class ElementBuilder...
  private void assertValidNode() {
    if (null == keywordOfChild(node.Left)
        && null == keywordOfChild(node.Right))
      throw new BuilderException("expression does not contain keyword", node);
    if (!isLegalOperator)
      throw new BuilderException("Wrong kind of operator", node);
  }
```

자식 노드 중 하나가 키워드 노드인지 검사해야 할 뿐 아니라, 연산자가 해당 키워드에서 사용할 수 있는 연산자인지도 검사해야 한다.

```
class ElementBuilder...
  private bool isLegalOperator {
    get {
      ExpressionType[] dateOperators = {
        ExpressionType.Equal, ExpressionType.GreaterThanOrEqual,
        ExpressionType.LessThanOrEqual, ExpressionType.NotEqual,
        ExpressionType.GreaterThan, ExpressionType.LessThan
      };
      ExpressionType[] stringOperators = {
        ExpressionType.Equal, ExpressionType.NotEqual
      };
      return (isDateKeyword())
            ? dateOperators.Contains(node.NodeType)
            : stringOperators.Contains(node.NodeType);
    }
  }
  private bool isDateKeyword() {
    return dateKeywords.Contains(keywordMethod());
  }
  private static readonly string[] dateKeywords = { "sent", "date" };
  private string keywordMethod() {
    return keywordOfChild(node.Left) ?? keywordOfChild(node.Right);
  }
```

보다시피 날짜 키워드인지 검사하려면 더 많은 작업을 해야 한다. 문자열 키워드의 경우에는 시맨틱 모델에 의존하므로, 유효하지 않은 키워드를 가진 요소를 만들려고 시도할 때 시맨틱 모델이 오류를 낸다. 반면에 날짜 키워드의 경우에는 달리 처리해야 하는데, C# 표현식과 시맨틱 모델이 서로 일치하지 않기 때문이다. 예를 들어 특정 날짜 이후에 전송된 이메일을 찾으려 할 때, C#으로는 흔히 q.Date >= aDate와 같은 표현식으로 작성한다. 반면에 IMAP에서는 sentsince aDate와 같이 표현한다. 결국 C# 키워드와 연산자를 조합해야만, IMAP 키워드를 제대로 선택할 수 있다. 결과적으로 C#의 날짜 키워드는 빌더에서 검사해야 하는데, 날짜 키워드는 입력 DSL에 포함될 뿐이며 시맨틱 모델에는 포함되지 않기 때문이다.

생성자에서 노드가 유효한지 검사했으므로, 노드에서 정확한 데이터를 꺼내는 로직은 간단히 만들 수 있다.

이제 이 로직을 살펴보자. content 프로퍼티가 시작점으로, 단순한 문자열의 경우와 더욱 복잡한 날짜의 경우를 분리해서 구현한다.

```
class ElementBuilder...
  public ImapQueryElement Content {
    get {
      return isDateKeyword()? dateKeywordContent() : stringKeywordContent();
    }
  }
```

문자열의 경우 키워드와 노드에서 키워드 맞은편에 있는 값을 이용해 Basic

Element 객체를 만든다. 이때 키워드의 종류는 상관이 없다. 연산자가 !=라면, BasicElement를 NegationElement로 감싼다.

```
class ElementBuilder...
  private ImapQueryElement stringKeywordContent() {
    switch (node.NodeType) {
      case ExpressionType.Equal:
        return new BasicElement(keywordMethod(), Value);
      case ExpressionType.NotEqual:
        return new NegationElement(new BasicElement(keywordMethod(), Value));
      default:
        throw new Exception("unreachable");
    }
  }
```

값을 가진 노드를 파싱하지 않아도 값을 알아낼 수 있다. 그저 표현식을 C# 시스템에 넘겨주면 표현식의 값을 얻을 수 있다. 이 방법을 활용하면 C#에서 유효한 코드는 모두 값을 가진 노드에 담을 수 있으며, 값을 얻으려고 탐색 코드에서 직접 처리하지 않아도 된다.

```
class ElementBuilder...
  private object Value {
    get {
      return (null == keywordOfChild(node.Left))
              ? valueOfChild(node.Left)
              : valueOfChild(node.Right);
    }
  }
  private object valueOfChild(Expression node) {
    return Expression.Lambda(node).Compile().DynamicInvoke();
  }
```

날짜의 경우는 좀 더 복잡하지만 사용하는 접근법은 기본적으로 동일하다. 필요한 IMAP 키워드는 keywordMethod와 연산자 타입 모두에 의존한다. 게다가 필요하다면 부정도 포함해야 한다. 먼저 keywordMethod로 구별해 보자.

```
class ElementBuilder...
  private ImapQueryElement dateKeywordContent() {
    if ("sent" == keywordMethod())
      return formDateElement("sent");
    else if ("date" == keywordMethod())
      return formDateElement("");
    else throw new Exception("unreachable");
  }
```

날짜 키워드를 제대로 가려냈다면 이제 연산자 타입으로 구별한다.

```
class ElementBuilder...
  private ImapQueryElement formDateElement(string prefix) {
```

```
    switch (node.NodeType) {
      case ExpressionType.Equal:
        return new BasicElement(prefix + "on", Value);
      case ExpressionType.NotEqual:
        return new NegationElement(new BasicElement(prefix + "on", Value));
      case ExpressionType.GreaterThanOrEqual:
        return new BasicElement(prefix + "since", Value);
      case ExpressionType.GreaterThan:
        return new NegationElement(new BasicElement(prefix + "before", Value));
      case ExpressionType.LessThan:
        return new NegationElement(new BasicElement(prefix + "since", Value));
      case ExpressionType.LessThanOrEqual:
        return new BasicElement(prefix + "before", Value);
      default:
        throw new Exception("unreachable");
    }
  }
```

IMAP의 경우 날짜 위주의 키워드는 그 이름이 유사하다는 사실을 이 코드에서 십분 활용하고 있다는 점을 주목해야 한다. 사실 코드를 처음 작성했을 때는 각 키워드별로 switch 문을 분리해서 작성했다가, 이후에 prefix를 이용하면 중복을 없앨 수 있다는 점을 깨달았다. 이 코드는 생각보다 너무 기발하므로 마음에 내키진 않지만 중복을 없앨 수 있으니 활용할 만하다.

43.3.3 한발 물러나 생각해보기

지금까지 IMAP 검색을 구현하는 내용을 요약해서 설명했지만, 몇 가지 사항을 더 언급하고 이 예제를 끝맺어야겠다.

먼저 예제를 설명한 방법과 예제를 개발한 방법 사이에는 차이가 있다는 점이다. 예제를 설명할 때는 각 구현부를 개별적으로 살펴보면 좀 더 쉽게 설명할 수 있다는 사실을 깨달았다. 즉 구현 절차는 커맨드 쿼리 인터페이스로 시맨틱 모델(197) 생성하기, IMAP 코드 생성하기, 파스 트리 탐색하기로 구별할 수 있다. 그리고 각 부분을 구분해서 살펴보면 더욱 쉽게 이해할 수 있다. 그래서 코드를 세 부분으로 분리해서 설명했다.

하지만 실제로 구현할 때는 같은 방식을 활용하지 않고, 예제를 두 단계에 걸쳐서 개발했다. 먼저 기본 요소에 간단한 접속사를 사용할 수 있게 한 후, 부정을 처리할 수 있는 기능을 추가했다. 요소에 대한 코드는 모두 한꺼번에 작성했고, 부정을 추가할 때 각 영역을 확장하고 리팩토링했다. 나는 소프트웨어를 이처럼 점진적으로 개발하는 방식을 지지한다. 하지만 최종적인 결과물을 설명하는 경우라면 점진적인 방식으로 설명하는 게 최적의 방법은 아니라고 생각한다. 따라서 최종적인 결과물에 나타난 구조와 이를 설명한 방식만 보고, 결과물이 눈에 보이는 순서대로 만들어졌으리라고 속단하지 말기 바란다.

두 번째로 공유하고 싶은 점은 실제로 사용할 IMAP DSL을 만든다면, 예제에서 설명한 방식대로 만들지는 않는다는 사실이다. 물론 파스 트리를 탐색하는 방식을 사용하면 언어의 고급 기능을 활용한다는 괴짜스러운 기쁨을 맛볼 수는 있다. 하지만 이보다는 간단한 메서드 체이닝을 활용하는 게 좋다.

```
class Tester...
  var builder = new ChainingBuilder()
    .subject("entity framework")
    .not.from("@thoughtworks.com")
    .since(threshold);
```

DSL을 이와 같이 작성하려면, 아래와 같이 구현해야 한다.

```
class ChainingBuilder...
  private readonly ImapQuery content = new ImapQuery();
  private bool currentlyNegating = false;

  public ImapQuery Content {
    get { return content; }
  }

  public ChainingBuilder not {
    get {
      currentlyNegating = true;
      return this; }
  }
  private void addElement(string keyword, object value) {
    ImapQueryElement element = new BasicElement(keyword, value);
    if (currentlyNegating) {
      element = new NegationElement((BasicElement) element);
      currentlyNegating = false;
    }
    content.AddElement(element);
  }
  public ChainingBuilder subject(string s) {
    addElement("subject", s);
    return this;
  }
  public ChainingBuilder since(DateTime t) {
    addElement("since", t);
    return this;
  }
  public ChainingBuilder from(string s) {
    addElement("from", s);
    return this;
  }
```

이 코드가 생각보다 간단하지만은 않다. 예를 들어 부정을 구현하면서 골치 아픈 컨텍스트 변수(217)를 사용했다. 하지만 코드는 파스 트리 조작을 사용한 코드보다 훨씬 작고 단순하다. 추가적인 키워드를 지원하려면 메서드를 추가해야 하지만, 추가하더라도 코드는 단순함을 유지할 것이다.

물론 코드가 이처럼 매우 단순해진 이유는 무엇보다도 내부 DSL의 구조가 IMAP 쿼리 자체와 매우 흡사하기 때문이다. 실제로 이 DSL은 IMAP 쿼리를 그저 메서드 체이닝을 이용해 표현한 것에 불과하다. 하지만 IMAP 쿼리를 사용하는 대신 이 방법을 사용하면, 무엇보다도 IDE 지원을 받을 수 있다는 장점이 있다. 파스 트리 조작을 이용한 예제와 같이 좀 더 C#스러운 구문을 선호하는 사람도 있지만, 솔직히 말해서 나는 이 예제처럼 좀 더 IMAP스러운 구문이 더 만족스럽다.

44장

DOMAIN-SPECIFIC LANGUAGES

클래스 심벌 테이블

정적 타입 언어를 사용할 때, 타입에 기반한 자동완성 기능을 지원하기 위해,
클래스와 필드를 사용해 심벌 테이블을 구현한다.

```
public class SimpleSwitchStateMachine extends StateMachineBuilder {
  Events switchUp, switchDown;
  States on, off;
  protected void defineStateMachine() {
    on.transition(switchDown).to(off);
    off.transition(switchUp).to(on);
  }
}
```

최신의 IDE는 더욱 쉽게 프로그래밍할 수 있도록 돕는, 강력하고 매력적인 기능을 많이 제공한다. 이 중에서 특히 유용한 기능은 타입에 기반한 자동완성 기능이다. 현재 내가 사용 중인 C# IDE나 자바 IDE에서는 변수명을 입력한 후 점을 입력하면, 해당 객체에 정의된 메서드의 목록을 모두 보여준다. 나처럼 동적 타입 언어를 즐기는 사람조차도 이러한 자동완성 기능이 정적 타입 언어가 가진 장점임을 인정할 수밖에 없다. 내부 DSL을 사용하는 경우에도 DSL에 심벌 이름을 입력할 때 자동완성 기능이 지원되기를 바란다. 하지만 DSL에서 심벌을 표현할 때 주로 문자열을 사용하거나, 또는 언어에 내장된 심벌 타입을 사용하므로, 타입과 관련된 정보를 알아낼 수 없다.

이와 같은 상황에서 클래스 심벌 테이블(Class Symbol Table)을 사용하면 심벌을 호스트 언어에서 정적 타입으로 만들 수 있다. 그러고 나서 클래스 심벌 테이블을 사용할 때, 각 심벌을 표현식 빌더(415)에 필드로 정의한다.

44.1 어떻게 사용하는가

클래스 심벌 테이블이 동작하게 하려면 기본적으로 DSL 스크립트를 단일 표현식 빌더(415) 내에 작성해야 한다. 이때 표현식 빌더는 좀 더 범용적인 표현식 빌더의 하위 클래스일 때가 많고, 상위 빌더에 스크립트에서 필요한 행위를 모두 정의한다. 스크립트를 작성하는 표현식 빌더에는 스크립트 자체에 필요한 메서드와 심벌에 해당하는 필드를 정의한다. 예를 들어 태스크를 기술하는 DSL이 있고 스크립트에 세 가지 태스크를 정의해야 한다면, 아래와 같이 필드를 선언할 수 있다.

```
Tasks drinkCoffee, makeCoffee, wash;
```

DSL을 사용하면 일반적인 프로그래밍 관례를 벗어나는 경우가 많다. 위 예에서 Tasks를 클래스 명으로 사용하는 명명 규칙도 마찬가지로 관례에서 벗어난다. 다시 한 번 말하지만 DSL에서는 가독성을 높이는 일이 코드를 작성하는 일반적인 규칙보다 우선한다. 이처럼 필드를 정의하고 나면 DSL 스크립트에서 필드를 참조할 수 있다. 뿐만 아니라 IDE는 이 필드에 대해 자동완성 기능을 지원하게 되고, 컴파일러도 필드를 검사할 수 있게 된다.

하지만 단순히 필드를 정의한다고 바로 사용할 수 있는 것은 아니다. DSL 스크립트에서 필드를 참조할 때, 참조하려는 대상은 필드 정의가 아닌 필드가 담고 있는 내용이다. 코드를 작성하는 시점에는 IDE에서 이 둘을 모두 인식한다. 하지만 프로그램을 실행하는 순간에는 필드 정의에 대한 고리는 사라지고, 오로지 필드가 담고 있는 내용만 남게 된다. 일반적인 경우라면 문제가 되지 않지만, 클래스 심벌 테이블을 만들려면 런타임에도 필드 정의에 대한 고리가 필요하다.

스크립트를 실행하기 전에 각 필드를 적당한 객체로 파퓰레이트하면 이 고리를 유지할 수 있다. 좋은 방법은 스크립트를 작성한 클래스의 인스턴스를 능동적으로 동작하는 스크립트처럼 사용하는 것이다. 즉 필드를 파퓰레이트하는 코드는 생성자에, 스크립트는 인스턴스 메서드에 두는 것이다. 필드에는 주로 조그만 표현식 빌더를 저장하는데, 이러한 빌더에는 기반 시맨틱 모델(197) 객체에 대한 참조와, 상호 참조를 하기 위한 필드 명을 저장한다. 심벌 테이블(205) 관점에서 보면 필드 명이 키에 해당하고 빌더는 값에 해당한다. 하지만 다른 종류의 키를 사용해서 접근해야 할 때도 있다. 따라서 필드에 빌더를 저장할 때 빌더 자체에 필드 명을 저장하면 도움이 된다.

반면에 DSL스크립트에서 필드를 참조할 때는 필드 리터럴 자체를 사용한다. 바로 이 점이 중요하다. 즉, wash 태스크를 참조하려면 DSL 스크립트에 단순히 필드명인 wash를 입력하면 그만이다. 하지만 이 DSL 스크립트를 처리하려면 필드에 담긴 빌더가 있어야만 필드끼리 상호 참조할 수 있다. 예를 들어 필드를 이름으로 검색하거나, 또는 특정 타입을 가진 필드를 반복문을 통해 모두 찾는 과정이 필요할 때도 있다. 이렇게 하려면 좀 더 교묘한 기법을 사용해 코드를 작성해야 하는데, 이때 리플렉션을 주로 사용한다. 그럼더라도 리플렉션은 그다지 많이 사용하지 않으므로, 리플렉션을 활용한 코드를 제대로 캡슐화 했다면, DSL 스크립트를 파싱하는 일이 그리 어렵지는 않을 것이다.

44.2 언제 사용하는가

클래스 심벌 테이블을 적용하면 결과적으로 DSL 언어 요소를 모두 정적 타입으로 사용할 수 있다. 따라서 IDE에서 정적 타입에 기반한 정교한 툴 지원을 사용할 수 있다는 큰 이득이 생긴다(예를 들어 타입에 기반한 자동완성 기능이 지원된다). 뿐만 아니라 DSL 스크립트에 대해 컴파일 타임에 타입 검사를 할 수 있다. 실제로 많은 사람들이 타입 검사 기능을 의미 있게 본다(하지만 나는 별로 중요하게 보지 않는다).

이처럼 IDE 지원에 초점을 맞추어 볼 때, 정적 타입을 활용할 수 있는 IDE를 사용하는 게 아니라면 이 기법은 별로 유용해 보이지 않는다. 게다가 동적 타입 언어에서는 별 효과가 없다.

이 기법을 사용하려면 타입 시스템에 맞게 DSL을 상당히 변형해야 한다는 단점을 있다. 결과적으로 만들어진 빌더 클래스도 매우 이상한 형태를 가진다. 게다가 정적 타입 지원을 받을 수 있는 위치에 DSL 스크립트를 작성해야 한다. 예를 들어 스크립트를 모두 동일한 빌더 클래스에 작성해야 한다. 이러한 제약사항으로 인해 DSL은 읽고 사용하기가 더 힘들어진다.

따라서 내가 볼 때 본질적인 트레이드오프는 DSL 스크립트를 제약함으로써 IDE 지원이라는 혜택을 누릴지에 달려있다. 나는 사용할 수 있다면 훌륭한 IDE 지원에 다소 의존하는 편이므로, 이 기법을 사용해 IDE 지원을 받고 싶다.

이처럼 정적 타입 지원을 받으려 한다면, 심벌에 enum을 사용해도 동일한 결과를 얻을 수 있다(심벌 테이블(205)을 보면 관련된 예제가 나온다.)

44.3 정적 타입 언어에서 클래스 심벌 테이블 사용하기(자바)

책의 도입 예제에서 클래스 심벌 테이블을 자바 예제에서 사용한 바 있다. 여기에서는 이 예제를 그대로 사용해서 클래스 심벌 테이블이 동작하는 방식을 보여주려고 한다. 클래스 심벌 테이블을 사용하려면 DSL 스크립트를 특정 클래스 안에 작성해야 한다.

```java
public class BasicStateMachine extends StateMachineBuilder {
  Events doorClosed, drawerOpened, lightOn, panelClosed;
  Commands unlockPanel, lockPanel, lockDoor, unlockDoor;
  States idle, active, waitingForLight, waitingForDrawer, unlockedPanel;
  ResetEvents doorOpened;

  protected void defineStateMachine() {
    doorClosed.code("D1CL");
    drawerOpened.code("D2OP");
    lightOn.code("L1ON");
    panelClosed.code("PNCL");

    doorOpened.code("D1OP");

    unlockPanel.code("PNUL");
    lockPanel.code("PNLK");
    lockDoor.code("D1LK");
    unlockDoor.code("D1UL");

    idle
      .actions(unlockDoor, lockPanel)
      .transition(doorClosed).to(active)
      ;

    active
      .transition(drawerOpened).to(waitingForLight)
      .transition(lightOn).to(waitingForDrawer)
      ;

    waitingForLight
      .transition(lightOn).to(unlockedPanel)
      ;

    waitingForDrawer
      .transition(drawerOpened).to(unlockedPanel)
      ;

    unlockedPanel
      .actions(unlockPanel, lockDoor)
      .transition(panelClosed).to(idle)
      ;
  }
}
```

DSL 스크립트는 하위 클래스에 저장했다. 스크립트 자체는 하나의 메서드에 작성되고 클래스의 필드는 심벌 테이블에 해당한다. DSL 스크립트 클래스는 빌더 클래스의 하위 클래스로 만들어 두었다. 이를 통해 상위의 빌더 클래스가 스크립트가 실행되는 방법을 제어할 수 있게 된다. (게다가 이처럼 하위 클래스를 사용하면 객체 스코핑(461)을 적용할 수도 있다. 하지만 이 예제에서는 사용할 필요가 없다.)

```
class StateMachineBuilder...
  public StateMachine build() {
    initializeIdentifiers(Events.class, Commands.class, States.class,
                          ResetEvents.class);
    defineStateMachine();
    return produceStateMachine();
  }
  abstract protected void defineStateMachine();
```

스크립트를 실행하는 public 메서드를 슈퍼 클래스에 정의한다. 이 메서드는 클래스 심벌 테이블에 해당하는 필드를 설정하는 코드를 실행한 후, 스크립트를 실행한다. 이 경우 DSL 스크립트를 실행하면 상태 머신에 대한 정보를 수집하는 기본 준비 작업을 거친 다음에 시맨틱 모델(197) 객체를 실제로 만든다. 따라서 스크립트를 실행하는 과정은 세 단계로 이루어진다. 즉 식별자를 초기화하고(범용), DSL 스크립트를 실행한 후(득성), 마시막으로 상태 머신 모델을 만든다(범용).

첫 단계에서 식별자를 초기화하는 일은 필수적이다. DSL 스크립트에서 사용한 필드에 대한 참조는 모두 필드 자체가 아니라 필드에 담긴 내용을 참조하기 때문이다. 이 경우라면 특정 식별자마다 객체를 사용하는 방식이 좋을 듯하다. 이 식별자 객체는 식별자의 이름과 기반 모델 객체에 대한 참조를 가진다. 이처럼 식별자를 초기화하는 코드는 기대에 못 미칠 정도로 지저분해진다. 식별자를 초기화하는 코드를 작성할 때, 코드를 중복하지 않으면서도 범용적으로 사용할 수 있는 코드를 만들려고 했기 때문이다. 그리고 범용 코드로는 초기화할 식별자의 타입을 미리 알 수 없으므로, 동적으로 타입을 결정해야 한다.

예제를 통해 살펴보면 지금까지 설명한 내용을 좀 더 쉽게 이해할 수 있다. 이벤트 빌더 클래스(Events)를 살펴보자. 우선 클래스 명을 설명해야겠다. 객체 지향 프로그래밍을 다루는 온갖 종류의 책에서는 클래스 명으로 복수형을 피하는 게 현명한 일이라고 말한다. 나도 이 조언에 수긍한다. 하지만 이 예제에서 복수 형태로 사용하면 DSL 맥락에서는 더 읽기 쉬워진다. 이는 일반적인 코딩 규칙을 어겨야만 DSL 스크립트를 훌륭하게 만들 수 있는 또 다른 사례다. DSL에 맞게 명명 규칙을 바꾼다고 해서 Events 클래스가 빌더 클래스라는 사실까지 바꾸는 것은 아니다. 따라서 이 장에서는 Events 클래스를 이벤트 빌더 클래스라고 부르겠다(나머지 빌더 클래스도 마찬가지다).

이벤트 빌더는 범용적인 Identifier 클래스를 확장한다.

```
class Identifier...
  private String name;
  protected StateMachineBuilder builder;

  public Identifier(String name, StateMachineBuilder builder) {
    this.name = name;
    this.builder = builder;
  }
  public String getName() {
    return name;
  }
public class Events extends Identifier {
  private Event event;
  public Events(String name, StateMachineBuilder builder) {
    super(name, builder);
  }
  Event getEvent() {
    return event;
  }
```

여기에서는 책임을 간단히 분리한다. Identifier 클래스는 모든 식별자에서 필요한 책임을 맡고, 하위 클래스는 특정 타입에서 필요한 책임을 맡는다.

스크립트를 실행하는 첫 단계인 식별자를 초기화하는 부분을 살펴보자. 많은 식별자 클래스를 초기화해야 하므로 초기화 작업을 수행하는 범용 코드를 만들려 한다. 이를 위해 초기화 메서드에 식별자 클래스의 목록을 인자로 전달하고, 각 식별자 클래스에 해당하는 필드를 모두 초기화한다.

```
class StateMachineBuilder...
  private void initializeIdentifiers(Class... identifierClasses) {
    List<Class> identifierList = Arrays.asList(identifierClasses);
    for (Field f : this.getClass().getDeclaredFields()) {
      try {
        if (identifierList.contains(f.getType())) {
          f.setAccessible(true);
          f.set(this, Identifier.create(f.getType(), f.getName(), this));
        }
      } catch (Exception e) {
        throw new RuntimeException(e);
      }
    }
  }

class Identifier...
  static Identifier create(Class type, String name,
    StateMachineBuilder builder)
    throws NoSuchMethodException, InvocationTargetException,
        IllegalAccessException, InstantiationException
  {
    Constructor ctor = type.getConstructor(String.class,
      StateMachineBuilder.class);
    return (Identifier) ctor.newInstance(name, builder);
  }
```

이처럼 코드를 작성하는 일은 바라는 것 이상으로 교묘하지만, 이렇게 함으로써 초기화 메서드를 중복해서 작성하지 않아도 된다. 이 코드는 DSL 스크립트 객체에 있는 필드를 모두 조사해서, 필드 타입이 인자로 전달된 클래스들 중에 일치하면 특별한 static 유틸리티 메서드를 사용하여 올바른 생성자를 찾아서 호출한 후 필드를 초기화하는 과정이다. 결국 initializeIdentifiers를 호출하고 나면 이들 필드는 모두 특정 객체로 생성되고, 이들 객체는 나중에 상태 머신을 만들 때 활용한다.

다음 단계로 DSL 스크립트 자체를 실행한다. DSL 스크립트는 상태 머신에 대한 정보를 모두 담을 수 있도록 적절한 중간 단계의 객체를 생성하는 방식으로 실행한다.

첫 과정은 이벤트와 커맨드에 대해 코드를 정의하는 일이다.

```
class Events...
  public void code(String code) {
    event = new Event(getName(), code);
  }
```

code 메서드 내에는 Event 모델 객체를 생성힐 때 필요한 정보가 모두 있으므로, code가 호출될 때 이 객체를 바로 만들어서 필드에 저장한다(커맨드 빌더도 이와 거의 비슷하다).

이벤트 빌더와 커맨드는 간단히 변형된 표현식 빌더(415)다. 상태 빌더는 기본적인 표현식 빌더에 더 가까운데, 여러 단계를 거쳐서 상태 모델 객체를 생성하기 때문이다. 하지만 상태 모델 객체는 불변이 아니므로 생성자에서 모델 객체를 바로 생성할 수 있다.

```
class States...
  private State content;
  private List<TransitionBuilder> transitions =
    new ArrayList<TransitionBuilder>();
  private List<Commands> commands = new ArrayList<Commands>();

  public States(String name, StateMachineBuilder builder) {
    super(name, builder);
    content = new State(name);
  }
```

상태를 처리하는 작업 중 먼저 설명할 부분은 액션을 생성하는 부분이다. 기본적인 행위는 간단하다. 인자로 전달된 커맨드 식별자들을 조사해 상태 빌더에 저장한다.

```
class States...
  public States actions(Commands... identifiers) {
```

```
      builder.definingState(this);
      commands.addAll(Arrays.asList(identifiers));
      return this;
    }
```

DSL 스크립트에서 상태를 정의하기 전에 커맨드 코드를 항상 먼저 정의한다면 (이 예제처럼), 커맨드 빌더를 상태 빌더에 저장하는 대신에 커맨드 모델 객체를 상태 객체에 직접 저장할 수 있으므로 수고를 덜게 된다. 하지만 커맨드 코드를 정의하기 전에 상태를 먼저 정의하게 되면 에러가 발생할 수 있다. 이때 빌더를 사용해서 중간 단계의 객체를 만들면 DSL을 어느 순서로도 작성할 수 있다.

여기에는 약간 까다로운 부분이 있다. 이 DSL에서는 처음에 언급된 상태가 시작 상태라고 가정한다. 결국 상태를 정의할 때마다 이 상태가 처음 정의하는 상태인지 검사하고, 그렇다면 이 상태를 시작 상태로 만들어야 한다. 상태 머신 빌더만이 상태가 처음 정의되는 상태인지 아닌지 제대로 알려줄 수 있으므로, 해당 상태가 시작 상태인지 결정하는 일은 상태 머신 빌더에게 맡긴다.

```
class StateMachineBuilder...
  protected void definingState(States identifier) {
    if (null == start) start = identifier.getState();
  }
```

상태 빌더는 상태 머신 빌더를 호출해야만 자신이 시작 상태로 정의될 수 있음을 알 수 있다. 하지만 상태 빌더는 자신이 전달한 정보로 상태 머신 빌더가 무엇을 하는지 절대로 알아선 안 된다. 이는 상태 머신 빌더가 가진 비밀이기 때문이다. 따라서 상태 빌더에서는 사실상 이벤트를 알리는 호출을 만들고(이 정도가 상태 빌더가 알고 있는 전부이므로), 상태 머신 빌더에서 해당 이벤트에 대해 무엇을 할지 결정하도록 둔다. 이는 객체가 가진 책임이 무엇인지, 또 어떤 정보를 가지는지 이해하려고 할 때, 명명 규칙을 통해 정보를 전달할 수 있는 좋은 예다

상태 빌더에서 할 수 있는 또 다른 작업은 전이를 정의하는 일이다. 이 작업은 여러 단계를 거치므로 약간 더 복잡하다. 먼저 transition 메서드부터 시작하자. 이 메서드에서는 전이 빌더 객체를 생성한다.

```
class States...
  public TransitionBuilder transition(Events identifier) {
    builder.definingState(this);
    return new TransitionBuilder(this, identifier);
  }

class TransitionBuilder...
  private Events trigger;
```

```
private States targetState;
private States source;

TransitionBuilder(States state, Events trigger) {
  this.trigger = trigger;
  this.source = state;
}
```

전이 빌더 클래스는 DSL 스크립트에서 사용하지 않으므로 좀 더 의미 있게 이름을 붙였다. 이 빌더는 유일한 메서드로 to절을 가진다. 이 메서드에서는 소스 상태 빌더의 전이 빌더 리스트에 자신을 추가한다.

```
class TransitionBuilder...
  public States to(States targetState) {
    this.targetState = targetState;
    source.addTransition(this);
    return source;
  }
```

지금까지 설명한 요소는 DSL 스크립트에서 특정 정보를 담기 위해 필요하다. 따라서 스크립트가 실행되면 중간 단계의 데이터로 구성된 데이터 구조가 만들어진다. 이들 빌더는 DSL 스크립트 객체 자체에 필드로 저장된다. 이제 이 구조를 바탕으로 완전히 구성된 상태 머신 모델을 생성해야 한다.

```
class StateMachineBuilder...
  private StateMachine produceStateMachine() {
    assert null != start;
    StateMachine result = new StateMachine(start);
    for (States s : getStateIdentifers())
      s.produce();
    produceResetEvents(result);
    return result;
  }
```

이 코드에서 대부분의 작업은 상태 빌더를 모두 찾고, 상태 빌더에서 모델 객체를 완전히 생성하도록 하는 부분으로 구성된다. 이들 상태 빌더를 모두 찾으려면 스크립트 클래스의 필드에서 객체를 모두 얻을 수 있어야 한다. 따라서 이번에도 리플렉션을 교묘히 사용해서 상태 빌더 타입을 가지는 필드를 모두 찾는다.

```
class StateMachineBuilder...
  private List<States> getStateIdentifers() {
    return getIdentifiers(States.class);
  }
  private <T extends Identifier> List<T> getIdentifiers(Class<T> klass) {
    List<T> result = new ArrayList<T>();
    for (Field f : this.getClass().getDeclaredFields()) {
      if (f.getType().equals(klass))
        try {
```

```
          f.setAccessible(true);
          result.add(((T) f.get(this)));
        } catch (IllegalAccessException e) {
          throw new RuntimeException(e);
        }
      }
    }
    return result;
  }
```

상태 빌더에서 상태 모델 객체를 생성하려면 커맨드 객체를 연결하고 전이 객체를 생성해야 한다.

```
class States...
  void produce() {
    for (Commands c : commands)
      content.addAction(c.getCommand());
    for (TransitionBuilder t : transitions)
      t.produce();
  }

class TransitionBuilder...
  void produce() {
    source.getState().addTransition(trigger.getEvent(),
      getTargetState().getState());
  }
```

마지막으로 리셋 이벤트를 생성한다.

```
class StateMachineBuilder...
  private void produceResetEvents(StateMachine result) {
    result.addResetEvents(getResetEvents());
  }
  private Event[] getResetEvents() {
    List<Event> result = new ArrayList<Event>();
    for (Events identifier : getIdentifiers(ResetEvents.class))
      result.add(identifier.getEvent());
    return result.toArray(new Event[result.size()]);
  }
```

클래스와 필드를 심벌 테이블처럼 사용하려면, 이처럼 교묘한 방식으로 코드를 작성해야 된다. 하지만 구현하고 나면 정적 타입을 사용할 수 있고, IDE 지원을 완전히 받을 수 있다는 장점이 있다. 이러한 거래는 충분히 고려해 볼만하다.

45장

DOMAIN-SPECIFIC LANGUAGES

텍스트 폴리싱

먼저 텍스트 치환을 간단히 수행한 후, 파싱을 실제로 한다.

```
3 hours ago => 3.hours.ago
```

많은 경우 외부 DSL에 비해 내부 DSL을 개발하기가 쉽다. 특히 개발자가 파싱에 익숙하지 못하다면, 내부 DSL이 훨씬 쉽다. 하지만 이렇게 만들어진 DSL은 호스트 언어 구조를 그대로 포함하고 있으므로 개발자가 아닌 사람이 읽기에는 쉽지 않다.

텍스트 폴리싱(Textual Polishing)은 단순한 정규 표현식으로 텍스트를 치환하는 방식을 사용해서, DSL에서 군더더기 구문들을 없앤다.

45.1 어떻게 동작하는가

텍스트 폴리싱은 매우 간단한 기법이다. 텍스트 폴리싱은 DSL 스크립트를 파싱하기 전에 일련의 텍스트 치환을 실행하는 기법이다. 간단한 예로 DSL을 읽는 사람이 메서드에 점(.)을 사용하는 방식을 별로 마음에 들어 하지 않는 경우를 생각해 보자. 간단히 공백을 점으로 치환하면 3 hours ago를 3.hours.ago로 변환할 수 있다.[1] 좀 더 복잡한 패턴을 사용하면 3%를 percentage(3)로 변환할 수도 있다. 따라서 텍스트 폴리싱을 사용하면 내부 DSL로 된 표현식이 만들어진다.

폴리싱을 기술하는 일은 일련의 정규 표현식을 이용해 치환 규칙을 작성하는 단

---

[1] (옮긴이) 내부 DSL은 호스트 언어 구문을 사용해야 하므로, 점을 이용해 메서드를 3.hours.ago와 같이 작성해야 한다. 하지만 DSL 사용자가 점을 내려 하지 않는다면, DSL을 작성할 때는 공백을 사용해 3 hours ago와 같이 먼저 작성한다. 그런 후에 텍스트 폴리싱을 이용해서 내부 DSL 구문인 3.hours.ago로 변환한다.

순한 일이다. 그리고 정규 표현식은 대다수의 언어 환경에서 지원한다. 물론 까다로운 점도 있는데, 기대치 않은 치환이 발생하지 않도록 정규 표현식을 제대로 작성해야 한다는 점이다. 예를 들어 공백이 인용부호 안에 있다면 점으로 변환되어서는 안 된다. 이러한 예외사항을 고려하면 정규식을 작성하는 일이 쉽지만은 않다.

텍스트 폴리싱은 동적 언어에서 가장 많이 활용되는데, 텍스트를 런타임에 평가할 수 있기 때문이다. 동적 언어에서는 DSL 표현식을 읽어서 텍스트 폴리싱을 적용한 후, 결과물인 내부 DSL 코드를 평가한다. 하지만 정적 언어에서도 텍스트 폴리싱을 사용할 수 있다. 이때는 텍스트 폴리싱을 적용한 후 DSL 스크립트를 컴파일해야 한다. 따라서 빌드 프로세스에 빌드 단계가 추가된다.

텍스트 폴리싱은 주로 내부 DSL에서 사용하는 기법이지만 외부 DSL에서도 유용하게 사용할 수 있다. 예를 들어 렉서와 파서 체인만으로 식별하기 힘든 요소가 있다. 이때 텍스트 폴리싱을 전처리 단계에 실행하면 이들 요소를 좀 더 유용하게 만들 수 있다. 의미적인 들여쓰기나 의미적인 줄바꿈 문자가 그 예다.

텍스트 폴리싱은 텍스트형 매크로를 간단히 응용한 기법으로 볼 수 있다. 따라서 텍스트형 매크로가 가진 문제점을 똑같이 가진다.

45.2 언제 사용하는가

사실 텍스트 폴리싱 기법을 사용하라고 권하기가 다소 조심스럽다. 내 생각에 이 기법을 조금 적용하면 그리 큰 도움이 되지 않고, 많이 활용하게 되면 기법이 매우 복잡해진다. 복잡하게 사용할 바에야 차라리 외부 DSL을 사용하는 게 낫다. 치환을 반복한다는 기본 개념은 단순하지만 정규 표현식을 작성할 때 실수하기가 매우 쉽다.

텍스트 폴리싱을 사용하더라도 입력의 구문 구조를 바꾸는 일은 어쩔 도리가 없다. 따라서 호스트 언어의 기본 구문 구조에는 여전히 종속된다. 사실 폴리싱을 적용하기 전의 DSL과 적용한 내부 DSL 표현식이 서로 알아볼 수 있을 정도로 비슷하게 유지하는 게 중요하다고 생각한다. 폴리싱을 적용해서 결과적으로 만들어지는 내부 DSL은 반드시 프로그래머들이 쉽게 읽을 수 있을 수 있도록 명료해야 한다. 하지만 텍스트 폴리싱을 하는 이유는 프로그래머가 아닌 사람들에게 오직 시각적인 편리함을 주기 위한 것이다.

내부 DSL에서 군더더기 글자가 껄끄럽게 보인다면, 텍스트 폴리싱 대신에 구문 강조를 지원하는 편집기를 사용할 수 있다. 즉, 군더더기 문자가 배경 색에 묻힐 만큼 매우 순한 색을 가지도록 편집기를 설정한다. 심지어 군더더기 문자가 배경과 같은 색을 가지도록 설정하면 군더더기 문자가 아예 보이지 않게 만들 수도 있다.

폴리싱을 과도하게 사용한다는 생각이 든다면 폴리싱 대신에 외부 DSL 사용을 고려해야 한다. 파서를 만들 때 드는 학습 곡선을 한번 이겨내고 나면, 더 많은 유연성을 얻을 수 있다. 또한 일련의 폴리싱 과정을 만드는 일보다 파서를 유지하기가 더욱 쉽다.

45.3 폴리싱을 활용한 할인 규칙(루비)

주문에 할인 규칙을 적용하는 애플리케이션을 생각해 보자. 주문 금액이 $30,000보다 크다면, 금액에서 3%만큼 할인하는 등의 간단한 할인 규칙이 있을 수 있다. 이 문장을 루비를 이용해 내부 DSL로 작성하면 다음과 같은 표현식을 만들 수 있다.

```
rule = DiscountBuilder.percent(3).when.minimum(30000).content
```

나쁘지는 않지만 프로그래머가 아닌 사람이 읽기에는 여전히 약간 어색하다. 객체 스코핑을 사용하면 어색함을 어느 정도는 줄일 수 있다. 즉 표현식을 별도의 파일에 라인별로 작성하고, 루비의 instance_eval(객체 스코핑(461)의 방식 중 하나)을 사용해서 각 라인을 평가한다.

```
처리코드...
  input = File.readlines("rules.rb")
  rules = []
  input.each do |line|
    builder = DiscountBuilder.new
    builder.instance_eval(line)
      rules << builder.content if builder.has_rule?
  end
```

규칙은 별도의 파일에 아래와 같이 라인 단위로 저장한다.

```
percent(3).when.minimum(30000)
```

이 기법을 적용하면서 또한 content(메서드 체이닝(447)의 끝맺음 메서드)에 대한 호출을 앞의 처리 코드로 옮겼다. 이를 통해 사용자가 보는 영역인 DSL에서 끝맺음 메서드를 없앴다. 처리 코드에서 각 라인을 평가할 때 라인이 주석인 경우에는 규칙이 정의되어 있지 않으므로, builder_has_rule? 메서드를 통해 라인을 검사한다.

마찬가지로 규칙이 형식에 맞지 않다면 에러가 발생해야 하지만, 이 예제에서는 예외 처리는 무시하려고 한다.

이렇게 규칙을 작성하면 프로그래머가 읽기는 좋지만, 도메인 전문가는 이와는 다른 형식을 선호할 수도 있다. 예를 들면 다음과 같다.

```
3% if value at least $30000
```

텍스트 폴리싱 기법을 적용하면, 이 DSL을 앞에서 본 DSL로 변환할 수 있다. 이때 폴리싱은 일련의 텍스트 치환이다.

```
class DiscountRulePolisher...
  def polish aString
    @buffer = aString
    process_percent
    process_value_at_least
    process_if
    replace_spaces
    return @buffer
end
```

첫 변환은 3%를 percent(3)으로 바꾸는 작업이다.

```
class DiscountRulePolisher...
  def process_percent
    @buffer = @buffer.gsub(/\b(\d+)%\s+/, 'percent(\1) ')
  end
```

이 방법은 기본적인 접근법을 따른다. 즉, 적절한 정규식을 만들고 정규식에 매칭한 후, 매칭된 문자열을 내부 DSL에서 실제로 필요한 호출로 대체한다.

이 예제에서는 외부 DSL을 토큰화할 때와 마찬가지로, 다양한 요소가 공백으로 분리되어 있다고 가정한다. 따라서 정규식을 만들 때 정규식의 양 끝에 경계를 지을 수 있는 표현식을 반드시 가지도록 만들어야 한다. 대다수의 경우에 이러한 경계로 \b(단어 경계)를 사용하지만, 단어 경계 이외의 경계가 필요할 때도 간혹 있다 (이 예제에서 \s를 사용했는데, '%'는 단어 경계에 포함되지 않기 때문이다).

'at least'는 동일한 방식으로 처리하지만, 정규식은 조금 더 복잡하다.

```
class DiscountRulePolisher...
  def process_value_at_least
    @buffer = @buffer.gsub(/\bvalue\s+at\s+least\s+\$?(\d+)\b/, 'minimum(\1)')
  end
```

도메인 전문가는 'when'보다 'if'를 더 선호한다. 따라서 내부 DSL에 폴리싱을 적용하지 않는다면 문제가 되는데, 'if'는 루비에서 키워드이기 때문이다. 하지만 폴리싱을 적용하면 이 문제를 해결할 수 있다.

```
class DiscountRulePolisher...
  def process_if
    @buffer = @buffer.gsub(/\bif\b/, 'when')
  end
```

이 대신에 DSL에서 메서드 이름을 when이 아니라, my_if나 _if와 같은 이름으로 바꿀 수도 있다. 이렇게 하면 폴리싱을 적용할 텍스트와 적용해서 만든 DSL 사이의 관련성을 더욱 쉽게 알아볼 수 있다.

마지막으로 공백을 메서드 호출을 위한 점으로 치환한다. 치환 작업을 완료해서 만들어진 결과 파일은 유효한 루비 문장으로 구성된 내부 DSL이다.

```
class DiscountRulePolisher...
  def replace_spaces
    @buffer = @buffer.strip.gsub(/ +/, ".")
  end
```

이 코드는 그렇게 나빠 보이지는 않는다. 하지만 이 코드로는 지금 본 특별한 예제 하나만을 처리할 수 있을 뿐이다. 더 많은 사례를 처리하려고 하다 보면 코드는 점점 복잡해지고 알아보기 힘들어진다. 따라서 더 많은 사례를 처리해야 한다면 코드가 복잡해지지 않는지 더욱 세심히 주시하다가, 텍스트 폴리싱 대신에 외부 DSL을 사용할 수 있도록 준비해야 한다.

46장

DOMAIN-SPECIFIC LANGUAGES

리터럴 확장

프로그램 리터럴에 메서드를 추가한다.

42.grams.flour

46.1 어떻게 동작하는가

숫자나 문자열과 같은 리터럴(literal)은 DSL 표현식을 작성하기에 훌륭한 시작점이 될 때가 많다. 하지만 전통적으로 리터럴은 내장 타입이며, 인터페이스가 정해져 있으므로 확장하기가 힘들다. 현재는 써드파티 클래스에 메서드를 추가할 수 있는 기법을 제공하는 언어가 점차 늘어나고 있는 추세다. 예를 들면 C#에서는 확장 메서드(extension method)를, 루비에서는 열린 클래스(open class)를 제공한다. DSL을 작성할 때 이러한 기능을 사용하면 메서드 체인을 리터럴에서 시작할 수 있으므로 상당히 효과적이다.

메서드 체이닝을 사용하는 대부분의 경우와 마찬가지로, 리터럴을 확장할 때도 표현식 빌더(415)를 적용할지 결정을 내려야 한다. 표현식 빌더를 사용하지 않으려면 모든 중간 단계의 타입에 플루언트 메서드가 적절하게 정의되도록 보장해야 한다. 표현식 빌더를 사용하면 중간 단계의 타입에 플루언트 메서드를 정의하지 않아도 되지만, 대신에 빌더가 완전히 구성된 기반 객체를 생성하도록 구현해야 한다.

42.grams 표현식을 보자. 이 표현식이 실행된 결과는 어떤 타입을 가져야 하는가? 결과 타입으로 사용할 수 있는 유형에는 주로 세 가지가 있다. 숫자, 수량, 또는 표현식 빌더다. 결과 타입으로 숫자를 사용하려면 표준 단위로 사용할 단위를 선택해야 한다. 예를 들어 숫자가 몸무게를 나타내는 경우라면 단위로 킬로그램을 사용

할 수 있고, 42.grams의 결과는 0.042가 되고, 2.oz는 0.567이 된다.

이때 주의할 점이 하나 있는데, 직장 동료인 닐 포드는 이러한 특징을 타입 변형(type transmogrification)이라고 불렀다. 42.grams는 정수로 시작해서 부동 소수점으로 타입이 변형된다는 점이다. 따라서 체인에서 나타나는 메서드는 수많은 숫자 타입에 모두 정의되어야 한다.

수량을 결과 타입으로 사용하는 경우라면 42.grams는 수량 객체(quantity object)로 변형된다. 이 경우 수량 객체는 크기가 42고, 단위는 그램이다. 이처럼 값이 크기를 가질 때 나는 주로 단순한 숫자보다는 수량을 선호한다. 수량을 사용하면 의도가 잘 드러나며 유용한 행위를 정의할 수 있기 때문이다(예를 들어 42.grams + 35.cm와 같은 표현식을 사용하면 경고를 주도록 만들 수 있다). 안타깝게도 거의 모든 언어 플랫폼에는 수량 클래스가 내장되어 있지 않다. 하지만 수량 객체를 직접 정의해서 필요한 플루언트 메서드를 가지도록 만들 수 있다. 또한 수량의 크기는 캡슐화되어 있으므로, 타입 변형 문제로 인한 위험성을 상당히 줄일 수 있다. 메서드가 모두 수량 클래스에 정의되어 있기 때문이다. 하지만 플루언트 메서드가 수량 클래스에 직접 정의되므로, 수량 클래스를 이해하기는 다소 어려워진다.

마지막으로, 표현식 빌더를 결과 타입으로 사용할 수도 있다. 즉, 42.grams를 실행해서 요리법 빌더에 해당하는 인스턴스를 만들 수 있다. 또한 여러 개의 표현식 빌더를 사용할 수 있고, 표현식이 동작하는 방식도 완전히 제어할 수 있다. 이때 문제는 빌더를 호출하는 코드가 빌더에서 요리 재료 객체를 쉽게 꺼낼 수 있게 보장해야 한다는 점이다. 예를 들어 아래와 같은 표현식에서는 문제가 없다.

```
ingredients {
  42.grams.flour
  2.grams.nutmeg
}
```

하지만 42.grams + 3.oz와 같이 표현식을 작성할 때는 문제가 된다. 나는 대다수의 경우에 표현식 빌더를 선호하는 편이지만, 표현식 빌더는 사용하는 문맥에 상당히 의존적이다.

46.2 언제 사용하는가

리터럴 확장은 API를 좀 더 유창하게 만드는 방법을 보여주는 사례로 인기를 끌었다. 리터럴을 확장하는 기능을 제공하는 언어를 지지하는 사람들이 이러한 인기를 끄는데 특히 주도적이었다. 써드파티 클래스에 메서드를 추가하는 기능은 주류의 객체지향 언어에서 지원하는 종류의 기능이 아니었다(그래도 스몰토크에서는 항상 리터럴 확장을 지원했다). 리터럴 확장을 활용하면 API를 더욱 유창하게 만드는데 도움이 되지만, 이렇게나 열광하는 이유가 새로운 장난감을 좋아하는 성향 때문은 아닌지 하는 의문도 든다.

몇몇 언어 환경에서는 이처럼 리터럴에 메서드를 추가하게 되면, 리터럴 클래스의 인터페이스가 너무 많아질 수 있다고 심각하게 염려하기도 한다. 그래서 리터럴 확장 기법은 반드시 특정 문맥에서만 사용해야 한다. 왜냐하면 리터럴 확장을 적용하고 싶은 문맥이 점점 늘어나면, 결국 클래스의 인터페이스를 더욱 복잡하게 만들기 때문이다. 만약 그렇다면, 리터럴 확장을 통해 얻는 장점과 리터럴 클래스의 인터페이스가 복잡해져서 더해지는 문제점을 서로 비교해봐야 한다. 리터럴 확장을 특정 네임스페이스 안에 작성할 수 있는 언어 환경도 있으며, 이러한 언어를 사용하면 이 문제점을 피할 수 있다.

46.3 요리 재료(C#)

좀 더 창조적으로 예제를 생각하도록 스스로를 압박하는 대신에 직장 동료인 닐 포드가 사용했던 예제를 훔치기로 마음먹었다. 닐은 수많은 기사와 연설에서 이 예제를 사용했다. 이 예제는 단순히 스케치 부분에 있는 표현식을 C#으로 작성한 것이다.

```
var ingredient = 42.Grams().Of("Flour");
```

이 예제에서는 표현식 빌더가 아니라 도메인 타입을 사용하려고 한다. 먼저 정수에 Grams 메서드를 추가하자.

```
namespace dslOrcas.literalExtension {
  public static class RecipeExtensions {
    public static Quantity Grams(this int arg) {
      return new Quantity(arg, Unit.G);
    }
```

이 책에서 사용하는 예제에는 네임스페이스를 표시하지 않는 편이지만, 이 예제에서는 네임스페이스가 의미를 가진다. 즉, Grams 메서드는 바로 이 네임스페이스 안에 있을 때만 보인다는 뜻이다.

Grams 메서드는 Quantity 객체를 반환한다. Quantity 클래스는 수량 패턴을 활용한 단순한 예다.

```
public struct Quantity {
  private double amount;
  private Unit units;
  public Quantity(double amount, Unit units) {
    this.amount = amount;
    this.units = units;
  }
}
public struct Unit {
  public static readonly Unit G = new Unit("g");
  public String name;
  private Unit(string name) {
    this.name = name;
  }
}
```

비록 Quantity가 클래스지만, Of 메서드가 이 클래스에 포함돼야 한다고 생각지는 않는다. Of는 DSL의 요소이며 제한적인 목적을 갖는 반면에, Quantity 클래스는 범용적인 라이브러리의 일부로 사용할 수 있기 때문이다. 따라서 이번에도 확장 메서드를 적용한다.

```
public static Ingredient Of(this Quantity arg, string substanceName) {
  return new Ingredient(arg, SubstanceRegistry.Obtain(substanceName));
}
```

Of 메서드는 Ingredient 객체를 생성한다.

```
public struct Ingredient {
  Quantity amount;
  Substance substance;
  public Ingredient(Quantity amount, Substance substance) {
    this.amount = amount;
    this.substance = substance;
  }
}

public struct Substance {
  private readonly string name;
  public Substance(string name) {
    this.name = name;
  }
}
```

DSL에서 요리 재료의 이름으로 문자열을 사용했다. 심벌 테이블처럼 동작하는 레지스트리에서 이 문자열을 사용해서 객체를 찾는다.

```
private static SubstanceRegistry instance = new SubstanceRegistry();
public static void Initialize() { instance = new SubstanceRegistry(); }
private readonly Dictionary<string, Substance>
             values = new Dictionary<string, Substance>();
public static Substance Obtain(string name) {
  if (!instance.values.ContainsKey(name))
    instance.values[name] = new Substance(name);
  return instance.values[name];
}
```

5부
컴퓨팅 대안 모델

47장

DOMAIN-SPECIFIC LANGUAGES

적응형 모델

코드 블록을 데이터 구조로 만들어 컴퓨팅 대안 모델을 구현한다.

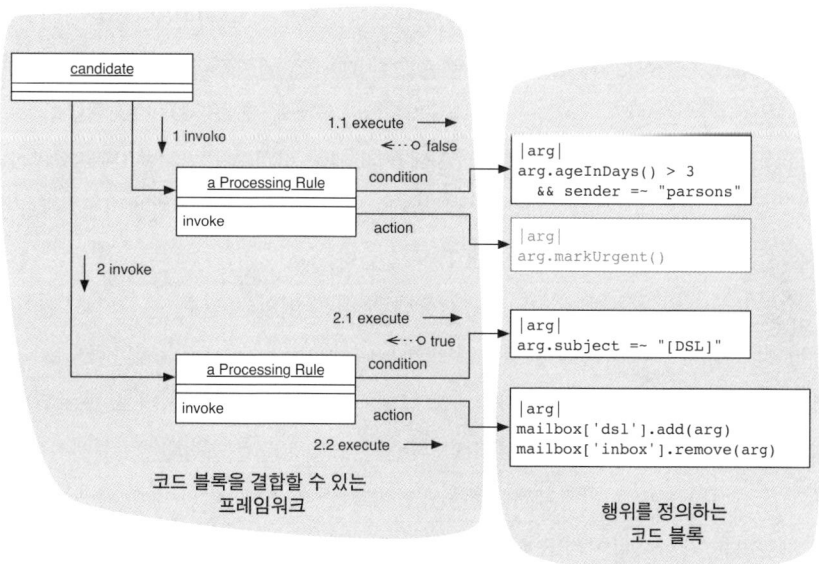

데이터 구조에 규칙을 추가하는 방식으로 프로그램 행위를 변경한다.

프로그래밍 언어는 특정 컴퓨팅 모델을 고려해서 설계된다. 주류 언어에서는 명령형 모델(imperative model), 특히 그 중에서도 코드를 객체 지향적으로 구조화한 명령형 모델을 컴퓨팅 모델로 사용한다. 현재로서는 이 모델이 가장 인기가 있다. 언어가 가진 능력과 언어를 쉽게 이해할 수 있는 정도 사이에서 타협을 적절하게 이끌어냈기 때문이다. 사실 DSL을 사용하려는 바람은 명령형 이외의 모델을 사용하고자 하는 바람과 동시에 생긴다.

적응형 모델(Adaptive Model)을 적용하면, 명령형 언어를 사용해 컴퓨팅 대안 모델을 구현할 수 있다. 이를 위해 적응형 모델에서는 모델 요소 간의 연결이 컴퓨팅 모델에서 행위적인 관계를 나타내도록 모델을 정의한다. 이때 적응형 모델에서 명령형 코드의 영역을 참조해야 할 때도 많다. 이렇게 정의한 모델은 실행할 수 있다. 이때 모델을 대해 코드를 실행하거나(절차적), 모델 자체에 있는 코드를 실행할 수도 있다(객체 지향적).

47.1 어떻게 동작하는가

소프트웨어를 개발할 때 흔히 소프트웨어가 동작할 세계의 일부분에 대해 모델을 만든다. 예를 들어 카탈로그 시스템은 상품과 가격 정보를 모델로 담아낸다. 미디어 웹 사이트에는 보도 기사, 광고 그리고 이들 요소가 서로 어떤 관계를 맺는지 기술하는 태그가 들어있다. 이 모델들은 순수한 데이터 구조거나(데이터 모델), 데이터를 조작하는 코드를 데이터와 결합하기도 한다(객체 모델). 하지만 모델이 객체 모델이더라도 처리 흐름은 코드를 사용해 기술해야 한다. 코드가 조작하는 데이터에는 차이가 있고 이러한 차이로 인해 세세한 처리 과정은 변경되겠지만, 어느 모델을 사용하더라도 전반적인 처리 흐름은 똑같다.

반면에 도입부에서 봤던 비밀 벽의 상태 모델은 이와는 다른 종류의 모델이다. 특정 시스템에서 어떤 상태 모델을 로드하느냐에 따라, 시스템이 전반적으로 동작하는 방식에 큰 차이가 발생한다. 사실 상태 모델의 인스턴스가 바로 프로그램에 해당한다. 상태 머신에 대한 범용적인 시맨틱 모델(197)은 틀림없이 존재한다. 범용적인 시맨틱 모델은 변경할 수 없는 요인이고, 특정 상태 머신이 할 수 있는 작업을 제한하는 제약사항이기도 하다. 하지만 실제로 실행되는 프로그램은 특정 상태 머신에 대한 설정 정보다.

시스템에서 모델이 행위적으로 핵심적인 역할을 차지할 때 나는 이 모델을 적응형 모델이라고 부른다. 소프트웨어에서 나타나는 대부분의 경계와 마찬가지로 적응형 모델을 구분짓는 경계 또한 모호하다. 하지만 분류 체계를 만들어 두면 도움이 된다. 적응형 모델의 본질은 인스턴스를 바꾸거나, 인스턴스 간의 관계를 새로 맺어서 프로그램을 변경한다는 점이다. 따라서 적응형 모델을 사용하면 코드와 데이터 간의 구분이 없어지고, 새로운 가능성과 또 다른 문제점을 가진 세계로 들어서게 된다. 이러한 세계를 기꺼이 받아들인 소프트웨어 커뮤니티도 있다. Lisp 커뮤니티는 코드와 데이터 간의 이러한 이중성을 특히 중요시한다. 하지만 이 세계에 들어서면 넋이 나가고 두려움을 느끼는 개발자가 더욱 많다.

DSL을 사용하지 않는 시스템에서도 적응형 모델을 만들 수 있고, 또 대다수의 장점을 얻을 수 있다는 면에서, 적응형 모델과 DSL은 독립적으로 사용할 수 있다. DSL을 적응형 모델과 함께 사용할 때 DSL의 역할은 의도를 더욱 명확하게 기술할 수 있는 언어를 제공하여, 적응형 모델을 보다 쉽게 프로그래밍 할 수 있도록 하기 위함이다. 커맨드-쿼리 API와 여러 DSL 간의 차이점을 보여줄 때 사용했던 예제가 이 사실을 잘 설명해준다. 적응형 모델을 사용할 때 가장 어려운 점은 도대체 무슨 일을 하는지 이해하기 힘들다는 점이다. 이때 DSL을 사용하면 이 어려움을 해결하는데 큰 도움이 된다.

이 책 예제에서는 적응형 모델로 객체 모델을 사용하고, 이들 객체가 메모리에 있다고 가정한다. 하지만 적응형 모델은 다양한 형태를 취할 수 있다. 예를 들어 적응형 모델은 절차형 코드로 해석하는 데이터 구조일 수도 있다. 또는 적응형 모델을 데이터베이스에 저장하고, 다른 애플리케이션에서 모델을 해석하는 방식으로도 흔히 사용한다. 워크플로 시스템에서 종종 이 방식을 활용한다.

적응형 모델을 관계형 데이터베이스에 저장할 때 투사형 편집기(169쪽)를 주로 같이 사용한다(조잡할 때가 많지만). 이때 투사형 편집기에서 폼(form)과 필드를 사용해 적응형 모델을 편집하곤 한다. 이러한 투사형 편집기는 쓸만하지만, 이보다는 DSL을 사용하면 더 많은 이득을 볼 수 있다. DSL을 사용하면 행위를 전체 맥락에서 더 효과적으로 볼 수 있기 때문이다. 그리고 시각화 기법을 사용하면 DSL을 다른 형태로 투사할 수도 있다. 또한 텍스트형 DSL을 사용하면 적응형 모델을 버전 관리 시스템에서 쉽게 관리할 수 있다. 바로 이 점이 DSL을 사용해야 하는 가장 중요한 이유다. 시스템의 핵심 행위를 소스 관리 시스템에서 유지할 수 없게 되면 골머리를 심하게 썩을 수 있다.

적응형 모델은 익숙한 그래프 구조 형태의 데이터 구조로 표현될 때도 많다. 따라서 이러한 적응형 모델로 작업할 때는 알고리즘이나 데이터 구조와 관련된 교재가 큰 도움이 되기도 한다.

47.1.1 적응형 모델에 명령형 코드 결합하기

도입부에서 상태 머신 예제를 만들 때 행위적인 요소를 모두 간단한 데이터를 이용해 기술할 수 있게 만들려고 신중을 기울였다. 그래서 상태 머신의 액션은 커맨드 코드를 전송하는 형태와 같이 간단히 표현할 수 있었다. 하지만 일반적으로 적응형 모델은 명령형 코드와 보다 밀접하게 상호작용한다. 예를 들어 다른 형태의 상태 머신에서는 액션이 더 넓은 범위의 일을 하거나, 전이에 보호 절(guard clause)로 조건식을 추가하기를 원할 수도 있다. 호스트 프로그래밍 언어를 사용해서 적응형 모델 내부에서 이를 처리하게 되면, 결국 적응형 모델은 수많은 명령형 표현식으로 뒤덮여 복잡해지게 된다. 이보다 더 나은 방법은 정규 프로그래밍 언어 코드를 적응형 모델 데이터 구조에 삽입하는 것이다.

이에 대한 좋은 예가 생성 규칙 시스템(605)의 규칙이다. 생성 규칙은 불린 조건과 액션, 두 부분으로 구성된다. 이때 생성 규칙을 호스트 언어로 표현하게 되면 유용할 때가 많다.

이 경우 클로저를 사용하는 게 가장 자연스럽다.

```
rule.Condition = j => j.Start == "BOS";
rule.Action = j => j.Passenger.PostBonusMiles(2000);
```

이 경우 클로저는 상당히 효과적인데, 클로저를 이용하면 임의의 코드 블록을 데이터 구조 내부에 쉽게 삽입할 수 있기 때문이다. 클로저를 사용하면 의도를 작성하는 문장 자체에 직접적으로 표현할 수 있다. 클로저를 사용할 때 가장 큰 문제점은 클로저를 지원하지 않는 언어가 많다는 점이다. 만약 클로저를 사용할 수 없다면 다른 방안을 강구해야 한다.

클로저가 없다면 가장 쉬운 대안은 커맨드 패턴[GoF]을 사용하는 것이다. 커맨드 패턴을 적용하려면, 먼저 메서드를 하나만 가지는 작은 객체를 만든다. 그리고 규칙 클래스에서 조건과 액션에 대한 커맨드 객체를 사용한다.

```
class RuleWithCommand {
  public RuleCondition Condition { get; set; }
  public RuleAction Action { get; set; }
  public void Run(Journey j) {
    if (Condition.IsSatisfiedBy(j)) Action.Run(j);
  }
}

interface RuleCondition {
  bool IsSatisfiedBy(Journey j)
}

interface RuleAction {
  void Run(Journey j);
}
```

다음으로 서브 클래스를 만들어 특정 규칙을 구성한다.

```
var rule = new RuleWithCommand();
rule.Condition = new BostonStart();
rule.Action = new PostTwoThousandBonusMiles();

class BostonStart : RuleCondition {
  public bool IsSatisfiedBy(Journey j) {
    return j.Start == "BOS";
  }
}

class PostTwoThousandBonusMiles : RuleAction {
  public void Run(Journey j) {
    j.Passenger.PostBonusMiles(2000);
  }
}
```

대다수의 경우 커맨드 객체가 파라미터를 받을 수 있게 만들면, 필요한 서브 클래스의 수를 줄일 수 있다.

```
var rule = new RuleWithCommand();
rule.Condition = new JourneyStartCondition("BOS");
rule.Action = new PostBonusMiles(2000);

class JourneyStartCondition : RuleCondition {
  readonly string start;
  public JourneyStartCondition(string start) {
    this.start = start;
  }
  public bool IsSatisfiedBy(Journey j) {
    return j.Start == this.start;
  }
}

class PostBonusMiles : RuleAction {
  readonly int amount;
  public PostBonusMiles(int amount) {
    this.amount = amount;
  }
  public void Run(Journey j) {
    j.Passenger.PostBonusMiles(amount);
  }
}
```

이처럼 언어가 클로저를 지원하지 않는다면 나는 주로 커맨드 패턴을 사용하는 편이다.

커맨드에서 파라미터 대신에 메서드 이름을 기반으로 리플렉션을 이용해 메서드를 호출할 수도 있다. 하지만 이 방법은 기반 환경을 너무 크게 벗어나기 때문에 그리 즐기는 편은 아니다.

커맨드 패턴을 사용하는 방식은 클로저가 없을 때 사용할 수 있는 제2의 해결책이라고 설명했다. 실제로 적응형 모델의 관점에서 본다면 커맨드 패턴보다는 클로저가 더 낫다. 그러나 DSL을 사용해 적응형 모델을 파퓰레이트하는 경우라면 오히려 커맨드 패턴이 훨씬 효과적이다. DSL을 사용하면 대개의 경우 공통적인 사례를 어떤 식으로든 파라미터로 감싸게 되고, 결국 파라미터를 받는 커맨드가 자연스럽게 만들어진다. DSL에서 클로저 표현식을 최대로 사용한다는 말은 두 가지 의미가 있다. 내부 DSL에서 클로저를 사용한다는 뜻이거나, 외부 DSL의 외래 코드(373)에서 사용한다는 뜻이다. 특히 후자는 좀처럼 사용해서는 안 된다.

47.1.2 툴

DSL은 적응형 모델에서 중요한 도구다. DSL은 모델의 행위를 더욱 명시적으로 드러내는 프로그래밍 언어이므로, DSL을 사용하면 모델의 인스턴스를 더욱 쉽게 설정할 수 있기 때문이다. 하지만 적응형 모델이 점점 복잡해지면 DSL만으로 적응형 모델을 다루기에는 사실 충분하지 않다. 이러한 경우에 도움을 줄 수 있는 툴들이 있다.

적응형 모델은 사람들이 별로 익숙하지 않은 컴퓨팅 모델을 사용하기 때문에, 적응형 모델이 무슨 일을 하는지 이해하기가 어려울 때가 많다. 따라서 적응형 모델을 실행할 때는 추적 정보를 추가하는 일이 중요해진다. 추적 정보에는 모델이 입력을 어떻게 처리하는지를 반드시 포함해야 하며, 왜 그렇게 처리했는지에 대한 로그도 명확하게 남겨 두어야 한다. 이러한 추적 정보는 '왜 프로그램이 그렇게 동작했는가'에 대한 질문에 답해야 할 때 크게 도움이 된다.

또한 모델은 자신을 다른 형식으로도 시각화할 수 있다. 즉, 모델 인스턴스에 대해 서술적인 형태의 결과를 만들도록 모델에 지시할 수 있다. 이때 그래픽 형태로 표현하면 종종 유용하다. 그래프비즈를 사용해서 생성된 시각화를 여러 번 본 적이 있는데, 상당히 쓸만했다. 그래프비즈는 노드와 호를 사용해서 입력을 그래프 구조로 자동으로 배치하는 툴이다. 비밀 벽을 위한 컨트롤러 시스템에서 그림으로 표현했던 상태 다이어그램이 좋은 예다. 또한 다양한 형태의 보고서를 사용하면 모델의 모습을 다른 관점에서 볼 수 있으므로 유용하다.

이러한 시각화는 언어 워크벤치에서 생성하는 여러 가지 투사와 거의 같다. 하지만 이들 투사와는 달리 시각화는 편집할 수 없거나, 편집할 수 있게 만들려면 엄두도 못 낼 정도로 어마어마한 비용을 들여야 할 때가 많다. 그렇긴 해도 이러한 시각화는 여전히 매우 유용하다. 모델을 빌드할 때 단계를 추가해 시각화를 자동으로 만들 수 있고, 이를 통해 모델이 어떻게 설정되는지 이해하는 데 도움을 주기 때문이다.

47.2 언제 사용하는가

적응형 모델은 컴퓨팅 대안 모델을 사용하는 열쇠다. 적응형 모델을 사용하면 컴퓨팅 대안 모델을 처리하는 엔진을 개발할 수 있고, 이를 이용해 특정한 행위를 프로그래밍할 수 있다. 예를 들어 생성 규칙 시스템(605)에 맞는 적응형 모델을 한번 만들고 나면 어떤 규칙이라도 모델로 로딩해서 실행할 수 있다. 이 책에서 설명하는 컴퓨팅 대안 모델을 구현한다면 반드시 적응형 모델을 사용하기를 권한다.

물론 이 답변이 약간 그럴듯해 보이지만, 그러면 컴퓨팅 대안 모델을 언제 사용해야 하는지에 대한 의문은 여전히 남는다. 이 질문에 답하려면 결국 지금 처리해야 하는 문제에 가장 잘 들어맞는 모델을, 정성적으로 결정할 수밖에 없다. 이 결정을 내릴 때 엄격히 따를 수 있는 방법은 없다. 내가 할 수 있는 말은 여러 가지 컴퓨팅 모델을 사용해 행위를 표현하려고 시도해보고, 어떤 모델을 사용할 때 더 쉽게 생각할 수 있는지 확인하라는 정도다. 이렇게 하려면 모델을 파퓰레이트할 수 있는 DSL을 프로토타이핑 해야 할 때도 많다. 적응형 모델만으로는 명확한 결정을 내리기가 쉽지 않기 때문이다.

많은 경우 이러한 결정을 내릴 때 주로 사용하는 컴퓨팅 모델을 먼저 고려해볼 수 있다. 이 책에서 설명하는 적응형 모델 패턴이 그 출발점이 될 수 있다. 따라서 이들 패턴 중에서 잘 맞는 게 있다면, 한번 시도해 볼만하다. 완전히 새로운 컴퓨팅 모델이 필요한 경우는 그리 흔하지 않지만, 이런 경우가 아예 없지는 않다. 프레임워크는 시간이 지나면서 변경되고, 결국 완전히 새로운 모델이 만들어질 수도 있다. 물론 프레임워크는 단순히 데이터를 저장하는 데서 시작할 수 있다. 하지만 행위가 더 많이 포함되면서, 새로운 적응형 모델이 형성되기 시작할 수 있다.

적응형 모델은 매우 심각한 단점을 수반한다. 적응형 모델은 이해하기가 너무 어렵다는 점이다. 나는 적응형 모델이 어떻게 동작하는지 도대체 이해할 수 없다고 불평하는 프로그래머를 많이 봐왔다. 적응형 모델은 프로그램에 마치 마술을 부린 듯한 느낌이 들고, 이 같은 마법은 모두가 두려워한다.

이러한 두려움은 적응형 모델이 암묵적인 행위를 가진다는 사실에서 기인한다. 코드만 읽어서는 프로그램이 무엇을 하는지 더 이상 유추할 수 없다. 대신에 모델의 특정 설정 정보를 살펴봐야만 시스템이 어떻게 동작하는지 이해할 수 있다. 많은 개발자가 이러한 사실에 상당히 곤혹스러워한다. 의도를 명확하게 표현할 수 있도록 프로그램을 작성하는 일은 늘 어려운 일이다. 그런데 적응형 모델을 사용하면 이제는 알아보기 힘든 데이터 모델에서 의도를 해독해 내야만 한다. 이러한 해독 작업을 돕는 툴을 생성하면 훨씬 쉬워지겠지만, 그러면 소프트웨어를 통해 진짜로 하려는 일이 아니라, 이러한 툴을 개발하는데 시간을 허비하게 된다.

적응형 모델을 이해할 수 있는 사람도 더러 있다. 이들은 적응형 모델을 강력하게 지지하고, 적응형 모델을 사용해서 믿기 힘들 정도로 높은 생산성을 보여준다. 하지만 나머지 사람들은 적응형 모델을 가까이 하려 하지 않는다.

이러한 현상 때문에 적응형 모델을 과연 사용하면 좋을지 판단이 서지 않는다. 나는 적응형 모델이 매우 강력하다고 생각하는 부류다. 나는 적응형 모델을 찾아서 사용하는 데 익숙하다. 그리고 나는 적응형 모델을 제대로 선택하면 생산성을 엄청나게 향상시킬 수 있다고 믿는다. 하지만 대다수의 개발자는 적응형 모델을 마치 외계 생물체처럼 느낄 수도 있다고 본다. 따라서 적응형 모델의 장점을 포기해야 할 때도 가끔 있다. 시스템에서 사람들이 건드리기 두려워하는 마법의 공간이 생기는 일은 좋지 않기 때문이다. 실제로 적응형 모델을 이해하는 소수의 사람이 빠져나가면 누구도 시스템에서 그 영역을 유지할 수 없게 된다.

다행스럽게도 DSL을 사용하면 이러한 문제점을 완화할 수 있다. DSL이 없다면 적응형 모델을 프로그래밍하기 힘들고, 적응형 모델이 무엇을 하는지 이해하기도 매우 어렵다. 하지만 DSL은 적응형 모델을 언어적인 느낌이 풍기는 설정 정보로 담아낼 수 있으므로, 적응형 모델의 암묵적인 행위들 중 많은 부분을 겉으로 드러낼 수 있다. DSL이 널리 퍼지면 더욱 많은 사람들이 적응형 모델에 편안해지게 되고, 따라서 적응형 모델로 향상되는 생산성의 이득을 알아차리게 될 것이다.

48장

DOMAIN-SPECIFIC LANGUAGES

결정 테이블

조건식 문장의 조합을 테이블 형태로 표현한다.

프리미엄 고객	X	X	Y	Y	N	N
우선 주문	Y	N	Y	N	Y	N
해외 주문	Y	Y	N	N	N	N
요금	150	100	70	50	80	60
직원에게 공지	Y	Y	Y	N	N	N

(위 세 행: 조건 / 아래 두 행: 결과)

코드가 수많은 조건식 문장으로 구성된 경우, 어떤 조건의 조합이 무슨 결과를 만드는지 정확히 이해하기 어려울 때가 많다

결정 테이블(Decision Table)을 사용하면, 조건들의 집합을 테이블로 표현하여 이해하는 데 도움을 준다. 이때 테이블의 각 열에는 특정한 조건들의 조합과 그 결과를 표시한다.

48.1 어떻게 동작하는가

결정 테이블은 조건(condition)과 결과(consequence), 두 가지 영역으로 나뉜다. 각 조건 행은 해당 조건의 상태를 나타낸다. 예를 들어 두 가지 값을 가지는 간단한 불린 조건의 경우에는 행에서 각 셀은 참이거나 거짓이다. 조건의 각 조합을 모두 나타내기 위해 필요한 만큼의 열이 테이블에 표현된다. 따라서 두 개의 값을 가지는 불린 조건이 n개 있다면, 2^n개의 열이 필요하다.

각 결과 행은 테이블에서 하나의 결과 값을 나타낸다. 결과 행의 각 셀은 같은 열

에 있는 조건들을 만족하는 경우에 사용되는 값을 나타낸다. 따라서 스케치 부분에 있는 결정 테이블의 경우 프리미엄 고객이 국내에서 일반 주문을 했다면, 요금은 50$가 되고 직원에게 알리지 않아도 된다. 결정 테이블에는 결과가 하나만 있어야 하지만, 결과가 하나 이상이더라도 쉽게 표현할 수 있다.

스케치 부분에 있는 결정 테이블처럼 값이 세 개인 불린 로직이 있는 경우도 상당히 흔하다. 세 번째 값은 'X(상관없음)'로, 값에 상관없이 이 조건이 유효하다는 뜻이다. '상관없음' 값을 사용하면 테이블에서 수많은 중복을 제거할 수 있으므로, 테이블을 좀 더 간결하게 유지할 수 있다.

결정 테이블을 사용하면 조건들에 대해 각 조합이 모두 열로 표현되었는지 알 수 있으며, 따라서 빠뜨린 조합을 쉽게 찾을 수 있다는 점에서 그 진가가 드러난다. 또한 특정 조합이 발생해서는 안 되는 경우가 있을 수 있다. 이 경우는 결정 테이블에 '에러 열'로 표현하거나, 테이블이 의미적으로 열을 빠뜨릴 수 있도록 하고 빠진 열을 에러로 처리할 수도 있다.

좀 더 임의적인 열거형이나, 숫자 범위, 문자열 매칭 등을 사용해야 한다면, 결정 테이블은 더욱 복잡해진다. 이들 각 경우를 불린 형식으로도 나타낼 수는 있다. 하지만 100 > x > 50이나 50 >= x과 같은 조건이 있을 때, 이들 조건이 동시에 참이 될 수 없다는 사실을 테이블이 알고 있어야 한다. 이와는 달리 x 값에 대해 조건 행 하나만을 사용해 사용자에게 셀 안에 범위를 직접 입력하게 할 수도 있다. 보통 후자의 접근법이 작업하기가 더욱 쉽다. 조건 값이 점점 복잡해질수록 조합을 모두 계산하는 일은 더욱 어려워진다. 따라서 조건에 일치하지 않는 경우는 에러로 처리하는 편이 더 나을 때도 있다.

결정 테이블을 구현할 때도 마찬가지로 시맨틱 모델(197)과 파서를 분리해서 개발하기를 권한다. 이때 두 가지를 모두 얼마나 범용적으로 만들지를 결정해야 한다. 결정 테이블이 하나의 사례에만 맞도록 모델과 파서를 개발할 수 있다. 이렇게 구현한 결정 테이블은 조건 행들이 테이블 코드에 고정되어 있고, 그에 따른 결과의 개수와 타입이 테이블 코드에 함께 들어가게 된다. 대개 이렇게 구현할 때도 열의 값은 변경할 수 있게 만들어, 조건들의 각 조합에 따른 결과 값을 쉽게 변경할 수 있게 해야 할 때가 많다.

결정 테이블을 보다 범용적으로 만들어 조건과 결과 타입을 설정할 수 있게 만들 수도 있다. 이때 각 조건에서는 조건을 평가할 때 실행할 코드를 가리키는 방법(메서드 이름이나 클로저)이 필요하다. 컴파일 타임에 타입을 엄격하게 검사하는 언어라면 입력과 각 결과의 타입이 필요할 것이다.

마찬가지로 파서에서도 비슷한 결정을 내려야 한다. 범용적인 시맨틱 모델을 설정할 수 있게 파서를 만들더라도, 이 파서는 고정된 테이블도 처리할 수 있다. 파서가 입력 데이터를 적절하게 해석할 수 있도록 테이블 구조에 맞게 간단한 문법 등을 사용하면, 파서를 더 유연하게 만들 수 있다.

결정 테이블은 이해하기 쉽고 실제로 수정도 간단히 할 수 있다. 특히 도메인 전문가로부터 얻은 정보를 표현하기에 적합하다. 스프레드시트에 익숙한 도메인 전문가가 많으므로, 도메인 전문가가 스프레드시트에서 테이블을 직접 작성하게 하고, 이 스프레드시트를 시스템에 임포트하는 방법은 상당히 훌륭한 전략이다. 사용하는 스프레드시트 프로그램과 플랫폼에 따라 이 전략을 구사할 수 있는 방법에는 여러 가지가 있다. 가장 조잡한(하지만 효과적일 때가 많은) 방법은 결정 테이블을 CSV와 같이 단순한 텍스트 형태로 저장하는 방법이다. 일반적으로 테이블은 순전히 값으로 구성되고 수식이 전혀 필요 없으므로 이 방법은 효과적이다. 또는 스프레드시트 프로그램과 정보를 상호 교환하는 프로그램을 개발할 수 있다. 예를 들어 엑셀 프로그램을 실행하고 정보를 전달하는 프로그램을 만들 수 있다. 엑셀과 같은 스프레드시트 프로그램은 자체적으로 프로그래밍 언어를 내장하고 있다. 이 언어를 사용해 결정 테이블을 받고, 수정하며, 원격 프로그램에 전송하는 프로그램을 만들 수 있다.

48.2 언제 사용하는가

결정 테이블을 사용하면 서로 영향을 미치는 조건들과 이에 따른 결과를 효과적으로 표현할 수 있다. 결정 테이블은 프로그래머뿐만 아니라 도메인 전문가에게도 그 의미가 잘 전달된다. 결정 테이블은 본질적으로 테이블이므로, 도메인 전문가는 자신이 익숙한 스프레드시트 툴을 사용해 결정 테이블을 조작할 수 있다. 하지만 결정 테이블을 제대로 표현하면서 동시에 쉽게 수정할 수 있게 하려면 약간의 수고를 들여야 한다는 단점이 있다. 그러나 결정 테이블을 사용하면 의사소통 하는데 도움이 된다는 이득에 비하면 그 비용은 상당히 적은 편이다.

결정 테이블로 처리할 수 있는 복잡도에는 한계가 있다. 즉, 단일 조건식으로 표현할 수 있는 경우에만 사용할 수 있다. 다양한 유형의 조건식을 결합해야 한다면 생성 규칙 시스템(605)을 고려해야 한다.

48.3 주문 요금 계산하기(C#)

여기에서는 스케치 부분에서 봤던 예제를 처리하는 결정 테이블에 대해 간략히 설명하려고 한다.

48.3.1 모델

이 경우 시맨틱 모델(197)은 결정 테이블이다. 이 예제에서는 조건을 얼마든지 처리할 수 있는, 범용적인 결정 테이블을 생성하기로 마음먹었다. 그리고 각 조건은 세 값을 가지는 불린을 지원하도록 만들려고 한다. 이때 C#의 제네릭 구문을 사용해서 결정 테이블의 입력 타입과 결과 타입을 기술한다. 다음은 클래스와 필드에 대한 선언이다.

```
class DecisionTable <Tin, Tout>{
  readonly List<Condition<Tin>> conditions = new List<Condition<Tin>>();
  readonly List<Column<Tout>> columns = new List<Column<Tout>>();
```

이 테이블에는 조건(conditions)과 열(columns)에 맞게 두 가지 설정을 해야 한다. 조건과 열은 자신만의 클래스를 가진다. 조건은 입력 타입을 파라미터로 받고, 열은 결과 타입을 파라미터로 받는다. 우선 조건부터 시작해보자.

```
class DecisionTable...
  public void AddCondition(string description, Condition<Tin>.TestType test) {
    conditions.Add(new Condition<Tin>(description, test));
  }
public class Condition<T> {
  public delegate bool TestType(T input);
  public string description { get; private set; }
  public TestType Test { get; private set; }
  public Condition(string description, TestType test) {
    this.description = description;
    this.Test = test;
  }
}
```

이렇게 만들고 나면 예제의 결정 테이블에 대한 조건들은 다음과 같이 설정할 수 있다.

```
var decisionTable = new DecisionTable<Order, FeeResult>();
decisionTable.AddCondition("Premium Customer", o => o.Customer.IsPremium);
decisionTable.AddCondition("Priority Order", o => o.IsPriority);
decisionTable.AddCondition("International Order", o => o.IsInternational);
```

결정테이블에서 입력 타입은 Order다. 예제에서 이 타입은 단순히 더미(dummy)이므로, 더 이상 설명하지는 않겠다. 결과 타입은 결과 데이터를 포함하는 특수한 클래스다.

```
class FeeResult {
  public int Fee { get; private set; }
  public bool shouldAlertRepresentative { get; private set; }
  public FeeResult(int fee, bool shouldAlertRepresentative) {
    Fee = fee;
    this.shouldAlertRepresentative = shouldAlertRepresentative;
  }
```

테이블을 설정하는 다음 단계로, 열의 값을 담아야 한다. 결과 타입과 마찬가지로 열에 대해서도 클래스를 만든다.

```
class Column <Tresult> {
  public Tresult Result { get; private set; }
  public readonly ConditionBlock Conditions;
  public Column(ConditionBlock conditions, Tresult result) {
    this.Conditions = conditions;
    this.Result = result;
  }
```

Column은 두 부분으로 구성된다. Tresult는 결과를 처리는 타입이다. 이 타입은 결정 테이블에서 결과 타입으로 사용한 타입과 똑같다. ConditionBlock은 조건 값들의 조합 중에서 하나를 나타내는 특수한 클래스다.

```
class ConditionBlock...
  readonly List<Bool3> content = new List<Bool3>();
  public ConditionBlock(params Bool3[] args) {
      content = new List<Bool3>(args);
  }
```

조건들의 값을 나타내기 위해 세 값을 가지는 불린 클래스를 만들었다. 조금 뒤에 이 클래스가 어떻게 동작하는지 설명하겠지만, 지금 당장은 Bool3의 인스턴스에는 참(T), 거짓(F) 그리고 상관없음(X)에 해당하는 인스턴스만 있다고 가정하자.

이제 열을 다음과 같이 설정할 수 있다.

```
decisionTable.AddColumn(new ConditionBlock(Bool3.X, Bool3.T, Bool3.T),
  new FeeResult(150, true));
decisionTable.AddColumn(new ConditionBlock(Bool3.X, Bool3.F, Bool3.T),
  new FeeResult(100, true));
decisionTable.AddColumn(new ConditionBlock(Bool3.T, Bool3.T, Bool3.F),
  new FeeResult(70, true));
decisionTable.AddColumn(new ConditionBlock(Bool3.T, Bool3.F, Bool3.F),
  new FeeResult(50, false));
decisionTable.AddColumn(new ConditionBlock(Bool3.F, Bool3.T, Bool3.F),
```

```
      new FeeResult(80, false));
    decisionTable.AddColumn(new ConditionBlock(Bool3.F, Bool3.F, Bool3.F),
      new FeeResult(60, false));

  class DecisionTable...
    public void AddColumn(ConditionBlock conditionValues, Tout consequences) {
      if (hasConditionBlock(conditionValues))
        throw new DuplicateConditionException();
      columns.Add(new Column<Tout>(conditionValues, consequences));
    }
    private bool hasConditionBlock(ConditionBlock block) {
      foreach (var c in columns) if (c.Conditions.Matches(block)) return true;
      return false;
    }
```

이를 통해 결정 테이블을 설정하는 방법은 알 수 있지만, 결정 테이블이 어떻게 동작하는지는 아직 알 수 없다. 결정 테이블에서 핵심은 세 값을 가지는 불린 클래스다. 나는 이 클래스를 다형성을 이용해, 즉 각 값에 대해 서로 다른 서브 클래스를 사용해 만든다.

```
  public abstract class Bool3 {
    public static readonly Bool3 T = new Bool3True();
    public static readonly Bool3 F = new Bool3False();
    public static readonly Bool3 X = new Bool3DontCare();
    abstract public bool Matches(Bool3 other);

    class Bool3True : Bool3 {
      public override bool Matches(Bool3 other) {
        return other is Bool3True;
      }
    }

    class Bool3False : Bool3 {
      public override bool Matches(Bool3 other) {
        return other is Bool3False;
      }
    }

    class Bool3DontCare : Bool3 {
      public override bool Matches(Bool3 other) {
        return true;
      }
    }
```

Bool3는 다른 값과 비교하는 Matches 메서드를 가진다. 마찬가지로 Condition Block의 Matches 메서드는 자신이 가진 Bool3 리스트를 다른 ConditionBlock과 비교한다.

```
  class ConditionBlock...
    public bool Matches(ConditionBlock other) {
      if (content.Count != other.content.Count)
        throw new ArgumentException("Conditon Blocks must be same size");
      for (int i = 0; i < content.Count(); i++)
```

```
            if (!content[i].Matches(other.content[i])) return false;
        return true;
    }
```

Matches 메서드는 대칭성이 없으므로 'equals' 메서드[1]가 아니라 'matches'라는 이름을 지었다.

ConditionBlock을 매칭하는 알고리즘이 핵심 메커니즘이다. 이렇게 결정 테이블을 설정하고 나면, 특정 주문에 대해 결정 테이블을 실행해 요금 결과를 얻을 수 있다.

```
class DecisionTable...
    public Tout Run(Tin arg) {
        var conditionValues = calculateConditionValues(arg);
        foreach (var c in columns) {
            if (c.Conditions.Matches(conditionValues)) return c.Result;
        }
        throw new MissingConditionPermutationException(conditionValues);
    }
    private ConditionBlock calculateConditionValues(Tin arg) {
        var result = new List<bool>();
        foreach (Condition<Tin> c in conditions) {
            result.Add(c.Test(arg));
        }
        return new ConditionBlock(result);
    }
```

이제 결정 테이블을 어떻게 설정하고 실행하는지 알 수 있다. 하지만 파서로 넘어가기에 앞서, 결정 테이블에서 조건의 조합에 대응하는 열이 모두 있음을 보장하기 위해 어떤 코드를 작성할 수 있는지 보여주는 편이 낫다고 생각한다.

상위 수준에서 보면 이 코드는 직관적이다. 주어진 조건들의 개수에 맞게 가능한 조합들을 모두 생성하고, 이들 조합이 열에 대응하는지 검사하는 방식으로 빠뜨린 조합을 찾는다.

```
class DecisionTable...
    public bool HasCompletePermutations() {
        return missingPermuations().Count == 0;
    }
    public List<ConditionBlock> missingPermuations() {
        var result = new List<ConditionBlock>();
        foreach (var permutation in allPermutations(conditions.Count))
            if (!hasConditionBlock(permutation)) result.Add(permutation);
        return result;
    }
```

---

[1] (옮긴이) equals 메서드는 null이 아닌 객체 참조에 대해서 동치 관계(equivalence relation)를 만족시켜야 한다. 즉, equals 메서드는 재귀적이고(reflexive), 대칭적이며(symmetric), 이행적이고(transitive), 일관적(consistent)이어야 한다. 이 중에서 대칭성은 "모든 null이 아닌 참조 x, y에 대해, x.equals(y)가 true를 반환하면 y.equals(x) 또한 true를 반환하고 그 반대도 참이어야 한다."를 만족하는 것을 의미한다. 자세한 내용은 자바의 Object 클래스의 equals 메서드 명세를 참조하라.

그러면 이제 모든 조합들을 어떻게 생성할지 의문이 생기기 마련이다. 나는 이차원 행렬을 만들고, 행렬에서 각 열을 하나의 조합으로 끄집어내는 방식을 사용하면 쉽게 처리할 수 있다는 생각이 들었다.

```
class DecisionTable...
  private List<ConditionBlock> allPermutations(int size) {
    bool[,] matrix = matrixOfAllPermutations(size);
    var result = new List<ConditionBlock>();
    for (int col = 0; col < matrix.GetLength(1); col++) {
      var row = new List<bool>();
      for (int r = 0; r < size; r++) row.Add(matrix[r, col]);
      result.Add(new ConditionBlock(row));
    }
    return result;
  }
  private bool[,] matrixOfAllPermutations(int size) {
    var result = new bool[size, (int)Math.Pow(2, size)];
    for (int row = 0; row < size; row++)
      fillRow(result, row);
    return result;
  }
  private void fillRow(bool[,] result, int row) {
    var size = result.GetLongLength(1);
    var runSize = (int)Math.Pow(2, row);
    int column = 0;
    while (column < size) {
      for (int i = 0; i < runSize; i++) {
        result[row, column++] = true;
      }
      for (int i = 0; i < runSize; i++) {
        result[row, column++] = false;
      }
    }
  }
```

조합을 생성하는 코드는 내가 기대하는 것보다 너무 기발하다. 그래도 이렇게 행렬 데이터 구조를 사용하면 더욱 쉽게 코드를 작성할 수 있으므로 이 방법을 사용했다. 이처럼 코드를 가장 쉽게 작성할 수 있는 데이터 구조를 먼저 사용한 다음, 그 결과를 실제로 필요한 데이터 구조로 변환하는 방식을 나는 즐겨 사용한다. 이러한 기법은 내가 공학을 배웠던 시절을 떠올리게 한다. 일반적인 좌표계로 풀기 어려웠던 문제가 있을 때, 문제를 더욱 쉽게 해결할 수 있는 좌표계로 변환하여 문제를 해결한 후, 그 결과를 원래 좌표계로 변환하곤 했다.

48.3.2 파서

이처럼 테이블 형식으로 작업을 할 때 보통 가장 효과적인 편집기는 스프레드시트다. C# 프로그램에 스프레드시트의 데이터를 포함할 수 있는 방법에는 여러 가지가 있지만, 여기에서는 이 방법을 굳이 설명하지는 않겠다. 대신 간단한 테이블 인터페이스를 기반으로 동작하는 파서를 만들고자 한다.

```
interface ITable {
  string cell(int row, int col);
  int RowCount {get;}
  int ColumnCount {get;}
}
```

구분자 추도 변환(247) 기법에 입각해서 테이블을 파싱하고자 한다, 하지만 이 경우에는 구분자로 분리된 토큰 스트림 대신에 행과 열을 사용한다.

모델을 만들 때 결정 테이블을 범용적으로 만들었으므로, 테이블이 세 값을 가지는 불린으로 구성되는 형태라면 어떤 테이블이라도 사용할 수 있다. 반면에 파서는 입력 테이블에 특화된 파서를 만들려고 한다. 물론 파서도 범용적으로 만들어서 입력 테이블에 맞게 설정할 수도 있다. 그러나 범용적인 파서를 만드는 일은 당신이 어느 추운 겨울밤에 작성할 수 있게, 연습 문제로 남길 생각이다.

파서는 기본적으로 ITable을 입력으로 받고, 결정 테이블을 결과로 반환하는 커맨드 객체 구조를 가진다.

```
class TableParser...
  private readonly DecisionTable<Order, FeeResult>
                   result = new DecisionTable<Order, FeeResult>();
  private readonly ITable input;
  public TableParser(ITable input) {
    this.input = input;
  }
  public DecisionTable<Order, FeeResult> Run() {
    loadConditions();
    loadColumns();
    return result;
  }
```

내가 커맨드 객체를 만들 때 늘 하던 방식과 마찬가지로 커맨드의 생성자에 파라미터를 전달하고, Run 메서드를 사용해 작업을 수행한다.

첫 단계는 조건을 로드하는 일이다.

```
class TableParser...
  private void loadConditions() {
    result.AddCondition("Premium Customer", (o) => o.Customer.IsPremium);
    result.AddCondition("Priority Order", (o) => o.IsPriority);
    result.AddCondition("International Order", (o) => o.IsInternational);
    checkConditionNames();
  }
```

하지만 파서를 갱신하지 않은 상태에서 입력 테이블에서 조건의 순서를 바꾸거나 조건을 변경할 수 있다는 잠재적인 문제가 있다. 따라서 조건의 이름에 대해 검사를 간단히 수행한다.

```
class TableParser...
  private void checkConditionNames() {
    for (int i = 0; i < result.ConditionNames.Count; i++)
      checkRowName(i, result.ConditionNames[i]);
  }
  private void checkRowName(int row, string name) {
    if (input.cell(row, 0) != name)
      throw new ArgumentException("wrong row name");
  }
```

조건을 로드하면서 조건의 이름을 검사하는 작업을 할 뿐이고, 테이블로부터 실제로 데이터를 가져오지는 않는다. 테이블의 주된 목적은 각 열에 대해 조건과 결과를 제공하기 위함이다. 따라서 다음 단계로 열을 로드하자.

```
class TableParser...
  private void loadColumns() {
    for (int col = 1; col < input.ColumnCount; col++ ) {
      var conditions = new ConditionBlock(
        Bool3.parse(input.cell(0, col)),
        Bool3.parse(input.cell(1, col)),
        Bool3.parse(input.cell(2, col)));
      var consequences = new FeeResult(
        Int32.Parse(input.cell(3, col)),
        parseBoolean(input.cell(4, col))
        );
      result.AddColumn( conditions, consequences);
    }
  }
```

입력 테이블에서 셀을 정확하게 선택해야 하며, 또한 문자열을 적절한 값으로 파싱해야 한다.

```
class Bool3...
  public static Bool3 parse (string s) {
    if (s.ToUpper() == "Y") return T;
    if (s.ToUpper() == "N") return F;
    if (s.ToUpper() == "X") return X;
    throw new ArgumentException(
      String.Format("cannot turn <{0}> into Bool3", s));
  }

class TableParser...
  private bool parseBoolean(string arg) {
    if (arg.ToUpper() == "Y") return true;
    if (arg.ToUpper() == "N") return false;
    throw new ArgumentException(
      String.Format("unable to parse <{0}> as boolean", arg));
  }
```

49장

DOMAIN-SPECIFIC LANGUAGES

의존성 네트워크

의존성 관계로 연결된 태스크들의 리스트. 태스크를 실행할 때, 의존성이 있는 태스크를 먼저 호출하여, 이들 태스크를 선행조건으로 실행한다.

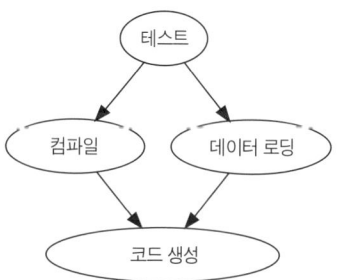

소프트웨어를 빌드하는 일은 모든 개발자에게 악몽과도 같은 일이다. 다양한 단계에서 단순히 프로그램을 컴파일 하거나, 테스트를 실행하는 등 다양한 일을 처리해야 하기 때문이다. 그리고 테스트를 실행하려면 먼저 컴파일 상태가 확실히 최신인지 확인해야 한다. 또 컴파일을 하려면 코드 생성이 완료되어야 한다.

의존성 네트워크(Dependency Network)는 태스크와 다른 태스크의 의존성으로 구성된 방향성 비순환 그래프(Directed Acyclic Graph, DAG)를 사용해 빌드 기능을 구조화한다. 위의 경우에서 테스트 태스크는 컴파일 태스크에 의존하고, 컴파일 태스크는 코드 생성 태스크에 의존한다고 말할 수 있다. 한 태스크를 요청하면, 먼저 이 태스크가 의존하는 모든 태스크를 찾고, 필요한 경우 이들 태스크를 먼저 수행한다. 의존성 네트워크를 탐색하면 요청된 태스크에 필요한 선행 태스크들 모두가 확실히 실행되도록 할 수 있다. 또한 다른 의존성 경로를 통해 하나의 태스크가 한 번 이상 나타나더라도, 해당 태스크가 확실히 한 번만 실행되게 만들 수도 있다.

— Domain-Specific Languages

49.1 어떻게 동작하는가

앞의 예제에서는 의존성 네트워크를 태스크 지향적으로(task-oriented) 설명했다. 즉 의존성 네트워크가 태스크들 사이에 의존성이 있는 태스크들의 집합이었다. 이와는 달리 제품 지향적으로(product-oriented) 설명할 수도 있다. 즉, 생성하고자 하는 제품과 이들 제품 사이의 의존성에 초점을 맞추는 방식이다.

코드를 생성한 후 컴파일하는 빌드 과정을 통해 두 방식 간의 차이점을 살펴보자. 태스크 지향적인 접근법에서는 코드 생성 태스크와 컴파일 태스크가 있고, 컴파일 태스크는 코드 생성 태스크에 의존한다고 말한다. 제품 지향적인 방식에서는 컴파일 단계를 통해 만들어진 실행파일이 있고, 코드 생성을 통해 만들어진 소스 파일이 있다고 말한다. 그리고 이 두 제품 간의 의존성을 기술할 때는 코드 생성을 통해 만들어진 소스 파일은 실행 파일을 빌드하기 위한 선행조건이다 라고 말한다. 지금 당장은 이 두 방식 사이의 차이점이 너무 미묘하겠지만 차츰 명확해지리라고 본다.

의존성 네트워크를 실행하려면 태스크를 실행하거나(태스크 지향적), 제품을 빌드하도록(제품 지향적) 요청한다. 이렇게 요청된 태스크나 제품을 흔히 타깃(target)이라고 부른다. 이처럼 시스템이 실행 요청을 받으면, 타깃의 선행조건을 모두 찾고, 다시 이들 선행조건의 선행조건들을 찾는다. 시스템은 태스크를 실행하거나 제품을 빌드하기 위해 필요한 이행적 선행조건(transitive prerequisite)들의 전체 리스트를 찾을 때까지, 이 과정을 계속해서 반복한다. 리스트를 전부 찾고 나면 시스템은 각 태스크를 호출한다. 이때 시스템은 의존성 관계를 통해 선행 태스크가 확실히 모두 실행된 후에 해당 태스크가 호출될 수 있도록 보장한다. 태스크가 절대로 한 번 이상 실행되지 않는다는 점이 의존성 네트워크가 가진 중요한 특징이다. 따라서 네트워크를 탐색하는 도중에 동일한 태스크가 여러 번 나타나더라도 태스크는 한 번만 실행된다.

의존성 네트워크에서 태스크가 딱 한 번만 실행된다는 점을 설명하고자 다소 복잡한 예제를 소개하려고 한다. 이 예제를 사용하면 의존성 네트워크를 설명할 때 흔히 사용하는 소프트웨어 빌드 예제에서도 탈피할 수 있다. 마법 물약을 생산하는 설비가 있다고 생각해 보자. 각 물약은 성분들로 구성되고, 이 성분들 또한 다른 재료를 이용해 만들어진다. 예를 들어 생명의 물약(health potion)을 만들려면 정화된 물(clarified water)과, 문어의 정수(octopus essence)가 필요하다(여기에서 양은 무시하겠다). 그리고 문어의 정수를 만들려면 문어(octopus)와 정화된 물이 필요하다. 또 정화된 물을 만들려면 건조된 잔(desiccated glass)이 필요하다. 이들 제품 간의 관계를 일련의 의존성으로 기술할 수 있다(여기에서는 제품 지향적인 접근법을 따른다).

- healthPotion → clarifiedWater, octopusEssence
- octopusEssence → clarifiedWater, octopus
- clarifedWater → desiccatedGlass

생명의 물약을 생산하도록 요청을 받으면, 비록 정화된 물에 의존성이 있는 태스크가 많이 있지만, 정화된 물을 생산하는 태스크가 확실히 한 번만 실행되기를 기대한다.

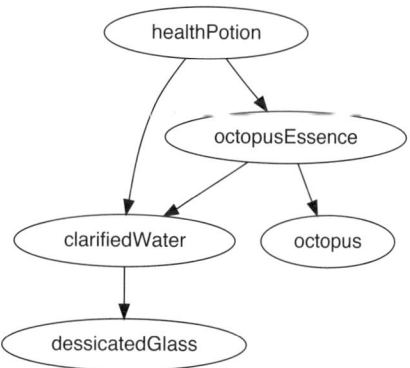

그림 49.1 생명의 물약을 생산할 때 필요한 성분들 사이의 의존성 관계를 보여주는 그래프

이처럼 제품이 형체가 있는 경우에 보통 제품 지향적인 방식으로 생각하면 더 수월하다. 예를 들어 정화된 물이라는 제품은 철제 양동이에 담긴 물체로 생각할 수 있다. 그러나 정보성 제품에도 동일한 개념을 적용해볼 수 있다. 예를 들어 정화된 물약을 만드는 예제의 경우, 성분 자체가 아니라 각 성분을 생산하기 위해 필요한 정보를 가진 생산 계획을 만들어 볼 수 있다. 이 경우에도 정화된 물에 대한 생성 계획이 이미 만들어진 경우라면, 정화된 물에 대한 생성 계획이 다시 만들어지지 않기를 기대한다. 이는 햄스터가 달려서 전력을 공급하는 자동 주판 정도의 플랫폼에서 프로그램을 실행한다면, 너무 많은 컴퓨팅 자원이 소비되기 때문이다.

의존성 네트워크를 사용할 때 주로 하는 실수에는 두 가지가 있다. 가장 심각한 실수는 누락된 선행조건(missed prerequisite)으로, 반드시 수행해야 하지만 수행하지 못한 선행조건이다. 선행조건이 누락되면 결과가 잘못 만들어질 수 있기 때문에 문제가 심각하다. 또한 에러를 알아채기가 어렵기 때문에 문제는 더 악화되게 된다. 모든 게 제대로 동작하는 듯 보이지만, 선행 조건을 실행하지 않았기 때문에 완전히 잘못된 데이터가 만들어지기 때문이다. 또 다른 실수는 불필요한 빌드(unnecessary build)로, 예를 들어 정화된 물에 대해 생성 계획을 두 번 계산하는 일이다. 태스크는 흔히 멱등(idempotent)[1]이기 때문에, 대다수의 경우에 빌드를 두 번 하더라도 실행이 느려지는 결과를 만들 뿐이다. 하지만 태스크가 멱등이 아니라면 더 심각한 문제를 일으킬 수도 있다.

의존성 네트워크에서 공통적으로 나타나는 특징은(특히 제품 지향적인 경우) 각 제품이 언제 최종적으로 변경되었는지를 스스로 알고 있다는 점이다. 이러한 특징을 이용하면 불필요한 빌드를 줄이는데 큰 도움이 된다. 즉 제품을 만들도록 요청하면, 이 제품의 최종 변경 일시가 모든 선행 제품들의 변경 일시보다 이전인 경우에만 실제로 제품을 만든다. 이 방법이 효과가 있으려면 필요에 따라 선행조건을 먼저 호출해서 다시 빌드할 수도 있어야 한다.

이 장에서는 태스크를 호출하는 일(invoking)과 실행하는 일(executing)을 구분하고 있다. 이행적 선행조건들은 모두 호출되지만, 실제로 실행이 필요한 경우에만 실행된다. 따라서 octopusEssence 태스크를 호출하면, 이 태스크는 octopus와 clarifiedWater를 호출한다(그리고 clarifiedWater가 다시 desiccatedGlass를 호출한다). 호출이 모두 완료되고 나면, octopusEssence는 clarifiedWater와 octopus가 가진 생성 계획의 최종 변경 일시를 자신의 변경 일시와 비교한다. 그리고 octopusEssence 생성 계획의 최종 변경 일시보다 선행조건들의 변경 일시가 어느 하나라도 이후인 경우에만 octopusEssence를 실행한다.

의존성 네트워크가 태스크 지향적인 경우에는 최종 변경 일시를 잘 사용하지 않는다. 대신 요청 받은 타깃이 실행하는 동안, 각 선행 태스크는 첫 호출이 일어났을 때만 실행되고, 이렇게 한 번 실행되면 이미 실행되었다는 정보를 기록해 둔다.

최종 변경 일시는 영속성이 있으므로 작업하기가 훨씬 쉽다. 따라서 태스크 지향적인 방식보다 제품 지향적인 방식이 훨씬 낫다. 태스크 지향적인 시스템에서도 최종 변경 정보를 활용할 수는 있다. 하지만 이렇게 하려면 각 태스크가 이 임무를 직접 처리해야 한다. 반면에 최종 변경 일시를 가진 제품 지향적인 시스템을 사용하면 의존성 네트워크가 직접 실행을 결정한다. 그러나 이러한 기능은 그저 얻는 게

---

[1] (옮긴이) 동일한 연산을 여러 번 수행하더라도 결과가 바뀌지 않는 경우에, 이 연산은 멱등성을 가진다고 말한다.

아니다. 이 방식은 선행조건이 변경되지 않았다면, 결과도 항상 같아야만 제대로 동작한다. 따라서 결과에 영향을 미칠 수 있는 조건은 모두 선행조건으로 선언해야 한다.

이러한 태스크 지향적인 방식과 제품 지향적인 방식 간의 구분은 빌드 자동화 시스템에서도 나타난다. 유닉스에서 전통적으로 사용하는 메이크 명령어는 제품 지향적이다(이때 제품은 파일이다). 반면에 자바 시스템의 앤트는 태스크 지향적이다. 제품 지향적인 시스템의 경우 제품이 항상 일반적인 제품은 아니라는 이슈를 내포한다. 테스트를 실행하는 경우가 좋은 예다. 테스트를 실행할 때는 제품으로 테스트 보고서 등을 만들어 정보를 기록해야 한다. 때로는 의존성 시스템을 제대로 실행하기 위한 목적으로 만들어야 하는 제품도 있다. 이러한 모의 결과(pseudo-output)의 좋은 예는 touch 파일로, 오직 최종 변경 일시를 기록하기 위해 만드는 비어 있는 파일이다.

49.2 언제 사용하는가

의존성 네트워크는 처리해야 하는 문제를 태스크로 나누고, 각 태스크의 입력과 결과를 잘 정의할 수 있는 경우에 효과적이다. 의존성 네트워크를 사용하면 필요한 태스크만 실행할 수 있다. 따라서 자원집약적인 태스크나 원격 처리처럼, 처리하는 데 비용이 드는 태스크가 있는 경우에 적합하다.

다른 대안 모델들과 마찬가지로 의존성 네트워크는 문제가 발생했을 때 디버깅하기가 까다로운 경우가 많다. 따라서 호출하고 실행할 때 로그를 남겨서, 무슨 일이 진행되었는지 확인할 수 있게 만드는 작업이 필요하다. 의존성 네트워크를 사용하는 경우 태스크가 필요할 때만 실행되기를 바라고, 문제가 생겼을 때 디버깅이 어려우므로, 태스크를 다소 굵직한(coarse-grained)[2] 형태로 사용하기를 권한다.

49.3 물약 분석하기(C#)

마법의 물약을 생산하는 예제를 소프트웨어 교재에서 보는 일은 흔치 않다. 그래서 마법의 물약을 생산하는 기업에서 현재 어려움을 겪고 있는 사업 문제에 희망의 빛

---

2 (옮긴이) 대상이 큰 단위일 때에는 굵직하다(coarse-grained)고 부른다. 이와는 반대로 대상을 작은 단위로 나누었을 때, 이렇게 나눈 대상을 자잘하다(fine-grained)고 부른다.

을 비출 때가 되었다는 생각이 들었다. 어느 도메인 전문가가 말하기를, 물약을 제조하는 업종은 경쟁이 매우 치열해서 제조법을 주기적으로 변형해야 한다고 한다. 하지만 여기에는 문제가 있다. 품질을 그대로 유지하면서 물약을 만들려면 분석을 다양하게 해야 하는데, 이렇게 분석하기에는 비용과 시간이 많이 들기 때문이다. 따라서 매번 물약을 만들 때마다 분석을 새로 할 수는 없다. 대신 제조법을 변경할 때만 분석을 새로 해야 한다. 뿐만 아니라 생산 라인의 모든 성분은 라인 하부에 있는 성분의 특성을 변경할 수 있다. 따라서 라인 상부의 성분을 분석할 때는 이 성분을 분석한 결과를 사용하는 라인 하부의 모든 성분이 최신의 분석을 거쳤는지 보장해야 한다.

이제 생명의 물약 예제를 살펴보자. 물약의 원료는 정화된 물이고 정화된 물을 만들려면 건조된 잔이 필요하다. 생명의 물약 제조법에 대한 맥거핀 프로파일(MacGuffin Profile)을 분석해야 한다면 먼저 입력(정화된 물)에 대한 프로파일을 살펴봐야 한다. 지난주에 사용했던 정화된 물에 대한 제조법이 변경되지 않았다면 정화된 물을 다시 분석할 필요는 없다. 하지만 건조된 잔의 제조법이 지난번에 분석한 이후로 변경되었다면 정화된 물을 다시 분석해야 한다.

의존성 네트워크란 바로 이런 것이다. 즉 각 성분은 자신의 프로파일을 결정짓는 입력을 선행조건으로 가진다. 성분의 선행조건 중에서 어느 하나라도 이전의 프로파일을 가진다면, 먼저 오래된 프로파일을 다시 분석해야 한다. 그런 다음에 요청된 성분의 프로파일을 새로 분석한다.

이 의존성 네트워크를 C#을 이용해 내부 DSL로 기술하고자 한다. 다음은 샘플 스크립트이다.

```
class Script : SubstanceCatalogBuilder {
  Substances octopusEssence, clarifiedWater, octopus, desiccatedGlass,
        healthPotion;
  override protected void doBuild() {
    healthPotion
      .Needs(octopusEssence, clarifiedWater);

    octopusEssence
      .Needs(clarifiedWater, octopus);

    clarifiedWater
      .Needs(desiccatedGlass);
  }
```

이 스크립트는 객체 스코핑(461)과 클래스 심벌 테이블(555)을 사용한다. 파싱에 대해서는 조금 후에 알아보기로 하고, 먼저 시맨틱 모델(197)부터 살펴보자.

49.3.1 시맨틱 모델

시맨틱 모델(197)의 데이터 구조는 단순하다. 단순히 성분(substance)들이 그래프 구조를 이룬다.

```
class Substance...
  public string Name { get; set; }
  private readonly List<Substance> inputs = new List<Substance>();
  private MacGuffinProfile profile;
  private Recipe recipe;

  public void AddInput(Substance s) {
    inputs.Add(s);
  }
```

각 성분은 제조법(recipe)과 맥거핀 프로파일(profile)을 가진다. 이때 반드시 알고 있어야 할 사실은 제조법과 프로파일이 날짜를 가진다는 점이다. (제조법과 프로파일에 대해 더 깊게 설명을 하면 시작하자마자 녹초가 될 것이다.)

```
class MacGuffinProfile...
  public DateTime TimeStamp {get; private set;}
  public MacGuffinProfile(DateTime timeStamp) {
    TimeStamp = timeStamp;
  }
class Recipe...
  public DateTime TimeStamp { get; private set; }
  public Recipe(DateTime timeStamp) {
    TimeStamp = timeStamp;
  }
```

의존성 네트워크는 프로파일을 요청할 때마다 동작한다. 먼저, 성분이 호출되면 이 호출은 입력에 대해 재귀적으로 거슬러 올라간다. 그리고 나서, 각 입력은 자신이 최신의 상태인지 검사한 후, 아니라면 프로파일을 새로 계산한다.

```
class Substance...
  public MacGuffinProfile Profile {
    get {
      invokeProfileCalculation();
      return profile;
    }
  }
  private void invokeProfileCalculation() {
    foreach (var i in inputs) i.invokeProfileCalculation();
    if (IsOutOfDate)
      profile = profilingService.CalculateProfile(this);
  }
```

요청된 성분의 입력들에 대해 먼저 invokeProfileCalculation를 호출한 후 요청된 성분을 검사한다. 따라서 요청된 성분을 검사하는 시점에는 입력 성분이 모두 최신 상태라는 점을 보장할 수 있게 된다. 그리고 성분이 입력 체인에서 한 번 이상 나타나면 이 성분은 여러 번 호출되겠지만, 프로파일은 단지 한 번만 계산된다. 프로파일을 계산하는 서비스는 비용이 많이 들기 때문에 이러한 사실은 매우 중요하다.

프로파일과 제조법이 최신 상태인지는 타임스탬프를 검사해서 결정한다.

```
class Substance...
  private bool IsOutOfDate {
    get {
      if (null == profile) return true;
      return
        profile.TimeStamp < recipe.TimeStamp
          || inputs.Any(input => input.wasUpdatedAfter(profile.TimeStamp));
    }
  }
  private bool wasUpdatedAfter(DateTime d) {
    return profile.TimeStamp > d;
  }
```

49.3.2 파서

파서는 클래스 심벌 테이블(555)의 형태를 그대로 따른다. 스크립트를 다시 보자.

```
class Script : SubstanceCatalogBuilder {
  Substances octopusEssence, clarifiedWater, octopus, desiccatedGlass,
             healthPotion;
  override protected void doBuild() {
    healthPotion
        .Needs(octopusEssence, clarifiedWater);

    octopusEssence
        .Needs(clarifiedWater, octopus);

    clarifiedWater
        .Needs(desiccatedGlass);
  }
```

스크립트는 클래스 내부에 포함된다. 이 클래스는 다양한 성분들에 대한 필드를 가진다. 객체 스코핑(461) 기법을 적용해서, Script 클래스에서 메서드를 참조가 없이 호출할 수 있게 하였다. 부모 클래스에서 빌드를 수행한 후, Substance 객체의 리스트를 반환한다.

```
class SubstanceCatalogBuilder...
  public List<Substance> Build() {
    InitializeSubstanceBuilders();
    doBuild();
    return SubstanceFields.ConvertAll(f => ((Substances) f.GetValue(this))
                                           .Value);
```

```
    }
    protected abstract void doBuild();
```

먼저 필드들에 대해 성분 빌더의 인스턴스를 만든다. 성분 빌더는 특이하게도 이름이 Substances인데, 이렇게 하면 DSL이 훨씬 쉽게 읽히기 때문이다.

```
class SubstanceCatalogBuilder...
  private void InitializeSubstanceBuilders() {
    foreach (var f in SubstanceFields)
      f.SetValue(this, new Substances(f.Name, this));
  }
  private List<FieldInfo> SubstanceFields {
    get {
      var fields = GetType().GetFields(BindingFlags.Instance
                                   .| BindingFlags.NonPublic);
      return Array.FindAll(fields, f => f.FieldType == typeof (Substances))
              .ToList();
    }
  }
```

각 성분 빌더는 Substance 객체를 포함하고, 이 객체를 파퓰레이트할 수 있는 플루언트 메서드를 제공한다. 이 경우에는 Substance 객체의 속성이 가변 속성이어도 무관하므로 빌드할 때 값을 바로 설정한다.

50장

DOMAIN-SPECIFIC LANGUAGES

생성 규칙 시스템

조건과 액션을 가지는 일련의 생성 규칙을 이용해서 로직을 구조화한다.

```
if
   candidate is of good stock
   and
   candidate is a productive member of society
then
   candidate is worthy of an interview

if
   candidate's father is a member
then
   candidate is of good stock
if
   candidate is English
   and
   candidate makes ten thousand a year
then
   candidate is a productive member of society
```

일련의 조건식 검사로 생각해 볼 수 있는 상황들이 많다. 예를 들어 데이터에 대해 유효성을 검증하는 경우, 각 유효성 검증을 조건으로 생각해 볼 수 있다. 이 경우에는 조건이 실패하면, 그 액션으로 에러가 발생된다. 또 다른 예로 가입 자격이 있는지 검사하는 경우, 이들 검사는 조건의 체인으로 생각해 볼 수 있다. 이때 체인에서 맨 끝까지 도달하면 가입 자격을 부여한다. 그리고 오류를 진단하는 일은 일련의 질문들로 볼 수 있다. 이 경우 각 질문은 근본적인 오류를 식별할 수 있을 때까지 새로운 질문들을 만들어낸다.

컴퓨팅 모델인 생성 규칙 시스템(Production Rule System)은 규칙들의 집합 개념을 구현하며, 이때 각 규칙은 조건(condition)과 액션(action)으로 구성된다. 생성 규칙 시스템은 일련의 주기를 따라 데이터에 대해 규칙들을 실행한다. 각 주기에서 조건을 만족하는 규칙을 식별하고 이들 규칙이 가진 액션을 실행한다. 일반적으로 전문가 시스템(expert system)의 중심에는 바로 이 생성 규칙 시스템이 자리한다.

50.1 어떻게 동작하는가

생성 규칙 시스템에서 사용하는 규칙들의 구조는 매우 단순하다. 규칙들의 집합이 있고, 각 규칙은 조건과 액션으로 구성된다. 조건은 불린 표현식이다. 액션에서는 어떤 작업이라도 처리할 수 있지만 생성 규칙 시스템이 사용되는 문맥에 따라 제한될 수 있다. 예를 들어 생성 규칙 시스템이 데이터 유효성만을 검증한다면 액션에서는 에러를 던지는 작업만을 처리한다. 따라서 유효성을 검증하는 경우라면 각 액션에서는 무슨 에러를 던질지, 그리고 에러에 어떤 데이터를 제공할지를 기술해야 한다.

생성 규칙 시스템을 사용할 때 어려운 부분은 규칙을 실행하는 방법을 결정하는 일이다. 특히 범용적인 전문가 시스템이라면 이러한 결정을 내리는 일은 상당히 복잡하다. 이로 인해 전문가 시스템과 관련된 커뮤니티가 활발히 형성되었고, 툴 시장도 거듭 발전해 왔다. 소프트웨어 세계에서 흔히 있는 일이지만, 생성 규칙 시스템을 범용적으로 만들기가 매우 복잡하다고 해서 간단한 생성 규칙 시스템을 만들어 한정된 용도로만 사용하는 게 불가능하다는 뜻은 아니다.

흔히 생성 규칙 시스템은 규칙 실행과 관련된 제어권을 모두 단일 컴포넌트에게 맡긴다. 이러한 컴포넌트는 보통 규칙 엔진(rule engine), 추론 엔진(inference engine), 또는 스케줄러(scheduler)라고 부른다. 간단한 규칙 엔진은 일련의 추론 주기(inference cycle)에 따라 동작한다. 추론 주기는 사용 가능한 규칙의 조건을 모두 실행하면서 시작된다. 이때 규칙의 조건이 참을 반환하면, 이 규칙은 활성화되었다(activated)라고 부른다. 엔진은 활성화된 규칙들의 리스트를 저장하는데, 이 리스트를 아젠다(agenda)라고 부른다. 규칙들의 조건을 모두 검사하고 나면, 엔진은 규칙의 액션을 실행할 목적으로 아젠다에서 규칙을 검색한다. 규칙의 액션을 실행하는 일은 규칙을 수행한다(fire)라고 부른다.

규칙이 수행되는 순서를 결정하는 방식에는 여러 가지가 있다. 가장 간단한 방법으로 규칙을 임의의 순서로 수행할 수 있다. 이 경우 규칙이 작성되는 방식이 수행 순서에 영향을 주지 않으므로 엔진을 만들기가 쉽다. 이와는 달리 시스템에 정의된 순서대로 규칙을 수행할 수도 있다. 이메일 시스템의 필터 규칙이 좋은 예다. 맨 먼저 일치하는 규칙이 이메일을 처리하고, 이후에 일치하는 규칙은 절대로 수행되지 않도록 필터를 구체적으로 정의한다.

규칙이 수행되는 순서를 결정하는 또 다른 방법으로, 규칙에 우선순위를 부여할 수 있다. 전문가 시스템 커뮤니티에서는 흔히 이를 현저성(salience)이라고 부른다. 이 방식을 따르면 규칙 엔진은 아젠다에서 우선순위가 가장 높은 규칙을 골라 제일 먼저 수행한다. 우선순위를 사용하는 일은 보통 냄새로 간주된다. 우선순위를 남발해서 사용하는 자신을 발견한다면, 당면한 문제에서 생성 규칙 시스템이 과연 적합한 컴퓨팅 모델인지 다시 한번 고려해 봐야 한다.

규칙 엔진을 만들 때 결정 내려야 하는 또 다른 요소는 활성화할 규칙을 추가적으로 찾는 시점이다. 각 규칙이 수행된 후에 활성화할 수 있는 규칙을 추가적으로 찾거나, 아니면 아젠다에 있는 규칙을 모두 수행한 후에 활성화할 규칙들을 찾을 수도 있다. 규칙이 어떻게 구조화 되었는지에 따라, 시스템에서 이 결정을 내리는 데 영향을 미칠 수 있다.

규칙 베이스(rule base)를 보면 전반적인 문제의 논리적인 영역에 따라 규칙이 서로 다른 그룹을 구성하고 있음을 알 수 있다. 이 경우에 이들 규칙을 개별적인 규칙 집합(rule set)으로 분리하고, 특정한 순서에 따라 규칙 집합을 평가하는 게 합리적이다. 예를 들어 데이터에 대해 기본적인 유효성 검증을 수행하는 규칙과, 가입 자격을 결정하는 규칙이 있다고 해보자. 그러면 먼저 유효성 검증 규칙 집합을 실행한 후, 오류가 없는 경우에만 가입 자격 규칙 집합을 실행하도록 실행 순서를 결정할 수 있다.

50.1.1 체이닝

데이터에 대해 유효성을 검증할 때 주로 사용하는 검증 규칙이 생성 규칙 시스템의 가장 단순한 예다. 이 경우 규칙의 조건을 모두 검사하고 각 조건에 일치하는 액션을 수행한다. 규칙이 수행되면 그 결과로 에러나 경고를 로그나 노티피케이션(239)에 추가한다. 규칙의 액션이 실행되어도 생성 규칙 시스템이 사용하는 데이터의 상태를 바꾸지 않으므로, 규칙을 활성화하고 수행하는 작업을 하나의 주기에서 모두 처리할 수 있다.

이와는 달리 규칙 액션에서 데이터의 상태를 변경할 때가 많다. 이러한 경우 규칙 조건을 다시 평가해서 참을 반환하는 규칙을 찾고, 이들 규칙을 아젠다에 추가해야 한다. 규칙 간의 이러한 상호작용은 전방 체이닝(forward chaining)으로 알려져 있다. 즉, 처음에는 몇몇 사실에서 시작하고, 규칙을 사용해 더 많은 사실을 추론해낸다. 이렇게 추론한 사실은 더 많은 규칙을 활성화하고, 이 규칙을 사용해 또 더 많은 사실을 추론해내는 방식이다. 아젠다에 규칙이 더 이상 남아 있지 않아야만 추론 엔진이 종료된다.

스케치 부분에 있는 일련의 규칙을 보면, 먼저 규칙을 모두 검사한다. 그리고 두 번째와 세 번째 규칙이 모두 활성화되고 수행되고 나면, 첫 번째 규칙이 활성화되고 수행되게 된다.

이와는 반대로 접근할 수도 있다. 이 방식은 먼저 목표에서 시작한다. 그리고 규칙 베이스를 조사해서, 이 목표를 만족시킬 수 있는 액션을 가지는 규칙을 찾는다. 이렇게 찾은 규칙을 가지고 하위 목표를 만든 후, 다시 이 하위 목표를 뒷받침해주는 더 많은 규칙을 찾는다. 이러한 방식은 후방 체이닝(backward chaining)으로 불린다. 하지만 이 방식은 간단한 생성 규칙 시스템에서는 잘 쓰이지 않는다. 단순한 경우에 이 방식을 사용하기는 너무 어렵기 때문이다. 따라서 이 장에서는 전방 체이닝을 사용하는 엔진, 또는 체이닝을 사용하지 않는 엔진에 대해 더 집중해서 논의하고자 한다.

50.1.2 모순된 추론

규칙이 가진 강력한 장점 중 하나는 각 규칙을 개별적으로 기술하고, 그 결과는 생성 규칙 시스템이 직접 알아내도록 할 수 있다는 점이다. 하지만 여기에는 문제가 뒤따른다. 추론해서 만든 규칙의 체인에서 서로 모순되는 규칙이 있다면 어떻게 할 것인가? 예를 들어 군대 재현 클럽(military reenactment club)[1] 지부에 가입하려면 일련의 규칙을 만족해야 한다고 가정해보자. 규칙의 예로는, '자유를 사랑하는 미국 독립혁명 군대'에 가입하려면 18살 이상이어야 하고, 미국 시민이어야 하며, 가짜 머스킷총을 가지고 있어야 한다는 등이 있을 수 있다. 또 다른 규칙으로, 조항 4.7절에 영국 시민도 가입할 수 있지만 '잔혹한 독재자' 역할로만 가입할 수 있다는 내용이 있다고 해보자. 이 규칙은 누군가 이중 국적을 취득하기 전까지 몇 년간은 잘 동작할 것이다. 하지만 이중 국적을 취득하고 나면, 이제 어떤 규칙은 '독립혁명 군대'에 가입할 수 있다고 말하지만, 다른 규칙은 가입할 수 없다고 말한다.

이때 가장 큰 위험요인은 이처럼 모순이 발생할 수 있다는 사실을 전혀 눈치

---

1 (옮긴이) 역사 재현(Historical Reenactment)은 교육적인 목적으로 역사적인 사건이나 시기를 재현하려는 활동이다. 군대 재현은 이중에서도 군사적인 사건을 재현하는 활동이다. (http://en.wikipedia.org/wiki/Historical_reenactment)

채지 못할 수도 있다는 점이다. 예를 들어 규칙이 실행되어 그 결과로 불린 값인 isEligibleForRevolutionaryArmy를 변경한다면 결국에는 마지막에 실행되는 규칙이 이 값을 결정하게 된다. 따라서 규칙의 순서를 정하지 않았거나 우선순위를 부여하지 않았다면, 추론이 잘못되게 된다. 또는 심지어 규칙이 실행되는 순서에 숨어있는 특성에 따라 매번 서로 다른 추론이 만들어지기도 한다.

이처럼 규칙이 모순될 때 해결하는 방법에는 대체로 두 가지가 있다. 먼저, 이 문제를 피할 수 있게 규칙 구조를 설계하는 방법이다. 이 방법은 규칙이 실행되는 방식을 통해 이러한 모순을 확실히 피할 수 있게 만들어 준다. 이러한 방식에는 규칙이 데이터를 갱신하는 방식, 규칙 집합을 구조화하는 방식, 또는 우선순위를 부여하는 방식 등이 있다. 앞선 예제의 경우 시작할 때 가입 규칙의 조건을 모두 거짓으로 설정한 후, 참으로만 변경할 수 있도록 만들면 이중 국적 문제를 해결할 수 있다. 하지만 이 관례를 적용하면 영국 시민이 아예 가입하지 못하도록 막고자 하려면 규칙을 다른 방식으로 작성해야 하며,[2] 이렇게 규칙을 작성하는 도중에 잠재적인 문제가 또 나타날 수 있다. 이 방법을 통해 규칙 구조를 설계할 때 자칫 설계를 망가뜨리는 실수를 할 수도 있으므로 주의를 기울여야 한다.

모순을 해결하는 다른 방법은 모순을 허용하지만 추론을 모두 기록해서, 모순이 하나라도 생기면 찾아낼 수 있게 하는 것이다. 이러한 경우 가입 자격을 불린 값으로 만드는 대신 키로는 eligibilityForRevolutionaryArmy를, 값으로는 불린을 가지는 별도의 fact 객체를 만든다. 규칙을 모두 실행하고 나면, 관심이 있는 키를 가진 fact 객체를 모두 살펴본다. 그러면 키는 같지만 값은 서로 다른 fact 객체가 있을 수 있다. Observation 패턴[Fowler AP]은 이러한 상황에서 사용할 수 있는 방법 중 하나다.

일반적으로 규칙 구조가 순환에 빠지지 않도록 조심해야 한다. 이러한 순환은 한 규칙이 다음 규칙을 끊임없이 수행하는 형태로 여러 규칙을 배치할 때 생기는 현상이다. 모순된 규칙이 서로 계속해서 대립하거나, 규칙들이 긍정적 피드백 루프(positive feedback loop)[3]에 빠지게 될 때도 순환이 발생할 수 있다.

생성 규칙 시스템에 특화된 툴은 이러한 문제를 해결할 수 있는 기법을 자체적으로 내장하고 있다.

---

2 (옮긴이) 이 방식을 사용하면 영국 시민이 미국 시민권을 딴 경우 '독립혁명 군대'에 가입할 수 있게 된다. 따라서 영국 시민이면서 동시에 미국 시민권을 가진 사람을 가입할 수 없도록 막으려면, 다른 규칙을 작성해야 한다.

3 (옮긴이) A가 더 많은 B를 만들어내고 이때 B도 더 많은 A를 만들어 낼 때, 시스템이 긍정적 피드백 루프에 빠졌다고 말한다. 이와는 반대인 상황을 부정적 피드백 루프(negative feedback loop)라고 부른다.

50.1.3 규칙 구조의 패턴

나는 몇몇 규칙 베이스를 조사하긴 했지만, 규칙 시스템이 구조화되는 일반적인 방법을 알 수 있을 정도로 충분히 연구했다고 말하기에는 부족하다. 하지만 이 조사를 통해서 규칙 구조에 몇 가지 공통된 패턴이 있음을 찾을 수 있었다.

규칙 구조 중에서 흔히 사용되는 간단한 사례는 유효성 검증이다. 규칙이 보통 단순한 결과를 가진다는 점에서(유효성 검증 실패를 나타내는 예외를 던진다), 이 구조는 간단하다고 볼 수 있다. 체이닝도 거의 일어나지 않는다. 유효성 검증 규칙은 너무 간단하기 때문에, 생성 규칙 시스템을 이용해 전문적으로 일하는 대다수의 사람들이 이 사례를 규칙 시스템으로 보지 않을 수도 있겠다는 염려도 든다. 내가 볼 때도 이처럼 단순한 경우라면 생성 규칙 시스템에 특화된 툴을 사용하는 일도 확실히 지나친 감이 있다. 이처럼 구조가 간단한 경우라면 직접 만드는 편이 가장 좋다.

가입 자격 규칙은 구조가 좀 더 복잡하다. 이러한 종류의 규칙 베이스에서는 가입 희망자가 하나 이상의 조항에 대해 자격이 있는지 평가하게 된다. 이러한 시스템은 대상자가 가입할 자격이 되는 보험 정책이 무엇인지 평가하는 시스템일 수도 있고, 주문이 어느 할인 정책에 포함되는지 결정하는 시스템일 수도 있다. 이러한 시스템은 하위 규칙을 이용해서 상위 규칙을 추론하는 방식으로 규칙 구조를 점진적인 단계를 통해 구성할 수 있다. 추론을 모두 참으로 기록하고, 이러한 추론을 거짓으로 만들 수 있는 일부 방법을 별도로 두는 방식으로 모순을 피할 수 있다.

진단 시스템과 같은 유형은 규칙 구조가 더욱 복잡하다. 이 시스템에서는 문제점을 발견했을 때 근본 원인을 찾고자 할 수 있다. 이러한 시스템에서는 모순이 발생할 가능성이 훨씬 크기 때문에 Observation 패턴[Fowler AP] 등을 적용하는 일이 매우 중요해진다.

50.2 언제 사용하는가

행위들을 if-then 문장들의 집합을 통해 표현하면 가장 효과적일 거라는 생각이 든다면, 이때 당연히 선택해야 하는 방법이 생성 규칙 시스템이다. 실제로 이와 같은 제어 흐름을 작성해 두면 생성 규칙 시스템으로 발전할 수 있는 좋은 시발점이 될 때가 많다.

생성 규칙 시스템의 가장 큰 위험요인은 이 시스템이 너무 매력적이라는 점이다.

간단한 사례를 생성 규칙 시스템으로 구현하면 프로그래머가 아닌 사람도 쉽게 이해할 수 있고, 시연을 하면 큰 호응을 얻는다. 하지만 이처럼 간단한 시연에서는 생성 규칙 시스템이 계속 커지면 도대체 무슨 일을 하는지 유추하기가 더욱 어려워진다는 사실이 잘 드러나지 않는다. 특히 체이닝을 사용하게 되면 훨씬 어려워진다. 이로 인해 디버깅하는 일도 매우 힘들어진다.

규칙 엔진 툴을 사용하게 되면 이 문제가 악화될 때가 많다. 규칙 엔진 툴은 확장하기가 매우 쉽다. 따라서 시스템 여기저기서 툴을 사용하도록 만들고, 생성 규칙 시스템이 거대해진 후에야 비로소 이 시스템을 수정하기가 너무 힘들다는 사실을 깨닫곤 한다. 이런 이유로 간단한 경우에는 직접 만들어야 한다는 의견도 있다. 직접 만들게 되면 특정 요구에 맞게 시스템을 조정할 수 있다. 그리고 시스템이 간단하므로 도메인을 더 잘 이해하게 되고, 생성 규칙 시스템이 도메인에 어떻게 활용되는지 더 많이 배울 수 있게 된다. 이처럼 많은 정보를 얻고 나면 직접 만든 간단한 생성 규칙 시스템을 툴로 대체할지 평가할 수도 있게 된다.

규칙 엔진이 항상 나쁜 선택이라는 뜻은 아니다. 물론 제대로 동작하는 규칙 엔진을 아직 본 적은 없다. 진짜 중요한 사실은 규칙 엔진을 사용할지 결정할 때 신중을 기울여야 하고, 사용하는 경우에 결과가 어떨지 이해하고 있어야 한다는 점이다.

50.3 클럽 가입 자격에 대한 유효성 검증(C#)

유효성을 검증하는 규칙은 자주 쓰이고 체이닝을 전혀 사용하지 않을 때가 많다. 따라서 간단한 생성 규칙 시스템의 좋은 사례다. 이 예제에서는 영국에서 빅토리아 여왕이 통치했던 시대를 재현한 클럽에 가입하기 위한 첫 단계를 살펴보려고 한다. 이 지원 과정을 처리하기 위해 두 개의 개별적인 규칙 집합을 사용하고자 한다. 첫 번째는 기본적인 지원 정보에 대해 유효성을 검증하는 규칙 집합으로, 단순히 폼(form)이 적절하게 채워졌는지 확인한다. 두 번째는 면접 자격이 있는지 평가하기 위한 규칙 집합으로, 여기에 대해서는 두 번째 예제에서 설명하고자 한다.

다음은 몇 가지 유효성 검증 규칙이다.

- 국적은 null값을 가질 수 없다.
- 대학교는 null값을 가질 수 없다.
- 연소득은 반드시 양수여야 한다.

50.3.1 모델

모델에서 설명해야 할 부분이 두 가지 있다. 정말 간단한 첫 번째 부분은 규칙을 적용할 사람이 가져야 할 데이터다. 사람에 대한 데이터는 가입 자격을 검사할 때 필요한 다양한 정보를 속성으로 가지는 간단한 데이터 클래스로 만든다.

```
class Person...
  public string Name { get; set; }
  public University? University { get; set; }
  public int? AnnualIncome { get; set; }
  public Country? Nationality { get; set; }
```

이제 규칙을 처리하는 부분으로 넘어가 보자. 유효성 검증 엔진의 구조는 기본적으로 검증 규칙들의 리스트다.

```
class ValidationEngine...
  List <ValidationRule> rules = new List<ValidationRule>();

interface ValidationRule {
  void Check(Notification note, Person p);
}
```

엔진을 실행하는 일은 각 규칙을 실행해서 그 결과를 노티피케이션(239)에 모으는 작업이다.

```
class ValidationEngine...
  public Notification Run(Person p) {
    var result = new Notification();
    foreach (var r in rules) r.Check(result, p);
    return result;
  }
```

가장 기본적인 유효성 검증 규칙(ExpressionValidationRule)에서는 서술식과, 규칙이 실패할 경우 기록할 메시지를 생성자 인자로 받는다.

```
class ExpressionValidationRule : ValidationRule {
  readonly Predicate<Person> condition;
  readonly string description;
  public ExpressionValidationRule(Predicate<Person> condition,
                                  string description) {
    this.condition = condition;
    this.description = description;
  }
  public void Check(Notification note, Person p) {
    if (! condition(p))
      note.AddError(String.Format("Validation '{0}' failed.", description));
  }
```

이렇게 모델을 만들고 나면 다음과 같이 커맨드-쿼리 인터페이스를 사용해 규칙을 설정하고 실행할 수 있다.

```
engine = new ValidationEngine();
engine.AddRule(p => p.Nationality != null, "Missing Nationality");
var tim = new Person("Tim");
var note = engine.Run(john);
```

50.3.2 파서

이 예제에서는 간단한 내부 DSL을 사용하고자 한다. C#의 람다 구문을 직접적으로 사용해서 규칙을 표현하려고 한다. 이 DSL 스크립트는 다음과 같이 시작한다.

```
class ExampleValidation : ValidationEngineBuilder {
  protected override void build() {
    Validate("Annual Income is present")
      .With(p => p.AnnualIncome != null);
    Validate("positive Annual Income")
      .With(p => p.AnnualIncome >= 0);
```

여기에서 객체 스쿠핑(461)을 사용하므로 Validate 메서드를 참조 없이 호출할 수 있다. 이어서 메서드 체이닝을 사용해서 서술식을 담고 이를 통해 유효성 검증 규칙을 정의한다.

빌더를 생성하면서 엔진을 초기화한다. Validate 메서드는 하위 규칙 빌더 (ValidationRuleBuilder)를 초기화하고 하위 규칙 빌더에 규칙과 관련된 정보를 담는다.

```
abstract class ValidationEngineBuilder {
  public ValidationEngine Engine { get; private set; }
  protected ValidationEngineBuilder() {
    Engine = new ValidationEngine();
    build();
  }
  abstract protected void build();
}

class ValidationRuleBuilder : WithParser {
  readonly string description;
  readonly ValidationEngine engine;
  public ValidationRuleBuilder(string description, ValidationEngine engine) {
    this.description = description;
    this.engine = engine;
  }
  public void With(Predicate<Person> condition) {
    engine.AddRule(condition, description);
  }
}

class ValidationEngine...
```

```
    public void AddRule(Predicate<Person> condition, string errorMessage) {
      rules.Add(new ExpressionValidationRule(condition, errorMessage));
    }
  interface WithParser {
    void With(Predicate<Person> condition);
  }
```

이 예제에서는 프로그레시브 인터페이스를 활용했다. 규칙 빌더에는 메서드가 하나뿐이므로, 이는 다소 지나친 감이 있다. 하지만 인터페이스 이름을 통해 파서가 무엇을 기대하는지, 그 의미를 더 잘 전달하므로 유용하다.

50.3.3 DSL 개선하기

이렇게 유효성을 검증하면 로직을 담기에는 충분히 효과적이다. 하지만 가까스로 널 값을 검사하는 표현식을 몇 가지 다 작성하고 나면, 이러한 널 값을 검사하는 더 나은 방법이 있지 않을까 하는 생각이 들게 될 것이다. 즉 이러한 널 값 검사를 여러 군데서 사용한다면, 널 값을 검사하는 로직을 하나의 규칙으로 작성하면 좋을 것 같다. 그리고 스크립트에서는 널이 되지 말아야 할 속성을 기술하기만 하면, 널 값을 모두 검증할 수도 있을 것이다.

많은 언어에서 흔히 사용하는 한 가지 방법으로, 속성의 이름을 문자열로 기술하고 리플렉션을 이용해 로직을 검사해 볼 수 있다. 이 방법을 이용하면 DSL 스크립트에 다음과 같은 코드를 작성할 수 있다.

```
  MustHave("University");
```

이 구문을 지원하려면 모델과 파서를 개선해야 한다.

```
  class ValidationEngineBuilder...
    protected void MustHave(string property) {
      Engine.AddNotNullRule(property);
    }
  class ValidationEngine...
    public void AddNotNullRule(string property) {
      rules.Add(new NotNullValidationRule(property));
    }
  class NotNullValidationRule : ValidationRule {
    readonly string property;
    public NotNullValidationRule(string property) {
      s.property = property;
    }
    public void Check(Notification note, Person p) {
      var prop = typeof(Person).GetProperty(property);
      if (null == prop.GetValue(p, null))
```

```
            note.AddError("No value for {0}", property);
    }
```

이때 주목할 점은 이처럼 시맨틱 모델(197)을 변경하지 않고도 이 기능을 지원할 수도 있었다는 점이다. 즉 빌더에 아래의 코드를 추가할 수도 있었다.

```
class ValidationEngineBuilder...
    protected void MustHaveALT(string property) {
        PropertyInfo prop = typeof(Person).GetProperty(property);
        Engine.AddRule(p => prop.GetValue(p, null) != null,
            String.Format("Should have {0}", property));
    }
```

사람들은 이러한 종류의 로직이 있을 때 반사적으로 코드를 빌더에 추가하곤 한다. 하지만 이렇게 해서는 안 되고 이러한 로직은 반드시 시맨틱 모델에 담아야 한다. 시맨틱 모델은 이 로직이 무엇을 하기 위함인지 잘 알고 있으므로 그 정보를 훨씬 더 효과적으로 활용할 수 있다. 예를 들어 이들 유효성 검증 로직을 폼(form)에 자바스크립트 코드로 삽입하고자 할 때, 시맨틱 모델을 사용하면 코드를 생성할 수 있다. 굳이 이럴 필요가 없더라도 되도록이면 시맨틱 모델을 더 똑똑해지도록 만드는 편을 선호한다. 로직을 빌더에 추가할 때와 비교해도 그리 많은 수고를 들이지 않아도 될뿐더러, 규칙이 가진 정보를 가장 효과적으로 활용할 수 있는 위치에 저장할 수 있기 때문이다.

인자에 문자열을 사용한 방법은 꽤 훌륭하지만 C#과 같이 정적 타입 검사를 할 수 있고, 이를 지원하는 툴이 있는 환경이라면 문자열을 사용한 방법은 좋지 않다. 대신 프로퍼티를 찾을 때 C#에서 지원하는 메커니즘을 이용해서 자동완성 기능과 정적 타입 검사를 활용하는 편이 더 낫다.

다행히도 C#에서는 이러한 메커니즘으로 람다 표현식을 사용할 수 있다. 람다를 사용하면 널 값을 검사하는 DSL 스크립트를 아래와 같이 작성할 수 있다.

```
MustHave(p => p.Nationality);
```

이번에도 로직은 모델에 구현하고 빌더에서는 단순히 호출하도록 만든다.

```
class ValidationEngineBuilder...
    protected void MustHave<T>(Expression<Func<Person, T>> expression) {
        Engine.AddNotNullRule(expression);
    }
class ValidationEngine...
    public void AddNotNullRule<T>(Expression<Func<Person, T>> e) {
        rules.Add(new NotNullValidationRule<T>(e));
```

```
    }
    class NotNullValidationRule<T> : ValidationRule {
      readonly Expression<Func<Person, T>> expression;
      public NotNullValidationRule(Expression<Func<Person, T>> expression) {
        this.expression = expression;
      }
      public void Check(Notification note, Person p) {
        var lambda = expression.Compile();
        if (lambda(p) == null) note.AddError("No value for {0}", expression);
      }
    }
```

여기에서는 람다 자체가 아니라 람다의 표현식을 사용했다. 이는 유효성 검증이 실패했을 때 코드에 있는 텍스트를 에러 메시지에 출력하기 위해서다.

50.4 클럽 가입 예제의 확장 : 가입 자격 규칙(C#)

앞의 예제에서는 가상의 클럽에 가입하기 위한 입력 폼(form)의 검증 규칙을 살펴봤다. 이 예제에서는 가입 자격 규칙을 살펴본다. 이 규칙은 전방 체이닝을 포함하므로 좀 더 복잡하다. 최상위 규칙은 "지원하는 남자(이런 종류의 클럽이라면 지원자가 '남자'임이 틀림없다)가 훌륭한 가문 출신이고(is of good stock), 생산적인 사회 구성원이면(is a productive member of society), 지원자는 면접에 응시할 수 있다"이다.

```
    class ExampleRuleBuilder : EligibilityEngineBuilder {
      protected override void build() {
        Rule("interview if good stock and productive")
          .When(a => a.IsOfGoodStock && a.IsProductive)
          .Then(a => a.MarkAsWorthyOfInterview());
```

앞의 예제와 마찬가지로 슈퍼 클래스를 이용한 객체 스코핑을 적용해서 DSL을 작성하려고 한다. 파싱의 상세한 부분은 조금 후에 알아보자. 먼저 훌륭한 가문 출신인지를 결정하는 규칙과 생산적인 사회 구성원이 무슨 뜻인지를 나타내는 규칙을 살펴보자. 우선 훌륭한 가문 출신이 되려면 아버지가 클럽의 멤버이거나 자신이 군 복무를 마쳐야 한다.

```
    Rule("father member means good stock")
      .When(a => a.Candidate.Father.IsMember)
      .Then(a => a.MarkOfGoodStock());
    Rule("military accomplishment means good stock")
      .When(a => a.IsMilitarilyAccomplished)
      .Then(a => a.MarkOfGoodStock());
    Rule("Needs to be at least a captain")
```

```
    .When(a => a.Candidate.Rank >= MilitaryRank.Captain)
    .Then(a => a.MarkAsMilitarilyAccomplished());
Rule("Oxbridge is good stock")
    .When(a => a.Candidate.University == University.Cambridge
            || a.Candidate.University == University.Oxford)
    .Then(a => a.MarkOfGoodStock());
```

이 규칙은 생성 규칙 시스템의 중요한 특징인 '다양한 규칙에는 제한이 없다(open-ended)'는 점을 잘 보여준다. 즉, 좋은 가문 출신인지를 가리키는 새로운 규칙을 쉽게 추가할 수 있다. 그리고 이미 있는 규칙을 변경하지 않고도 새로운 규칙을 추가할 수 있다. 단점은 규칙 베이스가 작성된 텍스트에서 조건을 확실히 다 찾으려면 텍스트에서 여러 군데를 살펴봐야 한다는 점이다. 이 문제를 해결하는 한 가지 방법은 MarkOfGoodStock을 결과로 갖는 규칙을 모두 찾아주는 툴을 구비하는 것이다.

면접 자격이 있는지를 결정짓는 나머지 규칙은 생산적인 사회 구성원이어야 한다는 점이다. 사실 이 말은 수입이 얼마나 되는지를 고상하게 말할 때 흔히 사용하는 이중 화법이다.

```
Rule("Productive Englishman")
    .When(a => a.Candidate.Nationality == Country.England
            && a.Candidate.AnnualIncome >= 10000)
    .Then(a => a.MarkAsProductive());
Rule("Productive Scotsman")
    .When(a => a.Candidate.Nationality == Country.Scotland
            && a.Candidate.AnnualIncome >= 20000)
    .Then(a => a.MarkAsProductive());
Rule("Productive American")
    .When(a => a.Candidate.Nationality == Country.UnitedStates
            && a.Candidate.AnnualIncome >= 80000)
    .Then(a => a.MarkAsProductive());
Rule("Productive Solider")
    .When(a => a.IsMilitarilyAccomplished
            && a.Candidate.AnnualIncome >= 8000)
    .Then(a => a.MarkAsProductive());
```

이러한 클럽은 잉글랜드 사람을 보통 선호하지만 재산이 충분히 많다면 다른 나라 국민도 가입할 수 있다.

여기에 사용된 패턴을 살펴보면 규칙 리스트가 함수 시퀀스(423)를 사용해서 정의되었음을 볼 수 있다. 각 규칙의 상세 부분인 When과 Then 절에서는 메서드 체이닝(447)을 사용했다. 그리고 각 규칙에서 조건과 액션을 담을 때는 중첩 클로저(483)를 활용했다.

50.4.1 모델

가입 자격 모델은 유효성 검증 모델과 비슷하다. 하지만 규칙 실행 결과가 다르고 전방 체이닝을 처리해야 하므로 좀 더 복잡하다. 모델의 첫 부분은 규칙의 결과를 기록하기 위해 사용하는 데이터 구조로 지원서(Application)에 해당한다.

```
class Application...
  public Person Candidate { get; private set; }
  public bool IsWorthyOfInterview { get; private set; }
  public void MarkAsWorthyOfInterview() { IsWorthyOfInterview = true; }
  public bool IsOfGoodStock { get; private set; }
  public void MarkOfGoodStock() {IsOfGoodStock = true;}
  public bool IsMilitarilyAccomplished { get; private set; }
  public void MarkAsMilitarilyAccomplished() { IsMilitarilyAccomplished
                                              = true; }
  public bool IsProductive { get; private set; }
  public void MarkAsProductive() { IsProductive = true; }
  public Application(Person candidate) {
    this.Candidate = candidate;
    IsOfGoodStock = false;
    IsWorthyOfInterview = false;
    IsMilitarilyAccomplished = false;
    IsProductive = false;
  }
```

앞에서 본 Person과 같이 이 클래스는 매우 간단한 데이터로 구성되지만, 약간 특이한 구조를 가진다. 프로퍼티는 모두 불린이고, false 값으로 초기화되며, true로만 변경할 수 있다. 이렇게 구조화하면 생성 규칙 시스템에서 알아차리기 힘든 모순이 생기지 않도록 만들 수 있다.

각 자격 규칙은 조건과 결과를 위한 클로저 한 쌍과, 텍스트로 된 설명을 생성자 인자로 받는다.

```
class EligibilityRule...
  public string Description { get; private set; }
  readonly Predicate<Application> condition;
  readonly Action<Application> action;
  public EligibilityRule(string description,
                         Predicate<Application> condition,
                         Action<Application> action)
  {
    this.Description = description;
    this.condition = condition;
    this.action = action;
  }
```

자격 규칙은 규칙 집합에 로드한다.

```
class EligibilityRuleBase {
  private List<EligibilityRule> initialRules = new List<EligibilityRule>();
  public List<EligibilityRule> InitialRules {
```

```
    get { return initialRules; }
  }
  public void AddRule(string description, Predicate<Application> condition,
                      Action<Application> action)
  {
    initialRules.Add(new EligibilityRule(description, condition, action));
  }
```

전방 체이닝이 있으므로 엔진을 실행하는 부분은 약간 복잡하다. 실행 주기는 기본적으로 규칙을 검사하고, 활성화될 수 있는 규칙을 아젠다에 포함하고, 아젠다의 규칙을 수행하며, 그런 다음 활성화할 수 있는 규칙이 더 있는지 검사하는 과정을 따른다.

```
class EligibilityEngine...
  public void Run() {
    activateRules();
    while (agenda.Count > 0) {
      fireRulesOnAgenda();
      activateRules();
    }
  }
```

몇 가지 데이터 구조를 추가적으로 사용해서 이러한 규칙 실행 정보를 기록한다.

```
class EligibilityEngine...
  public readonly EligibilityRuleBase ruleBase;
  List<EligibilityRule> availableRules = new List<EligibilityRule>();
  List<EligibilityRule> agenda = new List<EligibilityRule>();
  List<EligibilityRule> firedLog = new List<EligibilityRule>();
  readonly Application application;
  public EligibilityEngine(EligibilityRuleBase ruleBase,
                           Application application) {
    this.ruleBase = ruleBase;
    this.application = application;
    availableRules.AddRange(ruleBase.InitialRules);
  }
```

먼저 규칙 베이스에 있는 규칙을 사용 가능한 규칙(availableRules)으로 복사한다. 규칙이 활성화되면 이 규칙을 사용 가능한 규칙(availableRules)에서 삭제하고 (따라서 다시 활성화되지 않도록), 이 규칙을 아젠다(agenda)에 추가한다.

```
class EligibilityEngine...
  private void activateRules() {
    foreach (var r in availableRules)
      if (r.CanActivate(application)) agenda.Add(r);
    foreach (var r in agenda)
      availableRules.Remove(r);
  }

class EligibilityRule...
  public bool CanActivate(Application a) {
```

```
      try {
        return condition(a);
      } catch(NullReferenceException) {
        return false;
      }
    }
```

CanActivate에서는 널 참조 예외를 잡은 후 활성화에 실패했다는 정도로만 처리한다. 이처럼 모델에서 널 참조 예외를 처리하므로, anApplication.Candidate.Father.IsMember와 같이 조건식을 작성할 때 널 값 검사를 할 필요가 전혀 없다. 즉, 널 값 검사에 대한 책임을 모두 모델에게 맡겼다.

규칙을 수행하면 아젠다에서 이 규칙을 삭제하고 수행된 규칙의 로그(firedLog)에 추가한다. 이후에 진단하고자 할 때 이 로그를 사용해서 추적 정보를 제공할 수 있다.

```
class EligibilityEngine...
  private void fireRulesOnAgenda() {
    while (agenda.Count > 0) {
      fire(agenda.First());
    }
  }
  private void fire(EligibilityRule r) {
    r.Fire(application);
    firedLog.Add(r);
    agenda.Remove(r);
  }

class EligibilityRule...
  public void Fire(Application a) {
    action(a);
  }
```

50.4.2 파서

모델과 마찬가지로 가입 자격 빌더에서도 검증 규칙 빌더와 유사한 구조를 사용한다. 즉 슈퍼 클래스를 이용한 객체 스코핑(461)을 활용한다.

```
abstract class EligibilityEngineBuilder {
  protected EligibilityEngineBuilder() {
    RuleBase = new EligibilityRuleBase();
    build();
  }
  public EligibilityRuleBase RuleBase { get; private set; }
  abstract protected void build();
```

규칙은 Rule을 호출하는 함수 시퀀스(423)를 이용해 정의한다.

```
class EligibilityEngineBuilder...
  protected WhenParser Rule(string description) {
    return new EligibilityRuleBuilder(RuleBase, description);
  }

class EligibilityRuleBuilder : ThenParser, WhenParser{
  EligibilityRuleBase RuleBase;
  string description;
  Predicate<Application> condition;
  Action<Application> action;
  public EligibilityRuleBuilder(EligibilityRuleBase ruleBase,
                                string description) {
    this.RuleBase = ruleBase;
    this.description = description;
  }
```

하위 빌더(EligibilityRuleBuilder)에는 메서드 체이닝(447)을 적용해서 규칙의 나머지 부분을 담는다. 이때 하위 빌더에는 프로그레시브 인터페이스를 활용한다. 첫 번째 절은 When이다.

```
class EligibilityEngineBuilder...
  interface WhenParser {
    ThenParser When(Predicate<Application> condition);
  }

class EligibilityRuleBuilder...
  public ThenParser When(Predicate<Application> condition) {
    this.condition = condition;
    return this;
  }
```

When절 뒤에는 Then절이 나온다.

```
class EligibilityEngineBuilder...
  interface ThenParser {
    void Then(Action<Application> action);
  }

class EligibilityRuleBuilder...
  public void Then(Action<Application> action) {
    this.action = action;
    loadRule();
  }
  private void loadRule() {
    RuleBase.AddRule(description, condition, action);
  }
```

51장

DOMAIN-SPECIFIC LANGUAGES

상태 머신

명시적인 상태와, 상태 간의 전이를 통해 시스템을 설계한다.

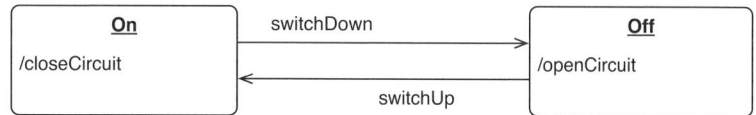

많은 시스템들은 자극이 주어졌을 때 내부 속성에 따라 서로 다르게 반응한다. 다양한 내부 상태를 분류하고, 이들 상태에 따라 시스템이 어떻게 반응하는지, 그리고 언제 시스템이 상태 간에 이동하는지 기술하면 도움이 되곤 한다. 행위를 이처럼 기술하고 제어할 때 상태 머신(State Machine)을 사용할 수 있다.

51.1 어떻게 동작하는가

상태 머신은 소프트웨어를 만들 때 자주 사용될 뿐만 아니라, 소프트웨어와 관련해서 이야기할 때도 흔히 언급되곤 한다. 이처럼 상태 머신이 흔히 사용되기 때문에 이 책 도입부에서 예제로 활용했다. 상태 머신을 어디까지 활용할지, 그리고 어떤 형태로 사용할지는 상황에 따라 다르다.

도입부에서 봤던 예제와는 다른 예제를 통해 이 점을 살펴보고자 한다. 이 예제는 도입부의 예제보다는 덜 구체적이다. 주문 처리 시스템을 생각해 보자. 이 시스템에서 주문을 요청하고 나면 언제든지 주문에 물품을 추가하거나 삭제할 수 있다. 또는 주문 자체를 삭제할 수도 있다. 어느 시점에는 주문 대금을 지불해야 한다. 주문 대금을 지불하고 나면 주문한 물품이 발송된다. 하지만 아직 발송되기 전이라면 대금을 지불했더라도 물품을 추가하고 삭제하거나, 또는 주문을 취소할 수 있다. 주문이 발송되고 나면 이러한 작업을 더 이상 할 수 없다.

이러한 주문 시스템은 그림 51.1과 같이 상태 전이 다이어그램을 사용해서 기술할 수 있다.

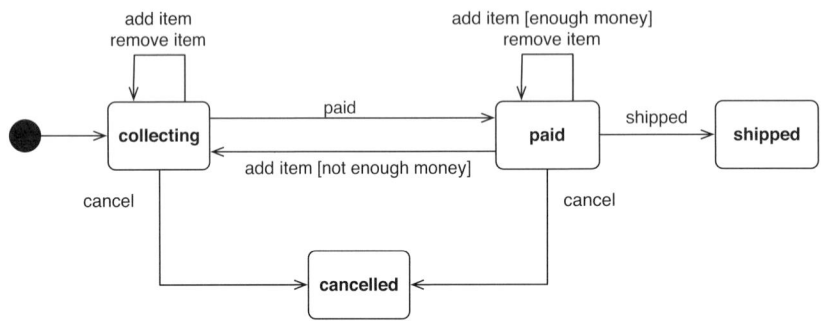

그림 51.1 주문에 대한 UML 상태 머신 다이어그램

이제 상태가 무슨 뜻인지 알아보자. 객체의 상태(state)는 객체의 프로퍼티가 가지는 값들의 조합을 가리킬 때 흔히 사용한다. 이 예제에서는 주문에서 물품을 제거하면 주문의 상태가 변경된다. 그러나 상태 머신 다이어그램에는 객체가 가질 수 있는 상태가 모두 나타나지는 않는다. 대신에 일부 상태만을 보여준다. 즉, 시스템의 행위에 영향을 미치고, 따라서 모델의 관점에서 볼 때 흥미로운 상태만을 상태 머신 다이어그램에 나타낸다. 나는 이러한 상태의 부분집합을 머신 상태(machine state)라고 부른다. 따라서 물품을 제거하면 주문의 상태는 변경되지만, 머신 상태는 변경되지 않는다.

이러한 상태 모델을 사용하면 주문의 행위를 고려할 때 도움이 된다. 하지만 주문 행위를 상태 머신으로 생각하면 도움이 된다고 해서, 소프트웨어를 구현할 때도 상태 머신을 사용해야 한다는 뜻은 아니다. 예를 들어 상태 모델을 이용해 생각해보면, 주문이 적절한 상태에 있는지 검사하는 행위가 cancel 메서드에 있어야 함을 이해하는데 도움을 준다. 하지만 실제 소프트웨어에서는 cancel 메서드에 단순히 보호 절(guard clause)을 추가해서 구현할 수 있다.

뿐만 아니라 주문이 현재 어느 머신 상태에 있는지 기록하기 위해 주문에 상태 필드를 사용할 수도 있겠지만, 머신 상태는 전적으로 계산해서 유도할 수도 있다. 예를 들어, 결제 승인이 난 금액이 주문의 전체 비용보다 크거나 같은지 검사해서 주문이 paid 상태에 있는지 결정할 수 있다. 이처럼 다이어그램은 주문이 처리되는 과정을 시각화하는 데는 유용하지만, 소프트웨어에 이 모델을 그대로 적용할 필요는 없다.

다른 컴퓨팅 대안 모델과 마찬가지로 상태 머신도 다양하게 변형될 수 있다. 이들 변형은 공통점도 많지만 주목할 만한 차이점도 있다. 먼저 공통 요소부터 알아보자. 상태 머신의 핵심은 상태 머신이 머무를 수 있는 다양한 상태가 있다는 점이다. 그리고 각 상태에 여러 가지 전이(transition)를 정의한다. 각 전이는 이벤트(event)에 의해 촉발되어 머신을 목표 상태(target state)로 이동시킨다. 이때 목표 상태는 이전의 상태와 같아도 되지만 흔히 다른 상태일 때가 많다. 따라서 상태 머신의 행위는 상태, 상태 간의 이동을 촉발하는 이벤트에 따라 정의된다.

그림 51.1은 이러한 관계를 다이어그램을 이용하여 표현한다. collecting 상태에는 4개의 전이가 정의되어 있다. 보다시피 상태 머신이 collecting 상태에 있을 때 cancel 이벤트를 받으면 상태 머신은 cancelled 상태로 이동한다. paid 이벤트는 상태 머신을 paid 상태로 이동시키고, add item이나 remove item 이벤트가 발생하면 모두 상태 머신을 collecting 상태로 되돌린다. 비록 add item과 remove item 이벤트는 목표 상태로 같지만, 서로 다른 전이다.

상태 머신을 사용할 때 흔히 하는 질문은 상태 머신이 현재 위치하고 있는 상태에 정의되지 않은 이벤트가 발생하면, 상태 머신이 어떻게 반응해야 하느냐다. 이러한 이벤트에 대한 처리는 애플리케이션에 따라 다르다. 에러로 볼 수도 있고, 시스템에 영향을 미치지 않는다면 무시할 수도 있다.

그림 51.1에는 또한 보호된 전이(guarded transition)라는 또 다른 개념을 사용한다. 상태 머신이 paid 상태에 있을 때 add item 이벤트를 받는 경우, 돈이 충분한지 아닌지에 따라 상태 머신은 서로 다른 전이를 따른다. 이때 전이에 대한 불린 조건식이 서로 겹쳐서는 안 된다. 조건 범위가 겹치게 되면 상태 머신은 두 전이 중에서 어디로 전이해야 할지 결정할 수 없게 된다. 모든 상태 머신이 보호된 전이를 사용하지는 않는다. 실제로 도입부의 예제에서는 보호된 전이를 사용하지 않았다.

그림 51.1은 여러 개의 머신 상태와, 머신을 상태 간에 이동시키는 이벤트를 보여준다. 그러나 시스템에 변경을 가하는 액션을 전혀 호출하지 않는다는 점에서 이 모델은 수동적인 모델(passive model)이다. 이 상태 머신이 적응형 모델(577)이 되기 위해서는, 상태 머신에 액션을 바인딩할 수 있는 방법이 있어야 한다. 이처럼 액

선을 바인딩하는 방안이 수년 동안 많이 만들어졌다. 액션을 바인딩하기에 알맞은 위치가 두 군데가 있는데, 전이 또는 상태다. 액션을 전이에 바인딩하면 전이가 발생할 때마다 액션이 실행된다. 반면에 액션을 상태에 바인딩하면 거의 대부분의 경우 상태에 진입할 때 액션이 호출된다(entry action). 물론 상태에서 탈출할 때 액션을 바인딩하기도 한다(exit action). 내부 액션(internal action)을 허용하는 상태 머신도 있다. 내부 액션은 상태 머신이 현재 위치한 상태에서 이벤트를 받았을 때 호출된다. 다시 말해 내부 액션은 상태 자신에게 되돌아가는 전이와 같지만, 진입 액션을 다시 호출하지는 않는다.

액션을 바인딩하는 다양한 방법 중에서 어느 방법이 효과적일지는 직면한 문제나 특성에 따라 다르다. 상태 머신을 구현할 때 반드시 따라야 하는 지침을 제시하기도 힘들다. 그렇긴 해도 행위를 적절히 모델링할 수 있다면 상태 머신을 간단히 유지하기를 권한다. 상태 머신 기법을 구현한 많은 도구는 상태 머신을 최대한으로 표현할 수 있는 정도로까지 발전했다. 예를 들어 UML을 사용하면 상태 머신 모델에 정말 많은 내용을 담을 수 있다. 하지만 DSL에서는 단순한 상태 머신만으로도 충분하므로 훨씬 간단한 모델을 사용해도 효과적이다.

51.2 언제 사용하는가

기술하려는 행위가 상태 머신처럼 보이면, 즉 이벤트에 의해 촉발되어 한 상태에서 다른 상태로 이동하는 행위가 있다면 상태 머신을 사용해야 한다. 이 정도로 밖에 말할 수 없다는 사실이 정말 안타깝다. 종이에 머신을 한번 쓱 그려 보고, 잘 맞아 보인다면 그때 실제로 적용해 보는 게, 상태 머신이 적합한지 확인할 수 있는 최선일 때가 많다.

위험 요소가 한 가지 있지만, 언어론에 대해 앞에서 조금 설명한 내용을(116쪽, '정규 문법, 문맥 자유 문법, 문맥 의존 문법') 보면 도움이 된다. 명심해야 할 위험 요소는 상태 머신을 사용할 수 있는 경우는 정규 문법을 파싱할 수 있는 영역으로 제한된다는 점이다. 다시 말해 상태 머신으로는 임의로 중첩된 괄호를 매칭하는 경우는 처리할 수 없다. 상태 머신을 이용해 이러한 행위를 처리하기 시작하면 정규 문법을 사용할 때와 똑같은 문제점에 봉착할 수도 있다.

51.3 비밀 벽을 위한 컨트롤러(자바)

도입부에서 사용했던 간단한 상태 머신을 이 책의 많은 부분에서 예제로 사용했다. 이 예제를 사용한 경우는 모두 도입부에 설명했던 시맨틱 모델(197)을 그대로 사용했다. 이 모델에서는 상태에서 발생하는 행위에 보호된 전이를 사용하지 않았고, 상태의 진입 부분에 액션을 바인딩했다. 이들 액션은 임의의 코드 블록을 실행하는 게 아니라 숫자 코드 메시지를 전송하는 정도로 간단했다. 이를 통해 상태 머신 모델과, 모델을 제어하는 DSL을 단순하게 만들 수 있었다(이와 같은 예제에서는 이러한 단순화가 매우 중요하다).

6부
코드 생성

52장
DOMAIN-SPECIFIC LANGUAGES

변환기 기반 생성

코드를 생성할 때 입력 모델을 탐색해서 결과를 만드는 변환기(transformer)를 작성한다.

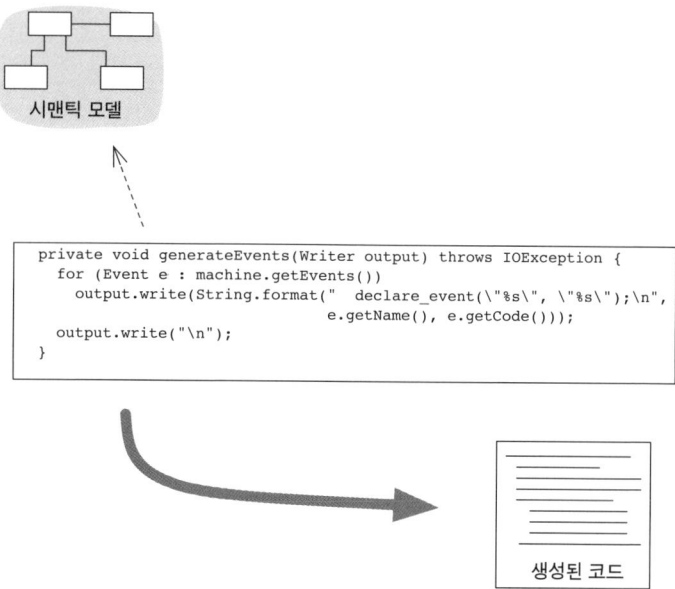

52.1 어떻게 동작하는가

변환기 기반 생성(Transformer Generation) 기법은 시맨틱 모델(197)을 입력으로 받고, 그 결과로 목표 환경에 맞는 소스 코드를 생성하는 변환기 프로그램을 만드는 방식이다. 이러한 변환기에는 입력 주도(input-driven) 방식과 결과 주도(output-driven) 방식이 있다. 결과 주도 변환은 요구되는 결과에서 시작하고, 결과를 만들 때 필요한 데이터를 모으기 위해 입력으로 넘어간다. 반면에 입력 주도 변환은 입력 데이터 구조를 먼저 탐색한 후 결과를 생성한다.

예를 들어 상품 카탈로그를 바탕으로 웹 페이지를 생성한다고 생각해 보자. 결과 주도 접근법은 웹 페이지 구조로부터 시작하며, 다음과 같은 루틴을 가질 수 있다.

```
renderHeader();
renderBody();
renderFooter();
```

반면에 입력 주도 변환은 입력 데이터 구조를 살펴보고 검색하는데, 아마도 다음과 같이 만들 수 있다.

```
foreach (prod in products) {
  renderName(prod);
  foreach (photo in prod.photos) {
    renderPhoto(photo);
  }
}
```

변환기를 만들 때 흔히 두 가지 접근법을 조합해서 사용한다. 실제로 외부 로직은 결과 주도로 변환하고, 외부 로직에서 입력 주도 변환에 가까운 루틴을 호출하는 형태로 만들어진 변환기를 흔히 볼 수 있다. 이때 외부 로직에서는 결과 문서의 전반적인 구조를 기술하여 문서를 논리적인 영역들로 나누는 반면에, 내부 영역은 특정 입력 데이터를 기반으로 만들어진다. 아무튼 변환기의 각 루틴이 입력 주도 방식인지 아니면 결과 주도 방식인지 생각해보고, 이 중에서 어느 방식을 현재 사용 중인지 알고 있다면 도움이 된다.

시맨틱 모델을 목표 코드로 직접 변환하는 경우가 많다. 하지만 변환 과정이 복잡하다면 변환 과정을 여러 단계로 나누어 처리하면 도움이 된다. 예를 들어 두 단계에 걸쳐 변환한다면 먼저 입력 모델을 탐색해서 결과 모델을 만든다. 이렇게 만들어진 결과 모델은 텍스트라기보다는 모델에 더 가깝고, 생성할 목표 코드에 더 잘 맞도록 구조화된다. 그러면 두 번째 단계에서 결과 모델을 탐색해서 목표 코드를 생성한다. 변환이 복잡하거나 같은 입력에서 공통적인 특징을 가지는 결과 코드를 여러 개 생성해야 한다면, 이처럼 여러 단계에 걸쳐 변환하는 방식이 효과적이다. 예를 들어 결과 텍스트를 여러 개 만들어야 하는 경우 첫 단계에서는 먼저 공통된 요소를 가지는 결과 모델을 하나 생성한다. 그리고 두 번째 단계를 다양하게 변화를 시키면 결과 텍스트간의 차이 나는 부분도 만들어낼 수 있다.

또한 여러 단계에 걸쳐 변환한다면 여러 기법을 혼용할 수도 있다. 예를 들어 첫 단계에서는 변환기 기반 생성 기법을 적용하고, 두 번째 단계에서는 템플릿 기반 생성(637)을 적용할 수도 있다.

52.2 언제 사용하는가

입력 모델과 결과 텍스트 간의 관계가 단순해서 대부분의 결과 텍스트를 입력 모델로 생성할 수 있는 경우라면, 한 단계로만 코드를 변환하는 변환기를 생성해도 효과적이다. 이 경우 변환기를 매우 쉽게 만들 수 있고 템플릿 생성 툴을 도입하지 않아도 된다.

반면에 입력과 결과의 관계가 복잡한 경우라면, 여러 단계에 걸쳐서 코드를 변환하는 변환기를 생성하면 큰 도움이 된다. 이처럼 여러 단계를 걸쳐서 변환하면 각 변환 단계에서 문제의 서로 다른 측면을 처리할 수 있기 때문이다.

모델 식별 생성(657)을 사용하는 경우 목표 환경의 모델을 파퓰레이트하는 코드는 간단한 일련의 메서드 호출로 구성된다. 이때 변환기 기반 생성 기법을 사용하면 목표 환경의 모델을 파퓰레이트하는 코드를 쉽게 생성할 수 있다.

52.3 비밀 벽을 위한 컨트롤러(자바로 C 생성하기)

변환기 기반 생성 기법을 사용할 때 흔히 모델 식별 생성(657)을 함께 사용한다. 모델 식별 생성 기법을 사용하면 생성된 코드와 정적인 코드를 명확히 분리할 수 있고, 따라서 생성된 코드 영역에는 정적인 코드가 거의 없기 때문이다. 따라서 여기에서는 모델 식별 생성에서 예제로 사용한 '비밀 벽을 위한 상태 머신'에 대한 코드를 생성하려고 한다. 굳이 페이지를 넘길 필요가 없도록 생성하려는 코드를 바로 아래에 작성했다.

```
void build_machine() {
  declare_event("doorClosed", "D1CL");
  declare_event("drawerOpened", "D2OP");
  declare_event("lightOn", "L1ON");
  declare_event("doorOpened", "D1OP");
  declare_event("panelClosed", "PNCL");

  declare_command("lockDoor", "D1LK");
  declare_command("lockPanel", "PNLK");
  declare_command("unlockPanel", "PNUL");
  declare_command("unlockDoor", "D1UL");

  declare_state("idle");
```

```
    declare_state("active");
    declare_state("waitingForDrawer");
    declare_state("unlockedPanel");
    declare_state("waitingForLight");

    /* body for idle state */
    declare_action("idle", "unlockDoor");
    declare_action("idle", "lockPanel");
    declare_transition("idle", "doorClosed", "active");

    /* body for active state */
    declare_transition("active", "lightOn", "waitingForDrawer");
    declare_transition("active", "drawerOpened", "waitingForLight");

    /* body for waitingForDrawer state */
    declare_transition("waitingForDrawer", "drawerOpened", "unlockedPanel");

    /* body for unlockedPanel state */
    declare_action("unlockedPanel", "unlockPanel");
    declare_action("unlockedPanel", "lockDoor");
    declare_transition("unlockedPanel", "panelClosed", "idle");

    /* body for waitingForLight state */
    declare_transition("waitingForLight", "lightOn", "unlockedPanel");

    /* reset event transitions */
    declare_transition("idle", "doorOpened", "idle");
    declare_transition("active", "doorOpened", "idle");
    declare_transition("waitingForDrawer", "doorOpened", "idle");
    declare_transition("unlockedPanel", "doorOpened", "idle");
    declare_transition("waitingForLight", "doorOpened", "idle");
}
```

생성해야 하는 결과 코드는 매우 간단한 구조를 가지고 있다. 그리고 생성기의 외부 루틴을 구성하는 방식에도 결과 코드의 구조가 그대로 드러난다.

```
class StaticC_Generator...
  public void generate(PrintWriter out) throws IOException {
    this.output = out;
    output.write(header);
    generateEvents();
    generateCommands();
    generateStateDeclarations();
    generateStateBodies();
    generateResetEvents();
    output.write(footer);
  }
  private PrintWriter output;
```

이 코드는 전형적인 결과 주도 방식으로 만든 변환기의 외부 루틴이다. 이들 단계를 나오는 순서대로 설명하도록 하겠다. header를 처리하는 부분에서는 단순히 파일의 맨 위에 있는 정적인 부분을 생성한다.

```
class StaticC_Generator...
  private static final String header =
```

```
"#include \"sm.h\"\n" +
"#include \"sm-pop.h\"\n" +
"\nvoid build_machine() {\n";
```

그리고 변환기가 사용할 상태 머신을 생성자 인자로 전달한다.

```
class StaticC_Generator...
  private StateMachine machine;
  public StaticC_Generator(StateMachine machine) {
    this.machine = machine;
  }
```

상태 머신은 이벤트 선언부를 생성할 때 처음 사용된다.

```
class StaticC_Generator...
  private void generateEvents() throws IOException {
    for (Event e : machine.getEvents())
      output.printf(" declare_event(\"%s\", \"%s\");\n", e.getName(),
                    e.getCode());
    output.println();
  }
```

커맨드와 상태 선언부를 생성하는 일도 마찬가지로 단순하다.

```
class StaticC_Generator...
  private void generateCommands() throws IOException {
    for (Command c : machine.getCommands())
      output.printf(" declare_command(\"%s\", \"%s\");\n", c.getName(),
                    c.getCode());
    output.println();
  }

  private void generateStateDeclarations()throws IOException {
    for (State s : machine.getStates())
      output.printf(" declare_state(\"%s\");\n", s.getName());
    output.println();
  }
```

다음으로 각 상태에 대해 몸체 부분(액션, 전이)을 생성한다. 이때 상태가 모두 먼저 선언되어 있어야만 전이를 선언할 수 있다. 전이에서 상태를 전방 참조하는 경우 에러가 발생하기 때문이다.

```
class StaticC_Generator...
  private void generateStateBodies() throws IOException {
    for (State s : machine.getStates()) {
      output.printf(" /* body for %s state */\n", s.getName());
      for (Command c : s.getActions()) {
        output.printf(" declare_action(\"%s\", \"%s\");\n", s.getName(),
                      c.getName());
      }
      for (Transition t : s.getTransitions()) {
        output.printf(
```

```
            " declare_transition(\"%s\", \"%s\", \"%s\");\n",
          t.getSource().getName(),
          t.getTrigger().getName(),
          t.getTarget().getName());
    }
    output.println();
  }
}
```

이 코드는 입력 주도 형식임을 알 수 있다. 각 루틴에서 생성된 코드는 입력 모델이 가진 구조를 그대로 따른다.[1] 액션과 전이는 순서에 상관없이 선언할 수 있으므로, 이렇게 해도 별 문제가 없다. 또한 이 코드에서는 주석을 생성할 때, 동적 데이터를 이용하는 방법을 볼 수 있다.

마지막으로, 리셋 이벤트 부분을 생성한다.

```
class StaticC_Generator...
  private void generateResetEvents() throws IOException {
    output.println(" /* reset event transitions */");
    for (Event e : machine.getResetEvents())
      for (State s : machine.getStates())
        if (!s.hasTransition(e.getCode())) {
          output.printf(
              " declare_transition(\"%s\", \"%s\", \"%s\");\n",
            s.getName(),
            e.getName(),
            machine.getStart().getName());
        }
  }
```

---

[1] (옮긴이) 생성해야 할 코드에서는 각 상태별로 액션 선언부가 먼저 나오고, 그 다음에 전이 선언부가 나온다. 하지만 변환기에서는 액션 선언부를 먼저 모두 생성한 후에 전이 선언부를 생성한다. 즉, 입력 모델의 구조를 따라 생성하고 있다.

53장

DOMAIN-SPECIFIC LANGUAGES

템플릿 기반 생성

결과 파일을 직접 작성하고, 변경 가능한 부분은 템플릿을 호출하는 방식으로 결과를 생성한다.

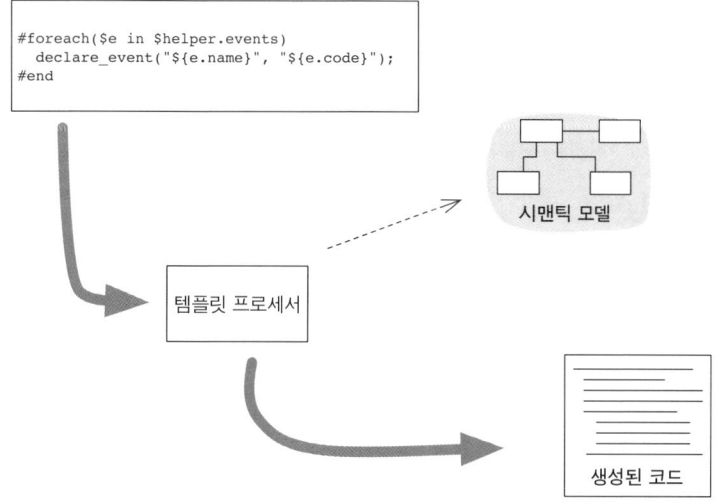

53.1 어떻게 동작하는가

템플릿 기반 생성(Templated Generation)의 밑바탕에 깔린 생각은 생성하려는 결과 파일을 직접 작성하되, 변경 가능한 코드는 모두 외부 호출을 삽입해서 생성하려는 데 있다. 그리고 나서 이 템플릿 파일과 외부 호출을 메울 수 있는 컨텍스트에 대해 템플릿 프로세서를 실행해서, 실제 결과 파일을 생성한다.

템플릿 기반 생성은 꽤 오래된 기법으로, 워드프로세서의 메일 병합(mail-merge)[1] 기능을 사용해 본 경험이 있다면 익숙할 수도 있다. 또한 템플릿 기반 생성 기법은 웹 개발 분야에서도 흔히 사용된다. 많은 웹사이트에서 동적인 내용이 있을 때 템플릿 기반 생성을 활용한다. 이 경우에는 문서 전체가 템플릿이지만, 템플릿 기반 생성은 더 작은 컨텍스트에서도 사용할 수 있다. 예를 들어 정말로 믿음직한 C의 printf 함수는 한 번에 문자열을 하나씩 출력하는 함수로, 템플릿 기반 생성 기법을 사용한다. 코드 생성 기법의 맥락에서 보자면, 나는 결과 문서가 전부 템플릿일 때만 템플릿 기반 생성을 적용하는 편이다. 하지만 printf 함수를 생각해보면 템플릿 기반 생성 기법과 변환기 기반 생성(631) 기법을 혼용할 수도 있을 듯하다. 소프트웨어 개발 분야에서 오랫동안 자리를 차지한 텍스트형 매크로 프로세서도 템플릿 기반 생성의 또 다른 예다.

템플릿 기반 생성의 핵심적인 구성요소에는 세 가지가 있다. 템플릿 생성 엔진, 템플릿 그리고 컨텍스트다. 템플릿(template)은 결과 파일에 대한 소스 텍스트로 외부 호출을 통해 동적인 부분을 표현한다. 외부 호출에는 컨텍스트에 대한 참조가 포함되고 코드 생성 작업이 실행되면 이들 참조가 동적인 요소로 생성된다. 따라서 컨텍스트(context)는 동적인 데이터를 제공하는 역할을 맡는다. 결국 컨텍스트는 템플릿 생성을 위한 데이터 모델이다. 컨텍스트는 단순한 데이터 구조이거나 또는 좀 더 복잡한 프로그램 구조일 수도 있다. 이러한 컨텍스트의 구조는 템플릿 생성 툴마다 서로 다르다. 템플릿 생성 엔진(templating engine)은 템플릿과 컨텍스트를 서로 결합해서 결과를 생성하는 툴이다. 이때 제어 프로그램을 사용해서 특정 컨텍스트와 템플릿에 대해 템플릿 생성 프로그램을 실행해 결과 파일을 생성한다. 또는 여러 컨텍스트에 대해 동일한 템플릿을 사용해서 실행하면, 다양한 결과 파일을 생성할 수도 있다.

일반적인 형태의 템플릿 프로세서를 사용하면 외부 호출에 임의의 호스트 코드를 작성할 수 있다. 이 메커니즘은 JSP와 ASP 같은 툴에서 흔히 사용된다.[2] 외래 코드(373)를 사용할 때와 마찬가지로 이 메커니즘을 사용할 때는 주의해야 한다. 조심해서 사용하지 않으면 호스트 코드의 구조가 템플릿을 완전히 뒤덮을 수 있기 때문이다. 따라서 사용하려는 템플릿 프로세서에서 코드를 임의로 삽입할 수 있다면,

---

[1] (옮긴이) 메일 병합은 대부분의 워드프로세서에서 지원하는 기능으로, 동일한 편지 양식을 사용해서 서로 다른 내용의 메일을 여러 사람에게 보낼 수 있다. 예를 들면 MS-Word에는 '편지 병합' 기능이 포함되어 있다.

[2] (옮긴이) JSP에서 사용하는 스크립틀릿(scriptlet)의 경우, ⟨% .. %⟩ 구문 안에 임의의 자바 코드를 작성할 수 있다.

가급적이면 임베드먼트 헬퍼(647)를 사용해서 간단히 함수를 호출하는 정도로 외부 호출을 제한하기를 강력히 권한다.

호스트 코드를 지나칠 정도로 사용하면 템플릿 파일이 완전히 엉망이 될 때가 많다. 그래서 외부 호출에서 임의의 호스트 코드를 사용할 수 없도록 제한하는 템플릿 프로세서가 많다. 이러한 툴은 특별한 템플릿 생성 언어(templating language)를 제공하므로 호스트 언어 대신 사용할 수 있다. 외부 호출을 단순하게 만들고 템플릿 구조를 명료하게 유지하기 위해 템플릿 생성 언어는 매우 제한적일 때가 많다. 예를 들어 가장 단순한 형태의 템플릿 생성 언어에서는 컨텍스트를 맵으로 다루고, 이 맵에서 값을 검색하여 결과에 삽입할 수 있는 표현식을 제공한다. 템플릿이 단순하다면 이 정도의 메커니즘으로도 충분하지만, 일반적으로 이보다 더 많은 기능이 필요하다.

이처럼 더 복잡한 템플릿 생성 언어가 필요한 이유는 컬렉션 형태의 데이터 구조에서 각 항목마다 결과를 생성해야 하는 경우가 많기 때문이다. 이렇게 하려면 루프와 같이 반복 구조가 필요하다. 또한 컨텍스트의 값에 따라 템플릿 결과가 달라질 수 있으므로 조건식에 따라 결과를 생성해야 할 때도 많다. 그리고 템플릿 소스에서 많은 부분이 중복될 수 있으므로, 템플릿 언어 자체에도 하위 루틴을 작성할 수 있는 메커니즘이 필요할 수도 있다.

이러한 구조를 처리하는 방식은 템플릿 시스템마다 서로 다르고, 이와 관련된 주제를 다루면 흥미로울 수도 있다. 하지만 이 책에서는 자세히 살펴보지는 않겠다. 대신에 한 마디만 덧붙이자면, 대체적으로 어느 템플릿 시스템을 사용할지 선택할 때, 가능하면 최소주의(minimalism)[3]를 따라야 한다. 템플릿 기반 생성 기법이 가진 힘은 템플릿을 보고 결과 파일이 어떻게 만들어질지 시각화할 수 있는 정도에 직접적으로 비례하기 때문이다.

53.2 언제 사용하는가

템플릿 기반 생성의 가장 큰 장점은 템플릿 파일을 보고 어떤 결과가 생성될지 쉽게 파악할 수 있다는 점이다. 생성할 결과에서 정적인 내용이 대부분이고, 동적인 내용은 거의 없거나 있더라도 간단한 경우라면 템플릿 기반 생성 기법이 가장 효과

---

3 (옮긴이) 되도록이면 단순한 요소를 사용해서 최대 효과를 이루려는 사고방식

적이다.

따라서 파일을 생성할 때 정적인 내용이 많아질 조짐이 보인다면 템플릿 기반 생성 기법을 우선적으로 고려해야 한다. 정적인 내용이 많으면 많을수록 템플릿 기반 생성을 더욱 쉽게 사용할 수 있다. 다음으로 고려할 사항은 생성해야 할 동적인 내용이 얼마나 복잡하느냐다. 반복문, 조건식 등 템플릿 생성 언어의 고급 기능을 더 많이 사용하면 할수록 템플릿 파일을 보고 결과가 어떻게 만들어질지 이해하기는 더욱 어려워진다. 따라서 이처럼 동적인 내용이 복잡해진다면 템플릿 기반 생성보다는 변환기 기반 생성(631)을 고려해야 한다.

53.3 중첩된 조건식을 사용하는, 비밀 벽을 위한 상태 머신을 생성하기(벨로시티와 자바로 C 생성하기)

상태 머신에 대한 코드가 중첩된 조건식을 사용하도록 생성하는 경우가 템플릿 기반 생성 기법을 적용하기에 좋은 예다. 여기에는 정적인 결과가 상대적으로 많고 동적인 부분은 꽤 단순하므로, 템플릿 기반 생성을 적용해야 할 조짐이 모두 나타나기 때문이다. 이 예제에서는 모델 비식별 생성(671) 패턴의 예제에서 다루었던 코드를 생성하고자 한다. 생성하려는 결과가 무엇인지 보여주고자 아래에 결과 파일을 전체를 나타냈다.

```c
#include <stdio.h>
#include <stdlib.h>
#include <assert.h>
#include <string.h>
#include "sm.h"
#include "commandProcessor.h"

#define EVENT_doorClosed "D1CL"
#define EVENT_drawerOpened "D2OP"
#define EVENT_lightOn "L1ON"
#define EVENT_doorOpened "D1OP"
#define EVENT_panelClosed "PNCL"

#define STATE_idle 1
#define STATE_active 0
#define STATE_waitingForDrawer 3
#define STATE_unlockedPanel 2
#define STATE_waitingForLight 4
#define COMMAND_lockDoor "D1LK"
#define COMMAND_lockPanel "PNLK"
#define COMMAND_unlockPanel "PNUL"
#define COMMAND_unlockDoor "D1UL"

static int current_state_id = -99;
```

```
void init_controller() {
  current_state_id = STATE_idle;
}
void hard_reset() {
  init_controller();
}
void handle_event_while_idle (char *code) {
  if (0 == strcmp(code, EVENT_doorClosed)) {
    current_state_id = STATE_active;
  }
  if (0 == strcmp(code, EVENT_doorOpened)) {
    current_state_id = STATE_idle;
    send_command(COMMAND_unlockDoor);
    send_command(COMMAND_lockPanel);
  }
}
void handle_event_while_active (char *code) {
  if (0 == strcmp(code, EVENT_lightOn)) {
    current_state_id = STATE_waitingForDrawer;
  }
  if (0 == strcmp(code, EVENT_drawerOpened)) {
    current_state_id = STATE_waitingForLight;
  }
  if (0 == strcmp(code, EVENT_doorOpened)) {
    current_state_id = STATE_idle;
    send_command(COMMAND_unlockDoor);
    send_command(COMMAND_lockPanel);
  }
}
void handle_event_while_waitingForDrawer (char *code) {
  if (0 == strcmp(code, EVENT_drawerOpened)) {
    current_state_id = STATE_unlockedPanel;
    send_command(COMMAND_unlockPanel);
    send_command(COMMAND_lockDoor);
  }
  if (0 == strcmp(code, EVENT_doorOpened)) {
    current_state_id = STATE_idle;
    send_command(COMMAND_unlockDoor);
    send_command(COMMAND_lockPanel);
  }
}
void handle_event_while_unlockedPanel (char *code) {
  if (0 == strcmp(code, EVENT_panelClosed)) {
    current_state_id = STATE_idle;
    send_command(COMMAND_unlockDoor);
    send_command(COMMAND_lockPanel);
  }
  if (0 == strcmp(code, EVENT_doorOpened)) {
    current_state_id = STATE_idle;
    send_command(COMMAND_unlockDoor);
    send_command(COMMAND_lockPanel);
  }
}
void handle_event_while_waitingForLight (char *code) {
  if (0 == strcmp(code, EVENT_lightOn)) {
    current_state_id = STATE_unlockedPanel;
    send_command(COMMAND_unlockPanel);
    send_command(COMMAND_lockDoor);
  }
  if (0 == strcmp(code, EVENT_doorOpened)) {
    current_state_id = STATE_idle;
    send_command(COMMAND_unlockDoor);
```

```
      send_command(COMMAND_lockPanel);
    }
  }
  void handle_event(char *code) {
    switch(current_state_id) {
    case STATE_idle: {
      handle_event_while_idle (code);
      return;
    }
    case STATE_active: {
      handle_event_while_active (code);
      return;
    }
    case STATE_waitingForDrawer: {
      handle_event_while_waitingForDrawer (code);
      return;
    }
    case STATE_unlockedPanel: {
      handle_event_while_unlockedPanel (code);
      return;
    }
    case STATE_waitingForLight: {
      handle_event_while_waitingForLight (code);
      return;
    }
    default: {
      printf("reached a bad spot");
      exit(2);
    }
    }
  }
```

여기에서는 템플릿 엔진으로 아파치 벨로시티(Apache Velocity)를 사용한다. 벨로시티는 자바와 C#에서 사용할 수 있고, 흔히 사용될 뿐더러 이해하기도 쉬운 템플릿 생성 엔진이다.

전반적으로 이 파일은 생성해야 할 동적인 내용이 영역별로 구분되었음을 볼 수 있다. 따라서 각 영역은 컬렉션 기반의 데이터 구조를 이용해 생성할 수 있으며, 컬렉션의 각 요소를 반복적으로 처리해서 해당 영역에 맞게 코드를 생성한다.

먼저 #define EVENT_doorClosed "D1CL"와 같이 이벤트 정의를 어떻게 생성할지 살펴보자. 이 부분이 동작하는 방식을 이해하고 나면 나머지 부분도 쉽게 이해할 수 있다.

먼저 템플릿에 다음과 같은 코드를 작성하자.

```
템플릿파일...
#foreach ($e in $helper.events)
#define $helper.eventEnum($e) "$e.code"
#end
```

안타깝게도 이 코드에는 혼란스러운 점이 하나 있다. C 전처리기(이 자체도 템플릿 기반 생성 패턴의 형태에 해당한다)와 벨로시티는 모두 '#'을 사용해서 템플릿 명령어를 가리킨다는 점이다. 예를 들어 #foreach는 벨로시티 명령어인데 반해 #define은 C 전처리기 명령어다. 벨로시티는 자신이 인식하지 못하는 명령어는 모두 무시하므로 단순히 #define을 텍스트로 처리한다.

#foreach는 컬렉션에 대해 반복 작업을 수행하는 벨로시티 지시어다. 이 지시어는 $help.events에서 각 원소를 차례대로 받고, 이 원소를 $e에 설정한 후 몸체 부분을 실행한다. 다시 말해 이 문장은 전형적인 for-each 형식의 구조체다.

$heper.events는 템플릿의 컨텍스트에 대한 참조다. 임베드먼트 헬퍼(647)를 적용하고 있으므로 헬퍼를, 즉 이 경우에는 SwitchHelper의 인스턴스를 벨로시티 컨텍스트에 두어야 한다. 이 헬퍼 객체는 상태 머신을 인자로 받아 초기화되고, events 프로퍼티를 이용하면 상태 머신의 이벤트 객체에 접근할 수 있다.

```
class SwitchHelper...
  private StateMachine machine;

  public SwitchHelper(StateMachine machine) {
    this.machine = machine;
  }

  public Collection<Event> getEvents() {
    return machine.getEvents();
  }
```

events 프로퍼티를 통해 얻은 각 이벤트는 시맨틱 모델(197)의 객체다. 따라서 이벤트 객체에서 code 프로퍼티를 직접 참조할 수 있다. 생성될 코드에서 참조할 상수를 생성하는 일은 좀 더 복잡하므로, 상수를 생성하는 코드는 헬퍼에 추가한다.

```
class SwitchHelper...
  public String eventEnum(Event e) {
    return String.format("EVENT_%s", e.getName());
  }
```

물론 생성된 코드에서 반드시 상수를 사용할 필요는 없다. 상수를 참조하는 대신에 이벤트 코드를 바로 사용할 수도 있다. 이처럼 상수를 생성하는 이유는 생성된 코드라 할지라도 읽을 수 있게 하기 위해서다.

이 책의 여느 예제와 마찬가지로 커맨드는 이벤트에서 사용한 메커니즘을 완전히 그대로 사용한다. 따라서 커맨드에 대한 코드는 독자의 상상에 맡기도록 하겠다.

상태 영역을 생성하려면 먼저 정수 값을 가지는 상수를 처리해야 한다.

템플릿 파일...
```
#foreach ($s in $helper.states)
#define $helper.stateEnum($s) $helper.stateId($s)
#end

class SwitchHelper...
  public Collection<State> getStates() {
    return machine.getStates();
  }
  public String stateEnum(State s) {
    return String.format("STATE_%s", s.getName());
  }
  public int stateId(State s) {
    List<State> orderedStates = new ArrayList<State>(getStates());
    Collections.sort(orderedStates);
    return orderedStates.indexOf(s);
  }
```

상태의 ID가 필요할 때마다 이처럼 매번 상태 리스트를 생성하고 정렬하는 방식이 마음에 차지 않는 독자도 더러 있을 수 있다. 물론 성능이 문제가 된다면 상태 리스트를 정렬한 후 캐시에 저장해야 한다. 하지만 이 경우에는 문제가 없으니 이 방식을 믿어도 좋다.

선언문을 모두 생성하고 나면 이제 조건식을 생성해야 한다. 먼저 외부 조건식은 현재 상태에 따라 분기한다.

템플릿 파일...
```
void handle_event(char *code) {
  switch(current_state_id) {
  #foreach ($s in $helper.states)
    case $helper.stateEnum($s): {
      handle_event_while_$s.name (code);
      return;
    }
  #end
    default: {
      printf("reached a bad spot");
      exit(2);
    }
  }
}
```

내부 조건식은 입력된 이벤트에 따라 분기한다. 이벤트에 따른 조건식은 함수로 분리해 두었다.

템플릿 파일...
```
  #foreach ($s in $helper.states)
    void handle_event_while_$s.name (char *code) {
    #foreach ($t in $helper.getTransitions($s))
      if (0 == strcmp(code, $helper.eventEnum($t.trigger))) {
        current_state_id = $helper.stateEnum($t.target);
    #foreach($a in $t.target.actions)
        send_command($helper.commandEnum($a));
```

```
      #end
    }
  #end
 }
#end
```

각 상태에 정의된 전이를 가져오려면 시맨틱 모델에 정의된 전이뿐만 아니라 리셋 이벤트까지 가져와야 한다.[4]

```
class SwitchHelper...
  public Collection<Transition> getTransitions(State s) {
    Collection<Transition> result = new ArrayList<Transition>();
    result.addAll(s.getTransitions());
    result.addAll(getResetTransitions(s));
    return result;
  }

  private Collection<Transition> getResetTransitions(State s) {
    Collection<Transition> result = new ArrayList<Transition>();
    for (Event e : machine.getResetEvents()) {
      if (!s.hasTransition(e.getCode()))
        result.add(new Transition(s, e, machine.getStart()));
    }
    return result;
  }
```

---

4 (옮긴이) 시맨틱 모델에서는 의도를 명확히 드러내기 위해 리셋 이벤트를 별도로 유지한다. 이에 반해 생성된 코드에서는 의도를 명확히 드러내기보다 쉽게 실행할 수 있는 방식을 선택한다. 이런 이유로 리셋 이벤트를 시작 상태로 되돌아가는 전이로 변환하여 상태에 모두 등록한다. 자세한 설명은 모델 비식별 생성(671)의 예제를 살펴보라.

54장

DOMAIN-SPECIFIC LANGUAGES

임베드먼트 헬퍼

템플릿 생성 메커니즘에 필요한 함수를 모두 제공하는 객체로, 이 객체를 사용하면 템플릿의 코드를 최소로 유지할 수 있다.

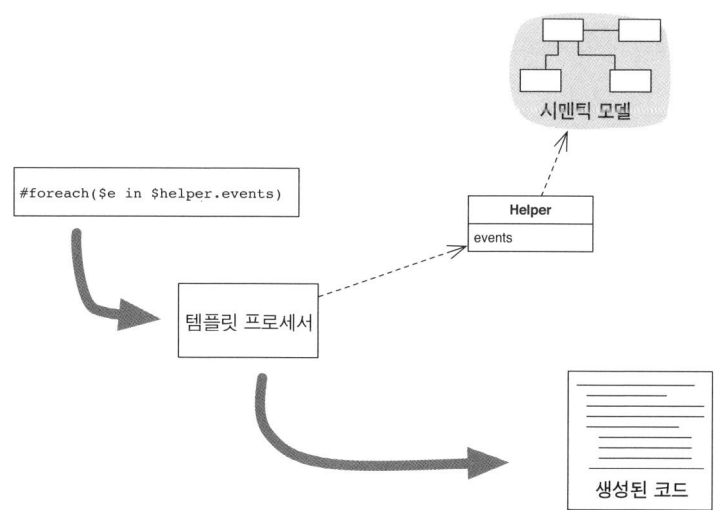

언어에서 제공하는 표현형식이 단순하다면, 해당 언어만으로 처리할 수 있는 일에는 한계가 있다. 그래서 해당 언어만으로는 불가능한 일을 처리할 수 있도록 범용 언어를 삽입해서 간단한 표현형식의 능력을 확장할 수 있는 시스템들이 많다. 예를 들어 웹 페이지 템플릿에 코드를 삽입하거나 문법 파일에 코드 액션을 추가하고, 또는 코드 생성 템플릿에 외부 호출을 사용하는 경우를 들 수 있다. 이처럼 범용적인 외래 코드(373)를 활용하는 메커니즘을 사용하면, 범용 코드를 표현형식에 삽입해서 강력한 기능을 추가하면서도 기본적인 표현형식 자체는 복잡해지지 않는다.

하지만 이 메커니즘을 사용하면 흔히 발생하는 문제점이 있다. 외래 코드가 점점 늘어나서 결국에는 원래의 표현형식을 알아보기가 힘들어진다는 점이다.

임베드먼트 헬퍼(Embedment Helper)를 사용하면 복잡한 코드는 모두 헬퍼 클래스로 옮기고, 호스트 언어로 작성한 표현형식에는 단순한 메서드 호출만을 남겨둘 수 있다. 따라서 표현형식에 호스트 언어가 그대로 나타나며, 본래 가졌던 명료성도 그대로 유지할 수 있다.

54.1 어떻게 동작하는가

임베드먼트 헬퍼 패턴의 기본적인 아이디어는 리팩토링과 비슷하다. 임베드먼트 헬퍼를 만들고 호스트 표현형식에서 임베드먼트 헬퍼를 참조할 수 있게 만든 후, 호스트 표현형식에 있는 코드는 모두 임베드먼트 헬퍼로 옮긴다. 결국 호스트 표현형식에는 임베드먼트 헬퍼에 대한 메서드 호출만 남게 된다.

이렇게 작업할 때 기술적으로 처리하기 까다로운 문제가 하나 있다. 바로 호스트 표현형식을 파싱할 때 임베드먼트 헬퍼 객체를 어떻게 가시적인 유효범위에 두느냐다. 대부분의 시스템에서 이 문제를 해결할 수 있는 메커니즘을 제공한다(대부분의 언어에서 라이브러리를 호출해서 사용하므로 언어에서 이러한 메커니즘은 필수다). 하지만 이들 메커니즘 중에는 사용하기에 골치 아픈 유형도 있다.

아무튼 임베드먼트 헬퍼를 유효범위 내에 두고 나면, 이제 간단한 메서드 호출 이외의 코드는 모두 임베드먼트 헬퍼 안으로 옮겨야 한다. 결국 호스트 표현형식에는 단순한 호출만 남게 된다.

특별히 기술적인 문제는 아니지만 이 기법을 사용할 때 생기는 또 다른 문제가 있다. 임베드먼트 헬퍼 내부에 있는 코드가 무슨 일을 하는지 쉽게 알 수 있으려면 어떻게 해야 하느냐다. 이 질문에 대한 열쇠는 여느 추상화와 마찬가지로 메서드 이름을 신중하게 짓는 일이다. 따라서 구현부를 살펴보지 않더라도, 메서드의 이름 자체가 호출되는 코드의 의도를 명확하게 드러내야 한다. 이처럼 이름을 솜씨 있게 짓는 일은 메서드나 함수의 이름을 지을 때도 마찬가지로 필요한 기본적인 기량이며, 훌륭한 프로그래머라면 갖추어야 할 가장 중요한 역량이다.

흔히 임베드먼트 헬퍼는 템플릿 기반 생성(637)과 함께 사용된다. 이 두 패턴을 함께 사용할 때 흔히 하는 질문은 임베드먼트 헬퍼에서 결과 코드를 생성해야 하느냐다. "헬퍼에서는 결과를 조금도 생성하지 말아야 한다"는 주장을 절대적으로 따르는 사람들이 많다. 나는 이 절대성에 동의할 수 없다. 물론 헬퍼에서 결과를 생성하면 확실히 문제가 되는 경우도 더러 있다. 헬퍼가 생성한 결과는 템플릿 파일에서 볼 수 없기 때문이다. 템플릿 기반 생성 기법을 사용하면 구멍이 뚫리기는 했지만, 생성될 결과를 볼 수 있다는 점이 템플릿 기반 생성 기법의 핵심이다. 따라서 이처럼 생성될 결과를 헬퍼에서 숨기는 일이 문제라는 사실은 의심할 여지가 없다.[1]

하지만 이 문제를 검토할 때는 두 가지 경우를 비교해서 생각한다. 템플릿에 결과를 그대로 유지하는 경우 얼마나 복잡한지, 그리고 임베드먼트 헬퍼에서 결과를 생성하지 않으려면 얼마나 더 복잡한 구조의 외래 코드(373)를 사용해야 하느냐다. 따라서 각 경우를 고려해서 균형을 맞추어야 한다. 물론 나도 임베드먼트 헬퍼에서 결과를 생성하지 않는 게 낫다고 말하는 편이지만, 이 방식이 다른 방식보다 항상 낫다는 주장에는 동의할 마음이 없다.

54.2 언제 사용하는가

특정 패턴을 항상 그리고 반드시 사용해야 한다고 주장할 때, 나는 이 말을 거의 믿지 않는 편이다. 하지만 나는 사소한 경우를 제외하면 임베드먼트 헬퍼를 항상 사용해야 한다고 믿는다. 한때 나는 외래 코드(373)를 상당히 많이 사용한 코드를 본 적이 있다. 여기에 임베드먼트 헬퍼를 사용했다면 차이가 컸을 것이다. 임베드먼트 헬퍼를 사용하지 않으면 호스트 표현형식을 읽기가 매우 어려워지고, 결국에는 DSL과 같은 대체 형식을 사용해서 이루려는 목적 자체가 완전히 소용없게 된다. 예를 들어 문법 파일에 외래 코드로 작성된 액션을 다수 사용하면, 문법의 기본 흐름을 알아보기가 매우 어려워진다.

이처럼 호스트 표현형식의 명료성을 유지하는 일이 임베드먼트 헬퍼를 사용하는 가장 중요한 이유다. 하지만 툴의 관점에서 보면 다른 장점도 있다. 정교한 IDE를 사용한다면 이러한 장점이 확연히 드러난다. 즉 표현형식 자체에 직접 삽입한 코드는 IDE 툴로 편집할 수 없지만, 이 코드를 임베드먼트 헬퍼로 옮기면 편집 환경의 지원을 제대로 받을 수 있게 된다. 심지어 간단한 텍스트 편집기를 사용하더라도 구문 강조와 같은 간단한 지원 정도는 받을 수 있다. 이런 기능은 삽입된 코드에서

---

[1] (옮긴이) 템플릿 기반 생성 기법을 사용할 때, 변경되는 부분은 데이터 객체를 이용해 동적으로 생성하며, 템플릿에는 변경되지 않는 정적인 부분(특히 골격이 되는 구조)만 표현된다. 따라서 여기에서 말하는 '구멍'이란, 데이터에 의해 동적으로 생성되어 채워지는 부분을 가리킨다.

는 제대로 동작하지 않을 때가 많다.

  그렇지만 임베드먼트 헬퍼를 사용하지 않아도 되는 경우가 하나 있다. 임베드먼트 헬퍼가 제공하는 정보와 유사한 정보를 쉽게 담을 수 있는 공간을 사용 중인 다른 클래스에서 제공할 때다. 예를 들어 템플릿 기반 생성(637)을 시맨틱 모델(197)과 함께 사용할 때다. 이 경우 임베드먼트 헬퍼에서 제공해야 하는 많은 행위를 시맨틱 모델 자체에 추가해도 큰 문제가 없다. 물론 이 방식은 시맨틱 모델이 너무 복잡해지지 않는 선에서만 사용해야 한다.

54.3 비밀 벽을 위한 상태 머신(자바와 ANTLR)

임베드먼트 헬퍼가 동작하는 방식을 가장 쉽게 설명하려면, 임베드먼트 헬퍼를 사용하지 않았을 때 어떻게 되는지 보여주면 될 듯하다. 이에 대한 예제로 ANTLR 문법 파일을 사용하고자 한다. 이 문법은 임베디드 변환(361)에서 사용했던 예제와 거의 같다. 전체 문법 파일을 가지고 설명하는 대신에 다음과 같이 일부 규칙만 사용하고자 한다.

```
machine : eventList resetEventList commandList state*;
eventList : 'events' event* 'end';

event : name=ID code=ID
        {
          events.put($name.getText(),
                    new Event($name.getText(), $code.getText()));
        };

state : 'state' name=ID
        {
          obtainState($name);
          if (null == machine)
            machine = new StateMachine(states.get($name.getText()));

        }
        actionList[$name]?
        transition[$name]*
        'end'
        ;

transition [Token sourceState]
    : trigger = ID '=>' target = ID
       {
         states.get($sourceState.getText())
           .addTransition(events.get($trigger.getText()),
                         obtainState($target));
       };
```

문법 파일의 코드 액션에 있는 코드에서는 심벌 테이블(205)을 구성할 뿐만 아니라, obtainState와 같이 코드 중복을 피하려고 만든 범용 함수를 사용하고 있다. 그리고 심벌 테이블과 범용 함수를 사용하려면 문법 파일의 members 영역에 선언해야 한다.

이처럼 문법 파일에 코드를 직접 삽입하면 문법 파일에는 문법 DSL보다 자바로 작성한 코드 라인이 더 많아지게 된다. 이 문법을 임베드먼트 헬퍼를 사용한 다음 문법과 비교해 보자.

```
machine : eventList resetEventList commandList state*;

eventList : 'events' event* 'end';

event : name=ID code=ID {helper.addEvent($name, $code);};

state : 'state' name=ID {helper.addState($name);}
        actionList[$name]?
        transition[$name]*
        'end';

transition [Token sourceState]
   : trigger = ID '->' target = ID {helper.addTransition($sourceState,
                                        $trigger, $target);};
```

앞의 문법과 차이 나는 부분은 코드를 헬퍼로 옮겼다는 점이다. 이렇게 처리하려면 먼저 헬퍼 객체를 생성될 파서에 포함시켜야 한다. ANTLR의 경우 이처럼 객체를 파서에 포함하려면 해당 필드를 members 영역에 선언해야 한다.

```
@members {
    StateMachineLoader helper;
//...
```

이렇게 하면 생성될 파서 클래스에 해당 필드가 추가되게 된다. 이 경우 가시성을 package로 설정해서,[2] 같은 패키지에 있는 다른 클래스에서도 이 필드를 조작할 수 있도록 했다. 물론 이 필드를 private으로 설정하고 게터와 세터를 제공할 수도 있지만, 이 경우에는 굳이 그럴 필요가 없었다.

이 프로그램을 실행하는 전체 흐름에서 볼 때 StateMachineLoader가 파싱 과정을 조정하는 클래스다. 이 클래스는 Reader 객체를 인자로 전달해서 생성하고, 파싱을 통해 만들어지는 결과 상태 머신을 저장한다.

---

2 (옮긴이) 자바에서 StateMachineLoader helper;와 같이 접근 지시자를 사용하지 않고 선언하는 경우 가시성은 디폴트로 package가 된다. 따라서 이후에 StateMachineLoader의 run 메서드에서 parser에 헬퍼 객체를 설정할 때, 게터가 아니라 parser.helper = this; 와 같이 helper 필드에 직접 접근할 수 있다.

```
class StateMachineLoader...
  private Reader input;
  private StateMachine machine;

  public StateMachineLoader(Reader input) {
    this.input = input;
  }
```

run 메서드에서 파싱을 수행하고, 그 결과로 파퓰레이트된 상태 머신이 machine 필드에 저장된다.

```
class StateMachineLoader...
  public StateMachine run() {
    try {
      StateMachineLexer lexer =
        new StateMachineLexer(new ANTLRReaderStream(input));
      StateMachineParser parser =
        new StateMachineParser(new CommonTokenStream(lexer));
      parser.helper = this;
      parser.machine();
      machine.addResetEvents(resetEvents.toArray(new Event[0]));
      return machine;
    } catch (IOException e) {
      throw new RuntimeException(e);
    } catch (RecognitionException e) {
      throw new RuntimeException(e);
    }
  }
```

이처럼 ANTLR을 이용하는 경우 파싱은 parser.machine() 메서드가 호출되면서 시작된다. 이때 이 코드를 호출하기 바로 전에 헬퍼 객체를 설정한 것을 볼 수 있다. 이 경우에는 로더 클래스 자체를 헬퍼 객체로 사용한다. 로더 클래스는 매우 간단하므로 헬퍼와 로더 클래스를 따로 분리하기보다는, 이처럼 헬퍼가 가진 행위를 로더에 더하는 편이 더 낫기 때문이다.

다음으로 문법에 있는 다양한 외부 호출을 처리하는 메서드를 헬퍼에 추가한다. 이들 메서드를 모두 설명하지는 않겠다. 아래는 이벤트를 추가하는 메서드다.

```
class StateMachineLoader...
  void addEvent(Token name, Token code) {
    events.put(name.getText(), new Event(name.getText(), code.getText()));
  }
```

문법 파일에서는 코드를 최소한으로 유지하기 위해서 문법에서는 토큰 자체를 전달하고, 헬퍼에서 토큰의 텍스트 부분을 추출한다.

임베드먼트 헬퍼 패턴을 파서 생성기(327)와 함께 사용할 때 흔히 하게 되는 고민 중 하나는, 임베드먼트 헬퍼에 대해 이벤트 지향 명명법(event-oriented naming)을 사용할지 아니면 커맨드 지향 명명법(command-oriented naming)을 사용할지 여부다. 여기에서는 addEvent, addState와 같이 커맨드 지향 명명법을 사용한다. 반면에 메서드 이름을 eventRecognized, stateNameRecognized와 같은 형식으로 짓는 방식이 이벤트 지향 명명법이다. 이벤트 지향 명명법을 사용하면 헬퍼가 어떤 일을 처리하는지 전혀 드러내지 않으며, 해야 할 일을 헬퍼에서 직접 결정한다는 장점이 있다. 따라서 하나의 파서에 대해 여러 가지 헬퍼를 사용해서, 인식된 입력에 따라 다양한 처리를 하는 경우에 이벤트 지향 명명법은 특히 유용하다. 하지만 이벤트 지향 명명법을 사용하면 문법만을 읽어서는 무슨 일이 처리되는지 알 수 없다는 문제점이 있다. 따라서 문법을 사용해서 한 가지 처리만 하는 경우라면, 문법을 읽고 그 명명 규칙을 통해서 단계마다 무슨 일이 처리되는지 볼 수 있는 커맨드 지향 명명법이 훨씬 낫다.

이 예제에서는 별도의 객체를 임베드먼트 헬퍼로 사용했다. 이와는 달리 ANTLR을 사용하는 경우, 슈퍼 클래스를 임베드먼트 헬퍼로 이용하는 방식도 생각해 볼 수 있다. ANTLR의 superClass 옵션을 사용해서 임의의 클래스를 지정하면, 이 클래스를 생성될 파서의 슈퍼 클래스로 지정할 수 있다. 그러면 필요한 데이터와 함수를 모두 슈퍼 클래스에 담아서 슈퍼 클래스를 임베드먼트 헬퍼로 사용할 수 있다. 이 방식을 사용하면 메서드를 helper.addEvent가 아니라, addEvent와 같이 호출할 수 있다는 장점이 있다.

54.4 헬퍼에서 HTML을 생성해야 하는가?(자바와 벨로시티)

임베드먼트 헬퍼에서는 결과를 절대로 생성해서는 안 된다고 주장하는 사람도 있다. 나는 이 주장이 그리 유용하다고 보지는 않는다. 그렇긴 해도 예제를 보면서 임베드먼트 헬퍼가 결과를 생성할 때와 생성하지 않을 때, 각각 어떤 장단점이 있는지 살펴보는 편이 좋을 듯하다. 사실 여기에서 살펴 볼 예제는 HTML을 생성하는 예제로, DSL과는 관련이 없다. 하지만 원칙은 동일하니, 굳이 다른 예제를 생각하느라 시간을 쏟고 싶지 않다.

예를 들어 Person 객체로 구성된 컬렉션이 있고, 각 Person 객체의 이름을 순서에 상관없이 리스트로 출력해야 한다고 생각해 보자. 각 Person 객체에는 이메일 주소나 URL 주소가 있거나, 또는 둘 다 없을 수도 있다. 만약 URL이 있다면 이름에 URL을 가리키는 링크를 추가하고자 한다. 반면에 이메일 주소가 있으면 mailto 링크를 추가하려고 한다. 그리고 둘 다 없다면 링크를 추가해서는 안 된다. 이 경우 벨로시티를 템플릿 생성 엔진으로 사용해서 아래와 같은 코드를 작성할 수 있다.

```
템플릿 파일...
<ul>
#foreach($person in $book.people)
  #if( $person.getUrl() )
<li><a href = "$person.url">$person.fullName</a></li>
  #elseif( $person.email )
<li><a href = "mailto:$person.email">$person.fullName</a></li>
  #else
<li>$person.fullName</li>
  #end
#end
</ul>
```

보다시피 템플릿 파일에 로직이 상당수 포함된다는 문제점이 있다. 이들 로직으로 인해 템플릿의 레이아웃을 알아보기가 힘들어진다. 임베드먼트가 필요한 경우가 바로 이러한 문제가 있을 때다. 따라서 임베드먼트 헬퍼를 사용해서 결과를 생성하면, 템플릿 파일을 아래와 같이 작성할 수 있다.

```
템플릿 파일...
<ul>
  #foreach($person in $book.people)
<li>$helper.render($person)</li>
  #end
</ul>

class PageHelper...
  public String render(Person person) {
    String href = null;
    if (null != person.getEmail())
      href = "mailto:" + person.getEmail().toString();
    if (null != person.getUrl()) href = person.getUrl().toString();
    if (null != href)
      return String.format("<a href = \"%s\">%s</a>", href,
        person.getFullName());
    else
      return person.getFullName();
  }
```

이처럼 로직을 헬퍼로 옮기게 되면 헬퍼에서 생성하는 일부 HTML은 템플릿 파일 자체에서 볼 수 없다는 단점이 있다. 하지만 템플릿 파일 자체는 이해하기가 훨씬 쉬워진다.

각 방식의 장단점을 제대로 이해하기에 앞서, 이 논쟁에는 진지하게 고려해볼 만한 절충안이 있다는 점을 밝혀둔다. 즉 결과를 생성하지 않는 로직만 임베드먼트 헬퍼로 옮기는 방식이다.

```
템플릿 파일...
<ul>
  #foreach($person in $book.people)
    #if( $helper.hasLink($person) )
<li><a href = "$helper.getHref($person)">$person.fullName</a></li>
```

```
      #else
<li>$person.fullName</li>
    #end
  #end
</ul>

class PageHelper...
  public boolean hasLink(Person person) {
    return (null != person.getEmail()) || (null != person.getUrl());
  }
  public String getHref(Person person) {
    if (null != person.getUrl()) return person.getUrl().toString();
    if (null != person.getEmail())
      return "mailto:" + person.getEmail().toString();
    throw new IllegalArgumentException("Person has no link");
  }
```

여기서 내가 말하고자 하는 바는 임베드먼트 헬퍼에 결과를 생성하는 로직을 추가하는 방식도 충분히 일리가 있는 방식이라는 점이다. 로직이 점점 복잡해지고 이로 인해 템플릿 파일 자체가 더 복잡해질수록, 결과를 생성하는 로직을 임베드먼트 헬퍼로 옮기면 그에 따른 이득도 더 많아진다. 템플릿 파일보다는 임베드먼트 헬퍼에서 결과를 생성하기가 훨씬 쉽기 때문이다. 하지만 템플릿 작성자(HTML 디자이너 능)와 코드 작성자가 서로 다른 사람인 경우, 이 방식은 별 도움이 되지 않는다. 변경이 발생할 때 두 사람 사이에서 조정하는 비용이 들기 때문이다. 예를 들어 HTML 디자이너가 link에 스타일 클래스를 추가하는 경우, 디자이너가 변경을 추가하려면 프로그래머와 협의해야 한다. 물론 이 문제는 여러 사람이 서로 다른 파일을 작성해야 하는 경우에만 발생한다. 하지만 DSL로 코드를 생성하는 경우에 이러한 상황은 흔치 않다.

55장

DOMAIN-SPECIFIC LANGUAGES

모델 식별 생성

코드를 생성할 때 DSL의 시맨틱 모델을 그대로 복제한다.
따라서 생성된 코드에서도 '일반화와 특수화의 분리(generic-specific separation)' 원칙이
그대로 유지된다.

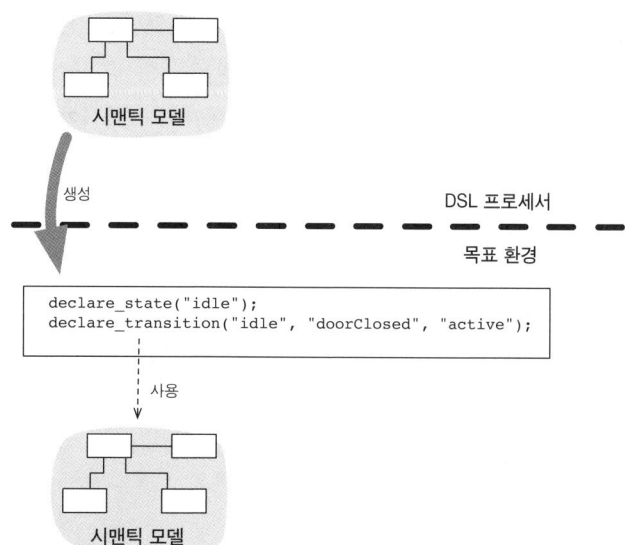

코드를 생성할 때 DSL 스크립트가 가진 의미를 코드 안에 채워 넣게 된다. 모델 식별 생성(Model-Aware Generation) 기법을 사용해서 코드를 생성할 때는 생성된 코드 안에 시맨틱 모델(197)을 어떤 형태로든 복제한다. 이를 통해 생성된 코드에서도 범용적인 코드와 특수한 코드가 그대로 분리되게 된다.

55.1 어떻게 동작하는가

모델 식별 생성 기법의 가장 중요한 특징은 '일반화와 특수화의 분리' 원칙을 그대로 따른다는 점이다. 이 경우 생성된 코드에서 모델이 실제로 어떤 형식을 가지는지는 그리 중요하지 않다. 이 때문에 나는 생성된 코드가 시맨틱 모델(197)의 복제품을 가진다고 말하는 편이다.

이처럼 모델을 복제할 수밖에 없는 이유에는 여러 가지가 있다. 일단 대부분의 경우 코드를 생성하는 이유는 목표 환경이 제한적이기 때문이다. 그리고 이러한 제약들 때문에 목표 환경에서 시맨틱 모델을 원하는 대로 표현하기가 훨씬 힘들다. 따라서 수없이 타협을 해야 하고, 결국 이렇게 타협해서 만든 시맨틱 모델은 시스템의 의도를 표현하기에 그리 효과적이지 않다. 하지만 이러한 복제품을 만들더라도 '일반화와 특수화의 분리' 원칙을 유지할 수 있다면, 그리 큰 손해는 아니다.

복제 모델은 그 자체로도 완전한 시맨틱 모델이므로, 코드를 전혀 생성하지 않더라도 복제 모델을 개발하고 테스트할 수 있고, 또 반드시 할 수 있어야만 한다. 따라서 복제 모델은 자신을 파퓰레이트할 수 있는 API를 가지고 있어야 한다. 그러면 코드 생성기에서는 이 API를 호출하는 설정 코드를 생성한다. 그리고 동일한 API를 활용하는 테스트 스크립트를 통해서 복제 모델을 테스트할 수도 있다. 따라서 코드를 생성하는 작업을 거치지 않고도 핵심 행위를 목표 환경에 맞게 만들고, 테스트하며, 정제할 수 있다. 이때 테스트용으로 모델을 비교적 간단하게 파퓰레이트해서 이 작업을 할 수 있고, 또 이렇게 하면 모델을 이해하고 디버깅하기가 훨씬 쉬워진다.

55.2 언제 사용하는가

모델 식별 생성을 사용하면 모델 비식별 생성(671)을 사용할 때보다 장점이 많다. 먼저 코드를 생성하는 작업과는 분리해서 복제 모델을 만들 수 있게 되면, 모델을 개발하고 테스트하기가 훨씬 쉬워진다. 복제 모델을 만들 때는 코드 생성기를 재실행하지 않아도 될 뿐더러, 코드를 생성하는 과정을 이해할 필요가 없기 때문이다. 또한 생성된 코드는 복제 모델의 API 호출로 구성되므로, 코드 생성기를 개발하고 유지하는 일도 더욱 쉽다.

모델 식별 생성 기법을 사용하지 않아야 하는 주된 경우는 목표 환경이 제한적인 경우다. 시맨틱 모델을 복제 모델로도 표현하기가 힘든 환경일 수도 있고, 또는 복제 모델을 런타임에 유지하면 성능 문제가 있는 경우다.

많은 경우 DSL은 이미 만들어진 모델의 제일 앞부분에서 활용된다. 따라서 모델을 기반으로 동작하는 코드를 생성한다면 모델 식별 생성 기법을 사용한다고 볼 수 있다.

55.3 비밀 벽을 위한 상태 머신(C)

여기에서도 이 책 도입부에 사용했던 비밀 벽을 위한 상태 머신을 예제로 사용하고자 한다. 자바를 기반으로 보안 시스템을 실행하는 토스터의 재고가 바닥이 났고, 새 기기는 C로만 프로그래밍 할 수 있는 상황이라고 생각해보자. 결국 기존에 자바로 작성된 시맨틱 모델을 C 코드로 생성해야 한다.

여기에서는 코드를 실제로 생성하는 방법에 대해서는 설명하지 않겠다. 생성 방법에 대해서는 변환기 기반 생성(631)에 나오는 예제를 살펴보라. 대신에 이 장에서는 모델 식별 생성 기법을 적용한 경우, 생성된 코드와 직접 작성한 코드가 최종적으로 어떤 형식으로 표현되는지에 대해 집중해서 설명하려고 한다.

이와 같은 모델을 C로 구현하는 방법에는 여러 가지가 있다. 여기에서는 데이터 구조를 만들고, 이 데이터 구조를 탐색해서 원하는 행위를 처리하는 루틴들을 작성하는 방식으로 모델을 구현하고자 한다. 컨트롤러 역할을 하는 기기는 단일 장치만을 제어하므로 데이터 구조를 정적인 데이터로 저장할 수 있다. 또한 힙에 할당하는 일은 피하고 필요한 메모리는 모두 컨트롤러를 기동할 때 할당하고자 한다.

데이터 구조로는 중첩된 레코드[1]의 집합과 배열을 이용했다. 최상위 구조는 Controller다.

```
typedef struct {
  stateMachine *machine;
  int currentState;
} Controller;
```

currentState에 정수 타입을 사용했음을 볼 수 있다. 곧 보게 되겠지만 복제 모델에서는 정수 참조를 사용해서 모델의 서로 다른 부분 간의 관계를 표현한다.

stateMachine은 상태, 이벤트, 커맨드에 대한 배열을 각각 가진다.

---

[1] (옮긴이) 여기에서 레코드는 *machine, currentState과 같이 정보를 기록하는 데이터를 뜻한다. 그리고 Controller 구조에는 stateMachine 구조가 중첩되어 사용된다.

```
typedef struct {
  State states[NUM_STATES];
  Event events[NUM_EVENTS];
  Command commands[NUM_COMMANDS];
} stateMachine;
```

배열의 크기는 매크로를 정의해서 설정한다.

```
#define NUM_STATES 50
#define NUM_EVENTS 50
#define NUM_TRANSITIONS 30
#define NUM_COMMANDS 30
#define NUM_ACTIONS 10
#define COMMAND_HISTORY_SIZE 50
#define NAME_LENGTH 30
#define CODE_LENGTH 4
#define EMPTY -1
```

Event와 Command는 각각 이름(name)과 코드(code)를 가진다.

```
typedef struct {
  char name[NAME_LENGTH + 1];
  char code[CODE_LENGTH + 1];
} Event;

typedef struct {
  char name[NAME_LENGTH + 1];
  char code[CODE_LENGTH + 1];
} Command;
```

State 구조체는 actions과 transitions를 가진다. actions에는 commands에 대응하는 정수가 저장되고, transitions에는 트리거 이벤트와 목표 상태에 대한 한 쌍의 정수가 저장된다.[2]

```
typedef struct {
  int event;
  int target;
} Transition;

typedef struct {
  char name[NAME_LENGTH + 1];
  Transition transitions[NUM_TRANSITIONS];
  int actions[NUM_COMMANDS];
} State;
```

C 프로그래머라면 배열 구조를 탐색할 때, 배열의 인덱스보다는 포인터 연산을

---

[2] (옮긴이) 이 예제에서는 포인터가 아닌, 배열의 인덱스를 사용해 다른 구조체를 참조한다. 즉, actions 배열의 각 요소에는 stateMachine의 commands 배열에 저장된 Command 구조체에 대한 포인터가 아닌, commands 배열의 인덱스가 저장된다.

선호하는 편이다. 하지만 나는 C를 모르는 독자를 위해 괴로운 포인터 연산을 피하고 싶다(포인터 연산이 괴롭기는 나도 마찬가지다. 나는 C가 한물가기 전에도 C를 능숙하게 다루지 못했다). 뿐만 아니라 이렇게 한 데는 더 큰 의미가 담겨 있다. 나는 생성된 코드를 직접 수정하지 않더라도 반드시 읽기 쉽게 생성해야 한다고 믿는다. 읽기 쉽게 생성하면 생성된 코드를 디버깅할 때 쉽게 이해할 수 있기 때문이다. 코드를 읽기 쉽도록 생성하려면 누가 코드를 사용하는지 파악해야만 한다. 예를 들어 코드를 디버깅하는 사람이 누구인지 파악해야만 한다. 이 예제의 경우 당신이 직접 코드 생성기를 만들고 포인터 연산에 익숙하더라도, 생성된 코드를 읽어야 하는 사람이 포인터에 익숙하지 않다면 포인터 연산을 피해야 한다.

상태 머신과 컨트롤러는 정적 변수로 선언한다. 즉 이들 데이터는 하나만 있다는 뜻이다. 이렇게 만들고 나면 데이터 구조가 완성된다.

```
static stateMachine machine;
static Controller controller;
```

이들 데이터 정의는 모두 하나의 .c 파일에 작성된다. 이렇게 하면 외부에 선언된 함수로부터 데이터 구조를 캡슐화할 수 있다. 특수한 설정 코드에서는 이들 함수만을 알고 있고, 따라서 데이터 구조 자체에 대해서는 당연히 알 수 없다. 실제로 이 경우라면 모르는 게 약이다.

상태 머신을 초기화할 때 문자열로 선언된 레코드의 첫 번째 문자에 0바이트를 할당하여, 실질적으로 레코드를 빈 문자열로 만든다.[3]

```
void init_machine() {
  int i;
  for (i = 0; i < NUM_STATES; i++) {
    machine.states[i].name[0] = '\0';
    int t;
    for (t = 0; t < NUM_TRANSITIONS; t++) {
      machine.states[i].transitions[t].event = EMPTY;
      machine.states[i].transitions[t].target = EMPTY;
    }
    int c;
    for (c = 0; c < NUM_ACTIONS; c++)
      machine.states[i].actions[c] = EMPTY;
  }
  for (i=0; i < NUM_EVENTS; i++) {
    machine.events[i].name[0] = '\0';
    machine.events[i].code[0] = '\0';
  }
  for (i=0; i < NUM_COMMANDS; i++) {
```

---

3 (옮긴이) 또한 int로 선언된 레코드에는 EMPTY를 할당하여, 이 레코드는 아직 비어있음을 나타낸다.

```
    machine.commands[i].name[0] = '\0';
    machine.commands[i].code[0] = '\0';
  }
}
```

새로운 이벤트를 선언하려면 비어 있는 첫 번째 이벤트를 찾고 여기에 데이터를 입력한다.

```
void declare_event(char *name, char *code) {
  assert_error(is_empty_event_slot(NUM_EVENTS - 1), "event list is full");
  int i;
  for (i = 0; i < NUM_EVENTS; i++) {
    if (is_empty_event_slot(i)) {
      strncpy(machine.events[i].name, name, NAME_LENGTH);
      strncpy(machine.events[i].code, code, CODE_LENGTH);
      break;
    }
  }
}

int is_empty_event_slot(int index) {
  return ('\0' == machine.events[index].name[0]);
}
```

assert_error는 조건을 검사하는 매크로로써, 조건식이 false인 경우 에러 함수를 호출하면서 메시지를 전달한다.

```
#define assert_error(test, message) \
do { if (!(test)) sm_error(#message); } while (0)
```

매크로가 do-while 블록 안에 있음을 볼 수 있다. 이상하게 보이지만 매크로가 if 문장 내부에 사용되면, 매크로와 if 문이 서로 영향을 미쳐서 곤란한 경우가 발생할 수 있으므로 이를 방지하기 위해서다.

커맨드는 동일한 방식으로 선언할 수 있으므로 이 부분은 넘어가도록 하겠다.

상태는 여러 함수를 통해 선언된다. 첫 번째 함수에서는 상태의 이름만을 선언한다.

```
void declare_state(char *name) {
  assert(is_empty_state_slot(NUM_STATES - 1));
  int i;
  for (i = 0; i < NUM_STATES; i++) {
    if (is_empty_state_slot(i)) {
      strncpy(machine.states[i].name, name, NAME_LENGTH);
      break;
    }
  }
}

int is_empty_state_slot(int index) {
```

```
    return ('\0' == machine.states[index].name[0]);
}
```

액션과 전이를 선언하는 함수는 이보다는 좀 더 복잡한데, 상태의 이름을 이용해서 액션의 ID를 검색해야 하기 때문이다. 다음은 액션을 선언하는 함수다.

```
void declare_action(char *stateName, char *commandName) {
  int state = stateID(stateName);
  assert_error(state >= 0, "unrecognized state");
  int command = commandID(commandName);
  assert_error(command >= 0, "unrecognized command");
  assert_error(EMPTY == machine.states[state].actions[NUM_ACTIONS -1],
               "too many actions on state");
  int i;
  for (i = 0; i < NUM_ACTIONS; i++) {
    if (EMPTY == machine.states[state].actions[i]) {
      machine.states[state].actions[i] = command;
      break;
    }
  }
}

int stateID(char *stateName) {
  int i;
  for (i = 0; i < NUM_STATES; i++) {
    if (is_empty_state_slot(i)) return EMPTY;
    if (0 == strcmp(stateName, machine.states[i].name))
      return i;
  }
  return EMPTY;
}

int commandID(char *name) {
  int i;
  for (i = 0; i < NUM_COMMANDS; i++) {
    if (is_empty_command_slot(i)) return EMPTY;
    if (0 == strcmp(name, machine.commands[i].name))
      return i;
  }
  return EMPTY;
}
```

전이를 선언하는 함수도 이와 유사하다.

```
void declare_transition (char *sourceState, char *eventName,
                         char *targetState)
{
  int source = stateID(sourceState);
  assert_error(source >= 0, "unrecognized source state");
  int target = stateID(targetState);
  assert_error(target >= 0, "unrecognized target state");
  int event = eventID_named(eventName);
  assert_error(event >=0, "unrecognized event");
  int i;
  for (i = 0; i < NUM_TRANSITIONS; i++){
    if (EMPTY == machine.states[source].transitions[i].event) {
      machine.states[source].transitions[i].event = event;
```

```
      machine.states[source].transitions[i].target = target;
      break;
    }
  }
}

int eventID_named(char *name) {
  int i;
  for (i = 0; i < NUM_EVENTS; i++) {
    if (is_empty_event_slot(i)) break;
    if (0 == strcmp(name, machine.events[i].name))
      return i;
  }
  return EMPTY;
}
```

이제 이들 선언 함수를 사용하면 상태 머신을 완전히 정의할 수 있다. 다음은 익숙한 그랜트 양의 상태 머신을 정의하는 코드다.

```
void build_machine() {
  declare_event("doorClosed", "D1CL");
  declare_event("drawerOpened", "D2OP");
  declare_event("lightOn", "L1ON");
  declare_event("doorOpened", "D1OP");
  declare_event("panelClosed", "PNCL");

  declare_command("lockDoor", "D1LK");
  declare_command("lockPanel", "PNLK");
  declare_command("unlockPanel", "PNUL");
  declare_command("unlockDoor", "D1UL");

  declare_state("idle");
  declare_state("active");
  declare_state("waitingForDrawer");
  declare_state("unlockedPanel");
  declare_state("waitingForLight");

  /* body for idle state */
  declare_action("idle", "unlockDoor");
  declare_action("idle", "lockPanel");
  declare_transition("idle", "doorClosed", "active");

  /* body for active state */
  declare_transition("active", "lightOn", "waitingForDrawer");
  declare_transition("active", "drawerOpened", "waitingForLight");

  /* body for waitingForDrawer state */
  declare_transition("waitingForDrawer", "drawerOpened", "unlockedPanel");

  /* body for unlockedPanel state */
  declare_action("unlockedPanel", "unlockPanel");
  declare_action("unlockedPanel", "lockDoor");
  declare_transition("unlockedPanel", "panelClosed", "idle");

  /* body for waitingForLight state */
  declare_transition("waitingForLight", "lightOn", "unlockedPanel");

  /* reset event transitions */
  declare_transition("idle", "doorOpened", "idle");
```

```
      declare_transition("active", "doorOpened", "idle");
      declare_transition("waitingForDrawer", "doorOpened", "idle");
      declare_transition("unlockedPanel", "doorOpened", "idle");
      declare_transition("waitingForLight", "doorOpened", "idle");
    }
```

모델을 파퓰레이트하는 위 코드는 코드 생성기로 생성할 수 있다(633쪽의 '비밀 벽을 위한 컨트롤러(자바로 C 생성하기)'를 살펴보라).

이제 상태 머신이 동작하게 하는 코드를 살펴보자. 이 예제에서는 함수를 사용해서 상태 머신을 실행한다. 함수를 호출하면서 이벤트 코드를 전달하고, 함수는 전달된 이벤트 코드에 따라 이벤트를 처리한다.

```
void handle_event(char *code) {
  int event = eventID_with_code(code);
  if (EMPTY == event) return; // 정의되지 않은 이벤트는 무시한다
  int t = get_transition_target(controller.currentState, event);
  if (EMPTY == t) return; // 이 상태에서는 전이가 없으므로 무시한다
  controller.currentState = t;

  int i;
  for (i = 0; i < NUM_ACTIONS; i++) {
    int action = machine.states[controller.currentState].actions[i];
    if (EMPTY == action) break;
    send_command(machine.commands[action].code);
  }
}

int eventID_with_code(char *code) {
  int i;
  for (i = 0; i < NUM_EVENTS; i++) {
    if (is_empty_event_slot(i)) break;
    if (0 == strcmp(code, machine.events[i].code))
      return i;
  }
  return EMPTY;
}

int get_transition_target(int state, int event) {
  int i;
  for (i = 0; i < NUM_TRANSITIONS; i++) {
    if (EMPTY == machine.states[state].transitions[i].event) return EMPTY;
    if (event == machine.states[state].transitions[i].event) {
      return machine.states[state].transitions[i].target;
    }
  }
  return EMPTY;
}
```

지금까지 상태 머신이 동작하도록 만들어 보았다. 여기에는 주목해야 할 점이 몇 가지 있다. 첫째 배열을 탐색해서 다양한 코드와 이름을 찾는 구조를 사용했으며, 이러한 데이터 구조는 기본형에 가깝다. 이처럼 배열을 사용하는 방식은 상태 머신

을 정의하는 단계에서는 큰 문제가 없다. 하지만 상태 머신을 실행할 때는 이러한 선형 탐색보다는 해시 함수를 사용하는 편이 낫다. 상태 머신은 캡슐화가 잘 되어 있으므로 데이터 구조를 쉽게 대체할 수 있다. 따라서 이 부분은 독자에게 연습문제로 남겨 두려고 한다. 이처럼 모델의 세부적인 구현부를 변경하더라도 새로운 상태 머신을 정의할 때 사용하는 설정 함수의 인터페이스에는 영향을 미치지 않는다. 따라서 이러한 캡슐화는 중요하다.

또한 복제 모델에는 리셋 이벤트에 대한 개념이 없다. DSL 스크립트나 자바로 작성한 시맨틱 모델에서는 다양한 리셋 이벤트를 정의했다. 하지만 C#으로 작성한 상태 머신에서는 리셋 이벤트를 단순히 전이로 변환해서 추가했다. 이를 통해 상태 머신을 실행하는 일이 좀 더 단순해졌다. 실제로 이 예제는 의도를 명확히 기술하기보다는 좀 더 단순하게 실행하기를 원할 때 어떤 타협이 이루어지는지를 잘 보여주는 사례다. 복제 모델이 아니라 진짜 시맨틱 모델(197)이라면 의도를 최대한 유지하려고 노력하는 편이지만, 목표 환경에 생성되는 모델에서는 의도를 표현하는 일이 별로 의미가 없다.

이벤트, 커맨드, 상태에서 이름을 사용하지 않으면 상태 머신을 더욱 간단하게 실행할 수도 있다. 이들 이름은 머신을 설정할 때만 사용하고 실행할 때는 전혀 쓰이지 않는다. 따라서 검색 테이블을 사용해서 머신을 정의하고, 상태 머신이 완전히 정의되고 나면 테이블을 아예 버릴 수도 있다. 심지어는 선언 함수도 declare_action(1,2);와 같이 오로지 정수만을 사용하도록 만들 수도 있다. 이렇게 만들면 코드를 읽고 이해하기가 어려워지지만, 어쨌든 이 코드는 생성되므로 그렇게 큰 문제가 되지 않는다고 볼 수도 있다. 하지만 나는 이러한 경우에도 이름을 그대로 유지하는 편이다. 비록 생성된 코드라 할지라도 읽을 수 있어야 한다고 보기 때문이다. 좀 더 중요한 이유는 문제가 발생했을 때 상태 머신이 이름을 사용해 좀 더 쓸 만한 진단 정보를 만들 수 있기 때문이다. 하지만 목표 환경에서 쓸 수 있는 공간이 너무 부족하다면 이러한 장점은 포기할 수도 있다.

55.4 상태 머신을 동적으로 로드하기(C)

앞의 예제에서 C로 작성된 코드를 생성했으므로, 새로운 상태 머신을 설정하려면 설정 코드를 다시 생성한 후 컴파일해야 한다. 반면에 모델 식별 생성 기법을 사용해서 C 언어가 아닌 형태로 코드를 생성하면 상태 머신을 런타임에 파퓰레이트할 수도 있다.

예를 들어 특정한 상태 머신의 행위를 다음과 같은 텍스트 파일로 표현할 수 있다.

```
config_machine.txt...
  event doorClosed D1CL
  event drawerOpened D2OP
  event lightOn L1ON
  event doorOpened D1OP
  event panelClosed PNCL
  command lockDoor D1LK
  command lockPanel PNLK
  command unlockPanel PNUL
  command unlockDoor D1UL
  state idle
  state active
  state waitingForDrawer
  state unlockedPanel
  state waitingForLight
  transition idle doorClosed active
  action idle unlockDoor
  action idle lockPanel
  transition active lightOn waitingForDrawer
  transition active drawerOpened waitingForLight
  transition waitingForDrawer drawerOpened unlockedPanel
  transition unlockedPanel panelClosed idle
  action unlockedPanel unlockPanel
  action unlockedPanel lockDoor
  transition waitingForLight lightOn unlockedPanel
  transition idle doorOpened idle
  transition active doorOpened idle
  transition waitingForDrawer doorOpened idle
  transition unlockedPanel doorOpened idle
  transition waitingForLight doorOpened idle
```

이 파일은 자바로 작성된 시맨틱 모델(197)에서 생성할 수 있다.

```
class StateMachine...
  public String generateConfig() {
    StringBuffer result = new StringBuffer();
    for(Event e : getEvents()) e.generateConfig(result);
    for(Command c : getCommands()) c.generateConfig(result);
    for(State s : getStates()) s.generateNameConfig(result);
    for(State s : getStates()) s.generateDetailConfig(result);
    generateConfigForResetEvents(result);
    return result.toString();
  }

class Event...
  public void generateConfig(StringBuffer result) {
    result.append(String.format("event %s %s\n", getName(), getCode()));
  }

class Command...
  public void generateConfig(StringBuffer result) {
```

```
    result.append(String.format("command %s %s\n", getName(), getCode()));
  }

class State...
  public void generateNameConfig(StringBuffer result) {
    result.append(String.format("state %s\n", getName()));
  }
  public void generateDetailConfig(StringBuffer result) {
    for (Transition t : getTransitions()) t.generateConfig(result);
    for (Command c : getActions())
      result.append(String.format("action %s %s\n", getName(), c.getName()));
  }
```

상태 머신을 실행하려면 config_machine.txt 파일을 해석해야 한다. 구분자 주도 변환(247) 기법과 표준 C 라이브러리에 내장된 간단한 문자열 처리 함수를 사용하면 쉽게 해석할 수 있다.

전체 상태 머신을 만드는 함수는 파일을 열어 한 라인씩 읽으면서 해석하는 방식으로 동작한다.

```
void build_machine() {
  FILE * input = fopen("machine.txt", "r");
  char buffer[BUFFER_SIZE];
  while (NULL != fgets(buffer, BUFFER_SIZE, input)) {
    interpret(buffer);
  }
}
```

strtok는 표준 C 함수로 공백을 기준으로 문자열을 토큰으로 나눌 수 있다. strtok 함수를 이용해서 첫 번째 토큰을 꺼낸 후, 이 토큰이 포함된 라인을 해석할 수 있는 특정 함수를 호출한다.

```
#define DELIMITERS " \t\n"

void interpret(char * line) {
  char * keyword;
  keyword = strtok(line, DELIMITERS);
  if (NULL == keyword) return; // ignores blank lines
  if ('#' == keyword[0]) return; // comment
  if (0 == strcmp("event", keyword)) return interpret_event();
  if (0 == strcmp("command", keyword)) return interpret_command();
  if (0 == strcmp("state", keyword)) return interpret_state();
  if (0 == strcmp("transition", keyword)) return interpret_transition();
  if (0 == strcmp("action", keyword)) return interpret_action();
  sm_error("Unknown keyword");
}
```

각 라인 함수는 필요한 토큰을 꺼내서, 이전 예제에서 정의한 함수 중에서 해당 토큰에 대응하는 declare 함수를 호출한다. 여기에서는 이벤트를 해석하는 함수만 설명하려고 한다. 나머지 함수도 이 함수와 거의 같다.

```
void interpret_event() {
  char *name = strtok(NULL, DELIMITERS);
  char *code = strtok(NULL, DELIMITERS);
  declare_event(name, code);
}
```

(strtok에 첫 번째 인자로 NULL을 사용하여 반복적으로 호출하면, 이전의 strtok 호출에서 사용했던 문자열의 나머지 토큰을 추가적으로 가져온다.)

나는 이 텍스트 형식을 DSL이라고 보지 않는다. 이 텍스트는 사람이 쉽게 읽을 수 있게 만들려는 목적이 아니라 쉽게 해석하려는 목적으로 만들었기 때문이다. 그래도 어느 정도는 사람이 읽을 수 있게 만들면 유용한데(상태, 이벤트, 커맨드에 대해 이름을 사용했듯이), 디버깅을 하는데 도움을 주기 때문이다. 그렇긴 해도 이 경우에는 사람이 쉽게 읽을 수 있게 하려는 목표보다는 쉽게 해석하려는 목표의 우선순위가 한참 높다.

이 예제에서는 코드를 생성할 때 목표 언어가 정적 언어이더라도 런타임에 코드를 해석할 수 있다는 점을 보여주고자 했다. 즉 모델 식별 생성을 사용해서 만든 범용적인 상태 머신 모델을 매우 간단한 인터프리터와 같이 컴파일한다. 그러고 나서 코드 생성기에서는 인터프리터가 해석할 텍스트 파일을 생성한다. 이 기법을 사용하면 컨트롤러에서 C 언어를 사용하더라도 상태 머신이 변경되었을 때 다시 컴파일을 하지 않아도 된다. 또한 목표 환경에서 쉽게 해석할 수 있도록 잘 설계된 파일을 생성하면 인터프리터를 개발하는데 드는 비용도 최소화할 수 있다. 물론 여기에서 한 발짝 더 나가서 전체 DSL 프로세서를 C로 만들 수도 있다. 하지만 이렇게 하면 C 기반의 시스템에서 DSL 프로세서를 처리하는데 더 많은 자원이 들게 될뿐더러, 훨씬 복잡한 C 프로그래밍 역량을 필요로 한다. 이러한 선택을 해 볼 수도 있는 상황이 더러 있겠지만, 이렇게 하려면 모델 식별 생성 기법만으로는 더 이상 충분하지 않을 것이다.

56장

DOMAIN-SPECIFIC LANGUAGES

모델 비식별 생성

생성된 코드 내부에 로직을 모두 하드코딩한다.
따라서 생성된 코드에는 시맨틱 모델(197)이 명시적으로 드러나지 않는다.

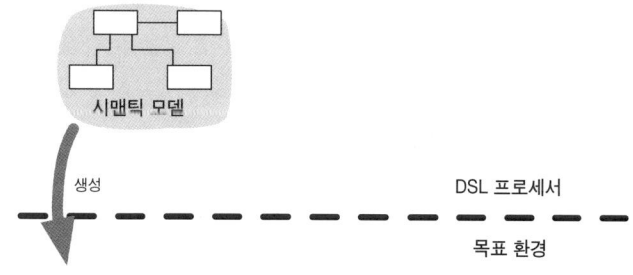

```
void handle_event(char *code) {
  switch(current_state_id) {
  case STATE_idle: {
    if (0 == strcmp(code, EVENT_doorClosed)) {
      current_state_id = STATE_active;
    }
    return;
  }
  case STATE_active: {
...
```

56.1 어떻게 동작하는가

직접 작성하기에는 너무 반복적인 코드가 있는 경우, 코드 생성 기법을 사용하면 규칙적인 방식으로 코드를 생성할 수 있다는 장점이 있다. 생성된 코드에도 중복이 있을 수 있으므로 현명한 개발자라면 흔히 피해야 할 구현 방식도 이 패턴을 사용할 때는 허용된다. 무엇보다도 이 패턴을 사용하면 흔히 데이터 구조로 표현된 행위를 제어 흐름으로 코드화 할 수 있다.

모델 비식별 생성(Model Ignorant Generation) 기법을 적용하려면, 먼저 특정 DSL 스크립트를 목표 환경에 맞게 구현하면서 시작한다. 이때 나는 매우 간단하고 아주 작은 스크립트로 시작하는 편이다. 구현된 코드는 반드시 명확해야 하지만 범용적인 코드와 특수한 코드를 얼마든지 섞어서 쓸 수 있다. 그리고 특수한 요소가 코드에서 중복되더라도 크게 걱정할 필요가 없는데, 이들 요소는 결국 생성되기 때문이다. 따라서 코드를 직접 작성할 때는 흔히 절차형 코드와 간단한 구조를 선택해서 기막힌 데이터 구조를 만들어내지만, 이 패턴을 사용할 때는 그럴 필요가 없다.

56.2 언제 사용하는가

목표 환경에서 사용되는 언어로는 프로그램을 구조화하고 모델을 제대로 생성하기에 제한적일 때가 많다. 이러한 환경에서는 모델 식별 생성(657) 패턴을 사용하기가 어렵고 따라서 모델 비식별 생성이 유일한 답이다. 모델 비식별 생성을 주로 사용해야 하는 두 번째 경우는 모델 식별 생성을 사용해서 구현할 때 런타임 자원을 너무 많이 소모하는 경우다. 반면에 모델 비식별 생성 기법을 사용해서 로직을 제어 흐름으로 코드화하면 필요한 메모리를 줄일 수 있을 뿐더러, 성능을 향상시킬 수도 있다. 자원과 성능이 정말 중요한 목표라면 모델 비식별 생성은 이 목표를 이룰 수 있는 효과적인 방법이다.

하지만 되도록이면 나는 모델 식별 생성을 선호한다. 모델 식별 생성을 기법을 사용해서 코드를 생성하는 편이 보통 더 쉽고, 모델 식별 생성 기법을 사용한 코드 생성 프로그램은 이해하기도 쉽고, 수정하는 일도 훨씬 간단하기 때문이다. 반면에 모델 비식별 생성 기법을 사용한 경우 생성된 코드 자체는 이해하기가 훨씬 쉬울 때가 많다. 다시 말해 모델 비식별 생성 기법을 사용하면 모델 식별 생성과는 정반대의 결과를 낳는다. 무엇을 생성할지 생각해내기는 훨씬 쉽지만, 그 코드를 생성하는 프로그램을 작성하기는 더욱 어렵다.

56.3 중첩된 조건식을 사용해서 비밀 벽을 위한 상태 머신 생성하기(C)

이 장에서도 도입부에서 사용했던 비밀 벽을 위한 상태 머신을 예제로 사용하고자 한다. 전통적으로 상태 머신을 구현하는 방법 중 하나는 중첩된 조건식을 사용하는 방식이다. 이때 상태 머신의 현재 상태와 수신된 이벤트에 대한 조건이 중첩되어 사용되며, 그 결과에 따라 다음 상태를 결정한다. 여기에서는 그랜트 양의 컨트롤러에 대해 중첩된 조건식을 사용해서 구현해 보고, 결과적으로 어떤 형태의 코드가 생성될지 보여주고자 한다. 이 코드를 실제로 어떻게 생성해야 하는지 보려면 템플릿 기반 생성(637)에 나온 예제를 살펴보라.

평가해야 할 조건식에는 수신된 이벤트와 현재 상태, 두 가지가 있다. 먼저 현재 상태에 대한 조건식을 살펴보자.

```c
#define STATE_idle 1
#define STATE_active 0
#define STATE_waitingForDrawer 3
#define STATE_unlockedPanel 2
#define STATE_waitingForLight 4

void handle_event(char *code) {
  switch(current_state_id) {
  case STATE_idle: {
    handle_event_while_idle (code);
    return;
  }
  case STATE_active: {
    handle_event_while_active (code);
    return;
  }
  case STATE_waitingForDrawer: {
    handle_event_while_waitingForDrawer (code);
    return;
  }
  case STATE_unlockedPanel: {
    handle_event_while_unlockedPanel (code);
    return;
  }
  case STATE_waitingForLight: {
    handle_event_while_waitingForLight (code);
    return;
  }
  default: {
    printf("in impossible state");
    exit(2);
  }
  }
}
```

상태를 검사하려면 현재 상태를 저장하는 정적 변수 하나가 필요하다.

```c
#define ERROR_STATE -99
static int current_state_id = ERROR_STATE;
void init_controller() {
  current_state_id = STATE_idle;
}
```

이처럼 현재 상태를 확인하고 나면, 각 보조 함수는 수신된 이벤트에 따라 조건 검사를 추가적으로 수행한다. 다음은 현재 상태가 active인 경우다.

```c
#define EVENT_drawerOpened "D2OP"
#define EVENT_lightOn "L1ON"
#define EVENT_doorOpened "D1OP"

#define COMMAND_lockPanel "PNLK"
#define COMMAND_unlockPanel "PNUL"

void handle_event_while_active (char *code) {
  if (0 == strcmp(code, EVENT_lightOn)) {
    current_state_id = STATE_waitingForDrawer;
  }
  if (0 == strcmp(code, EVENT_drawerOpened)) {
    current_state_id = STATE_waitingForLight;
  }
  if (0 == strcmp(code, EVENT_doorOpened)) {
    current_state_id = STATE_idle;
    send_command(COMMAND_unlockDoor);
    send_command(COMMAND_lockPanel);
  }
}
```

나머지 보조 함수도 이와 매우 유사하므로 설명을 되풀이하지는 않겠다.

이처럼 생성된 코드를 쉽게 이해할 수 있는 경우라면, 상태 머신별로 이러한 코드를 직접 작성하는 일은 너무 반복적인 작업이다.

57장

DOMAIN-SPECIFIC LANGUAGES

제너레이션 갭

생성된 코드와 생성되지 않은 코드를 상속을 통해 분리한다.

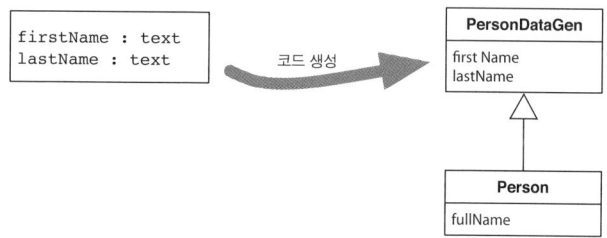

코드를 생성할 때 어려운 점 중 하나는 생성된 코드와 직접 작성한 코드를 서로 다르게 처리해야 할 때다. 생성된 코드는 절대로 직접 수정해서는 안 되며, 일단 수정하고 나면 코드를 안전하게 새로 생성할 수 없게 된다.

제너레이션 갭(Generation Gap) 기법은 생성된 부분과 직접 작성한 부분을 분리하는 방법으로, 각 부분을 상속을 통해 서로 다른 클래스에 넣는다.

지금은 고인이 된 존 블리사이즈(John Vlissides)가 이 패턴을 맨 처음 이용했다. 블리사이즈는 직접 작성한 클래스가 생성된 클래스의 서브 클래스가 되도록 정의했다. 이 패턴이 사용된 사례를 살펴 본 후, 나는 이 패턴을 이와는 조금 다르게 정의할 수 있었다. 블리사이즈와 이 이야기를 나눌 수 있다면 얼마나 좋을까?

57.1 어떻게 동작하는가

제너레이션 갭을 사용하면 기본적으로 슈퍼 클래스(블리사이즈는 코어 클래스(core class)라고 불렀다) 코드는 생성하고 서브 클래스는 직접 작성한다. 따라서 생성된 코드에 포함된 부분은 서브 클래스에서 언제라도 오버라이딩할 수 있다. 그리고 직접 작성한 코드에서 생성된 코드의 기능을 얼마든지 쉽게 호출할 수 있다. 반대로 생성된 코드에서도 직접 작성한 코드의 기능을 호출할 수 있다. 이때 추상 메서드를 사용할 수도 있고, 또는 필요에 따라 오버라이딩할 수 있는 훅 메서드(hook method)를 사용할 수도 있다.

외부에서 이들 클래스를 참조할 때는 직접 작성된 구체 클래스만을 항상 참조한다. 생성된 코드는 사실상 나머지 코드에서 무시된다.

이 패턴을 변형해서 사용한 사례를 살펴 본 후, 흔히 사용되는 패턴을 발견했다. 세 번째 클래스를 추가하는 방식으로, 이 클래스는 직접 작성하며 생성된 클래스의 슈퍼 클래스가 된다. 이 클래스는 코드 생성 과정에서 변경되지 않는 로직을 모두 찾아서 담기 위해 사용한다. 이처럼 변경되지 않는 코드를 생성하지 않고 슈퍼 클래스에 담게 되면 툴, 특히 IDE로 더욱 쉽게 추적할 수 있게 된다. 일반적으로 나는 코드를 생성할 때 되도록이면 코드를 적게 생성하기를 권한다. 생성된 코드는 직접 작성한 코드보다 수정하기가 좀 더 힘들기 때문이다. 생성된 코드는 변경할 때마다 코드 생성 시스템을 새로 실행해야 한다. 그리고 최신의 IDE에서 제공하는 리팩토링 기능은 생성된 코드에서는 제대로 동작하지 않는다.

따라서 제너레이션 갭 패턴을 사용할 때 세 개의 클래스가 상속 구조를 가질 가능성이 높다.

- **직접 작성한 기반 클래스**에는 코드를 생성할 때 파라미터가 바뀌더라도 변경되지 않는 로직을 포함한다.
- **생성된 클래스**에는 생성 파라미터로부터 자동으로 생성할 수 있는 로직을 포함한다.
- **직접 작성한 구체 클래스**에는 생성할 수 없거나 생성된 기능에 의존하는 로직을 포함한다. 나머지 외부 코드에서는 반드시 이 클래스만을 참조해야 한다.

항상 이들 세 클래스를 모두 사용할 필요는 없다. 변경되지 않는 코드가 없다면 직접 작성하는 기반 클래스는 사용하지 않아도 된다. 마찬가지로 생성된 코드를 오버라이딩할 일이 전혀 없다면 직접 작성하는 구체 클래스는 만들지 않아도 된다. 따라서 직접 작성한 슈퍼 클래스와 생성된 서브 클래스만을 사용하도록 제너레이션 갭 패턴을 변형할 수도 있다.

생성된 클래스와 직접 작성한 클래스가 상속뿐만 아니라 일반적인 호출 관계를 통해 연관되어, 결국에는 구조가 더욱 복잡해지는 경우를 흔히 볼 수 있다. 이처럼 코드를 생성하고 그에 따라 클래스를 직접 작성하게 되면 클래스 구조가 더욱 복잡해지게 된다. 하지만 이는 코드 생성 기법이 제공하는 편리함을 누리려면 어쩔 수 없이 처리해야 할 대가다.

제너레이션 갭 패턴을 적용할 때 직접 작성한 구체 클래스가 있을 때도 있지만 늘 그렇지는 않다면, 어떻게 처리해야 할지 고민할 수도 있다. 즉 생성된 클래스 중에는 자신을 상속해서 만든 구체 클래스가 없을 수도 있다. 이들 생성된 클래스를 어떻게 처리할지 결정해야 한다. 이러한 경우 생성된 클래스에 의미 있는 이름을 주고, 다른 코드에서 이 클래스를 호출하도록 만들 수도 있다. 하지만 이렇게 하면 명명 규칙과 사용법에 혼란을 줄 수 있다. 따라서 나는 구체 클래스를 항상 생성하는 편이다. 그리고 생성된 클래스를 오버라이딩하지 않아도 된다면 구체 클래스를 빈 상태로 둔다.

이처럼 구체 클래스를 빈 상태로 만들더라도 프로그래머가 손수 작성해야 할지 아니면 코드 생성 시스템에서 생성할지에 대한 의문이 남게 된다. 이처럼 비어 있는 구체 클래스가 별로 없고 코드를 생성할 때 거의 바뀌지 않는다면 프로그래머에게 맡겨두어도 좋다. 하지만 비어 있는 구체 클래스가 많고 게다가 자주 바뀐다면, 코드 생성 시스템을 조금 손봐서 생성하도록 만드는 편이 좋다. 이때 코드 생성 시스템에서 구체 클래스가 이미 만들어졌는지 검사하고, 없다면 빈 클래스를 생성하도록 만들면 된다.

57.2 언제 사용하는가

제너레이션 갭 기법을 사용하면 하나의 논리적인 클래스를 별도의 파일들로 나누어서 만들 수 있고, 이를 통해 생성된 코드를 효과적으로 분리할 수 있다. 이 기법을 적용하려면 언어가 반드시 상속을 지원해야 한다. 상속을 사용해야 한다는 말은 결국 오버라이딩 해야 하는 멤버가 있다면, 서브 클래스에서 볼 수 있도록 접근 제어를 충분히 완화해야 한다는 뜻이다. 다시 말해 자바나 C#을 사용한다면 접근 지시자 중에서 private을 사용해서는 안 된다.

C#의 분할 클래스(partial class)나 루비의 열린 클래스(open class)와 같이, 사용하는 언어에서 하나의 클래스를 여러 파일에 저장하는 기능을 지원한다면 제너레이션 갭 대신 사용할 수도 있다. 분할 클래스 기능을 이용해 파일을 만들면 상속을

사용하지 않고도 생성된 코드와 직접 작성한 코드를 분리할 수 있다는 장점이 있다. 하지만 C#의 분할 클래스를 사용할 경우 생성된 클래스에 기능을 쉽게 추가할 수는 있지만, 이 기능을 오버라이딩하는 메커니즘은 제공하지 않는다는 단점이 있다. 반면에 루비의 오픈 클래스의 경우 생성된 코드를 평가한 후 직접 작성한 코드를 평가하므로 생성된 코드의 기능을 오버라이딩할 수 있다. 즉 생성된 메서드를 직접 작성한 메서드로 대체할 수 있다.

제너레이션 갭 기법을 사용하기 이전에는 파일에 code gen start와 code gen end와 같이 주석으로 표시한 영역 안에 코드를 생성하는 방법을 흔히 사용했다. 이 방식을 사용하면 파일이 복잡해져서, 결국에는 생성된 코드를 수정하는 사람이 생길 뿐만 아니라, 소스 관리의 diff 명령어를 사용하기가 힘들어진다는 문제점이 있다. 가급적이면 생성된 코드를 별도의 파일에 분리하는 편이 거의 모든 경우에 더 낫다.

제너레이션 갭 패턴이 효과적이긴 하지만 생성된 코드와 직접 작성한 코드를 분리할 수 있는 유일한 방법은 아니다. 각 코드를 클래스로 분리해서 작성하고 서로가 호출하도록 만드는 방식도 꽤 효과적이다. 이처럼 클래스를 서로 합성하는 메커니즘은 사용하거나 이해하기가 좀 더 쉽기 때문에, 나는 이 방식을 자주 사용하는 편이다. 따라서 서로 간의 호출 관계가 합성 메커니즘보다 더 복잡하게 영향을 미치는 경우에만 제너레이션 갭 패턴을 사용한다. 예를 들어 기본 행위는 생성된 클래스에 있고, 특수한 상황에 맞게 이 행위를 오버라이딩 해야 하는 경우다.

57.3 데이터 스키마로부터 클래스 생성하기(자바와 약간의 루비)

코드 생성 기법을 설명할 때 흔히 데이터 스키마를 기반으로 클래스 정의를 생성하는 내용을 다룬다. 예를 들어 데이터베이스에 접근하는 Row Data Gateway[Fowler PoEAA] 클래스를 작성하고 있다면 데이터베이스 스키마 자체로부터 이 클래스의 상당 부분을 생성할 수 있다.

오늘은 SQL이나 XML 스키마를 손보기에는 너무 나른하니 좀 더 간단한 형식을 사용하고 싶다. 간단한 CSV 파일이 있다고 가정해보자. 그리고 이 파일에는 인용부호나 이스케이프 문자도 전혀 없다고 해보자. 각 CSV 파일마다 대응하는 간단한 스키마 파일이 있다. 이 스키마 파일에는 각 필드 명과 타입을 정의한다. 예를 들어 사람들에 대한 CSV 파일이 있을 때, 이에 대응하는 스키마 파일은 다음과 같다.

```
firstName : text
lastName : text
empID : int
```

아래는 샘플 데이터를 담고 있는 CSV 파일이다.

```
martin, fowler, 222
neal, ford, 718
rebecca, parsons, 20
```

이를 바탕으로 자바 DTO[Fowler PoEAA] 클래스를 생성하려고 한다. 생성된 클래스는 스키마 파일에 정의된 각 필드에 맞는 정확한 타입을 가져야 하고, 필드마다 게터와 세터 메서드가 있어야 한다. 또한 필드의 유효성을 검증할 수 있는 기능도 포함되어야 한다.

자바와 같이 컴파일형 언어를 사용해 코드를 생성하면, 빌드 과정 때문에 거치적거릴 때가 많다. 실제 코드를 컴파일하는 과정과는 별도로 코드 생성기를 컴파일하는 과정을 거쳐야 하기 때문이다. 이로 인해 빌드 과정이 복잡해지고 IDE로 작업해야 한다면 특히 그렇다. 따라서 이 대신에 스크립트형 언어를 사용해 코드를 생성해 볼 수 있다. 물론 다른 언어를 도입해야 하므로 그에 따른 비용을 치러야 하지만 빌드 과정을 단순하게 유지할 수 있다. 이 이유가 아니더라도 스크립트를 사용해서 작업을 자동화해야 할 때가 항상 있으므로, 스크립트형 언어는 언제든지 사용할 수 있도록 가까이에 준비해두어야 한다. 이 예제에서는 루비를 사용한다. 루비는 내가 아는 최고의 스크립트형 언어이기 때문이다. 루비에 내장된 템플릿 생성 시스템인 ERB를 활용해서 템플릿 기반 생성(637) 기법을 적용하고자 한다.

스키마에 대한 시맨틱 모델(197)은 매우 단순하다. 스키마는 여러 필드로 구성되고,[1] 각 필드는 이름과 타입을 가진다.

```
class Schema...
  attr_reader :name
  def initialize name
    @name = name
    @fields = []
  end

class Field...
  attr_accessor :name, :type
  def initialize name, type
    @name = name
    @type = type
  end
```

---

[1] (옮긴이) Schema의 필드 중에서 name은 스키마 파일에서 얻는 정보가 아니라, Schema 객체를 만들 때 인자를 직접 전달한다.

스키마 파일은 매우 쉽게 파싱할 수 있다. 단순히 각 라인을 읽어서 콜론(:)을 기준으로 토큰으로 나눈 후 Field 객체를 생성한다. 이 경우 파싱 로직이 매우 간단하므로 파싱 코드를 시맨틱 모델 객체와 별도로 분리하지 않는다.

```
class Schema...
  def load input
    input.readlines.each {|line| load_line line }
  end

  def load_line line
    return if blank?(line)
    tokens = line.split ':'
    tokens.map! {|t| t.strip}
    @fields << Field.new(tokens[0], tokens[1])
  end

  def blank? line
    return line =~ /^\s*$/
  end
```

이렇게 시맨틱 모델을 생성하고 나면, 이 모델을 사용해서 데이터 클래스에 해당하는 코드를 생성할 수 있다. 먼저 필드 정의와 이 필드에 접근하는 메서드부터 생성하고자 한다. 생성하려는 코드는 다음과 같다.

```
public class PersonDataGen extends AbstractData {
  private String firstName;
  public String getFirstName () {
    return firstName ;
  }
  public void setFirstName (String arg ) {
    firstName = arg;
  }
  protected void checkFirstName(Notification note) {};

  private String lastName;
  public String getLastName () {
    return lastName ;
  }
  public void setLastName (String arg ) {
    lastName = arg;
  }
  protected void checkLastName(Notification note) {};

  private int empID;
  public int getEmpID () {
    return empID ;
  }
  public void setEmpID (int arg ) {
    empID = arg;
  }
  protected void checkEmpID(Notification note) {};
```

보다시피 생성된 클래스는 직접 작성한 기반 클래스의 서브 클래스가 되도록 만든다. 기본 필드에 대한 정의를 생성할 때는 기반 클래스를 사용하지 않는다. 기반 클래스를 사용하는 부분은 조금 후에 보여주도록 하겠다.

코드를 생성하려면 우선 템플릿을 만들어야 한다.

```
public class <%=name%>DataGen extends AbstractData {
<% @fields.each do |f| %>
  private <%= f.java_type %><%= f.name %>;
  public <%=f.java_type%><%=f.getter_name%> () {
    return <%=f.name%> ;
  }
  public void <%= f.setter_name %> (<%= f.java_type %> arg ) {
<%= f.name %> = arg;
  }
  protected void <%= f.checker_name %>(Notification note) {};
<% end %>
```

보다시피 템플릿 파일에서는 시맨틱 모델의 코드 생성용 메서드를 다수 참조한다.

```
class Field...
  def java_type
    case @type
      when "text" : "String"
      when "int" : "int"
      else raise "Unknown field type"
    end
  end

  def method_suffix
    @name[0..0].capitalize + @name[1..-1]
  end

  def getter_name
    "get#{method_suffix}"
  end

  def setter_name
    "set#{method_suffix}"
  end

  def checker_name
    "check#{method_suffix}"
  end
```

이와 같이 필드 정의를 생성하고 나면 게터와 세터 메서드를 오버라이딩할 수 있고, 또는 클래스에 새로운 메서드를 추가할 수도 있다. 여기에서는 대문자로 된 이름을 반환하도록 게터를 오버라이딩하고, 이름 전체를 반환하는 메서드도 추가하려고 한다.

```
public class PersonData extends PersonDataGen {
  public String getLastName() {
    return capitalize(super.getLastName());
  }
```

```
  public String getFirstName() {
    return capitalize(super.getFirstName());
  }
  private String capitalize(String s) {
    StringBuilder result = new StringBuilder(s);
    result.replace(0,1, result.substring(0,1).toUpperCase());
    return result.toString();
  }
  public String getFullName() {
    return getFirstName() + " " + getLastName();
  }
```

이처럼 필드에 접근하는 메서드 이외에도 검증을 수행하는 메서드도 추가하고자 한다. 여기에서는 직접 작성한 서브 타입에 이 메서드를 추가해서 검증을 수행하도록 하겠다. 이처럼 검증 메서드는 모두 서브 클래스에 추가하지만, 이들 검증 메서드를 나머지 코드에서도 쉽게 실행될 수 있게 만들고자 한다. 이를 위해 직접 작성한 기반 클래스에 다음과 같은 코드를 추가한다.

```
class AbstractData...
  public Notification validate() {
    Notification note = new Notification();
    checkAllFields(note);
    checkClass(note);
    return note;
  }
  protected abstract void checkAllFields(Notification note);
  protected void checkClass(Notification note) {}
```

validate 메서드에서는 각 필드를 개별적으로 검사하는 추상 메서드를 호출한다. 그리고 여러 필드를 조합해서 검증하는 훅 메서드(CheckClass)도 호출한다. 추상 메서드가 아닌 훅 메서드로 만드는 이유는 직접 작성한 구체 클래스에서 필요한 경우에만 오버라이딩하도록 하기 위해서다. 생성된 클래스에는 필드를 생성할 때 사용한 정보를 똑같이 이용해서 추상 메서드를 구현한다.

```
class PersonDataGen...
  protected void checkAllFields(Notification note) {
    checkFirstName (note);
    checkLastName (note);
    checkEmpID (note);
  }
```

앞에 나온 코드 예제에서 이미 눈치챘겠지만 이들 검사 메서드도 비어있는 훅 메서드에 지나지 않는다. 이들 메서드는 직접 작성한 구체 클래스에서 오버라이딩해야만 유효성을 검증하는 행위를 데이터 클래스에 추가할 수 있다.

```
class PersonData...
  protected void checkEmpID(Notification note) {
    if (getEmpID() < 1) note.error("Employee ID must be postitive");
  }
```

찾아보기

기호

/ (순서가 있는 얼터니티브 연산자) 284
.. (범위 연산자) 283
~ (up-to 연산자) 283
| (얼터니티브 연산자) 250
.NET 99, 443, 543
   어트리뷰트 101, 529

A-Z

ANTLR 111, 117-122, 125, 176, 189, 280, 294, 328-340
   Hello World 331-340
   RecognitionException 242-244
   up-to 연산자 283
   계산기 370-372
   구문 분석기 334-336
   규칙 289
   노티피케이션 241-244
   렉서 270
   리포팅 에러 333, 337
   문법 파일 650-653
   반환 타입과 변수 289
   부정 연산자 394
   슈퍼클래스 653
   외래 코드와 함께 사용하기 381
   의존성 모델 209-211
   중첩된 토큰 384
   최상위 규칙 398
   추상 구문 트리 343
   토큰 288, 333, 346-347
   파싱 347-349
ANTLRWorks 328, 333
Applescript 50
ASCII 512
ASP 154, 638
AST(추상 구문 트리) 275, 341-359
   ANTLR 에서 만들기 343
   구문 트리
Automake 195
Awk 80
Behavior Verification 185
BNF 94, 108-111, 268, 279-290
   사용:
      EBNF 비교 121, 282, 285-287
      임베디드 변환 363
      파서 결합기 비교 316
      파서 생성기 328
      코드 액션 343
Brian Egge 46
C 언어 23, 184
   리터럴 배열 92, 499
   매크로 226-228
   생성 55
   자바 633-636, 640-645
   포인터 연산 660
   표준 라이브러리 668
   함수 포인터 98
C 전처리기
   매크로 63
   템플릿 커맨드 643
C# 언어
   (유효성) 검증 611-616
   SQL 쿼리 99
   가변인자 함수 호출 92
   객체 초기자 (구문) 438
   결정 테이블 588-594
   노티피케이션 240-241

람다 96-98, 542, 547, 613, 616
리터럴 확장 573-574
명시적인 클래스 메서드 423
문자열 인자 615
반복적인 이벤트 440
분할 클래스 156, 677
설정 파일 12
암묵적인 변환 연산자 450
어노테이션 530
의존성 네트워크 599-603
익명 delegate 478-479
자동완성 615
점으로 라인을 시작하는 방법 448
정적 검사 150, 615
정적 메서드 443, 445
정적 타입 심벌 158
조건 541-554
중첩 클로저 488-489
컨텍스트 변수에서 사용하기 218-220
파서 613, 620-621
파스 트리 542
파스 트리 조작 99, 236, 542
프로그레시브 인터페이스 458-459
프로퍼티 구문 457
해시맵 208-209
확장 메서드 571
C++ 언어
   매크로 226, 231
   템플릿 63
   파싱 275-277
CASE 툴 177-178
CFG(문맥 자유 문법) 284
Collecting Parameter 240
CSS (Cascading Style Sheets) 187-188
   매크로 사용하기 63, 227
   색상을 미리 명세하기 63, 227
CSV (comma-separated values) 587, 678
DAG (directed acyclic graph) 595
Data Mapper 198
do…end 구분자(루비) 480, 487, 489

doesNotUnderstand 메서드(스몰토크) 510
DOM (Document Object Model) 58, 113, 124-126
DOT 언어 27, 184
DSL
   IDE → 언어 워크벤치 참조
   가독성 374-375, 434, 437, 557, 560
   가변성 23
   개발 비용 131-132
   경계 32-36, 134
   계산형 199
   공통적인 관례 50
   구문 구조 327-340
   구현하기 47-48, 51-78
   내부 → 내부 DSL 참조
   독립적 36, 101, 469
   명확성 37
   문제점 42
   범용 언어와의 비교 30, 33, 50
   부분형 36, 101, 463, 469, 497
   사용 37-42
   상위 레이어에서 다른 언어를 사용하기 137, 188
   서드파티 라이브러리 감싸기 38, 44
   시맨틱 모델 31
   시맨틱 서술식 276
   외부 → 외부 DSL 참조
   유지 비용 43-44
   유창한 127, 130
   이행 75-78
   임베디드 언어 → 외래 코드 참조
   임베디드 → 내부 DSL 참조
   장점 20
   정의 29-36
   조합 137
   주석 50, 74
   커스텀 구문 13, 16-17, 30
   컴퓨팅 199
   폼과의 비교 41, 125
   프로세싱 46-47, 51-56

프로퍼티 리스트와의 비교 124
학습 비용 43
한계점 30, 187, 373, 410
한정된 표현력 14, 30-33, 37, 136, 149
확장 123
DSL 스크립트
   독립형 462, 497
   실행 561
DSL 프로세서 149
DTD (Document Type Definition) 126
DTO 679
EBNF (extended BNF) 279-290
   BNF 와의 비교 121, 282, 285-287
   중간 단계의 규칙 287
Emacs 126
end-of-statement 규칙 402
enum
   리터럴 맵 키 501
   정적 타입 심벌 213-216, 557
Execute-Around Method 232
FIT(Framework for Intergrated Test) 35, 192-194
Fitness 192
Flex 390
Gensyms 234
GLR 파서 120
Grant → 비밀 패널 컨트롤러 참조
GUI 디자인 174
HQL (Hibernate Query Language) 30, 188-189, 393
HTML (Hypertext Markup Language) 653
IDE (Integrated Development Environment)
   DSL → 언어 워크벤치 참조
   리팩토링 기능 676
   빌드 과정 679
   장점 132
   지원 150, 452, 458, 554, 557
   컴파일 타임 타입 검사 557
   타입 식별 자동완성 555, 557

   표현 169-172
IMAP (Internet Message Access Protocol) 544, 554
INI 파일 124
   컨텍스트 변수에서 사용하기 218-220
instance_eval 메서드(루비) 462, 469-472, 485, 487, 493-497, 503, 504, 524, 526, 567
Intentional Software 170, 175
Intentional Workbench 170, 175
Java CUP 388, 390-392, 396
JetBrains 176
Jmock 185-186, 472
Jruby 23, 55, 522-527
JSON (JavaScript Object Notation) 127
JSP (JavaServer Pages) 154, 638
Kleene 연산자 281-283, 355
LALR 파서 120
Lex 184, 251, 294
Linq 99-100, 543
LL 파서 → 파서 참조, 하향식
LR 파서 → 파서 참조, 상향식
M 언어 177
m4 매크로 프로세서 226
Make 41, 134, 146, 194-196, 599
Marcus Voelter 159
MathCAD 23
MetaCase 176
MetaEdit 25, 35, 175-177
method_missing 메서드(루비) 510, 516-518
MPS (Meta-Programming System) 176
Observation 610
Old MacDonald Had a Farm 노래 88, 96, 429, 432
OMG 177-178
OO (object-oriented) 언어
   도메인 모델 167
   메서드 81, 85, 89
   명령형 모델 139
   생성된 코드와 직접 작성한 코드 155-

157
열차 사고 80
커맨드 객체 98
클래스 이름짓기 559
Packrat 119
PARC (Palo Alto Research Center) 176
Parr, Terence 410
PEG (파싱 표현식 문법) 119, 284-285
PIC 191
PL/1 270
printf 함수ⓒ 638
Quadrant 177
R 언어 33
Ragel 119
Rake 195
Relax NG 126
Row Data Gateway 678
SASS 188
SAX 58, 113, 124
Sendmail 136
setf 매크로(Lisp) 235
SLR 파서 120
Specification 253, 379
SQL 23, 30, 36
   C# 환경 545
   생성 40, 55, 99, 150
   자바 클래스와의 매핑 189-192
Starbucks 35
static import 86, 424, 433, 445, 453
static 메서드 → 메서드, static 참조
strtok 함수ⓒ 666-669
Swiby 191
syntactic sugar 430, 434, 521, 527
up-to 연산자 283
VBA (Visual Basic for Applications) 16
WPF (Windows Presentation Framework) 190
XAML 189-192, 199
XML (Extensible Markup Language) 12-13
   DSL 30, 34, 124-127, 130

구문적 잡음이 없는 14, 124, 127
문서 생성하기 496
시맨틱 모델 바인딩하기 126
장점 126
직렬화 메커니즘 125
커스텀 구문 14
컨텍스트 변수에서 사용하기 218
파서 125
프로세싱 113
XML 스키마 126
XPath 100
XSLT (Extensible Stylesheet Language Transformations) 33
Xtext 176
xUnit 533-534
Yacc 184, 287-288
YAML (YAML Ain't Markup Language) 127
   들여쓰기 409
   컨텍스트 변수에서 사용하기 218

ㄱ

가변인자 파라미터 92, 431, 434, 499-501, 503
   루비 502
값 객체 449
객체 스코핑 87-88, 87, 185-186, 211-212, 435-436, 461, 464-473, 490, 496, 503, 524, 559, 567, 613, 616
   사용 :
      동적 리셉션 510
      생성 규칙 시스템 619
      의존성 네트워크 600, 602
      중첩 클로저 484, 487
      중첩 함수 432, 440, 443, 445
      함수 시퀀스 424-425
객체 초기자 438
게토 언어 문제 44-45
결과 생성 275
결정 테이블 143-144, 193, 585-594

C# 588-594
사용 :
구분자 주도 변환 593
시맨틱 모델 586-592
생성 규칙 시스템과의 비교 587
파싱 586, 592-594
경고 240
계산기 370-372, 395-400
계약에 따른 설계 168
계층 구조 451
계층적 문맥 364
공백
구문 115
구문적 들여쓰기 409
구분자 주도 변환 251
렉서 269-272, 294, 346, 385, 393
파서 249
관점 분리 83
구문 58, 109, 279-290
구문 강조 24, 103, 132, 649
구문 분석 272-277
ANTLR 334-336
렉싱으로부터 분리하기 114-115
전략 107-111
구문 주도 변환 59, 94, 108-111, 114, 118, 129-131, 184, 189, 250-252, 267-277, 279-280, 283, 292, 341, 361, 410
DSL 조립하기 137
결과물 생성 전략 250, 336
구문적 들여쓰기 409
구분자 주도 변환과의 비교 111, 130, 252, 276
단점 110, 277, 330
렉싱과 파싱의 분리 269-272, 292-293
문법 파일 155
사용 :
선택 토큰화 394
외래 코드 155
줄바꿈 문자 401-405
임베디드 변환 336

임베디드 인터프리테이션 336
트리 생성 336
학습 곡선 129-131
구문 주도형 편집 26
구문 트리 57, 58, 112-114, 275
생성하기 → 트리 생성 참조 315
시맨틱 모델 57, 168, 198, 370
재귀 하향식 파서에서 파퓰레이트하기 301
추상 구문 트리. AST 참조
구문적 들여쓰기 115, 407-410, 566
구문적 잡음 88, 97, 133, 450, 456, 463, 469, 496
DSL 98
XML 14, 124, 127
구문 컬러링 103
동적 리셉션 510, 523, 526-527
삽입된 코드 124
줄이기:
텍스트 폴리싱 102, 567
구분자 문자 108, 247, 387
구분자 주도 변환 109, 118, 132, 219, 247-266, 270, 668
구문 주도 변환 111, 130, 252, 276
구문적 들여쓰기 409
사용
결정 테이블 593
복합적 언어 252
정규표현식 108, 249, 256, 261
줄바꿈 문자 401
임베디드 변환 249
임베디드 인터프리테이션 249
트리 생성 249, 347
구조적 제약사항 168
규칙 605-621
(유효성)검증 610-616
모순 607-609, 618
생성 규칙 시스템 참조
수행하기 606, 620
전방 체이닝 607, 616, 618-619

집합 606
활성화 606, 618-620
후방 체이닝 608
규칙 엔진 606
그래프 183-184
그래프비즈 27-28, 183-184, 582
  에러 메시지 74
그린스펀 형식 504-507
글랜 반더버그 138
기대값 185-186
김프 16
끝막음 문제 450-451

ㄴ

내부 DSL 16, 30-31, 79-106, 416
  가독성 452, 565
  경계 32-36
  매크로 226
  메서드 이름 32
  변경하기 76
  부분형 36
  심벌 테이블 209, 211-212
  외부 DSL 과의 비교 51-56, 107, 129-138, 566
  작은 파스 트리 만들기 522
  조합하기 137
  클로저 95, 582
  파싱 51-56
  학습 곡선 129-131
  호스트 언어와 섞기 133-134
냄새 62, 266
네임스페이스 86, 572-574
노암 촘스키
노티피케이션 68-69, 239-244, 607
  ANTLR 241-244
  C# 241
  생성 규칙 시스템과 함께 사용하기 610
  파싱 241-244
닐 포드 88, 449, 572, 573

ㄷ

다수성 심벌 281-283, 285
다이어그램
  상태 머신 170
  텍스트 형식으로 표현하기 190
  투사형 편집 170, 176
다형적인 줄 250
단말 심벌
  연결자 319
  인식기 311-314
  처리하기 314-315
달력 418-420
  여러 개의 빌더 420-422
데이터 스키마 678-683
데이터베이스 141
  데스크톱 데이터베이스 툴 170
  매핑 533
  접근 677
도메인 모델 6, 18, 198
  시맨틱 모델 52, 167, 198
도메인 언어 35
도메인 전문가 38-40, 133, 143, 568, 586-587
도메인 주도 설계 원칙 6
동적 리셉션 103-104, 509-527
  사용:
    객체 스코핑 511
    메서드 체이닝 511
    중첩 클로저 496, 525
    텍스트 폴리싱 511
  제약사항 512
동적 타입 언어
  런타임 에러 509
  런타임에서 텍스트 평가하기 566
  리터럴 맵 501
  알려지지 않은 메서드 오버라이딩 510
  외래 코드 123
  외부 DSL 136
디버깅 34, 73, 142, 512

라인 넘버 449
매크로 227, 237
발판 코드 156
생성 규칙 시스템 610
잘못된 확장 228
적응형 모델 583
주석 사용하기 333
진단 666
컨텍스트 변수 218
코드 가독성 669
포인터 연산 660

ㄹ

랄프 존슨 141
람다 → 클로저 참조
레일스 31
  루비 온 레일스 참조
  액티브 레코드 510, 513, 518
레파지토리 381
렉서 184, 251, 269-272, 280, 283-284, 291-296
  공백 269-272, 294, 346, 385, 393
  구문 분석으로부터 분리하기 114-115
  구분자 387, 392-393, 401-405
  구현하기 291
  규칙에 매핑되지 않는 토큰 333
  상태 389-392
  생성하기 269, 272, 334
  연산자 272
  인용 부호 달기 387-389
  정규 표현식 269, 272
  정규식 테이블 렉서 참조
  주석 269-272, 294, 404
  키워드 272, 386, 390
  텍스트 전처리 410, 566
  파서와의 비교 385
렉서에서의 분리 기호 387, 392-393, 401-405
렉서의 연산자 272

렉시컬 상태 389-392
로더 클래스 350
루비 15, 31, 79, 196, 679
  가변적 인자 502
  그리스펀 형식 504-507
  동적 리셉션 103
  동적 코드 생성 539-540
  리터럴 리스트 91-93, 499, 502-504
  리터럴 맵 501-504
  리터럴 확장 102
  매크로 230
  메서드 이름 파싱 513-518
  배열 542
  범위 531
  블록 96-98, 475, 480
  시맨틱 모델 파퓰레이트 40
  심벌 93, 105, 206, 501, 523, 527
  심벌 테이블 211-212
  어노테이션 530, 537-540
  열린 클래스 571, 677
  인스턴스 평가 462, 469-472, 486, 487, 493-497, 503, 504, 524, 526, 567
  줄 맨 끝에 점 사용 449
  중첩 클로저 484, 489
  중첩 함수 483
  클래스 메서드 537-539
  키워드 569
  텍스트 폴리싱 567-569
  파스 트리 조작 100
  파스트리 라이브러리 542
루비 온 레일스
  DSL 표현식 102
  메타데이터 100-101
루프 139
리셋 블록 323
리셋 이벤트 5, 8, 349, 359, 366, 564, 666
  명시적 8
리스트
  선택적 313, 323
  연결자 313, 323-325

리스트 연산자
  ANTLR 365
  구현하기 313, 323-325
  액션 314-315
리스프 15, 31, 79
  람다 98, 476
  리터럴 리스트 92, 499-500
  매크로 64, 98-100, 226, 231-236, 542
  심벌 206
  중첩 함수 88
  코드와 데이터간의 이중성 579
  파스 트리 조작 99, 236, 542
  함수 이름을 데이터로 사용하기 532
리터럴 리스트 91, 94-95, 467, 499-500, 502, 504-506
  가변인자 함수 호출 499, 501
  루비 91-93, 499, 502-504
  리스프 92
  사용 :
    리터럴 맵 501, 504-507
    중첩 함수 429, 499
  중첩 507
  함수 시퀀스와의 비교 424
리터럴 맵 89, 91-95, 211, 439, 501-507
  루비 501-504
  사용 :
    리터럴 리스트 502, 504-507
    심벌 테이블 208-209
    중첩 함수 429
  인자 432
  키 501, 503
리터럴 배열 499
리터럴 컬렉션 91-94
리터럴 확장 102, 449, 571-574
  C# 573-574
  표현식 빌더 사용하기 571-572
리팩토링
  IDE 676
  안전성 171
  자동화 76, 208

ㅁ

마이크 로버츠 32
마이크로소프트 액세스 35, 170
마이크로소프트 엑셀 16, 28, 35, 587
마이크로소프트 오피스 176
매크로 63-64, 188, 225-238
  구문 63, 226, 228, 231-238
  중첩 229, 237
  텍스트 63, 226-231, 236, 566
  파라미터 227
  함수와의 비교 228-230
맵
  다중 207
  단일 207
  중첩 151
머신 상태 624
메서드 85
  private 157, 529
  protected 157
  public 529
  static 443, 445, 463
  다른 객체에 자동으로 위임 510
  문맥 검사 452
  세터 448, 534
  알려지지 않은 메서드 오버라이딩 509-527
  오버라이딩 → 동적 리셉션 참조
  유효성 검사 679
  이름 짓기 32, 83, 171, 448, 510-518, 520, 532, 562, 569, 648
  전역 102
  체이닝 → 메서드 체이닝 참조
  클래스 530-532, 537-539
  테스팅 529, 533-534
  파라미터와의 비교 444
  포멧팅 448
  프로그램 리터럴에 추가하기 571-574
  '함수' 참조
  확장(C#) 571

메서드 객체 256
메서드 체이닝 58, 80-83, 85-91, 93-95, 102, 185-186, 443, 447-459, 489, 502, 553-554
  가독성 456
  계층 구조 451
  끝막음 메서드 567
  끝막음 문제 450-451, 456
  사용 :
    동적 리셉션 510
    생성 규칙 시스템 618, 620
    중첩 클로저 484-485, 489-491
    중첩 함수 439, 443
    표현식 빌더 416
    함수 시퀀스 424
  중첩 함수와의 비교 456
  평가 순서 429-432
  필수 요소 452
메이븐 195
메타 모델 163
메타 프로그래밍 시스템 언어 워크벤치 35
모델 기반 이행 77
모델 비식별 생성 150-153, 157, 640, 671-674
  모델 식별 생성과의 비교 150-153, 658, 672
모델 식별 생성 150-153, 179, 633, 657-669
  모델 비식별 생성과의 비교 150-153, 658, 672
  사용 :
    변환기 기반 생성 633-636
    시맨틱 모델 657-669
모델이 지원되는 소스 편집 172
모리츠 코르넬리스 에서 163, 168
목 객체 36, 185
문법 18, 32, 58-59, 94-95, 109, 115-116, 267-269, 277, 270-290
  모듈식 410-411
  문맥 의존 118

문맥 자유 116-118
  변경 122
  스키마 정의 언어 168
  정규 116-118, 626
  파스 트리 168
문법 파일 155, 327-340
  코드 액션 넣기 647
문자열
  IDE 에서의 자동완성 208
  분할 108
  성능 206
  연산 206
문장 분리기호 347, 401-405

ㅂ

반복 연산자(재귀 하향식 파서) 299
반복적인 이벤트 440
버전 관리 시스템 41
범용 언어 30
  DSL 과의 비교 30, 33, 50
  DSL로 사용하기 → 내부 DSL 참조
  코드 생성 110
  학습 비용 43
범위 연산자 283
베르트랑 마이어 81
벨 연구소 32
벨로시티 226, 230, 640-645, 666-669
  템플릿 커맨드 643
변수 점유 230, 234, 236
  static 661
  선언하기 118
  유효범위 제한 95-97
  컨텍스트 → 컨텍스트 변수 참조
  클래스 532, 538
변환기 기반 생성 631-636, 638
  사용 :
    모델 식별 생성 633-636
    시맨틱 모델 153, 631-636
    템플릿 기반 생성 633

입력 주도 대 출력 주도 631
템플릿 기반 생성과의 비교 153-155, 638
보안 시스템 3-6
부정 연산자 (ANTLR) 394
불변 객체 221
브라우저 534
블록 → 클로저 참조
비밀 벽 컨트롤러 3-6, 25, 36-37, 64, 164, 166, 202-203, 522-527, 578, 582
   ANTLR 650-653
   C 659-666, 671-674
   독립적이지 않은 문장 258-266
   렉싱 294-296
   사용 :
     모델 식별 생성 659-666
     변환기 기반 생성 633-636
     상태 머신 627
     임베디드 변환 363-367
     템플릿 기반 생성 640-645
     트리 생성 345-353
   자바 627, 633-636, 640-645, 650-653
   테스트 66-67
   프로그래밍 10-17
비전문적인 프로그래머 173
빌드 과정 679
빨리 실패하기 원칙 70, 542

ㅅ

사전 → 리터럴 맵 참조
상속 462, 675-683
상태 251, 259, 624
상태 머신 4-9, 19, 145, 150, 197-199, 202-203, 623-627
   다이어그램으로 시각화하기 170
   동적 로딩 666-669
   렉시컬 분석 294-296
   모델 6-9, 17-21, 24, 163
   생성 357-359

   적응형 모델과 함께 사용하기 625
   파싱 263-265
상태 테이블 150
생성 규칙 시스템 20, 144-146, 169, 580, 605-621
   결정 테이블과의 비교 587
   디버깅 611
   사용 :
     객체 스코핑 620
     노티피케이션 612
     메서드 체이닝 617, 621
     시맨틱 모델 613-616
     적응형 모델 583
     중첩 클로저 617
     함수 시퀀스 617, 620
생성 빌더 61, 218, 221-224, 421, 426, 453
   묶기 222
   사용처 222
   생명 주기 제어를 추가하기 222
   시맨틱 모델 사용 425-427
   완전히 위임하기 456
생성된 코드 → 코드 생성 참조
서버 534
서브루틴 → 함수 참조
선택 연산자
   구현하기 313
   재귀 하향식 파서 298
선택 토큰화 115, 270-272, 385-394, 411
   사용
     구문 주도 변환 394
     외래 코드 124, 374, 383, 394
     인용 부호 123
선행 규칙 397
설정 파일 34-35
성능 206
소스 기반 편집 169
소스코드 레파지토리 156, 334, 522, 606
손으로 작성한 코드 23
   결합하고 혼용하기 534
   생성된 코드와 분리하기 155-157, 633,

675-683
스몰토크
    동적 리셉션 103
    블록 98, 475
    심벌 206
    써드파티 클래스에 메서드 추가하기 571
    알려지지 않은 메서드 오버라이딩 510
    이름으로 접근하는 파라미터 93
    조건 표현식 485
스캐너 → 렉서 참조
스케줄러 606
스크립트
    시각화 73
    테스트 72-73
스키마 정의 언어 163, 169
        126
스킴(Gimp) 16, 234
스트럿츠 30
스프레드시트 25-26, 173-175, 440, 465, 586-587
시각화 27-28
    상태 머신 170
    스크립트 73
    시맨틱 모델 39
    적응형 모델 582
시맨틱 58
시맨틱 모델 17-24, 26, 28, 31, 51-56, 60-64, 66-67, 71-73, 83-85, 95-98, 111-114, 123, 125, 133, 135-138, 142, 149-153, 162-163, 166, 168-169, 173, 177, 184-185, 189, 197-203, 209, 211, 213, 218-220, 249, 269-272, 342, 344, 350, 361, 363, 386, 417, 422, 425-427, 433, 464, 524, 530, 543, 545-547, 550, 552, 559, 578, 601, 614, 627, 631-632, 658, 666-667, 671, 679, 681
    XML 요소와 결합하기 126
    구문 트리 57, 168, 198, 370
    다이어그램 생성하기 27
    도메인 모델 52, 167, 198
    루비 40
    모델 기반 이행 77
    복사 658-659
    사용 :
        결정 테이블 586-592
        모델 식별 생성 657-669
        변환기 기반 생성 153, 631-636
        생성 규칙 시스템 613-616
        심벌 테이블 206
        어노테이션 532
        언어 워크벤치 179
        의존성 네트워크 601-602
        클래스 심벌 테이블 556
        템플릿 기반 생성 154, 643, 645, 650
    스키마 162
    시각화 39
    시맨틱 에러 다루기 74-76
    실행 201
    여러 개의 DSL지원하기 202
    외래 코드 374-380, 384
    유효성 체크 199, 203
    유효하지 않은 상태 70
    임베디드 변환을 통해 363-367
    장점 84, 200-203, 370
    재귀 하향식 파서 301
    커맨드 쿼리 인터페이스를 사용해 198
    코드 생성 23, 158, 162, 201, 631-636
    테스트 64-67
    파싱 201, 310
    파퓰레이트 42, 51-56, 59, 158, 200, 345, 350-353, 382, 680
    표현식 빌더로부터 분리하기 84, 416
    플루언트 구조체 415-417
시맨틱 서술식 275-277, 330
시작 조건 389-392
시퀀스 연산자
    구현하기 312
    액션 314-315
    재귀 하향식 파서 298
시프팅 120
심벌 105, 205

동적 타입 501
　루비 522, 526-527
　선언하기 207
　성능 206
　연산 206
　정적 타입 209, 213-216, 555
　철자가 틀린 경우 208
심벌 데이터 테이블 93, 206, 501, 555
심벌 테이블 17, 60-62, 84, 93, 112, 118, 205-216, 262, 266, 214, 350, 525, 556-558, 574, 651
　값 206
　내부 DSL 211-212
　사용처 209
　시맨틱 모델과 함께 사용하기 206
　파퓰레이트 525
심벌로 사용할 상수 227
써드파티 라이브러리
　DSL로 감싸기 38
　메서드 추가하기 571

ㅇ

아젠다 606-607, 618-620
알골 279
액세스
액션 287-290, 605-621
　바인딩 625
　삽입하기 328-330
　작게 유지하기 155
　트리 생성 353-359
　파서 결합기 314-315, 324
　호출하기 315
액티브 레코드 510, 513, 518
앤트 42, 134, 136, 146, 195, 599
　구문 분석기 334-336
어노테이션 36, 100-101, 529-540
　(유효성)검증 534-540
　루비에서 531, 537-540
　시맨틱 모델과 함께 사용하기 532
　정의 530-532, 534
　커스텀 구문 535
　파라미터 530
　프로세싱 533-537
어트리뷰트 100
언어 워크벤치 24-27, 30-31, 138, 161-179, 557
　범위 34
　부트스트랩 방식 168, 176
　시맨틱 모델 사용하기 179
　편집 시스템 169-172
언어간의 불협화음 문제 42
얼터너티브 281, 285-287
　구현하기 298
　순서가 없는 284-285
　순서가 있는 284-285, 298
　재귀 286
에러
　ANTLR로 보여주기 336-340, 347
　런타임 509
　수집 239-244
　컴파일 509
에러 메시지 74
에러 처리 73-76, 188
　구문 74
　비용 74
　시맨틱 74-76
　특별한 메서드 510
에릭 에반스 79
엑셀 → 마이크로소프트 엑셀 참조
여러 단계 365
연결자 310
　파서 결합기 참조
　함수형 스타일 315
연관 배열, 리터럴 맵을 볼 것
열차 사고 80
예외 240
오토마타 이론 270
완전히 위임하기 456
외래 코드 122-124, 134, 137, 241, 276,

288, 328, 373-384, 386, 411, 638
  사용 :
    ANTLR 381
    구문 주도 변환 155
    동적 언어 123
    레파지토리 381
    선택 토큰화 124, 374, 383, 394
    임베드먼트 헬퍼 375, 377, 381, 647-650
    임베디드 변환 363-363, 381
      클로저 582
    파서 생성기 328-330
  시맨틱 모델 374-380, 384
    인터프리터 374
    장점 376
    컴파일 374
  파서 380-384
외부 DSL 15, 30-31, 107-127
  내부 DSL 과의 비교 51-56, 107, 129-138, 566
  단점 24
  런타임 설정 135
  메서드 이름에 삽입하기 510
  범위 34-35
  변화 76
  부분형 36, 511
  심벌 테이블 209
  유연성 297
  의존성 네트워크 209-211
  조합하기 137
  주석 74
  텍스트 폴리싱 567
  파싱 51-56, 107-111, 135
  학습 곡선 129-131
  한계점 135
웹 페이지
  공통 요소 227
  생성하기:
    벨로시티 230
    변환기 기반 생성 633

임베드먼트 헬퍼 653-655
  템플릿 154, 638
  코드 삽입하기 647
유닉스
  설정 파일 125
  소형 언어 30
  줄바꿈 문자 248
유비쿼터스 언어 6, 39
유한 상태 머신 117
유효성 검증 97, 169, 682
  C# 611-616
  규칙 610-616
  시맨틱 모델 199, 203
  실패하기 239, 616
  어노테이션 534-540
  폼(form) 필드 534-535
유효하지 않은 입력 테스트 70-72
의존성 네트워크 20, 41, 133-134, 146, 194-196, 595-603
  C# 599-603
  누락된 선행조건 597
  불필요한 빌드 598
  사용 :
    객체 스코핑 600, 602
    시맨틱 모델 601-602
    클래스 심벌 테이블 600
  외부 DSL 209-211
  제품 지향 대 태스크 지향 596-599
  타깃 596
  파싱 602-603
  호출하기 대 실행하기 597
이메일 메시지 451, 458-459
  검색 541-554
  필터링 606
이스케이프(escape) 메커니즘 387
이클립스 176
인라인 중첩 95
인스턴스 초기자 186, 213, 462, 472-473
인터페이스
  마커 532

범용 76
조작 200
커맨드-쿼리 → 커맨드 쿼리 API 참조
파퓰레이션 200
프로그레시브 186, 452, 458-459, 614
플루언트 → 플루언트 인터페이스 참조
인터프리테이션 21
일러스트러티브 프로그래밍 26, 163, 173-175
임베드먼트 헬퍼 155, 184, 210, 242, 290, 336, 381, 647-655
  네이밍 648
  사용 :
    ANTLR 336, 340, 355
    외래 코드 375, 377, 381, 647-650
    임베디드 변환 364
    템플릿 기반 생성 154, 639, 643, 648
    파서 생성기 330, 652
  장점 649
  코드 생성 647, 653-655
임베디드 DSL → 내부 DSL 참조
임베디드 변환 112, 124, 184, 209, 242, 275, 287-289, 317, 344, 361-367, 650
  구문 주도 변환과의 비교 336-338
  구분자 주도 변환과의 비교 249
  단점 362
  사용 :
    BNF 363
    외래 코드 363-363, 380
    임베드먼트 헬퍼 363
  시맨틱 모델 파퓰레이트 284
  액션 314
  장점 362
  재귀 하향식 파서 300
  트리 생성과의 비교 112, 344, 362
  파서 생성기 330
임베디드 인터프리테이션 113, 275, 287-290, 369-372, 400
  구문 주도 변환과의 비교 336
  구분자 주도 변환과의 비교 249
중첩 연산자 표현식과 함께 사용하기 396
파서 생성기 330

ㅈ

자동완성 26, 132, 430, 437, 458-459, 555, 557, 615
자바
  "Hello World" 331-340
  DSL 16
  SQL 쿼리 매핑 클래스 188-189
  static 임포트 86, 424, 433, 445, 453
  가변인자를 받는 함수 92
  내장된 날짜와 시간 클래스 419
  생성된 코드와 직접 작성한 코드 155
  생성하기 :
    C 633-636, 640-645
    데이터 스키마 클래스 678-683
  설정 파일 12
  세터 메서드 448
  액션 315
  어노테이션 101, 529-530, 534
  언어 구축하기 195
  의존성 네트워크 209-211
  인스턴스 초기화 186, 213, 462, 472-473
  정적 타입 심벌 158
  줄 시작에 점 넣기 448
  클래스 심벌 테이블 557
  해시맵 208-209
자바스크립트 23, 123, 383
  유효성 체크 533
  자바와 통합하기 377, 379
  중괄호 389
  폼 안에 삽입하기 615
잘못된 확장 228, 236
잡음 → 구문적 잡음 참조
재귀 286
재귀 하향식 파서 110-111, 118, 121, 268, 276, 297-307, 310, 316, 328, 505

단순함 301
단점 302
장점 316
파서 결합기와의 비교 310, 316
적응형 모델 20, 96-98, 141-143, 199, 311, 481, 577-584
　단점 142, 584
　디버깅 142, 583
　명령형 코드 결합하기 578
　사용
　　상태 머신 625
　　생성 규칙 시스템 583
　　시각화 582
　　클로저 480
전략 259
전방 참조 364
전방 체이닝 607, 616, 618-619
전역 상태 461
전역 함수 → 함수, 전역 부분 참조
점진적인 이행 77
정규 표현식 30, 33, 36
　사용 :
　　구분자 주도 변환 108, 249, 256, 261
　　렉서 269, 272
　　정규식 테이블 렉서 291-296
　　텍스트 폴리싱 566
정규식 테이블 렉서 114, 272, 291-296, 298, 303, 310
정보성 메시지 240
정적 체크 150, 615
정적 타입 언어
　IDE 지원 452
　결정 테이블 586
　동적 리셉션을 제외하고 512
　마커 인터페이스 532
　문자열 인자 615
　열거형 501
　외래 코드 123
　외부 DSL 136
　컴파일 에러 509

코드 생성 669
타입 식별 자동완성 555, 557
텍스트 폴리싱 사용하기 566
정적인 데이터 424
정확도 443
제너레이션 갭 157, 338, 675-683
　ANTLR 과 함께 사용하기 338-340
제어 흐름 연산자 297
제이미스 벅 518
제임스 덩컨 데이비슨 136
조 요더 141
조건식 139, 485, 605-621
　겹치기 625
　중첩 151, 639-645, 672-674
조립된 정규식 257
조합의 폭발적인 증가 286
존 블리사이즈 675, 675
주석
　C 286
　DSL 50, 74
　렉서 269-272, 294, 404
　생성 636
　파서 생성기 333
줄 연속 문자 248, 255
줄바꿈 문자 108, 248, 282, 346
줄바꿈 분리 기호 115, 271, 386, 401-405
　사용 :
　　구문 주도 변환 401-405
　　구분자 주도 변환과의 비교 401
중복 평가 229, 234, 237
중첩 스코프를 위한 심벌 테이블 208
중첩 연산자 표현식 121, 302, 370-372, 395-400
　임베디드 인터프리테이션과 함께 사용하기 396
중첩 클로저 95-98, 104, 134, 186, 191, 196, 450, 471, 481, 483-497
　C# 488-489
　루비 484, 488
　명시적인 인자 491-493, 496

사용 :
　　객체 스코핑 485, 487
　　동적 리셉션 496, 525
　　메서드 체이닝 484-485, 489-491
　　생성 규칙 시스템 618
　　컨텍스트 변수 484-485
　　함수 시퀀스 424, 472, 483-488, 491-493
　언어 지원 485
　여러 개 485
　중첩 함수와의 비교 471, 483-485
　평가 순서 432, 484
중첩 함수 58, 87-91, 94-95, 104, 185, 235, 429, 431-445, 450, 461-462, 502-504
　단점 432-433
　루비 483
　리스프 88
　메서드 체이닝과의 비교 456
　사용 :
　　객체 스코핑 431, 440, 443, 445
　　리터럴 리스트 431, 499
　　리터럴 맵 431
　　메서드 체이닝 440, 443
　　컨텍스트 변수 432
　　표현식 빌더 416
　　함수 시퀀스 424
　선택적 430-432, 361
　여러 개의 다른 종류 인자 435-436
　인자
　중첩 클로저와의 비교 471, 483-485
　체크 436-438
　평가 순서 429-432
　표시하기 430
　필수 절 452
지연 평가 95-97, 233
직렬화된 데이터 구조 34
짐 바이리히 496

ㅊ

찰스 시모니 176
체이닝
　규칙 144
　메소드 → 메소드 체이닝 참조
촘스키 계층 116-118
추론 엔진 606

ㅋ

캡슐화 666
커맨드 579
커맨드 객체 98
커맨드-쿼리 API 17, 31, 81, 415-422
　DSL 과의 비교 43
　네이밍 메서드 83
　단점 43
　클래스 문서화 32
　플루언트 인터페이스와의 비교 83, 85
커맨드-쿼리 분리 82, 448
커스텀 Assert문 66
컨텍스트 638
컨텍스트 변수 58, 62, 86-88, 90, 217-220, 289, 329, 382, 423-426, 434, 443, 445, 451-454, 456, 517
　디버깅 218
　사용 :
　　중첩 클로저 484-485
　　중첩 함수 431
　　파스 트리 조작 553
　　함수 시퀀스 423-427, 430
　파싱 363
컬렉션 639
컴파일하기 21
　타입 검사 557
컴파일형 언어 534
컴포지트 310, 416
컴퓨팅 대안 모델 20, 139-148, 577-584, 605-621

컴퓨팅 모델
　명령형 41, 140, 577
　선언적 12, 42, 187
　얼터너티브 → 컴퓨팅 대안 모델 참조
코드 생성 21-24, 55-56, 111, 149-159
　가독성 157-158, 644, 666, 669
　동적 539-540
　목표 사용자 661
　목표 환경 149
　별도의 파일로 유지하기 678
　손으로 쓴 코드 :
　　분리하기 155-157, 633, 675-683
　　혼용하기 534
　스타일 24
　시맨틱 모델 23, 158, 162, 201, 631-636
　이유 149-150
　임베드먼트 헬퍼 647, 653-655
　장점 23, 675
　정적 언어 123, 669
　파싱 전단계 158
코드 액션 → 액션 참조
코드 컬러링 → 구문 가조 참조
코볼 23, 26, 38, 46
클래스
　private 529
　public 529
　네이밍 559, 676
　데이터 스키마로부터 생성하기 678-683
　분할 클래스(C#) 678
　식별자 초기화 558-559
　열린 클래스(루비) 571, 677
　직렬화 529
　필드를 심벌 테이블로 사용하기 564
　합성 678
클래스 심벌 테이블 106, 132, 209, 214, 555-564, 602
　사용 :
　　시맨틱 모델 556
　　의존성 네트워크 598
　　표현식 빌더 555-557

　자바 558
　정적 타입 558-564
클로저 95-98, 186, 232, 432, 475-481, 580
　C# 96-98, 542, 547, 613, 616
　다중 480
　루비 96-98, 475, 480
　리스프 98, 475
　사용 :
　　외래 코드 582
　　적응형 모델 480
　스몰토크 98, 475
　중첩 → 중첩 클로저 참조
키워드 89
　날짜 중심 대 문자열 중심 548
　렉서 272, 386, 390
　메서드 이름짓기 569

E

타입 검사 105-106
타입 변형 449, 571-572
탭 409
테스트 64-73
　메서드 표시하기 529, 533-534
　유효하지 않은 입력 테스트 70-72
테스트 유틸리티 메서드 66
테스트 주도 개발 64
텍스트 폴리싱 103, 227, 565-569
　동적 리셉션과 함께 사용하기 510
　루비 567-569
템플릿 637-645, 647
템플릿 기반 생성 225, 237, 637-645
　문제점 154
　변환기 기반 생성 153-155, 638
　사용 :
　　루비 679
　　변환기 기반 생성 631
　　시맨틱 모델 154, 639, 643, 648
　　임베드먼트 헬퍼 154, 639, 643, 648
템플릿 생성 언어 639

템플릿 생성 엔진 638
토크나이저 → 렉서 참조
토큰 114-115, 269-272
  ANTLR 333
  문법 파일에 정의하기 348
  중첩 384
  체크 436-438
  타입 272, 436
  타입 무시하기 393-394
  타입 변환 392-393
토큰 버퍼 입력 300, 311-312, 315, 320-322
통계 33
통합 테스트 73
투사형 편집 169-172, 173, 177
트리 생성 58, 112-114, 124, 189, 209, 274-275, 287-289, 306, 341-359, 362-364, 394, 400
  구문 주도 변환 336
  구분자 주도 변환과의 비교 249, 347
  메모리 소비 345
  시맨틱 모델 파퓰레이트 345
  액션 314
  여러 단계로 AST 처리하기 365
  임베디드 변환 112, 344, 362
  장점 112
  재귀 하향식 파서 300
  코드 액션 353-359
  토큰화 346-347
  파서 생성기 330
  파싱 347-349
특수 용어 35

ㅍ

파서 56-58, 247-266, 272-275, 291
  C# 613, 620-621
  XML 125
  개발 비용 132, 567
  결정 테이블 586, 592-594
  공백 248
  구현하기 268, 309-325
  렉서 385
  상태 머신 263-265
  상향식 119-122, 290, 395-397
  생성 334
  에러 처리 75
  의존성 네트워크 602-603
  재귀 하향식 파서 참조
  줄 251, 259-266
  테스트 68-72, 334
  표현식 빌더와의 비교 84
  하향식 119-122, 286, 297, 316-326, 370, 397-400, 370, 397-400
파서 객체 309-325
파서 결합기 110-111, 118, 121, 268, 276, 302, 309-325, 328
  BNF 와의 비교 316
  구현하기 316
  단점 317
  액션 314-315
  인식 309-313
  입력 310
  재귀 하향식 파서와의 비교 310, 316
  출력 311
  컴포지트 313
  파서 생성기와의 비교 316
파서 생성기 55, 75, 109-114, 116-122, 125-127, 129-131, 137, 161, 268, 272, 274-275-276, 280, 283, 285, 287-290, 294, 297-298, 301-302, 309, 316, 327-340, 343-344, 353, 353, 362, 365-366, 375, 385-389, 393-396, 399, 403, 410
  BNF 328
  다수성 심벌 283
  단점 331
  사용:
  외래 코드 328-330
  임베드먼트 헬퍼 330, 652
  임베디드 변환 330

임베디드 액션 328-330
임베디드 인터프리테이션 330
장점 316, 331
코드 액션 287-290
트리 생성 330
파서 결합기 비교 316
파스 트리 275
  구문 트리
  문법 168
  불변 542
  탐색하기 542
파스 트리 조작 98-100, 234-236, 541-554
  C# 236, 542
  루비 542
  리스프 236, 542
  컨텍스트 변수와 함께 사용하기 553
파스 트리(루비) 542
파싱 60-62, 274
  결과 111-114
  내부 DSL 51-56
  미리 텍스트 형태로 변환하기 225
  외부 DSL 51-56, 107-111, 135
    여러가지를 결합해서 사용하기 123
  유연성 201
  컨텍스트 변수 217, 363
파이썬 115, 409
편협한 추상화 문제 45
포인터 연산 660
폼
  DSL 과의 비교 41, 125
  유효성 체크 534-535
  자바스크립트에 삽입하기 615
  전송 534
표현식 API 295-296
표현식 빌더 54, 83-87, 97, 131, 185, 212-213, 222, 415-422, 424, 444, 447, 449, 452, 457-458, 462-463, 487, 491, 511, 556, 561, 571-572
  다중 416, 420-422, 489-491
  사용 :

리터럴 확장 571-572
메서드 체이닝 416
중첩 함수 416
클래스 심벌 테이블 555-557
시맨틱 모델과 분리하기 83, 416
컴포지트 416
테스트 416
파서와의 비교 84
푸시 다운 머신 119
프로그래밍 언어 29
  domain-specific. DSL 참조
  객체 지향. OO 언어 참조
  동적 → 동적 타입 언어 참조
  범용 → 범용 언어 참조
  인코딩 512
  인터프리터 136
  정적 → 정적 타입 언어 참조
  키워드 인자 89
  템플릿 638
프로시저 → 함수 참조
프로퍼티 리스트 124
플루언트 인터페이스 17, 33, 79-83, 132, 415-422
  메서드 이름 짓기 83, 572
  커맨드-쿼리 API 와의 비교 83, 85
필터링 475-481

ㅎ

하이버네이트. HQL 참조
함수 85-91
  가변인자 파라미터 92, 431, 434, 499-501, 504
  매서드 참조
  매크로와의 비교 228-230
  익명 → 클로저 참조
  자식 표현식 483-497
  전역 86, 423, 461, 463
  조합 85
  키워드 인자 501

헬퍼 함수 184, 300, 306
함수 시퀀스 58, 80-81, 85-91, 94-95, 186,
211, 423-427, 432, 450, 461-462, 491
　　리터럴 리스트와의 비교 425
　　사용 :
　　　객체 스코핑 424-425
　　　메서드 체이닝 424
　　　생성 규칙 시스템 618, 620
　　　중첩 클로저 424, 471, 483-488, 491-
　　　493
　　　중첩 함수 424
　　　컨텍스트 변수 423-427, 430
　　평가 순서 429, 431
함수 포인터 98
함수형 프로그래밍 202
해시맵 → 리터럴 맵 참조
현저성 607
호출하기 637-645
화면 레이아웃 191
후방 체이닝 608